Belén Santana López
Wie wird *das Komische* übersetzt?

Hartwig Kalverkämper, Larisa Schippel (Hg.)
TransÜD. Arbeiten zur Theorie und Praxis des Übersetzens
und Dolmetschens, Band 7

Belén Santana López

Wie wird *das Komische* übersetzt?

Das Komische als Kulturspezifikum
bei der Übersetzung
spanischer Gegenwartsliteratur

Verlag für wissenschaftliche Literatur

Umschlagabbildung: © Designergruppe „Cállate la boca"
Die Abbildung wurde für den Druck bearbeitet.
Bei der abgebildeten Brücke handelt es sich um die Puente del Kursaal,
die sich in der baskischen Stadt San Sebastián (Spanien) befindet.

ISBN 978-3-86596-006-1
ISBN 3-86596-006-5

© Frank & Timme GmbH Verlag für wissenschaftliche Literatur
Berlin 2006. Alle Rechte vorbehalten.

Das Werk einschließlich aller Teile ist urheberrechtlich geschützt.
Jede Verwertung außerhalb der engen Grenzen des Urheberrechts-
gesetzes ist ohne Zustimmung des Verlags unzulässig und strafbar.
Das gilt insbesondere für Vervielfältigungen, Übersetzungen,
Mikroverfilmungen und die Einspeicherung und Verarbeitung in
elektronischen Systemen.

Herstellung durch das Atelier Eilenberger, Leipzig.
Printed in Germany.
Gedruckt auf säurefreiem, alterungsbeständigem Papier.

www.frank-timme.de

Para mis padres.
Para mi hermano.

Para Juan Luis,
in memoriam.

Wie eine medizinische Doctor Dissertation entsteht

Ein Kandidat, mit mäß'gem Selbstvertrauen,
Wollt' neulich seinen Doktor bauen
Und wandte sich expreß deswegen
An einen älteren Kollegen;
Den meisten Kummer macht mir nämlich,
So äußerte er bang und grämlich,
Das Schriftliche, denn das ist riesig schwer,
Wo nehme ich, da bin ich ganz verlegen,
Zu einer Dissertation das *Thema* her?
Der andere gab darauf die Meinung kund:
Das ist nicht schwer, – Sie haben doch 'nen Hund?
Nicht wahr, den haben Sie zu Haus?
Da sind Sie also fein heraus,
Ein guter Hund ist nämlich schon
Die halbe Dissertation.
Nun nehmen Sie den Hund hervor
Und füttern ihn mit Chlor und Bor
Und sehen zu und geben acht,
Was dann der Pintscher darauf macht.
Der Hund besorgt schon das Geschäft,
Sie schreiben alles in Ihr Heft
Teils vor, teils nach der Obduktion,
Da ist die Dissertation.
Sie könnens auch noch anders drehn,
Mit phosphorsaurem Citrophen,
Das spritzen Sie dem Hund ins Auge,
Und passen auf: wie wirkt die Lauge?
Vor allem konstatieren Sie:
Wird etwa blind das Vieh,
Ist ihm das Augenlicht entflohn? –
Das gibt 'ne Dissertation.
Sie können überhaupt nicht fehlen,
Wenn Sie das Tier nur tüchtig quälen.
Sie öffnen zu besagtem Zwecke
Dem Hund zu Haus die Schädeldecke,
Und spritzen, ohne viel zu fragen,
Von oben her, ich will mal sagen:
Ein viertel Liter Cyanür,
Vielleicht zehn Gramm Arsenchlorür,
Vielleicht zwölf Gramm Uranoxyd
Vermischt mit Paramidnitrit,
Vielleicht was andres, je nachdem,
Dem Hund ins Cerebralsystem;
Das geht dann alles seinen Lauf,
Sie passen bloß gehörig auf,
Wie sich der Hund dazu wohl stellt,
Ob's ihm gefällt und ob er bellt,
Das gibt nach drei, vier Tagen schon
Die schönste Dissertation.
Das alles läßt sich variieren,
Man muß nur manches durchprobieren,
Der guten Arbeit winkt der Lohn.
Zu einer *Dissertation*
Gehören nur, beachten Sie:
Ein *Hund* und eine *Drogerie*!

ALEXANDER MOSZKOWSKI

INHALTSVERZEICHNIS

Vorwort	XV
0. Einleitung: Die Übersetzung des Komischen – Ein Problem im Schnittpunkt von Linguistik, Literaturwissenschaft, Rhetorik, Kultur- und Translationswissenschaft	1
1. Literaturüberblick zur Übersetzung des Komischen	13
1.1 Das 'Komische' vs. der 'Humor' – Antithesen vs. Korrelative	14
1.2 Übersetzbarkeit des Komischen	16
1.3 Dichotomie 'Kultur' vs. 'Sprache'	17
1.4 *Humour Studies*	19
1.5 Sprachwissenschaftliche Ansätze	23
1.6 Literaturwissenschaftliche Ansätze	29
1.7 Kulturwissenschaftliche Ansätze	30
1.8 Medienwissenschaftliche Ansätze	33
1.9 Kritische Stellungnahme zum Forschungsstand und Selbstortung der Arbeit	36
2. Methodologische Voraussetzungen – Begriffssysteme	41
2.1 Analyse-Instrumentarium	42
2.1.1 Wortfeldtheorie	42
2.1.2 Translationswissenschaftliches Kommunikationsmodell	45
2.2 Interkulturelle Semantik	50
2.2.1 Analyse des Wortfelds des KOMISCHEN	52
2.2.1.1 Zielsetzung	52
2.2.1.2 Methodische Vorgehensweise	53
2.2.1.3 Festlegung des Archilexems und tabellarische Darstellung der Synonyme	54
2.2.1.4 Festlegung der Relationen von Hyper- und Hyponymie	56
2.2.1.5 Hierarchisierung von Hyperonymen	59
2.2.1.6 Einordnung der Begriffe in das translationswissenschaftliche Kommunikationsmodell	63
2.2.1.7 Kultursemantik der Begriffe	66
2.2.1.7.1 Heiterkeit	66
2.2.1.7.2 Spott	67
2.2.1.7.3 Gattungsbegriffe	68
2.2.1.7.3.1 Komödie	69

2.2.1.7.3.2 Parodie	70
2.2.1.7.3.3 Farce	71
2.2.1.7.3.4 Posse	71
2.2.1.7.3.5 Satire	71
2.2.1.7.3.6 Humoreske	72
2.2.1.7.3.7 Witz	73
2.2.1.7.3.8 Travestie	74
2.2.1.7.3.9 Groteske	74
2.2.1.7.3.10 Karikatur	75
2.2.1.7.3.11 Gattungssystematik	76
2.2.1.7.4 Lächerlichkeit	82
2.2.1.7.5 Humor	83
2.2.1.7.6 Lachen	85
2.2.1.7.7 Ironie und Sarkasmus	87
2.2.1.7.8 Das KOMISCHE	90
2.2.1.8 Ergebnisse	92
2.2.2 Analyse des Wortfelds der GRACIA	94
2.2.2.1 Zielsetzung	94
2.2.2.2 Methodische Vorgehensweise	95
2.2.2.3 Festlegung des Archilexems und tabellarische Darstellung der Synonyme	96
2.2.2.4 Festlegung der Relationen von Hyper- und Hyponymie	98
2.2.2.5 Hierarchisierung von Hyperonymen	101
2.2.2.6 Einordnung der Begriffe in das translationswissenschaftliche Kommunikationsmodell	108
2.2.2.7 Kultursemantik der Begriffe	111
2.2.2.7.1 Alegría	111
2.2.2.7.2 Burla	112
2.2.2.7.3 Gattungsbegriffe	113
2.2.2.7.3.1 Comedia	114
2.2.2.7.3.2 Sainete	116
2.2.2.7.3.3 Farsa	117
2.2.2.7.3.4 Sátira	119
2.2.2.7.3.5 Parodia	120
2.2.2.7.3.6 Humorada	122
2.2.2.7.3.7 Astracanada	123
2.2.2.7.3.8 Chiste	123
2.2.2.7.3.9 Caricatura	124
2.2.2.7.3.10 Gattungssystematik	125
2.2.2.7.4 Ridiculez	129

2.2.2.7.5 Humor	130
2.2.2.7.6 Risa	133
2.2.2.7.7 Ironía und sarcasmo	134
2.2.2.7.8 *GRACIA*	136
2.2.2.8 Ergebnisse	139
2.2.3 Kontrastive Analyse	141
2.2.3.1 Heiterkeit	141
2.2.3.2 Spott vs. *burla*	142
2.2.3.3 Lächerlichkeit vs. *ridiculez* und Lachen vs. *risa*	142
2.2.3.4 Witz vs. *chiste* und Humor vs. *humor*	144
2.2.4 Applikation auf die spanische Literatur als Träger der *GRACIA*	145

3. Die *GRACIA* in der spanischen Literatur des 20. Jh.   147

3.1 Literaturgeschichte	148
3.1.1 Historische Einflüsse auf die Entstehung der *GRACIA*	148
3.1.1.1 Der *humor cervantino* im *Quijote*	149
3.1.1.2 Rezeption und Einfluss des *humor cervantino* in der spanischen Nachfolgeliteratur	151
3.1.1.3 *Burla quevedesca*	155
3.1.1.4 Rezeption und Einfluss Quevedos in der spanischen Nachfolgeliteratur	157
3.1.2 Historischer Überblick – Die *GRACIA* im 20. Jh.	158
3.1.2.1 Die Kunst des *malhumorismo*	158
3.1.2.2 *Ramón* und *la otra generación del 27*	159
3.1.2.3 *Gracia* auf der Flucht	161
3.1.2.4 *Transición* und *desencanto*	166
3.1.2.5 *Gracia* zum Ausklang des Millenniums	170
3.2 Literatur als Forschungsfeld – Vorstellung des Korpus	173
3.2.1 Eduardo Mendoza: *El misterio de la cripta embrujada* (1979)	174
3.2.1.1 Bio-bibliographische Angaben des Autors	174
3.2.1.2 Inhaltsangabe und historischer Kontext des Romans	175
3.2.1.3 Einordnung der Textstellen in den Roman	178
3.2.2 Javier Marías: *Corazón tan blanco* (1992)	180
3.2.2.1 Bio-bibliographische Angaben des Autors	180
3.2.2.2 Inhaltsangabe und historischer Kontext des Romans	182
3.2.2.3 Einordnung der Textstelle in den Roman	186
3.3 Literaturübersetzung – Analyse der Ausgangstexte	186
3.3.1 Terminologische Vorbemerkungen – Sprachbewertung	187

3.3.2 Methode der Ausgangstextanalyse	190
3.3.3 Eduardo Mendoza: *El misterio de la cripta embrujada* (1979)	192
3.3.3.1 Eine etwas andere Taufe	192
3.3.3.2 Das Schönheitsideal einer Schwester	208
3.3.4 Javier Marías: *Corazón tan blanco* (1992)	219
3.3.5 Ergebnisse	268
4. Die *GRACIA* als kulturspezifisches Übersetzungsproblem – 2 Texte im Vergleich	**271**
4.1 Literaturübersetzung – Analyse der Zieltexte	272
4.1.1 Terminologische Vorbemerkungen – Äquivalenz vs. Adäquatheit	272
4.1.2 Methode der Zieltextanalyse	274
4.1.3 Eduardo Mendoza: *El misterio de la cripta embrujada* (1979)	275
4.1.3.1 Eine etwas andere Taufe	275
4.1.3.2 Das Schönheitsideal einer Schwester	291
4.1.4 Javier Marías: *Corazón tan blanco* (1992)	304
4.2 Literaturübersetzungskritik	348
4.2.1 Eduardo Mendoza: *El misterio de la cripta embrujada* (1979)	351
4.2.1.1 Eine etwas andere Taufe	351
4.2.1.2 Das Schönheitsideal einer Schwester	357
4.2.2 Javier Marías: *Corazón tan blanco* (1992)	366
4.3 Literaturübersetzung im Vergleich	375
4.3.1 Vergleichsparameter nach dem Kommunikationsmodell	375
4.3.2 Ausgangstexte im Vergleich	378
4.3.3 Zieltexte im Vergleich	388
5. Zusammenfassung und Perspektivenspektrum	**403**
6. Bibliographie	**419**
6.1 Primärliteratur	419
6.2 Wörterbücher und Nachschlagewerke	419
6.3 Sekundärliteratur	420
Abbildungs- und Tabellenverzeichnis	**435**

Anhang (auf der beiliegenden CD)

a) AT-1: *El misterio de la cripta embrujada* (1979): Eine etwas andere Taufe
b) ZT-1: *Das Geheimnis der verhexten Krypta* (1990): Eine etwas andere Taufe
c) AT-2: *El misterio de la cripta embrujada* (1979): Das Schönheitsideal einer Schwester
d) ZT-2: *Das Geheimnis der verhexten Krypta* (1990): Das Schönheitsideal einer Schwester
e) AT-3: *Corazón tan blanco* (1992)
f) ZT-3: *Mein Herz so weiß* (1996)
g) Semantische Beziehungen der Synonyme von HUMOR [Dt.]
h) Semantische Beziehungen der Synonyme von *HUMOR* [Sp.]

Vorwort

Das vorliegende Buch wurde im Dezember 2004 als Dissertation im Fach Translationswissenschaft an der Philosophischen Fakultät II der Humboldt-Universität zu Berlin eingereicht und am 18. Juli 2005 erfolgreich verteidigt. Es stellt die Verwirklichung eines mehrjährigen Promotionsvorhabens dar, das hauptsächlich drei Standorte auf der wissenschaftlichen Landkarte hatte: Madrid, Berlin und Salamanca. Besonders dort, aber nicht nur, gibt es Menschen, ohne deren Unterstützung dieses Projekt weder zustande gekommen wäre noch ein glückliches Ende genommen hätte.

Mein bester und erster Dank gilt meinem Doktorvater, Prof. Dr. Kalverkämper, der mir immer mit gutem Rat und Geduld zur Seite stand. Von ihm habe ich gelernt, dass die Wissenschaft zur Leidenschaft werden kann. Ich möchte mich ebenfalls bei meinem zweiten Betreuer, Prof. Dr. Kattenbusch, herzlich bedanken, weil er den Mut hatte, mich auf dieser translationswissenschaftlichen Entdeckungsreise zu begleiten. Ebenfalls bereichernd waren die Denkanstöße der Prüfungskommission unter dem Vorsitz von Prof. Dr. Ingenschay, dessen Unterstützung Anfang und Ende meiner akademischen Zeit in Berlin verbindet. Diese Phase wurde auch in wissenschaftlicher und persönlicher Hinsicht vom Doktorandenverein THESIS e.V. ergänzt. Seine Mitglieder sind ein Beispiel dafür, dass Doktoranden, wenn sie es nur wollen, keine Einzelkämpfer sein müssen.

Mitverantwortlich für die Entstehungsgeschichte des Projekts war meine ehemalige Dozentin in Madrid, Dr. Bettina Schnell. Dieses Buch ist der Beweis dafür, dass sie mit ihrer Aufmunterung nicht falsch lag.

Die letzte Phase der Promotion wäre ohne die menschliche und technische Unterstützung durch meine Kollegen an der Facultad de Traducción der Universidad de Salamanca gar nicht möglich gewesen. Mein besonderer Dank an dieser Stelle gilt Dr. Teresa Fuentes Morán, mit der ich die deutsch-spanische Wissenschaftswelt teile.

Sabine Arcas hat als "meine zweite deutsche Stimme" das Manuskript gründlich korrekturgelesen und auf Unstimmigkeiten überprüft. Alles, was sie nicht gesehen hat, geht auf die Rechnung der Autorin.

Schließlich möchte ich mich bei meiner Familie und meinen Freunden bedanken. Sie alle im Einzelnen zu nennen würde sehr viel Platz einnehmen. Sie sind für viele gemeinsame Augenblicke des Lachens verantwortlich. *A todos, gracias.*

BELÉN SANTANA
Salamanca, 15. November 2005

0. Einleitung: Die Übersetzung des Komischen – Ein Problem im Schnittpunkt von Linguistik, Literaturwissenschaft, Rhetorik, Kultur- und Translationswissenschaft

> *En el extranjero, todos los españoles menores de treinta años son un poco andaluces: todos tienen un sombrero más o menos cordobés, todos bailan flamenco y todos conservan la cicatriz de alguna cornada. Cuando haya un andaluz con gracia, yo espero de él una lamentación sobre esta terrible concurrencia que le hacen por aquí al andalucismo gallegos, catalanes, vascos, asturianos, navarros y canarios. El andaluz que llega a París o a Berlín se encuentra con que el gusto del público en materias andaluzas está adulterado lamentablemente. Yo sé de uno al que le pidieron un tango, se puso a bailarlo y le dijeron:*
> *–Pero usted, ¿de qué parte de España es?*
> *–De Sevilla.*
> *–¿De Sevilla? No es posible.*
> *–Y una de las niñas –la escena ocurría en una casa de familia de Múnich– comenzó a bailar lo que ella entendía por el tango andaluz. El andaluz se quedó loco al reconocer la muñeira. Sus protestas fueron vanas.*
> *–El que me enseñó esto –decía la chica– era un auténtico gitano andaluz.*
> *–Un gitano de Pontevedra...*
> *–Precisamente. De Pontevedra. Ahora lo recuerdo...*
>
> JULIO CAMBA

In der modernen Translationswissenschaft steht die Schlüsselrolle der Übersetzung als Instrument zur Kulturvermittlung völlig außer Frage. Der Zusammenhang zwischen 'Übersetzung' (als Sprachvermittlungsinstrument) und 'Kultur' beruht auf der Erkenntnis von Sprache als Kulturträger, weil sie einerseits selbst kulturbedingt und Teil der Kultur ist, und andererseits ein Mittel für die Betrachtung und Beschreibung der Kultur (Oksaar 1988). Über die humboldtsche Einheit von Sprache und (kulturspezifischem) Denken hinaus wird die Wechselwirkung zwischen 'Übersetzung' und 'Kultur' in der heutigen translationswissenschaftlichen Terminologie durch die Bezeichnung der Translation als *kulturelle* Transferhandlung und des Translators als *Kultur*mittlers deutlich (vgl. Witte 1999:346). Die Auseinandersetzung mit dem Kulturbegriff ist dadurch zunehmend ins interdisziplinäre Blickfeld der Translationstheorie geraten.[1] Moderne Ansätze plädieren für einen dynamischen (anpassungsfähigen, nach außen und innen offenen), prozessorientierten (handlungsbezogenen, nicht auf das Endprodukt fixierten) und pluralistischen (toleranten, undogmatischen) Kulturbegriff, nach dem der Übersetzungswissenschaftler von endlosen Äquivalenzdiskussionen auf Wort- und Satzebene Abstand nimmt und sich der Auseinandersetzung mit externen und internen Faktoren der Textproduktion widmet. Die behandelten Sprachenpaare gehören nicht mehr zu einem vorherrschenden (westlichen) Kulturkreis, und Aspekte wie Ideologie (z.B. Gibt es eine so genannte Übersetzungspolitik?, vgl. Calzada Pérez 2003), Ethik (z.B. Wem ist der Übersetzer verpflichtet?, vgl. Pym 2001) oder die neuen Machtverhältnisse in einer globalisierten Gesellschaft (z.B. Gibt es eine dominante Übersetzungskultur, vgl. Tymozcko & Gentzler 2002) werden von der Translationswissenschaft zunehmend berücksichtigt.

Aber woran macht man eine bestimmte Kultur fest? Dies geschieht durch die Untersuchung von so genannten 'Kulturemen', d.h. "gesellschaftliche[n] Phänomene[n], die von jemandem in einer gegebenen Situation als relevante Kulturspezifika angesehen werden" (Witte 2000:99). In anderen Worten: Kultureme sind abstrakte Einheiten des sozialen Handelns (z.B. grüßen, sich bedanken, schweigen, Komplimente machen, Gesprächsthemen vorschlagen usw.), die in verschiedenen kommunikativen Akten unterschiedlich realisiert werden, bedingt u.a. durch generations-, geschlechts- und beziehungsspezifische Aspekte (Kalverkämper 1995). Im Umgang mit Kulturemen muss der Wissenschaftler sein Bewusstsein über den eigenen kulturellen Standpunkt schärfen, denn "[...] Im interkulturellen Kontakt geschehen Wahrnehmung, Interpretation und Bewertung der Fremdkultur letztlich *im und durch den Vergleich mit der Eigenkultur*" (Witte 2000:77). Dieser Blick für das Fremde *sowie* für das Eigene impliziert keine strenge kulturrelativistische Einstellung, sondern die Schärfung des Bewusstseins über den eigenen Standpunkt und die Konsequenzen, die sich

---

[1] Heidrun Witte bietet eine umfangreiche Diskussion des Kulturbegriffs für translationswissenschaftliche Zwecke in Witte, Heidrun (2000): *Die Kulturkompetenz des Translators: begriffliche Grundlegung und Didaktisierung.* Tübingen: Stauffenburg-Verlag. (= Studien zur Translation, 9). Vgl. auch Bassnett, Susan; Lefevere, Andre (eds.) (1990): *Translation, History and Culture.* London: Pinter Publishers.

daraus ergeben. Vor diesem Hintergrund möchte ich mich in dieser Dissertation mit der Übersetzung eines bestimmten Kulturems befassen, nämlich des Komischen.

Auf den ersten Blick gehört die kulturspezifische Ausprägung des Komischen mittlerweile sowohl in der Wissenschaft (Unger 1995:17) als auch im normalen Sprachgebrauch zum allgemeinen Konsens, aber bei eingehender Beschäftigung mit diesem Themenbereich wird die Komplexität des Untersuchungsgegenstandes sofort deutlich. 'Das Komische' und verwandte Wörter wie 'Humor', 'Lachen' usw. gehören zu den Begriffen der Menschheitsgeschichte, deren theoretischer Hintergrund Dichtern und Denkern über zeitliche und räumliche Grenzen hinweg viel Kopfzerbrechen bereitet hat. Paradoxerweise stellt man gleichzeitig fest, dass beispielsweise allein der Humorbegriff im allgemeinen Sprachgebrauch als selbstverständlich gilt und auch so verwendet wird. Die Überbrückung der Kluft zwischen Theorie und Praxis des Komischen stellt eine interdisziplinäre Herausforderung dar, die sich u.a. die so genannten *Humour Studies* zum Ziel gesetzt haben.[2] Unter dem Dach dieser Interdiszplin versammeln sich Sprach- und Literaturwissenschaftler, Philosophen, Psychologen, Soziologen, Ethnologen, Mediziner usw., die das Komische zum Untersuchungsgegenstand erkoren haben und das englische Wort *humour* als Oberbegriff benutzen, um den wissenschaftlichen Austausch zu erleichtern.

Dabei hat sich die Begriffsdefinition als erste große Hürde erwiesen. Der spanische Schriftsteller und Humorist Enrique Jardiel Poncela (Madrid, 1901-1952) behauptete: "definir el humor es como pretender pinchar una mariposa con el palo de un telégrafo" (Jardiel Poncela zit. nach Martín Casamitjana 1996:23). In der Fachliteratur wird die Definitionsfrage oft mit dem Argument der Unmöglichkeit vom Tisch gefegt und dadurch ohne begriffliche Sauberkeit

---

[2] Einen Überblick der Forschungsrichtungen innerhalb der Disziplin bieten folgende Autoren: MacGhee, Paul 1983: Handbook of Humor Research. New York: Springer; Rutter, Jason 1997: *Laughingly Referred To...: An Interdisciplinary Bibliography of Published Work in the Field of Humour Studies and Research*. In Salford Papers in Sociology, 1997, 21 bzw. jede Nummer der Zeitschrift *International Journal on Humour Research*, die von der Internationalen Gesellschaft für Humorstudien (ISHS) vierteljährlich herausgegeben wird. Auf diese Disziplin wird im nachstehenden Literaturüberblick zur Übersetzung des Komischen unter Punkt 1.4 genauer eingegangen.

gearbeitet. Angesichts des im Literaturüberblick zum Stand der Forschung (vgl. Kap. 1) festgestellten terminologischen Chaos im Bereich des Komischen möchte ich mit dieser Dissertation zunächst einen Beitrag zur begrifflichen Klärung im Deutschen und Spanischen leisten (LINGUISTIK).

An zweiter Stelle geht es direkt um die Übertragung des kulturspezifischen Komischen in eine Fremdsprache (TRANSLATIONSWISSENSCHAFT). Eine Übersetzung, verstanden als interkultureller Transfer (Reiß/Vermeer 1991^2), steht oft vor der schwierigen Aufgabe – sei es in einem Werbetext, sei es im Bereich der schönen Literatur (LITERATURWISSENSCHAFT) – das Komische und seine Wirkung von der Ausgangs- in die Zielsprache zu übertragen. Dabei soll selbstverständlich nicht nur die Sprache, sondern auch und vor allem, wie bereits betont, die gesamte Kultur berücksichtigt werden (KULTURWISSENSCHAFT). Dies gilt sowohl für einen einfachen Witz am Stammtisch bis hin zu einem lustigen Zitat, das in einer feierlichen Rede eingearbeitet wurde (RHETORIK). Spätestens dann wird der Übersetzer mit folgenden Fragen konfrontiert: Was ist das Komische? Wie funktioniert es? Kann man das Komische übersetzen? Wie erreicht man die "komische Äquivalenz/Adäquatheit"?[3] Diese und weitere Fragen möchte die vorliegende Dissertation durch die Erarbeitung eines übersetzungsrelevanten Modells des Komischen erörtern. Gleichzeitig soll die Anwendbarkeit des Modells in der translatorischen Praxis anhand eines literarischen Korpus veranschaulicht werden.

Aus diesen Ausführungen wird ersichtlich, dass die Übersetzung des Komischen ein Problem im Schnittpunkt von Linguistik, Literaturwissenschaft, Rhetorik, Kultur- und Translationswissenschaft ist. Die interdisziplinäre Beschaffenheit sowie der Schnittstellenwert des hier behandelten Forschungsgegenstandes wird grafisch durch das folgende Radialdiagramm deutlich:

---

[3] Die Äquivalenzdiskussion in der modernen Translationswissenschaft ist wohl bekannt (vgl. Snell-Hornby 1988/1995:13ff). In dieser Dissertation wird die Terminologie von Reiß (1995:107ff) übernommen und für die Übersetzung des Komischen operationalisiert (vgl. Punkt 4.1.1).

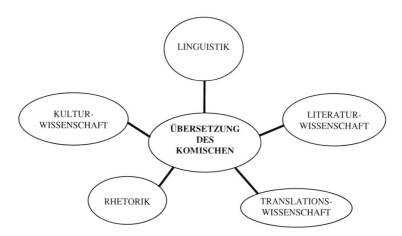

Abb. 1 Die Übersetzung des Komischen als interdisziplinäre Fragestellung

Die wissenschaftliche Auseinandersetzung mit dieser mehrdimensionalen Fragestellung erfordert als Ausgangspunkt eine sichere Wissensgrundlage, die nur durch eine intensive und umfangreiche Lektürearbeit in den Einzeldisziplinen zu bekommen ist.

Aus diesem Grund war eine Eingrenzung des Themas vonnöten. Die Arbeit konzentriert sich auf das Sprachenpaar und die Übersetzungsrichtung Spanisch-Deutsch. Das untersuchte Korpus erfüllt eine exemplarische Funktion und ist literarischer Natur. Es besteht aus drei Textstellen aus zwei Romanen, die zur spanischen Gegenwartsliteratur gehören und auf Deutsch vorliegen: *El misterio de la cripta embrujada* (1979) von Eduardo Mendoza [zu Dt. *Das Geheimnis der verhexten Krypta*, übersetzt von Peter Schwaar, 1990] und *Corazón tan blanco* (1992) von Javier Marías [zu Dt. *Mein Herz so weiß*, übersetzt von Elke Wehr, 1996]. Beide Werke verkörpern auf verschiedene Art und Weise eine bestimmte Form des spanischspezifischen Komischen, dessen Übertragung ins Deutsche den Übersetzer vor unterschiedliche Schwierigkeiten stellt. Bei dem einen Beispiel handelt es sich um die Parodie eines Detektivromans und bei dem anderen um einen klaren Fall von Ironie. Beide Werke genießen in Spanien Bestsellerstatus. Nach der Anwendung des Modells auf Ausgangs- und Zieltexte erfolgt eine kritische Evaluation der Übersetzungen für translationswissenschaftliche Zwecke. Das Modell versteht sich keineswegs als normatives

Instrument, sondern soll lediglich Tendenzen aufzeigen und dem Übersetzer bei seiner Arbeit als Stütze dienen.

Die Zielsetzung dieser Arbeit besteht also aus drei Teilen:

(1) Semantische Konturierung des Komischen bzw. der *gracia*, wie sie in der deutschen und spanischen Kultur etabliert sind, und Erarbeitung eines kontrastiven, übersetzungsrelevanten Modells des Komischen.
(2) Applikation des Modells auf ein literarisches Korpus (Original und Übersetzung).
(3) Kritische Evaluation für translationswissenschaftliche Zwecke.

Was die Vorgehensweise in dieser Dissertation anbelangt, wird ein wissenschaftliches Instrumentarium der Linguistik, nämlich die Wortfeldanalyse, auf literatur- und translationswissenschaftliche Fragestellungen angewendet. Dadurch wird der Versuch unternommen, die Brücke zwischen den beiden einst in dem Begriff 'Philologie' zusammengeschweißten Einzeldisziplinen zu schlagen, und dies zu gegenseitigem, interdisziplinärem Nutzen. Hinzu kommt die kulturspezifische Perspektive, die durch den zugleich kontrastiven und vermittelnden Charakter der Translation um die interkulturelle Dimension ausgebaut wird. Das Ergebnis ist ein übersetzungsrelevantes Kommunikationsmodell des Komischen, das, beruhend auf den Teilnehmern des Kommunikationsprozesses (*Sender-Text-Empfänger* in *Kommunikationssituation* in *Kultur*) wiederum an die klassische Linguistik anknüpft (vgl. Punkt 2.1.2).

0. Die Übersetzung des Komischen

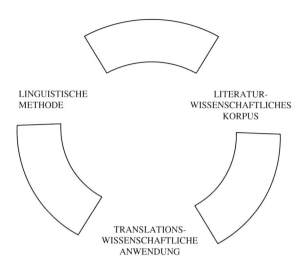

Abb. 2 Vorgehensweise

Durch diese Vorgehensweise wird dem neuesten Stand der Translationswissenschaft Rechnung getragen:

> The often uneasy relationship between literary studies and sociology that has characterised debates in cultural studies also has its parallel in translation studies in the uneasy relationship between literary studies and linguistics. But here again, there have been significant changes. Linguistics has also undergone its own cultural turn, and a great deal of work currently taking place within the broad field of linguistics is of immense value to translation: research in lexicography, in corpus linguistics and frame analysis demonstrate the importance of context and reflects a broader cultural approach rather than the old-style contrastive linguistics of the past.
>
> (Bassnett 1998:133)

Über die vorwiegend translatorische Ausrichtung der Arbeit hinaus bin ich fest davon überzeugt, dass die Untersuchung eines komplexen Phänomens wie des Komischen nach einer ebenfalls komplexen Methode verlangt, die in der bereits existierenden Fachliteratur zur Humorforschung selten zu finden ist (vgl. den Literaturüberblick im Kapitel 1), aber in dieser Dissertation Anwendung findet. Interdisziplinäre Einzelaspekte des Komischen sollen hier zu einer Ganzheitlichkeit integriert werden, die dennoch praxisrelevant bleibt: "Interdisziplinarität bedeutet ein Geben und Nehmen, eine dynamische Beziehung, und eine Translationswissenschaft als integrative Disziplin hat methodisch, hat in den Aspekten, im Erkenntnisspektrum ihrerseits Reichhaltiges den engeren und ferneren

Nachbarwissenschaften anzubieten" (Kalverkämper 1999:61). Daher versteht sich die Arbeit gleichzeitig als Beitrag zur Translationswissenschaft und zur Humorforschung und ist offen für Anregungen aus anderen Disziplinen.

Diese Dissertation ist in vier Teile gegliedert, die mit den vier Kapiteln übereinstimmen. Das erste Kapitel ist dem Stand der Forschung gewidmet. Es bietet einen Literaturüberblick zur Humorübersetzung und fasst die wichtigsten Beiträge aus unterschiedlichen Disziplinen kritisch zusammen (1.2-1.9). Diese Disziplinen sind: *Humour Studies*, Sprach-, Literatur-, Kultur- und Medienwissenschaft. Daraus wird nicht nur die Tragweite des komischen Phänomens, sondern auch die herrschende terminologische Konfusion deutlich. Vor diesem Hintergrund habe ich dann versucht, die translationswissenschaftliche Komponente vorübergehend beiseite zu legen, um den Untersuchungsgegenstand semantisch zu konturieren, und nicht zuletzt, um somit auch vergleichende und folglich interkulturell spezifizierende Aussagen machen zu können. Zu diesem Zweck wird im zweiten Kapitel eine aufwändige begriffssystematische Analyse zu den Begriffen des 'Komischen' und der *gracia* durchgeführt. Dabei beziehe ich mich auf die Grundsätze der Wortfeldtheorie.[4]

Das zweite Kapitel setzt sich aus folgenden Abschnitten zusammen:

- lexikographischen Studien in deutschen und spanischen Wörterbüchern zu den Synonymen vom deutschen 'Humor' und vom spanischen *humor* und zu den definitorischen Verweisstrukturen (2.2.1.3-2.2.1.4 und 2.2.2.3-2.2.2.4)
- der Anfertigung von Wortfeldanalysen in den Detailrelationen und in abstraktiven Relevanzbezügen (2.2.1.5-2.2.1.6 und 2.2.2.5-2.2.2.6), sowie

---

[4] Die Möglichkeiten und Grenzen der Wortfeldtheorie sind mir bewusst. Wortfelder mögen zwar als sprachliche Konstrukte gelten, um Bedeutung zu erfassen, dennoch finden die dadurch erstellten semantischen Zusammenhänge eine reale Grundlage im herrschenden Sprachgebrauch, so wie er in lebendigen Texten, d.h. Wörterbücher – und vor allem Gebrauchswörterbücher – kondensiert ist. Der Einsatz von neuen Medien in der Lexikographie hat dazu geführt, dass Nachschlagewerke bei der natürlichen Sprachentwicklung immer besser mithalten können. Eine ausführliche Darstellung zu Anfängen, Ausbau und Ausprägungen der Wortfeldtheorie bieten Geckeler und Gloning in Alan Cruse, D.; Hundsnurscher, Fr.; Job, M.; Lutzeier, P. R. (2002): *Lexikologie. Ein internationales Handbuch zur Natur und Struktur von Wörtern und Wortschätzen.* 1. Halbband. Berlin, New York: De Gruyter (= Handbücher zur Sprach- und Kommunikationswissenschaft. Hrsg. von Herbert E. Wiegand, Band 21.1).

- deren kultursemantischer Interpretation (2.2.1.7 und 2.2.2.7) und schließlich
- deren interkultureller Kontrastierung (2.2.3).

Mit dieser dicht angelegten Analyse wird versucht, empirisch gesicherte Aussagen über die Hyperonymie und die Hyponymie der verschiedenen begrifflichen Einheiten der Wortfelder zu machen. Das wiederum führt dazu, in wissenschaftlich korrekter Weise Entscheidungen über die obersten Ränge der Begriffshierarchie im Deutschen und im Spanischen zu treffen. An dieser Stelle möchte ich vorwegnehmen, dass der im Deutschen ursprünglich angesetzte Arbeitsbegriff – gleichsam die Hypothese – im Laufe der Untersuchungen von 'Humor' zu 'das Komische' wechseln musste. Auch im Spanischen hat nicht, wie ursprünglich erwartet, *comicidad* oder *humor* die Funktion eines Zentralbegriffs inne, sondern *gracia*. Außerdem besteht zwischen beiden Wortfeldern (des Komischen und der *gracia*) eine größere Ähnlichkeit, als man anfänglich erwartet hätte.

Diese wissenschaftlich tragfähige Basis wird durch das einschlägige Kommunikationsmodell (Bühler 1934, Jakobson 1979) ergänzt und für translationswissenschaftliche Zwecke operationalisiert (vgl. Punkt 2.1.2). Daraus ergibt sich ein übersetzungsrelevantes Modell des 'Komischen' (2.2.1.6) und der *gracia* (2.2.2.6), das nun – im dritten Kapitel – auf das gegenwartsliterarische Korpus angewendet werden soll. Allerdings werden vorher zum einen die beiden Hauptquellen der spanischen Tradition des Komischen (der wohlwollende *humor* von Cervantes und die bissige *burla* von Quevedo) und zum anderen diejenigen Stellen aus der spanischen Literaturgeschichte des 20. Jahrhunderts gefiltert, die eine möglicherweise für Spanien spezifische *gracia* mitteilen. Der Gehalt an *gracia* soll mit Rückgriff auf das erarbeitete Instrumentarium des vorherigen Kapitels systematisiert und analysiert werden. Der historische Überblick zur *gracia* im 20. Jh. fängt mit dem so genannten *malhumorismo* der Jahrhundertwende an (3.1.2.1) und endet mit den modernen Erscheinungen der *gracia* im anbrechenden Millennium (*Stand-up comedy*, *Glokalisierung* des Komischen, vgl. Punkt 3.1.2.5).

Nach diesem Überblick wird das eigentliche Korpus der Arbeit vorgestellt. Dies geschieht, der modernen Translationswissenschaft folgend, nach einer *top-down* Prozedur (Snell-Hornby 1988/1995:121), indem Informationen wie bio-bibliographische Angaben der Autoren, Inhaltsangaben und historische Kontexte der Romane sowie die Einordnung der Textstellen im jeweiligen Roman geliefert werden (3.2). Das Kapitel wird nach Reiß (1995) mit der übersetzungsrelevanten Analyse der Ausgangstexte in zwei Schritten – *Selektion* und *Hierarchisierung* – abgeschlossen (3.3). Nach der Auseinandersetzung mit terminologischen und methodologischen Fragen der Ausgangstext-Analyse – wichtig ist die Tatsache, dass ein AT als eine Ganzheitlichkeit in einem bestimmten kulturellen System mit einer konkreten Spezifik zu verstehen ist – werden die Originale in ihren semiotischen Dimensionen (syntaktisch, semantisch, pragmatisch, kulturell) auf Strategien des Komischen untersucht (Selektion). Danach wird versucht, die vorhandenen Strategien auf der Basis des erarbeiteten Modells zu klassifizieren und relativ zu gewichten (Hierarchisierung). Besondere Aufmerksamkeit verdient die Leistung, die die Teilnehmer des Übersetzungsprozesses (Autor – AT-Leser – Translator – Zieltext-Leser) in Bezug auf die jeweilige Textstelle erbringen sollen, um das Komische zielgerecht zu übertragen (vgl. Punkte 3.3.3.1; 3.3.3.2; 3.3.4). Diese AT-Analysen gelten als Grundlage für die nachfolgende Übersetzungskritik.

Das abschließende vierte Kapitel ist der translationswissenschaftlichen Problematik gewidmet: Wie lässt sich die jeweilige literarische Stelle mit ihrer *gracia* als dem spanisch empfundenen Komischen in eine andere Sprache und Kultur (hier: ins Deutsche) übersetzen? Um diese Frage zu klären, ist zunächst die Übertragung der konkret herausgefilterten Strategien des Komischen zu prüfen. Diese Strategien sind u.a. die parodistische Namensgebung (4.1.3.1d), der parodistische Kontrast zwischen einem gehobenen und einem umgangssprachlichen Register (4.1.3.2a und b) oder der ironische Gebrauch von Körpersprache zur Charakterisierung bestimmter Figuren (4.1.4c). Die Untersuchung erfolgt durch eine eingehende Zieltextanalyse (4.1), die die gleiche Struktur wie die AT-Analyse aufweist. Dabei wird ebenfalls die auf der Basis der kontrastiven Wortfeldanalyse herausgearbeitete Terminologie angewendet. Aus der ZT-Analyse ergibt sich eine Reihe von Übersetzungsverfahren des Komischen, die sodann einer Hierarchisierung nach dem Kriterium der komischen Textäquivalenz unterzogen werden (4.1.3.1).

Als nächster Schritt (4.2) müssen die angewendeten Übersetzungsverfahren des Komischen kritisch, d.h. mit Beurteilungskriterien, evaluiert werden. Dies führt zum Ziel, Entscheidungen darüber zu treffen, ob die jeweilige spanischsprachige Literaturstelle mit *gracia* so adäquat ins Deutsche übersetzt worden ist, dass der spanische Begriff des Komischen in der deutschsprachigen Übersetzung zum Tragen kommt, oder aber, was translationswissenschaftlich zu diskutieren sein wird, durch ein Äquivalent des deutschkulturellen 'Komischen' ersetzt wurde, oder aber, im schlimmsten Falle, überhaupt nicht zum Vorschein kommt. Zu diesem Zweck wird erneut die im ersten Kapitel dargestellte Anwendung der Begriffe des Komischen bzw. der *gracia* auf das übersetzungsrelevante Kommunikationsmodell als Instrumentarium eingesetzt, das die Einordnung einer bestimmten Textstelle in ein System erlaubt und somit den Vergleich zwischen Original und Übersetzung ermöglicht. Die Übersetzungskritik verfolgt eine konstruktive Absicht. Dabei möchte ich mich hauptsächlich auf das Komische unter funktionalem Gesichtspunkt konzentrieren und bestimmte Übersetzungstendenzen aufzeigen.

Als abschließender Teil der Arbeit werden die bereits analysierten AT und ZT miteinander verglichen, um Gemeinsamkeiten und Unterschiede bezüglich der Übersetzung des Komischen festzustellen (4.2.3). Es wird sich die These bestätigen, dass der Schwierigkeitsgrad bei der Übersetzung des Komischen mit dem kulturspezifischen Anteil eines Textes einhergeht. Das Kapitel endet mit einem Ausblick auf textexterne, sich erneut aus dem übersetzungsrelevanten Kommunikationsmodell ergebende Faktoren (z.B. Übersetzerintention, Rezeptionsgeschichte, Verlagspolitik, Textfunktion, Lachkultur usw.), der die Brücke zur Übersetzungspraxis und zur deskriptiven Translationswissenschaft schlagen und als Anregung zur weiteren Beschäftigung mit der zentralen Fragestellung der Arbeit dienen soll. All dies erfolgt in der Hoffnung, dass das Komische den Translationstheoretikern und -praktikern nicht mehr spanisch vorkommt.

***

Diese Dissertation ist nach der neuen deutschen Rechtschreibung verfasst. Zusätzlich sei an dieser Stelle darauf verwiesen, dass in der vorliegenden Arbeit einheitlich das generische Maskulinum verwendet wird. Dies geschieht in erster Linie aus Gründen der Sprachökonomie bzw. der Textproduzenten- und -rezipientenfreundlichkeit, da ein durchgängiges Anführen von Maskulinum und Femininum m.E. eine erhebliche Aufblähung des Textes zu Lasten seiner Lesbarkeit mit sich bringen würde. Die analysierten Textstellen befinden sich in Original und Übersetzung im Anhang.

1. Literaturüberblick zur Übersetzung des Komischen

> *Übersetzen von einer Sprache in eine andere ist eine mathematische Aufgabe, und das Übersetzen eines lyrischen Gedichts z.B. in eine fremde Sprache ist ganz analog einem mathematischen Problem. Denn man kann wohl das Problem stellen «Wie ist dieser Witz (z.B.) durch einen Witz in der andern Sprache zu übersetzen?», d.h. zu ersetzen; und das Problem kann auch gelöst sein; aber eine Methode, ein System, zu seiner Lösung gibt es nicht.*
>
> WITTGENSTEIN, Zettel 698

Die lebhafte Neugier, mit der sich sowohl der Laie – meist intuitiv – als auch der Fachmann – meist als berufliche Nebenwirkung – als auch der Forscher – zur Abwechslung im wissenschaftlichen Alltag – an das Minenfeld der Übersetzung des Komischen herantastet, verwandelt sich alsbald in Skepsis oder Enttäuschung. In seiner Vorreiterrolle als wissenschaftlicher Rezensent des *status quaestionis* drückte Vandaele 2001 seine Verwunderung angesichts der bibliographischen Dürre wie folgt aus:

> Que pense «le discours traductologique», à comprendre au sens large, de «textes plus ou moins explicites sur l'humour en traduction et de la main de practiciens et théoriciens en la matière»?
>
> Première constatation: en termes quantitatifs, il semble penser très peu. [...] Observation encore plus frappante si l'on sait que les Humour Studies (un quatrième groupe possiblement intéressé par notre sujet) [die anderen drei Gruppen sind das allgemeine Publikum, die Akademikerwelt (meistens Philosophen) und die Translationswissenschaftler] vivent depuis la fin des années '80 un boom énorme. Y aurait-il très peu à ajouter aux idées reçues («C'est difficile»)? La traduction de l'humour serait-elle plutôt perçue comme relevant de l'artistique ou du pragmatique, et non du scientifique? Plutôt de l'idiosyncratique que du systématique? Le silence (partiel) est toujours difficile à interpréter.
>
> (Vandaele 2001:30)

In der Zwischenzeit ist das Feld der Literatur zur Übersetzung des Komischen tatsächlich um einige Artikel und Beiträge (selten monographische Werke) gewachsen, nicht zuletzt durch die ebenfalls von Vandaele 2002 herausgegebene Sondernummer der Zeitschrift *The Translator*, die ausschließlich dieser Thematik gewidmet ist. Aber bevor ich meine Aufmerksamkeit dem neuesten Stand der Forschung zuwende, möchte ich zunächst die kurze Vorgeschichte der Übersetzung des Komischen zusammenfassend erläutern. Nach der Beschreibung des terminologischen Konkurrenzverhältnisses zwischen dem Komischen und dem Humor und mit der Frage der (Un)Übersetzbarkeit des Komischen (*discours essentialiste*), werden die Dichotomie 'Sprache vs. Kultur' sowie die von den *Humour Studies* ausgehenden Impulse präsentiert. Schließlich soll durch die Darstellung von neueren Beiträgen aus unterschiedlichen Fachrichtungen (Sprach-, Literatur-, Kultur- und Medienwissenschaft) der interdisziplinäre Charakter der Übersetzung des Komischen deutlich gemacht werden.[5]

1.1 Das 'Komische' vs. der 'Humor' – Antithesen vs. Korrelative

Im Gegensatz zu anderen Wissenschaften herrscht im Forschungsgebiet des Komischen keine terminologische Einigung über den Untersuchungsgegenstand. Eine mögliche Ursache für die fehlende Konsistenz mag sein, dass die interdisziplinäre Beschaffenheit des Untersuchungsgegenstandes von den Einzeldisziplinen oft übersehen bzw. unterschätzt und dadurch weder terminologisch noch methodologisch berücksichtigt wird. Die Herausgeber des mittlerweile zum Standardwerk gewordenen Sammelbandes *Das Komische* haben diesen Umstand bereits 1976 richtig erkannt:

> Das Komische erscheint auf den ersten Blick als ein interdisziplinäres Thema par excellence. Philosophie, Ästhetik, Psychologie, Anthropologie, Soziologie und natürlich die Literaturwissenschaft haben es früher oder später in ihre Obhut genommen. Indessen ist eine wirklich interdisziplinäre Konstitution des Gegenstands kaum einmal zu bemerken; vielmehr haben die einzelnen Disziplinen die Theorie bzw. die Geschichte des Komischen als ihren je eigenen Zuständigkeitsbereich, als ihr je eigenes Teilgebiet vereinnahmt und sich von den anderweitigen Kompetenzbereichen her höchstens Zubringerdienste leisten lassen.
>
> (Preisendanz/Warning, 1976)

---

[5] Die verschiedenen Forschungsrichtungen werden zunächst sachlich geschildert. Die Einwände, die zur Entstehung dieser Arbeit geführt haben, treffen auf mehrere der vorhandenen Ansätze zu und werden daher im letzten Teil des Literaturüberblicks präsentiert.

In der Zwischenzeit ist die Anzahl von wissenschaftlichen Beiträgen zum Komischen natürlich gewachsen, aber die terminologische Konfusion herrscht nach wie vor. Bereits die Definition des Untersuchungsgegenstandes und damit seiner Zugehörigkeit zu einer oder mehreren Disziplinen stellt die erste Hürde dar. Diesbezüglich kann man zwischen drei Forschungsrichtungen unterscheiden:

Manche Autoren benutzen eine Arbeitsdefinition als Vorwand, um terminologischen Schwierigkeiten auszuweichen bzw. die Definitionsfrage als selbstverständlich oder unbeantwortbar abzustempeln. Vor allem sind es ältere Beiträge, die ausgerechnet bei dem komplexen Phänomen des Komischen der Definitionsfrage aus dem Weg gehen, indem sie diese entweder auf eine verallgemeinernde (vgl. Martín Casamitjana 1996:24: "Todas las formas de lo risible, desde lo cómico a lo propiamente humorístico"), nicht distinktive (vgl. Laurian 1989:6: "On voit donc que dans l'usage quotidien, le mot «humour» s'applique à nombre de productions diverses. Ici nous nous intéresserons particulièrement aux jeux de mots, blagues, histoires drôles qui apparaissent dans des recueils spécialisés") oder viel zu vereinfachende Formel reduzieren (vgl. Hickey On-line: "En líneas generales, creo que, con vistas a su traducción, el humor puede dividirse en tres clases: el que depende exclusivamente del comportamiento o del conocimiento universal, el que se origina en algo específico a una sociedad o cultura, y el que se deriva de algún aspecto de la lengua"). Dies hat zur Folge, dass die jeweilige Theorie je nach Bedarf auf den Begriff 'Humor' im weitesten Sinne angewendet wird, ohne darauf zu achten, ob es sich beim Forschungsgegenstand um eine literarische Gattung (z.B. Parodie), eine rhetorische Figur (z.B. Ironie) oder ein Kulturem (z.B. das Komische) handelt.

Andere Beiträge wiederum, wie der oben zitierte Sammelband, beziehen sich auf 'das Komische' als ästhetische Kategorie, die den Widerspruch von Ideal und Wirklichkeit sichtbar macht. Diese Definition findet meistens im Bereich der Literaturwissenschaft und der Philosophie Anwendung.

Im Rahmen der modernen *Humour Studies*, auf die im folgenden Literaturüberblick unter Punkt 1.4 näher eingegangen wird, scheint es allerdings einen mehr oder weniger künstlich hervorgebrachten, dennoch breiten terminologischen Konsens zu geben: Vertreter dieser Forschungsrichtung gehen vom englischen Wort *humour* als Oberbegriff aus, der alle weiteren Formen des Komischen umfasst und für sich genommen keine spezifische Eigenschaft aufweist. Die erste problematische Folge daraus ist die Frage, ob man dementsprechend in den einzelnen Sprachen das Pendant zu *humour* als Oberbegriff des Komischen benutzen sollte.

Aus dem Abriss des terminologischen Forschungsstandes wird das Konkurrenzverhältnis zwischen 'das Komische' und 'der Humor' ersichtlich. Diese Arbeit möchte u.a. einen Schritt auf dem Weg der terminologischen Klärung darstellen und das 'versus' in der Überschrift auflösen (vgl. u.a. Punkt 2.2.1.5 und 2.2.1.7.8). Zunächst aber wird im Folgenden auf die Frage der Übersetzbarkeit des Komischen und die Beiträge der einzelnen Disziplinen eingegangen.

1.2 Übersetzbarkeit des Komischen

Die Frage nach der prinzipiellen (Un)Übersetzbarkeit des Komischen stand lange im Mittelpunkt der wissenschaftlichen Auseinandersetzung. In der von Laurian und Nilsen 1989 herausgegebenen Sondernummer der Zeitschrift *Meta* mit dem Titel "Humour et traduction: Humor and Translation" beschäftigen sich fast alle Beiträge mit dieser grundsätzlichen (Un)Möglichkeit. Dabei vertreten manche Autoren, die von einem starren Äquivalenzbegriff ausgehen, eine pessimistische Ansicht (vgl. Diots sowie Van Crugtens Artikel). Andere hingegen (vgl. Landheer, Laroche) zeigen sich optimistischer, indem sie punktuelle Beispiele für die Übersetzbarkeit des Komischen vorstellen, die man – kritisch betrachtet – als praxisferne "Glücksfälle" bezeichnen könnte. Erst wenn man – einhergehend mit der Entwicklung der allgemeinen Translationswissenschaft – allmählich von einer isolierten Einheit des Komischen auf Wort- und Satzebene Abstand nimmt und sich auf die Suche nach Wirkungsgleichheit, nach dem «effet semblable» (Vandaele 2001:32) auf einer ganzheitlichen Textebene begibt, fällt die wissenschaftliche Auseinandersetzung mit der Übersetzung des Komischen auf fruchtbaren Boden.

Dies geschieht natürlich nicht ohne Einschränkungen: "The question is, however: should the translator be allowed to make us laugh at his own ideas rather than at those of the author? We do not think so" (Stackelberg 1988:12). Diese Ansicht versteht sich als programmatische Vorschrift und knüpft an eine weitere Unterscheidung methodologischer Natur innerhalb der Translationswissenschaft an, und zwar an die altgediente Einteilung in präskriptive (wie muss man übersetzen?) und deskriptive (wie wird übersetzt? bzw. wie ist übersetzt worden?) Ansätze. Diese Opposition zwischen Soll- und Ist-Zustand einer Übersetzung hat sich im Fall des Komischen als viel zu vereinfachend erwiesen, um der Komplexität des Phänomens gerecht zu werden. Angesichts dieses Stillstandes wurden durch die Synthese unterschiedlicher Methoden neue Forschungswege geebnet: "Bien des auteurs combinent normativité avec traduisibilité affirmative" (Vandaele 2001:32). Ausgerechnet die Kombination von mehreren Ansätzen, d.h. die Interdisziplinarität, ist das Schwert, das den gordischen Knoten der Übersetzbarkeit des Komischen durchschlagen kann: "l'humour est souvent considéré comme intraduisible, et pourtant on le traduit" (Laurian 1989:6).

1.3 Dichotomie 'Kultur' vs. 'Sprache'

Sieht man von der (Un)Übersetzbarkeitsfrage ab, kann man die translationswissenschaftlichen Ansätze, die sich bis in die 90er Jahre mit dem 'Komischen' im weitesten Sinne befasst haben, um zwei Stichworte gruppieren – 'Kultur' und 'Sprache'. Zum einen findet man Beiträge, die das Phänomen des Komischen und somit seine Übersetzung in erster Linie als kulturspezifisches Anliegen problematisieren, und zum anderen gibt es Studien, die die Übersetzung des Komischen für eine rein sprachspezifische Herausforderung halten und deshalb auf die entsprechende Forschungsmethode setzen. Heutzutage sind Ansätze, die beide Aspekte streng voneinander trennen, eher selten. Dass das Komische sowohl von einer bestimmten Sprache als auch von einer bestimmten Kultur abhängig ist, ist mittlerweile allgemeiner Konsens. Dennoch werden die Forschungsschwerpunkte immer wieder anders gesetzt (vgl. Laurian 2001).

Kulturorientierte Ansätze gehen von der Überzeugung aus, dass das Komische vorwiegend aus einem gemeinsamen Netz kognitiver Schemata entsteht. Damit ist nicht nur der Erziehungsprozess, sondern auch die gesamte

Erfahrungswelt des Menschen gemeint. Diese Ansicht knüpft an Bergsons Lachtheorie an (*le rire est toujours le rire d'un groupe*) und konzentriert sich auf die Analyse von kulturspezifischen Formen des Komischen, die auf bewusst oder unbewusst konventionalisierten Präsuppositionen beruhen. Ein Beispiel dafür sind die so genannten *ethnic jokes*, in denen eine bestimmte Gemeinschaft auf Kosten einer anderen (in der Regel kleineren) Gruppe lacht. Diese Witze zirkulieren in der ganzen Welt und sind im Grunde problemlos übersetzbar, wenn man beide Gruppen (Lachende und Ausgelachte) je nach Zielkultur korrekt ersetzt (Ostfriesenwitze in Deutschland, Polenwitze in den USA, Lepe-Witze in Spanien, Belgier-Witze in Frankreich, Iren-Witze in England usw.).[6] In diesem Zusammenhang findet der Begriff 'Lachkultur' eine breite Anwendung. Auf diese und weitere Aspekte wird unter Punkt *1.7 Kulturwissenschaftliche Ansätze* eingegangen.

Was die sprachlich orientierte Forschung innerhalb der Übersetzung des Komischen anbelangt, unterscheidet Vandaele in seinem Überblick zwischen drei Schwerpunktthemen: Interaktion von Sprache und Kultur (1), soziolinguistisch (2) und metalinguistisch (3) angelegte Untersuchungen (Vandaele 2001:35). Besonders zahlreich und wissenschaftlich ergiebig sind die Beiträge aus dem dritten Bereich. Sie beschäftigen sich mit dem Zusammenspiel von *signifiant* und *signifié* zur Erzeugung der komischen Wirkung: "Un signe ou une combinaison de signes peut se dire «métalinguistique» s'il n'est pas énoncé exclusivement pour son signifié mais en même temps pour sa forme (le signifiant)" (Vandaele 2001:36). Wortspiele sind das Paradebeispiel für eine metalinguistische Einheit des Komischen. Unter der mittlerweile sehr umfangreichen Literatur zur Wortspielübersetzung möchte ich die Arbeiten von Dirk Delabastita hervorheben. Darin behandelt er verschiedene Aspekte wie Wortspieltypologie, Verfahren zur Wortspielübersetzung nach dem entsprechenden Kriterienkatalog, Kreativität usw.[7] Diese Forschung ist ein Beispiel für

---

[6] Christie Davies (1990) bietet einen vollständigen Überblick zu diesem Thema in *Ethnic Humor around the World. A Comparative Analysis*. Bloomington, Indianapolis: Indiana University Press.

[7] Vgl. Delabastita, Dirk (1993): *There's a Double Tongue. An Investigation into the Translation of Shakespeare's Wordplay*. Amsterdam, Atlanta: Rodopi; Delabastita, Dirk (Hrsg.) (1997): *Traductio. Essays on Punning and Translation*. Manchester: St Jerome, Namur: Presses Universitaires de Namur und Delabastita, Dirk (2002): "A Great Feast of

die gelungene Synthese zwischen empirischer Untersuchung (deskriptiv) und systematischer Typologie (präskriptiv). Auf die neuesten Ansätze mit sprachwissenschaftlichem Schwerpunkt wird unter Punkt *1.5 Sprachwissenschaftliche Ansätze* eingegangen.

1.4 *Humour Studies*

Die Tatsache, dass das Komische sich mittlerweile zu einem eigenständigen Untersuchungsgegenstand entwickelt hat, zeigt sich u.a. an der Entstehung einer wissenschaftlichen Disziplin, den so genannten *Humour Studies*, die seit den späten 80er Jahren einen akademischen Aufschwung erlebt. Dieser Oberbegriff bezeichnet die Zusammenarbeit von Wissenschaftlern aus unterschiedlichsten Fachbereichen (Literatur-, Sprach-, Kultur-, Medien-, Erziehungs-, Religionswissenschaftler, Soziologen, Psychologen, Mediziner usw.), die sich weltweit aus einer interdisziplinären Perspektive mit dem Forschungsobjekt 'das Komische' beschäftigen. Die Existenz der *Humour Studies* wurde 1996 durch die Gründung der "International Society for Humour Studies" (ISHS) institutionalisiert, einer wissenschaftlichen Gesellschaft, die sich jährlich trifft und die Förderung der Forschung des Komischen zum Ziel gesetzt hat. Über konkrete Veranstaltungen hinaus gibt die ISHS eine offizielle Zeitschrift mit dem Titel *HUMOR - International Journal of Humor Research* heraus, die als internationales und interdisziplinäres Forum zur Veröffentlichung von Forschungsbeiträgen fungiert. Soweit ich es zurückverfolgen konnte, sind darin die Studien mit translationswissenschaftlichem Hintergrund in der Minderzahl (eine glückliche Ausnahme ist Antonopoulou 2004). Das Gleiche gilt für Forschungsergebnisse aus dem deutschsprachigen Raum, mit der Ausnahme der psychologischen Untersuchungen von Ruch (vgl. z.B. "Measurement Approaches to the Sense of Humor", *Humor Special Issue* Volume 9-3/4 1996).[8]

---

[8] Languages: Shakespeare's Multilingual Comedy in 'King Henry V' and the Translator". *The Translator*, special issue (*Translating Humour*) 8(2), 303-340.
Kurz vor der Fertigstellung dieser Dissertation hat Alexander Brock eine linguistische Untersuchung von britischen Fernsehkomödien veröffentlicht (vgl. Bibliographie). Sein Beitrag hat ebenfalls Eingang in *HUMOR* gefunden (2004 Volume 17-4).

Daher stimme ich Vandaele zu, wenn er für eine fruchtbare Kommunikation zwischen Translationswissenschaft und *Humour Studies* plädiert:

> Peut-être les *Translation Studies* devraient-elles considérer les mérites conceptuels des *Humour Studies* avant d'entamer l'étude d'un phénomène aussi complexe que la traduction de l'humour. (...) Pourtant, les chercheurs des *Humour Studies*, eux aussi, devraient comprendre que la traduction mérite toute leur attention. Elles se présente clairement comme un test culturel et linguistique ultime de «frontières communautaires» dans les présuppositions qu'exploite l'humour.
>
> (Vandaele 2001:40)

In einem bibliographischen Überblick zur Übersetzung des Komischen dürfen also keinesfalls die Beiträge fehlen, die vielleicht in keinem rein translationswissenschaftlichen Zusammenhang entstanden sind, deren Ergebnisse aber den Begriff des Komischen und seine Funktionsweise entscheidend vorangebracht haben. Die Erkenntnisse der *Humour Studies* dienen somit als feste Grundlage, auf der die Experten in der Übersetzung des Komischen aufbauen sollten.

Im Wesentlichen möchte ich auf drei Forschungsbereiche eingehen, die im Rahmen der *Humour Studies* immer wieder thematisiert werden: die semantische Präzisierung des Begriffs des Komischen (1), *Inkongruenz* und *Überlegenheit* als kognitive Bausteine des Komischen (2) und die semiotische Interaktion des Komischen sowohl mit den Medien als auch mit konventionalisierten Gattungsformen (3).[9]

(1) Die Begriffsdefinition erweist sich als erste Hürde für jeden Forscher, der das Komische untersucht. Im Bereich der *Humour Studies* wird [engl.] *humour* als Oberbegriff angewandt (vgl. "umbrella concept" Vandaele 2002b:155). Er bezeichnet die als kleinster gemeinsamer Nenner vereinbarte *komische Wirkung*:

> Focusing on all aspects [of humour] has driven some desperate scholars (e.g. Escarpit 1991) to give up on any attempt at defining humour – for how could we accurately describe all and only those clusters of physiological states and perceived causes that, together, define humour as opposed to other feelings or emotions? Other researchers (e.g. Kerbrat-Orecchioni 1981) defend a definition of humour in terms of effect; humour is whatever has a humorous *effect*. [...] Translation scholars and translators, to name one group, may naturally relate to this definition in terms of effect. It offers a provisional way out of the vicious circle into which disciplines may fall with their objects of study (do they study or construct the object? Or both?). The safest place to

---

[9] Eine ausführliche Auseinandersetzung mit diesen und weiteren Aspekten einschließlich weiterführender Literatur zum Stand der Übersetzung des Komischen findet man in Vandaele (2002).

break that circle for humour is the point at which effect, with its 'realist' appeal, becomes tangible (in the form of laughter, for instance). But this is only a start.

(Vandaele 2002b:153f)

Ausgehend also von einer empfängerbezogenen Perspektive, sollte der Wissenschaftler diese Arbeitsdefinition (das Komische = die komische Wirkung) erst einmal übernehmen, um sich dann nach deren Ursachen und den weiteren Folgen zu fragen, unbeschadet der Tatsache, dass er die daraus gewonnenen Erkenntnisse rückwirkend auf die Arbeitsdefinition anwendet: "Translators and translation scholars should not be afraid to accept the minimal definition of humour (in terms of effect), but neither should they take this definition as an excuse to leave the instance of humour unanalyzed because they consider it either self-evident or unanalyzable within any framework" (Vandaele 2002b:155).

Zusammenfassend stellt Vandaele folgende Behauptung auf: Das, was man [engl.] *humour* nennt, hat a) eine *einzige Arbeitsdefinition* (das Komische = die komische Wirkung), b) eine *doppelte Struktur* (Ursache vs. Wirkung) c) und potenziell *mehrfache Auswirkungen* (weitere Folgen der komischen Wirkung).

(2) Was die kognitiven Bausteine des Komischen anbelangt, findet man vor allem in Beiträgen aus dem Bereich der *Humour Studies* zwei Konzepte, auf denen die Erklärung der komischen Funktionsweise beruht: *Inkongruenz* und *Überlegenheit*. Beide Stichwörter haben eine lange Vorgeschichte in Bezug auf das Komische. Das eine knüpft an die klassische Inkongruenztheorie des Komischen an, die auf der Tradition von Autoren wie Hutcheson, Kant, Schopenhauer, Hazlitt, Freud usw. aufbaut. Dabei wird das Komische als Kontrast zwischen Erwartung und Wirklichkeit definiert. Das andere Stichwort bezieht sich auf die älteste aller Theorien des Komischen. Sie versteht *das Lachen* in erster Linie als Ausdruck des Überlegenheitsgefühls einer Person, die über jemand anderen lacht bzw. diesen *aus*lacht. Zu den klassischen Vertretern dieser Interpretationslinie zählen Platon, Aristoteles und Hobbes.

Moderner allerdings ist Vandaeles Auffassung, nach der beide Begriffe nicht als ein Entweder-oder verstanden, sondern in Beziehung zueinander gesetzt werden (vgl. insbesondere Vandaele 2002a). Zu diesem Zweck wird der Überlegenheitsbegriff erweitert und als "any possible social effect of a social meaning of humour" (Vandaele 2002b:157) definiert. Zudem werden weitere Aspekte berücksichtigt, so dass der Begriff des Komischen nicht allein auf einen Inkongruenz- oder Überlegenheitsfall reduziert wird: "Both concepts [incongruity and superiority] should be complemented by notions related to specific elements of the communicative context, e.g. existence of a sender or assumed knowledge by/about sender and receiver" (Vandaele 2002b:158).

Eine weitere neue Komponente im Zusammenhang mit dem Aspekt der Überlegenheit ist ethischer Natur. Während man von der Übersetzung als *bona fide*-Kommunikation ausgeht,[10] kann man durch das Komische ganz andere Absichten verwirklichen, z.b. jemanden erniedrigen, Zensur ausüben usw. Mit zunehmender Berücksichtigung ethischer und machtbezogener Aspekte innerhalb der Translationswissenschaft gibt es immer mehr Beiträge und Monographien, die sich mit Fragen wie Macht und Ideologie beschäftigen (Pym 2001, Vandaele 2002c). Dabei unterscheiden einige Autoren zwischen Übersetzung des Komischen und eigentlicher Wirkung des Komischen: "no ethical rules can be attached to humour translation as such but, rather, only to the functions of humour" (Vandaele 2002b:166).

(3) Die semiotischen Untersuchungen im Bereich der *Humour Studies* beschäftigen sich mit der Interaktion von dem Komischen und den Medien. Dabei wird die Wechselwirkung von verbaler Komik und unterschiedlichen Codes wie Typographie, Bild und Ton analysiert. Dies geschieht z.B. in einer Filmkomödie (Vandaele 2002a), aber auch in einer Theateraufführung oder einer Opernvorstellung. Aus der translationswissenschaftlichen Perspektive kommen Aspekte wie Synchronisation (Vandaele 2002c) und Untertitelung (Pelsmaekers & Van Besien 2002) in Betracht. Unter dieser Kategorie fällt auch die Forschung, die sich mit der Übersetzung von Comics und Cartoons beschäftigt sowie die zunehmende wissenschaftliche Auseinandersetzung mit dem Komischen im Dolmetschprozess, in dem die simultane Präsenz von einem ausgangs- und zielsprachlichen Publikum weitreichende Folgen für die Rezeption des Komischen haben kann (Pavlicek & Pöchhacker 2002). Diese Ansätze

---

[10] Diese Ansicht wird von den aktuellen Ansätzen der Translationswissenschaft in Frage gestellt (vgl. postkolonialistische Theorien oder die Aufsatzsammlung *Translation and Power* von Gentzler & Tymoczko, 2002).

werden unter Punkt *1.8 Medienwissenschaftliche Ansätze* zusammenfassend erläutert.

Eine weitere Ausprägung der Interaktion des Komischen mit anderen Codes besteht in der Kombination des Komischen mit verschiedenen Textgattungen, d.h. im Rahmen einer bestimmten Kultur konventionalisierter Textsorten. Eine Gattungsbezeichnung wie beispielsweise 'Novelle' erweckt bei Sender und Empfänger bestimmte Erwartungen, die erfüllt werden müssen (oder auch nicht), aber die in jedem Fall den gesamten Kommunikationsprozess beeinflussen. Diese kulturspezifischen Präsuppositionen sind das Rohmaterial, das komisch bearbeitet wird. Ein Paradebeispiel für die Anwendung von Humor auf eine literarische Textgattung ist *Don Quijote*, mit dem Cervantes automatisch eine eigenständige Gattung – den parodistischen Ritterroman – etablierte. Weitere Beispiele werden unter Punkt *1.6 Literaturwissenschaftliche Aspekte* präsentiert.

Zusammenfassend kann man sagen, dass die Forschung im Rahmen der *Humour Studies* gewinnbringende Einsichten in das Problemfeld des Komischen ermöglicht, von denen auch dessen Übersetzung profitieren kann. Nur durch den interdisziplinären Austausch in mehreren Richtungen wird man der Komplexität des komischen Phänomens gerecht.

1.5 Sprachwissenschaftliche Ansätze

Innerhalb der Wissenschaften, die sich mit dem Komischen beschäftigen, nimmt die Linguistik einen herausragenden Platz ein. Einen ausführlichen Überblick zu den unterschiedlichen Traditionen bietet Attardo in *Linguistic Theories of Humor* (1994). Aus diesem Bereich möchte ich zwei Ansätze herausgreifen, die eine breite Akzeptanz in Fachkreisen genießen und jeweils auf die Translationswissenschaft anwendbar sind: Zum einen handelt es sich um die *General Theory of Verbal Humour* (GTVH) von Raskin und Attardo, und zum anderen um die pragmatischen Anregungen u.a. von Leo Hickey.

Die *General Theory of Verbal Humour* wurde 1991 von Raskin und Attardo aufgestellt und ist eine Weiterentwicklung von Raskins *Semantic Script*

Theory of Humour (1985). Beide Theorien werden heutzutage einheitlich behandelt. Ihr Forschungsgegenstand bestand ursprünglich in der linguistischen Analyse von Witzen. Raskin und Attardo definieren einen Witz als eine Einheit, die aus 6 Parametern – auch *Knowledge Resources* genannt – zusammengesetzt ist. Diese Parameter sind (in aufsteigender Reihenfolge): *Language (LA), Narrative Strategy (NS), Target (TA), Situation (SI), Logical Mechanism (LM)* und *Script Opposition (SO)*. In einem Witz kann jeder Parameter einmal, mehrfach oder gar nicht vorkommen. *LA* steht für das Sprachmaterial, das zur Verbalisierung des Witzes notwendig ist. Die narrative Strategie (*NS*) bezieht sich auf die Erzählstruktur, in die ein Witz eingebettet ist, sei es eine Anekdote, ein Dialog, ein Reimgedicht usw. Mit *Target (TA)* bezeichnet man die Gruppe oder Einzelperson (und die dazugehörigen Vorurteile), die Opfer des Witzes werden. Die Situation *(SI)* sind laut Attardo die "Requisiten" eines Witzes (Attardo 2002:179), d.h. das, was zur Entstehung des Witzes vorhanden sein muss: Gegenstände, Teilnehmer, Instrumente usw. Erklärungsbedürftige Parameter sind der logische Mechanismus *(LM)* und die Skriptopposition *(SO)*. Der *LM* ist der Parameter, der sich als am problematischsten erwiesen hat, und besteht in der Auflösung der Inkongruenz, auf der ein Witz beruht. Allerdings wird diese Inkongruenz nicht immer glücklich aufgelöst, z.B. im Fall vom absurden Humor. Dieser Parameter ist also optional und setzt die Existenz einer bestimmten kulturspezifischen Logik voraus, die dem Witz zugrunde liegt. Attardo & Raskin haben eine Typologie von logischen Mechanismen entwickelt (vgl. Attardo 2002:180). Die SO beruht auf dem Skriptbegriff, der 1985 von Raskin in seiner *Semantic Script Theory of Humour* aus der Semantik übernommen und um den pragmatischen Aspekt erweitert wurde: "A script or frame is an organized complex of information about something, in the broadest sense: an object (real or imaginary), an event, an action, a quality, etc. It is a cognitive structure internalized by the speaker which provides the speaker with information on how the world is organized, including how one acts in it" (Attardo 2002:181). In einem Witz treffen zwei oder mehrere Skripte aufeinander, und zwar durch *overlapping* oder *oppositeness*. Ersteres bedeutet, dass ein Skript mehrere Lesarten haben kann, die sich überlappen. Zweiteres beschreibt den Fall, in dem zwei Skripts entgegengesetzt sind. Aus beiden Bedingungen erarbeitet Raskin folgende Witzdefinition:

A text can be characterized as a single-joke-carrying-text if both of the [following] conditions are satisfied:
i) The text is compatible, fully or in part, with two different scripts
ii) The two scripts with which the text is compatible are opposite... The two scripts with which some text is compatible are said to overlap fully or in part in this text

(Raskin 1985:99)

Relevant für die Problematik der Humorübersetzung ist die Tatsache, dass ein bestimmter Skript nicht unbedingt in allen Kulturen vorhanden sein muss.

Darüber hinaus sind die sechs Parameter einer Witzeinheit hierarchisch geordnet, was auch wichtige Folgen für die Anwendung der GTVH auf die Translation hat:

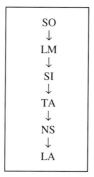

Abb. 3 Parameter der GTVH zur Entstehung eines Witzes

Ausgehend von den empirischen Untersuchungen von W. Ruch (1993) ließ sich bestätigen, dass die Wahrnehmung der Differenz zwischen zwei Witzen sich linear zur Rangordnung desjenigen Parameters verhält, durch den sich beide Witze unterscheiden. Anders formuliert: Zwei Witze, die sich sprachlich (LA) voneinander unterscheiden, werden als sehr ähnlich wahrgenommen, während zwei Witze, die sich durch Skriptopposition (SO) unterscheiden, als sehr unterschiedlich wahrgenommen werden.

Wie wird diese Theorie auf die Translation angewendet? Zunächst legt Attardo folgende Definition von Übersetzung fest:

a correspondence between two texts T_1 and T_2, such that the meaning (M) of T_1 (M_{T1}) and the meaning of T_2 (M_{T2}) are similar (approximate): $M_{T1} \approx M_{T2}$ and/or the pragmatic force (F) of T_1 (F_{T1}) and the pragmatic force of T_2 (F_{T2}) are similar/approximate: $F_{T1} \approx F_{T2}$

(Attardo 2002:175)

Bei der Übersetzung von komischen Texten geht es laut Attardo darum, die Korrespondenz zwischen AT und ZT in Bezug auf ihre Bedeutungsähnlichkeit sowie ihre perlokutive Kraft aufrechtzuerhalten. Das Ziel dabei ist die Wahrnehmung des Komischen.

Bevor man zur tatsächlichen Anwendung der GTVH auf die Translation kommt, soll erwähnt werden, dass Attardo keinen Unterschied zwischen kurzen (Witze) und langen (Kurzgeschichten, Romane usw.) komischen Texten macht:

> Recent work has shown that there are very significant differences between short humorous texts and longer ones. However, these are not particularly relevant as far as the translation of humour goes, for the simple reason that the macro-aspects of humorous texts arise from the repeated application of many micro-aspects, each of which can be individually described by an appropriately extended version of the General Theory of Verbal Humour.

(Attardo 2002:176)

Aus den vorhergehenden Ausführungen wendet Attardo die GTVH auf längere Texte an (2001) und entwickelt schließlich folgende Mini-Theorie der Übersetzung des Komischen:

> if possible, respect all six Knowledge Resources in your translation, but if necessary, *let your translation differ at the lowest level necessary for your pragmatic purposes*

(Attardo 2002:183)

Nach Attardo geht es beim Übersetzen also darum, AT mit ZT zu vergleichen, um Unterscheidungsmerkmale (Parameter) zu identifizieren und je nach Relevanz die entsprechende Übersetzungsstrategie auszuwählen. Meines Wissens ist die Anwendung dieser Theorie auf die übersetzerische Praxis recht spärlich. Jedoch findet sich ein Beispiel bei Antonopoulou (2002, 2004a), in dem die Autorin die GTVH als Ausgangspunkt nimmt. In Verbindung mit Einsichten aus der kognitiven Linguistik setzt sie dieses Instrumentarium ein, um, angewandt auf die Übertragung von Raymond Chandler ins Griechische, die Problematik der Übersetzung des Komischen zu erläutern. In einem zweiten Schritt (Antonopoulou 2004b) ergänzt die Autorin die translationswissenschaftliche Perspektive durch die Hinzunahme von funktional orientierten Ansätzen und von Einsichten der *Descriptive Translation Studies*.

Eine zweite Anwendung der GTVH, die deren Grundsätze um kognitive Aspekte erweitert und einen Ausblick auf die Übersetzungsproblematik wirft, ist die Arbeit von Chlopicki (2001, 2002). Dieser Autor interessiert sich hauptsächlich für die Empfängerperspektive und argumentiert, dass die Skriptopposition nicht ausreicht, um die Rezeption des Komischen zu verstehen (2001:62). Sowohl bei der Klassifikation von Texten als 'humorvoll' oder 'nicht humorvoll' als auch bei der pragmatischen Analyse des Komischen in Witzen und Kurzgeschichten (z.B. von Wodehouse) operiert Chlopicki mit dem so genannten *frame of character*: "What I intend to show is that humour in short stories may be analysed in terms of frames, especially character frames, which is due to the fact that nearly all humorous short stories (just as jokes) revolve around human5 characters, and their humour stems from their behaviours and mutual relations" (Chlopicki 2002:103). Ebenfalls aus dem Bereich der kognitiven Linguistik stammt der Ansatz von Brône & Feyaerts (2003). Sie plädieren für eine Interaktion von *Humour Studies* und kognitiver Linguistik, indem sie den *construal*-Begriff auf die Erzeugung und Auflösung von Inkongruenz anwenden.[11]

Wenn das Komische, wie bereits gesehen, grundsätzlich als komische *Wirkung* definiert wird und in der Regel eine komische *Intention* verfolgt, erscheint es als besonders sinnvoll, den Beiträgen zur Übersetzung des Komischen aus dem Bereich der Pragmatik Aufmerksamkeit zu schenken, denn dieses Teilgebiet der Linguistik operiert hauptsächlich mit drei Kategorien: *Lokution* (das Gesagte), *Illokution* (das Intendierte) und *Perlokution* (die tatsächliche Wirkung des Gesagten). Ausgehend von dieser Triade und in Verbindung mit dem *Kooperationsprinzip* und den *Konversationsmaximen* von Grice (1989), befassen sich zahlreiche Autoren mit den Aspekten 'komische

---

[11] Als äußerst relevant für die kritische Rezeption und Weiterentwicklung der GTVH hat sich die Veröffentlichung der *HUMOR*-Festschrift für Victor Raskin erwiesen (17-4, 2004). Darin melden sich verschiedene Kritiker der GTVH und Raskin selbst zu Wort. Die Festschrift bietet einen guten Überblick der Stärken und Schwächen dieser Theorie und öffnet ein breites Perspektivenspektrum für weitere Forschung. Darunter sind die Beiträge von Morreall und Triezenberg hervorzuheben (vgl. Bibliographie). Morreall argumentiert, dass die Skript-Theorie ungenügend ist, weil sie nicht alle Fälle sprachlichen Humors abdecken kann, und Triezenberg plädiert für eine Erweiterung der GTVH, so dass sie auch die Spezifik des literarischen Humors berücksichtigt bzw. sich von den Erkenntnissen der Literaturwissenschaft bereichern lässt. Einen weiteren Versuch, die GTVH zu erweitern, stellt der Ansatz von Patrick Zabalbeascoa (2005) dar. Dieser Autor schlägt die Anwendung eines *binary branching*-Systems auf die *Knowledge Ressources* der GTVH vor als Parameter zur Erstellung von übersetzungsrelevanten Witztypologien.

Intention' vs. 'komische Wirkung'. Meistens behandeln sie Texte, die eine klare humoristische Absicht verfolgen. Aus diesem Bereich möchte ich im Folgenden auf die Untersuchungen von Leo Hickey eingehen.

Hickey geht von der klassischen Inkongruenztheorie aus, macht diese aber von einem weiteren Begriff abhängig, nämlich dem der *Angemessenheit (appropriateness)*, die er wie folgt definiert: "a menos que haya motivo en contra, los seres humanos se comportan de una manera adecuada o apropiada a las circunstancias en las que se encuentran" (Hickey On-line). Das Komische ergibt sich also aus dem Kontrast zwischen einer Kommunikationssituation und einem Verhalten, das in dieser Kommunikationssituation als unangemessen gilt. Die (Un)Angemessenheitskriterien sind selbstverständlich je nach Kultur unterschiedlich. Darauf aufbauend, entwirft Hickey eine dreigliedrige Typologie des Komischen: a) Fälle des Komischen, die sich aus der Verletzung universaler Verhaltensnormen und Kenntnissen ergeben; b) kultur- oder gesellschaftsspezifische Fälle des Komischen und c) sprachspezifische Fälle des Komischen, die beispielsweise auf grammatikalische Besonderheiten, Redewendungen oder Wortspiele zurückzuführen sind. Hickey sieht in der Regel keine große Übersetzungsschwierigkeiten in Beispielen aus dem Fall a) und stellt folglich eine Übersetzungsmethode für b) und c) vor. Diese Methode besteht aus zwei Schritten. Der erste Schritt ist die Antwort auf folgende Frage: "¿Qué efecto se produce en el lector y qué medios lingüísticos han contribuido a ese efecto?" (Hickey On-line). Mit "efecto" meint er natürlich die komische Wirkung. Um diese Frage zu beantworten, schlägt Hickey eine eingehende pragmalinguistische AT-Analyse vor mit dem Ziel, die Mechanismen des Komischen aufzudecken. Auf der Basis dieser Erkenntnisse folgt der zweite Schritt: die Anwendung eines Übersetzungsverfahrens, in dem der Übersetzer die pragmatische Äquivalenz zur Maxime erhebt und ihr die semantische Äquivalenz unterordnet. Das heißt, dass der Übersetzer ggf. die lokutive Textebene ganz oder teilweise verlassen soll, um sich auf die Übertragung des perlokutiven Effektes zu konzentrieren und dadurch eine gewisse Wirkungskonstanz zu gewährleisten. Hickey nennt dieses Verfahren *recontextualisation* (Hickey 1998:222).

Neben Hickey integrieren auch die meisten anderen Ansätze zur Übersetzung des Komischen pragmatische Elemente in ihre Argumentation. In dieser Arbeit werden ebenfalls pragmatische Faktoren wie das Relevanzprinzip eine tragende Rolle spielen (vgl. Punkt 3.3.4c).

1.6 Literaturwissenschaftliche Ansätze

Fabrice Antoine stellt in seinem Artikel zur Übersetzung des Komischen (2001) folgende Verwandtschaft zwischen dem humoristischen (sic) und dem poetischen Text fest:

> [...] l'un comme l'autre [le texte humoristique et le texte poétique] «se sent», se ressent, s'interprète sans mots ou plutôt, au-delà des mots car reposant idéalement sur un jeu polysémique, polyphonique, qui résiste à la lecture unique. L'un et l'autre porte la trace d'une relation intime entre l'auteur et son dit, d'une multiplicité d'intentions qui se lit dans le feuilletage de sens, qui se perçoit, selon l'ouverture du lecteur ou de l'auditeur, dans ses résonances multiples, dont certaines peuvent rester muettes, tellement elles sont eufonies, «privées» ou ancrées profondément dans la culture ou s'inscrit le texte
>
> (Antoine 2001:20)

Der komische sowie der poetische Text sind also durch eine bewusst gewählte, über die Sprache hinausgehende Bedeutungsvielfalt gekennzeichnet, durch eine Polyphonie, die bei jedem Autor anders, also idiosynkratisch ist und eine breit gefächerte Auswahl an Interpretationen erlaubt. Aber was geschieht, wenn das Komische und die Poetik in demselben Text bzw. in einer bestimmten Textgattung oder bei einem bestimmten Autor zusammenkommen? Die Auseinandersetzung mit dieser Frage gehört zum Aufgabenfeld der Literaturwissenschaft.

Neuere übersetzungsrelevante Ansätze aus diesem Bereich beschäftigen sich bspw. mit Autoren wie Queneau (Eco & Wardle 2002), Dickens (Orero 2000) oder J.K. Rowling (Valero Garcés 2003). Unter Punkt 1.4 wurde bereits auf die Interaktion zwischen dem Komischen und den verschiedenen Textgattungen hingewiesen. Innerhalb der übersetzungsrelevanten Beiträge werden nach wie vor hauptsächlich Witze (z.B. in der arabischen Kultur, vgl. Muhawi 2002) und Wortspiele (Delabastita 2002) als Teil literarischer Werke behandelt. Moderne Ausrichtungen der Translationswissenschaft wie die *Postcolonial*

Studies finden ebenfalls Anwendung auf literarische Fallbeispiele unter Berücksichtigung der Problematik des Komischen (Cordonnier 2001, Merrill 2002). Schließlich wird die rhetorische Figur der Ironie oft dem Komischen untergeordnet und ihre Anwendung in der Literatur aus der übersetzerischen Perspektive untersucht (Linder 2002).[12] In all diesen Ansätzen dient Literatur als Projektionsfläche kulturspezifischer Vorstellungen des Komischen. Turk geht einen Schritt weiter und versteht Literatur als Metadiskurs des Komischen und Schnittstelle zu anderen Disziplinen wie Psychologie, Soziologie und Ethnologie:

> Ein relativ weites Verständnis des Begriffs vorausgesetzt, sind Tragik und Komik, aber auch alle angrenzenden Szenarien der Erheiterung und der Erschütterung, bis hin zum Lachen und Weinen, gerahmt durch Bewunderung und Verachtung, als 'diskursive' Phänomene aufzufassen: als Konventionen, sich in der *situatio humana* über Grenzwerte zu verstehen. Die Literatur nimmt ihnen gegenüber die Stellung eines Metadiskurses ein. Sie interpretiert oder 'liest' die vorgefundenen Deutungen, indem sie sich ihrer Überzeugungskraft als Muster bedient (an sie anknüpft), die Überzeugungskraft überprüft (sie zum Sujet oder zum Thema macht) oder sie in eigener Zuständigkeit weiterbildet (sie literarisiert).
>
> (Turk 1995:312)

1.7 Kulturwissenschaftliche Ansätze

Kulturwissenschaftliche Ansätze zur Übersetzung des Komischen wollen das Blickfeld über die Perspektive eines literarischen Textes hinaus erweitern, indem sie sich mit der Relation zwischen einer bestimmten Form des Komischen und der Kultur, in die sie eingebettet ist, befassen. Dadurch übernimmt der Humor eine Schlüsselrolle bei der Interpretation von Kulturen, Religionen oder Berufen. Ein gutes Beispiel dafür sind die kulturgeschichtlichen Beiträge in Bremmer & Roodenburg (1997), die zwar nicht direkt auf die Übersetzungsproblematik eingehen, aber wertvolle Informationen zu unterschiedlichen Epochen liefern, in denen das Komische und das Lachen die jeweilige Gesellschaft und die darin entstandene Literatur geprägt haben. Diese Aufsatzsammlung wird durch eine umfangreiche Forschungsbibliographie zum Thema 'das Komische in der Geschichte' abgeschlossen.

---

[12] Dass die Ironie nicht als Unterart des Komischen zu verstehen ist, wird sich im Laufe dieser Arbeit durch die Wortfeldanalyse zeigen.

Übersetzungsbezogen, kulturwissenschaftlich orientiert und relevant für die Theorie des Komischen sind auch die Beiträge, die der Göttinger Sonderforschungsbereich "Die literarische Übersetzung" im Zusammenhang mit der Übersetzung von Theater und Drama vorgelegt hat (vgl. die Schriftenreihe "Forum Modernes Theater"). Ein Band mit dem Titel *Differente Lachkulturen? Fremde Komik und ihre Übersetzung* (1995) konzentriert sich auf Probleme der Übersetzung von Phänomenen, Verfahren und Traditionen des Komischen, erweitert jedoch zugleich den Blick auf die Ebene von *Lachkulturen*. Der Begriff 'Lachkultur', der im Laufe dieser Arbeit mehrfach auftauchen wird, bezeichnet den kulturspezifischen Deutungshorizont für das Komische:

> Es gibt bestimmte soziale, regionale, nationale oder historische Zuschreibungen von Komikphänomenen, und es scheint gewisse soziale, regionale, nationale oder historische Vorlieben für bestimmte komisierende Verfahrensweisen zu geben. Ferner begegnen uns Fälle des Nichtmitlachenkönnens, oder auch Nichtmitlachenwollens, ebenso aber Fälle des gezielten Mitlachenwollens mit einer sozial, regional, national oder historisch integrierten Lachgemeinschaft
>
> (Unger 1995:13)

Dieser Begriff ist nicht neu. Bereits im 18. Jh. wurden im Zuge der nationalistischen Bewegung bestimmten Ländern spezifische Charaktereigenschaften zugeschrieben. Auf der Grundlage seiner Auseinandersetzung mit dem Werk von Rabelais prägte Michail Bachtin 1969 den Begriff endgültig aus (vgl. u.a. Punkt 2.2.2.7.6). Heute steht die Lachkultur als Teilkultur im Verhältnis zu anderen kulturellen Teilbereichen wie Trauerkultur, Eßkultur, Streit- und Konfliktkultur usw. Sie kann sich in einem sozialen, regionalen oder nationalen Umfeld äußern und ist selbstverständlich historisch variabel.

Welche Rolle spielt dabei die Übersetzungswissenschaft? Übersetzung wird in diesem Zusammenhang als "Grenz- oder Passagephänomen" zwischen Kulturen verstanden (Luthe 1995:49). Sie ist also ein Grenzmedium zur interkulturellen Begegnung und bedeutet gleichzeitig Ein- und Ausschließung zwischen zwei (oder mehreren) Kulturen. Die Göttinger Gruppe konzentriert sich auf die Lachkultur als Teilbereich des großen Bedeutungsgewebes 'Kultur'. Nach Luthe können sich zwischenkulturelle Beziehungen nach drei Polen hin artikulieren: "als *Konsolidierung kultureller Gemeinsamkeiten*, als *Affirmation (ziel)kultureller Eigenheiten* sowie als *Reflexion kultureller Fremdheit*" (Luthe

1995:49). Übertragen auf die Lachkultur, ergeben sich Komikverlust und Konfliktaufbau meistens aus der Affirmation (ziel)kultureller Eigenheiten. Die Konsolidierung kultureller Gemein-samkeiten kommt eher selten vor. Übersetzung wird nach Luthe zur "Zwischenwelt", zum Ort der Reflexion über kulturelle Fremdheit, in dem eine gemeinsame Bedeutung, in diesem Fall des Lachens, ausgehandelt werden soll.[13] Dadurch wird die Übersetzung gleichzeitig ein Angebot zur interkulturellen Verständigung. Wichtig ist in diesem Zusammenhang, dass man Alteritätsspannungen durch das Lachen abbauen kann, so dass sich daraus eine gewisse Verständnisbereitschaft ergibt. Dennoch sei darauf hingewiesen, dass der Übersetzung als Grenzmedium Unvollkommenheit inhärent ist. Aus diesem Grund betont Luthe schließlich, dass jede Übersetzung auslegungsbedürftig ist, und zwar desto stärker, je größer der zeitliche, soziale und sachliche Abstand zwischen AT- und ZT-Kultur. Dieser Befund ficht ihren Charakter als Passage und Möglichkeitsraum dennoch nicht an (Luthe 1995:66).

Was das Korpus der Untersuchung betrifft, analysieren die Autoren vorwiegend Komödien aus dem 18. und 19. Jh. unter diachronischem Gesichtspunkt. Sie gehen von der Theatersituation als Rahmenbedingung für die komische Übersetzung aus, befassen sich mit differenten Gattungskonventionen als Übersetzungsproblem und setzen sich mit der Übersetzung von Sprachkomik auseinander. Nicht theaterspezifische Beiträge sind z.B. Delhougnes Analyse der Komikrezeption des *Don Quijote* in deutschen Übersetzungen und Ekmanns Auseinandersetzung mit der dänischen Untertitelung von Witzen in einer deutschen Fernsehserie.

---

[13] Im Zusammenhang mit der Übersetzung als "Zwischenwelt" lässt sich eine Brücke zu Bhabhas kulturtheoretischem Begriff des *Dritten Raumes* schlagen. Bhabha definiert ihn als "die diskursiven Bedingungen der Äußerung, die dafür sorgen, daß die Bedeutung und die Symbole von Kultur nicht von allem Anfang an einheitlich und festgelegt sind und daß selbst ein und dieselben Zeichen neu belegt, übersetzt, rehistorisiert und gelesen werden können" (Bhabha 2000:57). Die Übersetzung wäre ein dynamischer Vorgang, der in einem gespaltenen Äußerungsraum stattfindet und dessen Stärke ausgerechnet in dieser Spaltung liegt, die in ein *hybrides* (statt multikulturelles) Kulturverständnis mündet. Dieses Konzept findet vor allem im Rahmen postkolonialistischer Theorien seine Anwendung.

1.8 Medienwissenschaftliche Ansätze

Unter dieser Überschrift möchte ich die Ansätze zur Übersetzung des Komischen zusammenfassen, bei denen der AT einem nonverbalen Code untergeordnet ist, wenn also Ton, Bild und/oder Typographie eine Schlüsselrolle beim Verständnis der komischen Botschaft spielen und dadurch deren Übertragung in eine andere Sprache erschweren. Es handelt sich dabei um Comics oder Cartoons, Drehbücher, Theatertexte und Libretti sowie Dolmetschleistungen. Ihre Übersetzung fällt oft unter das Stichwort *constrained translation* (Titford zit. nach Valero Garcés 2000:77), weil sie in gewisser Weise "eingeschränkt" ist. Hauptsächlich zwei Faktoren schränken die Freiheit des Übersetzers ein (Valero Garcés 2000:77): Zum einen der zur Verfügung stehende Platz, z.B. bei Comics die Sprechblase oder bei Film und Fernsehen die Untertitel, und zum anderen der Ton- oder Bildzwang – der Übersetzer kann seiner Kreativität keinen freien Lauf lassen, weil ein bestimmtes Bild bzw. Geräusch Vorrang hat.

Bei den Comics handelt es sich um eine Form von Unterhaltungsliteratur. Der Leser möchte sich in erster Linie amüsieren. Deshalb findet man im Original oft Wortspiele, Doppeldeutigkeiten, Witze, Jargon, Umgangssprache, Schimpfwörter usw., die auf einer konkreten Kulturspezifik beruhen. Zur Übertragung solcher Ausdrücke stehen dem Übersetzer mehrere Formen der Kompensation zur Verfügung (Valero Garcés 2000:79f). Hinzu kommen Platzprobleme und onomatopoetische Ausdrücke als besondere Tücken der Comicübersetzung. Was die Reproduktion von Geräuschen anbelangt, sind nach den Untersuchungen von Valero Garcés germanische Sprachen viel ergiebiger als romanische Sprachen. Die zusätzliche Amerikanisierung der Comic-Kultur führt dazu, dass onomatopoetische Wendungen zunehmend ins Spanische importiert werden. Der am meisten untersuchte Comic aus übersetzungswissenschaftlicher Perspektive ist Asterix.

Im Bereich der Film- und Fernsehübersetzung möchte ich mich auf die Verfahren der Synchronisation und Untertitelung konzentrieren. Die Synchronisation besteht im "Versehen einer vorgegebenen Bildfolge mit Lauten einer anderen Sprache" (Herbst 1994:1). Dabei geht es vor allem um die

Herstellung von Lippensynchronität. Um diese Vorgabe einzuhalten und aus Gründen der Gestensynchronität sieht sich der Übersetzer manchmal dazu gezwungen, ganze Satzpassagen umzuformulieren, den Text vollständig zu ändern oder neuen Text hinzuzufügen. Ein typisches Beispiel, das mit dem Komischen zu tun hat, ist das Einspielen von Lachen "aus der Konserve" im Original. Der Übersetzer muss dafür sorgen, dass es zeitgleich in der Zielsprache einen Grund zum Lachen gibt. In diesem Zusammenhang möchte ich den Artikel *Translating Jokes for Dubbed Television Situation Comedies* von Patrick Zabalbeascoa (1996) erwähnen. Der Autor analysiert die spanische und katalanische Synchronübersetzung von britischen Fernsehkomödien mit Schwerpunkt auf der Übertragung von Witzen. Zabalbeascoa präsentiert ein Übersetzungsmodell, das fach- und textsortenspezifische Prioritäten und Einschränkungen einer medialen Übersetzung im Einzelfall berücksichtigt. Darüber hinaus wird eine Typologie von Witzen aus translatorischer Sicht erstellt. Zur Überbrückung der Kluft zwischen Übersetzungstheorie und -praxis schlägt der Autor die Anwendung so genannter *stylebooks* vor, d.h. Arbeitsblätter, die sowohl Richtlinien zum konkreten Auftrag als auch Einsichten und Empfehlungen aus dem translationswissenschaftlichen Bereich enthalten.

Die Untertitelung ist die meist gekürzte Übersetzung eines Filmdialoges, der als schriftlicher Text synchron mit dem entsprechenden Teil des Originaldialoges auf dem Bildschirm oder auf der Leinwand erscheint. In der Theorie unterscheidet man bei dieser Art der Übersetzung zwischen quantitativen Zwängen, wie der Platz- und Zeitfaktor, und qualitativen Zwängen, die darauf hinauslaufen, dass die zeitliche Abfolge des Untertitels mit der Bildfolge abgestimmt sein muss. Im Zusammenhang des Komischen hat man bei Untertiteln das Problem, dass Aspekte wie Redestil, Sprachregister (z.B. Dialekt), Sprechtempo usw. schwer übertragbar sind. Diesbezüglich muss man die Arbeitsgruppe um Delia Chiaro (2004) aus der Universität Bologna erwähnen. Im Rahmen eines ehrgeizigen Forschungsprojektes wird die Reaktion italienischer Empfänger auf ausländische, vorwiegend angloamerikanische Sprachkomik in Film und Fernsehen empirisch untersucht. Die Ausgangshypothese besagt, dass ein großer Anteil an Sprachkomik so sprach- und kulturspezifisch ist, dass die komische Wirkung des Originals durch die Übersetzung (sei es als Synchronisation oder Untertitelung) verloren geht. Diese Forschungsgruppe arbeitet mit Videos und On-line-Umfragen. In einem weiteren Schritt soll das Experiment auf gesamteuropäische Zuschauer erweitert werden. Des Weiteren möchte ich in Bezug auf das Sprachenpaar Englisch-Spanisch die Arbeit von Fuentes Luque (2004) erwähnen. Der Autor untersucht die Übertragung des Komischen in den Filmen der Marx Brothers und analysiert die Unterschiede zwischen der synchronisierten und der untertitelten Version.

Oper- und Theatertexte stellen wiederum andere Schwierigkeiten dar. In der Oper arbeitet man oft mit Übertiteln, die eine ähnliche Problematik wie die Untertitel mit sich bringen. Der Unterschied besteht vor allem darin, dass die optische Information einer Oper von den Vorgaben im Originallibretto abweichen kann, so dass man bei der Anfertigung der Übertitel unbedingt die jeweilige Inszenierung mitberücksichtigen muss. Bei der Übersetzung von Sprech- und Musiktheaterstücken darf man Faktoren wie Spielbarkeit, Sprechbarkeit und Atembarkeit des Textes sowie die Rolle des Publikums nicht unterschätzen. Besonders bei der Oper oder im Musicalbereich kommen weitere gesangliche und musikalisch-semantische Aspekte hinzu (vgl. Kaindl 1999:258ff). Das Komische kann auf eine oder mehrere dieser Besonderheiten zurückzuführen sein.

Schließlich möchte ich kurz auf die Problematisierung des Komischen im Dolmetschprozess eingehen, denn dabei spielen Faktoren wie Körpersprache oder prosodische Merkmale eine bedeutende Rolle. Pavlicek und Pöchhacker (2002) haben zum ersten Mal empirische Daten zu diesem Thema vorgelegt. Dabei haben sie sich auf das Sprachenpaar Englisch-Deutsch konzentriert. Zunächst wurde festgestellt, dass das Komische sich im Dolmetschprozess hauptsächlich in Form von Witzen, Anekdoten und (Selbst)Ironie äußert. Englische Redner haben eine deutlich stärkere Tendenz zum Gebrauch dieser Formen des Komischen gezeigt. Die Autoren nehmen dieses Ergebnis zum Anlass, die Rolle von Englisch als *lingua franca* hinsichtlich der Herstellung interkultureller Kommunikation durch das Komische anzudeuten (Pavlicek & Pöchhacker 2002:398). Ohne diese These weiterzuverfolgen, kommen sie zu dem Schluss, dass das Komische für eine holistische Betrachtung des Dolmetschprozesses besonders hilfreich ist: "Given the constraints operating at multiple levels, from the sociocultural and institutional to the situational and textual and to the paralinguistic and non-vocal dimensions, humour is an ideal test case for developing a holistic account of interpreting as applied to themes like the pragmatic effect of the interpreting service or the quality of an interpreter's output" (Pavlicek & Pöchhacker 2002:398).

1.9 Kritische Stellungnahme zum Forschungsstand und Selbstortung der Arbeit

Im Folgenden möchte ich zu den dargestellten Ansätzen kritisch Stellung nehmen. Diese Auseinandersetzung versteht sich auch als Selbsteinordnung der vorliegenden Arbeit und soll zum Hauptteil überleiten.

Die dargestellten Ansätze haben die Forschung zur Übersetzung des Komischen entscheidend vorangebracht. Darüber hinaus haben sie zur Konsolidierung einer so genannten "Humorwissenschaft" (sic) geführt, die sich in Fachkreisen weltweit zunehmend Respekt verschafft hat. Dennoch gibt es in meinen Augen einige Einwände gegen die bereits existierende Fachliteratur, die ich an dieser Stelle geltend machen möchte. Meine Kritik äußert sich auf zwei Ebenen: Zum einen geht es um terminologische, zum anderen um methodologische Vorbehalte.

Was die Terminologie betrifft, gehe ich davon aus, dass jede Wissenschaft – zunächst ungeachtet der Komplexität ihres Forschungsgegenstandes – eine saubere Begrifflichkeit anstrebt. Im Falle der Forschung zum Komischen ist dies leider selten der Fall. Wie unter Punkt 1.1 bereits beschrieben, herrscht ein terminologisches Konkurrenzverhältnis zwischen 'das Komische' und 'der Humor'. Beide Begriffe werden je nach Interessenslage synonymisch oder antonymisch verwendet. Im Rahmen der modernen *Humour Studies* scheint es allerdings, wie bereits gezeigt, einen breiten terminologischen Konsens zu geben: Vertreter dieser Forschungsrichtung gehen vom englischen Wort *humour* als Oberbegriff aus, der alle weitere Formen des Komischen umfasst. Die Festlegung des kleinsten gemeinsamen Nenners ist bei der Operationalisierung jeder Theorie ein Schritt in die richtige Richtung. Dennoch wird in dieser Arbeit u.a. der hyperonymische Charakter des Humorbegriffs in Frage gestellt. Neben der rein etymologischen Frage, ob *humour* tatsächlich ein brauchbarer Oberbegriff ist, bin ich der Ansicht, dass eine solche Vereinfachung zwar den internationalen Austausch fördert, aber auch die kontrastive (mehrsprachige) Auseinandersetzung mit dem Thema erschwert, solange der Unterschied zwischen engl. *humour*, frz. *humour*, dt. *Humor*, it. *umorismo*, sp. *humor* usw. nicht ausführlich problematisiert wird. Im Rahmen dieser Arbeit wird ein solcher Versuch im Bezug auf das Sprachenpaar Spanisch-Deutsch unternommen mit dem Ziel, das "versus-Verhältnis" zwischen 'das Komische' und 'der Humor' aufzulösen.

Dass das Komische ein komplexes Phänomen ist, wird in allen Beiträgen bestätigt. Ein komplexes Phänomen verlangt jedoch nach einer komplexen Forschungsmethode, die nicht nur Einzelaspekte eingehend untersucht, sondern sie dann auch in eine Ganzheitlichkeit integriert. Das bedeutet, dass das Komische keine summative Größe ist, die sich allein aus der linearen Addition von Einzelaspekten ergibt bzw. sich dadurch erklären lässt. Ganz im Gegenteil: Die Einzelteile bilden ein komplexes System, in dem die Elemente in vielfacher Wechselbeziehung zueinander stehen. Ebenso wie die komischen Textbausteine hängen alle vom Übersetzer getroffenen Entscheidungen zusammen. In anderen Worten: Eine komische Kurzgeschichte ist nicht die bloße Aneinanderreihung mehrerer Witze; eine übersetzerische Entscheidung ist ebenfalls nicht ohne Berücksichtigung der gesamten Entscheidungskette zu verstehen. Aus diesem Grund bin ich der Meinung, dass Attardos Übertragung der GTVH von kurzen auf längere Textsegmente (vgl. Punkt 1.5) unzureichend ist. Nicht von ungefähr wird diese Theorie bei der Anwendung auf längere Textpassagen oft erweitert, z.B. um kognitionslinguistische Aspekte (vgl. Antonoupoulou 2002, 2004; Chlopicki 2001, 2002). Darüber hinaus erscheint mir Attardos Mini-Theorie zur Übersetzung des Komischen in Bezug auf ihre praktische Umsetzung methodologisch etwas umständlich. Laut Attardo sollte der Übersetzer AT und ZT vergleichen, um Unterscheidungsmerkmale zu identifizieren und je nach Relevanz die entsprechende Übersetzungsstrategie auszuwählen. Diese Methode soll also rückwirkend auf eine "Rohübersetzung" Anwendung finden, die je nach Korrespondenzgrad mit dem Original modifiziert wird. Meiner Meinung nach ist dies im Falle eines Witzes relativ gut machbar, bei einem längeren Text jedoch kann sich der Übersetzer eine solche Vorgehensweise allein zeitlich nicht leisten. Aus diesem Grund plädiere ich für eine angemessene Erweiterung der übersetzerischen Komponente der GTVH, und zwar so, dass der Übersetzer sie als Vorüberlegung in den Arbeitsprozess einbauen kann.

Wie lässt sich dann die erwünschte methodologische Komplexität erreichen? Das Stichwort hierzu ist *Interdisziplinarität*. Die Auseinandersetzung mit Ansätzen aus unterschiedlichen Fachrichtungen ist m.E. eine unabdingbare Voraussetzung für jede Beschäftigung mit dem Komischen. Mit anderen Worten: Nur über die Analyse und die Integration von Einzelaspekten gelangt man zur Synthese dessen, was das Komische ausmacht. Aus diesem Grund bin ich der Meinung, dass die Translationswissenschaft als integrative Disziplin durch ihre Methoden, in ihren Aspekten und im Erkenntnisspektrum eine sichere Grundlage für die Untersuchung des Komischen bietet, denn "[...] Sie ist vielmehr eine Disziplin, deren Eigenwertigkeit aus der Fähigkeit erwächst, die Komplexität ihres Forschungsgegenstandes durch Einbeziehen der verschiedenen zuständigen Disziplinen mit deren Angeboten an Modellen, Methoden und Resultaten auch entsprechend komplex zu analysieren. Die Qualität liegt also in der Integration" (Kalverkämper 1999:61).

Der interdisziplinäre Charakter der Forschung des komischen Phänomens wird in einführenden Beiträgen zu Aufsatzsammlungen immer wieder hervorgehoben, ohne dass die nachfolgenden Aufsätze diese Prämisse in die Praxis umsetzen (z.B. bei Vandaele 2000). In der Regel beschäftigt sich jeder letztlich nur mit seinem eigenen Teilbereich. Ein Beispiel dafür ist die Arbeit von Leo Hickey (1998). Ihre Ausrichtung ist in erster Linie pragmatischer Natur. Die Wirkung des ZT gilt als übergeordnete Größe. Darauf aufbauend entwickelt Hickey drei Übersetzungsstrategien, die jeweils auf einem bestimmten Texttyp angewandt werden. Diese Strategien sind: *recontextualisation* (adaptierende Übertragung der AT-Botschaft in einen ZT-gerechten Kontext), *marking* (Fremdmarkierung des ZT) und *exegesis* (erklärende Interpretation des AT im ZT). Je nachdem, ob der AT komisch oder literarisch ist, sollte sich der Übersetzer laut Hickey entweder für die *recontextualisation* im Falle des Komischen oder für leichtes *marking* und *exegesis* im Falle von Literatur entscheiden. Was passiert aber, wenn der AT gleichzeitig komisch und literarisch ist (wie so oft der Fall)? Hickey bietet keine Antwort hierzu. Außerdem werden in der Fachliteratur oft begriffliche Dichotomien wie Kultur vs. Sprache (vgl. Laurian 1989) bzw. präskriptive vs. deskriptive Methoden (vgl. Toury 1997) aufgestellt, die eher Starrheit als Klarheit schaffen: Entweder sind sie so normativ, dass sie selten eine Entsprechung in der übersetzerischen Praxis finden, oder sie sind so deskriptiv, dass der Übersetzer über den beschriebenen Einzelfall hinaus kaum brauchbare Rückschlüsse für weitere AT ziehen kann. Dabei ist das Komische, gerade weil es sich aus den unterschiedlichsten Traditionen speist, insofern ein Glücksfall, als es dazu anregt, über den eigenen Tellerrand hinauszublicken.

Ein weiterer Kritikpunkt betrifft die Auswahl der Korpora. Komische Texte wie z.B. Witze haben m.E. wenig mit dem übersetzerischen Alltag zu tun. Der Dolmetschbereich stellt in dieser Hinsicht eine positive Ausnahme dar (vgl. Punkt 1.8). In Bezug auf die literarische Übersetzung sind die komischen Texte, die untersucht werden, eher Sonderfälle. Darüber hinaus ist das Anwendungsgebiet der Forschungsergebnisse sehr eng und nur schwer auf andere Beispiele übertragbar. Vor allem die Arbeit Delabastitas (2002) hat in meinen Augen u.a. durch seine Shakespeare-Untersuchungen weitreichende Folgen sowohl für die Wortspielübersetzung allgemein als auch für die Shakespeare-Forschung an sich gehabt. Im Falle des Göttinger Sonderforschungsbereichs (vgl. Punkt 1.6) konzentrieren sich die Autoren auf eine diachronische und theaterspezifische Perspektive, die sich mit Sicherheit auf synchronische Textbeispiele und weitere Gattungen übertragen ließe. Gerade in der wissenschaftlichen Auseinandersetzung mit der literarischen Übersetzung sind eine stärkere Praxisbezogenheit sowie die Einbindung textexterner Faktoren unbedingt vonnöten.

Schließlich möchte ich darauf hinweisen, dass es zur Übersetzung des Komischen aus dem Spanischen ins Deutsche praktisch keine Fachliteratur gibt. Allein das Thema 'das Komische' wird im deutschsprachigen Wissenschaftsbetrieb nur selten und wenn, dann vor allem in Bezug auf den *British humour* problematisiert. Die bibliographische Dürre steht in keinem Verhältnis zum Interesse, das die Fragestellung der Übersetzung des Komischen – sowohl beim Laien als auch in Fachkreisen – weckt. Die vorliegende Arbeit versteht sich daher auch als Beitrag zur Bereicherung der spanisch-deutschen Landschaft des Komischen. Beide Varianten treffen in der Übersetzung direkt aufeinander. Aus diesem Grund kann man in diesem Anwendungsbereich Gemeinsamkeiten und Unterschiede zwischen dem spanischen und dem deutschen Phänomen des

Komischen besonders gut erforschen. Bevor ich jedoch auf die Übersetzungsproblematik eingehe, werde ich, meine o.g. Kritik ernst nehmend, eine terminologische Klärung der Begrifflichkeiten vorlegen.

2. Methodologische Voraussetzungen – Begriffssysteme

> *Was Humor ist, das hat wohl noch niemand zu erklären versucht: und ich glaube, schon der bloße Versuch, diesen Begriff näher bestimmen zu wollen, ist ein Beweis von Humorlosigkeit, weshalb ja auch hauptsächlich Universitätsprofessoren sich mit dieser Aufgabe beschäftigt haben.*
>
> EGON FRIEDELL

Um wissenschaftlich geklärt zu bekommen, wie der Untersuchungsgegenstand – das Komische – eigentlich semantisch konturiert ist, erweist sich eine begriffssystematische Analyse als sinnvoll. Diese Analyse umfasst:

- die Leseleistung der Sekundärliteratur zu dem Thema,
- die Umsetzung der generellen Erkenntnisse für die eigene Fragestellung,
- lexikographische Studien in deutschen und spanischen Wörterbüchern
  - zu den Synonymen und
  - zu den definitorischen Verweisstrukturen (semantische Vernetzungen),
- die Anfertigung von Wortfeldanalysen
  - in den Detailrelationen und
  - in abstraktiven Relevanzbezügen.

Die Erarbeitung des wortfeldanalytischen Teils heißt allerdings nicht, dass die dadurch gewonnenen Erkenntnisse sofort für translationswissenschaftliche Zwecke verwendbar wären. Um vergleichende und folglich interkulturell spezifizierende Aussagen über die Begriffssysteme machen zu können, ist die Anwendung eines übersetzungsrelevanten Kommunikationsmodells notwendig.

2.1 Analyse-Instrumentarium

Das Analyse-Instrumentarium der vorliegenden Arbeit besteht also aus einem begriffssystematischen (wortfeldanalytischen) Teil und der Anwendung der Ergebnisse auf ein translationsrelevantes Kommunikationsmodell. Im Folgenden werden beide Instrumente zunächst theoretisch zusammenfassend vorgestellt (vgl. Punkte 2.1.1 und 2.1.2). Anschließend werden sie durch die Analyse des Wortfelds des KOMISCHEN (vgl. Punkt 2.2.1) und die Analyse des Wortfelds der *GRACIA* (vgl. Punkt 2.2.2) in die Praxis umgesetzt.

2.1.1 Wortfeldtheorie

Ziel einer Wortfeldanalyse ist, einen Begriff in seinem semantischen Umfeld zu platzieren und Verwandtschaften festzuhalten. Aus dem häufigen Gebrauch eines Wortes kann man das Vorhandensein der mit diesem Wort gemeinten Sache nicht automatisch schließen. Umgekehrt kann man aus dem Fehlen eines Wortes auch nicht folgern, dass die gemeinte Sache nicht existiert. Linguisten versuchen, dieser semantischen Schwierigkeit dadurch zu entgehen, dass sie Wortstudien als Wortfeldstudien anlegen. In einem Wortfeld wird die Bedeutung eines bestimmten Wortes durch seine Feldnachbarn semantisch bestimmt.

Diese Tatsache beruht auf dem Begriff *valeur*, der von Saussure in seinem *Cours de Linguistique Générale* wie folgt definiert ist: "Puisque la langue est un système dont tous les termes sont solidaires et où la valeur de l´un ne résulte que de la présence simultanée des autres" (Saussure 1949:159). Ein Wort als Zeichen ist somit nicht allein durch die Verbindung von Bezeichnetem (Vorstellung) und Bezeichnendem (Laut), d.h. Bedeutung, gekennzeichnet, sondern auch durch seine Beziehung bzw. Gegenüberstellung zu anderen Wörtern im Sprachsystem. Diese Beziehung nennt Saussure *valeur* oder Wert. Zudem ist die Bedeutung eines Wortes von seinem Wert abhängig. Dieser kann allein durch die Umgestaltung eines benachbarten Gliedes verändert werden, ohne dass man die Bedeutung des Wortes (weder Laut noch Vorstellung) berührt. Innerhalb einer Sprache begrenzen sich alle Wörter gegenseitig, die verwandte Vorstellungen ausdrücken; Synonyme haben beispielsweise ihren besonderen Wert nur durch Gegenüberstellung. Aus diesem Grund bieten sie im Rahmen eines Wortfeldes die einmalige Chance, die Bedeutung und den Wert eines Begriffs zu erschließen.

In den siebziger Jahren empfing die Wortfeldforschung wichtige Impulse, die sich in sicherlich vergröbernder Einteilung in zwei für die Zwecke dieser Arbeit relevanten Richtungen zusammenfassen lassen (Kalverkämper 1980:417 ff.): Auf der einen Seite die mentalistische/psychologische Wortfeldforschung (Saussure, Bally) und auf der anderen Seite die mechanistische/strukturale Wortfeldforschung (Coseriu, Geckeler). Der Unterschied zwischen beiden Fachrichtungen besteht in der Berücksichtigung von Assoziationen in der methodentheoretischen Reflexion. Die Mechanisten gehen von der Unendlichkeit, Unvorhersagbarkeit und Individualität von Assoziationen aus, so dass keine Systematisierung möglich ist. Die Mentalisten hingegen berufen sich auf die Ergebnisse der experimentalen Assoziationspsychologie und definieren Assoziationen als soziale Phänomene, die sich innerhalb derselben Formenklasse vollziehen, tendenziell angelegt, vorgegeben oder konditioniert sind und sich deshalb nach einer oppositiven Struktur systematisieren lassen. Darüber hinaus verlaufen die Assoziationen nach drei Gesetzmäßigkeiten: Similarität, Kontrast und Kontiguität, die von der systemtheoretisch orientierten funktionalen Linguistik als Synonymie, Antonymie und Kongruenz übernommen werden. In einer Wortfeldanalyse muss man sich an einem (oder mehreren) dieser Parameter orientieren. Die Similarität ist als Abhängigkeit schaffende und Ordnung stiftende semantische Relation für die Wortfeldanalyse besonders geeignet, denn ein Wortfeld ist "eine durch Similarität, also über die Gemeinsamkeit eines oder mehrerer bestimmter semantischer Merkmale erstellte Vernetzung von Wörtern" (Kalverkämper 1990:90). Aus diesem Grund empfiehlt sich die Arbeit mit analogischen lexikographischen Quellen, d.h. Synonymwörterbüchern, als Kondensation "lebendiger" Texte. Wenn es darum geht, die Bedeutung eines bestimmten Wortes zu erschließen, bieten sich aufgrund ihrer Verweisstruktur moderne Definitionswörterbücher als weitere Hilfsmittel an. Die Arbeit mit Wörterbüchern stößt oft auf den Einwand der Abschreibtradition und einer verminderten Qualität. Andererseits ist es sicherlich einsichtig, dass gute Wörterbücher die kulturellen Erfahrungen und das Texte-Verstehen in einer für die Zwecke dieser Arbeit ökonomischen Weise konzentrieren. Gebrauchswörterbücher können sicherlich fehlerhaft sein, aber sie stellen ein breit angelegtes Wortbedeutungsinventar zur Verfügung, auf das man sich als Abstraktion der Verwendung von Wörtern in Texten und Kontexten verlassen sollte, um Wortfeldstudien dieser Art zu unternehmen.

Was die Methodologie der Wortfeldanalysen anbelangt, beziehe ich mich auf Hartwig Kalverkämper, der 1980 in seinem bereits zitierten Beitrag zur Methodologie der Fachsprachenlinguistik anhand des Begriffs der Fachlichkeit im Französischen in Nachfolge Geckelers und der strukturalen Sprachwissenschaft den grundsätzlichen Weg für wortfeldanalytische Studien geebnet hat und dessen Methode mehrfach angewendet worden ist.[14] Eine Wortfeldanalyse fängt mit der Festlegung des Stimuluswortes oder Archilexems als Einstieg in das semantische Feld an. Dabei ist mit einem gewissen Grad an intuitiver Willkür zu rechnen, die gegebenenfalls nachträglich korrigiert werden soll, aber dadurch zu rechtfertigen ist, dass das Archilexem den Einstieg in ein komplexes Wortfeld ermöglicht, aufgrund dessen die gesamte Hierarchie des Wortfeldes herausgearbeitet und angewendet werden kann. Anhand dieses Archilexems und mit Hilfe der Synonymwörterbücher legt man zunächst die Begriffe und Grenzen des Wortfeldes fest. Der nächste Schritt ist die Erfassung impliziter Hierarchien unter den Begriffen mit Hilfe der Verweistechnik moderner Wörterbücher. Beruhend auf der Anzahl von Fort- und Hinverweisen kann man den Ober- oder Unterbegriffscharakter der verschiedenen Wörter erschließen. Schließlich wird der Versuch unternommen, Schwerpunkte im System festzulegen, die Affinitäten und Disparitäten schaffen, anders formuliert, die innere Organisation des Wortfeldes zu Gemeinschaftsfeldern zu abstrahieren. Dieses kann beispielsweise durch eine genauere Analyse der Begriffsmerkmale oder durch die Einordnung der Ergebnisse der Wortfeldanalyse in ein bestimmtes Modell erfolgen.

An dieser Stelle möchte ich betonen, dass eine Wortfeldanalyse aufgrund der relativen Willkür bei der Festlegung des Archilexems und ihrer Bindung an die Informationen eines Wörterbuches keineswegs Vollständigkeit anstreben kann, was sich wiederum als Offenheit für Erweiterungen des Feldes mit einer

---

[14] Im Folgenden ist eine theoretische Zusammenfassung der Methodologie einer Wortfeldanalyse skizziert, die anschließend unter 2.2 auf die Analyse des Wortfelds des KOMISCHEN (2.2.1) und der *GRACIA* (2.2.2) angewendet wird.

gewissen Vagheit der Außengrenzen niederschlägt. Dennoch erweist sich die Wortfeldanalyse als ein wichtiges semantisches Werkzeug zur Erschließung der Bedeutung eines bestimmten Wortes im systematischen Zusammenhang. Erweiterungsmöglichkeiten sind auf mehreren Ebenen möglich: Man kann beispielsweise die Anzahl von lexikographischen Quellen erhöhen, andere Wörterbücher zu Rate ziehen (z.B. onomasiologische Wörterbücher nach Sachgruppen), das Wortfeld unter Berücksichtigung von Antonymen ausbauen, die Analyse unter dem Prinzip der Historizität diachronisch anlegen oder sie mit anderen Wortfeldern inter- bzw. intralingual vergleichen, moderne computergestützte lexikographische Techniken anwenden, Textkorpora oder Umfragen in der nalyse mit einbeziehen usw., so dass man behaupten kann, die Wort*feld*theorie sei im wahrsten Sinne des Wortes ein weites *Feld*.

2.1.2 Translationswissenschaftliches Kommunikationsmodell

Damit die Ergebnisse der Wortfeldanalyse sich nicht lediglich auf eine Auflistung von Begriffen und die daraus entstehende numerische Rangordnung beschränken, muss man in der Lage sein, Schlüsselmerkmale unter den Begriffen zu erkennen, die innerhalb des Systems sowohl Affinitäten als auch Disparitäten schaffen. In diesem Zusammenhang ist die Relationsstiftung durch die Einordnung der Ergebnisse der Wortfeldanalyse in ein übersetzungsrelevantes Kommunikationsmodell möglich.

Ausgehend von Bühlers Organonmodell (1934) und Jakobsons Erweiterung desselben (1979) übernehme ich vom letzteren die Übersicht der konstitutiven Faktoren in jedem verbalen Kommunikationsakt (Jakobson 1993:88), erweitert wiederum um die im jetzigen Entwicklungsstand der Translationswissenschaft nicht mehr wegzudenkende kulturelle Dimension (Kalverkämper 1999:66). Das Modell wird grafisch wie folgt dargestellt:

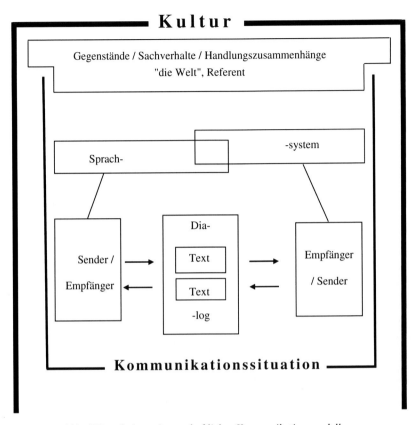

Abb. 4 Translationswissenschaftliches Kommunikationsmodell

Dieses Modell umfasst die zentralen Komponenten, die für eine korrekte Übersetzung bzw. Dolmetschleistung notwendig sind und sich auf folgende Zentralbegriffe kondensieren lassen (vgl. Kalverkämper 1999:65):

- 'Text'
  - 'Partner-Situation' (Kommunikation, Pragmatik) und
    - 'Kultur'.

Der Sender richtet einen Text – mündlich oder schriftlich – über "die Welt" an den Empfänger unter Anwendung eines gemeinsamen Sprachsystems. Dieser Vorgang findet in einer bestimmten Kommunikationssituation statt, die wiederum in eine spezifische Kultur eingebettet ist. Im Folgenden wird das Modell erläutert, indem die Verhältnisse der Zentralbegriffe zueinander beschrieben werden:

- Der *Text* bildet den Kern des Modells. Er besteht in einer mündlichen oder schriftlichen Aussage über die Welt als Referent, d.h. eine Aussage über Gegenstände, Sachverhalte und Handlungszusammenhänge. Diese Aussage wird durch ein dem Sender und dem Empfänger gemeinsames *Sprachsystem* (Code) artikuliert. Der Text versteht sich als Sprechangebot vom Sender an den Empfänger, auf das Letzterer reagieren soll. Die Kommunikation zwischen Sender und Empfänger wird also durch den Text hergestellt, er hat somit eine *dialogische* Dimension. In der vorliegenden Dissertation ist der analysierte Text literarischer Natur. Die Bezeichnung 'Text' umfasst nicht nur die mündliche bzw. schriftliche Sprache, sondern auch die kulturelle Kodierung von Körpersprache als Zeichen des partnergebundenen Verhaltens.

- Die Partner-Situation umfasst die *Kommunikationssituation*, in der sich *Sender* und *Empfänger* befinden und handeln. Der pragmatische Aspekt des Sprachhandels, "des handelnden Sprechens und sprechenden Handelns" (Kalverkämper 1999:66), spielt an dieser Stelle eine besondere Rolle und wird grafisch durch die Pfeilverbindung dargestellt. Das Handeln und das Sprechen beeinflussen sich gegenseitig: Das Handeln ist immer situationsbezogen, d.h. in eine konventionalisierte Situation eingebettet, die die Kommunikation maßgeblich bestimmt. Der Sender wird situationsbezogen und sprechend handeln und die Initiative der Kommunikation ergreifen. Daraufhin wird der Empfänger handelnd sprechen und reagieren.

  Die jeweils doppelte Rolle *Sender / Empfänger* ergibt sich aus der translatorischen Ausrichtung des Modells. In diesem Fall handelt es sich um die Übersetzung von Literatur als Dialog zwischen einem Sender (= AT-Autor) und einem Empfänger (= AT-Leser), der wiederum als Übersetzer agiert und dadurch zum Sender (= ZT-Autor) wird, der einem neuen Empfänger (= ZT-Leser) die Übertragung der originalen Botschaft in ein anderes Sprachsystem vermittelt. Diese Doppelbewegung wird grafisch durch Pfeile dargestellt.

- Das Handeln der Kommunikationspartner vollzieht sich im Rahmen von Verhaltenskonventionen, die kulturell kodiert sind. Eines dieser Kulturspezifika ist bspw. der Begriff des Komischen, der in jeder kulturellen Gemeinschaft anders besetzt ist. Die '*Kultur*' bildet also das Dach, unter dem sich der Kommunikationsprozess vollzieht. An dieser Stelle stößt man auf die Schwierigkeit einer einschlägigen Ein-Satz-Definition von Kultur. Angesichts der pragmatischen Ausrichtung des Kommunikationsmodells erweist es sich als sinnvoll, einen dynamischen und offenen Kulturbegriff anzuwenden, der sich auf die Handlungsbeteiligten, ihre Kommunikativität und Soziabilität konzentriert. In diesem Sinne möchte ich mich auf Kalverkämpers Kultur-Begriff beziehen, dessen konstitutive Züge den sozialen (*homo sociologicus*) und den wirkenden (*homo faber*) Menschen betreffen (Kalverkämper 1999:68). Diese Definition ergibt sich aus der Kondensation semantischer Wesenszüge des 'Kultur'-Begriffs, so wie er in 33 deutschsprachigen Lexika verzeichnet ist, und umfasst folgende Aspekte:

homo sociologicus
- die identifikationsstiftende gleiche Sprache als gemeinsame Bindung;
- die kollektiv empfundenen Wertvorstellungen und verhaltenssteuernden Inhalte;
- identitätsstabilisierende äußere Manifestationsweisen von Werten, Zielen, sozialen Erfahrungen;
- tradierte Formen des Feierns und des Gedenkens;
- Konsens bei der Gestaltung und Strukturierung des Alltags;
- als unabdingbar und sozial verbindlich angesehene Markierungen im Lebenslauf der einzelnen Mitglieder der Gesellschaft;
- konventionalisierte Formen des Umgangs miteinander und der sozialen Ordnung;
- gemeinsam akzeptierte und kaum in Frage gestellte Einschätzungsgrundlagen gegenüber Fremden, Andersartigem, Neuem – was sich insbesondere in Klischees und gefestigten Vorurteilen zeigt.

homo faber
- kunstschaffender Ausdruckswille in Literatur und den Künsten und deren Selbstverständnis in der Auseinandersetzung zwischen traditionsbezogener Beharrung und zukunftsgerichteter Veränderung (Konstanz und Variation; Statik und Dynamik);
- weitgehender Konsens bei der Gestaltung und Bewertung von Arbeitsprozessen ('Beruf', Zugehörigkeit zu einem Fach oder Disziplin, soziale Rolle

durch Fachwissen, gesellschaftliche Reputation von Ausbildung und geschulten Kenntnissen, Integration von Wissenschaft in gesellschaftliche Meinungsbildung und Akzeptanz, Stellenwert von Allgemeinwissen, Einschätzung des Wertes von Arbeit);
- o forschender Gestaltungsdrang in den Wissenschaften und Technologien, was eng mit 'Fortschritt' verbunden ist, dabei aber auch einbezieht:
- o Kontakte des Transfers, Kooperation und Wettbewerb; einschließlich und unverzichtbar
- o die Bereitschaft und Fähigkeit zu einer philosophischen Begleitung, zu einer ethischen Rückbesinnung und Korrekturoffenheit, zu einer moralischen Reflexion, zu einer kritisch-sozialen Inspektion, zu einer Sensibilisierung für Grenzen des Machbaren und für eine prinzipielle Verantwortung vor der Zukunft.

(Kalverkämper 1998)

Das übersetzungsrelevante Kommunikationsmodell ist in der Wissenschaft unbestritten und im Ansatz schon mehrfach angewendet worden.[15] Es ist umfeldbezogen und funktional angelegt. Beide Eigenschaften sind für das Wortfeld des Komischen besonders relevant, da das Komische immer in einem Kontext stattfindet (umfeldbezogen) und als Angebot an einen Empfänger mit einem bestimmten Ziel – sei es heiteres Lachen, Kritik an der Gesellschaft o.Ä. – fungiert (funktional).

Darüber hinaus hat das Kommunikationsmodell zunächst in den siebziger Jahren in seiner interlingualen Ausprägung (Leipziger Schule) und auch später in den achtziger Jahren als interkulturelle Variante (Reiß/Vermeer) die deutschsprachige Übersetzungswissenschaft sehr stark geprägt (Stolze 1997:57-58; 197). Der Übersetzer schaltet sich in das traditionelle Kommunikationsmodell in einer doppelten Funktion ein: als *Empfänger* eines Textes T_1, der unter einem bestimmten Code C_1 in einer kulturell eingebetteten Kommunikationssituation K_1 verfasst wird und durch ihn als *Sender* in einen Text T_2 unter einem Code C_2 in einer kulturell eingebetteten Kommunikationssituation K_2 übertragen werden soll. Auf die spezifische Übersetzungsproblematik werde ich an anderer Stelle

---

[15] Hiermit knüpfe ich an die Tradition vieler Autoren an, die sich auf das Organonmodell und Jakobsons Erweiterung desselben als Forschungsgrundlage gestützt haben, z.B. Weinrich (1966), Nord (1997), Kalverkämper (1999).

näher eingehen (vgl. Kap. 4). Der Hinweis auf den geschichtlichen Hintergrund soll lediglich der Tatsache Rechnung tragen, dass man mit dem übersetzungsrelevanten Kommunikationsmodell als Analyse-Instrumentarium einen festen Boden unter den Füßen hat.

2.2 Interkulturelle Semantik

Der Anwendungsbereich des zuvor präsentierten Analyse-Instrumentariums ist die interkulturelle Semantik. Die daraus gewonnenen Erkenntnisse werden in dieser Arbeit für translationswissenschaftliche Zwecke operationalisiert.

Die interkulturelle Semantik oder *cross-cultural semantics* ist eine neuere sprachwissenschaftliche Strömung, die vorwiegend aus dem angloamerikanischen Raum kommt. Eine der profiliertesten Autorinnen ist die Russin Anna Wierzbicka. Die Vertreter dieser Forschungsrichtung gehen von der engen Verbindung zwischen einer Gesellschaft und deren Wortschatz aus, was soviel wie die Verknüpfung zwischen Kultur und Sprache bedeutet und einen Anklang an die humboldtsche Einheit von Denken und Sprache enthält.

Der Kulturbegriff im Bereich der interkulturellen Semantik ist auf Geertzs Definition (1979) zurückzuführen: "[...] a historically transmitted pattern of meanings embodied in symbols, a system of inherited conceptions expressed in symbolic forms by means of which people communicate, perpetuate and develop their knowledge about and attitudes toward life" (zit. nach Wierzbicka 1997:20f). Darüber hinaus weist Wierzbicka mit Nachdruck auf die Gefahr eines angloamerikanischen Ethnozentrismus in der Betrachtungsweise von Kultur hin. Aus diesem Grund beschäftigt sie sich mit ganz unterschiedlichen Sprach- und Kulturräume, z.B. Australien, Russland, Polen, Deutschland und Japan.

Mit 'Wortschatz' oder 'Sprache' sind nicht nur Gegenstandsbezeichnungen, sondern auch Sachverhalte, Handlungszusammenhänge, Emotionen, kurz "die ganze Welt" als Referent gemeint. Die methodologische Parallele zum dargestellten translationswissenschaftlichen Kommunikationsmodell (Punkt 2.1.2) ist nahe liegend. Wichtig ist ebenfalls die Tatsache, dass Wierzbickas Theorie das Nonverbale als gleichrangige Sprachäußerung berücksichtigt. Die Einbindung von Körpersprache in der Herstellung des komischen Effektes wird im Laufe dieser Arbeit ebenfalls eine bedeutende Rolle spielen.

Aus der Verbindung zwischen Sprache und Kultur ergibt sich die Existenz kulturspezifischer Begriffe, die das Verhalten und den Erfahrungsschatz einer bestimmten Gesellschaft widerspiegeln und den Zugang zu dieser Kultur ermöglichen. Solche Kernbegriffe sind dynamisch, sprich variabel in Zeit und Raum, und nicht unbedingt exklusiv: "[…] the meanings of words from different languages don't match (even if they are artificially matched, faute de mieux, by the dictionaries), […] they reflect and pass on ways of living and ways of thinking characteristic of a given society (or speech community) and […] they provide priceless clues to the understanding of culture" (Wierzbicka 1997:4). Die Autorin erläutert dieses Prinzip bspw. anhand der Analyse von Begriffen wie *Angst*, *Heimat* oder *Vaterland*.

Die Existenz solcher Kulturspezifika heißt allerdings nicht, dass es keine universalen Begriffe gibt, sondern dass diese vielmehr aus einer interkulturellen Perspektive identifiziert und registriert werden sollen. Dies kann z.B. durch die Anwendung von Frequenzwörterbüchern rein numerisch oder durch die Erarbeitung einer kontrastiven Wortfeldanalyse – wie in dieser Arbeit der Fall – geschehen.

Wierzbicka argumentiert mit der Existenz so genannter *key-words*, "words which are particularly important and revealing in a given culture. […] There is no finite set of such words in a language, and there is no 'objective discovery procedure' for identifying them. To show that a particular word is of special importance in a given culture, one has to make a case for it" (Wierzbicka 1997:15f). Die Autorin plädiert für eine induktive Forschungsmethode, nach der *key-words* im Zentrum eines breiteren Kulturbereichs stehen. Ein Wort ist damit keine isolierte lexikalische Einheit, sondern in ein Sprachsystem integriert. Hierbei kann man erneut die Parallele zur Wortfeldtheorie ziehen.

Die interkulturelle Semantik widmet sich letztlich dem Vergleich zwischen Wörtern in Kulturen. Das von Wierzbicka zu diesem Zweck entwickelte tertium comparationis ist die *Natural Semantic Metalanguage* (NSM), eine reduzierte Anzahl von universalen Begriffen, die *semantic primes* genannt werden. Sie sind allen Sprachen gemeinsam und fungieren als Instrumentarium für die sprachliche und kulturelle Analyse. Die Forschungsgruppe um Wierzbicka hat in den letzten 30 Jahren um die 60 *semantic primes* erarbeitet (vgl. Wierzbicka 1996). Mittels der NSM kann man also u.a. *lexical universals* festlegen und Kulturspezifika erklären. In der Fachliteratur gibt es Studien zu Sprachen wie Englisch, Russisch, Französisch, Deutsch, Polnisch, Italienisch, Ewe, Malaiisch, Japanisch, Chinesisch, Mbula, Yankunytjatjara, Arrernte, und Maori. Einen guten Überblick zu den Prinzipien und dem Forschungsstand der NSM ist On-line bei Goddard (2004) zu finden.

Der Wortfeld- und der NSM-Theorie ist die folgende Behauptung gemeinsam: "Language –and in particular, vocabulary– is the best evidence of the reality of 'culture', in the sense of a transmitted system of 'conceptions' and 'attitudes'. Of course, culture is, in principle, heterogeneous and changeable, but so is language" (Wierzbicka 1997:21).

In diesem Kapitel werden die Wortfelder des KOMISCHEN und der *GRACIA* analysiert und deren Ergebnisse anhand des translationsrelevanten Kommunikationsmodells aus einer interkulturellen Perspektive miteinander kontrastiert. Dadurch wird der Vergleich zwischen Lachkulturen möglich, der anschließend (Kap. 3 und 4) mit übersetzungskritischer Absicht angewendet wird.

2.2.1 Analyse des Wortfelds des KOMISCHEN
2.2.1.1 Zielsetzung

Fast alle Autoren, die sich aus unterschiedlichen Perspektiven mit dem Komischen, dem Humor, dem Witz o.Ä. beschäftigen, räumen am Anfang ihrer Überlegungen die begrifflich unscharfe Trennung des Wortfeldes des Komischen ein, nehmen aber diese terminologische Schwierigkeit in Kauf, um darauf die jeweilige Theorie aufzubauen. Hinzu kommt die Tatsache, dass der Bereich des Komischen äußerst interdisziplinär angelegt ist, so dass viele Wissenschaften sich gleichzeitig und oft aneinander vorbei mit diesem Thema auseinander setzen und die Quellenvielfalt somit nahezu unüberschaubar ist. Eine Folge davon ist, dass man selten Versuche findet, Klarheit ins Chaos des Komischen zu bringen, während die Komplexität des gesamten Bereichs ständig zunimmt. Die terminologische Vielfalt ist sicherlich nicht nur dem Gebiet des

Komischen eigen, aber eine begriffliche Klärung ist in diesem Zusammenhang besonders vonnöten. Gerade die Komplexität des Forschungsgegenstandes macht den Reiz der Arbeit aus, indem sie den Wissenschaftler drängt, die Schienen für eine im Rahmen des Möglichen scharfe Begriffspräzisierung zu legen, die sich ihrerseits in einem interdisziplinären Rahmen als funktional erweist.

Die folgende Wortfeldanalyse ist ein Versuch, aus einer sprachwissenschaftlichen Perspektive und mit Hilfe des wortfeldanalytischen Instrumentariums einen Beitrag zur begrifflichen Klarheit im Wortfeld des Komischen zu leisten. Anlass dazu ist das Bedürfnis, ein Kriterienraster zur Analyse der Übersetzung von komischen Elementen aus dem Spanischen ins Deutsche zu entwickeln.

Für die eigene Fragestellung zu den Elementen des Komischen als kulturspezifisches Übersetzungsproblem stellt die Wortfeldanalyse als geeignete Methode zur begriffssystematischen Präzisierung eine sichere terminologische Grundlage zur Verfügung. Die Auswahl von *Humor* als Archilexem ermöglicht den Einstieg in ein äußerst komplexes Feld. Inwieweit der Einstiegsbegriff übergreifend ist, wird der folgenden Wortfeldanalyse zu entnehmen sein. Aus diesem Unterfangen ergibt sich als allererstes folgende Frage: Was überhaupt ist 'Humor'?

2.2.1.2 Methodische Vorgehensweise

Um die zuvor aufgeworfene Frage zur Natur des Humors zu beantworten, muss man sich wie erwähnt zunächst über eine geeignete Arbeitsmethode im Klaren sein. Hier habe ich mich für die Wortfeldanalyse entschieden. Bei der methodischen Vorgehensweise beziehe ich mich auf die Überlegungen von Kalverkämper (1980).[16] Die wortfeldanalytische Methode besteht in diesem Fall aus vier Schritten: 1. Festlegung des Archilexems und tabellarische Darstellung der Synonyme, 2. Festlegung der Relationen von Hyper- und Hyponymie, 3. Hierarchisierung von Hyperonymen und 4. Einordnung der Begriffe in das übersetzungsrelevante Kommunikationsmodell.

---

[16] Zur allgemeinen Methodologie von Wortfeldanalysen vgl. Punkt 2.1.1.

Die Festlegung des Archilexems dient als Einstieg in das komplexe Wortfeld des Komischen und ermöglicht die Zusammenstellung des Arbeitsmaterials, d.h. der Synonyme, die in Tabelle 1 unter Punkt 2.2.1.3 dargestellt werden. Der zweite Schritt ist die Ableitung einer Hierarchie der Begriffe aus der Tabelle, mit Hilfe von Definitionswörterbüchern. Zur Veranschaulichung dieser Relationen bietet sich die Darstellung in Form eines Pfeildiagrammes (vgl. Abbildung 5 unter Punkt 2.2.1.4) an. Im dritten Schritt wird eine weitere Hierarchisierung, diesmal nur von Oberbegriffen, unternommen, um herauszufinden, welcher Oberbegriff eine Sonderstellung im System einnimmt. Das System wird in diesem Fall grafisch durch eine Matrix (vgl. Abbildung 7 unter Punkt 2.2.1.5) repräsentiert. Schließlich werden die aus der Wortfeldanalyse resultierenden wichtigsten und literaturwissenschaftlich bedeutendsten Begriffe in das übersetzungsrelevante Kommunikationsmodell eingeordnet und durch das Schema in Abbildung 9 unter Punkt 2.2.1.6 dargestellt.

2.2.1.3 Festlegung des Archilexems und tabellarische Darstellung der Synonyme

Der erste Schritt der Wortfeldanalyse zur semantischen Präzisierung des Komischen ist die Festlegung des Archilexems oder Stimuluswortes, das als Einstieg in das weite Feld des Komischen dienen soll. In diesem Fall habe ich mich intuitiv für das Wort *Humor* entschieden, da es im allgemeinen Sprachgebrauch all das bezeichnet, was irgendwie mit dem Lachen in Verbindung steht (Schmidt-Hidding 1963:237). Außerdem ist 'Humor' ein zentraler Begriff in der Literatur, auch wenn er direkt keine literarische Gattungsbezeichnung ist, wie die folgende Wortfeldanalyse beweisen wird. Das Archilexem ist in diesem Fall bewusst allgemein gesetzt mit dem Ziel, zum einen den Einstieg in das Wortfeld des Komischen überhaupt zu ermöglichen und zum anderen möglichst viele verwandte Begriffe in die Analyse mit einzubeziehen, was bei der Festlegung des *Komischen* als Archilexem nur bedingt möglich gewesen wäre. Inwieweit

2. Methodologische Voraussetzungen - Begriffssysteme

der 'Humor' eine zentrale Stellung in der Wortfeldanalyse des Komischen einnimmt, wird sich im Folgenden zeigen.[17]

Der zweite Schritt ist die Zusammenstellung einer Reihe von Begriffen, die mit dem Humor verwandt sind. Dafür habe ich zwei der wichtigsten deutschsprachigen Synonymwörterbücher zu Rate gezogen: *Sinn- und sachverwandte Wörter. Wörterbuch der treffenden Ausdrücke.* (Dudenverlag, 1986) und *Knaurs Lexikon der Synonyme* (Lexikographisches Institut, 1992). Diese Recherche ergibt eine Liste von insgesamt 36 Begriffen, auf die direkt oder indirekt vom Begriff *Humor* ausgehend verwiesen wird:[18]

1. HUMOR	19. PARODIE
2. WITZ	20. SPAß
3. IRONIE	21. HUMORESKE
4. TREPPENWITZ	22. NECKEREI
5. SPOTT	23. GEMÜTSVERFASSUNG
6. HOHN	24. POINTE
7. SARKASMUS	25. GEIST
8. ZYNISMUS	26. KARIKATUR
9. GALGENHUMOR	27. TRAVESTIE
10. SATIRE	28. UNSINN
11. HEITERKEIT	29. FARCE
12. FRÖHLICHE LAUNE	30. GROTESKE
13. STIMMUNG	31. LÄCHERLICHKEIT
14. FROHSINN	32. FREUDE
15. VERGNÜGTHEIT	33. SCHADENFREUDE
16. SCHERZ	34. SCHWARZER HUMOR
17. LACHEN	35. POSSE
18. DAS KOMISCHE	36. KOMÖDIE

Tab. 1 Synonyme von HUMOR [Dt.]

---

[17] Zum gewissen Grad der Willkür bei der Absteckung des Wortfeldes siehe Kalverkämper (1980:426): "Dies [die Vorfestlegung des Archilexems] ist ein arbeitspraktisches Dilemma, da die Wortfeldanalyse zwangsläufig mit einem intuitiven Vorverständnis und individuellem Wortfelderkennen beginnt; um schließlich im Laufe der Analyse die tentativen Schritte nachträglich zu sanktionieren". In diesem Fall war die genannte Sanktion nötig, so dass aus der ursprünglichen Wortfeldanalyse zum Humorbegriff eine Wortfeldanalyse des Komischen wurde, wie es den folgenden Überlegungen zu entnehmen ist.

[18] Der Vollständigkeit halber habe ich nicht nur die Begriffe ausgewählt, die direkt unter dem Eintrag 'Humor' vorkommen, sondern auch diejenigen, die unter dem Eintrag von Synonymen des Begriffs 'Humor' registriert sind (z.B. unter Heiterkeit). Aufgrund des Anwendungsbereichs der Arbeit habe ich ebenfalls Begriffe von literaturwissenschaftlicher Relevanz berücksichtigt, auf die im Wörterbuch der Literaturwissenschaft (Träger, 1989) unter dem Eintrag 'Humor' verwiesen wird.

Der dritte Schritt ist die Erstellung einer Tabelle, aus der dank der Verweistechnik moderner Definitionswörterbücher die Interrelationen zwischen den 36 Begriffen abzulesen sind. Diese Interrelationen ermöglichen die Erstellung bereits impliziter semantischer Hierarchien in zwei Richtungen: Ein Wort, von dem viele Fortverweise auf andere Feldnachbarn zeigen und auf das zugleich viele Hinverweise leiten, genießt einen Oberbegriffscharakter. Es verfügt über eine große Extension (Bedeutungsumfang), aber eine kleine Intension (Aussagekraft). Entsprechend haben Wörter mit wenigen Hin- und Fortverweisen Unterbegriffscharakter und somit eine kleine Extension, aber eine große Intension.

Zur Erstellung semantischer Hierarchien wird der Begriff *Humor* und seine 35 verwandten Synonyme in der ersten Zeile der Tabelle unter der Kategorie *Ausgangsbegriff* und in der ersten Spalte der Tabelle unter der Kategorie *Definitionsbezeichnung* eingetragen. Daraus ergibt sich eine Tabelle mit 37 mal 37 Feldern, in der ich drei Definitionen jedes einzelnen Ausgangsbegriffes in Bezug auf die anderen nachgeschlagen und registriert habe (vgl. Anhang Tabelle e). Die Definitionen stammen aus den wichtigsten einsprachigen Definitionswörterbüchern: *Duden Deutsches Universalwörterbuch* (Dudenverlag, 1996), *Deutsches Wörterbuch* (Wahrig, 1996) und *Knaurs großes Wörterbuch der deutschen Sprache* (Lexikographisches Institut, 1985). Wenn beispielsweise in einer Definition zum Begriff *das Komische* die Termini *Lachen*, *Heiterkeit* und *Spaß* vorkommen, wird diese Definition in der Spalte *das Komische* (Ausgangsbegriff) in den Zeilen *Lachen*, *Heiterkeit* und *Spaß* (Definitionsbezeichnung) insgesamt drei Mal eingetragen.

2.2.1.4 Festlegung der Relationen von Hyper- und Hyponymie

Aufgrund der Vielzahl von Beziehungen ist die Tabelle nicht sehr übersichtlich. Für ein besseres Verständnis der Tabelle kann man die resultierenden Begriffszuordnungen grafisch als Pfeildiagramm darstellen, dem die Interrelationen der 36 Begriffe zu entnehmen sind (vgl. Abbildung 5):

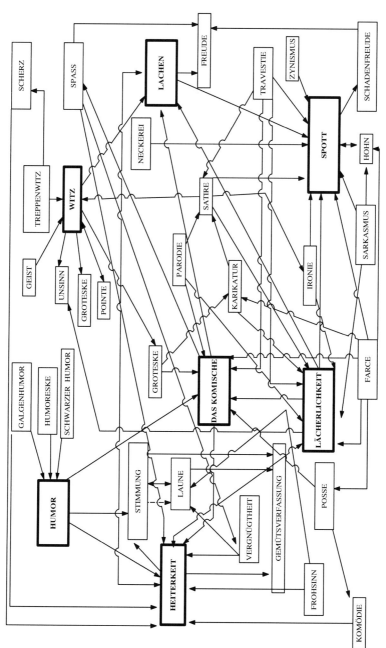

Abb. 5 Pfeildiagramm des Wortfelds des KOMISCHEN

In diesem Diagramm zeigt jeder Ausgangsbegriff eine Anzahl von Beziehungen zu anderen Bezeichnungen in Form von Pfeilen, die entweder fortverweisend (vom Ausgangsbegriff fort) oder hinverweisend (auf den Ausgangsbegriff hin) ausgerichtet sind. Wenn beispielsweise der Begriff *Humor* in der Tabelle als *Stimmung* definiert wird, dann verläuft ein Pfeil vom Ausgangsbegriff *Humor* zur Definitionsbezeichnung *Stimmung*. Mit Hilfe des Pfeildiagramms lassen sich die Relationen von Hyper- und Hyponymie darstellen. Ein Wort, von dem viele Verweise auf andere Wörter fortführen, und auf das andererseits auch viele Verweise von anderen Wörtern hinführen ist ein wichtiger, weil übergeordneter Begriff, also ein Oberbegriff oder Hyperonym. Ein Element hingegen, das für seine eigene Definition auf wenige andere fortverweist und wenige Hinverweise von den anderen bekommt, hat keine große Bedeutung im System, es handelt sich also um einen Unterbegriff oder Hyponym. Darüber hinaus gibt es auch gegenseitige Bezüge (doppelte Pfeile). Darunter versteht man synonymische, also gleichrangige Bezeichnungen (z.B. *Witz* und *Pointe*, *Stimmung* und *Laune*), dafür finden sich allerdings nicht so viele Beispiele.

Auf den ersten Blick ist es möglich, dieses dichte Geflecht von Pfeilen zu vereinfachen, so dass die Schwerpunkte der Wortfeldanalyse des Komischen – also die Begriffe mit den meisten Pfeilen (fort- und hinverweisend) – deutlicher zu erkennen sind (vgl. Abbildung 6):

2. Methodologische Voraussetzungen - Begriffssysteme

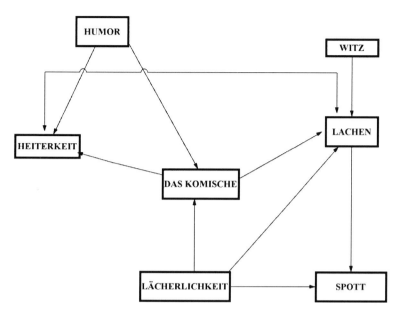

Abb. 6 Vereinfachtes Pfeildiagramm des Wortfelds des KOMISCHEN

Somit ergibt sich als erstes Ergebnis der Wortfeldanalyse, dass *Heiterkeit, Humor, das Komische, Lächerlichkeit, Witz, Lachen* und *Spott* als Hyperonyme oder Oberbegriffe gelten.

2.2.1.5 Hierarchisierung von Hyperonymen

An dieser Stelle stehen die Hyperonyme der Wortfeldanalyse des Komischen fest, aber man kann einen Schritt weitergehen und sich fragen, inwieweit es eine innere Hierarchie unter Hyperonymen gibt, anders formuliert: Wer ist wie wichtig im System? Zur grafischen Darstellung dieser Oberbegriffshierarchie lassen sich die Pfeilverweise in eine Matrix einordnen (vgl. Abbildung 7):

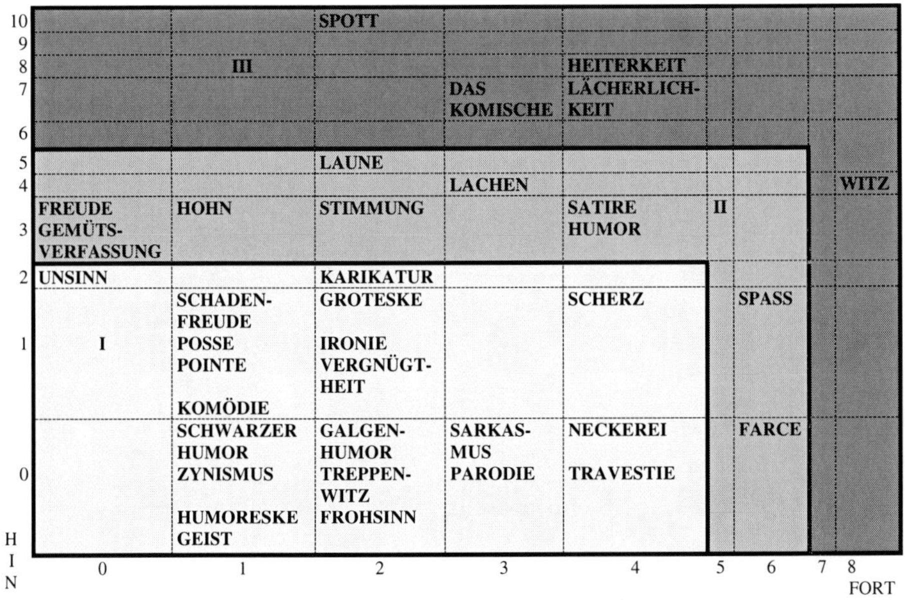

Belén Santana López

HIN ↓ / FORT →	0	1	2	3	4	5	6	7	8
10				SPOTT					
9									
8			III			HEITERKEIT			
7					DAS KOMISCHE	LÄCHERLICHKEIT			
6									
5				LAUNE					
4					LACHEN				WITZ
3	FREUDE GEMÜTSVERFASSUNG	HOHN	STIMMUNG		SATIRE HUMOR	II			
2	UNSINN		KARIKATUR						
1		I	SCHADENFREUDE POSSE POINTE KOMÖDIE	GROTESKE IRONIE VERGNÜGTHEIT		SCHERZ		SPASS	
0			SCHWARZER HUMOR ZYNISMUS HUMORESKE GEIST	GALGENHUMOR TREPPENWITZ FROHSINN	SARKASMUS PARODIE	NECKEREI TRAVESTIE		FARCE	

Abb. 7 Matrix des Wortfelds des KOMISCHEN

Die Abszisse der Matrix zeigt die Anzahl der Fortverweise und die Ordinate die Anzahl der Hinverweise. Um zum Beispiel den Begriff *Spott* semantisch zu erfassen, wird auf zwei verschiedene Wörter fortverwiesen, während zehn andere Wörter auf *Spott* zurückgreifen müssen, um sich über eine Synonymie-Relation mit *Spott* semantisch zu konturieren. Die Oberbegriffe finden sich wegen ihres – durch die vielen Fort- und Hinverweise belegten – weiten Bedeutungsumfangs naturgemäß am Rand der Matrix, während die engen Unterbegriffe im Zentrum liegen. Aus der Grobverteilung der Begriffe ergibt sich eine Strukturierung der verteilten Wörter in drei Bereiche des Wortfeldes, die ich mit den römischen Ziffern I bis III markiert habe.

Im Bereich I befinden sich Wörter mit wenigen Hin- und Fortverweisen. Diese Wörter sind also eindeutige Unterbegriffe und somit zu spezifisch, um allgemeine und bedeutungsvolle Rückschlüsse ziehen zu können. Bemerkenswert ist hier der Begriff *Ironie*, der meiner Meinung nach spezifischer ist als man vom allgemeinen Sprachgebrauch her hätte erwarten können.[19]

Der Bereich II beinhaltet Wörter, die eine umfassendere Bedeutung haben, z.B. *Spaß* oder *Laune*, zusammen mit anderen, die weiterhin sehr konkret sind, beispielsweise *Travestie* oder *Farce*. In diesem Bereich findet man einen ersten Schwerpunkt des Pfeildiagramms, nämlich das *Lachen,* und außerdem das von mir willkürlich gesetzte Archilexem oder Stimuluswort des Wortfeldes, nämlich *Humor*. Nach dem allgemeinen Sprachgebrauch könnte man meinen, so zumindest meine erste Vermutung, *Humor* käme unter den Oberbegriffen des Komischen vor. Allerdings befindet er sich ungefähr in der Mitte der Matrix und nimmt somit keine Sonderstellung als Oberbegriff im System ein. Er ist eindeutig allgemeiner gefasst als Begriffe wie *Groteske* oder *Parodie*, aber wichtiger noch erscheint mir die Tatsache, dass der *Humor* den Begriffen im Bereich III untergeordnet ist.

Spott, Heiterkeit, Witz, Lächerlichkeit und *das Komische* im Bereich III erweisen sich in der Wortfeldanalyse als die wichtigsten Hyperonyme des Komischen. Nun geht es darum, eine weitere Hierarchie unter diesen Hyperonymen festzustellen bzw. herauszufinden, wer unter ihnen am wichtigsten ist (unter diese Kategorie muss natürlich nicht unbedingt nur ein Hyperonym fallen). Wenn man sich die Verweise der Hyperonyme im Bereich III untereinander genauer anschaut (vgl. Abbildung 8), stellt man folgende Rangordnung fest:

---

[19] Die Ironie ist eine rhetorische Figur, die nicht direkt mit dem Humor verbunden ist, sondern mit dem Spott, vgl. Punkt 2.2.3.7.

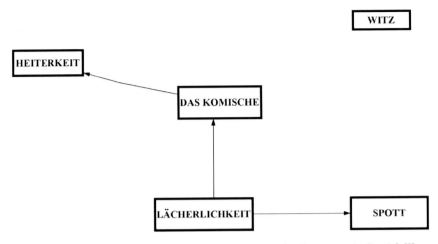

Abb. 8 Pfeildiagramm zur Hierarchie von Hyperonymen des KOMISCHEN im Bereich III

Die Begriffe *Lächerlichkeit* und *das Komische* haben die höchste Anzahl von Verweisen auf andere Hyperonyme (jeweils zwei), die aber bei beiden Oberbegriffen unterschiedlich ausfallen: *Lächerlichkeit* hat zwei Fortverweise und *das Komische* einen Fort- und einen Hinverweis. Aus diesem Verhältnis kann man zunächst behaupten, dass *Lächerlichkeit* und *das Komische* eine Sonderstellung innerhalb der Hyperonyme des Bereichs III einnehmen. Darüber hinaus lässt sich der besondere Oberbegriffscharakter des *Komischen* erschließen: Während die anderen Hyperonyme in ihrem gegenseitigen Verhältnis entweder eindeutig als Ober- oder als Unterbegriffe ausfallen, ist *das Komische* als "Hyperonym unter den Hyperonymen" mit einem Fort- und einem Hinverweis gleich gewichtet und bietet sich zur Verwendung als Leitbegriff an.

Warum ich mich für *das Komische* als Oberbegriff meiner Arbeit entschieden habe, lässt sich darauf aufbauend folgendermaßen begründen: Über die Ergebnisse der Einordnung von Hyperonymen in die Matrix anhand der Anzahl von Verweisen hinaus stellt man durch die Definitionen fest, dass *das Komische* ein literaturwissenschaftlicher Grundbegriff ist (Träger 1989:269). Da die Ergebnisse der Wortfeldanalyse auf die Literatur als Surrogat angewendet werden, bietet sich *das Komische* für die Zwecke der Arbeit als Hyperonym an. Zu guter Letzt wird sich im Folgenden durch die Einordnung der Ergebnisse der Wortfeldanalyse in das Kommunikationsmodell ebenfalls zeigen, dass *das Komische* den anderen Oberbegriffen übergeordnet ist.

2.2.1.6 Einordnung der Begriffe in das translationswissenschaftliche Kommunikationsmodell

Damit die Ergebnisse der Wortfeldanalyse sich nicht lediglich auf eine Auflistung von Begriffen und die daraus entstehende numerische Rangordnung beschränken, muss man in der Lage sein, Schlüsselmerkmale unter den Begriffen zu erkennen, die innerhalb des Systems sowohl Affinitäten als auch Disparitäten schaffen. In diesem Zusammenhang ist die Relationsstiftung durch Einordnung der Ergebnisse der Wortfeldanalyse in das Kommunikationsmodell möglich (vgl. Punkt 2.1.2).

Mit Hilfe des Schemas in Abbildung 4 unter Punkt 2.1.2 versuche ich, die Schwerpunkte des Pfeildiagramms bzw. eine Auswahl von Begriffen aus den Bereichen I bis III der Matrix über ihre Definitionen in das translationsrelevante Kommunikationsmodell einzuordnen und die daraus entstehenden Relationen durch Autoritätsquellen kultursemantisch zu untermauern. Dabei sei betont, dass es sich hier um die relative Einordnung von Begriffen in einem integrativen Modell handelt, das als solches fließende Übergänge mit einschließt. Somit sind die Grenzen nicht fest, sondern dynamisch, wobei man nicht vergessen darf, dass die Kommunikationssituation und die Kultur den umfassenden Rahmen bilden.

Die Einordnung des Wortfelds des KOMISCHEN in das translationsrelevante Kommunikationsmodell zeigt die folgende Abbildung 9:

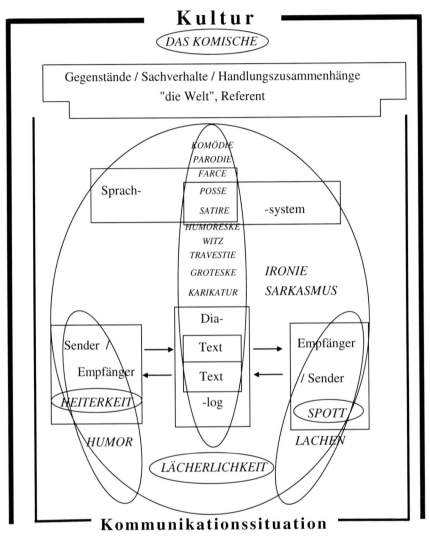

Abb. 9 Translationswissenschaftliches Kommunikationsmodell des KOMISCHEN

Zugunsten einer übersichtlichen Darstellung werde ich zunächst die Zuordnungsellipsen in einer am Kommunikationsprozess orientierten Abfolge tabellarisch auflisten, daraufhin eine allgemeine Unterscheidung zwischen

Partner- und Ichbezogenheit der Begriffe treffen und schließlich die relative Platzierung jedes Begriffs kultursemantisch erläutern.

Aus der Einordnung der Begriffe aufgrund ihrer Definitionen in das übersetzungsrelevante Kommunikationsmodell entstehen folgende Zuordnungsellipsen:

AUSGANGSBEGRIFF	ZUORDNUNGSELEMENT IM KOMMUNIKATIONSMODELL
HEITERKEIT	Sender
SPOTT	Empfänger
KOMÖDIE	Sprachsystem → Text → Dialog[20]
PARODIE	Sprachsystem → Text → Dialog
FARCE	Sprachsystem → Text → Dialog
POSSE	Sprachsystem → Text → Dialog
SATIRE	Sprachsystem → Text → Dialog
HUMORESKE	Sprachsystem → Text → Dialog
WITZ	Sprachsystem → Text → Dialog
TRAVESTIE	Sprachsystem → Text → Dialog
GROTESKE	Sprachsystem → Text → Dialog
KARIKATUR	Sprachsystem → Text → Dialog
LÄCHERLICHKEIT	Kommunikationssituation
HUMOR	Sender Kommunikationssituation
LACHEN	Empfänger Kommunikationssituation
IRONIE	Empfänger Sprachsystem → Text → Dialog Kommunikationssituation
SARKASMUS	Empfänger Sprachsystem → Text → Dialog Kommunikationssituation
DAS KOMISCHE	Kultur

Tab. 2 Zuordnung des Wortfelds des KOMISCHEN im Kommunikationsmodell

Auf den ersten Blick lässt sich eine klare Trennlinie ziehen zwischen den Begriffen, bei denen es um das Lachen *für sich selbst* geht, d.h. die ichbezogen sind, und den Begriffen, bei denen das Lachen *auf Kosten anderer* maßgebend ist, d.h., die partnergerichtet sind. Zur ersten Gruppe gehören solche Begriffe wie *Humor* und *Heiterkeit*, während andere wie *Witz*, *Spott*, *Lachen* und *Lächerlichkeit* stark adressatengerichtet sind, d.h. ohne den Empfänger ist das

---

[20] Der Pfeil vom Sprachsystem zum Text und Dialog wird im Unterpunkt 2.2.1.7.3 erläutert.

Lachen nicht möglich.[21] Außerdem zeichnet sich das Lachen *auf Kosten anderer* nicht nur durch Partnerbezogenheit, sondern auch durch Aggressivität aus (vgl. Punkt 2.2.1.7.6), so dass es zum Ver- oder Auslachen wird.

2.2.1.7 Kultursemantik der Begriffe

Über die allgemeine, aber nicht zu unterschätzende kommunikative Differenzierung *Lachen für sich selbst - Lachen auf Kosten anderer* hinaus lassen sich die Begriffe nach ihrer Affinität zu einem bestimmten oder auch zu mehreren Elementen des Kommunikationsmodells einordnen. Zugunsten der Klarheit werde ich bei der relativen Einordnung und der kultursemantischen Erläuterung der Begriffe nach der Schematisierung des Kommunikationsprozesses wie in Abbildung 4 unter Punkt 2.1.2 vorgehen:

Der **Sender** vermittelt dem **Empfänger** einen **codierten Text** in einer **Kommunikationssituation**, die in einer **Kultur(spezifik)** eingebettet ist.

Die entstehende Ordnung lässt sich auf die Reihenfolge der Begriffe in Tabelle 2 unter Punkt 2.2.1.6 übertragen.

2.2.1.7.1 Heiterkeit

Die Heiterkeit ist eine "durch Lachen o. Ä. nach außen hin sichtbar werdende fröhliche, aufgelockerte Stimmung" (*Duden*), eine heitere Gemütsverfassung. In seinem Aufsatz *Kleine Literaturgeschichte der Heiterkeit* (1990) bietet Harald Weinrich einen vollständigen und sehr gut dokumentierten Überblick über die Geschichte der Heiterkeit, besonders in der deutschen Literatur. Der Autor nimmt darin "die glanzvolle literarisch-philosophische Karriere" (Weinrich

---

[21] Die Problematik der Selbst- vs. Fremdorientierung und -wahrnehmung ist in der Translationswissenschaft nach wie vor aktuell und aus unterschiedlichen Perspektiven behandelt worden, vgl. u.a. Soenen (1985), Poppenberg (1992), Turk (1993), Carbonell i Cortés (1997).

1990:7) vorweg, die dieser Begriff ausdrücklich nur in Deutschland[22] gemacht hat, um sie Schritt für Schritt durch mehrere literarische Quellen von der Antike bis hin zur Gegenwart zu beweisen. Ob die Heiterkeit als Eigenschaft der Götter (Antike), gelebte Heiterkeit (Goethe), schöne Seele (Schiller), Naturerscheinung (Hölderlin), Mitte zwischen Glück und Leid (Heine), eigene Persönlichkeit (Hegel), fröhliche Wissenschaft (Nietzsche) oder Betroffenheit (Kahlschlag-Literatur) zu ihrem Höhepunkt kommt, ist durchaus interessant, aber für die Zwecke dieser Arbeit nicht unbedingt relevant. Wichtig nach Weinrichs Überblick ist die Tatsache, dass die Heiterkeit immer wieder als individualisierte Gemütsstimmung, die nicht so stark von einem Empfänger abhängig ist, in irgendeiner der genannten Formen zum Ausdruck kommt. Aus diesem Grund kann man behaupten, dass die Heiterkeit in erster Linie senderorientiert ist, daher steht sie im Kommunikationsmodell direkt neben dem Sender.

2.2.1.7.2 Spott

Der Begriff *Spott* ist eindeutig empfängerbezogen, ohne den Empfänger ist die Verspottung gar nicht möglich. Spott wird definiert als "Äußerung od. Verhaltensweise, mit der man sich über jmdn., jmds. Gefühle o.Ä. lustig macht, darüber frohlockt, Schadenfreude empfindet" (*Duden*). Dieser Begriff ist sehr weit gefasst und hat eine hyperonymische Relation mit den anderen Begriffen, die auch empfängerorientiert sind: *Ironie*, *Sarkasmus* und *Lachen*. 'Ironie' ist somit der Definition nach hinter Ernst versteckter Spott, 'Sarkasmus' ein beißender und verletzender Spott und das 'Lachen' eine Äußerung von Spott. Außerdem gibt es drei literarische Gattungsbegriffe, die ebenfalls mit Hilfe von *Spott* definiert werden und denen immer ein Opfer – sei es die Gesellschaft, sei es ein bestimmtes Werk oder ein konkreter Autor – zugrunde gelegt wird: *Satire*, *Farce* und *Travestie*. Darüber hinaus taucht in jeder Definition von *Spott*, die ich nachgeschlagen habe, das Wort *Schadenfreude* auf. Somit ist die Einordnung von *Spott* neben den Empfänger im Kommunikationsmodell sicherlich einsichtig.

---

[22] Weinrich selbst erkennt die Schwierigkeit bei der Übersetzung eines solchen Begriffs, der in der Ausgangskultur so konnotationsträchtig ist (Weinrich 1990:36) und deutet somit den

2.2.1.7.3 Gattungsbegriffe

Die nächste Gruppe von Begriffen (*Komödie, Parodie, Farce, Posse, Satire, Humoreske, Witz, Travestie, Groteske* und *Karikatur*) lässt sich unter dem Faktor Sprachsystem (Code) des Kommunikationsmodells einordnen. Aus einer semiotischen Perspektive bedeutet ein Code ein "System von Regeln, Übereinkünften oder Zuordnungsvorschriften, das die Verortung und Deutung von Zeichen oder Zeichenkomplexen erlaubt" (*Metzler-Lexikon Literatur- und Kulturtheorie*, 1998). Anhand dieser Definition und wenn man mit Raible (1980:321) Texte als komplexe Zeichen versteht, die als verkürzende Modelle fungieren, lassen sich Texte unter einem bestimmten Sprachsystem als Code klassifizieren. Ein als Raster dienendes Sprachsystem bietet in diesem Fall die Gattungssystematik[23], denn Gattungen sind übergeordnete und stark konventionalisierte Ordnungsstrukturen von Texten (Raible 1980:343). Beruhend auf diesen Konventionen entstehen so genannte Textsorten oder Gattungen, die sowohl den Sender als Vertextungsvorgabe als auch den Empfänger als Textmerkmalerwartung beeinflussen und in den Text und seine Rezeption einfließen. Das Einfließen der sprachsystematischen Gattungskonventionen als Code in den Text habe ich in Tabelle 2 grafisch durch einen Pfeil dargestellt.

In der gleichen semiotischen Richtung und in Anlehnung an Piagets Konstruktivismus geht Hempfers Verständnis von Gattungen als Normen der Kommunikation, die mehr oder weniger verinnerlicht sein können und an konkreten Texten ablesbar sind. Solche Normen werden zu Fakten und demzufolge als *faits normatifs* bezeichnet, denen "in der wissenschaftlichen Analyse eine bestimmte Beschreibung zugeordnet wird, die als solche immer ein aus der Interaktion von Erkenntnissubjekt und zu erkennendem Objekt erwachsenes Konstrukt darstellt" (Hempfer 1973:125). Ferner unterscheidet Hempfer zwischen historischen Gattungen und absoluten oder relativen generischen In-

---

Aspekt der Kulturabhängigkeit als besonderes Übersetzungsproblem an, wie es in der vorliegenden Arbeit im Mittelpunkt steht.

[23] Zur ausführlichen Behandlung der Gattungstheorie vgl. Hempfer, Klaus W. (1973): *Gattungstheorie*.

varianten, worauf ich später unter dem Begriff *das Komische* zurückkommen werde.

Unter dem Faktor Sprachsystem (Code) → Text und bei besonderer Berücksichtigung des literarischen Anwendungsbereichs dieser Arbeit habe ich also die Begriffe der Wortfeldanalyse gruppiert, die literarische Gattungen bezeichnen: *Komödie, Parodie, Farce, Posse, Satire, Humoreske, Witz, Travestie, Groteske* und *Karikatur*. Sie bilden den Code und dienen als Raster zur Einordnung von komischen Texten.

Im Folgenden werden diese Gattungen in einer Reihenfolge dargestellt, deren Systematik zunächst die Vorstellung der einzelnen Gattungen verlangt. Diese Systematik ist von den Gattungsdefinitionen abhängig und lässt sich mit einer hierarchischen Struktur versehen, die unter Punkt 2.2.1.7.3.11 erläutert wird.

2.2.1.7.3.1 Komödie

Nach Aristoteles liegt der Ursprung der Komödie als Unterart des dramatischen Genus in den Chorliedern des Dionysos-Kultes, und sie besteht in der "Nachahmung von schlechteren Menschen, aber nicht im Hinblick auf jede Art von Schlechtigkeit, sondern nur insoweit, als das Lächerliche am Häßlichen teilhat" (Poetik 1449a-1449b). Übergreifende, sich aber historisch stark modifizierende Merkmale der Komödie sind folgende: Personen von niedrigem Stand und Alltagsmenschen in ihrer Unzulänglichkeit werden als Verhaltenstypen nachgeahmt. Ihre Schuld an einem scheinbaren Konflikt, dem ein glückliches Ende gesetzt wird, ist immanent und vom Zufall bewirkt, so dass die Komödie eine erbauende Funktion erfüllt. Der Publikumsbezug ist Verfremdung, wobei die Komödie sowohl Distanz (gegenüber dem Lächerlichen) als auch Nähe (über die Darstellung von Durchschnittsmenschen) schafft und als Wirkung das befreiende Lachen der Zuschauer hervorruft. Die sozialen Grundsituationen, die in der Komödie gezeigt werden, drehen sich um eine Normverletzung zwecks Wiederherstellung der Norm. Dieses geschieht in dialogischer Form durch das Lachen als Form der Schnellkommunikation. Durch die Bewusshaltung der Spielhandlung wird der Intellekt des Zuschauers angesprochen und nicht seine

Emotionen. Wenn man die Entwicklung der Komödie verfolgt, stellt man fest, dass sie aufgrund ihrer weiten Verbreitung als Theatergattung eine Sonderstellung in der Gattungsgeschichte einnimmt.[24]

2.2.1.7.3.2 Parodie

Die Parodie wird oft als literarischer Texttyp bezeichnet, "eine Art der Burleske, in dem eine Inkongruenz zwischen Form und Inhalt herrscht" (*Metzler-Lexikon Literatur- und Kulturtheorie*, 1998): Die Form und der Stil des Originals werden beibehalten, aber der Inhalt verändert. Maßgebend ist die burleske Absicht des Verfassers und die angestrebte Heiterkeit beim Leser. Die Gattung Parodie ist sowohl im Altertum als auch im Mittelalter als Form der Auseinandersetzung mit kirchlichen Autoritäten zu finden. Die neuere Parodieforschung steht im Zusammenhang der Intertextualitätstheorie und betrachtet die Parodie als eine Form der Intertextualität, der "repetition with a difference" (Hutcheon 1985:32) eines Originals bzw. Prätextes durch Überführung in einen anderen Kontext mittels der Ironie. Die Aufwertung des Begriffs durch die Interpretation der Parodie als Schreibweise verhilft ihm im 20. Jh. aus dem Status einer sekundären Gattung heraus. Andere literaturwissenschaftliche Strömungen wie der russische Formalismus, die Moderne und Postmoderne haben sich auch mit der Parodie als Grundmuster einer literarischen Entwicklung bzw. als eine auf andere Texte bezogene Darstellungstechnik beschäftigt. Müller hat versucht, das Spannungsverhältnis zwischen Parodie als Gattung und Parodie als Schreibweise durch Kombination zu lösen: Ein Text gehört immer zur Gattung Parodie, wenn die Charakteristika der parodistischen Schreibweise über die Eigenschaften der ursprünglichen parodierten Gattung dominieren (Müller 1994:41).[25]

---

[24] Diese Merkmale der Komödie sind der Vollständigkeit wegen sehr plakativ dargestellt und sollen lediglich als grobe Orientierung gelten. Eine genaue Auseinandersetzung mit der Theorie und Geschichte der Komödie würde den Rahmen dieser Arbeit sprengen. Als Einstieg in die Geschichte der Komödie vgl. zum Beispiel Hein, Jürgen (1988): "Die deutsche Komödie im Überblick". In: Freund, Winfried (Hrsg.) (1988): *Deutsche Komödien. Vom Barock bis zur Gegenwart*. München: Fink. 295-309.

[25] Entscheidend für das moderne Verständnis von Parodie ist der Beitrag von Hutcheon, Linda (1985): *A Theory of Parody*.

2.2.1.7.3.3 Farce

Der Begriff *Farce* kommt aus dem Französischen und wurde in die mittelalterliche Theatersprache "zur Bezeichnung eines kurzen, derb-komischen Zwischenspieles, das in ein ernstes Drama eingeschoben ist, und Gattungsname für ein selbständiges Theaterstück dieser Art" (Hess 1989:122) übertragen. Kennzeichen dieser Gattung sind die satirische Demonstration von Missständen des privaten und öffentlichen Lebens, eine starke Typisierung des Figurenensembles, eine meist einsträngige Handlung und die volkstümlich gereimte Sprache. Die Farce gilt als Ausdruck karnevalistischen Weltgefühls und wurde von Autoren wie Rabelais, Cervantes und Molière benutzt. Elemente der Farce sind im späteren Schwank, in der Posse, dem Boulevardstück oder im Theater des Absurden wiederzufinden (Träger 1989:159).

2.2.1.7.3.4 Posse

Die Bezeichnung *Posse* ist seit dem 17. Jh. gebräuchlich für das Spiel des Vorstadttheaters mit den Mitteln derber Komik und des Grotesken und erstreckt sich bis ins 19. Jh. hinein. Die Hauptrolle wird von einer lustigen Person gespielt. Gegen Ende des 19. Jh. erliegt die Posse der eigenen Provinzialisierung und wird vom Schwank ersetzt, ist allerdings gelegentlich z.B. im Wiener Volkstheater der ersten Hälfte des 19. Jh. weiterhin zu finden (Träger 1989:407).

2.2.1.7.3.5 Satire

Der Begriff *Satire* ist von besonderer Vieldeutigkeit und z.T. so komplex geworden, dass Satireforscher sich nicht auf eine Definition einigen können bzw. behaupten, die Satire sei definitorisch nicht festzuschreiben (Arntzen 1989). Andere Autoren bieten eine Definition an, im bereits zitierten Wörterbuch der Literaturwissenschaft von Claus Träger z.B. wird die Satire als allgemeine literarische Gattung definiert, "die in ironisch-geistreicher bis sarkastisch zugespitzter Form den Widerspruch zwischen Wünschbarem und Realität, Ideal und Wirklichkeit thematisiert" (Träger 1986:457). Abgesehen von der Kontroverse über eine allgemeingültige Definition erscheint mir der Unterschied zwischen 'Satire' als eigenständiger historischer Gattung und 'Satire' (oder 'dem Satirischen') als gattungsunabhängiger literarischer Methode der kritischen Erfassung von Wirklichkeit wichtig.[26] In der Wortfeldanalyse ist das Verständnis von Satire als Textsorte gemeint, die im allgemeinen Gebrauchswörterbuch wie folgt definiert wird: "Kunstgattung (Literatur, Karikatur, Film), die durch Übertreibung, Ironie u. [beißenden] Spott an Personen, Ereignissen Kritik übt, sie der Lächerlichkeit preisgibt, Zustände anprangert, mit scharfem Witz geißelt" (*Duden*). Die Tatsache, dass die Satire als Synonym zu *Humor* vorkommt, ist m.E. durch den heutigen allgemeinen Sprachgebrauch des Wortes *Satire* als Ausdruck von Spott begründet. Dieser rückt wiederum in die Sphäre eines allgemeinen Verständnisses von Humor im Sinne von all dem, was irgendwie mit dem Lachen in Verbindung steht. In der Literaturwissenschaft wird die Satire zusammen mit Humor, Ironie, Witz, Utopie, Parodie und Travestie als Element des Komischen oder nach Arntzen als "Perspektivierungen literarischen Sprechens" (Arntzen 1989:15) eingeordnet. Interessant bei Arntzen ist ebenfalls der Gegensatz zwischen Satire und Humor, "denn in der Satire tendiert das 'Verkehrte' auf seine Abschaffung, im Humor auf seine Affirmierung" (Arntzen 1989:16).

2.2.1.7.3.6 Humoreske

Eine *Humoreske* ist eine "kurze, im Unterschied zur Satire versöhnlich-heitere, unter Umständen auch didaktisch gemeinte Erzählung mit zumeist alltäglicher Thematik" (Träger 1989:224), die im 19. Jh. im Rahmen der sich ausbreitenden Zeitschriftenkultur und des Literaturmarktes eine unterhaltende Funktion hatte. Als Vorläufer der Humoreske gelten die komischen und moralischen Erzählungen des 18. Jh., deren Züge bei Schriftstellern des 19. Jh. wie Jean Paul oder Gottfried Keller wiederzufinden sind. Weltbekannter Vertreter der humoresk-satirischen Schreibweise ist Mark Twain. Im Ausklang des 19. Jh. verliert die Humoreske an Bedeutung.

---

[26] Eine gelungene Darstellung dessen, was durch den Begriff Satire bezeichnet werden kann, ist bei Jürgen Brummack (1971) in seinem Aufsatz *Zu Begriff und Theorie der Satire* zu finden.

2.2.1.7.3.7 Witz

Der Begriff *Witz* wird ebenfalls als Gattung oder Textsorte verstanden, er ist eine "erzählerische Kurzform mit Explosivcharakter, in der eine bewußt gesteigerte Spannung eine überraschende Auflösung erfährt" (Träger 1989:578). Der Witz lebt vor allem von mündlicher Verbreitung, hat eine eigene Typologie (Wortspiel, politischer Witz, absurder oder surrealistischer Witz usw.), und seine wesentlichen Formelemente sind Exposition und Pointe[27], wobei im Interesse der Kürze typisierte Figuren (Ostfriesen, Irre usw.) oder konstante Schemata (z.B. Frage-Antwort-Witz) benutzt werden (Träger 1989:578).

In seiner Rede *Über den Witz* (1970) bietet Wolfgang Preisendanz zunächst einen vollständigen Überblick über die verschiedenen Theorien des Witzes im Laufe der Geschichte, um daraufhin seine eigene Theorie zu präsentieren. Preisendanz argumentiert aus der semiotischen Perspektive heraus und definiert den Witz in erster Linie als Sprachgebilde, als Text, der allein durch die Art und Weise des Aussagens definiert ist (Preisendanz 1970:17). Seine These besagt also, dass ein Witz immer das Ergebnis einer charakteristischen Sprachverwendung ist, die sich durch eine spezifische Aussagetaktik aktualisiert. Diese These wird semiotisch präzisiert: "[...] jede Pointe spielt offen oder insgeheim mit dem Verhältnis von Zeichen und Bedeutung, mit dem Bedeutungspotenzial und Bedeutungsspektrum von Wörtern und Sätzen, mit der Zuordnung von Wörtern, Wortverbindungen, Sätzen zu Objekten und Sachverhalten, mit dem Verhältnis zwischen Sprache und außersprachlichen Korrelaten, mit der Möglichkeit, Wörter und Sätze in verschiedene Kontexte einzustellen oder verschiedene Prämissen der Wort- oder Satzbedeutung anzunehmen" (Preisendanz 1970:21). Anhand des Verhältnisses von Gemeintem und Mittel des Meinens erstellt Preisendanz fünf Kriterien zur Abhebung beider

---

[27] Die Pointe ist keineswegs ausschließlich dem Witz eigen, sie kommt in der Textgattung des Aphorismus ebenfalls vor. Auf der Grundlage der General Theory of Verbal Humor (GTVH) hat Ralph Müller folgende Begriffsdefinition erarbeitet: "Genau dann, wenn ein Text (1) inkongruente Elemente aufweist, die durch ihren (2) unvermuteten Zusammenhang sinnvoll erklärt werden können und wenn dieser Text (3) tektonisch und (4) konzise und zusätzlich (5a) gebrochen kohärent oder auch (5b) uneigentlich oder auch (5c) kondensiert präsentiert ist, dann ist er pointiert und kann pointenwirksam sein" (Müller 2003:33). Eine ausführliche Theorie der Pointe bietet Müller in (2003b): *Theorie der Pointe*. Paderborn: Mentis.

Elemente: der Kontext, ein bestimmtes Zeichen als Ersatz für ein anderes Zeichen, die Anspielung, die Erwartung und die Rede in der Sprache und gegen die Sprache. Vom Hörer oder Leser her gedacht, so Preisendanz, heben sich Gemeintes und Rede vom Erwartungsschema einerseits und von der Erwartungserfüllung andererseits ab, so dass sie damit auf das zwischen ihnen herrschende Verhältnis aufmerksam machen und zur witzigen Äußerung werden (Preisendanz 1970:30).

2.2.1.7.3.8 Travestie

Die Travestie ist eine Form der Verspottung eines literarischen Werks, die, im Unterschied zur Parodie, den Inhalt des Originals bewahrt und die Form verändert. Sie wird seit der deutschen Ästhetik des späten 18. Jh. von der Parodie unterschieden, entwickelt sich aber allmählich zum Sonderfall der Parodie[28], denn diese ist auf alle Gattungen bezogen, während sich die Travestie vorzugsweise an epische Dichtung und Einzelwerke hält und sie durchgehend herabsetzt. Die Möglichkeiten der Travestie sind eindeutig eingeschränkt, wenn der imitierte Inhalt nicht allgemein bekannt ist. Daher bevorzugt sie sowohl mythische und antike Stoffe als auch klassische Dichtungen, um das Risiko einer zeitlich begrenzten Lebendigkeit zu vermeiden. Analog zur Parodie ist die Travestie durch die burleske Absicht des Verfassers und die angestrebte Heiterkeit beim Leser gekennzeichnet, allerdings ohne die moralische Universalität der Parodie und deren relative literarische Eigenständigkeit zu besitzen: Die Travestie bleibt auf ein Spiel mit Formen beschränkt und ist somit weniger aggressiv.

2.2.1.7.3.9 Groteske

Die Groteske ist sowohl eine künstlerische Darstellungsart als auch eine eigenständige Gattung, die durch die Aufhebung der Logik, Symmetrie und Proportion und den Aufbau einer sonderbaren Kunstwelt gekennzeichnet ist. Als extreme Form des Komischen beruht die Groteske auf dem Mechanismus der Verfremdung und erzielt keine Spannung, sondern Provokation. Die Komik wird durch den Gegensatz zwischen menschlichem Ideal und menschlicher Deformation erreicht. In der Literatur ist die Groteske mit volkstümlichen Traditionen verbunden und beispielsweise bei Cervantes und Rabelais zu finden. Seit dem Ende des 18. Jh. gilt die Groteske als "Ausdruck des verlorenen Glaubens an eine geschlossene Welt" (Träger 1989:199) und sie wird im 20. Jh. in allen Gattungen von unterschiedlichen Autoren (u.a. Kafka, Shaw, Dürrenmatt) übernommen.

2.2.1.7.3.10 Karikatur

Der *Karikatur*-Begriff ist hauptsächlich in der bildenden Kunst als "eine Zeichnung o.Ä., die durch satirische Hervorhebung bestimmter charakteristischer Züge eine Person, eine Sache od. ein Geschehen der Lächerlichkeit preisgibt" (*Duden*) angesiedelt. Die Entstehungsgeschichte der Karikatur geht bis in die Renaissance zurück, in der der Begriff allgemein für das komisch oder satirisch oder spottend bis kritisch wirkende Überladens oder Übertreibens zur Kennzeichnung des Besonderen, zur Isolierung des Auffälligen in der bildenden, darstellenden und literarischen Kunst stand (Kalverkämper 2003b:1111). Aus dieser Definition gehen zum einen der interdisziplinäre Charakter des Begriffs (Kunstgeschichte, Literaturwissenschaft, Physiognomik, Bildende Kunst) und zum anderen seine unmittelbare Verbindung mit dem Bereich des Komischen hervor. Zu einem späteren Zeitpunkt kommt der Aspekt des Hässlichen dazu: In seinem philosophischen Essay *Über den Witz* (1871) definiert Kuno Fischer im Zuge der idealistischen Tradition und Ästhetik des 19. Jh. die Karikatur als "die entdeckte, hervorgehobene, verdeutlichte, ganz in das komische Gesichtsfeld gerückte Hässlichkeit; sie ist keine künstliche Erfindung, sondern sie liegt in der Natur und Richtung der komischen Vorstellungsweise, die sich von selbst aufgefordert fühlt, das Hässliche zu erleuchten, zu verdeutlichen, die Verunstaltung ganz unverdeckt zu sehen", und weiter "je treffender

---

[28] Das Wort 'Travestie' ist eine Entlehnung des it. *travestire*, trotzdem ist sie als Substantiv in der übertragenen literarischen Bedeutung den romanischen Sprachen ungeläufig geblieben und wird in der Regel analog zu Parodie übersetzt oder umschrieben (Hess 1989:274).

sie den Gegenstand erleuchtet und in seinen verborgenen Lächerlichkeiten zum Vorschein bringt, um so feiner und witziger ist die Karikatur" (Fischer 1996:41ff.). Mittel der Karikatur sind für Fischer das Nachahmen und die Übertreibung. Ihr Gebiet reicht soweit, wie das Komische mit dem Lächerlichen zusammenfällt. Fischer zufolge streckt sich die Karikatur vom rohen Zerrbild und der burlesken Posse hinauf bis in das hohe Lustspiel und den satirischen Roman.

Im Rahmen dieser Arbeit ist die literaturwissenschaftliche Ausprägung der Karikatur relevant, die analog zum Fachbegriff der bildenden Kunst als Bezeichnung für "die oft bis zu Grotesken hin verzerrten Überzeichnungen von Personen in den Gattungen der sentenziösen Komik (Parodie, Satire, insb. satir. Komödie)" steht (*Metzler Literatur Lexikon*). Wichtig dabei ist erneut die Kondition der Karikatur als Hilfsmittel zum Ausdruck verschiedener Formen und Gattungen des Komischen.

2.2.1.7.3.11 Gattungssystematik

Wie erwähnt (2.2.1.7.3) ist die Reihenfolge der Gattungsdarstellung nicht durch Zufall entstanden, sondern sie gehorcht einer inneren Systematik, die von den vorgestellten Definitionen abhängig ist und im Folgenden erläutert wird.

Aus den dargestellten Definitionen der einzelnen Gattungen (vgl. 2.2.1.7.3.1 bis 2.2.1.7.3.10) ergeben sich sechs Merkmale für ihre Klassifikation:[29]

1. Literarische Gattung
   Fast alle Begriffe sind in den Definitionen als 'literarische Gattung' bezeichnet. Diese Tatsache ist keine Selbstverständlichkeit, denn dadurch gelangt eine vermeintliche "Gattung" an das Ende der Systematik, wie im Folgenden gezeigt.

2. Inhalt / Form
   Das Verhältnis Inhalt / Form ist ein typisches Gattungsmerkmal (z.B. bei der Parodie oder der Travestie). In dieser Systematik habe ich zudem zwischen

---

[29] Die Gattungsmerkmale sind hier einer bestimmten Gewichtung folgend dargestellt, die anschließend erläutert wird.

Inhalt und Form differenziert und dem ersten eine größere Bedeutung beigemessen.
3. *Funktion*
Die Funktion spielt unter den gattungskonstitutiven Merkmalen eine grundlegende Rolle, so verfolgen z.b. sowohl Parodie als auch Travestie eine burleske Absicht und streben als gattungsspezifische Funktion die Heiterkeit beim Leser an.
4. *Charakteristische Züge / Verhaltenstypen*
Bei der Lektüre der Gattungsdefinitionen stellt man auch fest, dass viele Gattungen durch Darstellung oder Nachahmung von typischen Verhaltensmustern zwecks Identifikation seitens des Rezipienten gekennzichnet sind, z. B. die Komödie.
5. *Bindung an einen Prätext*
In diesem Fall übernehme ich die Terminologie der Intertextualitätstheorie, um die Gattungen zu klassifizieren, die an ein Original gebunden sind. So dienen solche Gattungen (z.B. Parodie, Travestie, Karikatur) in der Regel dazu, den Prätext zu verspotten oder zu karikieren. Diese Eigenschaft kommt ebenfalls in den Definitionen vor.
6. *Dialogizität*
In der Tradition der Arbeiten Bachtins (1990:101ff.) ist mit *Dialogizität* die Betonung des kontextorientierten Aspektes in der Literatur gemeint, der auch gattungskonstitutiv sein kann. Gattungen haben eine innere Multiperspektivität, die in Komplementärlektüre durch den Leser bzw. Zuschauer ausgemacht wird. Die Komödie beispielsweise beruht auf einer dialogischen Form mit dem Lachen als Mittel der Schnellkommunikation.

Diese Merkmale stehen nicht isoliert da, sondern sie können bei einer genaueren Analyse jewils einer bestimmten Dimension zugeordnet werden:

MERKMAL	DIMENSION
1. Literarische Gattung	*literarisch*
2. Inhalt / Form	*textuell*
3. Funktion	*pragmatisch*
4. Charakteristische Züge / Verhaltenstypen	*psychisch*
5. Bindung an einen Prätext	*intertextuell*
6. Dialogizität	*interaktiv*

Tab. 3 Merkmale und Dimensionen der Gattungsbegriffe des KOMISCHEN

Diese Dimensionen sind von einer nicht zu unterschätzenden Bedeutung, da sie in der späteren Analyse der Originaltexte und ihrer Übersetzungen aus dem Spanischen ins Deutsche als Kriterien verwendet werden können.

Anhand der Definitionen werden die sechs erarbeiteten Merkmale mit den Gattungen in Verbindung gesetzt und in Tabelle 4 mit dem Ziel dargestellt, eine innere Gattungssystematik festzustellen. In der zweiten und dritten Zeile der Tabelle stehen die Merkmale einschließlich der entsprechenden Dimensionen, in der ersten Spalte sind die zehn Gattungen aufgelistet:

GATTUNGSSYSTEMATIK DES KOMISCHEN

← Zunahme und Abnahme der Dimensionen →

Züge der Dimensionen	HOLISTISCH	SEMIOTISCH					PROZEDURAL	
Dimensionen der Merkmale	literarisch	Zeichenkonstitution		Zeichenfunktion	Zeichenrelationen		intertextuell	interaktiv
		textuell		pragmatisch	psychisch			
Merkmale der Gattungen	Literarische Gattung	Form	Inhalt	Funktion	Charakterist. Züge Verhaltenstypen		Bindung an einen Prätext	Dialogizität
Gattungen								
KOMÖDIE	X		X	X	X			X
PARODIE	X		X	X			X	
FARCE	X		X		X			
POSSE	X		X		X			
SATIRE	X		X	X				
HUMORESKE	X	X			X			
WITZ	X	X		X				
TRAVESTIE	X	X		X			X	
GROTESKE	X	X		X				
KARIKATUR		X			X		X	

Tab. 4 *Gattungssystematik des KOMISCHEN*

Abhängig von der Anzahl von Gattungen, die über die Definition einem bestimmten Merkmal zugeordnet werden, kann man eine innere Gewichtung der Merkmale erschließen und somit im Vordergrund und im Hintergrund beteiligte Merkmale erkennen, die in der Tabelle schon unter Berücksichtigung dieser inneren Gewichtung von links nach rechts abnehmend dargestellt sind. Zum Beispiel werden mit Ausnahme von *Karikatur* alle anderen Begriffe als *literarische Gattung* bezeichnet. Aufgrund seines zahlreichen Vorkommens in den Definitionen steht das literaturwissenschaftliche Merkmal *literarische Gattung* an erster Stelle, allerdings hat es einen geringen Auslesewert. Auf der anderen Seite findet man, was die *Dialogizität* betrifft, nur eine Gattung, die damit definiert ist, also spielt dieses Merkmal eine untergeordnete Rolle und steht somit in der letzten Spalte.

Unter Berücksichtigung zweier Parameter – der Anzahl von Merkmalen, die in jeder Gattungsdefinition vorkommen, einerseits und der inneren Gewichtung der sechs Merkmale untereinander andererseits – werden die Gattungen in Tabelle 4 klassifiziert.

Aus dieser Klassifikation ergibt sich folgende Gattungssystematik, die mit der Reihenfolge der zuvor dargestellten Gattungen übereinstimmt:

1. Komödie
2. Parodie
3. Farce
4. Posse
5. Satire
6. Humoreske
7. Witz
8. Travestie
9. Groteske
10. Karikatur

Aus der Tabelle sind mehrere Schlussfolgerungen abzuleiten:

- Die Komödie verfügt über die höchste Anzahl von Merkmalen und steht somit an oberster Stelle.
- Es folgen die Gattungen, bei denen Inhalt eine besondere Rolle spielt (Parodie, Farce, Posse, Satire).

- Anschließend findet man die Gattungen, bei denen sowohl Form als auch Inhalt distinktive Merkmale sind (Humoreske, Witz).
- Travestie und Groteske haben ihren Schwerpunkt lediglich in der Form.
- Die Karikatur ist keine literarische Gattung.
- Über die konkrete Abfolge der Gattungen hinaus stellt man mit Hilfe der Tabelle fest, dass die Merkmale der Gattungen mitsamt ihren Dimensionen sich durch einen weiteren Schritt in drei große Bereiche gruppieren lassen, die ich *Züge der Dimensionen* genannt habe und die in der ersten Zeile der Tabelle 4 zu finden sind:

I. HOLISTISCHE ZÜGE

Dieser Bereich umfasst die Merkmale und Dimensionen, die den Text in seiner **Ganzheit** (gr. *hólos*) betreffen. Der Text als Ganzes wird als *literarische Gattung* bezeichnet.

II. SEMIOTISCHE ZÜGE

In diesem Bereich geht es darum, die **Teile** des Textes als ganzheitliches Zeichen zu erkennen und sie unter drei Aspekten zu betrachten:

a) *Zeichenkonstitution*: Woraus besteht ein Text? – textuelle Dimension: Form, Inhalt.

b) *Zeichenfunktion*: Welche Funktion erfüllen diese Teile? – pragmatische Dimension: Funktion.

c) *Zeichenrelation*: In welcher Beziehung stehen die Teile zueinander und zu ihrem Umfeld? – psychische Dimension: Darstellung von charakteristischen Zügen und Verhaltenstypen.

III. PROZEDURALE ZÜGE

Dieser Bereich deckt die **handlung**sorientierte Perspektive ab: Wie wird es durch die verschiedenen Textteile erreicht, dass sie als ganzheitlicher Text fungieren?

a) Intertextuell: Über die Bindung an einen (oder mehrere) Prätext(e).

b) Interaktiv: Mittels der Dialogizität, d.h. mit dem Text als kontextorientiertes Dialogangebot an den Rezipienten.

Diese Darstellung der Züge der Dimensionen in drei Bereichen (holistisch - semiotisch - prozedural) gibt den Verlauf des menschlichen Wahrnehmungsprozesses wieder: Erstens das **Ganze** erkennen, zweitens seine **Teile** erschließen und drittens damit etwas **tun**, d.h. handeln.

In der tabellarischen Gattungssystematik sind die Züge der Dimensionen von links nach rechts mit abnehmender Signifikanz dargestellt. Diese Eigenschaft wird durch den oberen Pfeil repräsentiert.

Die zuvor präsentierte Rangordnung erhebt keinen Anspruch auf Allgemeingültigkeit und ist im Rahmen der Wortfeldanalyse des Komischen zu verstehen. Gattungen lassen sich sicherlich anders bzw. detaillierter klassifizieren. Das würde allerdings den Rahmen der vorliegenden Arbeit sprengen und soll den Gattungssystematikern überlassen werden.

Dennoch stellt das Ergebnis dieser Gattungssystematik zum einen ein gattungstheoretisches Denkangebot dar und ist zum anderen für den weiteren Verlauf der Arbeit methodologisch von besonderer Bedeutung: Anhand des vorhandenen Materials − in diesem Fall der Definitionen − ist es gelungen, Gemeinsamkeiten und Unterschiede unter den komischen Gattungen zu erkennen und sie so zu systematisieren, dass das daraus entstehende Ergebnis sich für die spätere translationswissenschaftliche Anwendung als zweckmäßig erweist und neue Erkenntnisse ermöglicht.

2.2.1.7.4 Lächerlichkeit

Der Begriff des Lächerlichen hat eine lange Tradition. Aristoteles definiert ihn als "ein mit Häßlichkeit verbundener Fehler, der indes keinen Schmerz und kein Verderben verursacht" (Poetik 1449a-1449b). Die Komödie, so Aristoteles, ist die Nachahmung von handelnden schlechteren Menschen, deren Schlechtigkeit im Lächerlichen besteht. Eine Handlung vollzieht sich nicht in der Luft, sondern ist immer von einer bestimmten Situation abhängig, die in der Regel durch Opposition zu den Normen dazu beiträgt, dass das Verhalten des handelnden Menschen als lächerlich empfunden wird. Aus diesem Grund kann man behaupten, dass das Lächerliche von der Kommunikationssituation abhängig ist. In eine ähnliche Richtung zielt Cicero (De oratore II, 289) mit dem Argument, dass das Lächerliche aus enttäuschter Erwartung entspringt (exspectationibus decipiendis), denn die jeweilige Erwartung wird immer situationsabhängig sein. In der Epoche des Ancien Régime und seinen festen Regeln des gesellschaftlichen Umgangs rückt das Lächerliche noch stärker in die Kommunikationssituation. Jede Normabweichung vom gesellschaftlichen Code wird als lächerlich empfunden. Im 19. Jh. vertritt Lessing die These, dass die Komödie durch das Lachen bessern will, indem sie eine an sich durchaus tugendhafte und unserer Hochachtung würdige Person in eine lächerliche *Situation* versetzt oder Lächerliches tun lässt (Lachmann 1893:9,302 ff.). Im Jahrhundert des Idealismus dreht sich die philosophische Diskussion um den Begriff des Lächerlichen und seine Objekt- bzw. Subjektbezogenheit.

Ein zusätzliches Problem dabei ist, dass das Lächerliche und das Komische oft synonym gebraucht werden, was die Grenzziehung zwischen beiden Begriffen deutlich erschwert. Auch Bergson setzt in seinem Werk *Le rire. Essai sur la signification du comique* (1889) beide Begriffe gleich und behauptet, der Anlass des Lächerlichen sei die ungenügende Anpassung des Belachten an die normativen Erwartungen der lachenden Gruppe (Bergson 1961:101). Diese Erwartungen sind immer an eine Kommunikationssituation gebunden (und somit kulturspezifisch). Im 20. Jh. findet man einige Versuche, die Grenze zwischen dem Komischen und dem Lächerlichen zu ziehen. Jauss beispielsweise behauptet, der Gegenstand des Lachens wirke dann lächerlich, wenn die durch ihn zunichte gewordenen normativen Erwartungen für den Lachenden maßgebend und lebenswirksam sind, komisch dagegen, wenn der Lachende seine wertende Stellungnahme zu den zugrunde gelegten Normen suspendiert (Jauss 1976:361-372).

2.2.1.7.5 Humor

Der Humorbegriff ist ebenfalls in erster Linie senderbezogen, auch wenn man ihn vom Sprachgebrauch her wahrscheinlich anders eingeordnet hätte. Humor ist nämlich in der Umgangssprache alles, was irgendwie mit dem Lachen zu tun hat (Schmidt-Hidding 1963:237). Wenn man sich aber die Definition genauer anschaut, wird man feststellen, dass Humor eine tiefere philosophische Dimension hat. Humor ist die "Gabe eines Menschen, der Unzulänglichkeit der Welt u. Menschen, den Schwierigkeiten u. Missgeschicken des Alltags mit heiterer Gelassenheit zu begegnen" (*Duden*). Nicht nur die Definition, sondern auch die begriffsgeschichtliche Entwicklung des Humors zeugen von einer Orientierung des Begriffs zum Individuum hin, das in der Lage ist, seine Fehler und die Fehler der Menschheit zu erkennen und sie so darzustellen, dass sie eine komische Wirkung erzeugen. Große Literaten wie Shakespeare, Cervantes und Sterne werden immer wieder als Beispiele für diese Begabung zitiert. Angefangen von der englischen Tradition über Jean Paul bis hin zu Freud, alle Theorien des Humors betonen die Bedeutung der Wahrnehmung des Einzelnen über die Welt.

Außer dem Individuum spielt die Kommunikationssituation bei der Entstehung und Rezeption des Humors eine große Rolle. Die Einstellung des Einzelnen kann je nach Kommunikationssituation humorvoll oder nicht humorvoll sein. In seinem berühmten Aufsatz *Der Humor* (1927) führt Freud ein treffendes Beispiel an: "Wenn [...] der Delinquent, der am Montag zum Galgen geführt wird, die Äußerung tut: »Na, die Woche fängt gut an«, so entwickelt er selbst den Humor, der humoristische Vorgang vollendet sich an seiner Person und trägt ihm offenbar eine gewisse Genugtuung ein" (Freud 1998:253). Es ist einleuchtend, dass die humoristische Wirkung der Äußerung des Verbrechers mit der Kommunikationssituation einhergeht. Aus diesem Grund steht der Humor im Zentrum einer Ellipse, die den Sender und die Kommunikationssituation umkreist. Darüber hinaus und gerade im Fall des Galgenhumors darf man nicht vergessen, dass jede Kommunikationssituation in eine Kultur eingebettet ist und somit kulturspezifisch ist. Zum Beispiel ist der Galgenhumor in der spanischen Lachkultur nicht so ausgeprägt wie im deutschsprachigen Kulturraum, dabei zeigen die Spanier – vielleicht im Zuge der katholischen Tradition – eine Vorliebe für den Tod als Leitmotiv des nationalen Komischen.

2.2.1.7.6 Lachen

Lachen bedeutet "1. a) durch eine Mimik, bei der der Mund in die Breite gezogen wird, die Zähne sichtbar werden u. um die Augen Fältchen entstehen, [zugleich durch eine Abfolge stoßweise hervorgebrachter, unartikulierter Laute] Freude, Erheiterung, Belustigung o.Ä. erkennen lassen [...] 2. sich über jmdn., etw. unverhohlen lustig machen" (*Duden*). Diese Beispieldefinition zeigt, dass das Lachen in der Regel durch drei Merkmale gekennzeichnet ist: 1. das physiologische Zusammenspiel von Ausdrucksträgern (Mund, Zähne, Augen), 2. die Lach-Ursache (Freude, Erheiterung, Belustigung) und 3. die Subjekt- bzw. Objektbezogenheit (über jmdn. oder etw. lachen). Der letzte Aspekt ist von herausragender Bedeutung für den Kommunikationsprozess: Das Lachen ist in der Regel partnerbezogen, d.h. an einen Empfänger gebunden. Diese Eigenschaft beinhaltet eine aggressive Komponente: Indem wir über jemanden lachen, wollen wir ihn in einer gewissen Art und Weise attackieren, bloßstellen. Darüber hinaus gehört das Lachen als emotionale Gesichts-Laut-Äußerung zu den Spezifika der *Conditio humana* – Tiere lachen nicht –, so dass es mehrere Disziplinen gibt, die von verschiedenen Perspektiven aus das Lachen zum Reflexionsgegenstand erhoben haben, um seine Natur zu erklären.

In der Rhetorik gilt das Lachen als komplexes Phänomen nonverbaler Kommunikation und als "Herausforderung für den Redner, als Wirkungsmöglichkeit gegenüber dem Publikum, als spontane, nicht durch die Kunstlehre (*ars*) geschaffene, vielmehr auf natürlicher Veranlagung (*natura*) und Gelegenheit (*occasio*) fußende Reaktion auf Umstände oder Gegebenheiten" (Kalverkämper 2003a:322). Ausgehend von der These, das Lachen als mimischer Ausdruck einer Emotion folge einer inneren – in diesem Fall aggressiven – Gefühlsbewegung, möchte ich eine Brücke zum Gebiet der Ethologie (Verhaltensforschung) schlagen und mich auf Eibl-Eibesfeldt und seine Forschung über das menschliche Verhalten vom biologischen Standpunkt aus beziehen.[30] In seinem Buch *Die Biologie des menschlichen Verhaltens* (1986) führt Eibl-Eibesfeldt das Lachen anhand der Beobachtungen

---

[30] Da das Lachen keine ausschließlich sprachliche Äußerung ist, wird an dieser Stelle zugunsten der Interdisziplinarität auf eine nicht linguistische Quelle zurückgegriffen.

afrikanischer Volksstämme auf die Beißintention zurück, die auch für das Lächeln typisch ist, defensiv sein kann und als stummes Zähnezeigen bereits bei nicht menschlichen Primaten vorkommt. Der Unterschied zwischen Lachen und Lächeln besteht allerdings darin, dass das Lächeln angstmotiviert ist, während das Lachen aus einer draufgängerisch-freundlich aggressiven Einstellung folgt (Eibl-Eibesfeldt 1986:175 ff.). Das Lachen, besonders wenn es laut ist, ist außerdem eine soziale Drohung und hat zugleich eine bindende Funktion: Es verbindet diejenigen, die gemeinsam lachen, im aggressiven Beistand. Aus einer philosophischen Sicht hat Bergson schon 1889 mit seinen zwei Thesen "Notre rire est toujours le rire d´un groupe" (Bergson 1961:5) und "Le rire est, avant tout, une correction" (Bergson 1961:150) ebenfalls auf die soziale Bedeutung und Funktion des Lachens aufmerksam gemacht.

Auf das Kommunikationsmodell übertragen ist das Lachen also stark empfängerorientiert: Wir wollen jemanden durch das Lachen angreifen, was zum Ver- oder Auslachen werden kann. Damit die Aggression begründet ist, muss ein Anlass zum Lachen vorhanden sein, z.B. eine Gefahr- oder Überlegenheitssituation. Somit ist das Lachen zusätzlich von der Kommunikationssituation abhängig. Außerdem ist das Lachen wie jedes andere Aggressionszeichen auch mitleidslos, es schließt das emotionale Interesse am Verlachten aus. Nach Bergson setzt das Lachen "une anesthésie momentanée du coeur" (Bergson 1961:4) voraus. Dafür muss man sich der Transzendenzlosigkeit der Situation bewusst sein: Wenn beispielsweise der Clown im Zirkus auf einer Bananenschale ausrutscht, dann wird im Publikum gelacht, nicht aber wenn das Gleiche einer alten Dame auf der Straße geschieht. Ein anderer Fall sind z.B. Fernsehshows mit peinlichen Privat-Videos über Missgeschicke, diese sind ein klarer Fall von Schadenfreude. Die Kommunikationssituation spielt beim Lachen also eine entscheidende Rolle.

Darüber hinaus darf man nicht vergessen, dass das Lachen infolge seiner Abhängigkeit von der Kommunikationssituation zugleich kulturspezifisch ist, was sich terminologisch spätestens durch die Prägung des Begriffs *Lachkultur* (Bachtin 1990:32 ff.) bemerkbar macht.

2.2.1.7.7 Ironie und Sarkasmus

Die nächsten zwei Begriffe des Modells (Ironie und Sarkasmus) sind als rhetorische Figuren in einer größeren Ellipse eingeschlossen, die die Elemente Sprachsystem, Text, Empfänger und Kommunikationssituation umfasst.[31]

- Die Geschichte der Ironie zeigt drei Verwendungsweisen des Begriffs: 1. Ironie als rhetorische Figur, 2. Ironie als Lebensform und 3. Ironie als ontologischer Begriff (*Metzler-Lexikon Literatur- und Kulturtheorie*, 1998).

    1. Vom Standpunkt der Rhetorik wird eine Differenzierung zwischen a) Ironie als Wortfigur und b) Ironie als Gedankenfigur getroffen:

    a) Die Ironie als Wortfigur ist "der Ausdruck einer Sache durch ein deren Gegenteil bezeichnendes Wort. Sie ist eine Waffe der Parteilichkeit [...]: der Redner ist sich der Überzeugungskraft seiner eigenen Partei sowie der Sympathie des Publikums so sicher, dass er [...] die lexikalische Wertskala des Gegners verwendet und deren Unwahrheit durch den (sprachlichen oder situationsmäßigen) Kontext evident werden läßt" (Lausberg 1990^3:302). Nach dieser Definition ist die Ironie als rhetorische Figur unmittelbar mit dem Empfänger (Wertskala des Gegners) verbunden, von dem sie Korrektur bzw. Interpretation (vom Gesagten zum Gemeinten) fordert. Außerdem ist die Ironie stets in eine bestimmte Kommunikationssituation (sprachlicher oder situationsmäßiger Kontext) eingebettet. Darüber hinaus findet sie als Wortfigur Anwendung in einem Text – sie kann sich als Gegensinn durch den unmittelbaren Kontext verraten (Lausberg 1990^3:303) – und gehört somit zu einem bestimmten Sprachsystem. Die Ironie als Wortfigur wird nach folgenden Kriterien in mehrere Unterarten geteilt:

    a.1) Nach der epideiktischen Dialektik Lob/Tadel.

    a.2) Nach der betroffenen Person (Selbst- vs. Fremdironie).

    a.3) Nach dem Energiegrad.[32]

---

[31] Der Zynismus bleibt ausgeschlossen, weil er keine rhetorische Figur ist, wie es den wichtigsten Quellen der Rhetorik zu entnehmen ist. Im Laufe der Arbeit wird diese Ellipse erweitert, um den Sender miteinzuschließen (vgl. Punkt 3.3.4 Ende)

[32] Zur ausführlichen Klassifikation der Ironie vgl. Lausberg 1990^3:302-303; 446-450.

b) Die Ironie als Gedankenfigur wurde von Sokrates als Vorsichtstaktik in den Rang einer Kunst erhoben. Sie ist eine dialektische Waffe, die sich im Parteikampf in zwei Stärkegraden zeigen kann:

    b.1) Als *dissimulatio* (Verheimlichung der eigenen Meinung).

    b.2) Als *simulatio* (positive Vortäuschung einer eigenen, mit einer Meinung der Gegenpartei übereinstimmenden Meinung).

Die *simulatio* gilt als Realität des sozialen Lebens und kommt deshalb in der Literatur besonders in den Gattungen des Romans und des Dramas zum Ausdruck. Sie gilt auch als Schwerpunkt der rhetorischen Ironie. Trotzdem werden beide Varianten zum einen als politische-taktische-dialektische Ironie und zum anderen als rhetorische Ironie benutzt. Der Unterschied liegt darin, dass die erste Anwendung als Mittel zur Verbergung des eigenen Willens, ohne an ein Publikum zu denken, verwendet wird, während die zweite sich an ein Publikum richtet mit dem Ziel, die Gegenpartei dadurch bloßzustellen, dass die Unsinnigkeit der gegnerischen Sachbewertungs-Terminologie evident gemacht wird (Lausberg 1990[3]:448).

2. Die Variante der Ironie als Lebensform greift auf die rhetorische Ironie als Gedankenfigur zurück und weist auf die Lebensführung und Dialogtechnik von Sokrates, die er metaphorisch als "Hebammenkunst", d.h. Maieutik, bezeichnete.

3. Die dritte Verwendungsweise der Ironie als ontologischer Begriff wird von der so genannten 'romantischen Ironie' verkörpert und gilt in der Romantik des 19. Jh. als philosophisches Vermögen, das ständig den Widerstand zwischen Ideal und Wirklichkeit zum Ausdruck bringt. Zu diesem Begriff wurden im Laufe der Geschichte unterschiedliche Theorien aufgestellt, u.a. von Schlegel, Solger, Hegel, Kierkegaard und Jean Paul. Manche Autoren haben sich auch mit dem Verhältnis zwischen Ironie und Humor beschäftigt, z.B. Goethe, der die Verwandtschaft von beiden Begriffen unter dem Stichwort 'humoristische Ironie' zusammengefasst hat. Die 'romantische Ironie' ist heutzutage tief im Bereich der Literaturwissenschaft verankert.

In seinem Überblick *Ironie und literarische Moderne* (1997) definiert Ernst Behler den Begriff wie folgt:

> Wenn heute die Bezeichnung "romantische Ironie" verwendet wird, weiß man gleich, daß es sich um jene spezifisch in der Literatur vorkommende Ironie handelt, mit welcher der Autor in seinem Werk präsent ist und alle möglichen Spiele der Verstellung treibt. Diese Ironie ist auf keine literarische Gattung eingeschränkt, sondern findet in der Erzählung, dem Drama und der Lyrik gleicherweise statt. Sie unterliegt auch keiner zeitlichen Begrenzung auf bestimmte Epochen, sondern ist allgemein ein Merkmal der modernen Literatur.
>
> (Behler 1997:10)

Mit 'Präsenz' des Autors ist eine Haltung gemeint, durch die der Schriftsteller sich aus seinem Werk erhebt, über das Dargestellte mit dem Leser reflektiert und mit der Form seines Werkes spielt. Zur Verkleidung der Ironie stehen dem Autor mehrere Mittel zur Verfügung: Die Ironie kann als rhetorischer Tropus (Einzelfigur), Gesamtstruktur, satirische Figur, Haltung des Erzählers, tragische Ironie im Drama oder Element des Komischen auftauchen. Die neuere Literaturwissenschaft nutzt somit den Ironiebegriff für die literarische Interpretation aus und stiftet Ausdrücke wie ‚Ironie des Schicksals' oder ‚Fiktions-Ironie'.

Über die Rolle der Ironie als "Grenzgänger zwischen Literatur und Philosophie" (Japp 1983:23f) hinaus wird der Begriff von weiteren Disziplinen übernommen und operationalisiert, in der Linguistik z.B. versteht man Ironie als Mittel der Sprechhandlung oder in der Entwicklungs- und Tiefenpsychologie als Ausdruck von Scheu, Scham und Ehrfurcht.[33]

Für übersetzungswissenschaftliche Zwecke und gerade in Bezug auf das Thema dieser Arbeit erweisen sich die pragmalinguistischen Ansätze von Weinrich (1966), Stempel (1976) und Hutcheon (1995) zur Natur und Funktionsweise der Ironie in Verbindung mit dem Grenzfall 'Literatur' als besonders nützlich. Diese Autoren schlagen jeweils komplementäre Ironie-

---

[33] Anna Sergienko bietet einen vollständigen Überblick über die unterschiedlichen Anwendungen des Ironiebegriffs in Sergienko, Anna (2000): *Ironie als kulturspezifisches sprachliches Phänomen*. Stuttgart: Ibidem. 13-43.

modelle vor und arbeiten mit der Kategorie der Ironiesignale (vgl. Kapitel 3, insbesondere die Ironiedefinition unter 3.3.4).

Was die Bedeutung der Ironie im Zusammenhang mit dem Komischen anbelangt, stellt man fest, dass Ironie prinzipiell keine Unterform des Komischen ist, aber dass sie durchaus einen komischen Grund haben kann, d.h. Ironie kann tragisch, komisch oder beides gleichzeitig sein (daher die Bezeichnung humoristische Ironie). In den Worten Japps:

> Und man sieht, wie die "Gattungen" [des Komischen] nicht nur beständig im Zusammenhang des Komischen fluktuieren, sondern wie sie diesen Zusammenhang selbst unter- oder überschreiten können. Diese Probleme sind aber nur ein anderer Hinweis darauf, daß das Komische nicht ausreicht, um die Ironie zu begreifen. Wir müssen deshalb einsehen, daß die Ironie keine Gattung des Komischen ist, vielmehr das Komische ein (möglicher) Grund der Ironie.
>
> (Japp 1983:74)

Wenn die Ironie tatsächlich komisch gemeint ist, unterscheidet sie sich von anderen Gattungen des Komischen durch Verstecktheit. Ihre Wirkung erfordert eine gewisse ironische Kompetenz sowohl des Senders als auch des Empfängers sowie das Zustandekommen einer bestimmten Kommunikationssituation (Sergienko 2000:32).

- Der Sarkasmus ist mit der Ironie eng verwandt, er wird als Ironie mit einem stärkeren Aggressivitätsgrad verstanden: "ironie amère et insultante" (Lausberg 1990³:942). Quintilian ordnet die Ironie unter dem Dach der Allegorie ein und zählt den Sarkasmus zu einer weiteren Ausdrucksform der Allegorie (Quintilian 1995:243). Somit fällt er in den gleichen Bereich wie die Ironie und ist ebenfalls empfänger-, text-, sprachsystem- und kommunikationssituationsspezifisch.

2.2.1.7.8 Das KOMISCHE

An zentraler Stelle der Wortfeldanalyse befindet sich *das Komische*, das im Kommunikationsmodell dem obersten Faktor, nämlich der Kultur, zugeordnet ist. Um diese Relation zu erklären, sind zwei terminologische Unterscheidungen vonnöten:

- zum einen eine gattungstheoretische Differenzierung zwischen der *Komödie* und *dem Komischen* und
- zum anderen eine philosophische Differenzierung zwischen *dem Komischen* und *der Komik*.

Die Komödie ist (zusammen mit der Tragödie) eine Unterart des dramatischen Genus, während das Komische als literaturwissenschaftlicher Grundbegriff fungiert. Wichtig dabei ist die Tatsache, dass beide Begriffe sich nicht gegenseitig implizieren: Alle Gattungen sind im Prinzip disponiert für das Komische. Komödie ist, in Anlehnung an Hempfers *Gattungstheorie* (1973), als historisch variable Komponente der kommunikativen Kompetenz die konkrete Realisation einer Gattung zu einem bestimmten Zeitpunkt. Im Gegensatz dazu ist das Komische eine je nach dem sozio-kulturellen System entweder absolut oder relativ konstante Komponente der kommunikativen Kompetenz, eine Schreibweise, die durch bestimmte Transformationen sich in einer oder mehreren historischen Gattungen konkretisiert (z.B. Komödie). Das Komische, das Satirische usw. sind also absolute bzw. relative Schreibweisen, die generisch invariant sind, d.h. ahistorisch, während die Komödie, die Satire usw. historisch konkrete Realisationen dieser Schreibweisen im Rahmen bestimmter literarischer Gattungen sind (Hempfer 1973:223ff). Wichtig für diese Arbeit ist der normative Aspekt der absoluten oder relativen Schreibweisen als generische Invarianten, denn sie sind historisch konstant, aber abhängig vom sozio-kulturellen System, also kulturspezifisch. Aus diesem Grund habe ich 'das Komische' der Kultur zugeordnet.

Der Unterschied zwischen dem Komischen und der Komik ist philosophischer Natur: Das Komische ist eine "ästhetische Kategorie, die den Widerspruch von Ideal und Wirklichkeit sowie den von Schein und Sein wertet und sinnfällig macht" (Träger 1986:269), Komik dagegen die reale Erscheinungsform der ästhetischen Kategorie des Komischen. Eine weitere Unterscheidung ist zwischen Alltagskomik und literarischer Komik zu treffen: Erstere muss im Umgang mit den Konventionen einer Kultur erlernt werden, während die literarische Komik auf einer ästhetischen Distanz beruht: Im ästhetischen Kontext wird die entsprechende komische Kommunikationssituation erwartet. Die Grundsituation der Rezeption lässt sich angesichts der literarischen Komik als erwartete überraschende Erwartungsverletzung kennzeichnen. Das Komische steuert die Erwartungshaltung des Rezipienten; diese Erwartungen sind auch Konventionen, und somit ebenfalls kulturspezifisch.

Das Komische kann im Alltag verschiedene Formen annehmen (Humor, Witz, Sprache und Bild, Gestik und Mimik, Situationskomik, unfreiwillige Komik usw.). Seine Rezeption drückt sich in mehreren emotionalen Stufen aus: angefangen beim Lächeln über das Lachen und den Spott bis hin zu bitterem Sarkasmus. In der Kunst nimmt das Komische weitere Ausdrucksformen an: bildende Kunst (Karikatur), darstellende Kunst (Groteske, Posse), Literatur (Epigramm, komisches Epos, Glosse, Komödie, Satire, Witz usw.). Literatur- und kunstgeschichtlich kann man die Entwicklung des Komischen und seiner Erscheinungsformen von der attischen Komödie bis zum Theater des Absurden verfolgen.

Parallel zu dieser Entwicklung verläuft die Geschichte der Theorie des Komischen, zu der sich alle wichtigen Denker im Laufe der Jahrhunderte geäußert haben (Aristoteles, Hobbes, Kant, Schlegel, Jean Paul, Vischer, Hegel, Marx, Lipps, Bergson, Freud, Bachtin, Ritter u.a.). Wichtig an dieser Stelle ist die Tatsache, dass das Komische, ob als absolut oder relativ konstante Variable der kommunikativen Kompetenz oder aber als ästhetische Kategorie immer in eine besondere Kultur eingebettet ist, die den Widerspruch zwischen Ideal und Realität prägt.

2.2.1.8 Ergebnisse

Das Wortfeld des Komischen ist durch eine mehrfach betonte begriffliche Unklarheit gekennzeichnet. Wie bereits unter Punkt 2.2.1.1 dargestellt, ist das Ziel dieser Wortfeldanalyse der Versuch, eine möglichst scharfe begriffliche Trennung im Wortfeld des Komischen zu schaffen, die für die Übersetzungsanalyse von Nutzen ist. Die Ergebnisse lassen sich in drei Punkten zusammenfassen.

1. Begriffliche Trennung

Mittels der Wortfeldanalyse des Komischen ist es gelungen, anhand von lexikalischen Hilfsmitteln eine Hierarchie zwischen den Feldnachbarn des Komischen festzustellen (vgl. Abbildung 7 unter Punkt 2.2.1.5). Wichtigstes Ergebnis dabei ist die Erkenntnis, dass der Humor – im Gegensatz zum allgemeinen Sprachgebrauch – keinen Oberbegriffscharakter im semantischen Bereich des Komischen aufweist, sondern dass er anderen Begriffen untergeordnet und durch eine tiefe philosophische Dimension gekennzeichnet ist. Die Sonderstellung des Komischen lässt sich über die Ergebnisse der Wortfeldanalyse hinaus durch die Einordnung der Begriffshierarchie in das übersetzungsrelevante Kommuni-kationsmodell bestimmen und erweist sich für die Zwecke dieser Arbeit als besonders nützlich.

2. Analytisches Instrumentarium

Die Feststellung der Hierarchie von Hyper- und Hyponymen im Wortfeld des Komischen ist zweifelsohne interessant, wird aber um so zweckmäßiger, wenn man sie in ein relevantes Modell einordnet, das man wiederum als Kriterienraster anwenden kann. Durch die Einordnung der Ergebnisse der Wortfeldanalyse in das Kommunikationsmodell (vgl. Abbildung 9 unter Punkt 2.2.1.6) ist die Grundlage für ein generelles Instrumentarium geschaffen, mit dem man die spanischen Originaltexte und ihre deutschen Übersetzungen analysieren kann. Dieses Instrumentarium fungiert außerdem sowohl als analytische "Brille" zur Lektüre der Texte als auch als methodische Absicherung. Die dargestellte methodische Vorgehensweise ist natürlich nach Durchführung der Wortfeldanalyse in der entsprechenden Sprache auf andere Sprachkombinationen übertragbar.

3. Integratives Modell

Über die Anwendung der Wortfeldanalyse auf das translationstheoretische Fachgebiet hinaus möchte ich zuletzt den interdisziplinären und integrativen Ansatz des Modells hervorheben. Das Schema in Abbildung 9 unter Punkt 2.2.1.6 repräsentiert einen Vorschlag für ein integratives Modell des Komischen, dessen Basis kommunikativ angelegt ist und dessen Grenzen fließende Übergänge und relative Einordnungen mit einschließen. Dieses Modell kann vielleicht auch für andere Wissenschaften von Nutzen sein, um die jeweilige Terminologie einzuordnen und Rückschlüsse bezüglich der inhaltlichen Orientierung nach einem (oder mehreren) Faktoren des übersetzungsrelevanten Kommunikationsmodells ziehen zu können.

In dieser Arbeit wende ich das Modell auf die Literaturwissenschaft und die Literatur als Surrogat an, daher konzentriere ich mich auf das Komische, das in erster Linie ein literaturwissenschaftlicher Grundbegriff ist und aus der kommunikativen Perspektive immer in eine bestimmte Kultur eingebettet ist. Anhand des Modells verfolge ich die Absicht, an konkreten Beispielen der spanischen Gegenwartsliteratur kulturspezifische Textsignale des Komischen zu erkennen und zu systematisieren. Zudem möchte ich die Übersetzungen der ausgewählten Romane ins Deutsche daraufhin untersuchen, inwieweit sie als Mittel des interkulturellen Transfers gelungen sind. Diese Instrumentalisierung der Elemente des Komischen könnte für die Literaturkritik ebenfalls von Nutzen sein.

2.2.2 Analyse des Wortfelds der *GRACIA*
2.2.2.1 Zielsetzung

Die Konturen des spanischsprachigen Wortfeldes der *gracia* sind mindestens genauso unscharf wie die des deutschsprachigen Wortfeldes des Komischen, zumal Spanisch oft nicht den gleichen Präzisionsanspruch wie die Sprache der Dichter und Denker erfüllt. Selbst über diese Tatsache wird auf Spanisch gelacht, und Jardiel Poncelas Behauptung, *humor* zu definieren sei "como pretender atravesar una mariposa usando a manera de alfiler un poste de telégrafos" (zit. nach Martín Casamitjana 1996:23) ist mehrfach zitiert worden. Daraus folgt, dass sich die unterschiedlichsten Sprachtheoretiker, Schriftsteller, Journalisten usw. im spanischen Sprachraum über Jahrhunderte hinweg mit dem Begriff des *humor* auseinander gesetzt haben mit dem erfolglosen Ergebnis, dass eine semantisch präzise Konturierung Ihnen nach wie vor spanisch vorkommt. *Gracia* hingegen taucht sehr selten in der Fachliteratur als Oberbegriff auf. Dabei darf man nicht vergessen, dass die Wurzeln der spanischen *gracia* weit zurück in die Vergangenheit greifen, so dass beispielsweise die Bedeutung von

Cervantes und seinem Hauptwerk weltweit als Meilenstein der Humorgeschichte immer wieder hervorgehoben wird (vgl. Punkt 3.1.1).

Um dieser Tatsache auch wissenschaftlich gerecht zu werden, stellt die Wortfeldanalyse der *gracia* den Versuch dar, ebenfalls im Spanischen einen Beitrag zur begrifflichen Trennung im Bereich des Komischen zu leisten. Anlass dazu war die beobachtete Problematik, die sich bei der Übersetzung von kulturspezifischen komischen Textstellen aus dem Spanischen ins Deutsche ergibt und die daraus entstehenden Rezeptionsschwierigkeiten bzw. -unterschiede.

Über die semantischen Präzisionsansprüche im Wortfeld der *gracia* hinaus besteht ein weiteres Ziel der Analyse im Schaffen einer methodologischen Grundlage für die Erarbeitung von möglichst nützlichen Übersetzungsstrategien bzw. Vorschlägen für Übersetzer auf einer pragmatischen Ebene, die auf andere Sprachkombinationen übertragbar bzw. adaptierbar sein mag. Die Auswahl von *humor* als Einstiegsbegriff der Wortfeldanalyse erfolgt wie im Deutschen auf willkürliche Weise (vgl. Punkt 2.2.1.3), was im Laufe der eigentlichen Untersuchung gerechtfertigt wird.

Meine allererste Frage möchte es allerdings wagen, Jardiel Poncelas Behauptung wörtlich in Frage zu stellen und lautet ganz einfach: *¿qué es el humor?*

2.2.2.2 Methodische Vorgehensweise

Bei der methodischen Vorgehensweise zur Wortfeldanalyse der *gracia* übernehme ich den unter Punkt 2.1.1 zitierten Ansatz, der hier ebenfalls aus vier Schritten besteht: 1. Festlegung des Archilexems und tabellarische Darstellung der Synonyme, 2. Festlegung der Relationen von Hyper- und Hyponymie, 3. Hierarchisierung von Hyperonymen und 4. Einordnung der Begriffe in das translationsrelevante Kommunikationsmodell.

Im Anschluss an die spanische Wortfeldstudie erfolgt eine kontrastive Analyse beider Wortfelder (deutsch-spanisch) mit dem Ziel, Gemeinsamkeiten und Unterschiede festzustellen und übersetzungsrelevante Rückschlüsse ziehen zu können, die im zweiten Teil der Arbeit in den Textbeispielen Anwendung finden.

2.2.2.3 Festlegung des Archilexems und tabellarische Darstellung der Synonyme

Wie bereits erwähnt (2.2.1.3), fängt die Wortfeldanalyse mit der Festlegung des Archilexems an, das den Einstieg in das Feld des Komischen ermöglicht. Im Fall des Spanischen habe ich mich ebenfalls intuitiv für das Substantiv *humor* entschieden, denn "en su sentido amplio y vulgarmente admitido, se refiere a todo aquello que hace reír" (Martín Casamitjana 1996:24). Darüber hinaus ist der *humor* ein wichtiger Begriff der spanischen Literatur, in der beispielsweise von *clásicos del humor, relato de humor, literatura de humor, teatro de humor (entremeses), revistas de humor* usw. die Rede ist. Auf die fragwürdige Natur des *humor* als literarische Gattungsbezeichnung komme ich an einer späteren Stelle (vgl. Punkt 2.2.2.7.5) zurück. Der allgemeine Charakter von *humor* als Archilexem ist in diesem Fall sogar wünschenswert, denn gerade das breite Bedeutungsspektrum des Wortes ermöglicht Verweise auf viele verwandte Begriffe, die in der Analyse mit berücksichtigt werden, was bei der Festlegung von bspw. *lo cómico* als Archilexem allein aus grammatikalisch-lexikographischen Gründen nicht möglich gewesen wäre (*lo cómico* ist selten als Wörterbucheintrag zu finden). Im Falle der *comicidad* wird sich zeigen, dass bei der Anwendung des *humor* und der von *comicidad* keine genaue Abgrenzung möglich ist.

Der zweite Schritt der Wortfeldanalyse besteht in der Zusammenstellung einer Anzahl von Begriffen, die mit *humor* verwandt sind. Dafür habe ich ein grundlegendes onomasiologisches Nachschlagewerk, das *Diccionario ideológico de la lengua española* (1959, Barcelona), und drei der wichtigsten spanischsprachigen Synonymwörterbücher benutzt: *Diccionario de sinónimos y antónimos* (1994, Madrid: Espasa Calpe), *Diccionario manual de sinónimos y antónimos* (1993, Barcelona: Vox) und *Diccionario español de sinónimos y antónimos* (1986, Madrid: Aguilar). Das Ergebnis dieser Recherche ist eine Liste von insgesamt 35 Begriffen, die in irgendeiner Form mit dem *humor* in Verbindung stehen:

1. HUMOR	19. SALIDA
2. DONAIRE	20. HUMORADA
3. DONOSURA	21. COMEDIA
4. AGUDEZA	22. SAINETE
5. HUMORISMO	23. PARODIA
6. GARBO	24. FARSA
7. GRACIA	25. BUFONADA
8. GRACEJO	26. CARICATURA
9. SALERO	27. ASTRACANADA
10. JOVIALIDAD	28. PAYASADA
11. COMICIDAD	29. BROMA
12. JOCOSIDAD	30. RIDICULEZ
13. CHISPA	31. RISA
14. IRONÍA	32. SOCARRONERÍA
15. BURLA	33. ALEGRÍA
16. INGENIO	34. SÁTIRA
17. CHISTE	35. SARCASMO
18. OCURRENCIA	36. MORDACIDAD

Tab. 5 Synonyme von HUMOR *[Sp.]*

Der dritte Schritt ist die Erarbeitung einer Tabelle, aus der die semantischen Interrelationen der 36 Begriffe untereinander zu entnehmen sind. Wie bereits erwähnt gilt ein Wort mit einer großen Anzahl von Fort- und Hinverweisen auf bzw. von anderen Feldnachbarn als Hyperonym mit einer großen Extension, aber einer kleinen Intension. Entsprechend haben Wörter mit wenigen Fort- und Hinverweisen einen Hyponymcharakter und somit eine kleine Extension, aber eine große Intension.

Zur Darstellung der semantischen Interrelationen und zur Erstellung der daraus abzuleitenden Hierarchien werden der Begriff *humor* und seine 35 verwandten Synonyme in der ersten Zeile der Tabelle unter der Kategorie *Ausgangsbegriff* und in der ersten Spalte der Tabelle unter der Kategorie *Definitionsbezeichnung* aufgelistet. Daraus ergibt sich wieder eine Tabelle mit 37 mal 37 Feldern, in der ich drei Definitionen jedes einzelnen Ausgangsbegriffs in Bezug auf die anderen nachgeschlagen und eingetragen habe (vgl. Anhang Tabelle f). Die Definitionen sind in den folgenden Nachschlagewerken wiederzufinden: *Diccionario de la lengua española* (1992, Madrid: R.A.E), *Diccionario de uso del español* (María Moliner (2000), Madrid: Gredos) und

Diccionario del español actual (Manuel Seco (1999), Madrid: Aguilar).[34] Wenn beispielsweise in einer Definition vom Begriff *gracia* die Termini *agudeza*, *chiste* und *risa* vorkommen, wird die besagte Definition in der Spalte *gracia* (Ausgangsbegriff) in den Zeilen *agudeza*, *chiste* und *risa* (Definitionsbezeichnung) insgesamt drei Mal eingetragen.

2.2.2.4 Festlegung der Relationen von Hyper- und Hyponymie

Aufgrund ihrer Unübersichtlichkeit fällt es schwer, der Tabelle sogleich operationalisierbare Informationen zu entnehmen. Daher werden die nachgeschlagenen Begriffszuordnungen grafisch auf ein Pfeildiagramm übertragen, in dem die semantischen Interrelationen der 36 Begriffe deutlicher abzulesen sind (vgl. Abbildung 10):

---

[34] An dieser Stelle möchte ich den pragmatischen Ansatz der beiden letzten Wörterbücher betonen, die das Ziel verfolgen, dem aktuellen spanischen Sprachgebrauch auf die Spur zu kommen, und sich nicht primär auf den normativen Aspekt konzentrieren, so dass sie als Kondensation "lebendiger Texte" für die Zwecke dieser Arbeit bestens geeignet sind.

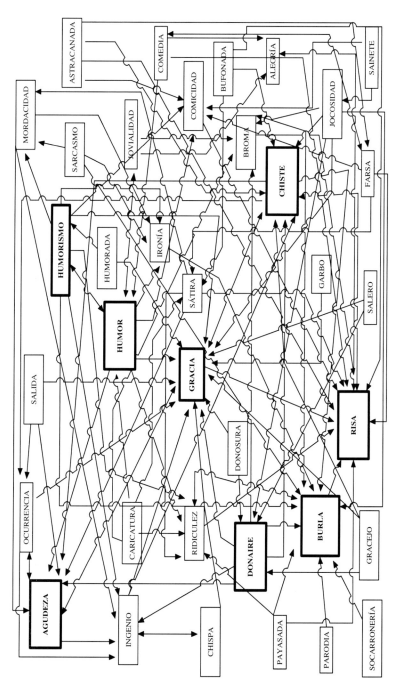

Abb. 10 Pfeildiagramm des Wortfelds der GRACIA

In diesem Diagramm zeigt jeder Ausgangsbegriff eine Anzahl von Beziehungen in Form von Pfeilen, die entweder fortverweisend (vom Ausgangsbegriff fort) oder hinverweisend (auf den Ausgangsbegriff hin) ausgerichtet sind. Wenn z.B. der Begriff *parodia* in der Tabelle mit dem Begriff *burla* definiert wird, dann verläuft ein Pfeil vom Ausgangsbegriff *parodia* zur Definitionsbezeichnung *burla*. Dank dieser Darstellungsform lassen sich die Relationen von Hyper- und Hyponymie repräsentieren. Ein Ausgangsbegriff, von dem viele Pfeile auf andere Wörter fortführen und auf den andererseits auch viele Pfeile von anderen Wörtern hinführen, ist ein übergeordneter Begriff, also ein Oberbegriff oder Hyperonym. Ein Element hingegen, das als Ausgangsbegriff auf wenige andere fortverweist und gleichzeitig nicht so oft als Definitionsbezeichnung fungiert, ist nicht von großer Bedeutung innerhalb des Systems, es handelt sich also um einen Unterbegriff oder Hyponym. Im Fall des Spanischen gibt es auch gegenseitige Bezüge in Form von Doppelpfeilen, die eine gleichrangige Bezeichnung darstellen sollen (z.B. *risa* und *ridiculez*), davon sind aber nicht so viele Beispiele zu finden.

Ein weiterer Schritt zur Vereinfachung des Diagramms ermöglicht die Festlegung von Schwerpunkten der Wortfeldanalyse der *gracia*, indem man die Begriffe mit den meisten Pfeilen (fort- und hinverweisend) grafisch isoliert (vgl. Abbildung 11):

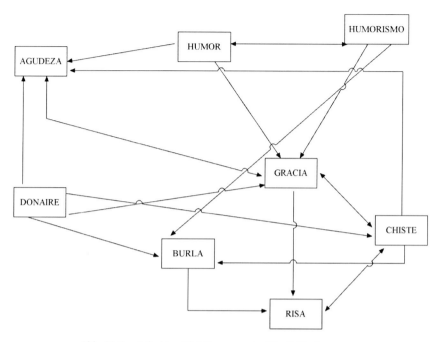

Abb. 11 Vereinfachtes Pfeildiagramm des Wortfelds der GRACIA

Somit ergibt sich zunächst folgende Gruppe von Hyperonymen oder Oberbegriffen im Bereich des *humor: agudeza, humor, humorismo, gracia, donaire, burla, chiste* und *risa*.

2.2.2.5 Hierarchisierung von Hyperonymen

An dieser Stelle stehen die Hyperonyme der Wortfeldanalyse der *gracia* fest, aber darüber hinaus kann man noch einen Schritt weitergehen und sich die Gewichtung der Hyperonyme untereinander anschauen. Zur grafischen Darstellung dieser Oberbegriffshierarchie habe ich die Pfeilverweise auf eine Matrix übertragen (vgl. Abbildung 12):

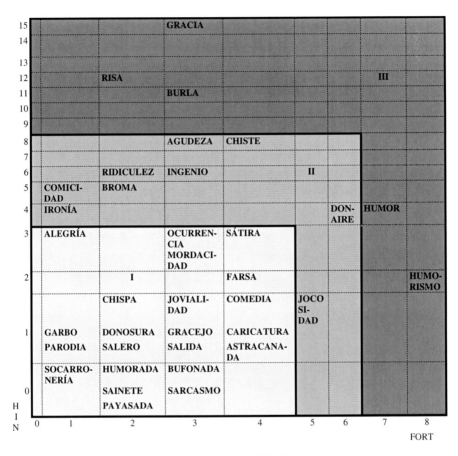

Abb. 12 Matrix des Wortfelds der GRACIA

Die Abszisse zeigt die Anzahl der Fortverweise und die Ordinate die Anzahl der Hinverweise. Zum Beispiel kann man an der Matrix ablesen, dass der Begriff *chiste* in einem Verhältnis von 4:8 steht. Das bedeutet, dass dieses Wort auf vier Feldnachbarn zurückgreifen muss, um seinen Inhalt zu definieren, während acht andere Ausgangsbegriffe des Wortfeldes von *chiste* abhängig sind, um sich über eine Synonymie-Relation mit ihm semantisch zu konturieren. Die Oberbegriffe finden sich wegen ihres weiten Bedeutungsumfangs (viele Fort- und Hinverweise) naturgemäß am Rand der Matrix, während die konkreten Unterbegriffe im Zentrum liegen. Aus der Grobverteilung der Begriffe ergibt sich eine

Strukturierung in drei Bereichen, die ich mit den römischen Ziffern I bis III gekennzeichnet habe.

Im Bereich I befinden sich Wörter mit wenigen Fort- und Hinverweisen. Sie sind eindeutige Unterbegriffe und somit für die Zwecke der Arbeit wenig ausschlaggebend. Erwartungsgemäß gehören zu diesem Bereich solche Wörter wie *humorada, sainete* und *astracanada*, die alte, heutzutage nicht mehr übliche literarische Gattungen bezeichnen.

Der Bereich II beinhaltet Begriffe, die nach und nach in die Sphäre des Allgemeinen rücken. Hier findet man z.B. das Wort *comicidad*, das erfahrenen Stimmen zufolge zumindest aus einer literaturwissenschaftlichen Perspektive von *humor* schwer zu trennen ist (Estébanez Calderón 1996:536).[35] Bemerkenswert ist ebenfalls, dass im Unterschied zur Wortfeldanalyse des Komischen ein äußerst komplexer Begriff wie *ironía* einen etwas allgemeineren Charakter als *Ironie* aufweist. Schließlich stellt man im zweiten Bereich fest, dass sich dort einer der ursprünglich als Hyperonym im Wortfeld der *gracia* gekennzeichneten Begriffe befindet, nämlich *chiste*. Interessanterweise scheint das Wort *Witz* weiter als sein spanisches Pendant gefasst zu sein, wie die kultursemantische Erläuterung zu beiden Begriffen (vgl. Punkte 2.2.1.7.3.7 und 2.2.2.7.3.8) und die kontrastive Analyse beider Wortfelder (2.2.3.4) bestätigen werden.

Im Bereich III der Matrix befinden sich die wichtigsten Hyperonyme des Wortfeldes: *gracia, risa, burla, humor* und *humorismo*. An dieser Stelle kommt es allerdings darauf an, welches Hyperonym eine Vorrangstellung innerhalb des Systems einnimmt. Zu diesem Zweck wird das Pfeildiagramm erneut vereinfacht (vgl. Abbildung 13), indem man die fünf Hyperonyme mitsamt Fort- und Hinverweisen isoliert und sich die Beziehungen untereinander jeweils genauer anschaut:

---

[35] Auf diesen Aspekt wird unter Punkt 2.2.2.7.5 zur Kultursemantik des Humors näher eingegangen.

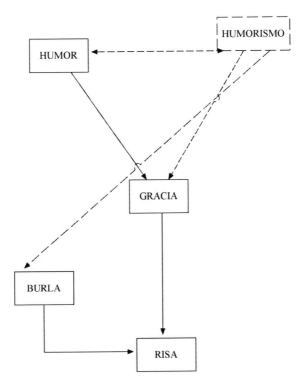

Abb. 13 Pfeildiagramm zur Hierarchie von Hyperonymen der GRACIA im Bereich III

Zunächst möchte ich auf die Problematik des Wortpaares *humor-humorismo* eingehen. In der einschlägigen Literatur herrscht große Verwirrung bezüglich der Verwendung beider Termini. Der Begriff *humorismo* erscheint erstmals 1914 in der 14. Ausgabe des *Diccionario de la Real Academia Española (D.R.A.E.)* und wird wie folgt definiert: "Estilo literario en el que se hermanan la gracia con la alegría y lo alegre con lo triste". 1984 findet man in dem gleichen Werk unter dem Eintrag *humor* das Wort *humorismo* als 5. Bedeutung. 1992 steht *humorismo* nach wie vor an fünfter Stelle unter der Humordefinition, diesmal allerdings mit einer kurzen Erläuterung: "Manera graciosa e irónica de enjuiciar las cosas". In der neuesten Ausgabe aus dem Jahr 2001 wird *humor* erneut mit *humorismo* in Verbindung gesetzt, diesmal aber lautet die Erklärung "modo de presentar la realidad". Trotzdem kann man mit Estébanez Calderón behaupten, der moderne Humorbegriff sei vorrangig als ästhetische bzw. literarische Ausdruckskategorie weiterhin mit dem *humorismo* verbunden, der im D.R.A.E. folgendermaßen definiert wird: "Manera de enjuiciar, afrontar y comentar las situaciones con cierto distanciamiento ingenioso, burlón y, aunque sea en apariencia, ligero. Linda a veces con la comicidad, la mordacidad y la ironía, sin que se confunda con ellas, y puede manifestarse en la conversación, en la literatura y en todas las formas de comunicación y de expresión" (Estébanez Calderón 1996:535).

Was die verschiedenen Autoren anbelangt, die sich zu beiden Begriffen geäußert haben, ist es unentbehrlich, sich auf Ramón Gómez de la Serna zu beziehen, der in seinem Werk *Ismos* (1931) das Ziel verfolgt, den *humorismo* gründlich zu definieren. Bei Ramón werden *humor* und *humorismo* gleichgesetzt und als synonymische Varianten verwendet. Etwas später hat Wenceslao Fernández Flórez, einer der Hauptvertreter der modernen Humorliteratur in Spanien, sich sowohl in seiner Antrittsrede als Mitglied der Real Academia (1945) als auch im Vorwort zu einer von ihm erstellten Anthologie des *Humorismo español* (1965) ebenfalls mit dieser Problematik auseinander gesetzt. Meiner Meinung nach zeigt Fernández Flórez auch keine semantische Schärfe, da er die Begriffe *humor*, *humorismo* und sogar *gracia* abwechselnd benutzt. Zuletzt möchte ich mich auf den Lexikographen Julio Casares beziehen. In seinem Aufsatz zum Humorbegriff, der teilweise als Antwort auf die Antrittsrede von Fernández Flórez fungiert, geht er gleich am Anfang seiner Überlegungen auf das Verhältnis *humor-humorismo* und die Subjekt- bzw. Objektbezogenheit beider Begriffe ein und präsentiert folgenden Vorschlag: "podemos utilizar el vocablo «humor» para designar el sentimiento subjetivo, y reservar para sus manifestaciones objetivas el nombre de «humorismo». El «humor», pues, será para nosotros una disposición de ánimo, algo que no trasciende del sujeto que contempla lo cómico, y llamaremos «humorismo» a la expresión externa del humor, mediante la palabra, el dibujo, la talla, etc." (Casares 1961:22). Diese feine Präzisierung hat leider keinen Eingang in die Literatur gefunden, so dass ich mich für die Zwecke dieser Arbeit entschlossen habe, unter sekundärer Berücksichtigung der Subjekt-Objekt Problematik *humor* und *humorismo* unter dem Begriff *humor* zu vereinen und diesen in Nachfolge Estébanez Calderóns als ästhetische bzw. literarische Ausdruckskategorie (s.o.) zu verstehen.

Wenn man sich die Verweise der Hyperonyme im Bereich III untereinander genauer anschaut und dabei den *humorismo* aufgrund der vorhergehenden Ausführungen beiseite lässt (vgl. Abbildung 13), stellt man fest, dass zwei Begriffen die gleiche Anzahl von Verweisen auf andere Hyperonyme (jeweils zwei) gemeinsam ist: *risa* und *gracia*.

Dabei ist eine weitere Unterscheidung möglich: Bei *gracia* sind Fort- und Hinverweise gleich gewichtet (1:1), während bei *risa* diese unterschiedlich ausfallen (0:2). Aus diesem Verhältnis lässt sich der besondere Oberbegriffscharakter von *gracia* erschließen: Während die anderen Hyperonyme eindeutig entweder als Ober- oder als Unterbegriff fungieren, ist *gracia* mit einem Fort- und einem Hinverweis gleich gewichtet und bietet sich zur Verwendung als Leitbegriff an.

Warum ich mich für *gracia* als Oberbegriff meiner Arbeit entschieden habe, lässt sich darüber hinaus wie folgt begründen: In allen Wörterbüchern, in denen ich nachgeschlagen habe, umfasst das Wort *gracia* hauptsächlich drei Aspekte, die an dieser Stelle zunächst ungeordnet dargestellt werden (vgl. Seco 1999):[36]

- Cualidad o conjunto de cualidades, independientes de la belleza, que hacen agradable o atractiva a una pers. o cosa.
- Capacidad de divertir o hacer reír.
- Don sobrenatural y gratuito que Dios concede al hombre para hacer el bien y alcanzar la vida eterna.

Anthropologisch betrachtet betrifft jeder dieser drei Aspekte, eingebettet in den jeweiligen Kontext, eine Eigenschaft des Menschen:

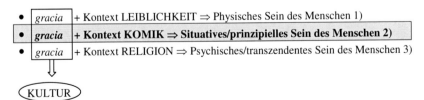

Abb. 14 Anthropologische Daseinsformen des Menschen bzgl. der Bedeutungen von GRACIA

---

[36] Zur Interrelation der drei Bedeutungen von *gracia* vgl. Punkt 2.2.2.7.8

Die Reihenfolge der drei Bedeutungen ist hier nicht vorgegeben, da ich mich in der vorliegenden Arbeit nur auf die *gracia* im komischen Kontext beziehe. Die grafische Darstellungsform 1)-3) dient lediglich als Referenzhilfe zu den drei Daseinsformen des Menschen:

1) **Physisches Sein des Menschen**: Hiermit ist die Bedeutung von *gracia* im Kontext der LEIBLICHKEIT, d.h. als inhärente körperliche Eigenschaft des Menschen gemeint.
2) **Situatives/prinzipielles Sein des Menschen**: In diesem Fall versteht man *gracia* als komischen Einfall, der mit der BEFINDLICHKEIT des Menschen bezüglich seines Temperaments, seines Charakters zusammenhängt.
3) **Psychisches/transzendentes Sein des Menschen**: Hiermit wird in erster Linie auf die Bedeutung von *gracia* im Kontext der RELIGION und somit auf die transzendente Dimension des Menschen hingewiesen.

In Anlehnung an Kalverkämpers Kulturbegriff vom agierenden *homo sociologicus* und *homo faber* (vgl. Punkt 2.1.2) sind diese drei Dimensionen des Menschen, auf die sich *gracia* bezieht, ihrerseits dominante und basiskonstitutive Merkmale der Kultur, nämlich zum einen die soziale Befindlichkeit, die sowohl die Leiblichkeit (1) als auch die situative Dimension des handelnden Menschen-in-der-Gesellschaft umfasst (2), und zum anderen die seelische Befindlichkeit (3). Aufgrund des wichtigen Verhältnisses zum Kulturbegriff bietet sich die Verwendung von *gracia* als Leitbegriff dieser Wortfeldanalyse an, da er sämtliche Perspektiven des sozialen und handelnden Menschen beinhaltet und somit als Oberbegriff alle anderen mit einschließt.

Über die Ergebnisse der Einordnung von Hyperonymen in die Matrix anhand der Anzahl von Verweisen und ihrer Beziehung zum Kulturbegriff hinaus stellt man durch die Definitionen fest, dass *gracia* mit einem spanischen literaturwissenschaftlichen Grundbegriff, der Hanswurstfigur bzw. dem *gracioso*, eng verbunden ist (Estébanez Calderón 1996:480). Da die Ergebnisse der Wortfeldanalyse auf die Literatur als Surrogat angewendet werden, bietet sich *gracia* erneut für die Zwecke der Arbeit als Hyperonym an (vgl. Punkt 2.2.2.7.8). Schließlich wird sich im Folgenden durch die Einordnung der Ergebnisse der Wortfeldanalyse in das Kommunikationsmodell und ihre kultursemantische Erläuterung ebenfalls zeigen, dass *gracia* den anderen Oberbegriffen übergeordnet ist.

2.2.2.6 Einordnung der Begriffe in das translationswissenschaftliche Kommunikationsmodell

Wie unter Punkt 2.1.2 bereits erwähnt, erweist sich zur Operationalisierung der Ergebnisse dieser Wortfeldanalyse durch die Feststellung von Unterschieden und Gemeinsamkeiten der Begriffe untereinander das translationswissenschaftliche Kommunikationsmodell beruhend auf Bühlers Organonmodell als besonders geeignet.

Anhand des Schemas in Abbildung 4 unter Punkt 2.1.2 versuche ich, analog zur Wortfeldanalyse des Komischen, im Falle der *gracia* die Schwerpunkte des Pfeildiagramms bzw. eine Auswahl von Begriffen aus den Bereichen I bis III der Matrix über ihre Definitionen in das übersetzungsrelevante Kommunikationsmodell einzuordnen und die daraus entstehenden Relationen durch Autoritätsquellen kultursemantisch zu untermauern. An dieser Stelle möchte ich erneut ausdrücklich auf die Relativität dieses Vorgangs hinweisen, denn hierbei geht es um die Einordnung von Begriffen in ein integratives Modell, das als solches fließende Übergänge und dynamische Grenzen mit einschließt, die sich dem zwischen Kultur und Kommunikationssituation aufgespannten Gesamtrahmen unterordnen. Somit wird keine semantisch starre, weder qualitative noch quantitative Begriffshierarchisierung erzielt, was gegen die sich wandelnde Natur der Sprache verstieße, sondern das Ausarbeiten von Leitlinien, die ein besseres Verständnis des Wortfeldes der *gracia* und seine Anwendung für translatorische Zwecke ermöglichen.

Die Einordnung der Begriffe in das übersetzungsrelevante Kommunikationsmodell zeigt die Abbildung 15:

2. Methodologische Voraussetzungen - Begriffssysteme

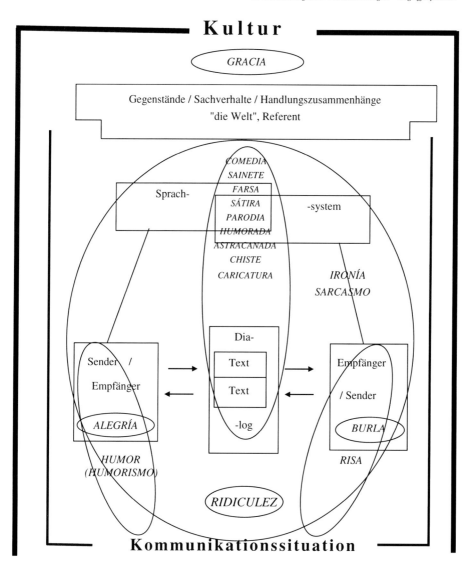

Abb. 15 Translationswissenschaftliches Kommunikationsmodell der GRACIA

Zugunsten einer übersichtlichen Darstellung werde ich in Anlehnung an die Wortfeldanalyse des Komischen zunächst die Zuordnungsellipsen in einer am Kommunikationsprozess orientierten Abfolge tabellarisch auflisten, anschließend auf die allgemeine Unterscheidung zwischen Partner- und Ichbezogenheit der Begriffe eingehen und schließlich die relative Einordnung jedes Begriffs kultursemantisch erläutern.

Aus der Einordnung der Begriffe durch ihre Definitionen in das übersetzungsrelevante Kommunikationsmodell entstehen folgende Zuordnungsellipsen:

AUSGANGSBEGRIFF	ZUORDNUNGSELEMENT IM KOMMUNIKATIONSMODELL
ALEGRÍA	Sender
BURLA	Empfänger
COMEDIA	Sprachsystem → Text → Dialog [37]
PARODIA	Sprachsystem → Text → Dialog
FARSA	Sprachsystem → Text → Dialog
SAINETE	Sprachsystem → Text → Dialog
SÁTIRA	Sprachsystem → Text → Dialog
HUMORADA	Sprachsystem → Text → Dialog
CHISTE	Sprachsystem → Text → Dialog
ASTRACANADA	Sprachsystem → Text → Dialog
CARICATURA	Sprachsystem → Text → Dialog
RIDICULEZ	Kommunikationssituation
HUMOR	Sender Kommunikationssituation
RISA	Empfänger Kommunikationssituation
IRONÍA	Empfänger Sprachsystem → Text → Dialog Kommunikationssituation
SARCASMO	Empfänger Sprachsystem → Text → Dialog Kommunikationssituation
GRACIA	Kultur

Tab. 6 Zuordnung des Wortfelds der GRACIA im Kommunikationsmodell

Auf den ersten Blick lässt sich auch in dieser Wortfeldanalyse eine klare Trennlinie ziehen zwischen den Begriffen, die hauptsächlich ichbezogen sind, und den Begriffen, bei denen das Lachen in erster Linie an ein Opfer, d.h. partnergerichtet ist. Zu den ichbezogenen Begriffen gehören solche wie *alegría* und

---

[37] Der Pfeil vom Sprachsystem (Code) zum Text wird im Unterpunkt 2.2.2.7.3 erläutert.

humor, während andere wie *burla*, *risa* oder *ridiculez* sich mehr auf das Auslachen beziehen und ohne einen Empfänger gar nicht möglich sind.

2.2.2.7 Kultursemantik der Begriffe

Über die kommunikative Partner- bzw. Ichbezogenheit der Begriffe hinaus lassen sich diese nach ihrer Affinität zu einem bestimmten oder auch zu mehreren Elementen des Kommunikationsmodells klassifizieren. Bei der relativen Einordnung und kultursemantischen Untermauerung der Begriffe werde ich erneut nach der Schematisierung des Kommunikationsprozesses wie in Abbildung 4 unter Punkt 2.1.2 vorgehen:

> Der **Sender** vermittelt dem **Empfänger** einen **codierten Text** in einer **Kommunikationssituation**, die in einer **Kultur(spezifik)** eingebettet ist.

Die entstehende Ordnung lässt sich auf die Reihenfolge der Begriffe in Tabelle 6 übertragen.

2.2.2.7.1 Alegría

Das Diccionario de la Real Academia definiert *alegría* als "1. f. Sentimiento grato y vivo, producido por algún motivo de gozo placentero *o a veces sin causa determinada*, que se manifiesta por lo común con signos exteriores" (1992, Hervorhebung von mir). Schon in dieser ersten Bedeutung fällt auf, dass die *alegría* nicht immer bzw. nicht unbedingt von einem bestimmten externen Impuls verursacht wird, d.h., dass man ohne äußerlichen Grund bzw. aus sich selbst heraus *alegre* sein kann. Über die allgemeine Definition des einschlägigen Wörterbuchs hinweg stellt Carmelo Monedero in seinem Werk *La alegría. Un análisis fenomenológico y antropológico* (1970) fest, dass der Begriff *alegría* mit dem Ich einhergeht und sogar von ihm abhängig ist, denn *alegría* besteht in der Entdeckung von all dem, was gut ist für das Ich. Aus der Perspektive der anthropologischen Entwicklung ist *alegría* ursprünglich eine Erfahrung, die mit der Erfüllung von Grundbedürfnissen zusammenhängt. Im Laufe des Wachstumsprozesses verselbständigt sich diese Erfahrung allmählich, so dass sie als

Ergebnis einer Selbsterfüllung fungiert. Das Ich ist das Terrain, auf dem Konflikte zustande kommen und sich abspielen, während die Erscheinung der *alegría* das Verschwinden von Konflikten bedeutet. In Anlehnung an ein bekanntes spanisches Sprichwort bringt Monedero seine Theorie der inhärenten Verbindung von *alegría* mit dem Ich auf den Punkt: "Dime de lo que te alegras y te diré yo a ti quién eres" (1970:161). Aus diesem Grund kann man behaupten, dass *alegría* in erster Linie senderorientiert ist, daher steht sie im Kommunikationsmodell direkt neben dem Sender.

Die Ursache für die Verwandtschaft von *alegría* und *humor* liegt gerade in der Ichbezogenheit beider Erscheinungen. *Alegría* ist für Monedero sogar die eigentliche Grundlage des Humors, denn das Lachen ergibt sich aus einer komischen oder fröhlichen Situation. Darüber hinaus stellt man durch die 9. Bedeutung des Wortes fest, dass *alegría* auch mit *gracia* verbunden ist, und zwar als spanisch bzw. andalusischspezifischer Begriff: "Modalidad del cante andaluz, cuya tonada es por extremo viva y *graciosa*" (*D.R.A.E.* Hervorhebung von mir). Bezüglich der Übersetzungsproblematik möchte ich davor warnen, die deutsche *Heiterkeit* mit der spanischen *alegría* gleichzusetzen, denn hierbei handelt es sich nicht um absolut deckungsgleiche Begriffe.[38]

2.2.2.7.2 Burla

Der Begriff *burla* ist grundsätzlich empfängerbezogen: "1. f. Acción, ademán o palabras con que se procura *poner en ridículo a personas o cosas*" (*D.R.A.E.* Hervorhebung von mir), d.h., dass im kommunikativen Prozess ohne den Empfänger gar keine Möglichkeit der Verspottung vorhanden ist. Gleichzeitig fungiert *burla* als Hyperonym im Verhältnis zu anderen Begriffen, die ebenfalls empfängergerichtet sind, wie *sátira* und *ironía*. Letzterer wird u.a. als "1. f. Burla fina y disimulada. 2. Tono burlón con que se dice" (*D.R.A.E.*) definiert,

---

[38] Ein Beispiel für die Entsprechung von *alegría* im Deutschen ist Schillers *Ode an die Freude* (1783-1788), die in die spanischsprachige Tradition als *Himno a la alegría* eingeflossen ist. Dort ist zu lesen: "Alle Menschen werden Brüder,/wo dein sanfter Flügel weilt." Die für die Freude typische Brüderlichkeit im Sinne von einer liebevollen Wahrnehmung der Mitmenschen und der Natur ist ebenfalls für *alegría* und *humor* charakteristisch.

während *sátira*, auch wenn sie zweifellos eine Art der Verspottung darstellt, aufgrund ihrer moralisierenden bzw. politischen Absicht etwas deutlicher von *burla* abgetrennt wird. Im Rahmen der literarischen Fachsprache ist vom so genannten *género burlesco* die Rede (Estébanez Calderón, 1996:107). Der Ursprung dieser Gattung liegt in der parodistischen Nachahmung klassischer Texte. Mit diesem Ziel greifen die Vertreter der *burla* auf zwei Mittel zurück: die Parodie und die Karikatur. Kulturspezifische Beispiele für die Anwendung dieser Techniken in der spanischen Literatur sind zum einen die parodistische Aufarbeitung vom Ritterroman im *Quijote* und zum anderen die Vielfalt von karikierenden Beschreibungen innerhalb des pikaresken Romans (auf beide Traditionen wird unter Punkt 3.1.1 näher eingegangen).

2.2.2.7.3 Gattungsbegriffe

Die nächste Gruppe von Begriffen (*chiste, sátira, farsa, comedia, caricatura, astracanada, parodia, sainete* und *humorada*) wird dem Faktor Sprachsystem des Kommunikationsmodells zugeordnet. Unter Sprachsystem versteht man im Zuge des semiotischen Verständnisses von Literatur als Sonderform der Kommunikation einer Botschaft (Text) vom Sender (Autor) zum Empfänger (Leser) eine Anzahl von Zeichen und Konventionen (= Code), die Sender und Empfänger miteinander teilen und die ihre jeweiligen Erwartungshaltungen prägen. Zur operationalisierbaren Einordnung von Texten gehört die Kategorie Gattung in ihrer Funktion als strukturelles Modell, "que sirve como criterio de clasificación y agrupación de textos (atendiendo a las semejanzas de construcción, temática y modalidad de discurso literario) y como marco de referencia y expectativas para escritores y público" (Estébanez Calderón, 1996:466). Gattungen sind somit ein allgemein vereinbarter bzw. historisch tradierter Code und fließen als solcher in die Texte hinein, was in der Tabelle 6 grafisch durch einen Pfeil vom Sprachsystem zum Text dargestellt wird.

Im Zusammenhang mit der Gattungstheorie und in Anlehnung an Hempfer (1973) beruft sich die vorliegende Arbeit auf einen Gattungsbegriff vermittelnder Natur zwischen dem Verständnis von Gattungen als natürliche

Erscheinungen und der Vorstellung von Gattungen als historische Phänomene (Todorov, 1978 zit. nach García Berrio, 1992) (vgl. Punkt 2.2.1.7.3).

Somit habe ich bei besonderer Berücksichtigung des Anwendungsbereichs der Arbeit, in der die Literatur als Surrogat funktioniert, dem Faktor Sprachsystem folgende Gattungsbezeichnungen zugeordnet: *comedia, sainete, farsa, sátira, parodia, humorada, astracanada, chiste* und *caricatura*.

Im Folgenden werden analog zur Wortfeldanalyse des Komischen diese Gattungen in einer Reihenfolge präsentiert, deren Systematik zunächst die Vorstellung der einzelnen Gattungen verlangt. Diese Systematik ergibt sich aus den Gattungsdefinitionen und lässt sich mit einer hierarchischen Struktur versehen unterziehen, die unter Punkt 2.2.2.7.3.10 erläutert wird.

Ferner möchte ich darauf hinweisen, dass die kultursemantische Erläuterung der spanischen Gattungsbezeichnungen sich, um unnötige Wiederholungen zu vermeiden, ausschließlich auf die spanischspezifische Charakteristika jedes Begriffs konzentriert.

2.2.2.7.3.1 Comedia

Im *Literaturwissenschaftlichen Wörterbuch für Romanisten* (1989) findet man unter dem Eintrag *comedia* gleich am Anfang folgende Anmerkung: "1. Die dt.e Übersetzung → Komödie im Sinn von Lustspiel trifft den Bedeutungsumfang des sp. und pg. Wortes nur zu einem Teil. Gemeint ist primär Schauspiel, Theaterstück schlechthin. Die allgemeine Bed. ist in den anderen roman. Spr. verblaßt und nur in Resten erhalten" (Hess 1989:57). Hieraus ist die Besonderheit des spanischen Begriffs ersichtlich – die spanische *comedia* ist als Gattungsbegriff weiter gefasst. Im 16. Jh. stellt die *comedia* eine selbständige dramatische Gattung dar, und zwar handelt es sich dabei um ein Theaterstück, das in Versen geschrieben ist und auf keiner stilistischen bzw. thematischen Vorgabe beruht. Der Verlauf der Handlung fängt mit Verwicklungen an und hört mit einem glücklichen Ende auf. Bezeichnend für diese Form der *comedia* ist die Tatsache, dass komische oder lächerliche Elemente nicht unbedingt vorhanden sein müssen. Daraus ergibt sich beispielsweise die Mischform der so genannten *tragicomedia*, die sowohl Elemente der *comedia* als auch des Dramas vereint und über solche Werke wie *La Celestina* – auch *Tragicomedia de Calisto y Melibea* genannt – von Fernando de Rojas in die literarische Tradition in spanischer Sprache eingegangen ist.

Darüber hinaus ist es unentbehrlich, sich in diesem Kontext auf Lope de Vega und seinen Beitrag zur Geschichte der komischen Gattung in Form der *comedia nueva* zu beziehen. Der für die Dramatik des Siglo de Oro charakteristische Autor legt in seinem Werk *Arte nuevo de hacer comedias en este tiempo* (1609) die Kriterien für eine neue Konzeption der komischen Gattung fest. Dabei verabschiedet sich Lope von der humanistischen Regelpoetik und plädiert für das Prinzip der Natürlichkeit. Dies bedeutet u.a., dass man nur die dramatische Einheit der Handlung akzeptiert, die in mehrere verstrickte Stränge aufgegliedert ist und sich über drei Akte oder *jornadas* (*planteamiento, nudo y desenlace*) erstreckt. Dazwischen finden musikalische Einlagen in Form von Liedern oder Tänzen statt, die zur Entspannung des Publikums dienen sollen. Die Figuren entsprechen in der Regel den so genannten *tipos*, die eine vorgegebene Rolle spielen, deren versifizierte Sprache jeweils kennzeichnend ist, und die in den verschiedenen *comedias* immer wieder auftauchen: *el galán, la dama, el poderoso, el caballero, el gracioso, el rey* oder *el villano*. Die Themenauswahl ist sehr vielfältig, darunter werden für diese Zeit typische historische, literarische, religiöse, politische und soziale Stoffe verarbeitet. Ein zentrales Motiv ist beispielsweise die Frage der Ehre, die für die damalige spanische Standesgesellschaft spezifisch ist und in moderneren Theaterstücken nach wie vor thematisiert wird (z.B. von Galdós, Pérez de Ayala oder Valle-Inclán). Unter dem Oberbegriff *comedia nueva* findet man wiederum untergeordnete Gattungen wie *comedias de capa y espada, de enredo, de carácter, de figurón, mitológicas* oder *pastoriles*, auf die im Rahmen dieser Arbeit nicht näher eingegangen werden soll.

Die Tradition des Siglo de Oro hat einen Einfluss bis in die spanische Komödie des 18. Jh. Außerdem werden neue Varianten entwickelt, z.B. die *comedia sentimental* – in Anlehnung an die französische Vorlage –, die *comedia neoclásica* und die *alta comedia*. Im 20. Jh. wird der Begriff *comedia* hauptsächlich auf die Werke Benaventes angewandt.

2.2.2.7.3.2 Sainete

Nicola Wilke räumt in ihrer umfangreichen Arbeit zur Entstehung, Entwicklung und Aktualisierung des *sainete* die begriffliche Unsauberkeit der Gattung ein: "[...] bei dem Terminus *sainete* [handelt es sich] um einen äußerst polysemen und damit nicht erst seit den 80er Jahren um einen unpräzisen Begriff" (Wilke 1999:19). Etymologisch kommt *sainete* aus dem Bereich der Esskultur und bedeutet soviel wie 'Leckerbissen'. Im 17. Jh. findet der Begriff Eingang in die literarische Kunst und wird generisch für Zwischenspiele wie *entremés*, *baile*, *jácara* oder *mojiganga* verwendet. Im Allgemeinen unterscheidet man drei Entwicklungsphasen in der Gattungsgeschichte des *sainete*. Die ursprüngliche Definition beruht auf einem unterhaltenden Theaterstück mit Tanz- und Gesangseinlagen, das in der Regel nach dem zweiten Akt einer Komödie aufgeführt wurde. Manche Autoren verfolgen eine didaktische bzw. moralische Absicht nach dem Prinzip des *enseñar deleitando,* und ihre Produktion dient vor allem im 18. Jh. der Verbreitung aufklärerischer Ideen. Erst in der zweiten Hälfte des 18. Jh. erreicht der *sainete* durch die Werke von Ramón de la Cruz (1731-1794), der als Erfinder des klassischen *sainete* gilt, einen Status als eigene Gattung. Dabei behält der *sainete* die für Zwischenspiele typische Entspannungs- und Belehrungsfunktion, nicht aber die klassische Thematik: "Grundthema der sainetes im 18. Jahrhundert ist nicht mehr die komische Darstellung allgemeiner menschlicher Schwächen, sondern die karikierende Skizzierung von Sitten und Gesinnungen der Gegenwartsgesellschaft" (Wilke 1999:20). Die Gattung ist sehr eng mit Madrider Schauplätzen und Typen verbunden. In der Restaurationszeit kommt es zu einer Wiederentdeckung des *sainete madrileño*, der zusammen mit dem *género chico* einen Teil eines innovativen Theaterkonzepts, des *teatro por horas*, bildet, in dem mehrere kurze Stücke an einem Abend präsentiert wurden. In der zweiten Hälfte des 19. Jh. ist ein anderer *sainetero* zu nennen, Carlos Arniches (1866-1943), der parallel zu seinen *tragedias grotescas* den *sainete* durch eine gewisse Sentimentalität und mit einem besonderen Sinn für Humor maßgeblich prägt und ihm neue ästhetische Perspektiven eröffnet. Während des Bürgerkrieges und in der unmittelbaren Nachkriegszeit degradiert das Ansehen der Gattung aufgrund mancher Trivialstücken. Trotzdem gewinnt der *sainete* neuen Glanz durch die

Wiederbelebung auf der Ebene des Films und die anschließende Rehabilitation seitens des *realismo*. In den 80er Jahren kommt es zu einem erneuten *Boom* dieser Gattung, die von Autoren wie José Luis Alonso de Santos (1942) kultiviert wird. Besondere Gattungsmerkmale sind folgende (vgl. Wilke 1999:37ff): Thematisch und handlungstechnisch handelt es sich um eine Mischung aus Komödie und Milieustudie, die Handlung ist auf ein Minimum beschränkt und nimmt in der Regel ein glückliches Ende. Hauptthema ist der Madrider Alltag. In Anlehnung an die Tradition des *entremés* konzentriert sich das Figurenrepertoire auf Vertreter der unteren Gesellschaftsschichten und kollektive Protagonisten. Aufgrund der Kürze arbeitet man mit einer stark typisierten und zur Überzeichnung tendierenden Figurenzeichnung, beruhend auf literarischen Vorbildern oder der zeitgenössischen Konzeption von Charakteren. Was die Sprache anbelangt, zeichnet sich der *sainete* durch die Komik seiner Assoziationen, Umschreibungen und Dialoge aus. Der Effekt des Lachens ist auf geistreiche Äußerungen zurückzuführen, die oft von Schimpfwörtern, Wortspielen, falschen Registern und Spracheigentümlichkeiten geprägt sind. Arniches hebt sich durch die Schöpfung einer eigenen Sprache hervor. Der Handlungsort ist in erster Linie eine Großstadt, fast immer Madrid als Hauptstadt, die wiederum über Straßennamen, Stadtteile, sprachliche Regionalismen oder Figurentypen ständig *per se* thematisiert wird. Funktional betrachtet ist der *sainete* eine reine Unterhaltungsform, die nicht nur von Figuren- und Wortkomik, sondern auch von Schnittstellen mit anderen Künsten wie Tanz, Musik und Gesang gekennzeichnet ist. Metatheatrale Elemente spielen ebenfalls eine wichtige Rolle.

2.2.2.7.3.3 Farsa

Der Begriff *farsa* bezeichnet ein in der Regel kurzes Theaterstück mit komischem und satirischem Charakter, dessen Ursprung bis in die dramatische Tradition der Antike zurückreicht. Allerdings entsteht diese Gattung als solche erst im Mittelalter mit besonderem Schwerpunkt in Frankreich. Die ersten spanischen *farsas* von Lucas Fernández sind um 1500 zu datieren. Thematisch handeln sie von Religion oder Liebe. Gil Vicente kommt der ursprünglichen Bedeutung von *farsa*, bestehend in einem besonderen Sinn für Humor und der satirischen Verarbeitung von lächerlichen und grotesken Aspekten menschlicher Handlungsweisen, am nächsten. Die Tradition der *farsa* reicht durch das Werk Molières bis ins 18. Jh. hinein und entwickelt sich im 19. und 20 Jh. in Form des Vaudevilles und des absurden Theaters weiter. Ruhmreiche Vertreter der zeitgenössischen spanischen Literatur übernehmen in ihren Werken Elemente der *farsa*, beispielsweise Valle-Inclán durch den grotesken Ton seiner *esperpentos* oder García Lorca und Rafael Alberti durch ihre Kritik an der Unterdrückung seitens der politischen Macht. Zwei Komponenten der *farsa* verdienen besondere Erwähnung in diesem Zusammenhang: der Karneval und das Groteske. Schon im klassischen Griechenland und Rom hat das Karnevalsfest in Form von Saturnalien eine wichtige Rolle gespielt. Diese Tradition konsolidiert sich im Mittelalter und in der Renaissance über Festlichkeiten und Bräuche die in der Regel drei Tage vor Aschermittwoch stattfinden. Die Varianten des Karnevals sind vielgestaltig und je nach Epoche, Volk und Feiertag unterschiedlich. Bachtin hat sich 1969 ausführlich mit dem Karneval und der Karnevalisierung der Literatur beschäftigt und folgende Kategorien des karnevalistischen Weltempfindens festgestellt: Familiarisierung des zwischenmenschlichen Kontakts, Ex-zentrizität, Mesalliance und Profanation. Hinzu kommt die Betonung der Relativität des Lebens und seine Untrennbarkeit vom Tod. Diese Ambivalenz spiegelt sich in der Literatur wieder, z.B. in der Gattung der Parodie als Mischform oder im *Quijote*. Letzterer ist – zusammen mit Rabelais Farce *Gargantua und Pantagruel* – einer der größten und zugleich karnevalistischsten Romane der Weltliteratur (vgl. Bachtin, 1990). Die Farce verarbeitet ebenfalls Elemente der karnevalesken Tradition. Was das Groteske anbelangt, bezeichnet der Begriff eine literarische und ästhetische Kategorie, in der die Realität verzerrt und übertrieben dargestellt wird. Dahinter verbirgt sich entweder die Absicht eines ansteckenden Lachens oder der Gesellschaftskritik. Vor allem die Vertreter der Romantik haben sich diese Kategorie zu Eigen gemacht. Elemente wie Leiblichkeit und Animalität spielen in der grotesken Weltanschauung eine grundlegende Rolle. In der spanischen Literatur findet man ein breites Spektrum von Werken mit grotesken Elementen, angefangen von den karikierenden Figuren des *Libro del buen Amor, La Celestina, El Buscón* über die *Artículos* von M.J. de Larra bis hin zu Autoren wie Galdós, Baroja, Arniches und vor allem Unamuno und Valle-Inclán. Das Groteske erlebt weltweit einen neuen Schwung mit dem Aufkommen avantgardistischer Strömungen (Dadaismus, Expressionismus, Futurismus), des epischen Theaters und des *esperpento*. Die groteske Ästhetik versucht, dem Leser bzw. Zuschauer die chaotischen und entwürdigenden Lebensumstände bewusst zu machen und Kritik zu üben, allerdings mit einem konstruktiven Anspruch auf Verbesserung.

2.2.2.7.3.4 Sátira

Das bezeichnende Merkmal der *sátira* ist die ausgeübte scharfe Kritik an gesellschaftlichen bzw. persönlichen Sitten und Gebräuchen mit einer vorwiegend moralisierenden, aber auch spielerischen bzw. burlesken Absicht (Estébanez Calderón 1996:964). Nach der Geburt dieser Gattung in der klassischen Tradition der Antike findet sie ihren Platz in der spanischen Literatur des Mittelalters in Form von kleinen Episoden, die beispielsweise im *Libro del buen Amor* oder in bestimmten *coplas* vorkommen. In der Renaissance sind Elemente einer kirchenfeindlichen und gesellschaftlichen Satire in mehreren Werken der *picaresca* (z.B. im Lazarillo) so wie in der *Celestina* und im *Quijote* wiederzufinden. Im 17. Jh. kann man eine gattungstypologische Differenzierung erstellen: die *sátira política* gegen bestimmte Vertreter der Staatspolitik, die *sátira social* gegen konkrete Berufe und die *sátira literaria* als Streitform und gegenseitiges Mittel zur Beschimpfung unter Schriftstellern wie Góngora, Lope de Vega und Quevedo, der in der Geschichte der spanischen Satire eine herausragende Rolle gespielt hat. Zur Zeit der Aufklärung findet die *sátira* ihr Zuhause im Theater (bei L. Fernández de Moratín) so wie in der didaktischen (Fabeln von Samaniego und Iriarte) und gesellschaftlichen Lyrik (G. M. de Jovellanos). Literarische und kulturelle Satiren werden weiterhin geschrieben. Im 19. Jh. verkörpern Larras und Claríns gesellschaftskritische Artikel den stärksten satirischen Ausdruck. Bezeichnend für die spanische Geschichte der *sátira* ist, dass im 19. Jh. die politische und humoristische Presse sich dieser Gattung bedienen, um ihrer Kritik mehr Intensität zu verleihen (vgl. Punkt 3.1.2.3). Die hohe Literatur übernimmt ebenfalls Elemente der satirischen Tradition, die beispielsweise sowohl in den *esperpentos* von Valle-Inclán und den *sainetes* von Arniches als auch in manchen Gedichten von García Lorca oder Alberti und bei Nachkriegsautoren wie A. Sastre und J. Goytisolo wiederzufinden sind.

2.2.2.7.3.5 Parodia

Der Begriff *parodia* wurde erst 1847 im Wörterbuch der Real Academia aufgenommen. Trotz der ursprünglichen Bedeutungsvielfalt ist dieser Begriff in die literarische Tradition eingegangen als "[...] imitación burlesca, escrita las más de las veces en verso, de una obra seria de literatura. La parodia puede también serlo del estilo de un escritor o de todo un género de poemas literarios" (*D.R.A.E.*). Für Parodiewissenschaftler ist es wichtig, ihr Forschungsobjekt von der *sátira* und der *comedia burlesca* abzugrenzen. Das alleinige Ziel der *parodia* besteht in der komischen Verzerrung von Form und Ausdruck eines ernsthaften Werkes, um dessen Bedeutung zu verändern, aber eigentlich ohne moralische Absicht. In der Terminologie Genettes soll die Relation zwischen Hypertext und Hypotext gewährleistet sein. In der Form lehnt sich die *parodia* an die *caricatura* an, inhaltlich ist sie mit der *ironía* verwandt. Ferner befindet sich die *parodia* zwischen *humor* und *sátira*. Die Gemeinsamkeit von *humor* und *parodia* beruht auf der relativen Betrachtung vom Leben und von der Menschheit, aber während der *humor* die Kleinigkeiten der Existenz verherrlicht, macht die *parodia* sowohl Großes als auch Kleines zunichte. Ursprünglich sollte die *parodia* nicht nur das Lächerliche verspotten, sondern auch die Tugenden des Parodierten anerkennen. In der Praxis ist dieses allerdings eine Ausnahme, die im *Quijote* ihren Höhepunkt erreicht und sich darüber hinaus zum Inbegriff der humoristischen Weltanschauung entwickelt hat. Die *parodia* bleibt sozusagen eine Stufe tiefer als der *humor*. Sie entsteht zeitgleich mit der Literatur. Im Ausklang der Renaissance wird mit dem Aufkommen eines intellektuellen und moralischen Relativismus der Weg für die Blütezeit der *parodia* geebnet.

Was die Geschichte dieser Gattung im spanischen Sprachraum betrifft (vgl. Íñiguez Barrena, 1995), geht ihr Ursprung zurück bis ins Mittelalter. Vorgänger der *parodia* sind die *mojigangas* – kurze Theaterstücke, die zusammen mit den Komödien des Siglo de Oro aufgeführt wurden. Weitere Beispiele sind im *Libro del buen Amor* zu finden. Im 17. Jh. entsteht in Spanien eine weitere, typisch parodistische Gattung, der *entremés*. Diese Bezeichnung steht für ein kurzes, vorwiegend humoristisches und von volkstümlichen Typen handelndes Theaterstück, das entweder am Anfang oder in der Mitte eines ernsten Werkes aufgeführt wird, ohne dass zwischen beiden eine inhaltliche Bindung zu verzeichnen ist. Diese kurze Form des Theaters knüpft an die karnevaleske Tradition an. Ihr wichtigster Vertreter ist Lope de Rueda, dessen *entremeses* in umgangssprachlicher Prosa und mit einer kleinen Anzahl charakteristischer Figuren verfasst sind. Ein weiterer Autor von *entremeses* ist Cervantes, der die Gattung mit innovativen Änderungen bezüglich der Personenanzahl und der thematischen Vielfalt bereichert hat. Er ist für die definitive Konstitution vom *entremés* als literarische Unterhaltungsform verantwortlich. Letztlich darf man L. Quiñones de Benavente als weiteren Schriftsteller, der dem *entremés* zur Vervollkommnung und Symbiose mit anderen Gattungen verholfen hat, nicht vergessen. Nach dem praktischen Verschwinden des *entremés* im Neoklassizismus erlebt dieses Theaterstück im 18. Jh. eine Wiedergeburt in Form des *sainete* von Ramón de la Cruz (vgl. Punkt 2.2.2.7.3.6) und des *género chico*, die mit den *sainetes* von Carlos Arniches und ansatzweise in bestimmten Werken Valle-Inkláns bis ins 20. Jh. hineinreicht. Über den Exkurs zum *entremés* hinaus befassen sich alle gattungsgeschichtlichen Darstellungen mit dem Werk, das für Spanien die Parodie schlechthin verkörpert: dem *Quijote*, dessen Absicht Cervantes selbst wie folgt formulierte: "poner en aborrecimiento de los hombres las fingidas historias de los libros de caballerías".[39] Das 18. Jh. ist im Zuge der Aufklärung von einem kritischen Sinn geprägt, der viel Spielraum für eine scharfe Analyse des Vorhergehenden lässt. Somit entstehen neue Gattungen wie die des *sainete*, der sich der parodistischen Darstellung von alltäglichen Szenen widmet (vgl. Punkt 2.2.2.7.3.2). Ebenfalls erwähnenswert im Bereich der Dramatik ist Leandro Fernández de Moratín. Was die Lyrik betrifft, sind die Fabeln von Iriarte und Samaniego als Formen der *parodia* zu bezeichnen. Unter den Vertretern der Prosa hebt sich P. José Francisco de Isla deutlich hervor. Die Romantik fasst zwar verhältnismäßig spät in Spanien Fuß, allerdings bietet sie den Rahmen für die *parodia moderna* (u.a. bei Espronceda und Zorrilla), in der der graue Alltag mit der übertriebenen romantischen Phantasie in Kontrast gesetzt wird. Mit dem Aufkommen des Realismus und Naturalismus in der zweiten Hälfte des 19. Jh. werden zwei weitere Bewegungen ins parodistische Visier genommen. Die aristokratische, selb-

---

[39] Zur konkreten Bedeutung des Quijote für den Humorbegriff im spanischsprachigen Kulturraum vgl. Punkt 3.1.1.1.

ständige und aggressive Haltung der Modernisten, deren großer Karikaturist Pablo Parellada war, findet ebenfalls in der Parodie eine ideale Ausdrucksform. Im 20. Jh. erlebt die spanische Literatur eine ästhetische Umwälzung in Form des *esperpento* von Valle-Inclán (vgl. Punkt 3.3.3.2c), einer literarischen Strömung, die in Worten der Parodie-Expertin Íñiguez Barrena (1995:72) als "culminación de la parodia como práctica literaria" eingestuft wird. Zur Zeit der spanischen Diktatur spielt die Parodie eine eher marginale Rolle, denn ihre Existenz beruht in erster Linie auf einer künstlerischen Bewegungs- und Meinungsfreiheit, jedoch gibt es einige Ausnahmen in Form kritischer Stimmen (u.a. José Ruibal, Adolfo Marsillach). Im Zuge der *transición* zur Demokratie erlebt die Parodie in Spanien eine leicht verspätete Wiedergeburt. Als typische Gattung der Postmoderne (vgl. Hutcheon, 1985) wird sie als dialogisches Spiel mit literarisch etablierten Modellen verstanden (vgl. Punkt 2.2.1.7.3.2).

2.2.2.7.3.6 Humorada

Dieser äußerst spezifische und kurzlebige Begriff wurde von Ramón de Campoamor (1817-1901) als Gattungsbegriff für eine besondere Art seiner Dichtung geprägt, die mit didaktischer Absicht, in humorvollem und sentimentalem Ton und von einem resignierenden Pessimismus angehaucht einen philosophischen bzw. moralischen Gedanken präsentiert (Estébanez Calderón 1996:539). Dabei ist das Versmaß besonders simpel und leicht zu merken (*pareados, cuartetos, serventesios*). Die Gattung *humorada* galt lange als prosaisch und volkstümlich. Erst Luis Cernuda betont 1970 zwei positive Aspekte, die Campoamor seiner Meinung nach zuzurechnen sind: Zum einen die Einführung des Subjektiven und Intimen in der Lyrik und zum anderen die Abkehr von einer unechten, übertriebenen und vermeintlich poetischen Sprache. Campoamors Absicht besteht in der Schaffung eines neuen realistischen und bewusst prosaischen Poesie-Konzepts. Die Literaturkritik zeigt sich in dieser Hinsicht durchgehend gespalten zwischen dem trivialen Charakter und dem gelungenen Ton mancher *humoradas*.

2.2.2.7.3.7 Astracanada

Dieser Begriff kennzeichnet eine Unterart der *farsa*, die in der ersten Hälfte des 20. Jh. von Pedro Muñoz Seca geschaffen wurde und prinzipiell die Absicht verfolgte, ein wenig anspruchvolles Publikum zu unterhalten. Zur Verfügung stehende Mittel dafür waren Wortspiele, Witze, Übertreibungen und die Darstellung von skurrilen, angefangen von komischen bis hin zu äußerst verrückten und absurden Situationen. Der *astracán* diente der bloßen Flucht aus dem Alltag und sollte Gelächter hervorrufen. Gleichzeitig machte er sich konservative und traditionelle Einstellungen zu Eigen. Somit wurden bestimmte Figuren, Gebräuche und kulturelle und gesellschaftliche – eher selten politische – Verhältnisse parodistisch bzw. karikierend dargestellt, mitunter aus einer geschichtlichen Perspektive, z.B. in *La Venganza de Don Mendo*, einem *astracán*, der historische Dramen in Versform als Objekt der Parodie thematisiert. Die Forschung ist sich weitgehend über die mangelhafte ästhetische Qualität dieser Gattung einig (vgl. Estébanez Calderón, 1996).

2.2.2.7.3.8 Chiste

Im Rahmen der spanischsprachigen Forschung zum Begriff *chiste* gibt es eine sehr ausführliche Studie von Ana M[a] Vigara Tauste zur linguistischen und pragmatischen Dimension des witzigen Phänomens – *El chiste y la comunicación lúdica: Lenguaje y Praxis* (1994) –, in der die Autorin folgende Definition erarbeitet: "[…] el chiste es un subgénero *humorístico* y *pseudoliterario*, que se mueve habitualmente en el terreno de la *ficción* y se define por su *función lúdica*, su *intencionalidad cómica*, su *brevedad*, su *efecto-sorpresa* y su *«cierre» previsto*" (Vigara Tauste 1994:24). Dabei wird die Betonung auf die spielerische Funktion des *chiste* gesetzt, die in der Regel und im Gegensatz zu anderen komischen Gattungen keine weitere moralische bzw. kritische Absicht erfüllt. Wichtig ist ebenfalls, dass ein *chiste* als *pre-texto* von einer bestimmten Fixierungstendenz und Empfängerbezogenheit zeugt; er wird nicht einfach gemacht, sondern erzählt, d.h. für andere reproduziert. Die Autorin selbst geht am Rande ihrer Arbeit ganz kurz auf die Kulturspezifik des Begriffs ein, indem sie der Tatsache Rechnung trägt, dass in anderen Sprachen wie

Englisch oder Deutsch das lexikographische Pendant – *joke* bzw. *Witz* – im Unterschied zum *chiste* polysemisch ist.[40] Darüber hinaus ist *chiste* durch eine anonyme Quelle und einen fiktiven Inhalt gekennzeichnet. Zwischen Sender und Empfänger gilt das Kooperationsprinzip bezüglich der Form des Diskurses und der Welt, von der und in der gesprochen wird. Diese Eigenschaft zielt auf die Kulturspezifik des Phänomens, denn zum Verständnis der Pointe sind aufgrund sozialer und psychologischer Konnotationen bestimmte gemeinsame Erwartungen, Kenntnisse und Vorstellungen nötig. Daher sind Witze im Allgemeinen nicht ohne weiteres übersetzbar. Vigara Tauste präsentiert außerdem eine eigene Gattungstypologie, in der zwischen dem *chiste humorístico* und dem *chiste de humor* unterschieden wird. Ersterer ist ein fixierter Text, der für andere reproduziert wird und ausschließlich eine spielerische Funktion erfüllt, während der *chiste de humor* hingegen nicht fixiert, sondern eine spontane bzw. stilistische Kreation ist, nicht unbedingt eine spielerische Funktion erfüllen soll und hauptsächlich der intersubjektiven Kommunikation bzw. dem dazugehörigen (in der Regel literarischen) Text dient. Zusätzlich kann man je nach Medium, Kontext oder diskursiver Strategie weitere Typen unterscheiden. Der Aspekt der Mündlichkeit ist bei der von Vigara Tauste sehr präzise analysierten Untergattung des *chiste oral popular* ausschlaggebend. Für die Zwecke dieser Arbeit reicht die Bestimmung von *chiste* als komische Untergattung aus, um ihn dem Sprachsystem zuzuordnen.

2.2.2.7.3.9 Caricatura

Im *Diccionario de términos literarios* (1996) ist *caricatura* unter einem eigenen Eintrag als literarische, mittels der Übertreibung bzw. Verspottung verformende Technik verzeichnet, von der die satirische und burleske Literatur, darunter besonders die *farsa*, Gebrauch macht. Dabei wird *caricatura* mit *parodia* gleichgestellt (vgl. Estébanez Calderón 1996:134). Die *caricatura* ist ein Leitmotiv in der spanischen Kunst- und Literaturgeschichte. Schon im *Libro del buen Amor* findet man karikierende Figurenbeschreibungen. Dasselbe Phänomen wird zum Markenzeichen der *picaresca*, mit glänzenden Beispielen

---

[40] Auf diesen Unterschied wird im kontrastiven Teil der Wortfeldanalyse (vgl. Punkt 2.2.3.4) näher eingegangen.

in den Figuren des *Clérigo de Maqueda* im anonymen *Lazarillo* oder des *Dómine Cabra* in Quevedos *Buscón*. Weitere Vertreter der karikierenden Darstellungsweise sind Larra und Clarín, die in ihren Artikeln bestimmte Figuren durch diese Technik verspotten. Valle-Inclán ist für die Untergattung der *caricaturas esperpénticas* zuständig, die politische, militärische, polizeiliche oder schriftstellerische Figuren ihrer Zeit ins Visier nehmen. Gómez de la Serna begibt sich mit seinen *caricaturas* auf den Weg des Expressionismus, während Rubén Darío und Juan Ramón Jiménez auf dem Gebiet der Lyrik karikierend tätig sind.

2.2.2.7.3.10 Gattungssystematik

In Anlehnung an die Wortfeldanalyse des Komischen ist die Reihenfolge der Gattungsbezeichnungen nicht zufällig, sondern sie gehorcht einer inneren Systematik, die von den präsentierten Definitionen abhängt.

Aus den dargestellten Definitionen der einzelnen Gattungen (vgl. 2.2.2.7.3.1 bis 2.2.2.7.3.9) ergeben sich sechs Merkmale für ihre Klassifikation, die mit den Eigenschaften der Gattungssystematik in der Wortfeldanalyse des Komischen übereinstimmen und unter Punkt 2.2.1.7.3.11 erläutert sind. Zur Erinnerung werden diese Gattungsmerkmale im Folgenden aufgezählt:

1. Literarische Gattung
2. Inhalt / Form
3. Funktion
4. Charakteristische Züge / Verhaltenstypen
5. Bindung an einen Prätext
6. Dialogizität

Diese Merkmale stehen ebenfalls nicht isoliert da, sondern werden einer bestimmten Dimension zugeordnet:

MERKMAL	DIMENSION
Literarische Gattung	*literarisch*
Inhalt / Form	*textuell*
Funktion	*pragmatisch*
Charakteristische Züge / Verhaltenstypen	*psychisch*
Bindung an einen Prätext	*intertextuell*
Dialogizität	*interaktiv*

Tab. 7 Merkmale und Dimensionen der Gattungsbegriffe der GRACIA

Anhand der Definitionen werden die sechs erarbeiteten Merkmale mit den Gattungen in Verbindung gesetzt und zur Systematisierung in Tabelle 8 dargestellt. In der zweiten und dritten Zeile der Tabelle stehen die Merkmale einschließlich der entsprechenden Dimensionen, in der ersten Spalte sind die zehn Gattungen aufgelistet:

GATTUNGSSYSTEMATIK DER *GRACIA*

← Zunahme und Abnahme der Dimensionen →

Züge der Dimensionen	HOLISTISCH	SEMIOTISCH					PROZEDURAL	
Dimensionen der Merkmale	literarisch	Zeichenkonstitution		Zeichenfunktion	Zeichenrelationen		intertextuell	interaktiv
		textuell		pragmatisch	psychisch			
Merkmale der Gattungen	Literarische Gattung	Form	Inhalt	Funktion	Charakterist. Züge	Verhaltenstypen	Bindung an einen Prätext	Dialogizität
Gattungen								
COMEDIA	X	X	X		X			X
SAINETE	X	X		X	X			X
FARSA	X		X		X			
SÁTIRA	X	X	X	X	X			
PARODIA	X	X	X	X			X	
HUMORADA	X	X	X	X				
ASTRACANADA		X		X	X			
CHISTE	X	X		X				X
CARICATURA		X		X	X			X

Tab. 8 Gattungssystematik der GRACIA

Die Reihenfolge der Gattungsmerkmale gehorcht einer inneren Gewichtung, die auf den Definitionen beruht. Die Merkmale sind von links nach rechts nach dem abnehmenden Vorkommen in den Definitionen und ihrem zunehmenden Auslesewert dargestellt.

Unter Berücksichtigung zweier Parameter – der Anzahl von Merkmalen, die in jeder Gattungsdefinition vorkommen, einerseits und der inneren Gewichtung der sechs Merkmale untereinander andererseits – werden die Gattungen in der Tabelle klassifiziert.

Aus dieser Klassifikation ergibt sich folgende Gattungssystematik, die mit der Reihenfolge der zuvor dargestellten Gattungen übereinstimmt:

1. Comedia
2. Sainete
3. Farsa
4. Sátira
5. Parodia
6. Humorada
7. Astracanada
8. Chiste
9. Caricatura

Aus der Tabelle sind mehrere Schlussfolgerungen abzuleiten:

- Der Begriff *comedia* verfügt über die höchste Anzahl wichtigster Merkmale und steht somit an oberster Stelle.
- Anschließend kommt *sainete*, eine typisch spanische Gattung, die Elemente der lustigen Variante der *comedia* übernimmt, sich aber im Laufe der Geschichte als eigenständige Gattung mit Schwerpunkt auf der unterhaltenden Funktion und den musikalischen Einlagen etabliert hat.
- Es folgen die Gattungen, die hauptsächlich inhaltsbetont sind: *farsa*, *sátira* und *parodia*.
- Die *humorada* ist die einzige Gattungsbezeichnung, bei der sowohl Form als auch Inhalt eine gleich wichtige Rolle spielen.
- Bei den so genannten Untergattungen *astracanada* und *chiste* liegt der Schwerpunkt vorrangig in der Form, wobei der *chiste* auch durch das

Zusammenspiel mit Bildern (Aspekt der Medialität) gekennzeichnet sein kann.

- Die *caricatura* wird nicht als literarische Gattung, sondern als *técnica literaria* definiert, die auf Verzerrung der Form beruht, eine verspottende Absicht verfolgt und medial vervollständigt werden kann.
- In Anlehnung an die Wortfeldanalyse des Komischen lassen sich die Gattungsmerkmale und ihre Dimensionen in drei Bereiche zusammenfassen, die nach den Merkmalen der Dimensionen gruppiert sind: holistisch, semiotisch und prozedural geprägte Züge (zur Erläuterung vgl. Punkt 2.2.1.7.3.11).

2.2.2.7.4 Ridiculez

Der Begriff *ridiculez* und das entsprechende Adjektiv *ridículo* werden im *D.R.A.E.* wie folgt definiert:

> **ridiculez**. (De ridículo2). f. Dicho o hecho extravagante e irregular. || 2. Excesiva delicadeza de genio o natural. || 3. Cosa pequeña o de poco aprecio.
>
> **ridículo, la** 2. (Del lat. ridicŭlus). 1. adj. Que por su rareza o extravagancia mueve o puede mover a risa. 2. adj. Escaso, corto, de poca estimación. 3. adj. Extraño, irregular y de poco aprecio y consideración. 4. adj. De genio irregular, excesivamente delicado o reparón. 5. m. Situación ridícula en que cae una persona.

Für die Zwecke dieser Arbeit ist die erste Bedeutung des Wortes maßgeblich, die sich auf eine bizarre Tat oder Aussage konzentriert. Um behaupten zu können, dass etwas in den Bereich des *ridículo* fällt, muss man einen Kontrast herstellen. Dafür ist ein *tertium comparationis* vonnöten, etwas, das als Maßstab gilt. Eine Person oder ein Gegenstand können nur in einer bestimmten Situation oder unter bestimmten Umständen lächerlich sein bzw. gemacht werden, z.B. indem sie gegen einen Brauch oder eine Norm verstoßen oder in irgendeiner Art und Weise auffallen. In diesem Sinne ist *ridículo* grundsätzlich mit der Kommunikationssituation verbunden. Das durch eine lächerliche Situation erzeugte Lachen impliziert zudem ein gesellschaftliches Werturteil, das auf der Komplizität der anderen beruht, so Emilio Temprano in seinem Essay *El arte de la risa* (1999), in dem er sich an die Worte Pío Barojas erinnert: "La risa se presenta siempre negadora y castigadora: es la risa del ridículo, la que señala y reprime una distracción de los hombres con relación a las ideas generales de la sociedad" (Baroja zit. nach Temprano 1999:35). Darüber hinaus findet man im Spanischen im Bereich der Lexik die adverbiale Konstruktion *en ridículo*, die mit Verben wie *estar, poner, quedar* vorkommt, den Ausdruck *hacer el ridículo* und die nominale Konstruktion *(tener) sentido del ridículo*, die nicht immer eine passende Übersetzung ins Deutsche finden. Daraus lässt sich erschließen, dass das Lächerlichsein bzw. das Sich-lächerlich-machen eine besondere Tragweite im Spanischen haben.

2.2.2.7.5 Humor

"El humor es, sencillamente, una posición ante la vida". So lapidar fängt die 1945 von Wenceslao Fernández Flórez gehaltene Rede *El humor en la literatura española* zu seiner Aufnahme in die Real Academia an. Als einer der Väter des spanischen *humorismo* hat sich Fernández Flórez sowohl praktisch als auch theoretisch mit der Natur des Humors auseinander gesetzt. In seiner Rede wird die einleitende These später konkretisiert: "[...] la actitud humorística supone una concepción personal del mundo y de la vida: eso que los alemanes llaman: *Weltanschauung*" (Fernández Flórez, 1945:24). Somit ordnet sich der Autor in die Tradition Jean Pauls ein. Darüber hinaus haben andere wichtige Vertreter des Humors in Spanien ebenfalls den persönlichen Charakter der humoristischen Einstellung hervorgehoben, z.B. Ramón Gómez de la Serna, der in seinem Aufsatz zum *humorismo* diesen als Lebenseinstellung bzw. als "la actitud más cierta ante la efimeridad de la vida" (Gómez de la Serna, 1931/1975:199) definiert. Diese Haltung zeichnet sich durch Zuwendung, Menschenliebe und Mitgefühl aus. Fernández Flórez bringt es erneut auf den Punkt: "[El humor es] Siempre un poco bondadoso, siempre un poco paternal. Sin acritud, porque comprende. Sin crueldad, porque uno de sus componentes es la ternura. Y si no es tierno ni es comprensivo, no es humor" (Fernández Flórez, 1945:15). An dieser und anderen Stellen wird *humor* als ein Zustand charakterisiert, der einer heiteren und ausgeglichenen Stimmung des Menschen zugrunde liegt. In seiner Antwort auf diese Rede bestätigt Julio Casares die Dimension von *humor* als Gemütszustand und grenzt ihn vom Komischen ab: "[El humor] no es una variedad de lo cómico, sino un fenómeno estético más complejo, un proceso anímico reflexivo, en el que entra como materia prima e inmediata el sentimiento de lo cómico en cualquiera de sus múltiples formas" (Casares, 1961:29). Somit bleibt *humor* auf der Ebene der Gefühle und wird durch ein "enttäuschtes Lächeln" (Fernández Flórez, 1945:10) ausgedrückt. Ferner ist er durch einen deutlichen Relativismus geprägt und somit unfähig, endgültige Schlussfolgerungen zu ziehen, denn jede Schlussfolgerung entspricht dem geistigen Tod (Pawlowski, zit. nach. Gómez de la Serna, 1931/1975:215). Auch wenn es auf den ersten Blick paradox erscheinen mag, ist *humor* eine sehr ernste Angelegenheit, die eine philosophische Absicht verfolgt: dabei geht es um die traszendente Einstellung des Menschen gegenüber seinen Mitmenschen. Dies aber soll wiederum nicht heißen, dass *humor* in seiner Begrifflichkeit streng oder starr ist, sondern eher flexibel und nahezu verschwommen, so dass unter *humor* oft ein buntes Sammelsurium von verwandten Begriffen fällt, die zur semantischen Unklarheit beitragen. In der spanischen Tradition wird Don Quijote von allen Autoren ausnahmslos als Paradigma der humoristischen Einstellung zitiert (vgl. Punkt 3.1.1.1).

Im Bereich der Literaturwissenschaft gilt die Äußerung der humoristischen Einstellung in einem literarischen Werk weder als Gattung noch als rhetorische Figur, sondern als gattungsübergreifende *modalidad* (Llera 2001:463).[41] Schon Ramón sah den *humor* als eine Eigenschaft, die keine spezifische Gattungszugehörigkeit aufweist: "El humor, por ser tan extenso de significado, no puede ser considerado como un tropo literario, pues debe ser función vital de las obras de arte más variadas, sentido profundo de toda obra de arte" (Gómez de la Serna, zit. nach Llera 2001:463).

Was die Senderbezogenheit des Begriffs anbelangt, bietet sich Gómez de la Sernas Definition von *humorista* als Anhaltspunkt an: "El humorista es un ser enlutado por dentro que hace sufrir la alegría" (Gómez de la Serna

---

[41] Der Begriff *modalidad* ist innerhalb der spanischsprachigen Gattungstheorie auf Claudio Guillén zurückzuführen, der ihn 1985 wie folgt definierte: "Hay, en tercer lugar, unas modalidades literarias (modes en inglés), tan antiguas y perdurables muchas veces como los géneros, pero cuyo carácter es adjetivo, parcial y no a propósito para abarcar la estructura total de una obra. Son aspectos de ésta, cualidades, vertientes principales, vetas que la recorren transversalmente. Su función suele ser temática, aunque también puede ser relevante su intención intertextual" (Guillén 1985:165). *Modalidades* sind laut Guillén bspw. *ironía, sátira, lo grotesco, alegoría, parodia* usw.

1931/1975:211). Die humoristische Einstellung geht vom inneren Gefühl der Person aus, die sie empfindet. In seinem ausführlichen Aufsatz *Psicología del humor* (1983) stellt Jesús Garanto Alós eine sehr umfangreiche Konzeption von *humor* aus psychologischer und physiologischer Perspektive dar, die es ermöglicht, die Senderbezogenheit des Begriffs zu untermauern.[42] Laut Garanto Alós ist *humor* das unmittelbare Ergebnis des menschlichen Reifungsprozesses und besteht sowohl aus einem gewissen Maß an Selbstwahrnehmung und Selbstakzeptanz als auch aus der Fähigkeit, eine relativistische Lebenseinstellung einzunehmen. Nachdem *humor* von verwandten Begriffen (*chiste, ironía, burla, mofa, sarcasmo, cinismo, broma, optimismo, contento, euforia, alegría, gozo, éxtasis* und *risa*) abgegrenzt wird, präsentiert der Autor folgende Definition:

> [El humor] Es el estado de ánimo, más o menos persistente y estable, que baña equilibradamente sentimientos, emociones, estados de ánimo o corporales sugerentes del contacto del individuo (corporalidad y psique) con el medio ambiente y que capacita al individuo para, tomando la distancia conveniente, relativizar críticamente toda clase de experiencias afectivas que se polaricen, bien sea hacia situaciones eufóricas, bien sea hacia situaciones reflexivas"
>
> (Garanto Alós 1983:61)

Dieser Definition kann man zwei wesentliche Züge von *humor* entnehmen: Zum einen ist er individuums- bzw. senderbezogen und zum anderen hat er einen ernsten Charakter, nach dem Prinzip "Humor ist, wenn man trotzdem lacht". Schließlich möchte ich kurz auf die Merkmale eingehen, die den *humor* aus psychologischer Sicht auszeichnen. Sie sind: Selbsterfahrung, Selbstzufriedenheit, Selbstkontrolle, realistische Wahrnehmungs- und Handlungsfähigkeit, Realitätsbezogenheit, emotionale Selbstsicherheit und Liebe (Garanto Alós 1983:70). Die Senderbezogenheit der humoristischen Einstellung dürfte nach dieser Kurzbeschreibung sicherlich einleuchtend sein.

Allerdings ist der Humor nicht ausschließlich abhängig vom Sender. Die humoristische Lebenseinstellung mag zwar stets vorhanden sein, aber die humoristische Produktion und vor allem ihre Rezeption sind in einen pragmatischen Kontext eingebettet. Erst in einer günstigen Kommunikationssituation

---

[42] Da *humor* nicht ausschließlich sprachlich markiert ist, wird an dieser Stelle zugunsten der Interdisziplinarität auf eine nicht linguistische Quelle zurückgegriffen.

kann sich der Humor entfalten. Nicht von ungefähr spielt die Situation eine wichtige Rolle in allen Humordefinitionen. Bei der oben angegebenen Definition aus dem Bereich der Psychologie ist von einer Einstellung die Rede, die das Verhältnis des Individuums zu seinem Umfeld beeinflusst und es dazu befähigt, je nach Situation von polarisierenden Gefühlen Abstand zu nehmen, um die goldene Mitte zu finden.

2.2.2.7.6 Risa

In Nachfolge Bachtins und des von ihm geprägten Begriffes *Lachkultur* wird *risa* traditionell als ein ephemerer Befreiungsmechanismus von sozialen Konventionen verstanden, der wiederum gesellschaftlich akzeptiert ist und somit selbst als Konvention fungiert. Spätestens mit den Arbeiten Freuds wird klar, dass die Befreiung des lachenden Menschen zwei Hauptgebiete umfasst: die Aggressivität und die Sexualität. Darüber hinaus ist der soziale Aspekt des Lachens erneut zu betonen: Man lacht immer in der Gruppe (vgl. Bergson) mit dem Ziel, entweder bestimmte Spannungen bzw. Konflikte zu lösen oder konkrete Normen bzw. Hierarchien zu bestätigen. Aus dieser Definition ergeben sich zwei Grundzüge der *risa*, die dem Begriff zur Einordnung in das übersetzungsrelevante Kommunikationsmodell verhelfen – eine offensive und eine defensive Funktion. Das Lachen verstanden als Aggressionsmittel führt zu dem Schluss, dass dieser Angriff ein Ziel bzw. ein Opfer haben muss, insofern ist es naheliegend zu behaupten, dass *risa* empfängerorientiert ist, weil sie immer *gegen* jemanden gerichtet ist (offensiv). Die lachende Gruppe sieht sich somit durch das vernichtende Lachen gegen das Asoziale bestätigt. Allerdings kommt es auch vor, dass die Gruppe sich mittels der *risa* vor ihren kollektiven Ängsten – im Zusammenhang mit Macht, Krankheit, Schmerz, Armut, Tod usw. – schützt. Dieser Vorgang ist besonders markant im Falle des *humor negro*, der sich über eigentlich traurige Umstände lustig macht. In diesem Sinne kann man feststellen, dass das Lachen zugleich eine schützende Funktion erfüllen kann (defensiv).

Im Zuge der Empfängerbezogenheit des Begriffes erfolgt eine weitere Überlegung zur Einordnung des Lachens – damit es überhaupt zur *risa* kommt, muss man eine gewisse Distanz zwischen dem Lachenden / der lachenden Gruppe und dem Ausgelachten schaffen, eine Art "V-Effekt", der jedwede Identifikationsmöglichkeit ausschließt, sonst käme keine belustigende Wirkung zustande. Dies ist nur im Hinblick auf die entsprechende Kommunikationssituation realisierbar. In der Literaturtheorie gibt es unterschiedliche Mittel, eine solche Distanz zu erzeugen, sei es durch skurrile Figuren, einen inkongruenten Erzählrhythmus oder durch die Präsenz eines allwissenden Erzählers, der die Schicksalsfäden anderer Figuren zieht und sie in einem lächerlichen Licht erscheinen lässt. Aus diesem Grund kann man behaupten, dass die Kommunikationssituation im Falle der *risa* ausschlaggebend ist.

Zur Konturierung der nationalspezifischen Bedeutung des Begriffes lohnt sich ein Blick in den Volksmund, kondensiert in Form eines *Diccionario de refranes, dichos y proverbios* (Espasa, 1998). Unter der Rubrik *Alegría y risa* findet man folgende Einträge: *llorar con un ojo, y reír con el otro; quien ríe ahora, mañana llora; risa sardónica; todos se ríen del mono, y él de todos; al freír, será el reír; reirá mejor el que ría el último; tomar a risa*. Diesen Beispielen kann man den höhnischen und nachtragenden Charakter der *risa española* entnehmen: "Al español le gusta reírse como a cualquier hijo de vecino, pero a ser posible a costa de los demás, sin trascender el ridículo ajeno hasta extremos que pudieran salpicar al propio reidor" (*Así se ríe España*. Cambio 16. Nr. 385 von April 1979). Im dritten Kapitel der Arbeit wird genauer auf die Nationalspezifik der *gracia* in der spanischen Literatur eingegangen und der Versuch unternommen, fern von groben Verallgemeinerungen das *typisch Spanische* herauszufiltern, um es daraufhin als Übersetzungsproblem zu thematisieren.

2.2.2.7.7 Ironía und sarcasmo

"La *ironía* no consiste en *dar a entender algo mediante la expresión de lo contrario*, pues no parece razonable decir lo contrario de lo que se quiere decir y con el riesgo de no ser entendidos. Es, en cambio, un juego comunicativo por el que se da a entender que *no se dice lo que se dice*" (López Cruces 1993:12). Diese Definition steckt den Rahmen für die Einordnung des Begriffes in das

Kommunikationsmodell ab, wobei *ironía* dem Sprachsystem und somit dem Text als seine Realisierung, dem Empfänger und der Kommunikationssituation untergeordnet ist.

Angefangen bei der Begriffstypologie findet man im Laufe der Geschichte mehrere Klassifikationskriterien der *ironía*. Die Rhetoriker der Antike unterschieden zwischen den Formen der *dissimulatio* und *simulatio* und nahmen eine weitere Unterteilung in *asteísmo*, *carientismo*, *mímesis*, *cleuasmo* und *micterismo* vor (Sainz de Robles 1972:663). Diese rhetorische Figur kann sowohl punktuell an einer konkreten Stelle vorkommen als auch sich kontinuierlich im Textfluss entfalten. Beruhend auf einem geschichtsphilosophischen, inhaltsbezogenen Kriterium und über die Ausdifferenzierung zwischen klassischer und romantischer Ironie hinaus (vgl. Punkt 2.2.1.7.7) trifft Ferrater Mora in seinem kanonischen *Diccionario de filosofía* (1994) folgende Unterscheidung: Zum einen gibt es die Einstellung der *ironía deformadora*, nach der man die Welt als etwas im Grunde Niederträchtiges, allein der Diffamierung und Verachtung Würdiges begreift, und zum anderen die *ironía reveladora*, "actitud para la cual el mundo no merece la seriedad que algunos ponen en él, pero no por desprecio del mundo, sino por estimar que tal seriedad es siempre de algún modo unilateral y dogmática" (Ferrater Mora 1994:1905). Übertragen auf die Geschichte der spanischen Literatur findet man ebenfalls unterschiedliche Gebrauchsformen der *ironía*, z.B. die begriffsüberladene bittere *ironía* eines Quevedos, die barmherzige *ironía cervantina* oder die intellektuelle *ironía* von Gracián.

Zur Pragmatik der *ironía* als *juego comunicativo* und in Anlehnung an Grices Kooperations-prinzip kann man festhalten, dass diese rhetorische Figur auf dem impliziten Einverständnis zwischen Sender und Empfänger beruht, mit dem Ziel, den Empfänger von der (Text-) Situation zu distanzieren. Voraussetzung für das ironische Spiel ist, dass Sender und Empfänger im selben Kontext und in derselben Kommunikationssituation interagieren. Im Zusammenhang mit den Rahmenbedingungen zur Entstehung bzw. Anwendung der *ironía* ist diese Figur bezeichnenderweise in Zeiten eingeschränkter Freiheit und großen Drucks seitens institutioneller Machtinstanzen besonders zum Einsatz gekommen. Gleichzeitig ist sie ein grundlegendes Mittel der *literatura humorística*, sei es schriftlich durch den Kontext oder mündlich durch den Tonfall (Estébanez Calderón 1996:574). Zu den sprachlichen Mitteln der *ironía*, die ihr den textbezogenen Charakter verleihen, zählt man außerdem Präsuppositionen, Konnotationen, Sprachspiele zwischen wörtlichem und übertragenem Sinne usw.

Der *sarcasmo* geht insofern mit *ironía* einher, als er dann zum Einsatz kommt, wenn man sich der gelungenen Wirkung der *ironía* nicht ganz sicher ist (López Cruces 1993:14); in diesem Sinne kann man *sarcasmo* als verschärfte Ironie bzw. Steigerungsform dieser definieren. *Sarcasmo* zeichnet sich zugleich durch eine gewisse Grausamkeit gegen hilflose Opfer aus und nimmt im Kommunikationsmodell denselben Platz wie *ironía* ein.

2.2.2.7.8 GRACIA

An oberster Stelle des Kommunikationsmodells befindet sich der Begriff *gracia*, den ich der Kultur zugeordnet habe. Allen von mir verwendeten Wörterbüchern kann man entnehmen, dass die Bedeutung von *gracia* hauptsächlich drei Aspekte umfasst: den *physischen* (der Mensch und sein Körper), *psychischen* (der Mensch und seine Seele) und *situativen* (der Mensch und sein Umfeld) (vgl. Punkt 2.2.2.5). Im Folgenden wird auf die drei Bedeutungsrichtungen des Begriffes kultursemantisch eingegangen.

Ferrater Mora (1994) unterscheidet zwischen der ästhetischen und der theologischen Bedeutung von *gracia*. Schon in der Antike ging *gracia* mit dem Schönheitsbegriff einher. *Gracia* wurde als der innere Aspekt des Schönen verstanden und mit Proportion und Harmonie gleichgesetzt. Mitte des 18. Jh. erlangte der Begriff einen Platz in der ästhetischen Theorie. Im Deutschen wird diese Bedeutung von *gracia* z.B. mit dem Wort *Anmut* oder *Grazie* übersetzt (interdisziplinäre Pendants findet man in der Literaturgeschichte bei Schillers Essay *Über Anmuth und Würde* (1793) oder in der Kunstgeschichte bei Rubens' *Drei Grazien*). Im heutigen Sprachgebrauch gilt *gracia* als "Cualidad o conjunto de cualidades, *independientes de la belleza*, que hacen agradable o atractiva a una pers. o cosa" (*Diccionario del español actual*, 1999, Hervorhebung von mir). Interessant hierbei ist die Bedeutungsverschiebung des Begriffes, der dem

Wörterbuch nach die Sphäre des Schönen verlassen hat. Ästhetisch wird *gracia* heutzutage vor allem mit Körperbewegung in Verbindung gebracht. Somit kann man diese Bedeutung des Begriffes im Kontext der Leiblichkeit ansiedeln und der physischen Dimension des Menschen zuordnen.

Was die theologische Dimension betrifft, ist der Begriff *gracia* in mehreren Religionen problematisiert und von christlichen Theologen und Philosophen thematisiert worden. Schon im Alten Testament taucht der Begriff *hen* auf – ins Griechische mit *gratia* zu übersetzen –, um Gottes "guten Willen" im Sinne von Gabe, Wohlgefallen, Dankbarkeit bzw. Schönheit zu benennen (Ferrater Mora 1994:1496). Über die biblische Tradition und die Antike hinaus haben sich mehrere Autoren mit *gracia* auseinander gesetzt, z.B. Augustinus, Pelagio, Anselm von Canterbury, Thomas von Aquin, Wilhelm von Ockham, Luther, Erasmus von Rotterdam bis hin zur Gegenwart mit Experten wie Karl Rahner. Außerdem sind für die göttliche *gracia* unterschiedliche Typologien erarbeitet worden, auf die ich an dieser Stelle nicht eingehen werde (vgl. Ferrater Mora 1994:1497ff.). Für die Zwecke der vorliegenden Arbeit ist der religiöse Kontext im Gebrauch von *gracia* festzuhalten, der den Begriff im Rahmen des psychischen bzw. transzendenten Seins des Menschen platziert.

In einer weiteren Bedeutung rückt *gracia* als "Capacidad de divertir o de hacer reír" und "Hecho o dicho que divierte o causa risa" (*Diccionario del español actual*, 1999) in die Sphäre des Komischen. Dies hat mit dem Menschen und seiner Interaktion mit der Umwelt in einer bestimmten Situation zu tun – nur unter gewissen Umständen ist jemand oder etwas komisch bzw. *tiene gracia*. Wenn man diese Dimension der *gracia* als Phänomen, das sich im situativen Sein des Menschen abspielt, in die Literatur überträgt – und dies ist der Fall bei der vorliegenden Arbeit – ist der Brückenschlag auf die für das Theater des Siglo de Oro bezeichnende Figur des *gracioso* naheliegend. Im Folgenden wird auf dieses Motiv genauer eingegangen, da es tief in der literarischen Tradition Spaniens verwurzelt ist und zusammen mit der *picaresca* die gesamte Entwicklung der komischen Produktion bis zum heutigen Tage geprägt hat.

Der *gracioso* ist ein "[…] Personaje-tipo y figura peculiar del teatro nacional del Siglo de Oro, que aparece en gran parte de las obras dramáticas más significativas de esa época" (Estébanez Calderón 1996:480). Seine Vorgänger sind die lustigen Figuren in den Werken von Juan del Encina, Torres Naharro oder Juan de la Cueva. Der *gracioso* teilt zwar einige Wesenszüge mit dem *pícaro*, allerdings weist er weder eine bittere Weltanschauung auf noch ist seine Moral sittenwidrig. In der Regel steht der *gracioso* einem Herren, dem Protagonisten, zu Diensten und zeichnet sich durch Loyalität und Pragmatismus aus. Darüber hinaus bildet er den Kontrapunkt zur strengen Moral und Ehre des Herren durch seine Vorliebe für die einfachen Dinge des Lebens. Von besonderer Bedeutung für diese Arbeit ist die Tatsache, dass der *gracioso* üblicherweise einen besonderen Sinn für Humor hat, der den lustigen Kontrast zur – z.T. auch komplementären – Figur des Herren erzeugt. Der *gracioso* wird als Vertreter des niederen Volkes in Szene gesetzt und zugleich als "genuinamente nacional" und "castizo" definiert (Bleiberg 1964:359). Dies lässt auf den nationalen Charakter der Figur schließen, der von Dámaso Alonso in *Escila y Caribdis de la literatura española* (ca. 1927) zum Grundsatz der spanischen Literatur erhoben wurde: einerseits das großartig Traurige und andererseits dessen Verspottung. Was die Kulturspezifik des *gracioso* betrifft, setzt sich Barbara Kinter in ihrer umfangreichen Studie *Die Figur des Gracioso im spanischen Theater des 17. Jahrhunderts* (1978) zunächst mit den Begriffen *donaire*, *gracia* und *gracioso* auseinander, um festzustellen, dass es im Spanischen des 17. Jh. keine strenge Trennung zwischen Komik und Witz gibt, so dass der Begriff *gracioso* beide Elemente in sich vereint (Kinter 1978:15). Die Figur des *gracioso* weist somit eine dualistische Struktur auf, in der die Komik als Prinzip der Charakterisierung (Denkprinzip) und der Witz als Prinzip des Ausdrucks (Stilprinzip) interagieren, indem beispielsweise die Komik zum Witz hochstilisiert wird (Kinter 1978:18). Gerade diese Ambiguität führt zur besonderen Schwierigkeit, "die semantische Ambivalenz des Begriffs "gracioso" und die strukturelle der ihm entsprechenden Figur auf den deutschen Begriff zu bringen" (Kinter 1978:16). Für die Zwecke der Arbeit ist dies ein weiteres Indiz für die Kulturspezifik der spanischen *gracia*.

Ferner ist die gattungsübergreifende Natur des *gracioso* hervorzuheben mit dem Ziel, die starre theoretische Zuordnung dieser Figur zum Drama zu durchbrechen: "Aunque, generalmente, el nombre de "gracioso" se reserva para designar el personaje cómico de las obras dramáticas del Siglo de Oro, su presencia en el escenario no es más que la prolongación de una esencia literaria viva en los otros géneros, incluso una consecuencia de la misma organización de la sociedad española" (Bleiberg 1964:360). Beispiele dafür sind zum einen die Stücke u.a. Lopes, Calderóns, Tirso de Molinas im Bereich des Theaters und zum anderen die ebenfalls sehr gelungene *graciosos* beim Arcipreste de Hita, in La Celestina sowie in der pikaresken Tradition. Sancho Panza fungiert sozusagen als Inbegriff des *gracioso* in der epischen Literatur. Sein Einfluss auf die Nachfolgeproduktion bis hin zur Gegenwart steht außer Frage.

Als Beispiel für diesen Einfluss möchte ich betonen, dass Wenceslao Fernández Flórez den Humorbegriff nicht nur mit *humorismo*, sondern auch mit *gracia* gleichsetzt (Fernández Flórez 1945:14ff.), und zwar so, dass er diese als *don*, d.h. Gabe, definiert, eine Bezeichnung, die für den spanischen Leser sofort einen religiösen Anklang im Sinne von göttlicher Gabe hat. Dadurch wird sozusagen der Kreis zwischen den drei Dimensionen von *gracia* geschlossen.

Zusammenfassend lässt sich Folgendes sagen: Wie unter Punkt 2.2.2.5 erwähnt, umfassen die drei Dimensionen von *gracia* (physisch-psychisch-situativ) den Menschen als Ganzheit in Wechselwirkung mit seinem Umfeld und verhelfen dem Begriff zur Einordnung in die oberste Position des Modells, nämlich neben der Kultur, vorausgesetzt man versteht diese als Zusammenschluss sozialer und seelischer Befindlichkeit des handelnden Menschen in der Gesellschaft.

Für den weiteren Verlauf der Arbeit bietet sich als Oberbegriff nicht nur *gracia* an, sondern auch die ästhetische Kategorie *lo gracioso* (Bleiberg 1964:361). Im Folgenden werden beide als Synonyme verwendet.

2.2.2.8 Ergebnisse

Das Wortfeld der *gracia* bzw. von *lo gracioso* zeichnet sich durch eine gewisse Unklarheit aus. Diese Wortfeldanalyse soll als Vorschlag dazu dienen, ein wenig Ordnung ins System zu bringen, die wiederum für die Übersetzung von Vorteil sein kann. Die methodologischen Ergebnisse der wortfeldanalytischen Studie sind für das Komische und die *gracia* gleich und wurden bereits unter Punkt 2.2.1.8 erläutert. Zusammenfassend ist Folgendes festzuhalten:

1. *Begriffliche Trennung*
Die Wortfeldanalyse hat anhand von lexikalischen Mitteln eine saubere Trennung und Hierarchisierung der spanischen Begriffe des Komischen ermöglicht. Wichtigstes Ergebnis dabei ist die Entwicklung von *gracia* zum bedeutendsten Hyperonym entgegen der traditionellen Konzeption. *Humor* hat sich überraschenderweise als etwas sehr Konkretes erwiesen, dessen Bedeutung im allgemeinen Sprachgebrauch eine starke Verschiebung erfahren hat. Ferner lässt sich die Besonderheit von *gracia* über die Einordnung in das übersetzungsrelevante Kommunikationsmodell näher bestimmen. Dies macht den Begriff operationalisierbar für die Zwecke der vorliegenden Arbeit.

2. *Analytisches Instrumentarium*
Wie unter Punkt 2.1.2. erwähnt, ermöglicht die Einordnung der Begriffe in das übersetzungsrelevante Kommunikationsmodell die Erarbeitung eines Kriterienkatalogs für die Analyse von Übersetzungsleistungen im Bereich des Komischen mit dem Sprachenpaar Spanisch-Deutsch. Dieser Kriterienkatalog dient nicht nur als analytisches Instrumentarium, sondern stellt eine methodisch sichere Basis dar, die gegebenenfalls auf andere Sprachkombinationen bzw. Begrifflichkeiten übertragen werden kann.

3. *Integratives Modell*
Anhand der Auswahl von benutzten Quellen lässt sich feststellen, dass dem hier gewählten Ansatz eine deutlich interdisziplinäre Ausrichtung zugrunde liegt. Ich habe versucht, auf die Gefahr hin, anderen Wissenschaften zu nahe zu treten, einen weiten Überblick über die Problematik des Humorbegriffs zu bekommen. Das vorgestellte Modell soll als Denkangebot an alle Disziplinen mit dem vorrangigen Ziel der begrifflichen Klarheit verstanden werden. Nur wenn Einigkeit über die Bedeutung von einem bestimmten Begriff herrscht, ist der wissenschaftliche Austausch möglich.

2.2.3 Kontrastive Analyse

Für die kontrastive Analyse beider Wortfelder gehe ich die wichtigsten Positionen der jeweiligen Wortfeldanalyse, d.h. die Peripherie der Matrix, durch. Dabei werden folgende Begriffe bzw. Begriffspaare miteinander verglichen: 'Heiterkeit', 'Spott' vs. *burla*, 'Lächerlichkeit' vs. *ridiculez* und 'Lachen' vs. *risa*, 'Witz' vs. *chiste* und 'Humor' vs. *humor*.

2.2.3.1 Heiterkeit

Die Heiterkeit fällt aus der kontrastiven Analyse heraus, weil es sich bezüglich der komischen Bedeutung um einen deutschspezifischen Begriff handelt. Wie unter Punkt 2.2.1.7.1 erwähnt, erkennt Weinrich selber (1990) die Kulturspezifik des Begriffes und räumt eine gewisse Übersetzungsschwierigkeit ein: "Heiterkeit ist bekanntlich ein Schönwetterwort. [...] Das gleiche oder ein ähnliches Schönwetterwort kennen auch andere Sprachen; häufig ist es von lat. *serenus* abgeleitet. Aber nur in Deutschland hat dieses Wort eine glanzvolle literarisch-philosophische Karriere gemacht, vielleicht weil der heitere Himmel in diesen nördlichen Landstrichen gar nicht so selbstverständlich ist, wie wir es wohl wünschen mögen" (Weinrich 1990:7). Abgesehen von Weinrichs meteorologischen Vermutungen kann man festhalten, dass es im Spanischen tatsächlich das Wort *serenidad* gibt, und zwar mit der gleichen wettertechnischen Bedeutung: "Del lat. serenus. 1. adj. Claro, despejado de nubes o nieblas" (*D.R.A.E.* 1992). Dennoch wird der Begriff im normalen Sprachgebrauch eher in seiner zweiten übertragenen Bedeutung verwendet: "2. fig. Apacible, sosegado, sin turbación física o moral". Interessant dabei ist die Tatsache, dass *serenidad* in der spanischen Analyse gar nicht als Wortfeldnachbar von *gracia* vorkommt, insofern ist die Relation zwischen *serenidad* und dem Einstiegsbegriff *humor* nicht so naheliegend wie die Beziehung zwischen 'Heiterkeit' und 'Humor'. Wenn man das Wort 'Heiterkeit' in zweisprachigen Wörterbüchern nachschlägt, stellt man fest, dass es mit "serenidad, claridad, contento, amenidad, apacibilidad, [Gelächter] hilaridad" (*Slabý/Grossmann* 1989) oder "alegría, buen humor, (Ausgeglichenheit) serenidad, elación" (*Pons* 2001) übersetzt wird. Der kulturspezifischen Bedeutung des deutschen Begriffes wird also Rechnung getragen, auch wenn man im Spanischen nicht über einen ähnlichen Ausdruck verfügt. Das Wort *alegría* kann stellenweise als Übersetzung treffend sein, trotzdem sollte sich ein guter Übersetzer der begrifflichen Nuancierung bewusst sein und dem historisch-philosophischen Kontext den Vorrang geben (vgl. Punkt 2.2.1.7.1). Schließlich möchte ich ergänzen, dass *alegría* im Deutschen in der Regel mit 'Freude' oder 'Fröhlichkeit' wiedergegeben wird.

2.2.3.2 Spott vs. *burla*

'Spott' und *burla* sind m.E. vergleichbare Begriffe: Sie nehmen eine ähnliche Position im System ein (2:10 vs. 3:11) und beide sind empfängergerichtet. Sie beziehen sich auf das höhnische *Aus*lachen eines Opfers, für das man kein Mitleid empfindet. Im Deutschen gibt es zusätzlich das Wort 'Burleske', das aber als Fachbegriff für ein "derbkomisches Improvisationsstück" in die Literaturtheorie eingegangen ist. Sowohl 'Burleske' als auch *burla* sind aus dem Lateinischen *burra* über das Italienische *burlesco* und das Französische *burlesque* in die deutsche bzw. spanische Sprache eingeflossen. Eine weitere Gemeinsamkeit zwischen 'Spott' und *burla* ist, dass beide Begriffe als Hyperonyme von den gleichen Unterbegriffen fungieren, nämlich 'Sarkasmus'/*sarcasmo*, 'Ironie'/*ironía*, 'Lächerlichkeit'/*ridiculez* und 'Satire'/*sátira*. Schließlich möchte ich das Augenmerk auf ein Wort richten, das mit 'Spott' einhergeht und im Spanischen meines Wissens als solche nicht existiert: 'Schadenfreude'. Die nachgeschlagenen Wörterbücher bieten eine explikative Übersetzung an: *alegría del mal ajeno*, bei der die Beziehung zwischen 'Freude' und *alegría* wieder auftaucht.

2.2.3.3 Lächerlichkeit vs. *ridiculez* und Lachen vs. *risa*

In diesem Fall ergibt sich ein interessantes Phänomen. Die spanische und die deutsche Wortfeldanalyse verlaufen genau umgekehrt: In der Matrix der deutschen Wortfeldanalyse liegt 'Lächerlichkeit' weiter draußen und 'Lachen' weiter drinnen, in der spanischen Wortfeldanalyse liegt *risa* weiter draußen und *ridiculez* weiter drinnen. Im folgenden Schema sind diese vier Begriffe nach ihrem oberbegrifflichen Charakter von oben nach unten abnehmend dargestellt und durch ein Gleichheitszeichen mit dem jeweiligen Pendant in der anderen Sprache verbunden:

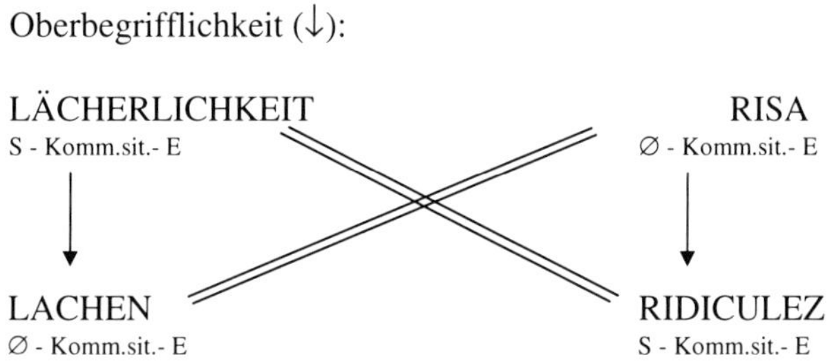

Oberbegrifflichkeit (↓):

LÄCHERLICHKEIT   RISA
S - Komm.sit.- E   ∅ - Komm.sit.- E

LACHEN   RIDICULEZ
∅ - Komm.sit.- E   S - Komm.sit.- E

Abb. 16 Verhältnis 'Lächerlichkeit' vs. ridiculez und 'Lachen' vs. risa

Das 'Lachen' gehört zum Bereich II der deutschen Wortfeldanalyse (vgl. Punkt 2.2.1.5), während *risa* hingegen die zweitäußerste Position im dritten Bereich der spanischen Matrix einnimmt. Dies deutet darauf hin, dass *risa* öfters als Hyperonym fungiert, und zwar in einem Verhältnis von 4:12. Somit ist *risa* im Spanischen allgemeiner als 'Lachen' im Deutschen. Diese Erkenntnis schließt kein Werturteil mit ein, sondern soll lediglich als weitere Feststellung für die spätere Übersetzungsanalyse gelten. An dieser Stelle bleibt die tatsächliche Relevanz dieser Information noch offen. Umgekehrt ist das Verhältnis bei dem Begriffspaar 'Lächerlichkeit'-*ridiculez*. In diesem Fall findet man den deutschen Begriff im dritten Bereich der Matrix, während das spanische Pendant im Bereich II platziert wird. Dennoch ist der Unterschied hier nicht so bedeutsam (7:6). Beide Begriffe sind von der Kommunikationssituation und den gesellschaftlichen Normen abhängig.

2.2.3.4 Witz vs. chiste und Humor vs. humor

An dieser Stelle trifft wieder das Phänomen des umgekehrten Vorkommens zu: In der deutschen Wortfeldanalyse liegt 'Witz' weiter außen und 'Humor' weiter innen. In der spanischen Matrix befindet sich *humor* im Bereich III und *chiste* im Bereich II. Grafisch dargestellt ergibt sich folgendes Bild:

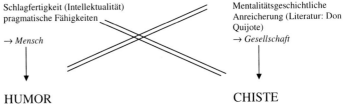

Abb. 17 *Verhältnis 'Witz' vs. chiste und 'Humor' vs. humor*

In der spanischen Wortfeldanalyse liegt *humor* weiter außen in der Matrix, d.h., dass er allgemeiner als seine deutsche Entsprechung gefasst wird. Daraus kann man folgende Formel ableiten:

$$\text{sp. } humor = \text{dt. 'Humor'} + \text{das typisch Spanische} \\ \Downarrow \\ \text{Don Quijote}$$

Abb. 18 *Formel des spanischen humor*

Der spanische *humor* ist durch die Literatur, genauer gesagt durch die Figur Don Quijotes, mentalitätsgeschichtlich angereichert. Er umfasst mehrere Aspekte wie Melancholie oder, in den Worten Unamunos, sogar *malhumorismo*, ist tiefgründig und bleibt nicht auf der Oberfläche, wie unter Punkt 2.2.2.7.5 dargestellt. In seiner charaktertypologischen Studie zum Ritter der traurigen Gestalt stellt Harald Weinrich (1956) folgende Entwicklung im Protagonisten fest: "[Cervantes kann] die grobe Komik der ersten Kapitel unmerklich in jene Atmosphäre des "Innig-Humoristischen", die Thomas Mann bemerkt hat, [überleiten]" (Weinrich 1956:39). Die wesentlichen Elemente des für Don Quijote typischen Temperaments sind das Ingenium, der "hohe Wahn" und die Melancholie: "Der melancholische Wahn ist ein möglicher Zustand des Ingeniums und manifestiert sich äußerlich in einer traurigen Gestalt" (Weinrich 1956:53). Auf den Einfluss des Meisterwerkes von Cervantes auf die spanische *gracia*-Tradition wird im folgenden Kapitel eingangen.

Der deutsche 'Witz' verhält sich umgekehrt – er ist weiter gefasst und lässt sich durch folgende Formel zusammenfassen:

> dt. 'Witz' = sp. *chiste* + das typisch Deutsche
> ⇓
> Kopffertigkeit
> Intellektualität

Abb. 19 Formel des deutschen 'Witzes'

'Witz' beinhaltet nicht nur den sprachlichen Aspekt des *chiste*, sondern zeichnet sich darüber hinaus durch eine intellektuelle Nuance aus. Er enthält die Komponente der Kopffertigkeit, des *ingenio*, die z.B. im Ausdruck "gewitzt sein" vorkommt. Dies kann ins Spanische nicht einfach mit *chiste* übersetzt werden. Offen bleibt die Frage, inwiefern 'Witz' und *ingenio* deckungsgleiche Begriffe sind. Weinrichs Vermutung ebnet den Weg für eine Wortfeldanalyse des Witzes:

> [...] die deutsche Sprache verfügt über kein Wort, das den Begriff [*ingenioso*] vollständig wiedergeben könnte. Die trefflichste Übersetzung wäre, wie sie mir scheint, "feinsinnig". Näher können wir der wahren Bedeutung nicht mehr kommen, seitdem das Ingenium aufgespalten ist in Genie und Talent. Das Wort Ingenium ist Ausdruck eines vergangenen Bildungsideals.
>
> (Weinrich 1956:117)

2.2.4 Applikation auf die spanische Literatur als Träger der GRACIA

Das in diesem Kapitel entstandene translationsrelevante Modell des 'Komischen' und der *gracia* wird nun im folgenden Teil getestet und auf ein gegenwartsliterarisches Korpus angewendet. Die Literatur gilt hierbei als Surrogat kulturspezifischer Wertvorstellungen und Instrument des Dialogs zwischen Sender und Empfänger. Wie unter Punkt 2.1.2 definiert, gehört der literarische Ausdruckswille zu den kunst- und kulturschaffenden Aspekten des handelnden Menschen. Selbst die literarische Ablehnung von tradierten Konventionen der *gracia* oder literarische Ausnahmeerscheinungen, wie bspw. der *Quijote* in der ersten Phase seiner Rezeption in Spanien (vgl. Punkt 3.1.1.2), tragen zur Entstehung kultureller Verhältnisse bei und bringen Kulturveränderungen hervor (Kalverkämper 1998). Aus diesem Grund werden vor der eigentlichen Vorstellung des Korpus zum einen die beiden Hauptquellen der spanischen Tradition der *gracia* (Cervantes und Quevedo) und zum anderen diejenigen Stellen aus der spanischen Literaturgeschichte des 20. Jh. herausgefiltert, die möglicherweise eine für Spanien spezifische *gracia* mitteilen. Der folgende literaturgeschichtliche Überblick soll mit Rückgriff auf das soeben erarbeitete Instrumentarium systematisiert und analysiert werden und gleichzeitig zum translationswissenschaftlichen Teil der Dissertation überleiten.

3. Die GRACIA in der spanischen Literatur des 20. Jh.

> Cuenta Mark Twain que un alemán de las cercanías de Hamburgo fue operado en el hospital de una palabra de trece sílabas. Desgraciadamente, los médicos calcularon mal la parte del cuerpo donde debían operar al paciente, y el desdichado murió... Ustedes tomarán el asunto a broma; pero si algún día se ven obligados a estudiar alemán, ya llegarán a saber lo que es eso de tener dentro una palabra de trece sílabas y no lograr expulsarla. parece que los tejidos que la rodean se inflaman y que se produce una cierta supuración. Esa cara tan seria que ponen los que saben alemán, esa gravedad, esa solemnidad que guardan siempre, por muchos chistes que se les hagan, todo eso se explica a causa del sufrimiento que les producen ciertas palabras.
>
> JULIO CAMBA

Das vorliegende Kapitel ist der eigentlichen Arbeit mit konkreten Textbeispielen gewidmet. Dabei soll die Brücke zur übersetzerischen Praxis geschlagen werden, indem das zuvor erarbeitete translationsrelevante Modell des Komischen bzw. der *gracia* mithilfe eines Korpus auf seine Anwendbarkeit geprüft wird. Das Korpus der Dissertation ist literarischer Natur. Aus diesem Grund ist das Kapitel in die folgenden drei Abschnitte unterteilt: Literaturgeschichte (3.1), Literatur als Forschungsfeld (3.2) und Literaturübersetzung (3.3). Diese Gliederung folgt einem roten Faden, der von den Anfängen der *gracia*-Tradition in der spanischen Literatur über ihre aktuelle Konkretisierung in den Ausgangstexten bis zur Einbringung der interkulturellen Perspektive durch die Übersetzung ins Deutsche führen soll. Der übersetzungskritische Teil folgt dann im Kapitel 4.

3.1 Literaturgeschichte

Die Entstehung einer bestimmten *Lachkultur* spiegelt sich u.a. in dem literarischen Ausdruckswillen einer Gesellschaft wider. Die heutige Bedeutung des komischen Phänomens in der spanischen Literatur ist allerdings nicht zu verstehen, wenn man die Einflüsse ignoriert, die im Laufe der Geschichte entscheidend zur Herausbildung eines kulturspezifischen *gracia*-Konzepts beigetragen haben. Im Folgenden wird der historische Einfluss der Werke von Cervantes (3.1.1.1) und Quevedo (3.1.1.3) auf die Entstehung der spanischspezifischen *gracia* zusammenfassend dargestellt. Dabei wird ein kurzer Blick auf die Rezeption beider Autoren geworfen (3.1.1.2 und 3.1.1.4). Daraufhin werden unter Punkt 3.1.2 die literarischen Strömungen genauer beschrieben, die im 20. Jh. den Weg für die Entstehung des aktuellen *gracia*-Begriffs in Spanien geebnet haben, in dessen Kontext der analysierte Textkorpus angesiedelt ist.

3.1.1 Historische Einflüsse auf die Entstehung der GRACIA

"Es impresionante descubrir cómo el humor, en todas sus dimensiones, ha sido una de las constantes más sobresalientes de la literatura española" (Vilas 1968:101). Für Santiago Vilas ist das Komische bzw. die *gracia* nicht nur in der literarischen Tradition Spaniens stets präsent gewesen, er zählt es sogar zu den Grundeigenschaften besagter Literatur. In der Nähe von Ironie und Satire entstanden, hat sich die *gracia* nach Vilas allmählich bis zum Rang des *humor* emporgearbeitet. Auch wenn sich Vilas – nach seinem ichbezogenen Verständnis von *humor* – ausdrücklich gegen die Einteilung des Begriffs nach bestimmten Generationen ausspricht, möchte ich im folgenden Kapitel einen nach Generationen bzw. geschichtlichen Perioden geordneten Überblick über die *gracia* mitsamt ihrer Formen im spanischen Roman des 20. Jh. geben. Zwar ist es schwierig, den Humor eines Einzelnen zusammen mit dem Spott eines anderen in das Korsett einer vermeintlichen Generation zu pressen, trotzdem kann man im Laufe der Geschichte gewisse Tendenzen (Gemeinsamkeiten und Unterschiede) im Herstellungsprozess der *gracia* an einem bestimmten Ort (Spanien) und zu einer bestimmten Zeit (20. Jh.) feststellen, die ihren kulturspezifischen Charakter ausmachen. Beispielsweise bieten Epochen des geistigen

3. Die GRACIA in der spanischen Literatur des 20. Jh.

Umbruchs bzw. der machtvollen Zensur einen fruchtbaren Boden für die Entstehung der *gracia*.

Darüber hinaus sind fast alle Experten der Meinung, dass die spanische Tradition des Komischen hauptsächlich aus zwei Quellen der *gracia* entspringt: zum einen dem *humor* von Cervantes und zum anderen der *ironía* Quevedos. Im Folgenden werden die Hauptmerkmale beider Quellen der spanischen *gracia* und deren Einfluss auf die Nachfolgeliteratur zusammengefasst, um anschließend auf die Entwicklung des spanischen Begriffs im Roman des 20. Jh. genauer einzugehen.[43]

3.1.1.1 Der *humor cervantino* im *Quijote*

An dieser Stelle möchte ich deduktiv verfahren, indem ich eine terminologische Bemerkung vorwegnehme: Beruhend auf dem im zweiten Kapitel festgelegten Kommunikationsmodell (vgl. Punkt 2.2.2.6), das zugleich als analytisches Instrumentarium fungiert, soll im Falle *Don Quijotes* nicht von *gracia*, sondern von *humor* die Rede sein, wie im Folgenden erläutert wird.[44]

Der *humor* im Quijote zeichnet sich durch eine große Vielfalt an Formen aus, die er im Laufe der Handlung einnimmt, angefangen vom Auflachen Sanchos bis hin zum diskreten Lächeln seines Herrn. All diese Humorvariationen lassen sich aber auf einen gemeinsamen Nenner bringen – das Spannungsfeld zwischen Komik und Tragik, in dem sich der *humor cervantino* abspielt (Ugalde 1976:157). Eines der Hauptelemente dieser Form des Humors ist die Melancholie, die vom Protagonisten stets ausgestrahlt wird; sie spielt bei Cervantes literarischer Absicht eine Schlüsselrolle, die der Autor selbst im Vorwort ausdrücklich erwähnt: "Procurad también que, leyendo vuestra historia, el

---

[43] Dieser Überblick bezieht sich hauptsächlich auf Acevedo (1966), Arribas (1997) und Vilas (1998). Genauere Angaben sind dem Literaturverzeichnis zu entnehmen. Je nach besprochenem Autor habe ich der einfacheren Zuordnung von Zitaten wegen die ihm eigene Terminologie benutzt, auch wenn diese nicht mit den Ergebnissen der Wortfeldstudie übereinstimmt. In solchen Fällen wird man eine entsprechende Anmerkung finden.

[44] Andere spanischsprachige Autoren bevorzugen die Bezeichnungen *humorismo cervantino* (Temprano, 1999), *ironía cervantina* (Bryce Echenique, 2000) oder *la risa del* bzw. *en el Quijote* (Iffland, 1999; Ugalde, 1976).

melancólico se mueva a risa, el risueño la acreciente". Der Melancholie liegt ein Mitgefühl bezüglich des Scheiterns zugrunde, dessen Reichweite so groß ist, dass Dostojewski beispielsweise den Quijote als "el libro más triste del mundo" bezeichnete (Temprano 1999:207) und Heinrich Heine von der Lektüre zu Tränen gerührt wurde. Weitere Eigenschaften des *humor cervantino*, auf deren Aufzählung ich mich aus Platzgründen hier beschränken möchte, sind folgende:[45] Cervantes' Sinn für *humor* ist verständnisvoll, nicht aggressiv und wohlwollend. Er beruht auf Werten wie *honor*, Gutmütigkeit, Rechtschaffenheit, Idealismus und Menschenliebe und zeugt von einer relativistischen Weltanschauung: "Cervantes´ work shows us that the comic educates not by moralizing but by inference, by setting up equations that cannot always be solved with one right answer" (Gorfkle 1993:212). Ein weiteres Merkmal des *humor* im Quijote ist der befreiende Charakter des Lachens. Viele Wissenschaftler und Autoren heben in Nachfolge Bachtins den standesübergreifenden, destabilisierenden und doch toleranten Aspekt des *humor cervantino* hervor (Gorfkle, 1993; Temprano, 1999; Iffland, 1999; Bryce Echenique, 2000) und platzieren somit den Vater des Quijote in einer gemeinsamen literarischen Tradition mit Boccacio, Shakespeare, Rabelais usw.

Darüber hinaus möchte ich kurz auf die sprachlichen Mittel des *humor* bei Cervantes eingehen. Was die Sprachebene betrifft, kommt im Quijote bezeichnenderweise eine Registervielfalt zum Einsatz, bestehend aus umgangssprachlichen Redewendungen, Bildungssprache, Wortspielen, derb-komischen Ausdrücken und Sprichwörtern, die als "filosofía de urgencia" (Acevedo 1966) in die spanische Sprache eingeflossen sind und heute immer noch Anwendung finden. Im Hinblick auf die metasprachliche Ebene kommen im Quijote Mittel vor, anhand derer Cervantes zum Gründer des modernen Romans gekürt worden ist, z.B. die Figur des subjektiven Erzählers, lange Kapitelüberschriften, detaillierte Episodenbeschreibungen oder den so genannten "komischen Schneeballeffekt" (Acevedo 1966), der heutzutage für moderne Autoren (z.B. Eduardo Mendoza) oder in anderen Künsten (vgl. die Filme der Marx Brothers) als selbstverständlicher Mechanismus zur Entstehung des Lachens gilt.

---

[45] Zur gründlichen Auseinandersetzung mit dem Humor im Quijote vgl. Gorfkle (1993) und Iffland (1999).

3. Die GRACIA in der spanischen Literatur des 20. Jh.

Auch wenn es bei Cervantes in erster Linie um *humor* geht, darf man die Rolle der *ironía cervantina* kaum unterschätzen. Diese spielt sich im Spannungsfeld zwischen dem Wahn Don Quijotes und der Vernunft Sanchos ab (Acevedo 1966) und unterliegt der charakteristischen Dynamik des Werkes. Ich stimme mit Bryce Echenique überein, wenn er Cervantes' wohlwollenden *humor irónico* als "*síntoma de co-vivencia o sea de reciprocidad en el sentir*" bezeichnet (Bryce Echenique 2000:384). Ein weiteres *gracia*-Element im Quijote ist selbstverständlich die Parodie der Gattung 'Ritterroman'.

Schließlich möchte ich auf den Bezug zwischen der *gracia* und einer modernen Konzeption des Romans eingehen. Zusammen mit Rabelais hat Cervantes einen wesentlichen Beitrag zur Entwicklung des modernen Romans geleistet (Temprano 1999), so dass der Quijote als "monumento inaugural e incomparable de lo que será la novela moderna y abierta, libre y reflexiva" bezeichnet wird (Bryce Echenique 2000:379). Die Modernität von Cervantes besteht im Dualismus des Komischen zwischen der gesellschaftlichen Norm als positiver und der Unzulänglichkeit des Menschen als negativer Pol (Ugalde 1976:170). Nach Gorfkle ist Cervantes' gegenwärtige Gültigkeit auf den von ihm vorgenommenen so genannten "re-positioning process" zurückzuführen,

> whereby values accepted by most readers (human love, heroism, justice) found in romance and informed by classical rhetorical mechanisms for "revealing" the truth are produced and inserted [...] in situations which demand a discernment and reevaluation of their usage, limitations and pertinence, [...], and of the discursive mechanisms themselves which determine and convey them.
>
> (Gorfkle 1993:211)

In dieser Hinsicht lässt sich behaupten, dass Cervantes eindeutig seiner Zeit voraus war.

3.1.1.2 Rezeption und Einfluss des *humor cervantino* in der spanischen Nachfolgeliteratur

Was die internationale Rezeptionsgeschichte des Quijote anbelangt, muss man eine klare Trennlinie ziehen zwischen der Zeit von Cervantes und den späteren Lesergenerationen. Cervantes' Zeitgenossen rezipieren das Werk hauptsächlich als 'funny book' (Tave, 1960), wie die in die Literaturgeschichte eingegangene

Anekdote vom König Philip III. zeigt.[46] Diese Deutung gilt weiterhin im 17. und 18. Jh. Im frühen 19. Jh. aber halten die Kritiker der Romantik jegliche *gracia* im Quijote für ein minderwertiges Gattungsmerkmal, das den edlen Idealen des Helden entgegengesetzt ist, und streiten somit eine komische Interpretation des Werkes völlig ab. Selbst im 20. Jh. gibt es Leitstimmen wie die Unamunos, der im Zuge eines postromantischen Idealismus den Quijote ebenfalls eher als Tragödie liest. Ein moderner Autor wie Nabokov hat in seinen *Lectures on "Don Quixote"* (1983) starke Einwände gegen den *humor cervantino* erhoben. Auf der anderen Seite hat es zugleich immer Autoren gegeben (s.o.), die den humorvollen Aspekt bei Cervantes nachdrücklich betont und als Hauptmerkmal des Werkes rezipiert haben.

Julio Casares unterscheidet in seinem Essay *Las tres edades del Quijote* (1961) drei verschiedene Rezeptionsphasen von Cervantes' Meisterwerk. Zunächst ist laut Casares eine so genannte "Kindheit" des Quijote zu verzeichnen, in der das Werk auf ein allgemeines, offenes und gesundes Gelächter stößt, das mit einer naiven, frivolen und sorglosen Mentalität der Leser einhergeht. Die Romantik gilt als "Jugendzeit", in der das Werk allmählich ernst genommen und neuen Interpretationen elegischen Tons Spielraum gewährt wird. Erst später, als der Quijote in der Terminologie Casares "erwachsen" ist, wird der Roman als Darstellung einer integralen Weltanschauung rezipiert. Unglücklicherweise nennt Casares keinen konkreten Zeitpunkt für das Erwachsenwerden des Quijote, so dass die Analogie gegen Ende seiner Ausführungen recht vage erscheint. Trotzdem bin ich mit Casares einer Meinung, wenn er behauptet, für das Verständnis von *humor* sei eine gewisse Reife vonnöten, die bei einer jungen Literatur eher unwahrscheinlich ist (Casares 1961:78). Auf dieser Grundlage kann er folgenden Schluss ziehen: "Y por eso el *Quijote*, monumento imperecedero y jamás superado del humor, sin antecedentes ni consiguientes inmediatos, surgido de la noche a la mañana como un seísmo orogénico, no podía ser abarcado en toda su imponente grandeza por los contemporáneos del autor" (Casares 1961:79).

---

[46] Während eines Spaziergangs sieht der König einen Studenten, der ein Buch liest und dabei das Lachen nicht unterdrücken kann. Daraufhin äußert der König die Vermutung, bei dem Buch könne es sich bloss um den *Don Quijote de La Mancha* handeln (Russell 1969:318).

3. Die GRACIA in der spanischen Literatur des 20. Jh.

Interessant ist allerdings die Tatsache, dass das Werk gerade in seiner komischen Dimension nicht in Spanien, sondern primär in Großbritannien rezipiert und anerkannt wurde: "Curiosamente, es en Inglaterra [...] donde el humor irónico del Cervantes de Don Quijote se instalará en pleno auge de la novela sentimental y paródica" (Bryce Echenique 2000:384). Autoren wie Richardson, Fielding und Sterne stellen im Zuge dessen Cervantes große, heldenhafte kollektive Themen in den Hintergrund und konzentrieren sich lieber auf die Individualität des Protagonisten, seine alltäglichen Erfolge und Misserfolge. Auch Casares erkennt die Rolle Großbritanniens als Land,

> donde apunta por primera vez [...] una visión integral de la obra como síntesis armoniosa de lo cómico y de lo trágico; como superación de la antinomia entre las risas, casi medievales y las lágrimas del romanticismo; entre lo grotesco de la mísera realidad y la sublimación poética de los más nobles anhelos humanos; entre las burlas, a veces crueles, con que Cervantes pone a prueba el temple diamantino de su héroe y la tierna piedad con que lo acompaña y sostiene en todos los trances.
>
> (Casares 1961:77)

An dieser Stelle stellt sich die Frage nach der spanischen Rezeption bzw. Nicht-Rezeption des integralen *humors* im Quijote an. Viele Autoren haben – und dies über Jahre hinweg –, solch ein eher dürftiges Interesse seitens der Öffentlichkeit für die komische Dimension des Werkes festgestellt. Wenceslao Fernández Flórez definiert den Quijote als "inmenso obelisco en una llanura" (1945), Casares findet in Spanien weder Vorgänger noch Nachfolger der Kunst Cervantes' und Max Aub nimmt kein Blatt vor den Mund, wenn er in seinem Roman *La calle de Valverde* (1961) Folgendes schreibt:

> Aquí carecemos de humor. A veces me pregunto cómo Cervantes pudo ser español. Tenemos la sangre demasiado gorda. Como el Arcipreste (de Hita). Las bromas, pesadas o no darlas... Aquí lo tomamos todo en serio... Valle (Inclán) sí, pero no es humorismo, sino farsa. Nos falta finura. Aquí, el ser bruto es una gran cosa; aquí no tenemos sangre fría; aquí, en seguida, nos echamos pa'lante. Por eso carecemos de filósofos y nos sobran pequeños hombres de acción [...] y nos sentimos heridos 'en lo más vivo' –cita Aub–: Aquí nos reímos 'a mandíbula batiente' –vuelve a citar– [...]. Lo mismo nos sucede con la cocina. Aquí todo es gordo, empezando por la sal y las mujeres; y gustan.
>
> (Aub 2003:418)

Bryce Echenique (2000) interpretiert Aubs vernichtendes Urteil als Bestätigung des Triumphes der Ironie eines Quevedos über den Humor von Cervantes in der spanischen Literatur.[47]

Wenn es darum geht, diesen Unterschied zur internationalen Rezeption des Quijote zu begründen und gegebenenfalls zu bewerten, herrscht m.E. große Unklarheit. Wie bereits erwähnt, präsentiert Casares das Argument der "literarischen Reife", die aber nicht weiter ausdifferenziert wird. Fernández Flórez vertritt die radikal ethnologische Linie und behauptet, es gebe "razas y pueblos especialmente capacitados para el humor, y [...] entre aquéllas, la céltica fué la que produjo más y muy famosos escritores que lo cultivaron" (Férnandez Flórez 1945:22). Demnach legt er die Urquelle des spanischen Humors in Galizien – seiner eigenen Heimat! – fest und schreibt Cervantes dieser Tradition zu. Auch wenn der Autor im Anschluss versucht, seine Aussage zu relativieren, dürfte heute jedem Leser die Parteilichkeit und zeitliche Abhängigkeit dieser Theorie sicherlich einleuchten. Meiner Meinung nach kommt Bryce Echeniques historisch fundierte Argumentation der Realität näher, wenn er in relativierender bzw. humorvoller Anlehnung an Sir William Temple (1690) Freiheit, Toleranz für den Anderen und Individualität als Grundvoraussetzungen für die Entstehung des *humors* und des Komischen definiert:

> La libertad, por ejemplo, es fuente de mucho humor, ya que éste resulta de la observación de los muy extraños, diversos e incongruentes comportamientos de la gente, en oposición a lo que sucedía en la mayor parte de Europa, donde el despotismo de los gobiernos daba lugar a una uniformidad en el carácter de la ciudadanía, que tan sólo producía dos modelos de franceses, alemanes, italianos o españoles: el pueblo llano y la nobleza.
>
> (Bryce Echenique 2000:376)

Zwar gibt es zu Zeiten politischer Unterdrückung und fehlender Meinungsfreiheit zunehmend Autoren, die durch verschiedene Varianten des Komischen versuchen, der Zensur zu entgehen, allerdings sind bestimmte Gattungen wie die Satire im Rahmen eines absolutistischen Systems schlicht unmöglich. Daher

---

[47] Bryce Echenique verwendet "spanisch" keineswegs als Synonym für "spanischsprachig", zumal er in seinem Artikel die lateinamerikanische Literatur des Post-Boom als Nachfolgerin der cervantinischen Schreibtradition des Komischen charakterisiert (Bryce Echenique 2000:385).

lässt sich m.E. ein gewisses Maß an Freiheit als Grundlage für die Entstehung aller Formen von *gracia* definieren.

Für die Zwecke dieser Arbeit möchte ich schließlich festhalten, dass Cervantes wohlwollender Humor keine vorrangige Rolle in der spanischen Nachfolgeliteratur gespielt hat. Auch wenn man im heutigen Sprachgebrauch Begriffe wie *quijotada*, *quijote*, *quijotesco*, *quijotil*, *quijotismo* oder *quijotizar* findet, haben alle eine eher negative – lächerliche – Konnotation. Das Lachen der *picaresca* oder der Spott eines Quevedos haben den Bereich der spanischen *gracia* stärker geprägt.

3.1.1.3 *Burla quevedesca*

"Cervantes (1547-1616) y Quevedo (1580-1645) unifican y canalizan las dos tendencias más acusadas del humor español desde el Siglo de Oro hasta nuestros días" (Vilas 1968:105). Was die *gracia* anbelangt, kann man Quevedos bissige *burla* als Kontrapunkt zu Cervantes' wohlwollendem *humor* setzen. Die komische Kunst Quevedos zeichnet sich ebenfalls durch eine stilistische Breite aus, die allerdings schnell an Ernsthaftigkeit grenzt, so dass mitunter eher vom "anti-humor" des seinerzeit als "príncipe de los satíricos" genannten Quevedo die Rede ist (Alonso Hernández 1992:97). Quevedo bevorzugt die *sátira* als Gattung und die *ironía* als rhetorische Waffe, um seine giftigen Pfeile abzuschießen. In Bezug auf das übersetzungsrelevante Kommunikationsmodell (vgl. Punkt 2.2.2.6) ist die *gracia* bei Quevedo zweifellos ein Fall von Lachen auf Kosten anderer, das durch Partnerbezogenheit und Aggressivität gekennzeichnet ist und sich im Raum zwischen *burla*, *risa*, *ridiculez*, *ironía* und *sarcasmo* abspielt. Beim Auslachen ist jegliche Form des Mitleids fehl am Platz, was durchaus eine isolierende Wirkung haben kann.

Gegen wen oder was richtet Quevedo seinen Zorn? Gegen alles und alle, angefangen vom König über die Kirche bis hin zum Tod (Alonso Hernández 1992:98). Allerdings ist Quevedos Absicht kaum nachvollziehbar, ohne den geschichtlichen Kontext zu berücksichtigen. Quevedo wehrt sich gegen den Zeitgeist und argumentiert mit dem Verhältnis zwischen Sein und Schein als Ursprung des Bösen in einer Epoche historischen, politischen und sozialen Umbruchs, in der die Grundsätze der spanischen Feudalgesellschaft von einem aufsteigenden Bürgertum mit kaufmännischen Ambitionen unterminiert werden. Vor dem Hintergrund der wirtschaftlichen und gesellschaftlichen Krise in der einst reichsten Nation der Welt fürchtet Quevedo das Schlimmste. Im Zuge dieses Pessimismus nimmt er – im wahrsten Sinne des Wortes – "Gott und die Welt" ins Visier. Dabei führt Quevedo beispielsweise einen leidenschaftlichen Kampf gegen die Macht des Geldes ("Poderoso Caballero es don Dinero"). Außerdem kritisiert er in seinen Schriften alle Berufsstände gnadenlos und wehrt sich gegen in seinen Augen verwerfliche, aber mitunter harmlose Sitten jener Zeit. Quevedos Kritik gipfelt in einer metasprachlichen Ebene. Der Autor setzt sich gegen den Missbrauch von Sprache ein und attackiert diejenigen, die durch die Anwendung von Sprichwörtern, poetischen und rhetorischen Gemeinplätzen, Redewendungen und semantischen Verschiebungen zur sprachlichen Verarmung beitragen.

Bei der Analyse von Quevedos satirischer Technik stellt man allerdings fest, dass er sich genau jener Elemente bedient, die er kritisiert. Zunächst möchte ich festhalten, dass Quevedo hauptsächlich vom Mittel des Kontrastes Gebrauch macht. Bei ihm dreht sich alles um die Sein-Schein-Achse bzw. bewegt sich zwischen den Polen der Asketik und des Lustigen. In der heutigen Terminologie könnte man Quevedo als Vertreter der Inkongruenztheorie des Komischen bezeichnen. Darüber hinaus wirkt sein Stil uneinheitlich und zerstreut. Laut Alonso Hernández mag dies auf Quevedos unmittelbare witzige (*ingenioso*) Absicht zurückzuführen sein (1992:109). Zu diesem Zweck stützt sich seine komische Technik auf die Grundlage des Witzes, von dem wir spätestens seit Freud wissen, dass er durch Schnelligkeit, Kürze und einen überraschenden Kontrast seine volle Wirkung erzielt (vgl. Punkt 2.2.2.7.3.8).

Zu Quevedos Mitteln des Komischen zählen die Verballhornung von Sprichwörtern und Redewendungen (*premáticas y aranceles*), die thematische Verarbeitung des Traummotivs (*Los sueños*) – was Freud später in seiner Arbeit zum Witz ebenfalls behandelt – und die Technik des literarischen Porträts, das in der Regel zur Karikatur wird (vgl. die Beschreibung des *dómine Cabra* im *Buscón*). Sprichwörter und Redewendungen bieten sich durch ihren Status als weit verbreitete Sprachformeln besonders gut als komisches Motiv an. Sie verdienen die Aufmerksamkeit eines großen Publikums, werden sofort wiedererkannt und gespeichert. Somit ist die komische Wirkung garantiert. Der Traum als Domäne des Unbewussten fungiert als Bühne zur Darstellung spielerischer Assoziationen außerhalb des rationalen Rahmens. Schließlich bietet ein Porträt die Möglichkeit, innerhalb weniger Seiten die komische Aussagekraft zu konzentrieren, da es in der Regel komplett gelesen wird, so dass die *gracia* sich ganzheitlich entfalten kann und die komische Wirkung kondensiert wird.[48]

3.1.1.4 Rezeption und Einfluss Quevedos in der spanischen Nachfolgeliteratur

Wenn man sich zunächst die Rezeption Quevedos unter seinen Zeitgenossen ansieht, stellt man fest, dass, auch wenn Quevedo theoretisch als traditioneller, konservativer Autor galt, sein Werk doch der damaligen Zensur unterworfen wurde. Quevedo stand im Kreuzfeuer der Kritik, König und Kirche eingeschlossen. Dies führte sogar dazu, dass der Autor 1629 aus eigener Initiative offiziell um den Rückzug der *Sueños* vom Markt bat, um 1631 eine überarbeitete Version zu veröffentlichen (Alonso Hernández 1992:119). Diese Reaktion wird von manchen Experten als übertrieben bezeichnet. Daraus lässt sich aber auch folgern, dass Quevedo sich durch die Selbstanklage zugleich zum Opfer der Zensoren machte. In den Worten von Alonso Hernández: "es posible que Quevedo aspirara al [mito] de censurador censurado para censurar a más y mejor" (1992:122).

In Werken zur spanischen Literaturgeschichte oder Anthologien zur spanischen Literatur des Komischen wird Quevedo stets ein Abschnitt gewidmet. Er gilt als Hauptvertreter des *conceptismo*, "zu übersetzen etwa mit scharfsinniger Ausspruch oder Pointe", einer literarischen Bewegung, die auf dem scharfsinnigen Witz beruht, der "schon immer als sp.[anische] Nationaleigenschaft [galt]" (Hess 1989:28). Er hat in seinem vielseitigen Werk das

---

[48] Was die konkrete Realisierung von Quevedos humoristischer Kunst anbelangt, möchte ich auf das Werk von Mª Teresa Llano Gago (1984) weiterverweisen, in dem die Autorin sehr ausführlich und mit zahlreichen Beispielen auf die sprachlichen Mittel des Komischen bei Quevedo auf morphologischer, syntaktischer, semantischer und soziolinguistischer Ebene eingeht.

scheinbar widersprüchliche Weltbild des spanischen Goldenen Zeitalters konzentriert: "Lebensfülle und Vergänglichkeit, Affekt und Meditation, Frechheit und Distanz, Vitalität und Kultur, Patriotismus und Weltbürgertum, Liebesglut und religiöse Zuversicht" (Neumeister 1997:122). Im Spannungsfeld zwischen kritischer Auseinandersetzung mit dem Umfeld und leidenschaftlicher Liebe für das eigene Land sehen manche Autoren in Quevedo den Vorläufer der Generation von 1898 (Acevedo 1966, Vilas 1968). Die schriftstellerische Figur, die eine Brücke zwischen Quevedo und der besagten Generation schlägt, wäre der erste *periodista-humorista* Mariano José de Larra, der in seinen Artikeln die beste *gracia* von Quevedo und Cervantes vereint (Vilas 1968:105ff).

Mit dem Schelmenroman *El Buscón* (1626) ordnet sich Quevedo direkt in die spanische Tradition der *picaresca* ein. Durch satirischen Scharfsinn, konzeptistische Wortspiele und eine karikaturistische Beschreibungstechnik drückt Quevedo seine Enttäuschung und den Pessimismus angesichts der Dekadenz Spaniens aus – eine Haltung, die die spanische *gracia* maßgeblich geprägt hat. Santiago Vilas sieht in Quevedo den Hauptvertreter eines "humor sincero, abierto, rabiosamente racial, español, 'de casta'" (Vilas 1968:106). Ich finde Vilas' Urteil etwas übertrieben und stimme mit Bryce Echenique in der Behauptung überein, das allgemeine Staunen über die sekundäre Rolle des *humor cervantino* in der spanischen Literatur sei eine indirekte Bestätigung des "triunfo de la línea del humor quevedesco sobre la ironía cervantina en la literatura española de los siglos siguientes" (Bryce Echenique 2000:383).

3.1.2 Historischer Überblick – Die *GRACIA* im 20. Jh.
3.1.2.1 Die Kunst des *malhumorismo*

In seinem Essay *Malhumorismo* (1911) legt Miguel de Unamuno die Grundzüge seiner Konzeption des Komischen fest. Für ihn bedeutet *humor* als Oberbegriff eine wohlwollende Ironie, die für alles Verständnis hat und alles verzeiht. Spanier allerdings sind in Unamunos Augen dieser Art von *humor* nicht besonders mächtig. Im Gegenteil, eine übermäßige Leidenschaft und die grundsätzliche Tendenz zur boshaften Kritik – und somit zum Auslachen – sind die Ursachen des von Unamuno so bezeichneten *malhumorismo* der Spanier. Diese

Eigenschaft der "schlechten Laune" ist außerdem auf einen Mangel an Mitgefühl zurückzuführen. Ein anderer Vertreter der Generation von 1898, Pío Baroja, führt in seinem Werk *La caverna del humorismo* (1919) – von ihm auch als 'Enciclopedia de los malos humores' betitelt – diesen Gedanken der grundsätzlichen Unfähigkeit der Spanier zur humoristischen Einstellung weiter und grenzt dabei *sátira* und *humor* streng voneinander ab, und zwar so, dass er Quevedo von der humoristischen Tradition Spaniens ausschließt. Dennoch kommen in Barojas Personenkatalog zu den internationalen Humoristen durchaus spanische Gestalten vor, z.B. der Arcipreste de Hita, der anonyme Autor des Lazarillo, die Figuren des Quijote, Quevedo, Larra und Galdós, womit der Autor selbst seiner Theorie widerspricht.

Sämtliche Humortheorien beiseite gelassen stellt man fest, dass die Autoren der *Generación del 98* in erster Linie mit einer eher trüben Gemütsstimmung assoziiert werden, die sicherlich mit den historischen Umständen der Jahrhundertwende (Verlust der letzten Kolonien Spaniens) einhergeht. Trotzdem stellt Pgarcía in der Anthologie *La otra cara de la generación del 98* (1998) fest, dass Unamuno, Machado, Valle-Inclán, Azorín und Baroja durchaus einen Hang zum Burlesken hatten, der merkwüdigerweise nicht so stark in die Literaturgeschichte eingeflossen ist (García Mercadal 1998). In diesem Werk findet man eine Textauswahl, die keinen Zweifel über die komische Ader der *noventayochistas* lässt.

3.1.2.2 Ramón und *la otra Generación del 27*

Die Erwähnung der Person und des fruchtbaren Werkes Ramón Gómez de la Sernas in einer Arbeit zur spanischen *gracia* ist Pflicht: "Después de Cervantes no tiene la novela española figura humorística de la autenticidad y trascendencia de Ramón Gómez de la Serna" (Vilas 1968:133). Ramón gilt als Pontifex maximus (Burguera Nadal 1998:7) der so genannten *otra generación del 27*, Bezeichnung für eine Gruppe von zeitgenössischen Schriftstellern, die den Humorbegriff erneuert und modernisiert haben. Aber zunächst zu *Ramón*.

Wie unter Punkt 2.2.2.5 zum ersten Mal erwähnt, legt Ramón Gómez de la Serna in seinem berühmten Essay zum *humorismo* die Grundzüge eines erneuerten Humorbegriffs fest. Dies erfolgt 1927, als die Avantgarde mit leichter Verspätung auch in Spanien Fuß fasst, und Ortegas Theorie zur *deshumanización del arte* (1925) sich durchsetzt. Ramón setzt seinen Humorbegriff sowohl in der Theorie als auch in der Praxis durch eine Vielzahl von Romanen, die fast alle Gattungen umfassen, um. Er entwickelt sogar – wenn man es so will – eine besondere Gattung des Humors, die so genannte *greguería*, die aus der Formel *metáfora + humorismo* resultiert und sich durch den Kampf gegen die Sprachkonventionen auszeichnet. Diese Kunstform ist der Ausdruck eines spielerischen und intellektuellen Verständnisses von *humor*, das sich fern von Ironie und Satire hält und keine zurechtweisende Absicht verfolgt. Die humoristische Haltung ist für Ramón die Fähigkeit, von den Dingen Abstand zu nehmen, aus sich selbst heraus zu gehen und alles aus dieser neuen Perspektive zu betrachten. Eine weitere Humorkomponente ist die relativistische Lebenseinstellung, was aber nicht heißt, dass der *humor* nicht ernst sein kann. Gerade das Thema Tod spielt eine wichtige Rolle in Ramóns Werken.

Der Einfluss von Ramón Gómez de la Serna in *la otra Generación del 27* steht außer Frage. Zu dieser Gruppe gehören u.a. die *maestros* Julio Camba und Wenceslao Fernández Flórez sowie weitere Mitglieder wie Antonio de Lara "Tono" und Miguel Mihura (anfangs haben sich beide ausschließlich dem grafischen Humor gewidmet[49]), Edgar Neville, Enrique Jardiel Poncela und José López Rubio. Ihr Verständnis von *humor* wechselt ebenfalls vom Gelächter ins Lächeln und beruht auf einem Humorbegriff, der eher an den Verstand als an die Emotionen appelliert (García Pavón 1966). Bezeichnend für diese Generation ist, dass sie ihre schriftstellerische Leistungen hauptsächlich über das Medium Zeitschrift verwirklicht hat. Die bekanntesten Publikationen sind *Buen Humor, Gutiérrez, La Ametralladora* und die berühmte Zeitschrift *La Codorniz*, mit dem Zusatztitel *La revista más audaz para el lector más inteligente*. Neben Roman und Presse waren manche Autoren auch im Bereich des Theaters (Jardiel, Mihura) oder des Films (Neville) sehr aktiv. Alle stehen für eine Erneuerung literarischer Motive und Figuren.

---

[49] Einen vollständigen Überblick zur Geschichte des grafischen Humors in Spanien findet man in Conde Martín, Luis (2002): *Historia del humor gráfico en España*. Lleida: Editorial Milenio.

La otra generación del 27 ist ebenfalls ins Visier einer Kritik geraten, die ihr vorwirft, ein "Theater der Flucht", "hohe Komödie" oder "Rechtstheater", fernab von der Realität und den politischen und gesellschaftlichen Umständen ihrer Zeit, zu vertreten. Selbst wenn man bei manchen Autoren gewisse Zugeständnisse an die Gesetze des Marktes verzeichnen kann, bin ich zusammen mit Lázaro Carreter der Meinung, dass man diesen Autoren einen neuen Sinn für Humor zu verdanken hat, den Lázaro Carreter in folgenden Worten zusammenfasst: "nuevo y pulcro, puramente espiritual, exento de rudeza, irónico sin agresión, basado en la inteligencia, enemigo del tópico, lírico y tierno, amable siempre con los hombres que merecen ser amados, y adusto sólo ante lo tosco, rudo, amenazante o dogmático" (Lázaro Carreter, zit. nach Burguera Nadal 1998:9). Die Vertreter der *otra generación del 27* blieben zwar während des Franco-Regimes in Spanien, aber das reicht lange nicht aus, um sie als Mitläufer abzustempeln, denn ihr Werk selbst litt oft unter der damaligen Zensur. Llera bringt dieser Umstand auf den Punkt, wenn er schreibt: "[los humoristas del 27] aceptaron el régimen, pero no se consustanciaron con él" (2004:7).

3.1.2.3 *Gracia* auf der Flucht

Francos Machtergreifung und die daraus resultierende Zensur hatten zur Folge, dass der subversive *humor* der *vanguardia* auf einmal – zumindest auf den ersten Blick – gefühlvoller und weniger bissig wurde. Was den Roman betrifft, ließ die Nachkriegszeit mehr Spielraum für neuere Strömungen wie die des *realismo social*. In anderen Worten: Es gab wenig Grund zum Lachen. Allerdings kann von einer humoristischen Produktion durchaus die Rede sein, wenngleich in sanfteren Tönen. Acevedo spricht z.B. vom damaligen *humor blanco* als Strategie, um die Zensoren zu beruhigen oder sogar zu täuschen. Bei anderen Autoren ist von *humor descomprometido* bzw. von *humor de evasión* die Rede (Arribas 1997). Im Rahmen dieser Periode möchte ich kurz auf folgende Autoren eingehen: Wenceslao Fernández Flórez, Enrique Jardiel Poncela, Miguel Mihura und das Werk der Autoren um die Zeitschrift *La Codorniz*.

Die Einordnung Wenceslao Fernández Flórez' in die Geschichte der *gracia* und in die spanische Literaturgeschichte überhaupt ist keine leichte Aufgabe, denn in seiner Person und seinem Werk verschmilzt eine politisch eher konservative Gesinnung mit einem besonders kritischen Gespür für den Aufbruch in eine neue Epoche in Europa im Zuge des 1. Weltkrieges (Granjel 1984:149ff). Literarisch betrachtet kann man sein Werk dreiteilen in a) regelmäßige Beiträge für die Zeitung *Prensa Española*, b) Novellensammlungen in überraschend hohen Auflagen und c) Romane mit vergleichbarem Erfolg. In einer ersten Erzählperiode (ab 1910) schreibt Fernández Flórez vorwiegend modernistische, stark galizisch geprägte Kurzgeschichten, in denen er eine harte Gesellschaftskritik am Mittelstand ausübt. Aus dieser Anfangszeit stammt allerdings schon sein erfolgreichster Roman *Volvoreta* (1917). Von 1920 bis 1931 erstreckt sich die wichtigste Schaffensperiode des Autors, verkörpert durch gelungene Satiren, die auf einer scharfen Analyse der damaligen Gesellschaft beruhen. Angesichts des Niedergangs einer Welt, die mit der Jahrhundertwende zusammenfällt, benutzt Fernández Flórez die *gracia* als kritisches Instrument gegen eine – in seinen Augen – von Intrigen und Ungerechtigkeit vergiftete Gesellschaft. Seine Romane – *El secreto de Barba Azul* (1923), *Las siete columnas* (1926) – setzen sich aus Anekdoten, halbphilosophischen Reflexionen und wirkungsvollen Parodien zusammen und wurden unter Primo de Rivera zeitweise verboten. Parallel dazu entwickelt sich Fernández Flórez zu einem der *maestros* der Kurzgeschichte in spanischer Sprache. Ab 1931 geben die politischen Umstände dem Autor keinen Grund zum Optimismus. Nach seiner antirepublikanischen Auseinandersetzung mit dem Bürgerkrieg in einigen Romanen fängt laut manchen Kritikern die Dekadenz eines Schriftstellers an, der mit dem Roman *El bosque animado* (1944) den letzten literarischen Höhepunkt erlebte.

Nach diesem Abriss kann man nachvollziehen, dass die Figur Fernández Flórez' in den Augen der spanischen Literaturgeschichte und -kritik nach wie vor umstritten geblieben ist. Bei aller Kontroverse über die Person ist sein Beitrag zur Literatur der *gracia* m.E. außer Frage: Fernández Flórez spielte sowohl in der Theorie als auch in der Praxis eine bedeutende Rolle bei der Erneuerung des Humorbegriffs und des komischen Romans. Die Tatsache, dass er in seiner Antrittsrede bei der Real Academia zum Thema *El humor en la literatura española* (1945) von der gesellschaftskritischen Absicht der *gracia* Abstand

3. Die GRACIA in der spanischen Literatur des 20. Jh.

nahm ist möglicherweise durch seine Hemmungen vor der konservativen Gesinnung der Real Academia und vor der damaligen Zensur zu rechtfertigen, unter der sein Werk schon gelitten hatte und es weiterhin tun würde.

Auch wenn Enrique Jardiel Poncela hauptsächlich wegen seiner Theaterstücke als Vertreter eines neuen *teatro cómico* bekannt ist, findet man in seinen vier Romanen ein sehr eigenes Verständnis des Komischen, dass die spanische *gracia* der Zeit maßgeblich geprägt hat. Jardiel Poncela ist "un absurdista científico, implacable, lógico" (García Pavón 1984:749). Er versteht die Literatur als Kampf gegen die Konvention mit dem Ziel, Gemeinplätze zu vermeiden und die Kunst des Unglaubwürdigen zu praktizieren. Daher spricht man bei ihm von einem "teatro de evasión" (Conde Guerri 1999:638), das die Flucht vor dem Alltag ermöglicht und diese zur ästhetischen Formel proklamiert. Zu diesem Zweck setzt Jardiel unterschiedliche Mittel ein, z.B. thematische Schwerpunkte wie den Wahnsinn oder ein Rätsel, das gelöst werden muss, absurde Dialoge, große Figurenensembles und viele Überraschungseffekte. Seine Geschichten zeugen von einer unendlichen Vorstellungskraft, die sich in einer irrationalen Welt entfaltet. Diese Eigenschaft wird interpretiert als Reaktion Jardiels auf eine Welt, die ihm missfällt (Barrero 1992:74). Seine Lebenseinstellung zeichnete sich durch einen traurigen Skeptizismus aus, der ihn möglicherweise dazu bewogen hat, auf jegliche Kritik seiner Werke mit verbittertem Ressentiment zu reagieren. Manche Kritiker wie García Pavón werfen Jardiel eine thematische Einschränkung vor, behaupten, bei ihm kreise alles ausschließlich um Liebe oder Geld (García Pavón 1984:750-1). Zwar stellt man in Jardiels Werk eine gewisse Wiederholung fest, die zum Überdruss führen kann, der Publikumserfolg ist aber kontextbezogen zunächst in einer Zeit der Euphorie und der Entstehung neuer Unterhaltungsmöglichkeiten wie Film oder Tanz und später als Wiederholung einer automatisierten Erfolgsformel zu verstehen.

Miguel Mihura steht mit *Tres sombreros de copa* (1932, Uraufführung 1952) ebenfalls für die Modernisierung des damaligen Theaters durch eine vorerst gesellschaftskritische Haltung, die für manche ihr Ziel verfehlt hat. Allerdings vollzieht sich die Erneuerung bei Mihura nicht so sehr durch die Flucht und die Darstellung entfremdeter Figuren – im Gegenteil, er präsentiert in seinen Büchern und auf der Bühne menschliche Charaktere in einer idealisierten Welt. Bei Mihura wird alles durch ein "Höflichkeitssieb" gefiltert

(Barrero 1992:76), der Ernst des Lebens wird heruntergespielt. Mihura passt sich den Konventionen stärker an als Jardiel, da er die Gunst des traditionellen Publikums für sich gewinnen möchte. Er war immer ein sehr erfolgreicher Autor mit einem – wenn man so möchte – kommerziellen Verständnis seiner Kunst, was zur Folge hatte, dass er sich den Marktgesetzen teilweise unterwerfen musste. In seinem umfangreichen Werk wendet Mihura immer wieder das gleiche Patentrezept an: Ambiguität als bewährte Strategie, um scheinbar unversöhnliche Begriffe wie Erfolg und Gesellschaftskritik doch miteinander zu vereinen. Mihura stellt in seinen Werken wiedererkennbare Verhaltensmuster dar, die in Konflikt geraten, aber selten wird eine endgültige Lösung mitgeliefert, der Zuschauer bzw. Leser soll selber entscheiden, wie die Geschichte ausgeht. Auf diese Art und Weise geht Mihura kaum das Risiko ein, den Geschmack des Publikums zu verfehlen. Eine wohlwollendere Interpretation dieser Ambiguität besagt, dass Mihura sich von Anfang an der Unmöglichkeit eines harmonischen Miteinanders in der Gesellschaft bewusst ist, und somit – laut Mihuras Überzeugung – dem Menschen nichts anderes als der Kampf zur Selbstverteidigung übrig bleibt (Monleón 1988:600ff). Eine solche Ambiguität wäre auch als Plädoyer für die eigene Freiheit des Individuums positiv zu bewerten. Im Zuge des Misstrauens Mihuras gegen das engagierte Theater folgt die Entmythisierung des Wortes, d.h., dass der Autor die Sprache auf ihre rhetorische, wörtliche Funktion reduziert (*atomización del lenguaje*) und sich für eine relativistische Lebenseinstellung einsetzt.

Die Anwendung dieser "atomisierten", aufs Wesentliche reduzierten Sprache, findet in einem weiteren Medium statt, das sich in Spanien zum Terrain einer sehr beliebten Form der *gracia* entwickelte – den Zeitschriften. Ausgerechnet Mihura gründete zwei der wichtigsten Publikationen dieser Art, *La Ametralladora* und *La Codorniz*. Eine kurze Darstellung des Humors der Letzteren soll diesen Abschnitt abschließen.[50]

---

[50] José Antonio Llera (2003) bietet eine interdisziplinär angelegte und sehr detaillierte Analyse der unterschiedlichen *gracia*-Strategien, die in *La Codorniz* Anwendung fanden. Vor einem theoretischen Hintergrund, der sowohl auf die Erkenntnisse der klassischen Rhetorik als auch auf die moderne Pragmatik und Textlinguistik zurückgreift, plädiert der Autor für die wissenschaftliche Anerkennung einer Generation von Schriftstellern, die lange Zeit im Schatten der spanischen Literaturgeschichte gestanden haben.

3. Die GRACIA in der spanischen Literatur des 20. Jh.

Bei der Zeitschrift *La Codorniz* kann man zwei Phasen unterscheiden: Zum einen die Periode von 1941 bis 1944, in der das Blatt unter der Leitung von Miguel Mihura stand, und zum anderen die Zeit ab 1944 bis zur letzten Nummer (1978) unter der Führung Álvaro de Laiglesias. In der ersten Phase zeichnet sich *La Codorniz* durch einen – in der Tradition Ortegas – zeitlosen und abstrakten *humor* aus, der gegen sprachliche Gemeinplätze kämpft und die Flucht vor der Wirklichkeit ergreift. Spanien leidet zu dieser Zeit noch unter den schmerzhaften Folgen des Bürgerkrieges und die Zensur ist sehr aktiv, so dass die unterhaltende Kunst einen hohen Wert besitzt. Die zweite Phase ebnet allmählich den Weg für das "fin del humor codornicesco" mit dem Ziel des Absurden (Acevedo 1966). Die *gracia* wird konkreter und zeitkritischer, es werden neue Themen behandelt, und die Mitarbeiter von *La Codorniz* widmen sich entschlossen der Eroberung des Rechts auf Presse- und Meinungsfreiheit. Zu dieser Zeit erfreut sich die Publikation größter Beliebtheit unter den Lesern, muss aber die Konsequenzen dieses subversiven Charakters in Form von etlichen Geldstrafen und Suspendierungen tragen. Ab den sechziger Jahren wird die Kontrolle seitens der Regierung gelockert und die spanische *gracia* gewinnt somit eine politische Komponente, die sie nur teilweise bis heute behalten hat.

Auch wenn *La Codorniz*, vor allem in der Endphase, mit Konkurrenten wie *Don José* (ab 1955) oder *Hermano Lobo* (ab 1972 das linke Pendant zur *Codorniz*) zu kämpfen hatte, übte die "decana de la prensa humorística" (Arribas 1997) weiterhin einen großen Einfluss auf das politische Leben Spaniens aus. Für das heutige Verständnis der *gracia* hat dies zur Folge, dass die Spanier eine Vorliebe für Sprachwitze, lächerliche Situationen, Karikaturen, Umgangssprache und ein auffälliges Layout entwickelt haben. Die *gracia* der Codorniz fungierte als didaktische Korrekturmaßnahme in einer Gesellschaft, die wenig Spielraum für Korrekturen ließ.

Die inhaltliche Entwicklung von *La Codorniz* verläuft parallel zur fortschreitenden und zwiespältigen Herausbildung einer modernen Gesellschaft, die Abschied vom Alten nimmt und sich den neuen Lebensumständen aussetzt. Was die Kontinuität und Konsolidierung einer intelligenten *gracia*-Tradition in Spanien betrifft, ist die Bilanz dieser Veränderung nicht unbedingt vollkommen positiv:

> *La Codorniz* cumple de este modo el tránsito desde una poética vanguardista cuya calidad literaria encontró un merecido eco entre el público de posguerra hacia un modelo periodístico más popular que incuba, dentro de su obligada reticencia, una crítica más visible, pero no más profunda y perdurable que la de Mihura y los suyos. Fue un camino en el que los brillantes hallazgos plásticos y la renovación continua no siempre compensaron el hueco dejado por dos generaciones de grandes escritores para los que era de todo punto imposible hallar recambios de gran altura.
>
> (Llera 2003:387)

3.1.2.4 Transición und *desencanto*

Die spanische *transición* erstreckt sich von Francos Tod 1975 bis zum Jahr 1981 und zählt – sowohl politisch als auch gesellschaftlich betrachtet – zu den spannendsten Perioden der Geschichte des Landes. Innerhalb knapper sechs Jahren finden Wahlen statt (1977), das Volk verabschiedet eine neue Verfassung (1978), den autonomen Regionen werden verfassungsähnliche Rechte zuerkannt und Spanien erreicht bald einen Entwicklungsstand, der 1986 dem Land den Beitritt in die damalige EG ermöglicht. Allerdings herrschen lange nicht überall positive Gefühle. Die unmittelbare Euphorie nach dem Niedergang des Regimes schlägt bald in eine angespannte, unheimliche und ängstliche Stimmung um, die sich allmählich breit macht und in eine Mischung aus Enttäuschung, Verdrossenheit, Trauer und Skepsis verwandelt, die unter dem Stichwort *desencanto* zusammengefasst wird. Politisch gesehen herrscht großes Unbehagen nach dem Motto "*con/contra Franco vivíamos mejor*" (Arribas 1997:56ff) und intellektuelle Stimmen vermissen eine kulturpolitische Wende. Die politische Verdrossenheit geht zunächst mit wirtschaftlicher Rezession und hohen Arbeitslosenzahlen einher.

1982 kommt die sozialistische Partei (PSOE) an die Macht, aber trotz der Konsolidierung der Demokratie bleibt die Stimmung gedrückt. Manche Experten reden vom damaligen *pasotismo* als "actitud nihilista que mezcla indiferencia, cinismo y agnosticismo respecto a las instituciones democráticas de nueva creación" (Velázquez 1976 zit. nach Arribas 1997:59). Sie stellen fest, dass der *desencanto*, besonders unter den Intellektuellen, heutzutage immer noch präsent ist.

Was die spanische Literaturlandschaft anbelangt, stellt das Jahr 1975 allerdings keine Zäsur dar. Diese Tatsache ist nach Ansicht Walters auf den er-

3. Die GRACIA in der spanischen Literatur des 20. Jh.

schwerten Zugang der spanischen Literatur zur weltliterarischen Modernetradition zurückzuführen (Walter 1993:18ff). Erfolgreiche Autoren der *transición* sind nach wie vor zum einen die Vertreter des Romanrealismus der fünfziger Jahre (Cela, Delibes, Torrente Ballester, Matute, Sánchez Ferlosio) und zum anderen die Autoren des sozialen und sozialistischen Realismus (u.a. López Pacheco, Goytisolo). Dennoch behauptet Neuschäfer, dass 1978 mit dem Ende der Diktatur ebenso der Zwang zur Verstellung bei den Schriftstellern entfalle und daraus positive Konsequenzen für die gegenwärtige Literatur Spaniens gezogen worden seien. Hauptcharakteristika einer neuen Tendenz seien folgende:

> die undogmatische Offenheit und Aufgeschlossenheit; der breite Spielraum der formalen und thematischen Möglichkeiten; das gelassene, oft pragmatische Verhältnis zur Vergangenheit, auch zum kulturellen Erbe; das nach wie vor wache politische Bewußtsein und *die offensichtlich unverwüstliche Fähigkeit zum galligen Humor, zur grotesken Verzerrung, zum respektlosen disparate, zur burla, zu allen möglichen Formen der Ironie, die Selbstironie eingeschlossen"*
>
> (Neuschäfer 1993:11, Hervorhebung von mir)

In einer zweiten Phase der *transición* gibt es laut Walter zwei Autoren, "die bereits eine literarische Synthese dieser ersten Etappe der romanliterarischen *transición* ankündigten und gleichzeitig wesentliche Merkmale der Erzählkunst des nächsten Jahrzehnts vorwegnahmen – Eduardo Mendoza und Juan José Millás" (Walter 1993:20). Diese Autoren nähern sich dem Lesergeschmack durch die Darstellung zeitgenössischer Probleme, indem sie der Vorliebe der Spanier für die Verarbeitung historischen Stoffes in einer anderen Gattung Rechnung tragen. Allgemeine Hauptthemen sind die Großstadt, Mischformen aus Fiktion und Realität und die Erotik, letztere besonders bei Schriftstellerinnen als Reaktion auf die bisherige Unterdrückung ihres Körperbewußtseins. Darüber hinaus kann man ein Aufkommen regionalistischer Schreibtendenzen sowie das Verständnis von Literatur als Lebensform verzeichnen. Die Schöpfungslinie in den spanischen Romanen nach der literarischen *transición* besteht "in der Darstellung von Geschichte und Realität als sehr intimer Lebenschronik einzelner, häufig schreibender Individuen, im Herausstellen der Wirklichkeitsaneignung als eigenständiger Sprachpraxis, in der Übernahme filmischer Bildkonzepte und Montagetechniken, in der fortdauernden Verknüpfung von

Realitätsdarstellung mit dem Anspruch nicht mehr auf Ideologiekritik, aber auf Sinnsuche, Bedeutungsstiftung, Selbstfindung" (Walter 1993:20). Zusammenfassend lässt sich mit Neuschäfer behaupten, dass die spanische Literatur nach 1975 zwar keinen Traditionsbruch, aber durchaus einen Übergang von der Kontrolle durch die staatliche Zensur zur Kontrolle durch die Marktgesetze erlebt (Neuschäfer 1993:15).

Wenn man der Literatur der achtziger Jahre einen Abschnitt widmet, kommt man nicht umhin, die Einflüsse der *movida* zu erwähnen. Das Wort steht für eine durch und durch kreative kulturelle Bewegung postmoderner Gesinnung, die von Künstlernamen wie Almodóvar, Alaska, Pata negra usw. vertreten wird. Es geht um eine kulturelle Explosion, die den traditionellen Kunstrahmen sprengt und den Bezug zur Vergangenheit ohne explizite Alternative abbricht. Die *movida* fühlt sich im eklektischen Kontext der Postmoderne heimisch und ihr Einfluss reicht natürlich bis in die Literatur. In den Achtzigern entwickeln die Autoren eine Vorliebe für die Übernahme von Formen der Trivialliteratur als Zeichen des Kampfes gegen die Moderne und als Instrument zur Infragestellung der elitären Kultur. Somit werden die Grenzen der traditionellen Gattungen überschritten und es entstehen neue "sub-géneros" (Arribas 1997), z.B. unter dem Einfluss von Film und Fernsehen. Manche sprechen von einer alles andere als engagierten "cultura de evasión" mit Bestseller-Mentalität, die sich den Marktgesetzen unterwirft. Welche Folgen hat dieses Umfeld für die Weiterentwicklung der Literatur der *gracia* in spanischer Sprache?

Mitte der achtziger Jahre spielt sich der spanische Kulturbetrieb in einem Schmelztiegel aus Umbruchstimmung, *desencanto*, *movida* und Konsumwahn ab. Das postmoderne literarische Leben wird einerseits von Schriftstellern bestimmt, die Massenliteratur nach den Vorschriften des Marktes verfassen und andererseits von Autoren, die – trotz möglicher Zugehörigkeit zu bestimmten Medien – in keine Schublade gesteckt werden wollen und für einen weiten Literaturbegriff plädieren. Letztere unternehmen den Versuch, in ihren Werken kritisch über die spanische Gesellschaft zu reflektieren. Ein Mittel zur kritischen Auseinandersetzung mit dem Umfeld ist wie bereits erwähnt die *gracia*. Die Schriftsteller, die davon Gebrauch machen, verfolgen wie ihre Vorgänger zwar eine didaktische Absicht, aber im Unterschied zu diesen stellt man bei den jungen Autoren fest, dass sie kein dogmatisches Ziel anvisieren bzw. dass sie keinen allgemeinen Wahrheitsanspruch erheben wollen. Ihr Anliegen ist vielmehr das Bedürfnis, eine konkrete – in der Regel enttäuschte – gesellschaftskritische Stimmung mit dem Leser als gleichberechtigten Ansprechpartner zu teilen. Zum Zweck dieser Identifikation bedienen sich die Autoren der Umgangssprache, um eine evtl. Kommunikationsbarriere zu überwinden und dem Leser näher zu kommen. Dennoch – selbst beim stärksten Rebellionsdrang gegen gesellschaftliche Tabus – vergessen die Autoren nicht, dass sie Teil einer Konsumgesellschaft sind, an deren Spielregeln sie sich zumindest teilweise halten müssen, um sich Gehör zu verschaffen.

Aus diesem Grund ist z.B. eine Distanzierung von der klassischen Romanform zu verzeichnen. Komische Schreibformen werden eklektisch und fragmentiert, wobei bewährte Mittel der *gracia* wie die *parodia* nach wie vor verwendet werden, und zwar auf noch subversivere Art und Weise, als es die Vorgänger der ersten Jahrhunderthälfte taten. Unter den Autoren dieser zweiten Periode findet man einerseits diejenigen mit ausschließlich komischer Produktion, die meist vorrangig als Journalisten tätig sind, wie Moncho Alpuente, J. Vicent Marqués, Carmen Rico-Godoy oder Carmen Posadas.[51] Meiner Meinung nach ist die unzureichende Qualität von ausgerechnet diesen und anderen Autoren für das vernichtende Urteil der Kritiker über die jetzige Lage der komischen Literatur in Spanien verantwortlich:

> En el panorama editorial de nuestros días ni siquiera encontramos esa especie de burocracia del humorismo en que degeneró la escritura de Álvaro de Laiglesia. Desaparecidas colecciones como las de Biblioteca Nueva, José Janés y Planeta, lo único que nos queda es el libro de encargo, muchas veces paupérrimo, la antología de urgencia y algunos francotiradores como José Luis Coll o Pgarcía.
>
> (Llera 2004:8)

Andererseits gibt es Autoren, die in ihrem Werk Elemente der spanischen *gracia* verarbeiten, deren literarischer Wert aber weit darüber hinaus reicht. Letzteren ist diese Arbeit gewidmet.

---

[51] Eine ausführliche Studie über diese Autoren bietet Inés Arribas (1997).

3.1.2.5 *Gracia* zum Ausklang des Millenniums

Ende der achtziger Jahre vollzieht sich innerhalb der literarischen Konsumgesellschaft Spaniens eine "'invasión' humorística" (Arribas 1997:20) durch die Herausgabe der Reihe "El papagayo" beim Verlag *Temas de Hoy*. Diese Reihe ist ausschließlich komischen Texten mit Bestseller-Absichten gewidmet und somit von ungleichmäßiger Qualität. Thematische Schwerpunkte solcher Werke sind die politischen Umstände (*El Estado y la madre que lo parió* (1989) von Pedro Ruiz), die gesellschaftlichen Ereignisse des Jahres 1992 wie die Olympischen Spiele, die Weltausstellung oder die Fünfhundertjahrfeier der Entdeckung Amerikas (*Cómo escapar del 92. Indios, conquistadores y demás sainetes colombinos,* 1990 von Moncho Alpuente veröffentlicht, oder *Ceguera de amor. Culebrón del V Centenario,* 1991 von Maruja Torres ausnahmsweise beim renommierten Anagrama-Verlag erschienen) und der ewige Kampf der Geschlechter (*Cómo ser una mujer y no morir en el intento,* 1990 von Carmen Rico-Godoy veröffentlicht). Die Reihe wird in den 90er Jahre mit weniger erfolgreichen Titeln weitergeführt.

Im Zusammenhang mit der *gracia*-Literatur stellt man zugleich einen Übergang von der Romanform in den Bereich der pseudoliterarischen Glosse fest, die eine breite Akzeptanz unter Zeitungslesern findet, so dass die Glossen später in Büchern gesammelt werden:[52] "La ficción humorística, exangüe por las razones que he apuntado, ha sido reemplazada por el columnismo de humor, y es muy probable que el lector haya salido ganando en esta metamorfosis si se acerca a los artículos de Francisco Umbral, Elvira Lindo, Antonio Burgos, Eduardo Mendicutti, Jaime Campmany o Juan José Millás, entre otros" (Llera 2004:8).

Zusätzlich ergibt eine Stichwortsuche im Katalog der Biblioteca Nacional nach der Eingabe 'humor' innerhalb des letzten Jahrzehnts vorwiegend Werke essayistischen bzw. naturwissenschaftlichen Charakters über die therapeutischen Eigenschaften des Lachens und seine Heilkraft, die so genannte Gelotologie, die heutzutage einen Aufschwung erlebt.

---

[52] Die Kombination von Schriftstellertum und Journalistentum ist eine Besonderheit des spanischen Literaturbetriebs.

3. Die GRACIA in der spanischen Literatur des 20. Jh.

Soll dies heißen, dass die *gracia* in der spanischen Literatur nicht mehr präsent ist? Und vor allem kann heute noch von einer spanischen Lachkultur die Rede sein oder stehen wir eher vor einer Globalisierung des Komischen?

Meiner Meinung nach ist die erste Frage negativ zu beantworten. Die *gracia* prägt die spanische Kultur und somit die Literatur der 90er weiterhin, und zwar in doppelter Richtung: zum einen durch die Wiederbelebung der alten Tradition und zum anderen durch den Import fremder Formen des Komischen. Miguel Mora stellt in seinem Artikel "El humor de los tiempos de la penuria triunfa otra vez" (El País vom 09.01.2000) fest, dass die im Jahr 2000 herausgegebenen Anthologien der Zeitschriften *La Codorniz* und *Hermano Lobo* sich in zehntausendfacher Auflage verkauft haben. Auf der Frage nach dem Erfolg solcher Veröffentlichungen argumentieren die damaligen Autoren mit den Folgen einer Modeerscheinung einerseits und der Enstehung einer Nostalgiewelle andererseits in Bezug auf "'un humor muy puro, muy distinto del de los caricatos de ahora: lo vulgar, lo chabacano, lo pornográfico, lo escatológico y los lugares comunes, todo eso estaba prohibido por una ley no escrita'", so der vor kurzem verstorbene Mitarbeiter von *La Codorniz* Joaquín Vidal (zit. nach Mora 2000:34).

Parallel dazu gibt es zunehmend Komiker, die ihren Blick nach außen richten und um neue Formen der *gracia* erweitern. Eine solche Erneuerung, der Rafael Ruiz eine Reportage in *El País Semanal* unter dem Titel "El nuevo humor" (*El País Semanal* vom 23.07.2000) widmet, ist die Figur des *stand-up comedian*. Hierbei geht es um eine anspruchsvolle und subtile Variante der *gracia*, die in der Regel von einem einzelnen Komiker auf der Bühne in Monologform erzählt wird. Diese Tradition stammt aus dem angelsächsischen Raum und erfreut sich größter Beliebtheit im derzeitigen Spanien, besonders durch den Einfluss der Massenmedien. In gewisser Hinsicht kann schon von einer Globalisierungstendenz des Komischen die Rede sein. Allerdings ist es so, dass die Themenpalette einer *stand-up comedy* von alltäglichen Situationen bis hin zum surrealistischen bzw. absurden Humor reicht, so dass es immer ein bestimmtes Maß an Lokalkolorit gibt. Was allerdings tatsächlich stimmt, ist die Tatsache, dass diese Erneuerung sich nicht in der "traditionellen" Literatur widerspiegelt. Eine Ausnahme wäre z.B. der Roman *Lo mejor que le puede pasar a un cruasán* von Pablo Tusset (2001), ein parodistischer Kriminalroman, der ein Publikumserfolg war, aber von der Kritik praktisch unberücksichtigt blieb. Das Buch ist inzwischen auf Deutsch bei der Frankfurter Verlagsanstalt in Übersetzung von Susanna Mende erschienen (*Das Beste, was einem Croissant passieren kann*, 2003).

Was die Frage nach der Problematik von Globalisierung vs. Lokalisierung des Komischen anbelangt, verrate ich sicherlich nichts Neues, wenn ich aus Thorsten Ungers Einleitung zum Band *Differente Lachkulturen?* Folgendes zitiere:

> [Denn] daß Lachen außer mit anthropologischen immer auch mit kulturellen Bedingungs- und Wirkungsfaktoren verbunden ist, daß es außerdem Mechanismen der kulturbedingten Sanktionierung von Lachformen gibt, orientiert etwa an Vorstellungen davon, was unschickliches Lachen sei, kann als weithin konsensfähig gelten und wird in den Komik- und Lachtheorien international immer wieder in Rechnung gestellt
>
> (Unger 1995:17)

Angesichts des schnellen Zusammenwachsens auf internationaler Ebene kann man die Nationalliteraturen immer weniger voneinander unterscheiden, zumal wenige multinationale Verlagskonzerne den globalen Buchmarkt beherrschen. Allerdings wird gleichzeitig als Gegenreaktion mancher Schriftsteller ein gewisser Rückzug ins Eigene, ins Kulturspezifische festgestellt, um sich dadurch von den anderen zu unterscheiden oder um sich gerade deswegen mit den anderen zu identifizieren. Beide Strategien sind Formen der Identitätsfindung. Dies ist auch im Kontext des Komischen möglich. Zwar kann m.E. nicht von einer rein spanischen Lachkultur die Rede sein, aber man findet durchaus Elemente, die die spanische Kulturspezifik der *gracia* heute immer noch prägen und Anwendung in der Literatur finden.

Aus diesem Grund wäre es interessant, den 1990 von R. Robertson geprägten Begriff der *Glokalisierung* auf das Komische zu übertragen. Ausgehend von der Anpassung verschiedener Vermarktungsstrategien an lokalen Gegebenheiten möchte Robertson mit diesem Konzept die Interdependenzen zwischen lokalen und globalen, wirtschaftlichen und kulturellen Zusammenhängen aufzeigen (Lyon 1994:100). In derselben Richtung, aber bereits auf sprachlich-literarischem Terrain argumentiert Sales (2001-2002:119), wenn sie für den Dialog zwischen dem lokalen und dem globalen Raum plädiert: "La idea

3. Die GRACIA in der spanischen Literatur des 20. Jh.

es que una creación sólo puede ser global si verdaderamente expresa una cultura particular". In diesem "espacio global de diversidad" spielt die Übersetzung eine Schlüsselrolle zwischen globalen und lokalen Kulturen. Ausgerechnet das Komische ist ein rhetorisches Mittel, durch das die Verhandlungsparteien entweder zueinander finden (z.b. über den Humor) oder sich endgültig trennen können (z.b. durch Spott). Daher stellt die Übersetzung des Komischen in meinen Augen als Mittel des interkulturellen Austausches eine höchst spannende Herausforderung dar. Das in der vorliegenden Arbeit zusammengestellte Korpus ist ein Beispiel dafür.

3.2 Literatur als Forschungsfeld – Vorstellung des Korpus

Der Präsentation der einzelnen Autoren und Textstellen möchte ich einige Anmerkungen zum Korpus der Arbeit voranstellen. Dieses Korpus hat keinen Repräsentativitätsanspruch und soll vor allem zu Demonstrationszwecken dienen: Das im 2. Kapitel erarbeitete Instrumentarium (die kontrastive Wortfeldanalyse des Komischen und der *gracia* und die Übertragung der Ergebnisse auf das translationsrelevante Kommunikationsmodell) wird auf zwei verschiedene Textbeispiele angewandt, um zu veranschaulichen, ob und wie das Modell funktioniert und welche Folgen sich für die Übersetzung des Komischen ergeben. Die Anwendung des Modells zum Zweck der Repräsentativität auf andere Texte bleibt offen und ist sogar wünschenswert, in diesem Fall würde sie allerdings den Rahmen der Arbeit sprengen.

Bei den zwei Romanen handelt es sich um Texte, die als "humorvoll" gelten, sei es, weil sie eindeutig parodistisch angelegt sind, sei es, weil sie durch eine subtile Ironie gekennzeichnet sind.[53] In diesem Sinn handelt es sich hierbei

---

[53] Im deutschen Klappentext von Mendozas Werk ist Folgendes zu lesen: "In seinem 1977 in kürzester Zeit in New York geschriebenen Roman hat Eduardo Mendoza unter der unterhaltsamen Oberfläche einer spannend und pfiffig erzählten Kriminalstory, im Tonfall parodistischen und ungenierten Fabulierens, zu seinem eigenen erzählerischen Humor gefunden" (Mendoza 1990²). Im Falle Marías' wird ebenfalls im spanischen Original der komische Charakter der hier behandelten Szene hervorgehoben: "Traductor e intérprete de profesión [...], verá desencadenarse una doble acción [...], con escenas tan sutiles y divertidas como la del encuentro entre un alto cargo español y una adalid inglesa que necesitarán de sus caprichosos servicios para entenderse" (Marías 1992⁶).

nicht um *gracia* als literarische Gattung, was dem analytischen Instrumentarium widersprechen würde, sondern um Texte, die nach der literaturwissenschaftlichen Terminologie von der *modalidad humorística* Gebrauch machen (vgl. 2.2.2.7.5). Ein weiterer gemeinsamer Nenner ist die Romanform als Gattung. Allerdings findet die Bezeichnung 'humoristischer Roman' keine Anwendung auf dieses Korpus. Der Gattungsbegriff 'humoristischer Roman' an sich wird sogar in Frage gestellt, weil Romane aufgrund ihrer Länge – "in der Kürze liegt die Würze" – für die Entfaltung des Komischen nicht besonders gut geeignet sind (López Cruces 1993:15). Aus diesem Grund findet man beispielsweise in den Anthologien deutschen bzw. spanischen "Humors" selten Auszüge aus Romanen, sondern eher Kurzgeschichten, Gedichte, Glossen usw.

Dennoch kann in den Romanen, die in diesem Korpus versammelt sind, durchaus von Strategien des Komischen die Rede sein: Die Autoren bedienen sich hierbei unterschiedlicher Elemente einer *gracia* kulturspezifischer (spanischer) Natur, die von den Lesern wiedererkannt werden und das Lachen auslösen. Darüber hinaus gibt es bestimmte Kapitel, Szenen, sogar Figuren mit komischem Schwerpunkt, die sich für eine holistische Betrachtung innerhalb des Gesamtrahmens 'Roman' anbieten. Aufgrund fehlender Forschung zur gegenwärtigen *gracia*-Literatur in Spanien (Arribas 1997:15) habe ich mich auf zwei Werke konzentriert, die in der zweiten Hälfte des 20. Jh. veröffentlicht wurden. Das letzte und für eine translationswissenschaftliche Arbeit freilich unabdingbare Auswahlkriterium war das Vorhandensein einer deutschen Übersetzung der jeweils behandelten Werke. Aufgrund dieser Prioritätenliste ergibt sich die Textauswahl, die im Folgenden vorgestellt wird.[54]

3.2.1 Eduardo Mendoza: *El misterio de la cripta embrujada* (1979)
3.2.1.1 Bio-bibliographische Angaben des Autors

Eduardo Mendoza, 1943 in Barcelona geboren, war von 1973 bis 1982 als Übersetzer der UNO in New York tätig, bevor er zurück in die katalanische Haupt-

---

[54] Alle Textstellen des Korpus sind im Original und in deutscher Übersetzung im Anhang wiedergegeben. Um die Zuordnung der Zitate aus den Textstellen zu erleichtern sind die Zeilen durchnummeriert.

3. Die GRACIA in der spanischen Literatur des 20. Jh.

stadt ging. Mendoza ist Autor von ingesamt zehn Romanen, die im Verlag Seix Barral erschienen sind: *La verdad sobre el caso Savolta* (1975, dt. Übersetzung *Die Wahrheit über den Fall Savolta* (1991) von Peter Schwaar, Frankfurt: Suhrkamp); *El misterio de la cripta embrujada* (1979, dt. Übersetzung *Das Geheimnis der verhexten Krypta* (1990) von Peter Schwaar, Frankfurt: Suhrkamp); *El laberinto de las aceitunas* (1982); *La ciudad de los prodigios* (1986, dt. Übersetzung *Die Stadt der Wunder* (1989) von Peter Schwaar, Frankfurt: Suhrkamp); *La isla inaudita* (1989, dt. Übersetzung *Die unerhörte Insel* (1993) von Peter Schwaar, Frankfurt: Suhrkamp); *Sin noticias de Gurb* (1991, dt. Übersetzung *Nichts Neues von Gurb* (1996) von Michael Hofmann, Reinbek bei Hamburg: Rohwohlt Taschenbuch); *El año del diluvio* (1992, dt. Übersetzung *Das Jahr der Sintflut* (1997) von Peter Schwaar, Frankfurt: Suhrkamp); *Una comedia ligera* (1996, dt. Übersetzung *Eine leichte Komödie* (1998) von Peter Schwaar, Frankfurt: Suhrkamp), *La aventura del tocador de señoras* (2001, dt. Übersetzung *Niemand im Damensalon* (2002) von Peter Schwaar, Frankfurt: Suhrkamp) und *El último trayecto de Horacio Dos* (2002, ursprünglich in August als "cuento de verano" in Folgen in *El País* erschienen). Mendozas Romane wurden mehrfach mit Preisen ausgezeichnet und in die meisten europäischen Sprachen übersetzt. Vier Werke (*La verdad sobre el caso Savolta, El misterio de la cripta embrujada, La ciudad de los prodigios* und *El año del diluvio*) wurden verfilmt. Darüber hinaus veröffentlichte Mendoza 1986 ein Essay über *New York* (Barcelona: Destino) und 1989 zusammen mit Carmen Mendoza das Werk *Barcelona Modernista* (Barcelona: Ed. Planeta). Zusätzlich hat der Autor ein Theaterstück auf Katalanisch geschrieben – *Restauració* (1990, Barcelona: Seix Barral) –, das er selber ins Spanische übersetzte – *Restauración* (1991, Barcelona: Seix Barral) – und das 1990 uraufgeführt wurde. Mendoza arbeitet außerdem als Drehbuchautor und hat u.a. Shakespeare und Arthur Miller für die spanische Bühne übersetzt und adaptiert. Er zählt zu den erfolgreichsten Autoren der spanischen Gegenwartsliteratur.

3.2.1.2 Inhaltsangabe und historischer Kontext des Romans

Der zweite Roman Eduardo Mendozas, *El misterio de la cripta embrujada*, erschien 1979, mitten in der spanischen *transición* und in einer vom *desencanto* geprägten Atmosphäre. Susanne Schwarzbürger hat 1998 eine sehr ausführliche Studie über Autor und Gesamtwerk vorgelegt. An dieser Stelle möchte ich die darin enthaltene Inhaltsangabe von *El misterio de la cripta embrujada* wiedergeben:

> Der anonyme Erzähler (im folgenden: N.N.) wird beauftragt, einen scheinbar rätselhaften Fall zu lösen. Eine Vierzehnjährige ist aus der Klosterschule San Gervasio über Nacht spurlos verschwunden. Die Auftraggeber sind Kommissar Flores sowie die Klostervorsteherin. Als Lohn für die Aufklärung soll der Erzähler in die Freiheit entlassen werden, denn er befindet sich schon seit einigen Jahren in einer psychiatrischen Klinik. Sein Arzt, Dr. Sugrañes, stimmt dem Projekt zu, da er seinen Patienten schon lange für geheilt erachtet und bislang nur nicht entlassen konnte, weil dieser eine um- und undefinierte Gefängnisstrafe im *manicomio* absitzt.
> Die Aufgabenstellung ist jedoch völlig absurd: Der zum Detektiv berufene Irrenhausinsasse wird nur von dem Verschwinden des Mädchens sowie von der mutmaßlichen Parallele mit einem Fall von 1971 in Kenntnis gesetzt. Schon damals wurde ein Mädchen vermißt, doch am übernächsten Morgen wieder in ihrem Bett vorgefunden. Flores enthält ihm die Namen sowohl der damals als auch der jetzt betroffenen Familie vor und untersagt ihm, sich der Schule oder den Angehörigen der Verschwundenen zu nähern. Um der Freiheitschance willen, aber auch, weil er keine andere Wahl hat, läßt sich der Erzähler auf den unfairen Handel ein.
> Er mißachtet die von Flores gestellten Bedingungen, und seine Nachforschungen führen ihn nicht nur zu seiner sich prostituierenden Schwester Cándida, sondern auch – dank der Information der Gärtner (des ehemaligen und des aktuellen) der Klosterschule– zu der sechs Jahre zuvor betroffenen Isabel Peraplana sowie zu deren Freundin Mercedes Negrer. Letztere wurde, wie auch Isabel, nach jenem mysteriösen Zwischenfall der Schule verwiesen und scheint daher in den Fall verwickelt zu sein. Mercedes hilft N.N. bei der Auflösung des Rätsels. Sie weist ihn auf eine unter dem Klostergebäude verborgene Krypta hin, Schauplatz von Verbrechen und Ort des Rätsels Lösung. Gemeinsam finden sie auch die Zahnarztfamilie, deren Tochter durch ihr Verschwinden Anlaß des Auftrags war. Bei der Aufklärung des Falls greift der 'Detektiv' verschiedentlich zu unlauteren Tricks der Informationsbeschaffung. Schließlich wird er selbst von der Polizei wegen mutmaßlichen Mordes an einem scheinbaren Kunden seiner Schwester gesucht. Beim großen *showdown* in der Krypta laufen schließlich alle Fäden zusammen ... Ohne daß der Leser die Denkarbeit des Erzählers hat nachvollziehen können, legt dieser die Zusammenhänge des Falls nach *whodunnit*-Manier im letzten Kapitel –"El misterio de la cripta, resuelto"– dar, und er überführt die reichen Peraplana, Vater Isabels, als schuldig an mindestens zwei Morden. Doch während der einflußreiche Mann ungestraft davon kommt, muß der Romanheld wieder in die Heilanstalt zurückkehren, da er, so Flores, im Rahmen seiner Nachforschungen derart viele Gesetzesübertretungen begangen hat, daß er andernfalls wieder zu Gefängnisstrafen verurteilt werden würde.

(Schwarzbürger 1998:76ff)

Bei diesem Werk handelt es sich um eine Parodie der Gattung Detektivroman (Schwarzbürger 1998:85f), in der die politischen und gesellschaftlichen Veränderungen im Spanien der siebziger Jahre aufgezeigt und ironisch betrachtet werden. Ins Visier der Kritik geraten u.a. der übermäßige Einfluss einiger Institutionen (Kirche, Wissenschaft, Justiz, Polizei) auf das Leben und die Freiheit des Individuums; eine von Geld und Macht bestimmte Gesellschaftsordnung; soziale Konflikte wie Arbeitslosigkeit und Terrorismus, die unveränderte Rolle der Frau oder das rasante Aufkommen eines kapitalistischen Konsumwahns. All diese Themen werden mit Komik behandelt, wodurch die darin enthaltene Gesellschaftskritik keineswegs entschärft wird.

Vor dem Hintergrund der Historizität von Gattungen möchte ich an dieser Stelle festhalten, dass die Vorliebe für den Detektiv- bzw. Kriminalroman in Spanien keinen arbiträren Charakter aufweist. In seinem Buch *El cadáver en la cocina. La novela criminal en la cultura del desencanto* (1997) bietet Joan Ramón Resina einen hervorragenden und mit zahlreichen Beispielen gespickten Überblick zur Gattungsentwicklung und ihrer Funktion im zeitgenössischen Spanien, ausgehend von der Nachkriegszeit bis hin zur Gegenwart. Die Studie befasst sich ausführlich mit den Gründen sowohl für die spanische Wiedergeburt der *novela policiaca* – die Repression seitens der Franco-Diktatur ließ bis 1975 jegliche detektivische Betätigung kaum zu – als auch für den Gebrauch der Parodie als postmodernes Mittel zur Reflexion und Reaktion auf den *desencanto* (Resina 1997, Kap. 2 und 8).

Im Zuge der postmodernen Vorliebe für Mischformen und für die Aufhebung jeglicher Art von Vorschriften fungiert nach Ansicht Miguel Herráez' (1998) die Gattungscollage als zentrales Motiv der Parodie in *El misterio de la cripta embrujada*. Die Gattung Detektivroman liefert zwar den Handlungsrahmen mit den typischen Elementen (Rätsel, Detektiv, Ermittlungsbedarf), aber "en efecto, vemos cómo el lenguaje, el tratamiento de los materiales (vía esperpento, picaresca, humor), el *witz* irónico del mensaje y su clave de parodia lo formulan [a Mendoza] como narrador en el género, a la vez que vulnerador del mismo" (Herráez 1998:91). Dieser wohl bedachte Gattungskonflikt gilt als Paradigma der so genannten *neopicaresca*. Ihr Mechanismus ist einfach – Mendozas Protagonist ist ein *detective-pícaro*, ein Antiheld aus der zeitgenössischen Unterwelt, der sich aber einer gespreizten, altmodischen und für heutige Leser kultivierten Sprache bedient. Der Kontrast zwischen Sprache und Person erzeugt den komischen, genauer genommen den parodistischen Effekt.

Mendoza knüpft an die klassische Tradition des spanischen Schelmenromans (*Lazarillo, El Buscón* usw.) an, indem er seine Form übernimmt, diese aber mit neuem Inhalt füllt. Hierbei handelt es sich um die Wiederaufnahme des pikaresken Mythos im parodistischen Format (Herráez 1998:103). Zur Darstellung dieser Strategie und weiterer Elemente des Komischen bei Mendoza im Einzelnen verweise ich auf die übersetzungsrelevante Analyse zweier Textstellen des Romans unter Punkt 3.3.3.

Schließlich möchte ich festhalten, dass Mendoza bereits mehrmals in die spanische Tradition des Komischen – verstanden vor allem in Bezug auf die Strategie der parodistischen Sprengung von Gattungskonventionen (in diesem Fall des Detektivromans) – eingeordnet worden ist: "En la tradición literaria española hay una larga constatación de ese estallido nocional que podemos situar desde Cervantes hasta Jardiel Poncela, pasando por Muñoz Seca, Valle-Inclán o Wenceslao Fernández Flórez" (Herráez 1998:93). Mendoza steht für die Wiederherstellung der parodistischen Form des Komischen, siebzig Jahre nachdem unter Francos Regime die *gracia* zur "Flucht" gezwungen wurde (vgl. *humor de evasión* unter Punkt 3.1.2.3). Interessant ist zugleich die Tatsache, dass Mendoza innerhalb des zeitgenössischen Romans in dieser Hinsicht nicht gerade viele Mitstreiter hat; er vertritt eine *gracia*

> con mucho de esperpento, un sentido del humor prácticamente inédito en la novela española más reciente, tan temerosa de hacer reír como la peste, siempre pensando en posibles malas interpretaciones y con miedo hacia algo que siempre fue tan literario, al menos, como hacer llorar contando la vida propia y que entre nosotros, lamentablemente, se asocia demasiado a menudo con la frivolidad, con las escasas intenciones de trascendencia, como si esto fuera también algún desdoro.
>
> (Suñén 1986:7)

3.2.1.3 Einordnung der Textstellen in den Roman

Aus dem Roman Mendozas habe ich zwei kurze Textstellen ausgewählt. Die Entscheidung war nicht einfach, weil die m.E. spanisch-spezifische *gracia* sich durch den Gebrauch vielfältiger Strategien des Komischen über das gesamte Werk erstreckt. Dennoch handelt es sich hierbei um zwei Textstellen, die trotz ihrer Einbettung in den gesamten Handlungsrahmen in sich geschlossen sind, so

3. Die GRACIA in der spanischen Literatur des 20. Jh.

dass sie auch unabhängig vom Kontext gelesen werden können und gleichzeitig einen Einblick in die parodistischen Künste Mendozas ermöglichen.

Die erste Textstelle ist eine Art Einschub oder Zusatz, sie befindet sich am Ende des sechsten Kapitels des Romans und befasst sich, wie im Text selbst vorweggenommen, mit der Identität und Herkunft des namenlosen Protagonisten (*Cripta* 1, S. 66).[55] Diese Frage ist, wenn man so möchte, bereits ein *Runninggag* im gesamten Roman, da die Identität der Hauptfigur in keinem Moment enthüllt wird, sei es, weil der Held direkten Fragen nach seinem Namen mal mehr mal weniger geschickt ausweicht, sei es, weil er sich zwecks detektivischer Tarnung unterschiedlicher und dafür um so komischerer Pseudonyme bedient. An dieser Stelle erweckt er zunächst die Hoffnung, das Geheimnis seiner Identität unter dem Vorwand der sonst dürftigen Länge des Kapitels lüften zu wollen.

Die zweite Textstelle befindet sich im dritten Kapitel (*Cripta* 2, SS. 30-31), d.h. relativ am Anfang des Romans, und dient als Einführung einer weiteren Figur, nämlich der Cándidas, der Schwester des Protagonisten, die – ebenfalls aus marginalen Verhältnissen kommend – ihr Leben als Prostituierte im ärmlichen Milieu Barcelonas fristet. Die Beschreibung Cándidas fungiert zum einen, individuell betrachtet, als pikareskes Porträt und zum anderen gibt sie, eingebettet in die Gesamtdarstellung des Romans, Aufschluss über die gesellschaftlichen Verhältnisse im damaligen Spanien. Cándida taucht somit als Leitmotiv im Laufe des Romans immer wieder auf und wird in die Nachfolgeromane (*El laberinto de las aceitunas* und *La aventura del tocador de señoras*) übernommen.

---

[55] Zitiert wird immer aus der 43. Taschenbuchauflage des Romans, erschienen 1998 im Verlag Seix Barral. Die lange Überschrift habe ich unter dem Stichwort *Cripta* zusammengefasst. Dieser Abkürzung folgen eine Angabe zur Textstelle (1 oder 2) und die jeweilige Zeilenzahl.

3.2.2 Javier Marías: *Corazón tan blanco* (1992)//
3.2.2.1 Bio-bibliographische Angaben des Autors

Javier Marías, geboren 1951 in Madrid, studierte Philosophie und Literatur an der Universität Madrid und lehrte zwischen 1983 und 1985 in Oxford und Massachusetts. Neben seiner schriftstellerischen Tätigkeit ist Marías als Übersetzer englischer Literatur bekannt, seine Übertragung des *Tristram Shandy* ins Spanische wurde 1979 mit dem 'Premio Nacional de Traducción' ausgezeichnet. Die frühen Werke Marías' stehen dem Kreis der *novísimos*[56] nahe und lassen den Einfluss des Schriftstellers und Mentors Juan Benet (1927-1993) erkennen. Seine literarische Produktion umfasst mehrere Gattungen und zeichnet sich durch einen weltbürgerlichen Charakter aus. Die neueren Werke sind national und international prämiert, sie liegen mittlerweile in 44 Ländern auf 32 Sprachen vor und haben Auflagen in Millionenhöhe. Der internationale Durchbruch gelang Marías 1996 mit der Veröffentlichung von *Corazón tan blanco* in deutscher Sprache (*Mein Herz so weiß*). Allerdings ist dieser Erfolg nicht von Kontroversen verschont geblieben: In den Worten Hans-Jörg Neuschäfers wurde der Roman "von der deutschen Kritik [...] fast *zu* enthusiastisch gefeiert und als Sensation hingestellt [wurde].- Marías ist ein Musterbeispiel für die Lebendigkeit der aktuellen spanischen Erzählkunst, aber auch für die Macht massenmedialer Jurys wie des »literarischen Quartetts«, das durch überschwengliches Lob spielend einen Bestseller >machen< kann" (Neuschäfer 1997:399). Im Gegensatz dazu wird Marías in einem Artikel der *Frankfurter Allgemeine Zeitung* anlässlich der Veröffentlichung seines letzten, von der spanischen Kritik einmütig gefeierten Romans *Tu rostro mañana. 1 Fiebre y lanza* zum "bedeutendste[n] spanische[n] Erzähler der Gegenwart" erkoren und

---

[56] Diese Bezeichnung stand ursprünglich für eine Gruppe von neun Dichtern, die 1979 von José Mª Castellet in einer Anthologie mit dem Titel *Nueve novísimos* gesammelt wurde. Später wurde die Spannweite des Begriffs um Prosaschriftsteller wie Álvaro Pombo (1939), Manuel Vázquez Montalbán (1939), Eduardo Mendoza (1943), José María Guelbenzu (1944), Félix de Azúa (1944), Juan José Millás (1946), Fernando Savater (1947), Vicente Molina Foix (1949) und Antonio Muñoz Molina (1956) erweitert, deren Werke in den siebziger Jahren den Markt erreichten. Die Literaturkritik streitet sich über den Zeitpunkt, der den Startschuss für diese Generation bedeutete. Der kleinste gemeinsame Nenner der Gruppe besteht dennoch in der Ablehnung der bis dahin realistischen

3. Die GRACIA in der spanischen Literatur des 20. Jh.

als "einer der großen Schriftsteller Europas" gefeiert (*FAZ* vom 30.10.2002). Unter Punkt 4.3.3 wird auf die Besonderheiten der deutschen Rezeption eingegangen.

Javier Marías ist Autor von ingesamt zehn Romanen, die in mehreren Verlagen erschienen sind[57]: *Los dominios del lobo* (Barcelona: Edhasa 1971); *Travesía del horizonte* (Barcelona: La Gaya Ciencia 1972, dt. Übersetzung *Die Reise über den Horizont* (2002) von Elke Wehr, Stuttgart: Klett-Cotta); *El monarca del tiempo* (Madrid: Alfaguara 1978); *El siglo* (Barcelona: Seix Barral 1986); *El hombre sentimental* (Barcelona: Anagrama 1986, dt. Übersetzung *Der Gefühlsmensch* (1992) von Elke Wehr, München: Piper); *Todas las almas* (Barcelona: Anagrama 1989, dt. Übersetzung *Alle Seelen oder die Irren von Oxford* (1991) von Elke Wehr, München: Piper); *Corazón tan blanco* (Barcelona: Anagrama 1992, dt. Übersetzung *Mein Herz so weiß* (1996) von Elke Wehr, Stuttgart: Klett-Cotta); *Mañana en la batalla piensa en mí* (Barcelona: Anagrama 1994, dt. Übersetzung *Morgen in der Schlacht denk an mich* (1998) von Carina von Enzenberg und Hartmut Zahn, Stuttgart: Klett-Cotta), *Negra espalda del tiempo* (Madrid: Alfaguara 1998, dt. Übersetzung *Schwarzer Rücken der Zeit* (2000) von Elke Wehr, Stuttgart: Klett-Cotta) und *Tu rostro mañana. 1 Fiebre y lanza* (Madrid: Alfaguara 2002, dt. Übersetzung *Dein Gesicht morgen. Band 1: Fieber und Lanze.* (2004) von Elke Wehr, Stuttgart: Klett-Cotta); der zweite Band dieser Trilogie kommt unter dem Zusatztitel *Baile y sueño* Mitte November 2004 auf den spanischen Markt, auch beim Verlag Alfaguara. Darüber hinaus hat Marías folgende Erzählbände veröffentlicht: *Mientras ellas duermen* (Barcelona: Anagrama 1990, dt. Übersetzung *Während die Frauen schlafen* von Renata Zuniga, Berlin: Wagenbach); *Cuando fui mortal* (Madrid: Alfaguara 1996, dt. Übersetzung *Als ich sterblich war* (1999) von Elke Wehr, Stuttgart: Klett-Cotta) und *Mala índole* (Barcelona: Plaza & Janés 1998). Außerdem gibt es verschiedene Artikelsammlungen wie *Pasiones pasadas* (Madrid: Anagrama 1991), *Literatura y fantasma* (Madrid: Siruela 1993), *Vida*

Tradition der spanischen Literatur. Marías veröffentlichte seinen ersten Roman 1971, im Alter von 20 Jahren, und gehört somit zu den jüngsten Vertretern der *novísimos*.

[57] An dieser Stelle werden nur die Erstausgaben zitiert. Die Rechte zur Veröffentlichung des Gesamtwerkes Marías' liegen heute beim Alfaguara-Verlag, der alle Bücher neu aufgelegt hat. Im Falle der deutschen Übersetzungen ist Marías' Werk hauptsächlich beim Klett-Cotta Verlag erschienen.

del fantasma (Madrid: El País/Aguilar 1995, dt. Übersetzung *Das Leben der Gespenster* (2001) von Renata Zuniga, Berlin: Wagenbach), *Mano de sombra* (Madrid: Alfaguara 1997), *Seré amado cuando falte* (Madrid: Alfaguara 1999), *Salvajes y sentimentales* (Madrid: Aguilar 2000, dt. Übersetzung *Alle unsere frühen Schlachten: Fußball-Stücke* (2000) von Alexander Dobler und Catarina Rojas Hauser, Stuttgart: Klett-Cotta), *A veces un caballero* (Madrid: Alfaguara 2001), *Harán de mí un criminal* (Madrid: Alfaguara, 2003), *Donde todo ha sucedido: al salir del cine* (Barcelona: Galaxia Gutenberg, 2005) und *El oficio de oír llover* (Madrid: Alfaguara 2005), literarische Porträts wie *Vidas escritas* (Madrid: Siruela 1992, dt. Übersetzung *Geschriebenes Leben. Ironische Halbporträts* (2000) von Carina von Enzenberg, Stuttgart: Klett-Cotta) und *Miramientos* (Madrid: Alfaguara 1997), die Anthologie *El hombre que parecía no querer nada* (Madrid: Espasa Calpe 1996) sowie Hommagen an Faulkner *Si yo amaneciera otra vez* (Madrid: Alfaguara 1997) und Nabokov *Desde que te vi morir* (Madrid: Alfaguara 1999) und das Hörbuch *No más amores* (Madrid: Alfaguara 1997). Mit der Gründung des Verlages 'Reino de Redonda' (2000) ist Javier Marías zusätzlich als Herausgeber und Übersetzer tätig. Zur Zeit schreibt er eine Artikelreihe mit dem Titel *La zona fantasma* für die Sonntagsbeilage der Zeitung *El País*.

3.2.2.2 Inhaltsangabe und historischer Kontext des Romans

Der siebte Roman von Javier Marías, *Corazón tan blanco*, wurde 1992 veröffentlicht, obwohl das Manuskript laut Buchintrag bereits im Oktober 1991 abgeschlossen war. Die Erscheinung des Buches in jenem für Spanien so ereignisreichen Jahr, in dem das Land die Früchte seiner Europäisierung erntete und nicht ohne Nationalstolz weltweit präsentierte, steht im leichten Gegensatz zur Entdeckung (seitens des Massenpublikums) eines von der Kritik fast einstimmig als "Kosmopolit" etikettierten Autors (Logie 2001, Steenmeijer 2001, Neuschäfer 1997, De Toro 1991, 1995). Diese Bezeichnung ist mehrdeutig: Einerseits wird Marías, besonders am Anfang seiner Karriere, eine gewisse Anglophilie vorgeworfen, andererseits deutet man seinen Erfolg als Fortschritt im Zuge der Internationalisierung der spanischen Kultur:

3. Die GRACIA in der spanischen Literatur des 20. Jh.

> *Corazón tan blanco* progresa en una dirección emprendida por Marías desde tiempo atrás. Esa dirección es, por utilizar una expresión del propio Marías, la de «una novela no necesariamente castiza», que en su momento hizo gala de su desapego a la tradición novelística española y que se propuso, de un modo casi programático, hacer «caso omiso de lo español». «Hacíamos caso omiso de lo español –puntualiza Marías–, pero sin embargo escribíamos en español.» Y señala cómo, en su caso particular, se le afeaba que su castellano «sonaba a traducción».
>
> (Echevarría 2000:332)

Der Schriftsteller selbst ordnet sich also keineswegs in die Tradition einer in seinen Augen armen und realistischen Literatur ein, die die Schriftsteller seiner Generation bis zum Überdruss gelangweilt hat (Marías 2001:55ff). Der gewollte "anticasticismo", d.h. die bewusste Ablehnung des volkstümlichen Schreibens, hat laut Marías konkrete Vorteile aus translatorischer Sicht:

> Hay escritores tan castizos, tan prototípicos de un país que admiten mal el ser traducidos a otras lenguas. Otros poseen un estilo muy elaborado, muy subrayado, se nota que quieren hacerlo bonito. Esto dificulta enormemente la traducción a otra lengua, a no ser que el traductor sea muy aplicado o tenga mucho talento. Pero, normalmente este tipo de escritores no puede pervivir en otra lengua. Los escritores que no dependen tanto del estilo, ni de la historia, al ser traducidos pueden pervivir mejor en otra lengua. Yo creo que mi obra pertenece a ese tipo de libros, ya que no hago una literatura excesivamente barroca. Es verdad que suelo escribir frases muy largas, pero en lo que se refiere a la estética no soy muy barroco. Además mi obra no es muy castiza, ni está llena de palabras arquetípicamente españolas.
>
> (Javier Marías zit. nach Isas 1995:40)

Wenn man der Frage nach der Bedeutung von Javier Marías für die spanische Belletristik im Spiegel der Sekundärliteratur nachgeht, stellt man fest, dass der Autor entweder die Gemüter von Kritikern, Akademikern und Kollegen spaltet oder sein Werk auf Gleichgültigkeit stößt:

> El caso de Javier Marías es extraño incluso en un país como el nuestro, y no es menos extraño sino más el que todos parecen haber aceptado esta rareza como algo natural. En cualquier país, y yo creo que también en España en otras circunstancias, un autor de las características de Javier Marías (las propias de su escritura y la adicional y nada desdeñable de gozar de un extraordinario prestigio internacional) habría despertado un vivo interés a todos los niveles y en especial a nivel académico y crítico. No es éste el caso, al menos en apariencia: sobre Javier Marías sólo se emiten opiniones personales; opiniones positivas o negativas, pero siempre personales, tanto de quien las expresa como con respecto al propio Marías. Esto es lógico cuando se trata de simples lectores, que se limitan a expresar sus gustos, sin tratar de razonarlos. Pero cuando esta actitud se extiende a los profesionales de la literatura, la cosa empieza a ser sorprendente. [...] [L]os tratados de literatura contemporánea lo sortean o lo despachan sin entrar en materia. Con los críticos, la cosa es aún peor: con las salvedades de rigor, no tanto su

persona ni sus obras, como su personalidad literaria parecen provocarles un rechazo desmedido.

(Eduardo Mendoza in *El País* vom 18.11.1998)

Dennoch gibt es zunehmend Artikel, Monographien und internationale Tagungen, die sich mit Werk und Autor befassen. Dabei wird die literarische Produktion Marías' unter kognitionswissenschaftlichen (García 1999), performativen (Logie 1998), erzähltechnischen (Martinón 1996-97), gattungstypologischen (Valls 1998, Pittarello 2001), evolutions-theoretischen (Christie 1998) und sogar übersetzungsbezogenen (De Maeseneer 2000, Logie 2001) Aspekten beleuchtet.[58] Fast alle Beiträge thematisieren die Internationalität des Autors und analysieren sein Werk im Kontext der Postmoderne.

Eine kurze Inhaltsangabe lässt keinen Zweifel an der Internationalität von *Corazón tan blanco*:

> Während der Flitterwochen in Havanna wird der Ich-Erzähler Juan, Dolmetscher und Übersetzer von Beruf, von Gefühlen des Unbehagens befallen. Sie betreffen die Frage der Ehe als Institution sowie den Rat zur Schweigepflicht seiner Ehefrau Luisa gegenüber, den sein Vater ihm nach der Hochzeit gegeben hat. Der Erzähler setzt dies in Verbindung mit der eigenen Familiengeschichte, nach der sein Vater, Ranz, ursprünglich mit Teresa, der Tante des Erzählers, verheiratet war, bis sie unter ungeklärten Umständen Selbstmord beging und der Vater mit Juana, Schwester der Verstorbenen und Mutter des Protagonisten, eine vermeintlich zweite Ehe einging. Der Beruf führt den Protagonisten zurück nach Madrid und weiter nach New York und Genf, wo er anlässlich verschiedener Anekdoten und Begegnungen mit Kollegen und Familienfreunden, die er immer wieder mit der eigenen Geschichte verknüpft, über unterschiedliche Themen reflektiert: die Potenzialität des Geschehens, die professionelle Verformung, alles verstehen zu wollen, und die Rolle sowohl der Sprache, aber vor allem auch des Schweigens in- und außerhalb der Ehe. Das Unbehagen nimmt erst dann ab, als er nach einer Reise ein Gespräch zwischen Luisa und seinem Vater belauscht, in dem er die Wahrheit über den Tod seiner Tante erfährt.

Was die Postmoderne anbelangt, hat man es hier mit einem Autor zu tun, der bezeichnenderweise ausgiebig mit Varianten der Ironie (vgl. die Kultursemantik des Begriffs unter Punkt 2.2.2.7.7) arbeitet, einem rhetorischen Mittel, das nicht nur als postmodern, sondern für manche Autoren aufgrund der Verschmelzung

---

[58] Die hier angegebenen Literaturhinweise sollen lediglich die thematische Vielfalt in der kritischen Betrachtungsweise von Marías' Werk exemplarisch darstellen. Für eine vollständige Bibliographie des Autors vgl. HURTADO, Sandra; BLANCA, Inés; VALLS, Fernando (2001): "Para una bibliografía de Javier Marías". In: Steenmeijer, Maarten (2001): *El pensamiento literario de Javier Marías*. Amsterdam, New York: Rodopi. 135-157. (=Foro hispánico. Revista hispánica de los Países Bajos. Nr. 20)

3. Die GRACIA in der spanischen Literatur des 20. Jh.

mit dem Ernst sogar als "post-postmodern" gilt (Simonsen 1999).[59] Dennoch ist Marías ein Autor, der sich kaum in eine literaturwissenschaftliche Schublade stecken lässt, doch genau darin besteht sein Reiz:

> En mi opinión, la obra de Javier Marías crea un desconcierto incómodo. Nadie sabe muy bien cómo clasificarla ni calificarla. En la evolución de la narrativa española es una anomalía; no encaja en ninguna de las corrientes al uso, aunque tampoco las combate ni las impugna; sus virtudes y sus defectos no se pueden calibrar en relación a los cánones de la prosa española, habría que inventar nuevos adjetivos para unas y otros; su mundo literario es, en cierto modo, cosmopolita (y utilizo este término a sabiendas de la connotación peyorativa que se le ha dado y se le da todavía en determinados contextos), pero no hay duda de que trabaja sobre la trama de la tradición y el lenguaje literario español, sin el mimetismo de mucha escritura actual, que parece prefabricada y, en muchos casos, mal traducida de otro idioma. El resultado de todo ello es que Javier Marías ocupa un lugar inquietante por impreciso en la historia de la novela española reciente: no se le puede encasillar entre los seguidores de la vanguardia o los formalistas de los años sesenta, ni entre los narradores posmodernos de los setenta y ochenta, pero tampoco se puede negar su pertenencia a un grupo o al otro, porque de ambos participa con un raro equilibrio, que a veces juega en su contra, y otras (las más) a su favor. No es un paso adelante ni un paso atrás: camina por su propia vereda.
>
> (Eduardo Mendoza in *El País* vom 18.11.1998)

Die Kombination aus Internationalität und Ironie macht Javier Marías zu einem Autor, der sich – vor allem im Kontrast zu Mendoza – für die Zwecke dieser Arbeit und den interkulturellen Vergleich des komischen Phänomens als äußerst interessant erweist. Dadurch besteht die Hoffnung, einen Beitrag zu leisten, um der von Mendoza geäußerten Ratlosigkeit entgegenzuwirken, wenn er schreibt:

> Me hago cargo de que la obra de Javier Marías no es un material cómodo para trabajar. Su estilo es inconfundible, pero casi imposible de describir; no hay modo de precisar en qué consiste su técnica, porque, a pesar de su dominio, o, si se quiere, de su facilidad (en definitiva, de su talento), Javier Marías siempre camina por la cuerda floja y sin red. Cada frase y cada párrafo responden a la necesidad expresiva del momento y conservan su equilibrio en esa circunstancia precisa, por medio de unos quiebros sintácticos, a menudo heterodoxos, que sólo ahí tienen sentido. Tal vez por eso sea fácil de parodiar, pero no de imitar.
>
> (Eduardo Mendoza in *El País* vom 18.11.1998)

---

[59] Simonsen behauptet, Marías Schreibweise sei post-postmodern, weil der Gebrauch der Ironie als rhetorisches Mittel keine rein spielerische, dekonstruktive und somit postmoderne Funktion erfüllt, sondern gleichzeitig eine sozialkritische Absicht verfolgt. Unter Punkt 3.3.4c) wird dagegen argumentiert.

3.2.2.3 Einordnung der Textstelle in den Roman

Aus *Corazón tan blanco* habe ich die Textstelle ausgewählt, in der der Protagonist einen Exkurs über den Übersetzer- und Dolmetscherberuf einschiebt. Die Passage befindet sich am Ende des vierten Abschnitts des Romans. Darin wirft der Ich-Erzähler zunächst einen ironischen Blick auf die Licht- und Schattenseiten des Berufs eines Konferenzdolmetschers, um daraufhin seine eigenen Erfahrungen als solcher und die erste Begegnung mit seiner Kollegin und späteren Frau Luisa zu schildern. Konkret geht es um eine Anekdote von einem seiner Dolmetscheinsätze, in dem er zwischen einem spanischen und einem britischen Staatsoberhaupt übersetzt hat.

Diese Stelle wird bereits im Klappentext der spanischen Ausgabe als 'subtil und amüsant' eingestuft; in unterschiedlichen Artikeln wird ebenfalls auf ihren komischen Charakter eingegangen: "The humorous and ironic description of the malfunctioning of the international organizations stands as an emblem of the official leveling out of meaning in postmodern society" (Simonsen 1999:196). Auch wenn die Stelle als komischer Einschub einen eigenständigen Charakter aufweist, ist sie nicht nur eine Anekdote am Rande der Erzählung: "So the story about the two heads of state is not just a humorous background story. It is a direct comment on the main theme of the book: the relation between language and silence and especially how, respectively, language and silence effect truth" (Simonsen 1999:196f).

Aufgrund des Inhalts, des internationalen Charakters der Szene sowie der Art von *gracia*, die darin entfaltet wird, erweist sich diese Textstelle aus translationswissenschaftlicher Sicht als sehr interessant für die Zwecke dieser Arbeit.

3.3 Literaturübersetzung – Analyse der Ausgangstexte

Die eigentliche AT-Analyse wird von terminologischen sowie methodologischen Vorbemerkungen eingeleitet. Dabei werden zunächst unter Punkt 3.3.1 Kernbegriffe wie 'Sprachbewertung' oder 'sprachliche Norm' in Bezug auf das behandelte Sprachenpaar behandelt. Unter Punkt 3.3.2 wird die Methode der

3. Die GRACIA in der spanischen Literatur des 20. Jh.

AT-Analyse dargestellt. Sie ist insofern von besonderer Relevanz, als diese Vorgehensweise später auch auf die Zieltexte Anwendung finden wird. Im Anschluss (3.3.3-3.3.4) findet die eigentliche AT-Analyse statt. Das Kapitel wird mit einer Zusammenfassung der Teilergebnisse abgeschlossen (3.3.5).

3.3.1 Terminologische Vorbemerkungen – Sprachbewertung

Jede übersetzungsrelevante Textanalyse ist eine Form der Sprachbewertung. Diese ist immer dem Vorwurf der Subjektivität ausgesetzt, nicht nur bezüglich ihres Gegenstandes, sondern auch, was den Status ihres Autors sowie den Ort und die Zeit ihrer Veröffentlichung betrifft (Albrecht 2001:538). Wichtig ist dabei die Festlegung von gültigen Kriterien, die die Sprachbewertung nachvollziehbar machen. Unter diesen Kriterien spielt die *Norm* eine besondere Rolle: "Die Norm einer Sprache hebt meist eine soziale und dialektale Variante heraus, entbindet sie aus der Situation und macht sie für alle prestigereichen Bereiche verbindlich. Sprachbewertung schlägt sich aber auch nieder bei der Angleichung der Norm an neue Kommunikationsbedürfnisse und bei der Sprachpflege" (Brumme 1992:386). Im Falle des Spanischen hat die 1713 gegründete *Real Academia Española* ein homogenes Normkonzept durchgesetzt, das sich vorwiegend an der *lengua literaria* orientiert und bis heute maßgeblich geblieben ist. Diese Tatsache ist für übersetzerische Zwecke insofern problematisch, als das Wörterbuch der *Real Academia Española* zahlreiche Archaismen enthält und der neuesten Entwicklung im Sprach*gebrauch* nicht schnell genug nachkommen kann.

Was den Sprachgebrauch betrifft, gibt es seit 1999 das erste synchronische Gebrauchswörterbuch der spanischen Sprache, das *Diccionario del español actual*. Seine 75.000 Einträge umfassen den Wortschatz, der im gegenwärtigen Spanien (ab 1950) benutzt wird. Da das Korpus der Arbeit ebenfalls in der zweiten Hälfte des 20. Jh. angesiedelt ist, erweist sich dieses Wörterbuch als besonders nützlich für die Textanalyse.

Aus diesem Grund greift die in der übersetzungsrelevanten Textanalyse vollzogene Registerzuordnung auf das letztgenannte Wörterbuch zurück. Unter *Register* beziehe ich mich auf Hallidays Definition: "A register is: what you are speaking (at the time) determined by what you are doing (nature of social activity being engaged in) expressing diversity of social process (social division of labour)" (Halliday zit. nach Veith 2002:14). Register sind somit Formen temporärer Sprachhandlungen, die in eine konkrete Kommunikationssituation eingebettet sind und folgende Dimensionen aufweisen: Gegenstand ("field"), Erscheinungsform ("mode") und Präsentationsform ("style"). Den meisten Registertheorien sind die sprachliche Variante, der Rollenwechsel des Sprechers sowie der sozial-situative Rahmen der sprachlichen Äußerung gemeinsam.[60] Der Sender hat eine Reihe von Registern zur Auswahl, mit denen er sich an eine bestimmte Kommunikationssituation (meist unbewusst) anpasst. Wichtig dabei ist allerdings die Tatsache, dass ein Register nicht vorgegeben ist, sondern auch bewusst mit einer konkreten Absicht (z.B. einer komischen Absicht) eingesetzt werden kann. Die Erstellung einer Registertypologie ist nur in Bezug auf eine bestimmte Sprache sinnvoll (Spillner 1987:281).

Im Falle des Spanischen greife ich wieder auf das *Diccionario del español actual* zurück. Dort ist unter der Rubrik *Niveles de comunicación* Folgendes zu lesen:

> 1. En otro sentido se restringe la calidad de general referida a una palabra: la situación concreta en que se expresa el hablante le induce a preferir una u otras formas. Marcamos con la etiqueta *coloquial* (abreviada *col*) aquellos usos que corresponden a una situación de confianza o familiaridad; con la etiqueta *literario* (*lit*), los que no solo se sienten particularmente adecuados a la lengua literaria, sino los más propios de la lengua escrita que de la hablada; con la etiqueta *vulgar* (*vulg*), aquellos que suelen considerarse malsonantes, de mal gusto o poco convenientes para emitirlos ante personas de cierto respeto; con la etiqueta *eufemismo* (*euf*), inversamente, las que se emplean con la intención de eludir la voz "vulgar" que el hablante tal vez piensa en ese momento pero no cree oportuno utilizar; y empleamos la calificación de *infantil*, no precisamente para las voces del lenguaje de los niños, sino para las que los adultos escogen para hablar a los más pequeños [...]. 2. Otro tipo de connotación, con frecuencia asociada a la anterior, es la determinada por la actitud subjetiva del hablante ante la realidad designada. A ella corresponden, por ejemplo, la antipatía o el desprecio, que señalamos con la nota *despectivo* (*desp*), y la consideración humorística o burlona (*humoríst*).
>
> (*Seco* 1999:XVI)

---

[60] Zur Registerdiskussion vgl. Gläser, Rosemarie (1976): "Die Stilkategorie 'register' in soziolinguistischer Sicht". In: *Zeitschrift für Phonetik, Sprachwissenschaft und Kommunikationsforschung* 31, 159-169.

3. Die GRACIA in der spanischen Literatur des 20. Jh.

Darüber hinaus werden in diesem Wörterbuch soziokulturelle Register berücksichtigt, indem die Autoren zwischen *popular* (*pop*) – Begriffen aus dem Bereich der niederen Bildung –, *rural* (*rur*) – Begriffen aus dem ländlichen Bereich –, *jergal* (*jerg*) – Begriffen aus der Drogen- und Kriminalitätsszene –, *juvenil* (*juv*) – Begriffen, die vorwiegend von Jugendlichen benutzt werden – und *argot* – umgangssprachlichen Begriffen aus einem bestimmten Bereich – unterscheiden. Fachsprachliche Begriffe, die im allgemeinen Sprachgebrauch keine breite Anwendung finden, sind ebenfalls verzeichnet.

Was die deutsche Sprache betrifft, beziehe ich mich auf *Duden Deutsches Universalwörterbuch A-Z* in seiner 3. neu bearbeiteten Auflage auf der Grundlage der neuen amtlichen Rechtschreibregeln (1996). Im Unterschied zu anderen Sprachen gibt es im Deutschen kein aktuelles Gebrauchswörterbuch im engeren Sinne. Auch wenn das Duden Wörterbuch nicht viele Beispiele für die Verwendung eines Wortes bietet, ist man, was die Belegung des Sprachgebrauchs betrifft, auf die dortigen Angaben angewiesen. In der Einleitung zum Werk sind folgende Registerzuordnungen verzeichnet: Oberhalb der normalsprachlichen Stilschicht wird zwischen "bildungsspr." (= bildungssprachlich), "geh." (= gehoben) und "dichter." (= dichterisch) unterschieden. Unterhalb der Normalsprache gilt folgende Klassifikation: "ugs." (= umgangssprachlich), "salopp" (= nachlässig), "derb" (= grob und gewöhnlich), "vulg." (= vulgär = obszön). Diese Registerzuordnungen werden mit Gebrauchsangaben ergänzt, die etwas über die Haltung des Sprechers oder die Nuancierung einer Äußerung aussagen. Darüber hinaus werden regionale ("nordd." (= norddeutsch), "schweiz." (= schweizerisch), "österr." (= österreichisch), "landsch." (= landschaftlich), "Bundesrepublik Deutschland" und "ehem. DDR") und zeitliche Zuordnungen vorgenommen (*Duden* 1996:9) ("veraltend" (= von der älteren Generation gebraucht), "veraltet" (= altertümelnde, scherzhafte, ironische Ausdrucksweise), "früher" (= heute nicht mehr übliche oder aktuelle Sache), "hist." (= historisch) und "selten" (= ganz vereinzelt gebrauchtes Wort)).

Im Rahmen der vorliegenden Arbeit werde ich sowohl in der übersetzungsrelevanten AT-Analyse (vgl. Punkte 3.3.3 und 3.3.4) als auch bei der Darstellung der Übersetzungen (vgl. Punkt 4.1) sowie im übersetzungskritischen Teil (4.2) mit diesen Kategorien operieren.

3.3.2 Methode der Ausgangstextanalyse

Wichtig bei einer übersetzungsrelevanten Analyse ist die Tatsache, dass der Ausgangstext als Ganzheitlichkeit in einem bestimmten kulturellen System mit einer konkreten Spezifik verstanden wird. Angefangen von der Untersuchung der Äquivalenz auf Satz- und Wortebene soll sich der Übersetzungskritiker nach und nach von der *langue*-Ebene lösen, ohne sie zu negieren, und über die Ebene der *parole* die Domäne der Kultur erschließen.[61]

Innerhalb einer solchen Analyse verdient der Funktionsbegriff eine besondere Erwähnung. Spätestens seit der pragmatischen Wende gilt, dass Menschen mit Wörtern und Texten in einer bestimmten Kommunikationssituation *handeln*. Bei der Analyse von Äquivalenz-beziehungen zwischen AT und ZT spielt die kommunikative Funktion (Gleichwertigkeit von Original und Übersetzung in möglichst vielen ihrer Dimensionen) als Evaluationskriterium eine bedeutende Rolle. Weitere Äquivalenzkriterien ergeben sich in Nachfolge Reiß' (1995) aus zwei Prinzipien, nach denen sich die AT-Analyse richten soll: *Selektion* und *Hierarchisierung*. Sie bilden das Fundament einer übersetzungsrelevanten Textanalyse.

Bei dem ersten Prinzip (Selektion) geht es um die Antwort auf folgende Frage: Welche Elemente sind charakteristisch für den AT? Das Hierarchisierungsprinzip bezieht sich auf die Rangfolge und Übersetzungsrelevanz der zuvor herausgefilterten und beizubehaltenden AT-Elemente nach ihrer kommunikativen Funktion.

Die AT-Analyse besteht somit aus 2 Schritten:

1. *Selektion* charakteristischer Elemente des AT.
2. *Hierarchisierung* übersetzungsrelevanter AT-Elemente nach der kommunikativen Funktion.

Die *Selektion* charakteristischer AT-Elemente kann mit Hilfe semiotischer Dimensionen systematisiert werden: Der Text als Zeichen hat eine syntaktische

---

[61] Zur Auseinandersetzung mit der Äquivalenz- vs. Adäquatheitsproblematik aus der Sicht des Komischen vgl. Punkt 4.1.1.

3. Die GRACIA in der spanischen Literatur des 20. Jh.

(formbezogene), eine semantische (inhaltsbezogene) und eine pragmatische (funktionsbezogene) Komponente (Reiß 1995:115). Form und Inhalt des analysierten Textes fließen in die Funktion ein. Das dreidimensionale Zusammenspiel ermöglicht die Erfassung des so genannten *Textsinns*, der je nach Übersetzungsauftrag beibehalten werden soll (oder auch nicht!). M.E. sollten die analytischen Dimensionen in Reiß' Ansatz um die kulturelle Komponente erweitert werden, wie unter Punkt 2.1.2 dargestellt. Grafisch könnte die übersetzungsrelevante Analyse folgendermaßen dargestellt werden:

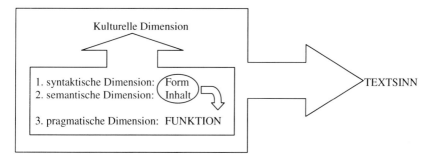

Abb. 20 Dimensionen der übersetzungsrelevanten Textanalyse

Hierbei ist es wichtig, den durch die Pfeile veranschaulichten prozeduralen Charakter des Modells zu betonen. Die vier Dimensionen sind weder isolierte noch statische Bausteine, sondern sie werden erst durch Interaktion mit den anderen Ebenen vollwertig und sind somit in der Lage, die ganzheitliche Komplexität des kommunikativen Vorgangs zu erfassen. Aus diesem Grund sollte man der AT-*Synthese* mindestens genauso viel Aufmerksamkeit wie der AT-Analyse schenken.

Darüber hinaus und vor allem in Bezug auf das Komische bin ich der Meinung, dass anstatt von 'Elementen' eher von 'Strategien' des Komischen die Rede sein sollte, denn hierbei handelt es sich nicht um isolierte Eigenschaften, sondern um gezielte Vorgehensweisen mit komischer Absicht unter Einbeziehung von einkalkulierten Faktoren und Elementen, z.B. Lesererwartungen, die dem eigenen Zweck der komischen Wirkung dienen.

Zur *Hierarchisierung* von AT-Strategien des Komischen nach ihrer kommunikativen Funktion bietet das präsentierte translationsrelevante

Kommunikationsmodell (vgl. Punkt 2.1.2) ein sicheres Instrumentarium.[62] Bei diesem Schritt handelt es sich um keine wertende Klassifikation. Das Ziel besteht darin, die Strategien des Komischen zu erkennen, sie nach dem translationsrelevanten Kommunikationsmodell zu systematisieren und eine relative Vorrangigkeit festzustellen.

Im Folgenden werden die zuvor präsentierten Textstellen einer übersetzungsrelevanten AT-Analyse in zwei Schritten unterzogen. Zunächst werden die Texte in ihren semiotischen Dimensionen auf Strategien des Komischen untersucht (Selektion). Danach wird der Versuch unternommen, die vorhandenen Strategien auf der Basis des übersetzungsrelevanten Kommunikationsmodells zu klassifizieren und relativ zu gewichten (Hierarchisierung). Die Analyse beider Ausgangstexte dient als Grundlage für die Übersetzungskritik im Kapitel 4.

3.3.3 Eduardo Mendoza: *El misterio de la cripta embrujada* (1979)
3.3.3.1 Eine etwas andere Taufe

Selektion **charakteristischer Strategien des Komischen im AT**
a) Syntaktische Dimension
   Die gesamte Textstelle zeichnet sich durch den Gebrauch einer übertrieben rhetorischen Sprache aus, die an den Manierismus[63] des spanischen Barocks

---

[62] Zur Subjektivität von Selektion und Hierarchisierung stellt Reiß folgende Behauptung auf: "Die unumgängliche Subjektivität dieser Selektion und Hierarchisierung ist nicht mit Beliebigkeit gleichzusetzen; sie wird gesteuert von den im Text manifesten Sprachzeichen und den objektiv im Übersetzungsprozeß (in Analyse- und Reverbalisierungsphase) determinierenden Faktoren" (Reiß 1995:123). Das Zitat erscheint mir nicht konkret genug, denn Reiß problematisiert weder den Begriff Subjektivität noch die Faktoren des Übersetzungsprozesses. In der vorliegenden Arbeit werden die im Text manifesten Sprachzeichen unter dem Aspekt des Komischen analysiert und mit Hilfe des Kommunikationsmodells zu Strategien des Komischen operationalisiert.

[63] Mit dem Begriff *Manierismus* beziehe ich mich auf den literarischen Ausdruck einer "extremen Stilkunst, die primär auf formalrhetorischem Ehrgeiz beruht, weniger auf thematisch-gehaltlicher Besonderheit. Bevorzugte rhetorische Figuren sind komplizierte Formen des *Hyperbaton* [...], der Periphrase [...], der Paronomasie [...], des Polyptoton [...], der Antithese [...], der Korrelation [...], der Metapher [...]; solche Mittel der rhetorischen Bildung werden genutzt zur scharfsinnigen Pointierung der Aussage [...], *deren Enträtselung gleiche Bildung und scharfen Verstand auch des Lesers voraussetzt. Der ästhetische Reiz und Genuß besteht in eben dem Auffinden der Lösung.* [...] Dichtung dieser Art ist

3. Die GRACIA in der spanischen Literatur des 20. Jh.

des 17. Jh. erinnert und typisch für die damalige Schelmenliteratur ist, in diesem Roman aber direkt auf die sozial benachteiligte Herkunft des Protagonisten und die Kommunikationssituation prallt und dadurch eine parodistische Wirkung erzeugt. Auf der syntaktischen Ebene wird die rhetorische Komplexität vorwiegend durch die Figur des Hyperbatons[64] (im Folgenden kursiv markiert) deutlich, von dem die Textstelle geradezu strotzt:

Y, como sea que este capítulo ha quedado un poco corto, aprovecharé el espacio sobrante para tocar un extremo que sin duda preocupará al lector *que hasta este punto haya llegado*, a saber, el de cómo me llamo. Y es que éste es tema que requiere explicación.

Cuando yo nací, mi madre, *que otras ligerezas por temor a mi padre no se permitía*, incurría, como todas las madres *de ella contemporáneas*, en la liviandad de amar perdida e inútilmente a Clark Gable. El día de mi bautizo, *e ignorante como era*, se empeñó a media ceremonia en que *tenía yo que llamarme* Loquelvientosellevó, sugerencia ésta que indignó, no sin causa, al párroco que oficiaba los ritos.

(*Cripta* 1, ZZ. 1-6)

---

eine Konstante in der europäischen Literatur." (Hess 1989[3]:228, Hervorhebung von mir). Die Empfängerbezogenheit des manieristischen Stils ist aus übersetzerischer Sicht besonders relevant. Zum einen soll sich der Übersetzer fragen, ob und inwieweit die Erwartungen des ZT-Lesers mit denen des AT-Lesers übereinstimmen. Zum anderen soll er sich um die Schaffung eines äquivalenten Stilrätsels bemühen, das mit den Voraussetzungen eines ZT-Lesers zu lösen ist.

[64] "Das Hyperbaton ist die Trennung zweier syntaktisch eng zusammengehörender Wörter durch die Zwischenschaltung eines unmittelbar nicht an dieser Stelle gehörigen (ein- oder mehrwortigen) Satzgliedes. [...] Die Leistung des Hyperbatons besteht darin, auch dem einfachen Satz die kyklische Spannung zwischen auflösungsbedürftigen und auflösenden Bezugsgliedern [...] zu verleihen und ihn so als einer Periode gleichwertig erscheinen zu lassen [...]" (Lausberg 1990[3]:357). Das Hyperbaton kann entgegen der klassischen Reihenfolge der Rhetorik zugunsten der Herstellung einer rhythmischen Klausel benutzt werden: "man darf für die Wörter den rhythmisch geeigneten Platz suchen, wie man beim Bau einer Mauer den geeigneten Platz für die Steine verschiedener Formate einplant" (Lausberg 1990[3]:471). Es kann aber durch Anhäufung zugleich die Textklarheit gefährden und zur *obscuritas* führen. Zum Gebrauch des Hyperbatons im Spanischen vgl. Gómez Torrego (1999[9]:320): "Lo aconsejable, pues, es mantener un cierto equilibrio entre el orden lógico y el hipérbaton, procurando no oscurecer el contenido del texto *con el abuso del hipérbaton*, y haciendo que éste no resulte ni forzado ni chocante y, muchos [sic] menos, agramatical (en el lenguaje artístico o creativo aparecen hipérbatos que en la prosa no artística no están permitidos)". Im Falle der *Cripta* wird das Hyperbaton mehrmals bewusst eingesetzt, um den parodistischen Kontrast herauszuarbeiten.

Bei dem ersten Hyperbaton handelt es sich um ein Mittel zur Erzeugung von Spannung, denn es verzögert die Einführung des eigentlichen Themas, nämlich der Frage nach dem Eigennamen des Protagonisten. Zudem wirkt der erste Satz dadurch um so länger und umständlicher, als der Nachfolgesatz (*Y es que éste es tema que requiere explicación*) syntaktisch sehr knapp gehalten wird und inhaltlich nicht mehr so relevant ist. Im Falle des zweiten Satzes erfüllen beide Hyperbata eine rhythmische Funktion. Subjekt (*mi madre*) und Verb (*incurría*) sowie Verb und Objekt (*en la liviandad...*) des Hauptsatzes sind durch Einschübe getrennt, die dem Satz eine harmonische Dynamik verleihen. Hinzu kommt der klangvolle Reim *permitía-incurría*. Die Spannung bis zur Enthüllung der Identität des mütterlichen Idols wird durch die Hyperbata zusätzlich verstärkt. Im dritten Satz wird der Reim auf *–ía* weitergeführt (*tenía*) und um ein weiteres Reimpaar erweitert: *Loquelvientosellevó-indignó*. Insgesamt wirkt der Text syntaktisch zunächst zwar schwerfällig, aber erst bei der Lektüre erweist er sich als besonders klangvoll und erinnert somit an die manieristische Schreibweise, in der die Häufung des Hyperbatons mit ästhetischer Absicht gestattet ist.

Der Gebrauch des Hyperbatons als kultivierte Sprachfigur steht im parodistischen Kontrast zum umgangsprachlichen Register, das Mendoza auf semantischer Ebene benutzt (vgl. folgender Abschnitt). Daraus ergibt sich eine wichtige Strategie des Komischen in diesem Text.

b) Semantische Dimension

Auf der inhaltsbezogenen Ebene möchte ich zunächst auf die Merkmale eingehen, die den Text in seiner Ganzheitlichkeit auszeichnen und dadurch den Roman zum Inbegriff des "arquetipo neopicaresco" gemacht haben (Herráez 1998:102). Diese Merkmale tragen zum parodistischen Kontrast bei, weil der Leser dadurch den Text sofort mit seinem Prätext (*picaresca*) verknüpft. Das Lachen entsteht dann, wenn die Erwartungen an einen solchen pikaresken Text nicht erfüllt werden, sondern auf ein umgangssprachliches Register stoßen.

Mendoza übernimmt einmal die autobiographische Erzählform des Schelmenromans und geht außerdem auf das Bedürfnis des pikaresken

3. Die GRACIA in der spanischen Literatur des 20. Jh.

Helden ein, seine Marginalität zumindest indirekt durch die ebenfalls niedere soziale Herkunft der Eltern zu rechtfertigen: "mi madre, que otras ligerezas por temor a mi padre no se permitía, incurría [...] en la liviandad [...]. El día de mi bautizo, e *ignorante como era*, [...]" (*Cripta* 1, ZZ. 4-6, Hervorhebung von mir).

Zweitens ist die vermeintliche Anonymität der Hauptfigur, die stets den Hinweis auf ihren eigentlichen Namen meidet – am Anfang dieser Stelle wird der Leser mit der Lüftung des Geheimnisses gelockt, aber dann sofort enttäuscht –, ein weiteres Zeichen für die labile Identität eines *pícaro*. Wenn er überhaupt einen Namen bekommt, dann – wie in der spanischen Volkskultur üblich – einen aufschlussreichen Spitznamen. Zur Definition von Spitznamen:

> In a sense, all alternate names are nicknames, a term which comes from the Anglo-Saxon 'eke name' (extra name) and so is related to the French-derived surname (a name added to the Christian name that is given at baptism). In fact, nicknames are a plentiful source of surnames, [...]. Hypocoristic forms such as Bob, Bill, Pat are also called nicknames. These are not, like pseudonyms and aliases, false names; they are substitutes for the formal given names.
>
> (Ashley 1996:1750)

Besonders interessant bei Spitznamen sind die Grundsätze, nach denen sie gebildet werden. In der Regel bezeichnet der Spitzname eine Person nach einer ihr eigenen körperlichen, geistigen oder charakterlichen Eigenschaft. Darüber hinaus können sich Spitznamen aus einer bestimmten Begebenheit oder aus kulturellen Stereotypen ergeben. Wichtig erscheint mir die soziale Funktion von Spitznamen. Sie fungieren als positive oder negative Etiketten, als Zeichen von Integration oder Isolation innerhalb einer Gruppe (z.B. in der Schule) oder einer Gesellschaft. Spitznamen gehören zum Bereich der kreativen Wortbildung, sie können eine Beleidigung bzw. ein Lob darstellen, aber auch ironisch verwendet werden; somit gelten sie als empfängerbezogene Strategie des Komischen, die in einer bestimmten Kommunikationssituation in Anlehnung an einen vorhandenen Code eingesetzt wird. Spitznamen sind eng mit der Alltagssprache, besonders in der volkstümlichen Ausprägung, verbunden und gelten oft als Belege für ihre Mündlichkeit (Cano González 2001:875). Manchmal erweist es sich als besonders schwierig, die

Etymologie eines Spitznamens bis zu ihrem Ursprung zurückzuverfolgen. Selbst Spitznamenträger wissen oft nicht, woher die Bezeichnung stammt. Spitznamen entstehen oft auf spontane Art und Weise und werden in der Familie übertragen.

Was die Klassifikation von Spitznamen betrifft, gibt es hauptsächlich zwei Ansätze: Der eine untersucht sie nach der Form und unterscheidet zwischen Substantiven, Adjektiven und Syntagmen, der andere geht onomasiologisch vor nach dem Prinzip "wie wird der Begriff X ausgedrückt" (Cano González 2001:876).

Im Spanischen hat die ausdrucksvolle Namengebung, ggf. mit komischer Wirkung, im Allgemeinen Tradition, so beispielsweise bei Mendoza:[65]

> En su momento, Santos Alonso describe cómo una de «las modalidades en que mejor se refleja el humor o la ironía[106]» de Mendoza es a través de los nombres de sus personajes. Hay tradición en la literatura española, en concreto en el realismo español, y podemos citar a Cervantes, Quevedo o Galdós, y la técnica consiste en proponer nombres «motivados por la realidad que representan o su propia caracterización».
>
> (Santos Alonso zit. nach Herráez, 1998:116, Hervorhebung von mir)

Die Folgen der Spitznamenproblematik für die Übersetzung werden unter Punkt 4.2.1.1a.2) thematisiert.

Drittens verdient die doppelte Erzählperspektive als weiteres Element der *picaresca* besondere Erwähnung: Zum einen findet man die Ebene der Handlung und zum anderen die Ebene der Erzählung, bei der die Erzählstimme sich metanarrativ an den Leser wendet. Diese erzählerische Distanz ist ebenfalls ein Hauptmerkmal des Schelmenromans. Im hier behandelten Textausschnitt kommt die Erzählebene gleich zu Beginn zum Ausdruck: "Y,

---

[65] Zusätzlich zur Unterscheidung zwischen Eigen- und Spitznamen ist bei Bödeker und Wetzel-Sahm von sprechenden Namen die Rede, "also Namen mit einer 'sinnhaltigen Charakterisierungsfunktion'" (1989:239). Im Fall der *Cripta* gibt es einige Beispiele für diese onomastische Variante: der Gärtner *Cagomelo Purga, Arborio Sugrañes, Fervoroso Sugrañes*, der Zahnarzt *Plutonio Sobobo Cuadrado* usw. Was die Übersetzungsproblematik solcher Namen betrifft, stellen die Autorinnen fest, dass keine generellen Aussagen möglich sind, da Übersetzer sich oft ganz individuell und nach Sachgebieten unterschiedlich entscheiden. Dennoch ergeben sich bei der Untersuchung mehrerer Übersetzungen desselben Originals diachronische Unterschiede, die auf die jeweils gültige Übersetzungsnorm (im Sinne Tourys) zurückzuführen sind. Vgl. dazu auch Punkt 4.2.1.1a.2)

3. Die GRACIA in der spanischen Literatur des 20. Jh.

como sea que este capítulo ha quedado un poco corto, aprovecharé el espacio sobrante para tocar un extremo que sin duda preocupará al lector que hasta este punto haya llegado, a saber, el de cómo me llamo. Y es que éste es tema que requiere explicación" (*Cripta* 1, ZZ. 1-3), später noch einmal: "Pero esta es ya otra historia que nos apartaría del rumbo narrativo que llevamos" (*Cripta* 1, ZZ. 10-11), und zum Schluss findet man eine Wende in die Metasprache: "y otros epítetos cuya variedad y abundancia demuestran la inconmensurabilidad de la inventiva humana y el tesoro inagotable de nuestra lengua" (*Cripta* 1, ZZ. 15-16).

Weitere semantische Belege für den Gebrauch einer gehobenen Sprache (der eine Pol des parodistischen Kontrastes) sind folgende Ausdrücke: "incurría [...] en la liviandad" (*Cripta* 1, ZZ. 4-5), "en cuyas aguas" (*Cripta* 1, Z. 10), "epítetos" (*Cripta* 1, Z. 14), "inconmensurabilidad" (*Cripta* 1, Z. 16). Der parodistische Effekt entsteht dann, wenn sie neben umgangssprachlichen und derben Expressionen platziert werden. In diesem Zusammenhang möchte ich zwei Textbeispiele ausführlicher erläutern.

Cuando yo nací, mi madre, que otras ligerezas por temor a mi padre no se permitía, *incurría*, como todas las madres de ella contemporáneas, *en la liviandad* de amar perdida e inútilmente a *Clark Gable*. El día de mi bautizo, e ignorante como era, se empeñó a media ceremonia en que tenía yo que llamarme Loquelvientosellevó, sugerencia ésta que indignó, no sin causa, al párroco que oficiaba los ritos. La discusión *degeneró en trifulca* y mi madrina, que necesitaba los dos brazos para pegar a su marido, con el que *andaba* cada día *a trompazo limpio*, me dejó flotando en la pila bautismal, en *cuyas aguas* de fijo me habría ahogado si...

(*Cripta* 1, ZZ. 6-10)

In diesem Textabschnitt finden wir zusätzlich zu den bereits unter a) erwähnten Hyperbata den bildungssprachlichen Ausdruck *incurría en la liviandad*, der unmittelbar danach mit einem direkten Bezug auf die triviale Kinokultur der Zeit in Form eines seiner herausragenden Stars (Clark Gable) kollidiert. Dieser Kontrast wirkt an sich parodistisch, weil er nicht den Erwartungen des Lesers entspricht und ihn somit überrascht. Diese Unangemessenheit wird von Mendoza poetisiert und zum literarischen Leitmotiv seines Romans erkoren. Ein weiteres Beispiel für diese Strategie ist die

Verbindung der leicht gehobenen Verbform *degeneró en* mit dem umgangssprachlichen Objekt *trifulca*, ebenso wie die Aneinanderreihung der umgangssprachlichen Form *andar a trompazo limpio* und des gehobenen Plurals *aguas*, dessen Wirkung durch das kultivierte Relativpronomen *cuyas* verstärkt wird.

Das zweite Beispiel geht direkt auf die Spitznamenproblematik ein:

> De todas formas, el problema *carece de sustancia*, ya que *mi verdadero y completo nombre* sólo consta en los infalibles archivos de la DGS, *siendo yo* en la vida diaria más comúnmente apodado *«chorizo», «rata», «mierda», «cagallón de tu padre»* y otros *epítetos* cuya variedad y abundancia demuestran la *inconmensurabilidad* de la inventiva humana y *el tesoro inagotable de nuestra lengua*.
>
> (Cripta 1, ZZ. 10-16)

In diesem Fall sind es eindeutig derbe (z.T. auch regionale) Expressionen wie *chorizo, rata, mierda, cagallón de tu padre*, die im parodistischen Kontrast zu gehobenen Ausdrücken (*carece de sustancia*), umständlichen (*mi verdadero y completo nombre*), administrativen (*siendo yo*) und bildungssprachlichen (*epítetos; inconmensurabilidad*) Formulierungen und sogar Metaphern (*el tesoro inagotable de nuestra lengua*) stehen. Die Gleichstellung solch unterschiedlicher Register verursacht zunächst einen Konflikt. Der Leser ist überrascht und sogar verwirrt, weil er beide Formen des Sprachgebrauchs nicht harmonisch miteinander verbinden kann. Dieser Konflikt wird durch das Lachen gelöst.[66] Der Kontrast macht nur Sinn, weil

---

[66] Die Funktionsweise des parodistischen Registerkontrastes ist mit der Inkongruenztheorie des Komischen verknüpft. Diese Theorie hat ihren Ursprung in der philosophischen Auseinandersetzung mit dem Lachen von Hutcheson, Kant, Schopenhauer, Hazlitt u.a. und gilt heute aufgrund ihrer Objektbezogenheit als Grundlage einer normativen Theorie des Komischen (Hösle 2001:17). Mit 'Inkongruenz' bezeichnet man die Nichtübereinstimmung einer Erwartung mit der Realität. Aus einer Welt mit vorbestimmten Verhaltensmustern ergibt sich eine Vorstellung des "Normalen". Alles, was aus dem Rahmen fällt, erzeugt einen Kontrast bzw. eine Inkongruenz und verursacht das Lachen, das z.B. als Korrrekturmaßnahme im Sinne Bergsons (vgl. 2.2.1.7.6) oder als Erleichterung im freudschen Sinne fungieren kann. Zu einer modernen Konzeption der Inkongruenztheorie vgl. Clark, Michael (1987): "Humor and Incongruity". In: Morreall, John (ed.) (1987): *The Philosophy of Laughter and Humor*. Albany: State University of New York Press. 139-155.

3. Die GRACIA in der spanischen Literatur des 20. Jh.

Mendoza in seinem Text die Gattung Detektivroman parodiert. Der spanische Leser ist in der Lage, den pikaresken Prätext heraufzubeschwören, ihn mit dem vorliegenden Text zu assoziieren, aber auch zu erkennen, was ihn von der klassischen (zu erwartenden) Konzeption sowohl eines pikaresken Textes als auch eines Detektivromans unterscheidet, nämlich das Registerspiel. Nachdem dieser Schritt schnell und unbewusst vollzogen ist, entsteht das Lachen als Produkt des genannten Kontrastes auf semantischer Ebene. Hierbei findet man die unter a) beschriebene Strategie des Komischen wieder.

c) Pragmatische Dimension
Wie bereits unter Punkt 3.3.2 erwähnt, fließen Form (syntaktische Dimension) und Inhalt (semantische Dimension) des analysierten Textes in die Funktion ein (pragmatische Dimension), d.h., dass Mendoza die Strategien des Komischen auf syntaktischer und semantischer Ebene mit einer konkreten pragmatischen Absicht bewusst einsetzt. Dabei spielt der Aspekt des handelnden Textes-in-Situation eine wichtige Rolle, denn erst das Zusammenspiel semantischer und syntaktischer Strategien mit der pragmatischen Funktion eines Textes in einer bestimmten Situation (Zeit + Raum) macht die Entfaltung des Komischen möglich. Diese Situation ist wiederum kulturspezifisch, ebenso wie die vollzogene Handlung. In diesem Fall muss man festhalten, dass die Kommunikationssituation 'Taufe' im spanischen Kulturraum sehr konnotationsträchtig ist. Die Taufe gilt innerhalb der katholischen Religion als Sakrament und wichtiger feierlicher Anlass, bestehend aus einer kirchlichen Zeremonie mit festgelegten Rollen und anschließendem Festessen mit vielen Gästen. Auch wenn er nicht katholisch erzogen worden ist, hat jeder Spanier bestimmte Assoziationen zu dieser traditionellen Kommunikationssituation. Darüber hinaus ist die christliche Namengebung Anlass und Höhepunkt des Ritus. Wie bereits unter Punkt b) gesehen, spielen Eigennamen eine besondere Rolle in der spanischen Kultur, vor allem wenn sie auf Heilige oder bestimmte Gemütsverfassungen anspielen. Namenstage werden neben Geburtstagen ausdrücklich gefeiert.[67]

---

[67] Die moderne Vornamengebung ist auf die politische Geschichte (Einfluss von Kirche und Staat) zurückzuführen. In Spanien gab es unterschiedliche Verordnungen zu diesem Verfahren: 1939 wurden bspw. ausschließlich Namen aus dem Heiligenverzeichnis für

Auf diesem Konnotationsschatz aufbauend, präsentiert Mendoza eine karnevalistische Taufszene, in der der nachdrückliche Wunsch der Mutter nach einem lächerlichen Taufnamen ("Loquelvientosellevó" *Cripta* 1, Z. 7; zur komischen Wirkung des Namens vgl. Punkt d) in ein Gezänk mit körperlicher Gewalt mündet. Somit steht man im Rahmen der erzählten Situation vor einem klaren Fall von Situationskomik, bei der absurde Vorgehensweisen sich zu einem Chaos zuspitzen. Was die Erzählsituation betrifft, stellt man fest, dass Mendoza mit diesem Text überraschen und sogar provozieren möchte, um das Lachen zu erzeugen. Dazu spielt er mit den Erwartungen des Lesers, der sich unter einer Taufe etwas ganz anderes vorstellt. Die Strategien des Komischen auf syntaktischer und semantischer Ebene helfen dem Autor dabei, seine pragmatische Absicht zu erfüllen und sind nicht voneinander zu lösen.

d) Kulturelle Dimension

Die kulturelle Ebene ergibt sich aus dem Zusammenspiel der zuvor behandelten Dimensionen, deren Eigenschaften in die Gesamtspezifik des Textes einfließen. Erneut zu betonen sind der syntaktische und semantische Zusammenstoß zwischen einem gehobenen und einem umgangssprachlichen

---

Katholiken eine Pflicht. Heute ist die offizielle Abgrenzung breiter und mehrdeutig gefasst, und zwar sind baskische, galizische und katalanische Namen ausdrücklich erlaubt, aber es gilt ein explizites Verbot für folgende Namen: abwertende Namen, Verkleinerungsformen bzw. Kosenamen ohne substantivischen Charakter, Namen, die eine Identifikation erschweren sowie Namen, deren Aussprache oder Orthographie keine Geschlechtszuordnung zulassen. Aus diesem Grund bekommen viele Namen traditionell den marianischen Zusatz *María*. Allgemeingültige Regeln der Namenmotivation sind kaum zu fixieren, dennoch stellt man für den westeuropäischen Raum eine Vorliebe für bestimmte zeitlose Kriterien wie Familientradition, Nachbenennung, Heiligennamen, Modenamen, Wohlklang usw. fest. Die zunehmende Beliebtheit von Heiligennamen ist auf jeden Fall ein westeuropäisches Phänomen, das auf den Einfluss der Kirche ab dem 12. Jh. zurückzuführen ist. Erst seit dem 14. Jh. beginnt die Kirche, einen direkten Einfluss auf die Taufnamengebung auszuüben. Im Spanischen wird der religiöse Einfluss durch die Bezeichnung *nombre de pila* (wörtlich: Name vom Becken = Taufname) deutlich, die sowohl den Taufnamen als auch den Vornamen umfasst. Interessant bei Frauennamen ist die Tatsache, dass *María* im Zuge der Marienverehrung seit dem 7. Jh. einen vorherrschenden Status in der spanischsprachigen Welt hat. Ab dem 16. Jh. wird der Name mit einem zweiten Bestandteil (entweder einer Anrufung oder einem Weihetitel) kombiniert. Besonders häufig kommen Marienfeste, Marienmisterien, Wallfahrtsorte und Mariendarstellungen vor, die zum größten Teil elliptisch gebraucht werden. In der aktuellen Namengebung ist dennoch ein Abwärtstrend der traditionellen Namen festzustellen (Kremer 1992:457f).

3. Die GRACIA in der spanischen Literatur des 20. Jh.

Register und der gezielte Gebrauch sowohl einer komischen Namengebung als auch der konnotationsträchtigen Kommunikationssituation 'Taufe', in der Mendoza ganz bewusst Religion mit Aggression kombiniert. An dieser Stelle handelt es sich m.E. um eine subversive Komik im Sinne Bachtins, der das Lachen als Kampf gegen die Institutionen verstanden hat (vgl. Punkt 2.2.2.7.3.3).

Ferner findet man im Text einige Kultureme[68], die ihm eine spezifische

---

[68] Die Erfassung kulturspezifischer Phänomene und ihre Problematisierung für übersetzungswissenschaftliche Zwecke ist ein immer wiederkehrendes Thema in der Fachliteratur. In ihrer Dissertation *Die Kulturkompetenz des Translators* (2000) setzt sich Heidrun Witte aus einer funktionalen Perspektive mit den unterschiedlichen Modellansätzen zur Beschreibung von Kulturspezifika auseinander (Oksaar, Gerzymisch-Arbogast, *Imagology* und *Literarische Anthropologie* vgl. Witte 2000:102ff).

Ich übernehme den Begriff *Kulturem* von Els Oksaar, die ihn ursprünglich als abstrakte Einheit des kommunikativen Handelns und Verhaltens von Menschen definierte (vgl. Oksaar 1988). Kultureme werden durch soziokulturell bedingte Verhaltensweisen, sog. *Behavioreme*, realisiert, die wiederum in *nonverbale, verbale* und *parasprachliche* Behavioreme unterteilt werden.

Übertragen auf die Übersetzungswissenschaft ist Oksaars Begriff allerdings methodologisch etwas problematisch (Witte 2000:103). Ich stimme Christiane Nord zu, wenn sie folgende Behauptung aufstellt: "Der abstrakte Begriff des Kulturems ermöglicht einen Vergleich der zur Realisierung eines Kulturems jeweils kulturspezifisch unterschiedlich eingesetzten Behavioreme. Das Problem liegt nun vor allem darin, über ein eklektisches Zufallsprinzip [...] hinaus einen systematischen Rahmen zu finden, der es erlaubt, die verschiedenen Kulturen daraufhin zu untersuchen, ob bestimmte Kultureme überhaupt realisiert werden und wenn ja, durch welche Behavioreme. [...] Dazu ist es nötig, sich die "innere Situation", die in einem fiktionalen Text dargestellt wird, genauer anzusehen" (Nord 1993:398). Diese innere Situation besteht laut Nord aus dem kommunikativen Handeln einer oder mehrerer Personen in einer bestimmten Kommunikationssituation. Letztere setzt sich wiederum aus der aktuellen Situation (Ort, Zeit, Anlass, Handlungsträgern) und der Hintergrundsituation (natürlichen Gegebenheiten, Lebensgewohnheiten, Geschichte, Kulturgütern) zusammen. Wichtig bei der Untersuchung eines fiktionalen Textes auf kulturspezifische Markierungen ist außerdem die Unterscheidung zwischen erzählter Situation (textintern) und Erzählsituation (textextern, zwischen Autor und Leser) (Nord 1993:399).

Im Zuge der 'Allgemeinen Translationstheorie' definiert Witte Kultureme als "gesellschaftliche Phänomene, die von jemandem in einer gegebenen Situation als relevante Kulturspezifika angesehen werden" (Witte 2000:99). Diese Definition versteht sich kulturrelativistisch als Versuch, der Problematik, das Fremdkulturelle als Ergebnis eigenkultureller "Projektionen" wahrzunehmen und zu konfrontieren, zu entkommen und verfolgt eine didaktische Absicht. Als Systematisierungsmöglichkeit von Kulturspezifika schlägt Witte das *scenes-and-frames*-Modell vor, das auch in der vorliegenden Arbeit Anwendung findet. Wittes Beitrag versteht sich in erster Linie als theoretisch und verzichtet somit auf eine eingehende Auseinandersetzung mit der Übersetzungspraxis. Der Praxisbezogenheit wird eher in deskriptiven Arbeiten aus dem Bereich der *Descriptive Translation Studies* Aufmerksamkeit gewidmet, z.B. bei Javier Franco Aixelá (1996), der

Markierung verleihen, z.B. *Clark Gable* (*Cripta* 1, Z. 6) – der Name ist im Prinzip jedem ein Begriff – oder *Loquelvientosellevó* (*Cripta* 1, Z. 7). Die zusammengeschriebene Form des Kassenschlagers trägt eindeutig zum komischen Effekt bei. Die Wortbildungslehre verfährt eigentlich nach dem Prinzip der Sprachökonomie, dennoch kann der Bildung spanischer Wörter durch Zusammensetzung durchaus eine komische Absicht unterliegen:

---

die Übersetzung von Eigennamen und sog. "common expressions" – einem etwas unpräzisen Begriff – aus dem Englischen ins Spanische thematisiert. Dabei werden *culture-specific items (CSI)* wie folgt definiert: "Those textually actualized items whose function and connotations in a source text involve a translation problem in their transference to a target text, whenever this problem is a product of the nonexistence of the referred item or of its different intertextual status in the cultural system of the readers of the target text" (Franco Aixelá 1996:58). Praxisbezogene sowie supratextuelle Parameter spielen eine gleichrangige Rolle bei der Auseinandersetzung mit der Übersetzung von Kulturspezifika. Auf den ZT-orientierten Aspekt wird im Kap. 4 der vorliegenden Arbeit näher eingegangen.

Eine moderne Definition von *Kulturspezifika* findet sich bei Kalverkämper (2003:311). Dazu gehören "im abendländischen Verständnis typische Lebensformen und gewisse Lebensrhythmen, kollektive Verhaltensweisen, generelle soziale Konventionen und Erwartungsmuster, Traditionen, mental breit akzeptierte Handlungsvorgaben, sozial etablierte Einschätzungs- und Beurteilungsmuster, prinzipiell geltende Bewertungsmaßstäbe und Normen, Normerwartungen und Normeinlösungen, Konsens bei der Gestaltung und Bewertung von Arbeitsprozessen, kunstschaffender Ausdruckswille in Literatur und den Künsten, u.a. des gleichermaßen *homo sociologicus* (<der Mensch als Gemeinschaftswesen>) und *homo faber* (<der Mensch als wirkendes Wesen>)".

M.E. sind *Realia* eine weitere Möglichkeit der Realisierung von Kulturemen/Kulturspezifika, weil deren Gebrauch in kulturspezifische Handlungen eingebettet ist. Für die vorliegende Arbeit übernehme ich die einschlägige Realia-Definition von Bödeker/Freese: "Prototypisch für Realien sind "cultural terms" (Newmark 1977,81), konkrete Einheiten, die an eine Kultur und/oder an einen geographischen Raum gebunden sind, also: Gegenstände und Konzepte, die mit kulturellen Handlungen zusammenhängen, politische, wirtschaftliche, soziale und kulturelle Institutionen. Neben diesen "Kulturalien" zählen wir auch "Naturalien" – Naturgegebenheiten wie spezielle meteorologische Phänomene, Flora und Fauna einer Region – zu unseren Untersuchungsobjekten" (Bödeker/Freese 1987:138). In ihrem Artikel *Die Übersetzung von Realienbezeichnungen bei literarischen Texten: Eine Prototypologie* klassifizieren sie die Übersetzungsverfahren für Realia auf der Basis eines Korpus von Übersetzungen aus dem Englischen und Schwedischen ins Deutsche und interpretieren die Ergebnisse aus philologisch-historischer Sicht. Markstein weitet den Realia-Begriff aus als "Identitätsträger eines nationalen/ethnischen Gebildes, einer nationalen/ethnischen Kultur – im weitesten Sinne – [...,die] einem Land, einer Region, einem Erdteil zugeordnet [werden]" (Markstein 1999:288). In diesem Zusammenhang bedarf insbesondere der Kulturbegriff einer eingehenden Problematisierung, zu der ich an dieser Stelle erneut auf Witte verweisen möchte (2002:49ff).

Zusammenfassend gelten 'Kultureme' im Rahmen dieser Arbeit als Oberbegriff für 'Kulturspezifika', die Behavioreme sowie Realia umfassen.

3. Die GRACIA in der spanischen Literatur des 20. Jh.

> Algunas acuñaciones –por contraste con el carácter culto del paradigma de que forman parte– responden a intencionalidad humorística (*chupóptero* 'persona que abusa de la generosidad de los demás', *futbócrata, pintología* ('pinta, aspecto externo de algo'), *timocracia, yernocracia*, etc.) y –aunque efímeras– constituyen un exponente más de la productividad de este sistema [composición].

(González Ollé 1992:104)

Indem Mendoza aus dem Filmtitel ein zusammengesetztes Wort macht, werden die Lesererwartungen konterkariert, die Leseschnelligkeit wird verlangsamt und die Aufmerksamkeit somit auf das Wort gelenkt. Die Entschlüsselung der Wortbedeutung mündet ins Lachen weil man a) den Filmtitel wiedererkennt und b) sich der absurden Vorstellung bewusst wird, dass ein Kind so heißen kann.

Zum Schluss taucht die damals (1979) übliche Abkürzung *DGS* (*Cripta 1, Z. 13*) auf. Sie steht für den spanischen Sicherheitsdienst *Dirección General de Seguridad*, der im Juni 1980 in *Dirección de la Seguridad del Estado* umbenannt wurde. Leser, die diese Zeit erlebt haben, sollten kein Problem mit der Abkürzung haben; bei jüngeren Lesern kann es durchaus vorkommen, dass sie mit der Abkürzung nichts anfangen können und somit der komische Effekt entschärft wird.

Zusammenfassend lässt sich behaupten, dass diese Stelle bei einem spanischsprachigen Leser auf allen vier semiotischen Ebenen ganz konkrete intertextuelle[69] Assoziationen weckt, die durch einen parodistischen Kontrast

---

[69] Intertextualität wird hier als "deskriptiver Oberbegriff für herkömmliche Bezugsformen von Texten" (Nünning 1989:241) und nicht in einem umfassenderen ontologischen Sinne nach Bachtin, Kristeva usw. verstanden. In der Terminologie Genettes wäre Mendozas Werk ein Fall von Hypertextualität, nämlich die kommentarlose Transformation eines Prätextes (Hypotextes) in die Form einer Parodie.
Als weitere Bestätigung der intertextuellen Bezüge zwischen Mendozas Werk und dem Schelmenroman soll der Anfang des Lazarillo zitiert werden, der zum Kanon spanischer Literatur gehört und dessen Merkmale bei Mendozas Stelle sowohl syntaktisch und semantisch als auch pragmatisch und kulturell wiedererkennbar sind. Für einen detaillierten Vergleich s. Herráez 1998.
> Pues sepa Vuestra Merced, ante todas cosas, que a mí llaman Lázaro de Tormes, hijo de Tomé González y de Antona Pérez, naturales de Tejares, aldea de Salamanca. Mi nascimiento fue dentro del río Tormes, por la cual causa tomé el sobrenombre; y fue desta manera: mi padre, que Dios perdone, tenía cargo de proveer una molienda de una aceña que está ribera de aquel río, en la cual fue molinero más de quince años; y estando mi madre una noche en la aceña, preñada de mí, tomóle el parto y parióme allí. De manera que con verdad me puedo decir nascido en el río.

(*Lazarillo de Tormes*, Tractado Primero)

einen komischen Effekt erzeugen. Wichtig ist es, erneut zu betonen, dass das Komische erst durch die Interaktion mehrerer Elemente auf unterschiedlichen Ebenen entsteht. Dabei handelt es sich nicht um eine reine Addition von Bauteilen, sondern um ein ganzheitliches und komplexes Zusammenwirken: Der parodistische Kontrast zwischen einem gehobenen und einem umgangssprachlichen Register in einer bestimmten kulturspezifischen Situation mit Einbeziehung konkreter Realia ergibt die komische Wirkung des *gesamten* Textes.

Hierarchisierung charakteristischer Strategien des Komischen im AT

An dieser Stelle geht es darum, die zuvor erarbeiteten Strategien des Komischen (bestehend aus den bereits beschriebenen Elementen) anhand des unter Punkt 2.2.2.6 dargestellten translationsrelevanten Kommunikationsmodells zu systematisieren und relativ zu gewichten. Dieser Schritt soll als Fundament zur Auseinandersetzung mit den Äquivalenzbeziehungen zwischen Original und Translat in der nachfolgenden Übersetzungskritik fungieren.

In der analysierten Textstelle benutzt Mendoza hauptsächlich fünf Strategien des Komischen, die zunächst systematisiert werden sollen:
- Kontrast zwischen einem gehobenen und einem umgangssprachlichen Register (sowohl auf syntaktischer als auch auf semantischer Ebene)
- Namengebung (Spitznamen)
- Darstellung einer kulturspezifischen Kommunikationssituation (Taufe) – Vorstellung von Unvorstellbarem
- Einbindung von Kulturemen (Personen, Filme, Institutionen)
- Intertextuelle Bezüge

Diese Strategien des Komischen lassen sich jeweils nach der Schematisierung des Kommunikationsprozesses (vgl. Punkt 2.2.2.7) wie folgt ins übersetzungsrelevante Kommunikationsmodell einordnen:
> ➢ Zum einen zielen die Strategien 'Registerkontrast', 'Namengebung' und 'Intertextuelle Bezüge' auf die Herausarbeitung einer Art der *gracia*, die auf dem **Sprachsystem** (und somit auf dem Text als Manifestation desselben)

beruht. Die *gracia* kristallisiert sich durch die Textsorte **parodia** heraus, indem Mendoza beim Leser die Kenntnis der Prätexte Schelmen- und Detektivroman voraussetzt, um seine komische Absicht intertextuell zu verwirklichen. Diese Variante der *gracia* kommt besonders im ersten (*Cripta* 1, ZZ. 1-3) und im letzten (*Cripta* 1, ZZ. 10-16) Textabschnitt zum Ausdruck.

➢ Zum anderen ist die komische Strategie der 'Darstellung einer kulturspezifischen Kommunikationssituation' logischerweise unter **Kommunikationssituation** zu platzieren. Die *gracia* besteht in diesem Fall darin, dass eine traditionelle Taufszene außer Kontrolle und dadurch ins Lächerliche gerät. Mendoza taktiert dabei mit der Vorstellung von Unvorstellbarem (der fuchtelnden Taufpatin und des im Taufbecken schwimmenden Babys) beim **Empfänger** und erzeugt somit das Lachen. Angesichts der Kombination von beiden Faktoren (Kommunikationssituation und Empfänger) kann hierbei von *risa* als Hauptelement der *gracia* die Rede sein. Dieser Abschnitt ist selbst im Text durch den Zeilenumbruch und die Auslassungspunkte außersprachlich markiert (*Cripta* 1, ZZ. 4-10).

➢ Zum Schluss werden Kultureme und die damit verbundenen Konnotationen und Erwartungen als Strategie des Komischen in den Text eingebunden. Hierbei handelt es sich um eine ***gracia***, die auf der Ebene der **Kultur** einzuordnen ist, weil sie durch direkte Anspielungen auf spanischspezifische Begriffe (Personen, Filme und Institutionen) erzeugt wird.

Bei der Einordnung der komischen Strategien ins Kommunikationsmodell stellt man fest, dass diese Textstelle vorwiegend durch eine *gracia* gekennzeichnet ist, die an das **Sprachsystem** gebunden ist (3 von 5 Strategien beziehen sich darauf) und in Form einer *parodia* ausgedrückt wird. Ihre Funktion ist die provozierende komische Verzerrung von Form und Ausdruck eines ernsthaften Werkes bzw. einer gesamten Gattung – so im vorliegenden Fall –, um deren Bedeutung zu verändern, aber eigentlich ohne moralische Absicht (vgl. Punkt 2.2.1.7.3.2).

An dieser Stelle kann man der Frage nach der relativen Gewichtung der oben genannten Strategien des Komischen Aufmerksamkeit schenken, und zwar unter dem Aspekt der Leistung, die die Teilnehmer des Übersetzungsprozesses

(Autor – AT-Leser – Translator – ZT-Leser) in Bezug auf diese eine Textstelle erbringen müssen, um die zielgerechte Übertragung des Komischen zu ermöglichen.

Wie bereits gesehen, setzt sich die komische Gesamtwirkung des Originals aus mehreren Strategien zusammen, die hauptsächlich drei Bereiche aktivieren:

- Sprache (Sprachsystem)
- narrative Situation (Kommunikationssituation)
- Vorwissen (Kultur)

Die kreative, gestalterische Leistung, die der Autor hinsichtlich dieser Kategorien jeweils erbringen muss, um den komischen Effekt zu erzeugen, ist unterschiedlich und sieht in aufsteigender Abfolge wie folgt aus:[70]

1) *Vorwissen* – Das spezifische Weltwissen ist in der Ausgangskultur zum größten Teil vorgegeben. Der Autor teilt es mit dem AT-Leser und übernimmt die für seine Zwecke relevanten Elemente.

2) *Sprache* – Der Autor richtet sich nach der allgemeinsprachlichen Norm und erweitert sie auf kreative Art im Rahmen des vorgegebenen Sprachsystems.

3) *Narrative Situation* – Der Autor erfindet anhand des Vorwissens und der Sprache eine ganze Textwelt, die auf seine eigene künstlerische Gestaltungskraft zurückzuführen ist.

Der AT-Leser muss dementsprechend die gleiche Leistung bezüglich Vorwissen, Sprache und narrative Situation erbringen.

Was die Translatorleistung betrifft, verläuft die Abfolge der drei Bereichen genau umgekehrt:

1) *Narrative Situation* – Der Translator übernimmt die Welt des AT, da sie zum größten Teil den gestalterischen Wert des AT ausmacht.

---

[70] Die folgenden Klassifikationen sind nur im Zusammenhang mit dieser Textstelle zu verstehen und erheben keinen Anspruch auf Allgemeingültigkeit. Andere Gewichtungen sind sicherlich möglich. Im Rahmen der vorliegenden Arbeit haben sie sich allerdings in Bezug auf die Übersetzung des Komischen als sehr sinnvoll erwiesen.

2) *Sprache* – Je nach Sprachkombination kann der Translator mehr oder weniger erfolgreich ebenfalls mit dem Potenzial der ZT-Sprache im Rahmen seines Systems kreativ umgehen.

3) *Vorwissen* – Die höchste Translatorleistung besteht darin, dem ZT-Leser das Vorwissen über die Ausgangskultur zu vermitteln, in der Regel ohne dass der ZT eine dokumentarische bzw. eine kommentierende Übersetzung wird.

Die ZT-Leserleistung richtet sich somit an der Leistung des Translators aus. Grafisch kann man das Verhältnis zwischen Autor- und Translatorleistung wie folgt darstellen:

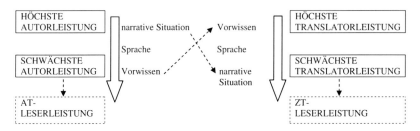

Abb. 21 Verhältnis zwischen Autor- und Translatorleistung bei Mendoza 1

Wichtig ist es, erneut zu betonen, dass es sich bei *Vorwissen*, *Sprache* und *narrativer Situation* nicht um isolierbare Variablen handelt. Erst im Zusammenspiel ergeben sie den ganzheitlichen komischen Effekt. Dennoch ist es aus übersetzungswissenschaftlichen Gründen sinnvoll, das Verhältnis der drei Bereiche zueinander hinsichtlich der Autor- und Translatorleistung zunächst analytisch zu trennen, um die Übersetzung des Komischen als Synthese dieser drei Bereiche zu problematisieren. Da die *gracia* an dieser Stelle vorwiegend auf der *parodia* und dadurch auf der Sprache und dem Vorwissen des AT-Lesers beruht, kann man behaupten, dass der Übersetzer vor einer großen kreativen Herausforderung steht.

3.3.3.2 Das Schönheitsideal einer Schwester

Selektion **charakteristischer Strategien des Komischen im AT**

a) Syntaktische Dimension
Die Syntax weist an dieser Stelle einen konstanten Charakter auf. Man findet weiterhin Formen des Hyperbatons, z.b. "De su cuerpo ni que hablar tiene" (*Cripta* 2, Z. 12) und zahlreiche Einschübe, die zum komplexen (gehobenen) Satzbau beitragen und im folgenden Textabschnitt kursiv markiert sind:

> Alguien, *Dios sabe con qué fin*, le había dicho a mi hermana, *siendo ella adolescente*, que se parecía a Juanita Reina. Ella, *pobre*, lo había creído y todavía ahora, treinta años más tarde, seguía viviendo aferrada a esa ilusión. Pero no era cierto, Juanita Reina, *si la memoria no me engaña*, era una mujer guapetona, de castiza estampa, cualidades éstas que mi hermana, *lo digo con desapasionamiento*, no poseía. Tenía, por el contrario, la frente convexa y abollada, los ojos muy chicos, con tendencia al estrabismo cuando algo la preocupaba, la nariz chata, porcina, la boca errática, ladeada, los dientes irregulares, prominentes y amarillos. De su cuerpo ni que hablar tiene: siempre se había resentido de un parto, *el que la trajo al mundo*, precipitado y chapucero, acaecido en la trastienda de la ferretería donde mi madre trataba desesperadamente de abortarla [...]
>
> (*Cripta* 2, ZZ. 5-14, Hervorhebung von mir)

Bei der Beschreibung der Schwester fällt auf, dass jedes Körperteil (bis auf die Zähne) und das Wort *parto* durch jeweils zwei Adjektive charakterisiert werden, was zum rhythmischen Klang der ganzen Szene führt und zusammen mit dem letzten verschachtelten Satz zur syntaktischen Komplexität (und somit zur Intensität des parodistischen Kontrastes) beiträgt:

> Tenía, por el contrario, la *frente convexa y abollada*, los *ojos muy chicos, con tendencia al estrabismo* cuando algo la preocupaba, la *nariz chata, porcina*, la *boca errática, ladeada*, los *dientes irregulares, prominentes y amarillos*. De su cuerpo ni que hablar tiene: siempre se había resentido de un *parto*, el que la trajo al mundo, *precipitado y chapucero*, acaecido en la trastienda de la ferretería donde mi madre trataba desesperadamente de abortarla y de resultas del cual le había salido el *cuerpo trapezoidal, desmedido en relación con las patas, cortas y arqueadas*, lo que le daba un cierto aire de enano crecido, como bien la definió, con insensibilidad de artista, el fotógrafo que

se negó a retratarla el día de su primera comunión so pretexto de que desacreditaría su lente–. Estás más joven y guapa que nunca.

(*Cripta* 2, ZZ. 9-18, Hervorhebung von mir)

In diesem Fall steht die gehobene Syntax wiederum im parodistischen Kontrast nicht nur zu einem umgangssprachlichen Register, sondern auch zur Realität, die hinter der Figur Cándidas steht.

b) Semantische Dimension

Auf der inhaltsbezogenen Ebene treibt Mendoza weiterhin sein Registerspiel, indem er die Umgangssprache mit einer kultivierten Ausdrucksweise kombiniert. Der Kontrast von beiden Registern hat eine parodistische Wirkung. Beispiele für die erste Variante sind: "tiempo sin verte" (*Cripta* 2, Z. 2) – eine abgekürzte mündliche Form der Redensart "cuánto tiempo sin verte" –, "guapetona" (*Cripta* 2, Z. 8) – das Suffix '-ona' erfüllt an dieser Stelle eine expressive Funktion[71] –, "cuando algo *la* preocupaba" (*Cripta* 2, Z. 10, Hervorhebung von mir) – Form des *laísmo*[72] als beliebter grammatikalischer Verstoß, typisch für die spanische Umgangssprache – und das Wort "patas" (*Cripta* 2, Z. 15) statt 'Beine', was im Rahmen der Figurbeschreibung zur grotesken animalischen Verformung Cándidas führt.

Manieristische Gegenbeispiele dazu sind im folgenden Abschnitt zu finden:

---

[71] Aus dem *DRAE* zum Suffix: "ón¹, na. 1. suf. de sustantivos y adjetivos, derivados de sustantivos, adjetivos y verbos, de valor aumentativo, intensivo o expresivo". Zum Wortgebrauch vgl. Seco 1996 (Unterstreichung von mir): "**guapetón -na** adj *(col)* [Pers.] de belleza llamativa y airosa. Tb. n.".

[72] In *Gramática de la lengua española* von Alarcos Llorach (1994) ist Folgendes zu lesen: "264. La tendencia a suprimir la diferencia de funciones entre objeto directo e indirecto en beneficio de la distinción de género se refleja también en el *laísmo*. Consiste en generalizar *la* y *las* para las referencias a sustantivos femeninos en la función de objeto indirecto. Es fenómeno de menor difusión que el leísmo, más frecuente en singular que en plural y sobre todo en la mención de personas. Caracteriza la lengua de autores de la Castilla duriense. Quien practica el laísmo es a la vez leísta" (Alarcos Llorach 1994:202f). Zum Gebrauch des Phänomens: "laísmo: es incorrecto el uso de la como complemento indirecto (La dije que viniera); lo correcto es utilizar el pronombre le (Le dije que viniera)" (*Diccionario de español urgente*, 2001). In der Definition des *DRAE* wird *laísmo* als "vicio" abgehandelt.

al decir esto tuve que forzar una sonrisa dolorosa, porque la visión de los estragos que los años y la vida habían hecho en su rostro me hizo *brotar lágrimas de compasión*. Alguien, Dios sabe con qué fin, le había dicho a mi hermana, siendo ella adolescente, que se parecía a Juanita Reina. Ella, pobre, lo había creído y todavía ahora, treinta años más tarde, seguía viviendo *aferrada a esa ilusión*. Pero no era cierto, Juanita Reina, si la memoria no me engaña, era una mujer guapetona, *de castiza estampa*, cualidades éstas que mi hermana, *lo digo con desapasionamiento*, no poseía. Tenía, por el contrario, la frente convexa y abollada, los ojos muy chicos, con tendencia al estrabismo cuando algo la preocupaba, la nariz chata, porcina, la boca *errática*, ladeada, los dientes irregulares, prominentes y amarillos. De su cuerpo ni que hablar tiene: siempre se había resentido de un parto, el que la trajo al mundo, precipitado y chapucero, *acaecido* en la trastienda de la ferretería donde mi madre trataba desesperadamente de abortarla y *de resultas del cual* le había salido el cuerpo trapezoidal, desmedido en relación con las patas, cortas y arqueadas, lo que le daba un cierto aire de enano crecido, como bien la definió, con insensibilidad de artista, el fotógrafo que se negó a *retratarla* el día de su primera comunión *so pretexto de* que *desacreditaría su lente*–.

(*Cripta* 2, ZZ. 2-17)

Außerdem gibt es bildungssprachliche Wörter wie *errática, acaecido, de resultas del cual*, altmodische Formen wie *retratarla* statt 'fotografiarla' oder die präpositionale Wendung *so pretexto de* und Anspielungen auf den melodramatischen, umständlichen Schreibstil der Schundliteratur des 19. Jh. (Resina 1997:250) wie *brotar lágrimas de compasión, aferrada a esa ilusión, de castiza estampa, lo digo con desapasionamiento, desacreditaría su lente*.

Abschließend benutzt Mendoza an zwei Stellen auf derselben Zeile die rhetorische Figur des Oxymorons mit komischem Effekt:[73] "lo que le daba un cierto aire de *enano crecido*, como bien la definió, *con insensibilidad de*

---

[73] "Das *oxymoron* ist die gerafft-enge syntaktische Verbindung widersprechender Begriffe zu einer Einheit, die dadurch eine starke Widerspruchsspannung erhält" (Lausberg 1990³:398). Die Lösung dieser Spannung hat einen komischen Effekt, vergleichbar mit der erleichternden Funktion eines Witzes im freudschen Sinne. Darüber hinaus ist diese Figur typisch für die wirklichkeitsverzerrende Darstellungstechnik des *esperpento*, an dessen Tradition Mendoza zusätzlich durch die Animalisierung und Übertreibung der Züge seiner Figuren anknüpft (vgl. nächster Punkt). Das Oxymoron als rhetorisches Mittel u.a. des *esperpento* spielt gerade beim Registerkontrast eine tragende Rolle: "El uso de esta última [figura retórica = oxímoron] (que consiste en una oposición y síntesis de contrarios) afecta a todos los planos del texto. Así, en el plano lingüístico, el léxico culto puede aplebeyarse por el tono o gesto vulgares con que se emite o por la situación innoble en que se enmarca, y viceversa" (Estébanez Calderón 2000:168).

artista, el fotógrafo que se negó a retratarla el día de su primera comunión so pretexto de que desacreditaría su lente–" (*Cripta* 2, Z. 16).

c) Pragmatische Dimension

Aus pragmatischem Gesichtspunkt möchte ich auf vier Stellen eingehen, die eine besondere Funktion im Text erfüllen, nämlich die anprangernde Darstellung marginaler Gesellschaftsverhältnisse. Nicht umsonst weist Herráez darauf hin, dass Mendozas Absicht in Nachfolge des Schelmen- und Detektivromans u.a. darin besteht, eine Art soziale Chronik seiner Zeit zu schreiben (Herráez 1998:92). Dabei zeigt Mendoza keinen realistischen Anspruch, er möchte in erster Linie die Leser amüsieren. In diesem Fall funktionieren die Strategien des Komischen vor dem Hintergrund einer scheinbar widersprüchlichen Kombination von Grausamkeit und Mitgefühl.[74] Solche Strategien sind: *ironía*, *lo grotesco*[75], *burla* und *chiste*.

Die erste Stelle ist folgender Satz: "Alguien, Dios sabe con qué fin, le había dicho a mi hermana, siendo ella adolescente, que se parecía a Juanita Reina" (*Cripta* 2, ZZ. 4-5). Hinter dem Ausdruck *Dios sabe con qué fin* steht die Information, dass sich Cándida bereits als Jugendliche in marginalen Kreisen aufhielt und daher schon sehr früh dubiosen Machenschaften zum Opfer fiel. Dadurch werden die Lesererwartungen auf ein schlimmes

---

[74] Zur Ambivalenz des Lachens: "Der Lacher, der zuerst lächelt, bittet in einem gewissen Sinn um Vergebung für das, was er zu tun sich anschickt, teilweise um bei einer anderen konkreten Gelegenheit eine Wiedervergeltung zu vermeiden, aber teilweise vielleicht auch weil, selbst wenn eine konkrete Vergeltung nicht befürchtet werden muß, er eine unbewußte Einsicht in seine Affinität mit dem komischen Gegenstand besitzt. Dies erklärt warum oft, wenn auch nicht immer, die besondere Qualität des Lachens ein ambivalentes Gefühl ist, manchmal gleichzeitig der Anziehung und der Abstoßung gegenüber seinem Gegenstand (wo dieser eine Person ist), der bemitleidet wird, d.h., mit dem man sich identifiziert, und der zugleich verspottet wird, d.h., von dem man sich distanziert" (Hösle 2001:23).

[75] Der spanische Begriff *grotesco* ist methodisch insofern problematisch, als er nicht als eigenständiges Mitglied des Wortfeldes der *gracia* fungiert. Dies ist möglicherweise darauf zurückzuführen, dass *(lo) grotesco* als ästhetische und literarische Kategorie im Spanischen sehr weit und eher abstrakt gefasst wird. Zum einen äußert sich die groteske Darstellungsweise in verschiedenen Untergattungen wie *caricatura*, *farsa*, *parodia* usw., zum anderen bezeichnet das Wort die Weltanschauung, die bestimmten avantgardistischen Strömungen wie *dadaísmo*, *expresionismo*, *esperpento*, *teatro épico*, *teatro del absurdo* usw. zugrunde liegt (Estébanez Calderón 2000:227). Somit gilt *lo grotesco* –im Unterschied zur deutschen 'Groteske'– nicht zusätzlich als eigenständige Gattung. Zu den methodologischen Einschränkungen der Wortfeldanalyse vgl. Punkt 2.1.1.

Verbrechen gelenkt. Dieses aber besteht zunächst darin, dass man Cándida lediglich vorgetäuscht hat, sie würde wie Juanita Reina aussehen. Angesichts der Konnotation dieser Figur im spanischen Kulturraum (zur kulturspezifischen Markierung Juanita Reinas vgl. Punkt d) muss der Leser über die Ironie Mendozas lachen. Ironie deswegen, weil Mendoza mit den Elementen Sprachsystem, Empfänger und Kommunikationssituation spielt (vgl. Punkt 2.2.1.7.7): Er nimmt eine sprachsystematische Einheit (*Dios sabe con qué fin*) des Empfängers (spanischer Leser) und lässt sie mit einer anders konnotierten Einheit (Juanita Reina) in einer bestimmten Kommunikationssituation (marginalen Gesellschaft) kollidieren.

Die ironische Strategie hört aber nicht damit auf, sondern steigert sich an der zweiten Stelle, nämlich gleich im nächsten Satz: "Ella, pobre, lo había creído y todavía ahora, treinta años más tarde, seguía viviendo aferrada a esa ilusión" (*Cripta* 2, ZZ. 5-6). Das Adjektiv *pobre* und die Bemerkung *seguía viviendo aferrada a esa ilusión* sind ebenfalls ironisch. Mendoza spielt nochmal mit einem dem Leser vertrauten Sprachsystem und setzt zwei Einheiten in komischen Kontrast zu einer dritten (*treinta años más tarde*). Zusätzlich zur ironischen Wirkung ist diese Stelle ein Beweis für das Mitgefühl des Protagonisten für die Naivität seiner jüngeren Schwester. Auch wenn man angesichts des weiteren Szenenverlaufs an der Ehrlichkeit dieses Mitleids zweifeln muss, entsteht ein ironischer Kontrast zwischen den erbärmlichen Verhältnissen und der Zuneigung des Protagonisten.

Als Höhepunkt des ganzen Elends kommt die Rückblende auf die stümperhafte Geburt Cándidas, eines unerwünschten Kindes, das eigentlich bis zum Schluss alle Chancen hatte, um nicht auf die Welt zu kommen:

De su cuerpo ni que hablar tiene: siempre se había resentido de un parto, el que la trajo al mundo, precipitado y chapucero, acaecido en la trastienda de la ferretería donde mi madre trataba desesperadamente de abortarla y de resultas del cual le había salido el cuerpo trapezoidal, desmedido en relación con las patas, cortas y arqueadas, lo que le daba un cierto aire de enano crecido, como bien la definió, con insensibilidad de artista, el fotógrafo que se negó a retratarla el día de su primera comunión so pretexto de que desacreditaría su lente.

(*Cripta* 2, ZZ. 11-17)

3. Die GRACIA in der spanischen Literatur des 20. Jh.

Wenn man den Inhalt dieser dritten Stelle wörtlich nimmt, wirkt sie alles andere als komisch, aber der unmittelbare Kontrast der dargestellten Situation zur grotesken Beschreibung von Cándidas Körper erzeugt ein Lachen. Eigentlich ist die gesamte Beschreibung Cándidas ein Paradebeispiel für die groteske Komik, die im Roman entfaltet wird:

Tenía, por el contrario, la frente convexa y abollada, los ojos muy chicos, con tendencia al estrabismo cuando algo la preocupaba, la nariz chata, porcina, la boca errática, ladeada, los dientes irregulares, prominentes y amarillos.

(*Cripta* 2, ZZ. 8-11)

Mendoza fängt bei der Stirn an, geht alle Gesichtszüge seiner Figur durch und endet mit dem gesamtkörperlichen Eindruck. Dabei benutzt er die Technik der Verformung und der mit Absicht übertriebenen Darstellung von Gesichtszügen, denen er z.T. animalische Eigenschaften zuschreibt: "frente convexa y abollada", "nariz chata, *porcina*", "boca errática, ladeada", "*patas, cortas y arqueadas*". Diese Vorgehensweise erinnert sehr stark an die von Valle-Inclán 1916 erfundene Technik des *esperpento*.[76]

Zugleich handelt es sich hierbei um eine *gracia* mit spöttischer Absicht, d.h. eine *burla*. Dieser Begriff ist grundsätzlich empfängerbezogen (vgl. Punkt 2.2.2.7.2). Ohne den Empfänger ist keine Möglichkeit der Verspottung

---

[76] Valle-Inclán benutzte 1916 als Erster das Wort *esperpento* als Sammelbezeichnung einer ästhetischen Kategorie, einer Theaterform (sozialsatirischer Groteske) und einer Weltanschauung, die auf dem Prinzip der Wirklichkeitsverzerrung beruhen (Estébanez Calderón 2000:166ff). Diese avantgardistische Darstellungstechnik steht in der spanischen Tradition der parodistischen Literatur und der mittelalterlichen Farce (Arcipreste de Hita, Cervantes, Quevedo) und wurde 1920 durch die Uraufführung von *Luces de bohemia* auf der Bühne verwirklicht. Thematisch lässt sich beim *esperpento* eine Vorliebe für geschichtliche Stoffe, traditionsreiche Mythen und die moralische Korruption der spanischen Gesellschaft feststellen. Die Wirklichkeitsverzerrung erfordert einen Perspektivenwechsel, der beispielweise dazu führt, dass die Handlung in der Regel nicht linear verläuft. Der *esperpento* spielt vorwiegend in einem urbanen Raum, in dem die Figuren in Anlehnung an das Marionettentheater und den Karneval übertriebene Züge aufweisen und oft durch Masken und Grimassen charakterisiert sind. Was die Sprache anbelangt, lehnt sich der *esperpento* an die Parodie, Satire und Karikatur an, indem er rhetorische Mittel wie Ironie, Hyperbel und Oxymoron übernimmt.
Die Tatsache, dass der *esperpento* nicht als eigenständiges Mitglied des Wortfeldes der *gracia* fungiert, ist möglicherweise darauf zurückzuführen, dass er keine gattungsgeschichtliche Eigenständigkeit besitzt, sondern eher anderen Gattungen wie Parodie, Farce oder 'Vision' als "integrierende Schau verborgener Zusammenhänge" (Hess 1989³:111) untergeordnet wird.

vorhanden. In diesem Fall ist Cándida das Opfer, das ausgelacht wird. Die spöttische Absicht wird besonders extrem durch den Kommentar zur verzweifelten Abtreibungsabsicht der Mutter und das Bild des "enano crecido" deutlich.

Der komische Höhepunkt wird durch den Schlusssatz erreicht. Nachdem der Protagonist die Figur seiner Schwester gnadenlos beschrieben und dadurch an die Sensibilität und Sympathie des Lesers appelliert hat, kommt der Überraschungseffekt in Form einer zutiefst scheinheiligen Begrüßung (natürlich mit eigennütziger pikaresker Absicht): "Estás más joven y guapa que nunca" (*Cripta* 2, Z. 18). Dieser Satz stellt einen abrupten Kontrast mit der gleichen Wirkung wie die Pointe eines *chiste* dar.[77] Wie unter Punkt 2.2.1.7.3.7 erläutert, ist eine Pointe eng mit dem Sprachsystem und dem Text als seine Manifestation verbunden. Sie spielt mit dem Verhältnis zwischen Erwartungsschema und Erwartungs-erfüllung. In diesem Fall ist die Beschreibung Cándidas der Text, der gewisse Erwartungen weckt, die wiederum von der Begrüßung (= *cierre*, vgl. Punkt 2.2.2.7.3.8) konterkariert werden und dadurch das Lachen auslösen.

d) Kulturelle Dimension

Was diese Dimension betrifft, spielen Kultureme an dieser Stelle – wie sonst überall im Roman auch – eine ausschlaggebende Rolle für die Entfaltung der komischen Wirkung. Kultureme sind eine Herausforderung für jeden Übersetzer. Abgesehen von der kurzen Anspielung auf die Erstkommunion (einer der Höhepunkte einer spanischen Kindheit zur Zeit der Erzählung und z.T. heute immer noch) und vom Gebrauch des kulturspezifischen Adjektivs "castizo" nimmt Mendoza direkten Bezug auf eine reale Figur der Zeit, nämlich Juanita Reina. Diese noch lebende Sängerin von typisch andalusischen Volksliedern (*coplas*) ist fast jedem spanischen Leser ein Begriff. Sie wird automatisch mit der spanischen Francozeit assoziiert, denn sie verkörperte das damalige Schönheitsideal. Besonders in den 70er und

---

[77] *Chiste* deckt sich nur teilweise mit dem deutschen Begriff 'Witz' bzw. der deutsche Begriff beinhaltet zwar den spanischen, dessen Bedeutungsbreite geht aber darüber hinaus (vgl. Punkt 2.2.3.4). Diese Tatsache wird im übersetzungskritischen Teil unter Punkt 4.2.1.2 b.3) problematisiert.

3. Die GRACIA in der spanischen Literatur des 20. Jh.

80er Jahren war diese Musikgattung und somit ihre "Stars" negativ konnotiert, sie galten als altmodisch, provinziell und wurden mit dem Franco-Regime in Verbindung gebracht, insofern wirkte und wirkt Cándidas Idol um so komischer.[78]

Abschließend lässt sich erneut behaupten, dass diese Stelle bei einem spanischsprachigen Leser auf allen vier semiotischen Ebenen ganz konkrete Vorstellungen weckt, die zum komischen Effekt durch Intertextualität beitragen.[79]

Hierarchisierung **charakteristischer Strategien des Komischen im AT**
Zusammenfassend wurden in der vorhergehenden Textanalyse folgende Strategien des Komischen registriert:
- Kontrast zwischen einem gehobenen und einem umgangssprachlichen Register (sowohl auf syntaktischer als auch auf semantischer Ebene)
- *Ironía*
- *Lo grotesco*
- *Burla*
- *Chiste*

---

[78] "En el campo de la música, la aceptación de lo que se ha venido en llamar canción española ha sufrido muchas fluctuaciones con el paso de los años. Identificada por muchos con el régimen franquista, la copla vivió en los años setenta y ochenta un largo desierto de desprestigio, sin apenas protagonismo en la radio y sin un cine que la sustentara como antaño. En aquella época, era vista como una música anticuada y de rancio recuerdo" (Serrá i Fabra 2000).

[79] In diesem Zusammenhang möchte ich auf die weltberühmte Beschreibung des Dómine Cabras in Quevedos *Buscón* hinweisen, die m.E. als Prätext für Cándidas Darstellung fungiert, und deren Anfang ich parallel zu Mendozas Textstelle hier wiedergeben möchte. Daraus ergibt sich die Intertextualität als weitere Strategie zur Schärfung des parodistischen Kontrastes. Ein ausführlicher Vergleich findet sich bei Herráez 1998.
Él era un clérigo cerbatana, largo sólo en el talle, una cabeza pequeña, pelo bermejo (no hay más que decir para quien sabe el refrán), los ojos avecindados en el cogote, que parecía que miraba por cuévanos, tan hundidos y escuros, que era buen sitio el suyo para tiendas de mercaderes; la nariz, entre Roma y Francia, porque se le había comido de unas búas de resfriado, que aún no fueron de vicio porque cuestan dinero; las barbas descoloridas de miedo de la boca vecina, que, de pura hambre, parecía que amenazaba a comérselas; los dientes, le faltaban no sé cuántos, y pienso que por holgazanes y vagamundos se los habían desterrado; el gaznate largo como de avestruz, con una nuez tan salida, que parecía se iba a buscar de comer forzada de la necesidad; los brazos secos, las manos como un manojo de sarmientos cada una.
(La vida del Buscón, Capítulo III)

- Einbindung von Kulturemen
- Intertextuelle Bezüge

Im Folgenden geht es darum, funktionale Bezüge zwischen diesen Strategien festzustellen, indem man sie in das translationsrelevante Kommunikationsmodell einordnet. Dies soll in der Abfolge des Kommunikationsprozesses (vgl. Punkt 2.2.2.7) geschehen. Dabei ist folgende Verwobenheit zu erkennen:

- ➤ *Burla* - Empfänger
- ➤ Strategien, die an das Sprachsystem gebunden sind:
    - o Registerkontrast
    - o *Lo grotesco*
    - o *Chiste*
    - o Intertextuelle Bezüge
- ➤ *Ironía* – Sprachsystem, Empfänger, Kommunikationssituation
- ➤ *Gracia* – Kultur
- ➤ Zum einen gibt es eine Strategie des Komischen, die sehr eindeutig empfängerorientiert ist, nämlich die ***burla***. Die *gracia* beruht in diesem Fall nämlich auf dem Auslachen eines Opfers (Cándida), das durch die Darstellungsweise der Lächerlichkeit preisgegeben wird. Die Existenz eines Opfers ist für diese Art der *gracia* unumgänglich, daher lässt sich diese Strategie unter der Position des **Empfängers** einordnen.
- ➤ An zweiter Stelle findet man die komischen Strategien, die sich um das **Sprachsystem** drehen, d.h. sie bedienen sich der konventionalisierten Funktionsweise des Zeichensystems, um eine komische Wirkung zu erzeugen. Diese Strategien sind **der Kontrast zwischen einem gehobenen und einem umgangssprachlichen Register mit parodistischer Wirkung**, *lo grotesco*, *chiste* und die **Intertextualität**, die den parodistischen Registerkontrast durch Anspielung auf ein kanonisches Werk verstärkt.
- ➤ Die Strategie der *ironía* verdient eine besondere Betrachtung, weil sie, wie bereits erwähnt (vgl. Punkt 2.2.2.7.7), mit mehreren Elementen des Kommunikationsmodells verbunden ist: **Sprachsystem, Empfänger** und **Kommunikationssituation**.

3. Die GRACIA in der spanischen Literatur des 20. Jh.

➤ Schließlich fungieren Kultureme durch Anspielung auf verschiedene Spezifika der spanischen Realität als Strategie der *gracia*. Sie erfüllen die komische Funktion auf der Ebene der **Kultur**, die alle anderen Elemente des Kommunikationsmodells umfasst.

Bei der Hierarchisierung der hier angewandten Strategien des Komischen spielt *burla* m.E. die leitende Rolle, denn sie ist die Strategie, die diese Stelle im Vergleich zur ersten auszeichnet und die Hauptzielrichtung der *gracia* des Textes vorgibt. Der Begriff *burla* ist grundsätzlich empfängerbezogen und fungiert als Hyperonym von anderen Wortfeldnachbarn, die auch empfängerbezogen sind (*ironía, sarcasmo, sátira*) (vgl. Punkt 2.2.2.7.2). Die kommunikative Funktion besteht im Auslachen eines Opfers.

Was die Reihenfolge der Strategien des Komischen in Bezug auf die Autor- bzw. Translatorleistung betrifft, kann man das unter Punkt 3.3.3.1 vorgestellte Hierarchisierungsprinzip übernehmen: In diesem Fall kreisen die Strategien des Komischen auch um folgende Bereiche:

- Empfänger
- Sprachsystem (Code)
- Vorwissen

Die kreative Leistung des Autors hinsichtlich dieser Kategorien, um das Komische zu erzeugen, fällt in aufsteigender Reihenfolge unterschiedlich aus:

1) *Vorwissen* – Das kulturspezifische Wissen ist für den Autor vorgegeben und erfordert keine eingehende gestalterische Kraft seinerseits.
2) *Empfänger* – Die Strategie des Auslachens eines Opfers kommt im allgemeinen Sprachgebrauch oft vor. Ihre Funktionsweise ist relativ einfach und die komische Wirkung erfolgt automatisch, so dass der Autor – künstlerisch gesehen – nicht besonders beansprucht ist.
3) *Sprache* – Der Autor richtet sich nach der allgemeinsprachlichen Norm und erweitert sie auf kreative Art im Rahmen des vorgegebenen Sprachsystems.
4) *Narrative Situation* – Der Autor gestaltet anhand von Vorwissen, Empfänger und Sprache eine originale Textwelt, um die komische Absicht zu erfüllen.

Im Falle des Übersetzers sind seine kreativen Fähigkeiten anders beansprucht (ebenfalls in aufsteigender Reihenfolge):

1) *Narrative Situation* – Die narrative Situation wird vom AT vorgegeben. Der Übersetzer soll diese am Besten übernehmen, weil sie die gestalterische Kraft des AT ausmacht.

2) *Empfänger* – Die Strategie des Auslachens eines Opfers ist in der Zielkultur ebenfalls vorhanden, zumal es im Wortfeld des Komischen ein spezifisches Wort dafür gibt: *Schadenfreude* (vgl. Punkt 2.2.1.7.2). Ihre Wirkung ist dadurch relativ leicht ins Deutsche zu übertragen, so dass der Übersetzer – künstlerisch gesehen – nicht besonders beansprucht ist.

3) *Sprache* – Je nach Sprachkombination hat der Übersetzer unterschiedliche Schwierigkeiten, mit dem kreativen Potenzial seiner Sprache umzugehen. Im Falle des Deutschen sind dem parodistischen Registerkontrast klare Grenzen gesetzt, so dass die gestalterische Kraft des Übersetzers gefordert ist.

4) *Vorwissen* – Die komische Wirkung des AT geht auf kulturspezifische Anspielungen zurück, die der Autor nicht explizit erwähnt. Dadurch ist eine große sowohl linguistische als auch kulturelle Fachkompetenz des Translators gefragt, um die kulturspezifische Hürde des Komischen zu überwinden.

Grafisch dargestellt ergibt sich folgendes Bild:

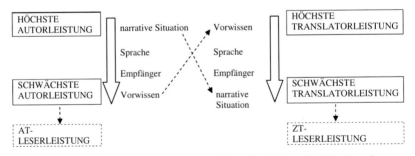

Abb. 22 Verhältnis zwischen Autor- und Translatorleistung bei Mendoza 2

Aufgrund der Tatsache, dass in dieser Textstelle die Hauptstrategie des Komischen die empfängerbezogene *burla* ist, kann man zunächst die Hypothese aufstellen, dass die Übertragung einer solchen Form der *gracia* dem Translator nicht so viel kreative Kraft abverlangen sollte wie im Falle der *parodia*. Im

3. Die GRACIA in der spanischen Literatur des 20. Jh.

vierten Kapitel wird diese Behauptung durch die ZT-Analyse auf den Prüfstand gestellt.

3.3.4 Javier Marías: *Corazón tan blanco* (1992)

In der Textstelle, die im Folgenden analysiert werden soll, schildert Juan rückblickend den Dolmetscheinsatz, bei dem er seine Frau Luisa kennen lernte.[80] Juan fungiert als Verhandlungsdolmetscher zwischen einem spanischen Regierungschef und einer britischen Premierministerin, Luisa ist als Ersatz- und Kontrolldolmetscherin dabei. Das Gespräch zwischen beiden Politikern kommt nur zögerlich voran, Juan beobachtet alles ganz genau und langweilt sich extrem, so dass er seine Aufmerksamkeit gleichzeitig auf die attraktive Luisa richtet. Mitten im Gespräch übersetzt Juan eine Frage des spanischen Politikers absichtlich falsch und lenkt somit die Konversation auf eine persönliche Ebene. Luisa bemerkt zwar Juans Eingriff, stellt ihren Kollegen aber nicht zur Rede, so dass die nichts ahnenden Politiker, geleitet von der Fehlübersetzung, das Gespräch ungerührt und durchaus interessiert fortsetzen. Sie unterhalten sich über ihren Beliebtheitsgrad beim jeweiligen Volk, das undankbare Wahlverhalten der Bürger und die Vorteile eines diktatorischen Regimes. Juan geht einen Schritt weiter und legt dem Spanier eine Frage nach dem Liebesleben der Britin in den Mund. Diese lässt, zunehmend entspannt, ein Shakespeare-Zitat in das Gespräch einfließen und reflektiert über zwischenmenschliche Beziehungen, was Juan wiederum Anlass gibt, durch das Zitat eine erzählerische Brücke zur Gegenwart und zur Frage der Ehe zu schlagen.

Wie bereits erwähnt, zeichnet sich diese Stelle durch Ironie aus.[81] Bevor

---

[80] Im Folgenden wird der Inhalt der Textstelle kurz zusammengefasst. Sie ist im Anhang in Original und Übersetzung vollständig wiedergegeben. Als Quelle gilt die 6. Auflage des Romans, die im Juli 1992 von Anagrama veröffentlicht wurde. Im Laufe der Ausführungen wird daraus zitiert.

[81] Manche Autoren sehen in dieser Textstelle eine Form der Parodie: "The highest leaders, who are parodied in the meeting between the Spanish head of state (Felipe González) and the English prime minister (Margaret Thatcher), are ridiculous marionets who are not aware of the real political transactions that take place on a 'lower' level, in the corridors, concealed from all" (Simonsen 1999:196). Die Bezeichnung 'Parodie' steht nicht im Gegensatz zur Verwendung von Ironie, zumal letztere als rhetorische Hauptstrategie der Parodie gilt: "irony is one way of dealing with what I call the range of parodic ethos, or

ich aber zur eigentlichen AT-Analyse nach den einzelnen semiotischen Dimensionen komme, scheint es mir sinnvoll, den Ironiebegriff kurz zu erläutern. Wie unter Punkt 2.2.1.7.7 der Wortfeldanalyse im zweiten Kapitel kultursemantisch geschildert, findet die Ironie eine komplexe Anwendung im Bereich der Geisteswissenschaften. Diese Arbeit beruft sich auf die literaturwissenschaftliche und vor allem linguistische, genau genommen pragmatische Tradition, die die Ironie als ganzheitliches und komplexes Phänomen versteht (Weinrich 1966, 1974, Stempel 1976, Warning 1976, Hutcheon 1995):

> The ironic meaning ist not, then, simply the unsaid meaning, and the unsaid is not always a simple inversion or opposite of the said. Irony can only "complexify"; it can never "disambiguate", and the frustration this elicits is among the many reasons why it is difficult to treat the semantics of irony separately from its syntactics or pragmatics, its circumstances (textual and contextual) or its conditions of use and reception.
>
> (Hutcheon 1995:13)

Schon 1966 hat Harald Weinrich die Ironie als einen indirekten Sprechakt zwischen einem Sprecher und einem Hörer bezeichnet und im Rahmen des Kommunikationsmodells erläutert. Wolf-Dieter Stempel ist es zu verdanken, dass er dem klassischen pragmatischen Spiel der Ironie zwischen Sender und Empfänger eine 3. Person hinzufügt, "die beiwohnend als eigentlicher Konsument dessen zu betrachten ist, was durch die als-ob Handlung des Sprechers bewirkt wird" und mit dem Empfänger gleichzusetzen ist (Stempel 1976:213). Auf sie kann nicht verzichtet werden, denn an ihr vollzieht sich der Sinn des ironischen Akts. Dafür können die 1. und 2. Person miteinander übereinstimmen (Selbstironie) oder letztere kann sowohl von einem Individuum als auch von einem Kollektiv vertreten oder gar nicht anwesend sein. Somit sind Bedeutung und Funktionsweise der Ironie für Stempel weniger text- als personenbezogen.

---

what others have called its ambivalence" (Hutcheon 1995:52). Die Ironie gibt der Parodie eine pragmatische Spezifik und agiert auf mikrostruktureller Ebene, während die Parodie als Gattung sich auf die Makrostruktur des Gesamttextes bezieht. Überlappungen beider Formen sind durchaus möglich. M.E. kann man in Marías' Text von einer gewissen parodistischen Nachahmung der Rhetorik (Redekunst) mancher Staatschefs sprechen, nicht aber von der Parodie einer bestimmten Figur. Wie im Folgenden bewiesen (vgl. Punkt 3.3.4d), benutzt Marías dagegen unterschiedliche ironische Strategien auf mehreren Ebenen, um seine Botschaft zu vermitteln, die über die lächerliche Darstellung einer Figur oder einer bestimmten Redeweise hinausgeht.

3. Die GRACIA in der spanischen Literatur des 20. Jh.

Der Komplexität und Interdisziplinarität des ironischen Phänomens wird durch neuere Ansätze wie den Hutcheons (1995) zunehmend Rechnung getragen. Aus den Ausführungen dieser Autorin lässt sich eine Einordnung des Ironiebegriffs in das translationsrelevante Kommunikationsmodell ableiten, die mit dem Ergebnis der kontrastiven Wortfeldanalyse korreliert (vgl. Punkt 2.2.1.7.7). Die daraus abgeleitete Ironiedefinition gilt aus Grundlage für diese Arbeit und ist wie folgt formuliert:

> Die Ironie besteht im semantischen Ausspielen des Gesagten gegenüber dem Gemeinten (*Text*) aus einem affektiven Blickwinkel (von Hutcheon *irony's edge* genannt) seitens des Ironikers (*Sender*) und/oder des Adressaten (*Empfänger*) in einem ihnen gemeinsamen Kontext bzw. *discourse community* (*kulturspezifische Kommunikationssituation*).

Bei der Funktion der Ironie, verstanden als "attributed or inferred operative motivation" (Hutcheon 1995:45) stellt Hutcheon, beruhend auf dem Grad der emotionalen Belastung in den Augen des Empfängers, eine Skala auf, die sich zwischen einer minimal belastenden, *bekräftigenden* und einer maximal belastenden, *aggregativen* Ironie erstreckt (Hutcheon 1995:47ff).

Fast alle Autoren sind sich in zwei Punkten einig: zum einen in der Schwierigkeit, Ironiesignale bzw. -merkmale allgemeingültig zu systematisieren, und zum anderen in der Besonderheit des Grenzfalls 'Literatur'. Dennoch stellen die meisten Experten Kataloge von Ironiesignalen zusammen, die zur Orientierung dienen sollen und über das rein Sprachliche hinausgehen. Außerdem betont Hutcheon die absolute Notwendigkeit, diese Signale im Kontext (*circumstantial, textual and intertextual environment*) zu analysieren (Hutcheon 1995:143). Besonders tückisch im Bereich der Literatur ist der Verzicht auf manche prosodischen Merkmale sowie der viel größere Signalisierungszwang: "Nur in dem Maße, wie sich im Textverlauf selbst ein Sprecher und ein Gegenstand konstituieren, kann Ironieverdacht überhaupt aufkommen" (Warning 1976:421), d.h. je kleiner die situative Stützung, desto größer der Signalisierungsbedarf von Ironie. Dies erfordert eine eindringliche Lektüre, um die nötige Vertrautheit zwischen Autor und Leser zu schaffen und auf gemeinsame Kommunikationssituationen zurückgreifen zu können. Zu guter Letzt muss man betonen, dass die Entschlüsselung von Ironiesignalen individuell variieren kann und teilweise eine Einbuße an Indirektheit bedeutet. Diese Schwierigkeiten haben sehr wohl direkte Folgen für die Übersetzung von Ironie: "If the 'reconstruction' of ironic intent were even this straightforward, however, why would translators have so much trouble re-coding irony signals from one language and culture to another?" (Hutcheon 1995:151).

Im Folgenden wird versucht, anhand eines Beispiels über das von Hutcheon angerissene Problem der Übersetzung von Ironie als Form des Komischen nachzudenken. Die Textstelle von Marías wird unter syntaktischem, semantischem, pragmatischem und kulturellem Gesichtspunkt analysiert, wohl wissend, dass diese Dimensionen ständig interagieren. Nach der Selektion komischer (ironischer) Strategien erfolgt ihre Hierarchisierung für Übersetzungszwecke.

Selektion charakteristischer Strategien des Komischen im AT

a) Syntaktische Dimension
Marías' Stil ist durch Digressionen gekennzeichnet, in denen der Erzähler den Hauptstrang der Handlung momentan verlässt, um über irgendein Detail nachzudenken:

> La inclinación de Marías por largos y detallados excursos sobre infimidades, por colmar el relato con comentarios y descripciones y negar una afirmación (finalmente negando el relato), está claramente presente en *El hombre sentimental*, pero ausente en *Todas las almas* y llega a su punto máximo, a su expresión de mayor radicalización en *Corazón tan blanco*. Esta tendencia tiene como resultado el dejar solamente la conciencia del narrador y su mecanismo cavilante en el centro de la narración y hacer de ésta el acontecimiento.
>
> (Echevarría et al. 2000:338)

Semiotisch betrachtet, äußern sich diese Abschweifungen mehrdimensional und lassen einen großen Raum für das ironische Spiel, beispielsweise durch Verletzung des Relevanzprinzips, das unter Punkt c) genauer analysiert werden soll. Was die Syntax betrifft, stellt man fest, dass Marías, wie er selber zugibt (vgl. Zitat unter Punkt 3.2.2.2), eine Vorliebe für lange Sätze hat, die mit zahlreichen Einschüben – entweder in Klammern, oder einfach zwischen

3. Die GRACIA in der spanischen Literatur des 20. Jh.

Kommata – gespickt sind, in denen der Erzähler seine ironischen Kommentare und Erklärungen liefert (im Folgenden kursiv markiert):

Yo quedé en mi torturadora silla en medio de los dos adalides, y Luisa en su mortificante silla un poco a mi izquierda, *es decir, entre la adalid femenina y yo,* pero algo postergada, como una figura supervisora y amenazante que me espiaba la nuca y a la que yo sólo podía ver *(mal)* con el rabillo de mi ojo izquierdo *(sí veía perfectamente sus piernas cruzadas de gran altura y sus zapatos nuevos de Prada, la marca era lo que me quedaba más próximo).* No negaré que me había fijado mucho en ella *(esto es, involuntariamente)* al entrar en la salita íntima *(pésimo gusto),* cuando me fue presentada y antes de tomar asiento, mientras los fotógrafos hacían sus fotos y los dos altos cargos fingían hablar ya entre sí ante las cámaras de televisión [...]

(Marías 1992:66f, Hervorhebung von mir)

Bei dieser Textstelle merkt man durch die Kommentare in Klammern, dass der Erzähler nicht so sehr an dem politischen Geschehen, sondern vielmehr an Luisa interessiert ist, womit das feierliche Brimborium um beide Staatschefs automatisch entlarvt wird.[82]

Zusätzlich zu den Einschüben wiederholt Marías scheinbar unwichtige Bemerkungen, um die Aufmerksamkeit des Lesers gezielt auf Nichtigkeiten zu richten. Dies ist der Fall bei den zahlreichen Kommentaren über die schlechte Qualität der Stühle, auf denen die Dolmetscher sitzen:[83]

---

[82] Diese Technik erinnert an die Strategie der Relativierung, die für die humoristische Einstellung grundlegend ist. In den Worten Mihuras: "El humor es ver la trampa a todo, darse cuenta de por dónde cojean las cosas; comprender que todo tiene un revés, que todas las cosas pueden ser de otra manera, sin querer por ello que dejen de ser como son, porque esto es pecado y pedantería. El humorismo es lo más limpio de intenciones, el juego más inofensivo, lo mejor para pasar las tardes" (Miguel Mihura 1998:304f).

[83] In Bezug auf die Beschreibung der kommunikativen Situation und zahlreicher Details darf man nicht vergessen, dass Marías durch seine Tätigkeit als Übersetzer und Dolmetscher ein besonders qualifizierter Erzähler und Kenner des Metiers ist. Als Beleg hierfür möchte ich Folgendes zur situativen Bedingung beim Verhandlungsdolmetschen aus dem *Handbuch Translation* (1999²) zitieren: "Wichtig für das Gehörtwerden wie auch für das Hören ist die Positionierung des Dolmetschers. Dieser Faktor, dem von den verhandlungsführenden Seiten sehr oft keine besondere Bedeutung beigemessen wird, kann insgesamt von entscheidender Bedeutung für die Effizienz und den Erfolg einer Dolmetschleistung sein. Der Dolmetscher muß meist selbst durchsetzen, daß er den Platz neben dem Verhandlungsleiter einnimmt. Am besten sitzt er zu dessen Linken, damit auf der rechten Seite eine weitere höherrangige Person den "Ehrenplatz" einnehmen kann" (Grünberg 1999²:317).

Yo quedé *en mi torturadora silla* en medio de los dos adalides, y Luisa *en su mortificante silla* un poco a mi izquierda, es decir, entre la adalid femenina y yo, pero algo postergada, [...]

(Marías 1992:66, Hervorhebung von mir)

Diese Bemerkung wird im Laufe der Szene noch zwei Mal wiederholt (*nuestras criminales sillas* S. 67 und *en su silla homicida* S. 75). Abgesehen von der semantischen Vielfalt an Ausdrücke der Unbequemlichkeit (De Maeseneer 2000) erzeugt Marías durch die Wiederholung einen markanten Kontrast zur Sitzgelegenheit der Staatschefs, die ihrerseits auf gemütlichen Sesseln (*sillón holgado* S. 69) platziert sind. Dieser komische Kontrast wird im voraus mit folgender Beschreibung eingeführt:

Supongo que se observan estas precauciones para salvar la cara y para que en las fotos de prensa y en las tomas televisivas se vea siempre a esos individuos estirados, *sentados incómodamente en una silla entre los dos adalides, quienes suelen ocupar, en cambio, mullidos sillones o sofás de cinemascope*; y si son dos los individuos *en durísimas sillas* con sendos blocs de notas en las manos, mayor aspecto de helada cumbre ofrecerá el encuentro ante los espectadores de las tomas y los lectores de las fotos.

(Marías 1992:65f, Hervorhebung von mir)

Zusammenfassend kann man also behaupten, dass Marías sich der Strategie der Einschübe und Wortwiederholungen bedient, um die ironische Haltung des Erzählers gegenüber dem Geschehen zu verdeutlichen. Die Wiederholung ist ein Mechanismus, der oft mit ironischer Absicht eingesetzt wird (vgl. Hutcheon 1995:156, Warning 1976:419, Weinrich 1966:61).

b) Semantische Dimension

Auf der semantischen Ebene stellt man fest, dass der Erzähler von lexikalischen Mitteln, die im Gegensatz zur Kommunikationssituation stehen, Gebrauch macht, um seiner ironischen Betrachtungsweise des Treffens zum Ausdruck zu verhelfen. Die Mittel sind dreierlei: Registerwechsel, Synonymie und bildliche Vergleiche.

Im Verlauf der gesamten Textstelle benutzt der Erzähler das Wort *adalid*, um beide Politiker zu benennen, z.B. an folgender Stelle:

3. Die GRACIA in der spanischen Literatur des 20. Jh.

Miré a nuestro *adalid* y miré a la *adalid* de ellos y volví a mirar al nuestro. Ella se estaba observando las uñas con expresión perpleja y los cremosos dedos a cierta distancia. Él se palpaba los bolsillos de la chaqueta y el pantalón, no como quien no logra hallar lo que en verdad está buscando, sino como quien finge no encontrarlo para ganar tiempo (por ejemplo el billete que pide un revisor en el tren a quien no lo lleva).

(Marías 1992:68, Hervorhebung von mir)

Das Wort *adalid* kommt aus dem Arabischen und bedeutet so viel wie 'Führer'. Es wird im Gebrauchswörterbuch als "Dirigente o cabecilla espiritual" bzw. "Jefe de una tropa" definiert und ist jeweils als [lit]erarisch oder [hist]orisch markiert (*Seco* 1999). Die Bezeichnung gehört also zu einem kultivierten Register, das hier in einer recht gewöhnlichen, für Staatsmänner eher unwürdigen Situation eingesetzt wird – die Dame lässt die Zeit verstreichen während der andere so tut, als würde er verzweifelt nach etwas suchen (zur Rolle von Körpersprache vgl. Punkt c). Der Kontrast zwischen dem gehobenen Wort und der banalen Kommunikationssituation hat einen ironischen Effekt: Marías nennt beide Personen *adalides*, obwohl man als AT-Leser anhand der Situation sofort erkennt, dass es nicht ernst gemeint ist. Ein solcher Registerwechsel wird oft mit ironischer Absicht eingesetzt und er gehört laut Hutcheon zu den fünf allgemein vereinbarten Ironiesignalen struktureller Natur (1995:156). Die Erkennung sowie die korrekte Entschlüsselung dieser Signale ist immer vom Leser abhängig, der die Kommunikationssituation und den kulturspezifischen Hintergrund mit dem Autor teilen muss.[84] Dadurch wird der pragmatische Charakter der Ironie als sprachliches Angebot an den Empfänger besonders deutlich.

---

[84] Der Aspekt der Solidarisierung zwischen Sender und Empfänger wird in fast allen Theorien der Ironie behandelt. Wolf-Dieter Stempel spricht von der Beziehung zwischen erster (Ironiker) und dritter (Empfänger) Person als "Solidarisierung ex negativo, bei der die erste Person die dritte durch 'Bestechung' mittels Lustgewinn als Lacher auf ihre Seite zieht, d.h. als Publikum für ihr Verstellungs- und Entblößungsschauspiel gewinnt" (Stempel 1976:219). Linda Hutcheon sagt diesbezüglich: "To call something ironic is to frame or contextualize it in such a way that, in fact, an intentionalist statement has already been made –either by the ironist or by the interpreter (or by both)" (Hutcheon 1995:118f). Dabei unterscheidet sie zwischen drei verschiedenen Strömungen innerhalb der Theorie der Ironie: denjenigen, die die ironische Absicht nur beim Sender sehen (*intentionalist position*), denjenigen, die sie nur bei Empfänger sehen (*reverse position*) und den Autoren, die eine gemeinsame Verantwortung bei beiden sehen (*shared responsibility position*).

Hinzu kommt die Tatsache, dass der Protagonist dieses Romans einen Beruf ausübt, bei dem Sprache das wichtigste Werkzeug ist, so dass seine Ausdrucksform alles andere als arbiträr ist. Als selbstbewusster Dolmetscher geht er soweit, dass er pragmatisch relevante Gesprächskonventionen einhält, indem er bestimmte Ausdrücke hinzufügt: "Y yo traduje, como también la respuesta, aunque agregando de nuevo 'señora' al final de la pregunta" (Marías 1992:69). Der Erzähler ist also höchst souverän, sowohl was seine Dolmetschleistung als auch was das Wie seiner Beschreibung betrifft.

Das zweite Mittel der ironischen Ausdrucksweise ist die Verwendung von scheinbarer Synonymie (vgl. Sergienko 2000:50). Marías benutzt an drei Stellen Doppelbezeichnungen für wirkliche oder potenzielle Bedienstete, die im Gespräch eine untergeordnete Rolle spielen bzw. hätten spielen können:

A decir verdad, nuestra intervención tardó todavía un rato en hacerse precisa, ya que en cuanto los periodistas fueron conminados a retirarse ('Ya basta', les dijo nuestro alto cargo levantando una mano, la del anillo), y *un chambelán o factótum* cerró desde fuera la puerta [...]. [...] [A]l poco él [el alto cargo] se levantó de su sillón holgado, se acercó a una mesita en la que acaso había demasiadas botellas, se preparó un whisky con hielo (me extrañó que no se lo hubiera servido antes *ningún camarero o maestresala*) y preguntó: [...]. [...] [Y] entonces comprendí que podían pasarse los treinta o cuarenta y cinco minutos previstos como en la antesala del asesor fiscal o el notario, limitándose a esperar a que transcurriera el tiempo y *el ordenanza o fámulo* volviera a abrirles la puerta [...]

(Marías 1992:68f, Hervorhebung von mir)

Die kursiv markierten Bezeichnungen stellen einen doppelten Registerkontrast dar: Zum einen wird die semantische Präzision sowie das zum Teil gehobene Register gegen die Wichtigkeit der beschriebenen Subjekte (einfache Diener) ausgespielt, und zum anderen stehen in jedem Begriffspaar beide Bezeichnungen im Gegensatz zueinander.

Im ersten Fall, *chambelán o factótum*, ist Ersteres die historische Bezeichnung für einen "gentilhombre de cámara" (*Seco* 1999), einen Kammerherrn also, während *factótum* umgangssprachlich für jemanden steht, der im Haushalt alle möglichen Arbeiten erledigt.

3. Die GRACIA in der spanischen Literatur des 20. Jh.

Bei *camarero o maestresala* setzt Marías die allgemein übliche Bezeichnung für 'Kellner' neben ein historisch geprägtes Wort, *maestresala*, das den Chefkellner (im Spanischen auch *maître* genannt) designiert, der seinen Fürst am Tisch bedient und die Gerichte im voraus kostet.

Schließlich kombiniert Marías im Falle von *ordenanza o fámulo* die neutrale Bezeichnung für einen Amtsboten mit einem Substantiv, das im Gebrauchswörterbuch als humoristisch markiert und zeitgleich in einem literarischen Register adjektivisch eingesetzt wird (*Seco* 1999).

Die drei Begriffspaare sind in einem Abstand von zwei Seiten gezielt gesetzt und erwecken den Eindruck, dass der Dolmetscher das Treffen so langweilig findet, dass er sich mehr für die äußeren Umstände interessiert. Dadurch wird wieder eine Inkongruenz erzeugt zwischen einem formellen Staatsakt und der Wahrnehmung des Erzählers. Man kann diesen Kontrast auch im Sinne des Gegensatzes zwischen Schein und Sein deuten: Die Bilder der Gipfelkonferenzen, die man in der Regel über das Fernsehen verfolgt, haben wenig mit der Realität zu tun, die wir hier von einem *Insider* präsentiert bekommen.

Die gleiche komische Funktion mittels Ironie wird von der folgenden synonymischen Struktur erfüllt:

Empezaban a aburrirme las largas pausas y aquella pequeña charla o más bien intercambio insulso de frases aisladas.

(Marías 1992:69, Hervorhebung von mir)

Charla wird als unterhaltendes Gespräch (*Seco* 1999) definiert. Solche Gespräche haben in der Tat bloßen Unterhaltungswert, sie sind aber in der spanischen Kultur stark verbreitet, werden von dem einen oder anderen Lacher unterbrochen und verlaufen sehr lebendig. Hier wird das Wort *charla* mit einem langweiligen Austausch kontextloser Sätze gleichgesetzt. Interessant ist, dass eine *charla* sich durchaus zu einem solchen entwickeln kann (sie muss es aber nicht). Hier ist dies tatsächlich der Fall und Marías/Juan macht es so explizit, dass er beide Phänomene, *charla* und *intercambio insulso*, gleichsetzt. Der Autor schreibt also ausdrücklich das, was sich jeder Leser denkt, und erreicht dadurch einen komischen Effekt. In diesem Fall der Ironie spielt der Erzähler nicht mit dem Gesagten und dem Gemeinten, sondern er spricht in Einvernehmen mit dem Leser als 3. Person exakt das aus, was dieser meint (vgl. Stempel 1976:213).

Das dritte semantische Mittel, das ironisch eingesetzt wird, ist der bildliche Vergleich. Er ist eine Methode der Erkenntnis der objektiven Wirklichkeit unter Einbeziehung der Position des Autors (Sergienko 2000:61). Bei dieser Textstelle kann man zwischen direkten und indirekten Vergleichen unterscheiden.[85] Erstere werden durch das Modaladverb *como* eingeleitet:

[Y] entonces comprendí que podrían pasarse los treinta o cuarenta y cinco minutos previstos *como en la antesala del asesor fiscal o el notario*, limitándose a esperar a que transcurriera el tiempo y el ordenanza o fámulo volviera a abrirles la puerta, *como el bedel universitario que anuncia con apatía: 'La hora'* o *la enfermera que vocea desagradablemente: 'El siguiente'*.

(Marías 1992:69f, Hervorhebung von mir)

Marías greift hier auf drei Situationen zurück, mit denen der AT-Leser relativ vertraut sein dürfte. Alle haben mit Wartezeit zu tun, sei es als Kunde beim Steuerberater oder beim Notar, sei es als Student oder Professor bzw. als Patient. Sie werden indirekt als lästig empfunden, so wie die Lage des Dolmetschers hier, der das Schweigen kaum ertragen kann ("se produjo un abrupto silencio de lo más imprevisto y de lo más incómodo" S. 68) und lange auf den Anfang des Gesprächs warten muss. Beruhend auf dem Warten als *tertium comparationis*, ergibt sich die Ironie der Stelle erneut aus dem Kontrast zwischen einem Treffen von zwei Staatschefs und der Banalität der Situationen, die beschrieben werden. Auf die Kulturspezifik sowohl des Schweigens als auch der Situationen beim Notar bzw. Steuerberater, an der Universität oder beim Arzt wird unter Punkt d) näher eingegangen.

Des Weiteren findet sich ein indirekter Vergleich:

No es que se dijeran grandes cosas (un español y un italiano), pero había que reproducir una sintaxis y un léxico más complicados que no podría haber

---

[85] Direkte und indirekte Vergleiche unterscheiden sich durch das Vorhandensein eines Wortes, das den Vergleich explizit markiert und einleitet. Auf Spanisch erfüllen Modaladverbien wie *como, al igual que* diese Funktion. In einem indirekten Vergleich wird dieser nicht explizit gemacht.

3. Die GRACIA in der spanischen Literatur des 20. Jh.

traducido bien cualquier mediano conocedor de idiomas, a diferencia de lo que ocurría ahora: *todo lo dicho estaba al alcance de un niño*.

(Marías 1992:69, Hervorhebung von mir)

Durch die Gleichsetzung dessen, was die Staatschefs sagen, mit etwas, was jedes Kind verstehen könnte, wird ein ironischer Höhepunkt erreicht, der leicht den Bereich des *esperpento* als verfremdende Darstellungstechnik streift. Nicht von ungefähr lehnt sich der *esperpento* an die Parodie, Satire und Karikatur an, indem er rhetorische Mittel wie Ironie, Hyperbel und Oxymoron übernimmt und die moralische Korruption der spanischen Gesellschaft anprangert. In Bezug auf die Wortfeldanalyse des Komischen kann man diese Art der Ironie in der Nähe der Groteske platzieren, als verformende Darstellungsart, die durch den Gegensatz zwischen menschlichem Ideal (kompetente Politiker) und menschlicher Deformation (Politiker = Kinder) den komischen Effekt erreicht (vgl. Punkt 2.2.1.7.3.9). In diesem Zusammenhang darf man nicht vergessen, dass Ironie vor allem als *simulatio* (2.2.1.7.7 1b), als Verstellungs- und Entblößungsspiel, verstanden wird: Die Politiker werden zu "erwachsenen Kindern" gemacht.

c) Pragmatische Dimension

Die pragmatische Relevanz des Textes und damit die Ironie als Sprechakt sind nur in Bezug auf die Kommunikationssituation zu verstehen, mit der die syntaktischen und semantischen Mitteln interagieren. Der gesamte Dolmetschvorgang kann in drei verschiedene Passagen unterteilt werden, in denen die Erwartungshaltung des Lesers an die Kommunikationssituation im Sinne Kants mit komischem Effekt enttäuscht wird.

Die erste Szene findet vor dem eigentlichen Dolmetschvorgang statt, als beide Staatschefs noch vor den Fotografen und Kameraleute stehen. Darin wird geschildert, wie beide Politiker ein Gespräch miteinander vortäuschen, während sie in Wirklichkeit lauter Unsinn vor sich hinmurmeln:

mientras los fotógrafos hacían sus fotos y los dos altos cargos fingían hablar ya entre sí ante las cámaras de televisión: fingían, pues ni nuestro alto cargo sabía una palabra de inglés (bueno, al despedirse se atrevió con 'Good luck') ni la alto cargo británica una de castellano (aunque me dijo 'Buen día' al estrecharme férreamente la mano). De modo que mientras el uno murmuraba en español cosas inaudibles para los cámaras y fotógrafos y totalmente inconexas, sin dejar de mirar a su invitada con gran sonrisa, como si le estuviera regalando el oído (pero para mí eran audibles: creo recordar que repetía 'Uno, dos, tres y cuatro, pues qué bien vamos a pasar el rato'), la otra mascullaba sinsentidos en su lengua superándole en la sonrisa ('Cheese, cheese', decía, como se aconseja decir en el mundo anglosajón a cualquier persona fotografiada, y luego cosas onomatopéyicas e intraducibles como 'Tweedle tweedle, biddle diddle, twit and fiddle, tweedle twang').

(Marías 1992:67)

Der komische Effekt dieser Szene (*risa*) ergibt sich aus einem Kontrast: Der Leser ist gewohnt, solche Bilder im Fernsehen zu verfolgen, und hegt die entsprechende Erwartung. In diesem Text aber erfährt er, was in Wirklichkeit passiert. Nicht nur die Tatsache, dass die Politiker gar nicht miteinander reden, sondern dass sie obendrein Gemeinplätze und zungenbrecherische Kinderlieder rezitieren, bewirkt das Lachen.

Die zweite Szene findet statt, als die Staatschefs sich mit den Dolmetschern zurückziehen und das Gespräch nicht richtig in Gang kommt:

A decir verdad, nuestra intervención tardó todavía un rato en hacerse precisa, ya que en cuanto los periodistas fueron conminados a retirarse ('Ya basta', les dijo nuestro alto cargo levantando una mano, la del anillo), y un chambelán o factótum cerró desde fuera la puerta y nos quedamos los cuatro a solas listos para la eminente charla, yo con mi bloc de notas y Luisa con el suyo sobre el regazo, *se produjo un abrupto silencio de lo más incómodo*. Mi misión era delicada y mis oídos estaban particularmente alerta a la espera de las primeras palabras sensatas que me darían el tono y que debería traducir al instante. *Miré a nuestro adalid y miré a la adalid de ellos y volví a mirar al nuestro*. Ella se estaba observando las uñas con expresión perpleja y los cremosos dedos a cierta distancia. Él se palpaba los bolsillos de la chaqueta y el pantalón, no como quien no logra hallar lo que en verdad está buscando, sino como quien finge no encontrarlo para ganar tiempo (por ejemplo el billete que pide un revisor en el tren a quien no lo lleva). *Tenía la sensación de estar en la salita de espera del dentista, y por un momento temí que nuestro representante fuera a sacar y repartirnos unos semanarios*. Me atreví a volver la cabeza hacia Luisa con cejas interrogantes, y ella me hizo con la mano un gesto (no severo) recomendándome paciencia. Por fin el alto cargo español extrajo de un bolsillo ya diez veces palpado una pitillera metálica (algo cursi) y le preguntó a su colega:–*Oiga, ¿le molesta que fume?*

(Marías 1992:67f, Hervorhebung von mir)

3. Die GRACIA in der spanischen Literatur des 20. Jh.

In diesem Fall besteht der komische Kontrast darin, dass selbst das private Gespräch zwischen beiden Politikern sich als langweilige Situation entpuppt, in der die Teilnehmer sich gar nichts zu sagen haben. In die Szene wird einen Spannungsbogen eingebaut, der mit der Beschreibung einer für spanische Verhältnisse höchst unangenehmen Grabesstille anfängt (vgl. folgender Punkt), sich über die Ratlosigkeit des Dolmetschers und den Vergleich mit dem Wartezimmer beim Zahnarzt hinzieht und in der äußerst banalen Frage des spanischen Regierungschefs gipfelt. Die Erwartung des Lesers, Zeuge einer weltpolitisch relevanten Konversation zu werden, wird enttäuscht und anschließend ironisch aufgearbeitet.

Der dritte Teil der Kommunikationssituation, in der nichts wie erwartet verläuft, bezieht sich auf die eigentliche Dolmetschleistung, in der Juan die Rede des spanischen Premiers falsch wiedergibt. Eigentlich sind es "nur" drei Fragen, die der Dolmetscher absichtlich verfälscht, aber die die Richtung der Konversation entscheidend verändern, ohne dass die Staatschefs es merken:

–¿Quiere que le pida un té? –dijo.
Y yo no traduje, quiero decir que lo que en inglés puse en su boca no fue su cortés pregunta (de manual y un tanto tardía, todo hay que reconocerlo), sino esta otra:–*Dígame, ¿a usted la quieren en su país?*
[...]
Traduje debidamente cuanto había dicho la señora excepto su mención final de la guerra (no quería que se le ocurrieran ideas a nuestro alto cargo), y en su lugar puse en sus labios el siguiente ruego:–*Perdone, ¿le importaría guardar esas llaves?* Todos los ruidos me afectan mucho últimamente, se lo agradezco.
[...]
–Ah, desde luego, si hacemos algo bien nadie convoca una manifestación para que nos enteremos de que les ha gustado.
Y yo, por el contrario, decidí llevarlo a un terreno más personal, que me parecía menos peligroso y también más interesante, y le hice decir en inglés meridiano:
–Si puedo preguntárselo y no es demasiado atrevimiento, *usted, en su vida amorosa, ¿ha obligado a alguien a quererla?*

(Marías 1992:70;74, Hervorhebung von mir)

Die Spannung der Erzählung wird dadurch erhöht, dass die inhaltsverändernden Fragen des Dolmetschers immer persönlicher werden. Sie entfernen sich von der politischen Ebene und berühren die Privatsphäre und das Liebesleben der Britin. Dabei erfährt der Leser eine doppelte Überraschung: Zum einen erwartet er kaum, dass der Dolmetscher die Botschaft nicht wahrheitsgetreu wiedergibt, zum anderen ist das Staunen um so größer, als die Politiker die Manipulation nicht bemerken, sondern sich durchaus entspannt von der von Juan eingeschlagenen Richtung des Gesprächs treiben lassen.

Zusätzlich zur Strategie des Komischen, die aufgebaute Erwartung zu enttäuschen, spielt an dieser Stelle die ironische Haltung des Erzählers eine sehr wichtige Rolle. Auf funktionsbezogener Ebene übt Marías über seinen Erzähler Juan eine bittere Kritik an der Oberflächlichkeit internationaler Gipfeltreffen. Über die Parodie konkreter Darsteller der Weltpolitik hinaus (vgl. folgender Punkt), schimmert ständig eine tiefer gehende ironische Haltung Juans durch, der nicht nur als souveräner Nacherzähler, sondern auch in seiner Dolmetscherrolle als Lenker des wichtigen Gesprächs fungiert. Diese Haltung wird in erster Linie durch die narrative Stimme des Ich-Erzählers deutlich. Marías zeigt in seinen Romanen eine Vorliebe für einen Ich-Erzähler, der biographische Züge mit ihm teilt und durch Selbstreflexion gekennzeichnet ist:

> El narrador de Marías tiene una poderosa capacidad de exploración de su propia conciencia personal así como de la conciencia de los demás y sus juicios evaluativos definen y fijan para el lector las características de las figuras humanas y los hechos presentados. [...] El uso del monólogo interior directo, que facilita la multiplicidad perspectivística, es un vehículo preferente para la exploración de la conciencia propia y ajena y es de uso asiduo en las novelas de Marías.
>
> (Navajas 2001:48)

In der Erzähltheorie gilt, dass durch die Wahl des Ich-Erzählers "Unmittelbarkeit und Authentizität durch eine starke Eingrenzung des Blickfeldes [erkauft werden] [...]. Hingegen kann das Erzähler-Ich selbst introspektiv sehr genau ausgelotet werden" (Vogt 1990[7]:67). Diese Eingrenzung des Blickfeldes ermöglicht das ironische Spiel, weil der Leser auf die Versionen Dritter verzichten muss und auf den Blickwinkel des Erzählers, in diesem Fall des Protagonisten, angewiesen ist. Juan ist somit Herr der Erzählung, er kann als solcher entscheiden, was der Rede wert ist und dadurch die Relevanz des Gesagten bestimmen.[86] Zwei Beispiele aus dem Text Marías sollen dies verdeutlichen:

El alto cargo encendió un purito (tenía tamaño y forma de cigarrillo, pero era castaño oscuro, yo diría un purito), lo aspiró un par de veces y cuidó de expulsar el humo hacia el techo, que, *según vi, tenía manchas*. Volvió a reinar el silencio, y al poco él se levantó de su sillón holgado, se acercó *a una mesita en la que acaso había demasiadas botellas*, se preparó un whisky con hielo, (me extrañó que no se lo hubiera servido antes ningún camarero o maestresala) y preguntó:

(Marías 1992:68f, Hervorhebung von mir)

An dieser Stelle fügt der Ich-Erzähler zwei Kommentare in seine Beschreibung ein, die für den weiteren Textverlauf irrelevant sind, vor allem im Vergleich zur vermeintlichen Tragweite des anstehenden Gesprächs. Die erste Bemerkung betrifft den Zustand der Decke, die in den Augen des Betrachters fleckig ist, und die zweite die Anzahl von Flaschen, die auf der Hausbar zu finden sind. Beide Kommentare stehen im Gegensatz zur Bedeutung dessen, was sonst erzählt wird, und tragen nichts zum Inhalt des Gesprächs bei. Dadurch ist der Leser erst einmal überrascht, bis er einsieht, dass dies ein weiteres Zeichen der Langeweile des Protagonisten ist, mit dem Juan die Absurdität solcher Treffen auf ironische (indirekte) Weise signalisiert.

Hinzu kommt das Wechselspiel von erzählendem und erlebendem Ich, das eine Differenz oder Spannung in der Identität des Erzählers ausdrückt. Auf der einen Seite sind da die Bemerkungen Juans als Dolmetscher in der erzählten Zeit, und auf der anderen die Kommentare Juans als Erzähler in der Erzählzeit (Lesezeit). Das Spannungsfeld zwischen beiden Instanzen ermöglicht die Rückblende auf das eigene Tun mit "Abscheu, Kritik, Ironie oder auch Nachsicht, jedenfalls mit Distanz" (Vogt 1990[7]:71). Im Falle dieser

---

[86] In seiner Studie zur *Ironie im zeitgenössischen Ich-Roman. Grass-Walser-Böll* (1980) beschäftigt sich Martin Krumbholz mit der Übertragung von Stempels Theorie der Ironie auf drei Ich-Romane "unverbindlichen" Typs, die um 1960 geschrieben wurden. Dabei handelt es sich um Romane, in denen die 1. Person durch den realen/impliziten Autor (Sprecher), die 2. Person durch den fiktiven Autor (Opfer) und die 3. Person durch den impliziten/realen Leser (Publikum) verkörpert werden. Die ironische Inszenierung besteht in der zum Schein vollzogenen Identifizierung der 1. mit der 2. Person. Bei Marías sind die Personen anders besetzt: Erzähler = 1. Person; Romanfigur = 2. Person; Leser = 3. Person.

Szene aus *Corazón tan blanco* stellt man fest, dass der Erzähler tatsächlich zwischen erzählendem und erlebendem Ich unterscheidet ("Ahora sé que la cita de Shakespeare procedía de *Macbeth*", Anfang der 5. Periode), jedoch nicht auf ironische Art und Weise, sondern eher mit Sympathie und Verständnis für das eigene Verhalten:

> *No negaré que* me había fijado mucho en ella (esto es, *involuntariamente*) al entrar en la salita íntima
> [...]
> Yo, por mi parte, *reconozco* que también sonreí mucho a Luisa *involuntariamente* durante aquellos prolegómenos en los que nuestra intervención no era aún necesaria...
>
> (Marías 1992:67)

In beiden Fällen räumt er ein, dass er in Luisas Bann geraten ist, jedoch 'unfreiwillig', wie er sofort klarstellt.

Schließlich muss auf die Doppeldeutigkeit der Ich-Erzählung hingewiesen werden (Vogt 1990[7]:68): Der Ich-Erzähler Juan steht scheinbar im Konflikt mit dem Autor Marías. Zur Identifikation zwischen Autor und Erzähler im Werk von Marías ist bereits viel geschrieben worden.[87] Im Fall von *Corazón tan blanco* kann sich der Leser beispielsweise fragen, ob Marías, der selber Übersetzer ist, diese Situation widerfahren ist. Marías verfolgt sehr bewusst eine Strategie der erzählerischen Mehrdeutigkeit, indem Autor, Erzähler und Protagonist seiner letzten Romane sich miteinander vermischen. Diesbezüglich drückt sich Marías programmatisch aus, wenn er bereits 1987 wie folgt argumentiert:

> Así como el memorialista procura dar continuas pruebas de su veracidad y convencer al lector de que lo que relata es cierto y le sucedió a él, el autor; así como el novelista autobiográfico camufla lo «verdadero» e intenta convencer al lector de que lo que cuenta es «inventado» y *no* le ha sucedido a *él*, el autor; este tercer tipo de escritor, al presentar su texto como ficción pero no hacer nada para ficcionalizarlo, lo que quizá

---

[87] Marías' Weg zur *autoficción* als Erzählung, in der Autor, Erzähler und Protagonist denselben Namen haben, wird mit *Todas las almas* (1989) eingeschlagen und erreicht sein Ziel mit der *falsa novela Negra espalda del tiempo* (1998). Eine ausführliche Untersuchung autobiographischer Elemente in Marías Werk bietet Carmen Bouguen in: "Autor real y ficción en *Todas las almas, Corazón tan blanco, Mañana en la batalla piensa en mí* y *Negra espalda del tiempo* de Javier Marías" In: Steenmeijer, Maarten (2001): *El pensamiento literario de Javier Marías*. Amsterdam, New York: Rodopi. 105-112. (=Foro hispánico. Revista hispánica de los Países Bajos. Nr. 20.)

3. Die GRACIA in der spanischen Literatur des 20. Jh.

está haciendo es indicar ambas cosas a la vez. Es decir, que lo relatado le sucede a *él*, el autor, y al mismo tiempo *no* le sucede a *él*, el autor, en la medida en que *en realidad no ha sucedido*, ni a él ni a nadie en absoluto; aunque en la medida en que sucede en su obra de ficción, sea a *él*, el autor, y a nadie más a quien sucede. […] Sin embargo creo que es en esta delicadísima fórmula donde se encuentra la posibilidad de acometer la empresa que, como antes dije, cada vez me tienta e interesa más […]: abordar el campo autobiográfico, pero sólo como ficción.

(Marías 2001:78)

Für die Zwecke dieser Arbeit, die Thematisierung der Ironie als Strategie des Komischen, ist diese dekonstruktivistische Technik sehr willkommen, weil sie weitere Möglichkeiten für das ironische Spiel bietet.

Normalerweise funktioniert die Ironie so, dass das Gemeinte im Kontrast zum Gesagten indirekt geäußert wird, so dass der Leser sich den Rest selber ausdenken kann. Marías aber lässt am Ende der Szene den Ich-Erzähler in der Form des inneren Monologs die Ironie auflösen bzw. beenden, bevor er sich durch die Frage nach dem Liebesleben der Britin wichtigeren (ernsteren) Themen widmet. Der Leser braucht sich fortan keine Gedanken mehr über den Sinn des Gesprächs zwischen beiden Staatschefs zu machen, denn spätestens an diesem Punkt werden die wahren Ambitionen der Gestalter des politischen Weltgeschehens ausdrücklich geklärt:

Santo cielo, pensé (pero había querido comentárselo a Luisa), estos políticos tienen nostalgias dictatoriales, para ellos cualquier logro y cualquier consenso serán siempre sólo la pálida realización de un deseo íntimamente totalitario, el deseo de unanimidad y de que todo el mundo esté de acuerdo, y cuanto más se acerque esa realización parcial a la totalidad imposible, mayor será su euforia, aunque nunca bastante; ensalzan la discrepancia, pero en realidad les resulta a todos una maldición y una lata.

(Marías 1992:74)

Durch die Sehnsucht nach uneingeschränkter Liebe und Unterstützung beim Volk entpuppen sich die Politiker als Menschen mit diktatorischen Neigungen, die in der Demokratie einen unbefriedigenden Kompromiss sehen. Durch diese Wendung rückt die Ironie dem Ernst ein Stück näher:

> Nevertheless, there is also incorporated some seriousness here that undermines the irony. At the meeting between the two heads of state, who, of course, do not have any important messages to each other, it is revealed that their meaningless theater appearance not only is a cover for pseudo-democratic, but for completely antidemocratic personal attitudes. Underneath the leveling of meaning lies a great

political danger that definitely would make a difference, if it were to be mentioned in public. Behind the façade of glittering, rhetorical speeches there is a dangerous silence.

(Simonsen 1999:196)

Meiner Meinung nach ist es aber nicht so, dass die Ironie durch den ernsthaften Hintergrund entschärft wird. Eine gewisse Ernsthaftigkeit ist der Ironie eigen, denn sie liegt, wie in der Wortfeldanalyse kultursemantisch untermauert (vgl. Punkt 2.2.1.7.7), in der goldenen Mitte zwischen Tragik und Komik.

Die Verletzung des Relevanzprinzips ist eine der weiteren Strategien des Komischen, die Marías in dieser Textstelle mit ironischer Absicht benutzt. In der Terminologie Stempels besteht die Ironie zusätzlich in der Ignorierung des Wahrheitsgebots (der Sprecher glaubt nicht an das, was er sagt, bzw. sagt nicht, was er in Wirklichkeit denkt), das "einen 'Kollaps' der unterstellten Voraussetzungen" provoziert (Stempel 1976:224). Zum Erfolg der ironischen Absicht ist die 'Überfüllung' des Kooperationsprinzips vonnöten, d.h., der Leser muss sich im voraus auf eine ironische Haltung des Autors gefasst machen. Dies ist nur innerhalb einer Gemeinschaft oder zwischen Gemeinschaften mit ähnlich normiertem Kommunikationsverhalten möglich.

Die Verletzung des Relevanzprinzips äußert sich bei Marías durch die Einfügung persönlicher Kommentare des Ich-Erzählers, die hauptsächlich durch zwei Ironiesignale markiert sind: die Klammer und die Metasprache.

In der ausgewählten Passage findet man insgesamt 29 eingeklammerte Bemerkungen, deren pragmatische Bedeutung bereits unter syntaktischem Gesichtspunkt (vgl. Abschnitt a) skizziert wurde. Im Folgenden ein weiteres Beispiel:

Noté el estupor de Luisa a mis espaldas, es más, la vi descruzar de inmediato las sobresaltadas piernas *(las piernas de gran altura siempre a mi vista, como los zapatos nuevos y caros de Prada, sabía gastarse el dinero o se los habría regalado alguien)*, y durante unos segundos que no fueron breves *(sentí mi nuca atravesada por el susto)* esperé su intervención y su denuncia, su rectificación y su reprimenda, o bien que se hiciera cargo de la interpretación al instante, 'la red', para eso estaba. Pero esos segundos pasaron *(uno, dos, tres y cuatro)* y no dijo nada, tal vez *(pensé entonces)* porque la adalid de Inglaterra no pareció ofendida y contestó sin demora [...]

(Marías 1992:70, Hervorhebung von mir)

3. Die GRACIA in der spanischen Literatur des 20. Jh.

Die Textstelle zeigt deutlich, dass Juan sich vorwiegend für seine Kollegin interessiert. Die Mischung aus dem langweiligen Gespräch und der Anziehungskraft Luisas führt ihn soweit, dass er seine berufliche Reputation aufs Spiel setzt. Die beiden ersten Klammern thematisieren sowohl Luisas als auch Juans körperliche Reaktion auf das sprachliche Vergehen (die Rolle von Körpersprache wird anschließend thematisiert). Die dritte Bemerkung ist selbstreferentiell und spielt indirekt – und somit ironisch – auf den Reim an, den der spanische Regierungschef beim Fototermin murmelt. Die vierte Klammer ist wieder ein Zeichen der Reflexion des Ich-Erzählers über die eigene Geschichte in der Erzählzeit.

Die Klammer wird oft als grafisches Ironiemerkmal aufgezählt (Hutcheon 1995:156; Sergienko 2001:37). Dennoch ist ihre ironische Funktion nicht eindeutig bestimmbar, denn eine Klammer kann, wie andere drucktechnische Mittel auch, anderen Zwecken dienen: "Diese Mittel [drucktechnischer Natur] hängen von der sprachlichen Struktur, der Textsituation, dem Kontext ab und spielen keine führende Rolle, sie lenken nur die Aufmerksamkeit auf die Äußerung" (Clyne zit. nach Sergienko 2001:37). Dennoch erfüllt die Klammer im konkreten Falle Marías m.E. eine durchaus relevante ironische Funktion, die sich schon aus der unüblichen Anhäufung dieses Mittels ergibt. Wie bereits erläutert, nutzt Marías die Klammer, um die Kommentare des Ich-Erzählers einzuführen und die Aufmerksamkeit des Lesers vom langweiligen politischen Geschehen abzulenken. Zusätzlich fungiert die Klammer als schriftliches Pendant zur mündlichen Intonation, indem sie den Leser zu einer Pause sowie einem Tonlagenwechsel zwingt, so dass die Ironie besser zum Ausdruck kommt.

Das zweite Mittel zur Entfaltung der Ironie auf pragmatischer Ebene durch die Verletzung des Relevanzprinzips ist der Rückzug in die Metasprache, mittels derer Juan über das Gesagte reflektiert und seine Macht als Dolmetscher ausübt. Dies ist wiederum ein Zeichen seiner Souveränität als Erzähler, denn er kann bestimmen, was übersetzt wird und was nicht, und wie. Und er trägt letztendlich – sowohl in der erzählten Zeit als auch in der Erzählzeit – die Verantwortung für den Verlauf der Szene:

Y *yo traduje*, como también la respuesta, aunque *agregando de nuevo 'señora'* al final de la pregunta.
[...]
Y *yo no traduje*, quiero decir que lo que en inglés puse en su boca no fue su cortés pregunta (*de manual y un tanto tardía, todo hay que reconocerlo*), sino esta otra:
[...]
Traduje con exactitud, si acaso de modo que en la versión inglesa desapareciera el 'lo' de la primera frase y todo quedara para nuestro superior *como una reflexión espontánea* británica que, dicho sea de paso, pareció complacerle como tema de conversación
[...]
–¿Obligó o convenció? –preguntó nuestro alto cargo, y *vi que estaba satisfecho de su matización*, por lo que *me limité a traducirla* tal como la había expresado.
[...]
Dudé también con ella *si el último comentario no era excesivo* para los oídos democráticos de nuestro alto cargo, y tras un segundo de vacilación y vistazo a las otras y mejores piernas que me vigilaban, *opté por suprimir 'ese es el problema'*
[...]
–Y con pareados. Hacen pareados –intercaló nuestro superior–. Pero *eso no lo traduje porque no me pareció que tuviera importancia ni me dio tiempo*

(Marías 1992:69-73, Hervorhebung von mir)

Diese Beispiele sollen verdeutlichen, wie der Dolmetscher von Fall zu Fall die Bedeutung des Gesagten erwägen und gegebenenfalls verkürzen bzw. auslassen muss, um eine erfolgreiche Übersetzung zu leisten. Diese kognitive Vorgehensweise gehört zu einer korrekten Dolmetschtechnik:

> Höchste kognitive Anforderungen sind mit dem *Komprimieren* (Verdichten, Raffen) von AS-Äußerungen durch den Dolmetscher verbunden, da hier Textsegmente in Elemente höherer Ebenen überführt werden müssen. Eine solche Textverdichtung wird z.B. aus Zeitmangel bei hoher Vortragsgeschwindigkeit, wegen extrem hoher Redundanz des AT oder aufgrund von Kapazitätsproblemen des Dolmetschers vorgenommen. Gelingt die Verdichtung des AT nicht, wird es zu Störungen in der Verdolmetschung kommen, etwa zu semantischen Verschiebungen oder Auslassungen relevanter Elemente, Kohärenz- oder Äquivalenzmängeln.
>
> (Kalina 1999[2]:333)

Dennoch steht fest, dass Juan in diesem Fall seine Befugnisse überschreitet und somit gegen die Grundregeln des Verhandlungsdolmetschens verstößt:

3. Die GRACIA in der spanischen Literatur des 20. Jh.

Was die Anforderungen an den Zieltext angeht, so sind beim Verhandlungsdolmetschen im allgemeinen *Genauigkeit, inhaltliche Übereinstimmung und Vollständigkeit* ausschlaggebend. Die jeweilige Gewichtung dieser Kriterien kann je nach Einsatzbereich unterschiedlich sein. Bei diplomatischen Verhandlungen auf hoher oder höchster Ebene ist die nuancierte Wiedergabe jeder ironischen oder sonstwie andeutungsweise gefärbten Aussage wichtig. [...] Jedenfalls aber ist der Dolmetscher kein mechanischer Texterzeuger, sondern muß ständig mitdenken und beurteilen, ob nicht Dinge mitschwingen, die den sprechenden Seiten unbekannt sind oder von ihnen nicht gesehen werden. In einem solchen Fall im Interesse des Verhandlungserfolges in geeigneter Weise einzugreifen –etwa durch eine zusätzliche Erläuterung, durch einige dem rechten Nachbarn zugeflüsterte Worte oder auch durch hörbare Verbesserung eines durch den anderen Dolmetschers falsch übersetzten Begriffes– kennzeichnet die hohe Professionalität des Dolmetschers. Freilich muß sich der Dolmetscher seiner Sache sicher sein. Vorlaute Äußerungen sind nicht gefragt; höchstes Taktgefühl ist angesagt.

(Grünberg 1999[2]:318, Hervorhebung von mir)

Anhand dieses Zitats erkennt man, dass Marías über die Arbeit und die Qualitäten eines professionellen Dolmetschers Bescheid weiß und in diesem Bewusstsein mit ironischer Absicht damit spielt.[88]

Geleitet von der Tendenz zur Selbstreflexion und von der *déformation proféssionelle* fügt Juan metasprachliche Kommentare über seine eigene hyperkorrekte Erzählweise ein, die eher seine Person und nicht das offizielle Geschehen in den Vordergrund stellen:

El alto cargo encendió un purito (tenía tamaño y forma de cigarrillo, pero era castaño oscuro, yo diría un purito)

(Marías 1992:68)

Marías bedient sich gleichermaßen metasprachlicher und erklärender Ausdrücke wie *es decir, quiero decir, es más, dicho sea de paso, en suma*, die nicht mehrdeutig wie die Klammern sind, sondern offensichtlich eine ironische Auflösung verlangen, indem sie die Möglichkeit einer zweiten Lektüre oder einen Erklärungsbedarf signalisieren und diese einleiten (Hutcheon 1995:156):

---

[88] Abgesehen vom Missbrauch der Dolmetscherpflicht verletzt Juan die Schweigepflicht, die in dem zweiten Artikel des internationalen Ehrencodex eines Dolmetschers verzeichnet ist: "a) Members of the Association shall be bound by the strictest secrecy, which must be observed towards all persons and with regard to all information disclosed in the course of the practice of the profession at any gathering not open to the public" (vgl. http://www.aiic.net/ViewPage.cfm/article24.htm [Stand 11.06.2003]).

> Yo quedé en mi torturadora silla en medio de los dos adalides, y Luisa en su mortificante silla un poco a mi izquierda, *es decir*, entre la adalid femenina y yo
> [...]
> Y yo no traduje, *quiero decir* que lo que en inglés puse en su boca no fue su cortés pregunta
> [...]
> Noté el estupor de Luisa a mis espaldas, *es más*, la vi descruzar de inmediato las sobresaltadas piernas
> [...]
> Traduje con exactitud, si acaso de modo que en la versión inglesa desapareciera el 'lo' de la primera frase y todo quedara para nuestro superior como una reflexión espontánea británica que, *dicho sea de paso*, pareció complacerle como tema de conversación
> [...]
> [P]or lo que traduje todo correctamente menos eso (lo omití y censuré, *en suma*)
>
> (Marías 1992:67; 70f, Hervorhebung von mir)

Ein letzter relevanter Aspekt für die pragmatische Dimension des Textes und die ironische Absicht des Autors ist die Rolle von Körpersprache, denn aus der pragmatischen Sicht der Rhetorik gilt der Körper "als ein bedeutungstragendes Ausdrucksmittel, als ein Kommunikationsmittel zwischen den Parteien, den Gesprächspartnern, neben dem Kommunikationsmittel 'Sprache'" (Kalverkämper 1991:329) und kann diese entscheidend (affirmativ oder negativ) beeinflussen. Die sprachliche Verfassung nonverbaler Kommunikation kommt in der Literatur besonders zum Tragen, vor allem dann, wenn "der Schriftsteller [] seine erzählten Kommunikationssituationen willentlich komplex [gestaltet], indem er Sprechen und Körper seiner Personen beachtet und mitteilt" (Kalverkämper 1991:330). Im Falle Marías' stellt man fest, dass er durch das körpersprachliche Verhalten den Charakter seiner Figuren herausarbeitet. Dies hat zur Folge, dass der komische Kontrast stärker, aber auch subtiler zum Ausdruck kommt und die Ironie an dieser Stelle insgesamt verschärft wird.

Hinzu kommt die Tatsache, dass Körpersprache eine entscheidende Rolle im Dolmetschprozess spielt, und zwar in doppelter Richtung, denn einerseits muss der Dolmetscher die Körpersprache des Redners korrekt wahrnehmen, deuten und wiedergeben:

3. Die GRACIA in der spanischen Literatur des 20. Jh.

> Un discurso se compone de elementos verbales y no verbales. La comunicación, como hemos visto, no es una suma de signos lingüísticos. En ocasiones, los elementos verbales predominan claramente sobre los no verbales. En este caso la labor del intérprete se ve facilitada: éste "se limita" a analizarlos, comprenderlos, memorizarlos e interpretarlos. Otras veces, sin embargo, las palabras por alguna extraña razón no comunican lo que el emisor efectivamente trata de comunicar o lo hacen de forma deficitaria. En este otro caso, el intérprete debe enfrentarse a un cúmulo de signos no verbales que son los que efectivamente le ayudarán a analizar y comprender el mensaje del emisor. Baste señalar en este lugar *la ironía*, en la que las palabras son matizadas o negadas a través de una sonrisa.
>
> (Collados 1994:27, Hervorhebung von mir)

Andererseits soll er – besonders beim Verhandlungsdolmetschen – auf die eigene Körpersprache achten:[89]

> El intérprete como comunicador que es debe ser, por tanto, consciente de los elementos no verbales que utiliza (tanto intencionados como no intencionados). El receptor no debe ser sobrecargado con condicionamientos particulares del intérprete que lo desvíen de su objetivo fundamental: la recepción del discurso original.
>
> (Collados 1994:27)

Was die Darstellungsweise von Körpersprache in der Literatur betrifft, hat Kalverkämper (1991) ein solides Modell entwickelt, das sowohl die Analyse als auch eine fundierte literaturkritische Betrachtung des körpersprachlichen Phänomens im Kommunikationsprozess (einschließlich aller literarischen Aktanten: Autor, Leser, Text, handelnde Textinterpretation) ermöglicht.

---

[89] In dem Artikel "La comunicación no verbal y la didáctica de la interpretación" (1994) bietet Ángela Collados eine umfangreiche und praxisbezogene Studie über die Relevanz von Körpersprache im Dolmetschprozess unter Berücksichtigung der didaktischen Anwendung. Die Autorin definiert die körpersprachliche Kompetenz des Dolmetschers in seiner Doppelrolle als AT-Empfänger und ZT-Sender und analysiert ein Fallbeispiel mit Bildmaterial. Dabei unterscheidet sie zwischen Simultan-, Konsekutiv- und Verhandlungsdolmetschen. Innerhalb der letzten Variante thematisiert sie Aspekte wie Proxemik, Deutung der körpersprachlichen Zeichen zum Ablauf eines Gesprächs (Wortmeldungszeichen, Blickverhalten als Bitte um Unterstützung des Dolmetschers, usw.) oder das korrekte Aussehen des Dolmetschers. Weitere Beiträge zur nonverbalen Kommunikation im Dolmetschbereich findet man in Poyatos, Fernando (Hrsg.) (1997): *Nonverbal Communication and Translation*. Amsterdam/Philadelphia: John Benjamins Publishing Co. Im darin enthaltenen Beitrag zur Dolmetschpraxis thematisiert Edna Weale den "Humor" und die darauffolgende körperliche Lachreaktion als eine der größten Schwierigkeiten beim Dolmetschen: "Humor is the ultimate in communication and yet it is the most difficult to translate. British humor is usually subtle and based on understatement and will seldom make a Spaniard laugh. Likewise Spanish jokes, spontaneous, vociferous and rather loud will usually be considered slightly over-stated and vulgar by an Englishman. And yet it is only that one becomes friends, that contacts with people that start professionally change into a more intimate relationship" (Weale 1997:300).

Dabei unterscheidet er in Bezug auf die Zeichenqualität von Sprache zwischen zwei Darstellungsweisen von körpersprachlichem Ausdruck, die sich gegenseitig bedingen und eng miteinander vernetzt sind (Kalverkämper 1991:370). Bei Marías werden beide Techniken kombiniert. Im Folgenden werden diese Darstellungsweisen kurz zusammengefasst (vgl. Kalverkämper 1991:342ff), mit Beispielen aus dem Marías-Text untermauert und auf ihre Relevanz für die ironische Absicht hin untersucht.[90]

- Textuelle Entfaltung von Körpersprache (syntagmatische Dimension)

Bei der textuellen Entfaltung von Körpersprache wird der Körper seziert und schrittweise mit Worten abgeleuchtet. Der Gesamteindruck ergibt sich aus der Summe von Einzelbeobachtungen, die im Text nacheinander entfaltet werden. Der Dichter ist souverän über den Körper seiner Figuren. Er entscheidet über die Teile, auf die sich die Darstellung fokussiert, und mischt sich als interpretierender Autor ein. Der körpersprachliche Ausdruck hat somit einen Stellenwert für den weiteren Handlungsverlauf.

Ein Beispiel für die interpretierende Funktion des Autors ist folgende Textstelle:

Miré a nuestro adalid y miré a la adalid de ellos y volví a mirar al nuestro. Ella se estaba observando las uñas con expresión perpleja y los cremosos dedos a cierta distancia. Él se palpaba los bolsillos de la chaqueta y el pantalón, *no como quien no logra hallar lo que en verdad está buscando, sino como quien finge no encontrarlo para ganar tiempo (por ejemplo el billete que pide un revisor en el tren a quien no lo lleva).*

(Marías 1992:68, Hervorhebung von mir)

---

[90] Einen weiteren interdisziplinären Ansatz für die Auseinandersetzung mit Körpersprache in Literatur und Übersetzung bietet Fernando Poyatos (1997; 2002). In seinem Artikel *Aspects, problems and challenges of nonverbal communication in literary translation* (1997) bietet er einen Überblick zur Rolle von Sprache als "the basic triple audiovisual structure language-paralanguage-kinesics, which the writer is forced to reduce to a verbal-nonverbal visual depiction" (Poyatos 1997:19) vor und nach der literarischen Übersetzung. Dabei werden sensorische Aspekte im weitesten Sinne behandelt. Poyatos fängt mit der Wahrnehmung des Gegenstandes 'Buch', der Lesesituation und der Leserstimmung an, um sich anschließend mit der Physiologie der visuellen Textwahrnehmung und der eigentlichen Körpersprache der Figuren und ihren Folgen für Übersetzungszwecke zu beschäftigen, ohne dass er m.E. beim letzten Aspekt in die Tiefe geht. Besonders interessant erscheint mir die Problematisierung von Zeichensetzung und der Rolle vom Schweigen im Text sowie die gründliche Auflistung körpersprachlicher Elemente. Leider vermisst man eine klare Systematisierung, die Poyatos' Typologie für übersetzungskritische Zwecke operationalisierbar machen würde.

3. Die GRACIA in der spanischen Literatur des 20. Jh.

Hier beschränkt sich der Ich-Erzähler nicht darauf, die Bewegung des spanischen Staatschefs zu beschreiben, sondern gibt sofort seine eigene Interpretation dieses Körperzeichens (kursiv gedruckt). Dadurch wird der Leser in eine bestimmte Richtung gelenkt.

Im nächsten Beispiel gibt Marías durch die körpersprachlich genaue Sezierung der Figuren die Peinlichkeit der Situation zu erkennen, in der sich beide Staatschefs unwohl fühlen und der sie möglichst früh ein Ende setzen wollen:

Nuestro superior *volvió a sentarse con el whisky en la mano y el purito en la otra, bebió un sorbo, suspiró con fatiga, dejó el vaso, miró el reloj, se alisó los faldones de la chaqueta que se había pillado con su propio cuerpo, se rebuscó otra vez en los bolsillos, aspiró y espiró más humo, sonrió ya sin ganas (la adalid británica sonrió asimismo con aún menos ganas y se rascó la frente con las uñas largas que se había mirado con asombro al principio, el aire se impregnó un instante de polvos de maquillaje),* y *entonces comprendí* que podían pasarse los treinta o cuarenta y cinco minutos previstos como en la antesala del asesor fiscal o el notario, *limitándose a esperar a que transcurriera el tiempo* y el ordenanza o fámulo volviera a abrirles la puerta, como el bedel universitario que anuncia con apatía: 'La hora' o la enfermera que vocea desagradablemente: 'El siguiente'.

(Marías 1992:69f, Hervorhebung von mir)

Hier wird das körpersprachliche Verhalten beider Politiker (vor allem des Spaniers) sehr genau beschrieben (Sitzverhalten, Bewegung, Intonation, Blickrichtung, Körperhaltung, Mimik), denn es gilt als einziger Anhaltspunkt für den Dolmetscher, das Geschehen korrekt zu deuten. Dies wird aus der Wendung *entonces comprendí* ('und in diesem Moment begriff ich') ersichtlich. Erst nachdem Juan die Körpersprache der Regierungschefs wahrgenommen hat, ist er in der Lage, die Situation richtig einzuschätzen und festzustellen, dass es beiden Gesprächsteilnehmern lediglich darum geht, die Zeit des Treffens "totzuschlagen". Die ausführliche und gleichzeitig schnelle Beschreibung vom Körperverhalten trägt zu einem rapiden, fast filmischen Erzählrhythmus bei und hat zur Folge, dass der Leser das Geschehen in seinem Kopf visualisiert.[91]

---

[91] Diese Szene erinnert an die klassische Stummfilmtechnik zu Anfang des 20. Jh., bei der aufgrund des inexistenten Tons der Schwerpunkt des Geschehens auf die Bilder und somit

- Kodierte Erfassung von Körpersprache (paradigmatische Dimension)
Bei dieser Darstellungsweise wird das gesamtkörpersprachliche Verhalten auf bestimmte systematische Zeichen reduziert und durch Substantive/Verben/Adjektive/Adverbien lexikalisiert. Dadurch ensteht ein Code von körpersprachlichen Ausdrücken, die in der Regel aus einem merkmalneutralen und einem merkmalhaltigen Wort zusammengesetzt sind und zum körpersprachlichen Wortschatz einer spezifischen Kultur gehören (auf die Übersetzungsproblematik dieser Form der Kultureme wird im 4. Kapitel eingegangen). In diesem Fall erfüllt der Autor keine interpretierende Funktion. Der Leser ist auf seine Erfahrung angewiesen, um die körpersprachlichen Zeichen richtig zu deuten. Der Autor kann ggf. darauf verweisen, er verzichtet jedoch auf eine explizite Entschlüsselung. Diese Darstellungsweise ist meistens punktuell und hat eine beschränkte Wirkung auf das Geschehen. Dazu folgende Beispiele:

Yo quedé en mi torturadora silla en medio de los dos adalides, y Luisa en su mortificante silla un poco a mi izquierda, es decir, entre la adalid femenina y yo, pero algo postergada, *como una figura supervisora y amenazante* que me espiaba la nuca y a la que yo sólo podía ver (mal) con el rabillo de mi ojo izquierdo (sí veía perfectamente sus piernas cruzadas de gran altura y sus zapatos nuevos de Prada, la marca era lo que me quedaba más próximo).

(Marías 1992:66f, Hervorhebung von mir)

Miraba a nuestro algo cargo con la boca entreabierta y *expresión apreciativa* (demasiado lápiz de labios que le invadía los intersticios de los dientes), y él, ante este nuevo silencio que no había promovido y seguramente no se explicaba, *sacó otro purito y lo encendió con la colilla del anterior, causando (yo creo), muy mal efecto.*

(Marías 1992:75, Hervorhebung von mir)

Im ersten Beispiel beschränkt sich Juan auf die Bezeichnung *una figura supervisora y amenazante*, d.h. diese 'Figur' wird nicht nochmal in Augen, Nase, Mund, Kopf usw. zerteilt. Der spanische Leser muss also auf seine Erfahrungen zurückgreifen und sich etwas darunter vorstellen.

---

auch auf das körpersprachliche Verhalten verlagert wurde. Die damaligen Darsteller übernahmen Elemente aus dem Theater, dem Varieté, dem Zirkus, den Comicstrips und der Pantomime, um die notwendige Ausdruckskraft zu erreichen.

3. Die GRACIA in der spanischen Literatur des 20. Jh.

Im zweiten Beispiel ist die Bezeichnung *expresión apreciativa* ein ähnlicher Fall, denn das Wort *expresión* bezeichnet eine Gemeinschaft von (Gesichts)zügen – "Conjunto de signos visibles, esp. del rostro, por los que se manifiesta el estado afectivo o intelectual o el carácter de una persona o animal" (*Seco* 1999) –, deren Kenntnis beim Leser vorausgesetzt wird. Darüber hinaus ist dieses Beispiel ein Beleg für die Kombination beider Strategien, denn nach *expresión apreciativa* folgt ein weiteres körpersprachliches Zeichen, nämlich das Anzünden eines Zigarillos mit dem Stummel des zu Ende gerauchten, unterteilt in das Herausnehmen und Anzünden, das auch vom Ich-Erzähler interpretiert wird: *causando (yo creo), muy mal efecto* ('was (glaube ich) einen sehr schlechten Eindruck machte').

Was die Folgen beider Strategien für das ironische Spiel anbelangt, kann man behaupten, dass Körpersprache an sich eine grundlegende Rolle in der Gestaltung der Ironie spielt. Alle Autoren, die sich mit Ironiesignalen beschäftigen, räumen nonverbalen Zeichen einen wichtigen Stellenwert innerhalb ihrer Typologien ein (Weinrich 1966:61, Hutcheon 1995:155, Engeler und Clyne zit. nach Sergienko 2001:37). Ein Lächeln oder Räuspern reichen oft aus, um das Gesagte als ironisch einzustufen.

Kalverkämpers System zur Darstellungsweise von Körpersprache erweist sich, wie im Folgenden gezeigt, als sinnvoll für die Analyse der ironischen Funktion. Durch die Technik der Entfaltung kann der Autor nach Belieben körpersprachliche Akzente setzen, die eine konkrete Interpretation nahelegen und Kritik üben:

Agitaba las incontables llaves haciéndolas sonar con demasiado estrépito, un hombre nervioso, no me dejaba oír bien, un intérprete necesita silencio para cumplir su cometido.

(Marías 1992:72)

Durch diese körpersprachliche Beschreibung in Bezug auf das Rasseln mit dem Schlüsselbund gilt der spanische Regierungschef sofort als unruhig, rücksichtslos und ungeschickt, alles Eigenschaften, die ein prominenter Politiker eigentlich nicht zeigen sollte. Die Bewegung des Schlüsselbundes fungiert als körpersprachliches Leitmotiv zur Beschreibung des spanischen Staatschefs und ist zugleich ein Beispiel dafür, wie die diese Darstellungsweise von Körpersprache die Handlung entscheidend beeinflussen kann: Das unhöfliche Verhalten des Spaniers, das mehrmals anhand von Schlüsselrasseln beschrieben wird, stört den Dolmetscher derart, dass dieser den Diskurs der Britin zum zweiten Mal verfälscht, indem er den Spanier bittet, die Schlüssel beiseite zu legen. Die Bewegung des Schlüsselbundes dient somit der Charakterisierung der Figur des Politikers und steuert gleichzeitig die Handlung der gesamten Szene:

Creo que fue también la conjunción de los labios y el índice [...] lo que me dio valor para no ser nada exacto en la siguiente pregunta que por fin, *tras sacar de un bolsillo un llavero sobrecargado de llaves con el que se puso a juguetear de manera inconveniente*, hizo nuestro muy alto cargo:
[...]
Traduje con exactitud, si acaso de modo que [...] todo quedara para nuestro superior como una reflexión espontánea británica que, dicho sea de paso, pareció complacerle como tema de conversación, ya que miró a la señora con sorpresa mínima y mayor simpatía y le respondió *mientras hacía entrechocar sus numerosas llaves alegremente*: [...]
[...]
Agitaba las incontables llaves haciéndolas sonar con demasiado estrépito, un hombre nervioso, no me dejaba oír bien, un intérprete necesita silencio para cumplir su cometido.
[...]
Las piernas no se movieron, y en seguida comprobé que mis escrúpulos democráticos habían sido injustificados, porque *el español respondió con un golpe de llaves muy asertorio sobre la mesita baja*: [...]
[...]
Traduje debidamente cuanto había dicho la señora excepto su mención final de la guerra (no quería que se le ocurrieran ideas a nuestro alto cargo), y en su lugar puse en sus labios el siguiente ruego:
–Perdone, ¿le importaría guardar esas llaves? Todos los ruidos me afectan mucho últimamente, se lo agradezco.

(Marías 1992:70-72; 74, Hervorhebung von mir)

Die Kodierung von körpersprachlichen Ausdrücken ist ebenfalls fruchtbar für die Entstehung von Ironie. Die bündelnde Abstraktion von einigen Sprachzeichen trägt zur Indirektheit der Aussage bei und wirkt so, als zwinkerte der Autor dem Leser zu. In den folgenden Beispielen wird das Augenmerk des Erzählers auf den Rock der Britin gerichtet:

3. Die GRACIA in der spanischen Literatur des 20. Jh.

–No, si echa usted el humo hacia arriba, señor –contestó la adalid británica dejando de mirarse las uñas y *estirándose la falda*, y yo me apresuré a traducir como acabo de hacerlo.
[...]
–No a esta hora del día, si no le importa que no lo acompañe, señor. – Y la señora inglesa *se bajó un poco más la falda ya bien bajada*.
[...]
Descruzó las piernas con pudor y cuidado y *una vez más se tiró de la falda con energía, milagrosamente consiguió hacerla bajar aún dos dedos*.

(Marías 1992:68f; 74, Hervorhebung von mir)

Die Leser erkennen in ihrer Erfahrungswelt das Herunterziehen des Rocks wieder als Zeichen des Unbehagens einer Frau, die leicht nervös, eher prüde und auf ihr anständiges Aussehen bedacht ist:

> Die Gestik der Frauen ist selbstreflexiver, richtet sich häufiger in emotionaler Weise auf den eigenen Körper. Ihre vielfältigen Selbstberührungen und Eigenkontakthandlungen erfüllen unterschiedlichste Bedürfnisse, die in ihren spezifischen sozialen Lebensbedingungen und psychostrukturellen Eigenheiten gründen. Zum einen dienen sie dem Schutz und der Pflege des Körpers; zum anderen der Überprüfung und eventuellen Wiederherstellung des vorschriftsmäßigen Zustands ihrer äußeren Erscheinung (Ordnen der Frisur, *Korrekturen an der Kleidung*, Rekonstruktionen des Make-ups etc.); zum dritten ergänzen sie, in ihrer emotionalen Funktion als "Selbstintimitäten", die subjektiv als mangelhaft empfundenen Sozialkontakte (die Frauen entschädigen sich sozusagen selbst durch sanfte Berührungen für die emotionale Nachlässigkeit ihrer Partner); *eher flüchtige, fahrige Selbstberührungen der Kleidung* oder des Gesichts (Streifen, Wischen, Zupfen) *signalisieren Streß und wirken zugleich beruhigend, indem sie aufgestaute Spannungen auflösen und abführen*.

(Mühlen Achs 1993:72f, Hervorhebung von mir)

Die Bewegung von Rock und Beinen dient übrigens sowohl zur Charakterisierung als auch zur Kontrastierung der beiden weiblichen Figuren, die in dieser Szene auftreten. Juan bewundert von Anfang an die langen, übereinander geschlagenen Beine Luisas:

(sí veía perfectamente *sus piernas cruzadas de gran altura* y sus zapatos de Prada, ...)

(Marías 1992:67, Hervorhebung von mir)

In diesem Satz wird die Position der Beine als körpersprachlicher Ausdruck eingeführt, der seit der Moderne als Zeichen weiblichen Selbstbewusstseins interpretiert wird: "Die sich durchsetzenden kurzen Röcke erlaubten schließlich in den 1920er Jahren nicht nur die Zuschauerstellung gekonnt übereinander geschlagener Beine, sondern auch den praktischen Gebrauch der Beine beim eiligen Voranschreiten im Gewühl der Großstadt [...]" (Fleig 2001:490).[92] Zusätzlich sind übereinander geschlagene Beine ein Ausdruck mangelnder Gesprächsbereitschaft (vgl. Doermer-Tramitz 1990:75ff) und vermeintlicher Eleganz (Mühlen-Achs 1998:55ff).[93] Am Anfang des Gesprächs sitzt Luisa also in professioneller und angespannter Haltung neben ihrem Kollegen.

Darüber hinaus haben weibliche Beine eine deutlich erotische Bedeutung, denn sie markieren einen "reizvollen Übergang zu weiter gehender sexueller Erfüllung" (Fleig 2001:489).[94] In diesem Sinne üben Luisas Beine eine Anziehungskraft auf Juan aus:

Volvió a cruzar las piernas con rapidez (*sus rodillas doradas, redondeadas*), pero esa fue su única señal de haber advertido mi licencia.

(Marías 1992:71, Hervorhebung von mir)

Im Gegensatz dazu wird die britische Politikerin als eine nervöse, in eine unangenehme Situation geratene Frau beschrieben, die, wie bereits gezeigt, ihre Aufmerksamkeit unbeholfen auf die Länge ihres Rocks richtet. Außerdem werden die Knie der beiden Frauen indirekt miteinander verglichen: Zum einen ist von britischen weißlichen und sehr quadratischen (*rodillas blancuzcas y muy cuadradas*, Marías 1992:71), zum anderen von spanischen goldfarbenen, rundlichen Knie (*sus rodillas doradas, redondeadas*, Marías 1992:71) die Rede.

---

[92] Im Mittelalter waren die Konventionen der Beinbewegung anders: Frauen sollten nicht mit übereinander geschlagenen Beinen sitzen und beim Gehen keine allzu großen Schritte machen (Mühlen Achs 1993:61).

[93] In ihrem Buch *Geschlecht bewußt gemacht* (1998) bietet Mühlen-Achs einen sehr schönen Überblick zur körpersprachlichen Inszenierung von Geschlecht. Darin thematisiert die Autorin u.a. die Funktion der Sitz- und Liegehaltung in unserer Gesellschaft als Klassifikationskriterium für Macht- und Geschlechterverhältnisse. Der kämpferische Ton sowie die teilweise einseitige Deutung der Ergebnisse der Arbeit ist zwar etwas übertrieben, aber sie entwerten nicht die objektive Feststellung von Unterschieden in der körpersprachlichen Geschlechtsinszenierung.

[94] Spätestens seit dem Film *Basic Instinct* (1992) mit Sharon Stone als Hauptdarstellerin gilt das Übereinanderschlagen von weiblichen Beinen als erotische Verführungswaffe im breiten kollektiven Bewusstsein: "But she [Sharon Stone] really grabbed America's fancy in 1992, when, as the ice pick-wielding blond, she spread her legs during the interrogation scene in Basic Instinct" (Curran 1998:331).

3. Die GRACIA in der spanischen Literatur des 20. Jh.

Erst als Juan das Gespräch durch die Dolmetschleistung zum ersten Mal manipuliert, wird Luisa nervös. Dies wird durch ihre Beinbewegung körpersprachlich deutlich:

Noté el estupor de Luisa a mis espaldas, es más, *la vi descruzar de inmediato las sobresaltadas piernas* (las piernas de gran altura siempre a mi vista, como los zapatos nuevos y caros de Prada...)

(Marías 1992:70, Hervorhebung von mir)

Durch die körpersprachliche Reaktion von Luisa und der Britin auf Juans Eingriff merkt der Leser, dass das Blatt sich gewendet hat: Luisa stellt die Beine nebeneinander und die Britin, scheinbar zufrieden mit der Wendung des Gesprächs, schlägt wiederum ihre Beine übereinander und vergisst den Rock für einige Minuten:

–Muchas veces me lo pregunto –dijo, y *por primera vez cruzó sus piernas desentendiéndose de su precavida falda y dejando ver unas rodillas blancuzcas y muy cuadradas.*

(Marías 1992:71, Hervorhebung von mir)

Der gesamte Szenenablauf wird auch weiterhin von den Beinbewegungen beider Frauen begleitet. Luisa schlägt die Beine als Zeichen ihres Einverständnisses mit Juans Vor- und Vergehen wieder übereinander, während die Britin in ihrer Aufregung erneut in Schwierigkeiten mit dem Rock gerät. Im Folgenden werden die Sätze zitiert, die diese "Beinarbeit" veranschaulichen:

–Consideré que el último comentario, 'que además van siempre en aumento', era un poco exagerado si no falso, por lo que traduje todo correctamente menos eso (lo omití y censuré, en suma), y esperé de nuevo la reacción de Luisa. *Volvió a cruzar las piernas con rapidez (sus rodillas doradas, redondeadas), pero esa fue su única señal de haber advertido mi licencia.*
[...]
[La adalid] Se tiró de la falda en vano, pues *tenía aún cruzadas las piernas.*
[...]
Dudé también con ella [la adalid] si el último comentario no era excesivo para los oídos democráticos de nuestro alto cargo, y tras un segundo de vacilación y *vistazo a las otras y mejores piernas que me vigilaban*, opté por suprimir 'ese es el problema'. *Las piernas no se movieron*, y en seguida comprobé que mis escrúpulos democráticos habían sido injustificados [...]

[...]
Descruzó las piernas con pudor y cuidado y una vez más se tiró de la falda con energía, milagrosamente consiguió hacerla bajar aún dos dedos.
[...]
Las piernas de Luisa mantuvieron su postura, por lo que, [...], me atreví a traicionarle de nuevo, pues él dijo:
[...]
Observé con atención las piernas brillantes y no pendientes de su falda, y además en esta oportunidad tuvieron tiempo para la reflexión y la reacción, ya que la señora británica se lo tomó a su vez para reflexionar durante bastantes segundos antes de reaccionar. [...] *Pero las benditas piernas de Luisa no se movieron, siguieron cruzadas aunque quizás se balancearon* [...]

(Marías 1992:71-75, Hervorhebung von mir)

Die analysierte Textstelle ist ein Beleg dafür, wie ein körpersprachliches Zeichen mit ironischem Zweck eingesetzt werden kann. Der Ich-Erzähler schafft durch Gegenüberstellung von verschiedenen körpersprachlichen Verhalten bzw. Eigenschaften einen indirekten und somit ironischen Kontrast mit komischem Effekt.

Ein letztes Beispiel für diese Darstellungstechnik an dieser Stelle ist die Sezierung des Mundbereiches beider Frauen, genauer gesagt der Lippen. Juan beschreibt das im Westen konventionalisierte körpersprachliche Zeichen der Schweigepflicht (Zeigefinger senkrecht auf den geschlossenen Mund gelegt), das Luisa ihm macht und deutet es fast erotisch:

Me volví de nuevo hacia Luisa, esta vez para comentarle algo con disimulo (creo que iba a decirle 'Vaya papelón' entre dientes), pero me encontré con que, *sonriendo, se llevaba el índice con firmeza a los labios y se daba unos golpecitos, indicándome que guardara silencio. Sé que no olvidaré jamás esos labios sonrientes atravesados por un dedo índice que no lograba anular la sonrisa.* Creo que fue entonces (o más entonces) cuando pensé que me sería beneficioso tratar a aquella muchacha más joven que yo y tan bien calzada. *Creo que fue también la conjunción de los labios y el índice (los labios abiertos y el índice que los sellaba, los labios curvados y el índice recto que los partía) lo que me dio valor* para no ser nada exacto en la pregunta que por fin [...]

(Marías 1992:70, Hervorhebung von mir)

Im Kontrast dazu werden etwas später die Lippen der Britin beschrieben:

3. Die GRACIA in der spanischen Literatur des 20. Jh.

Miraba [la señora británica] a nuestro alto cargo con la boca entreabierta y expresión apreciativa *(demasiado lápiz de labios que le invadía los intersticios de los dientes)*, y él, ante este nuevo silencio que no había promovido y seguramente no se explicaba, sacó otro purito y lo encendió con la colilla del anterior, causando (yo creo), muy mal efecto.

(Marías 1992:75, Hervorhebung von mir)

In diesem Fall stellt Juan fest, dass die Lippen der Britin nicht perfekt geschminkt sind. Es ist nicht so, dass er diesen Umstand deutet, aber durch das Adjektiv *demasiado* und das Verb *invadía* wird selbst für Kosmetik-Laien unter den Lesern klar, dass die Farbe etwas verschmiert ist. Durch dieses eine Detail wird erneut der Charme Luisas durch eine körpersprachliche Eigenschaft gegen die Spröde der Britin ausgespielt.

Weder Juan noch Luisa noch die Britin drücken ihr Empfinden explizit aus, jedoch wird dieses jeweils durch Körperbewegung und -ausdruck deutlich. Der Erfolg des komischen Kontrastes ist nur dann gewährleistet, wenn der Autor souverän mit dem körpersprachlichen Ausdruck seiner Figuren umgehen kann und der Leser diese Zeichen anhand seiner kulturspezifischen Erfahrungen richtig deutet.

d) Kulturelle Dimension

Auf der kulturellen Ebene stellt man fest, dass Marías sich vorrangig zweier Mittel bedient, um die Ironie kulturspezifisch zu verstärken. Diese sind Allusionen und Kultureme.

Unter Allusionen verstehe ich mit Leppihalme "a variety of uses of preformed linguistic material (Meyer 1968) in either its original or a modified form, and of proper names, to convey often implicit meaning" (Leppihalme 1997:3). Die Autorin unterscheidet ferner zwischen (1) "richtigen" *(proper)* Allusionen (beruhend auf Eigennamen oder festen Redewendungen), (2) stereotypen Allusionen wie Klischees oder Sprichwörtern und (3) anspielenden Vergleichen bzw. eponymischen Adjektiven, die zusammen mit dem Substantiv keine Kollokation bilden. Im Text von Marías findet man einen Fall von Allusion als Mittel zur einführenden Charakterisierung der britischen Regierungschefin:

mientras los fotógrafos hacían sus fotos y los dos altos cargos fingían hablar ya entre sí ante las cámaras de televisión: fingían, pues ni nuestro alto cargo sabía una palabra de inglés (bueno, al despedirse se atrevió con 'Good luck') ni la alto cargo británica una de castellano (aunque me dijo 'Buen día' al estrecharme *férreamente* la mano).

(Marías 1992:67, Hervorhebung von mir)

Die Anwendung des Adverbs *férreamente* (eisern) im Zusammenhang mit dem Händeschütteln einer britischen Politikerin ist eine direkte Anspielung auf den Spitznamen *dama de hierro*, der in den achtziger Jahren in unterschiedlichen Sprachen (*iron lady, eiserne Lady*) zur Bezeichnung der damaligen Premierministerin Großbritanniens, Margaret Thatcher, benutzt wurde und regelmäßig in der Presse auftauchte.[95] Darüber hinaus ist der körpersprachliche Ausdruck des eisernen Händeschüttelns ein weiteres Zeichen der englischen Wortkargheit.[96]

Wenn man durch die Anspielung auf Thatcher diese indirekte Zeitangabe auf den spanischen Amtskollegen überträgt, dürfte der männliche Protagonist dieser Szene eine Allusion auf den damaligen Regierungschef Felipe González sein. Genau dieses ist die Interpretation in der Sekundärliteratur (vgl. De Maeseneer 2000):

> The highest leaders, who are parodied in the meeting between the Spanish head of state (Felipe González) and the English prime minister (Margaret Thatcher), are ridiculous marionets who are not aware of the real political transactions that take place on a 'lower' level, in the corridors, concealed from all.
>
> (Simonsen 1999:196)

---

[95] "But the most notable feature of her [Margaret Thatcher's] early career as a leader of the opposition was the furore she caused by her outspoken criticism of the Soviet Union, which not only cut across the prevailing mood of *détente* but which provoked the resignation of her Shadow Foreign Secretary, Reginald MAUDLING, and prompted *Pravda* to dub her 'the Iron Lady', a sobriquet in which she came to revel" (Gardiner 2000:74).

[96] "Facial composure was maintained in the most unlikely circumstances. Grosley, like many Frenchmen, was impressed by the warmth with which Englishmen shook hands on meeting, sufficient, he remarked to dislocate one's shoulder. 'There is no expression of friendship in their countenances, yet the whole soul enters the arm which gives the shake'" (Langford 2000:182).

3. Die GRACIA in der spanischen Literatur des 20. Jh.

Simonsen deutet die Stelle somit als Parodie zweier hochrangiger Politiker. Dieses Urteil ist m.E. nicht präzise genug und erfordert einen kleinen begrifflichen Exkurs zum Verhältnis zwischen Parodie und Ironie.

Wie in der Wortfeldanalyse des Komischen und der *gracia* durch die Einordnung der Begriffe in das übersetzungsrelevante Kommunikationsmodell bereits gezeigt (vgl. Punkte 2.2.1.6 und 2.2.2.6), handelt es sich sowohl bei 'Parodie' als auch bei *parodia* um Gattungsbezeichnungen, die vorwiegend text- und nicht personenbezogen sind. Aus diesem Grund wäre es genauer zu behaupten, die Stelle parodiere, wenn überhaupt, die sprachliche und körpersprachliche Ausdrucksweise der beiden prominenten Politiker.

Darüber hinaus nimmt die Parodie in der Regel ein Kunstwerk als Lachobjekt ins Visier (Hutcheon 1985), sie erfüllt weder eine moralische noch eine gesellschaftliche Absicht und impliziert keine Forderung nach Verbesserung. Insofern ähnelt Marías' Technik hier, bei der durchaus eine Kritik a) an der undemokratischen Sehnsucht demokratisch gewählter Politiker sowie b) an den konkreten Personen Thatcher und González zu spüren ist, nicht so sehr der Parodie, sondern eher der *sátira*, genau genommen der *sátira política*, die traditionell gegen bestimmte Vertreter der Staatspolitik gerichtet ist und sich besonders in der politischen und humoristischen Presse Spaniens großer Beliebtheit erfreut (vgl. Punkt 2.2.2.7.3.4). Bei aller Kritik geht die Respektlosigkeit der Stelle nicht über das rein Spielerische hinaus.

Wenn man dennoch bei der Parodie der sprachlichen und körpersprachlichen Ausdrucksweise beider Regierungschefs bleiben möchte, erscheint es mir von Bedeutung, darauf hinzuweisen, dass die drei Strategien des Komischen – Ironie, Satire und Parodie – sich keineswegs ausschließen, ganz im Gegenteil, sie sind eher komplementär, weil sie auf unterschiedlichen Ebenen (rhetorisch, gesellschaftlich, gattungsspezifisch) interagieren und sich gegenseitig pragmatisch bedingen.

In ihrer ausgezeichneten Monographie zur Theorie der Parodie definiert Hutcheon ihr Untersuchungsobjekt als "imitation with critical ironic distance, whose irony can cut both ways" (Hutcheon 1985:37). Dabei geht es um eine ironische 'Transkontextualisierung' (Hutcheon 1985:12). Ironie ist somit die wichtigste rhetorische Strategie, die in der Parodie zum Einsatz kommt: "Irony participates in parodic discourse as a strategy [...] which allows the decoder to interpret and evaluate" (Hutcheon 1985:31). Parodie und Satire verfolgen zwar verschiedene Ziele (Kunstobjekt vs. moralische und gesellschaftliche Absicht), aber die Ironie als rhetorische Figur ist ihnen gemeinsam. Je nach *ethos* – in der Terminologie Hutcheons die Überlappung von kodierter und dekodierter Wirkung eines literarischen Textes – können Ironie, Satire und Parodie übereinstimmen: "This would be the moment of potentially maximal subversion –in both aesthetic and social terms" (Hutcheon 1985:63). Aus diesem Grund sind Mischformen wie *parodic satire* oder *satiric parody* durchaus möglich.

Übertragen auf das Kommunikationsmodell (vgl. Punkt 2.2.1.6) kann man behaupten, dass Parodie und Satire textbezogen sind, aber mit unterschiedlichem Schwerpunkt: Bei der Parodie geht es vorwiegend um die Verballhornung einer bestimmten Text*gattung*, während die Satire fast immer eine gesellschaftliche oder moralische Absicht verfolgt. Somit ist der Bezug der Satire zum sozialen *Umfeld* (Sender + Empfänger + Kommunikationssituation) stärker. Die Ironie spielt sich wiederum auf rhetorischer Ebene (*Text*) ab, ist aber eindeutig zugleich vom *Sender* und *Empfänger* abhängig, und zwar je nach dem, wie beide sie einsetzen bzw. aufnehmen. Die Ironie ist sozusagen ein Instrument, das zur Erfüllung der Parodie bzw. der Satire u.a. verwendet wird.

Zurück zu den kulturspezifischen Mitteln, die ironisch eingesetzt werden. Darunter findet man erneut die Kultureme, bei denen wiederum zwischen Realia, Behavioremen und kulturspezifischen Situationen zu unterscheiden ist.

Bei der Beschreibung des Fototermins legt Marías den Politikern unsinnige Ausdrücke in den Mund, die wie Kinderreime klingen, und onomatopoetische Zungenbrecher, die Juan selber als 'unübersetzbar' einstuft:

De modo que mientras el uno murmuraba en español cosas inaudibles para los cámaras y fotógrafos y totalmente inconexas, sin dejar de mirar a su invitada con gran sonrisa, como si le estuviera regalando el oído (pero para mí eran audibles: creo recordar que repetía *'Uno, dos, tres y cuatro, pues qué bien vamos a pasar el rato'*), la otra mascullaba sinsentidos en su lengua superándole en la sonrisa ('Cheese, cheese', decía, como se aconseja decir en el mundo anglosajón a cualquier persona fotografiada, y luego cosas onomatopéyicas e intraducibles como *'Tweedle tweedle, biddle biddle, twit and fiddle, tweedle twang'*).

(Marías 1992:67, Hervorhebung von mir)

Diese Realia sind in der spanischen bzw. britischen Kultur bekannt: Der englische Text weist Anklänge an den Kinderreim *Twinkle, twinkle, little star* (Jane Taylor, 1806) auf. Dadurch rücken die Politiker in ein infantilisierendes Licht. Die Vorstellung, dass hochrangige Staatschefs vor den Kameras mit Kindern gleichgesetzt werden, erzeugt das Lachen (dieser Vergleich wird später in direkter Weise wiederholt, vgl. Punkt b).

Der spanische Ausdruck ist ebenfalls ein Reim, aber vollkommen inhaltsleer, und wird später im Text erneut, aber diesmal indirekt aufgenommen:

Pero esos segundos pasaron *(uno, dos, tres y cuatro)* y no dijo nada, tal vez (pensé entonces) porque la adalid de Inglaterra no pareció ofendida y contestó sin demora [...]

(Marías 1992:70, Hervorhebung von mir)

Ein weiterer Ausdruck mit kulturspezifischer Markierung ist das Toponym *Plaza de Oriente*:

–Ese es el problema, ese es nuestro problema, que nunca podremos mandárselo. Vea usted, yo no puedo hacer lo que hacía nuestro dictador, Franco, convocar a la gente a un acto de adhesión en la *Plaza de Oriente* – aquí me vi obligado a traducir en una gran plaza, pues consideré que introducir la palabra 'Oriente' podría desconcertar a la señora inglesa–

(Marías 1992:72f, Hervorhebung von mir)

In diesem Fall aber ist es aufgrund der Dolmetschsituation so, dass die Konnotationen dieser Realie vom Sender explizit gemacht werden, indem er die Funktion des in Madrid bekannten Platzes zur Zeit Francos erklärt, nämlich seine Rolle als Veranstaltungsort für offizielle Kundgebungen und Francos Bäder in der Menge (Montero 1997:373). Zusätzlich wird das Kulturem vom Dolmetscher neutralisiert, indem er den Namen des Platzes bewusst auslässt, um heikle Missverständnisse zu vermeiden. Diese

Besonderheiten entschärfen im Prinzip die Problematik, die Kultureme in der Übersetzung normalerweise aufweisen.

Darüber hinaus spielen Behavioreme eine wichtige Rolle im Rahmen der kulturellen Dimension. In dieser Textszene geht es vorwiegend um die pragmatische Gesprächsführung, die vom Dolmetscher bewusst beeinflusst und somit explizit gemacht wird. Zum erfolgreichen Ablauf der Konversation muss Juan im Dolmetschprozess bestimmte Auslassungen (s.o.) vornehmen bzw. Zusätze einfügen, um die englischsprachigen Konventionen einzuhalten und Interferenzen vorzubeugen:

–Oiga, ¿le molesta que fume?
Y yo me apresuré a traducirlo.
–Do you mind if I smoke, *Madam*? –dije.
–No, si echa usted el humo hacia arriba, *señor* –contestó la adalid británica dejando de mirarse las uñas y estirándose la falda, y yo me apresuré a traducir como acabo de hacerlo.
[...]
–Usted no bebe, ¿verdad?
Y yo traduje, como también la respuesta, aunque *agregando de nuevo 'señora' al final de la pregunta*.
–No a esta hora del día si no le importa que no lo acompañe, *señor*. –Y la señora inglesa se bajó un poco la falda ya bien bajada.

(Marías 1992:68f, Hervorhebung von mir)

In diesem Fall geht es um die britische *politeness*[97], die eine höfliche Anrede erforderlich macht, um eine erfolgreiche interkulturelle Kommunikation zu gewährleisten. Um kulturelle Interferenzen zu vermeiden bzw. zu meistern, muss der Dolmetscher möglichst vertraut mit den Denk-, Argumentations- und Rhetorikmustern beider Kulturen sein. Diese äußern sich u.a. auch in der Anredeform (Göhring 1999[2]:113). In diesem Beispiel geht es konkret um die Hinzufügung von der Anrede *Madam*, die im spanischen Original nicht auftaucht. Umgekehrt stellt man fest, wie der Dolmetscher die englische

---

[97] Den Briten wird traditionell ein besonderer Sinn für Höflichkeit zugeschrieben. Bereits in der Reiseliteratur des 19. Jh. findet man Belege für dieses Kulturem: "The Swede Geijer, in England during the Napoleonic Wars, observed: 'This politeness between higher and lower, this outward recognition of mutual rights is an interesting point in English manners; there are few places where one meets with so universal a sense of right and obligation as here.'" (Langford 2000:237f).

3. Die GRACIA in der spanischen Literatur des 20. Jh.

Anredeform in der Antwort, *Sir*, ins Spanische übersetzt (*señor*), so dass der Satz nicht ganz idiomatisch klingt, aber die englische Färbung beibehält.

Die Gegenüberstellung dieses Sprachverhaltens mit der eher plumpen Figur des spanischen Politikers, der sich mehr für seinen Zigarrillo, den Drink und den Schlüsselbund interessiert, hat eine komische Wirkung.

Zusätzlich zu den Höflichkeitskonventionen innerhalb der englischen Kultur spielt die Palette der in solchen Treffen zum guten Ton gehörenden Gesprächsthemen eine wichtige Rolle, und trägt zur Entfaltung der komischen Wirkung der Szene entscheidend bei. Genau genommen geht es hier um die kulturspezifischen Dimensionen der Privatsphäre eines Politikers. Dem Erzähler Juan sind die Grenzen sehr wohl bewusst, die er als Dolmetscher nicht überschreiten darf, dennoch erliegt er der Verlockung, diese Trennlinie durch die letzte Frage zu übertreten:

Y yo, por el contrario, decidí llevarlo a un terreno más personal, que me parecía menos peligroso y también más interesante, y le hice decir en inglés meridiano:
–Si puedo preguntárselo y no es demasiado atrevimiento, *usted, en su vida amorosa, ¿ha obligado a alguien a quererla?*
Comprendí en el acto que *la pregunta era demasiado atrevimiento, sobre todo para hacérsela a una inglesa*, y estuve convencido de que esta vez Luisa no iba a pasarlo por alto [...]

(Marías 1992:74f, Hervorhebung von mir)

Die Frage nach dem Liebesleben eines Politikers ist grundsätzlich fehl am Platz, wobei man im britischen Sprachraum in diesem Fall aus kulturgeschichtlichen Gründen besonders empfindlich ist. In seiner historisch fundierten Beschreibung dessen, was *Englishness* ausmacht, schreibt Paul Langford diesbezüglich:

> Equal rights dictated a degree of caution. [...] A certain distance was implied. Failure to keep it was to fall into a dangerously un-English 'familiarity'. Familiarity presupposed a right to intrusive conduct, especially questioning. It was the way people expected other members of their family, or alternatively intimate friends, to behave. This made for recurrent English complaints about foreigners, though in the nature of things these were somewhat lessened by linguistic obstacles. [...] Where the language happened to be English there was more room for annoyance. American unawareness of the 'pleasures of privacy' was the dispair of British diplomats in Washington. [...] Mrs Trollope placed familiarity of address high among American impertinences. So did her generally better-inclined country woman, Fanny Kemble: 'I constantly sit

> thunderstruck at the amazing number of unceremonious questions which people here think fit to ask one, and, moreover, expect one to answer'
>
> (Langford 2000:238)

Aus kulturwissenschaftlicher Perspektive spielt der Unterschied zwischen öffentlicher und privater Sphäre nach wie vor eine große Rolle: "The Americans can be very personal in public because they have a large public space, hence it is rare that their relatively small private space is affected. The British, on the other hand, who value privacy above openness need to protect themselves from interpersonal behaviour or language because it affects their larger private domain" (Katan 1999:233f).

Auch wenn die ausländische Herkunft des Gesprächspartners den Grad der kulturspezifischen Normverletzung relativiert, wird trotzdem durch die Frage selbst für spanische Verhältnisse ein Tabubruch begangen. Sogar in einer Mediengesellschaft, in der die Grenzen zwischen privatem und öffentlichem Leben der Politiker zunehmend verwischen, ist die Frage nach dem Liebesverhalten der Britin ein taktloses Vergehen. In diesem Sinne kann man Marías' Strategie des Komischen als leicht subversiv einstufen.[98]

Allerdings ist es nicht nur das Rede-, sondern auch das Schweigeverhalten, das in diesem Text eine besondere Rolle spielt, indem es zur kulturspezifischen Komik beiträgt:

> A decir verdad, nuestra intervención tardó todavía un rato en hacerse precisa, ya que en cuanto los periodistas fueron conminados a retirarse [...], *se produjo un abrupto silencio de lo más incómodo*. [...] Tenía la sensación de estar en la salita de espera del dentista, y por un momento *temí* que nuestro representante fuera a sacar y repartirnos unos semanarios. [...] *Por fin* el alto cargo español extrajo de un bolsillo ya diez veces palpado una pitillera metálica (algo cursi) y le preguntó a su colega:
> —*Oiga, ¿le molesta que fume?*
>
> (Marías 1992:67f, Hervorhebung von mir)

---

[98] Marías zeigt eine Vorliebe für die komische Darstellung von Politikern oder Machtpersonen, die in der Regel selten in Büchern vorkommen, weil der lustige Umgang mit ihnen in irgendeiner Weise ein gesellschaftliches Tabu repräsentiert. In seinem Roman *Mañana en la batalla piensa en mí* (1994) beschreibt er die Figur eines spanischen Königs, der unter Schlaflosigkeit leidet. In *Negra espalda del tiempo* (1998) findet der Leser eine sehr lustige Beschreibung einer Franco-Audienz, in der der Diktator auf höchst groteske Art und Weise dargestellt wird. Viele Rezensenten haben den satirischen Charakter dieser Szenen hervorgehoben. Eine Auswahl von Rezensionen zu Marías' Werk findet sich unter www.javiermarias.es

3. Die GRACIA in der spanischen Literatur des 20. Jh.

In diesem Abschnitt stellt man fest, welche Bedeutung das Schweigen innerhalb einer bestimmten Situation und Kultur hat. Die Abwesenheit von Sprache als Qualität nonverbaler Kommunikation ist nämlich genauso "vielsagend" über die Konstellation der Kommunikationspartner wie die Präsenz sprachlicher Zeichen:

> Das Schweigen erweist sich in der ausgerechnet auf Reden angelegten rhetorischen Situation als eine bewußte Entscheidung des Redners (<S> [für Sender]). Darüber hinaus übt es auch Wirkung auf die Zuhörerschaft aus, als etwas im erwarteten Kommunikationsfluß Befremdliches, als ein vom Redner berechnend plaziertes Aufmerksamkeitssignal, als eine Anspielung und somit ein Appell (z.B. zum Mitdenken, Assoziieren, im Sinne des 'beredten Schweigens', was die Rhetorik als Mittel des Spannungsaufbaus durch Retardierung, durch eine Hinhaltestrategie, als Stilmittel der *sustentatio* einschätzt), bis hin zu seiner Funktion als Verweigerungssignal in Disputationen und somit als Konfliktpunkt im Kommunikationsprozeß. [...] Das Schweigen in seinen kontextuellen und situativen Funktionen ist auch in schriftlichen, insbesondere literarischen Texten ein poetisches Aussagemittel und sogar auch ein eigenes Thema mit einem dann exponierten Stellenwert [...]
>
> (Kalverkämper 2003a:321f)

In dieser Szene hat das Schweigen im Kulturkontrast eine komische Funktion: Nachdem die Fotografen gegangen und beide Politiker allein mit den Dolmetschern zurückgeblieben sind, tritt eine Grabestille ein, die für spanische bzw. romanisch-europäische Verhältnisse höchst unangenehm ist – *se produjo un abrupto silencio de lo más incómodo* –, nicht so im englischen Sprachraum. Kulturgeschichtlich wird dies wie folgt untermauert:

> The English, men as much as women, had a reputation for being a silent people. [...] It was true that this was sometimes difficult to distinguish from another characteristic, reserve with strangers. But observant visitors noticed that even among friends the English were less loquacious than their Continental neighbours. [...] No other nation was so fearful of 'wasting words', a revealing phrase. In England bureaucrats seemed determined to communicate as briefly and simply as possible, something that puzzled those more familiar with Continental bureaucracies.
>
> (Langford 2000:175f)

Darüber hinaus besteht zwischen der britischen und den südeuropäischen Kulturen ein Unterschied bezüglich der Lautstärke im Gespräch zur Signalisierung von Emotionen: "The Southern European Cultures are freer to express feelings directly, and one of the ways of achieving this is through loudness. The equivalent loudness in English suggests a much deeper level of emotion: and there is the very real danger of the interlocutors misinterpreting their respective metamessage" (Katan 1999:231).

Aus deutscher Sicht sprechen Spanier viel, schnell und laut, wie Paul Ingendaay mit herzlicher Ironie beschreibt:

> Betreten Sie eine Bar, in der sich mehr als zwei Personen befinden, wird Ihnen der hohe Geräuschpegel sofort auffallen. Es gibt hier offenbar immer etwas zu erzählen. [...] Man darf Spanier beim Reden ungestraft unterbrechen, was einer alten Beobachtung zufolge mit der Stellung des Verbs im Satz zu tun hat: Anders als im Deutschen weiß man bei romanischen Sprachen recht früh, worauf die Aussage hinausläuft. Erwarten Sie also umgekehrt keinen übertriebenen Respekt vor Ihren wertvollen Sätzen. Genau genommen bestehen Unterhaltungen in Spanien großenteils aus Unterbrechungen. [...] Das Kontinuum des Brabbelns, kombiniert mit der beträchtlichen Lautstärke, schafft eine Kommunikationssituation, die ich als *behaglich* bezeichnen möchte. [...] Als ich neulich einmal ein deutsches Café betrat, kam mir die Gesprächs- beziehungsweise Schweigeatmosphäre gespenstisch ruhig vor. Mir sank das Herz. Ich dachte: Die Menschen hier müssen sehr wichtige Gedanken haben, daß sie nur so wenige davon aussprechen.
>
> (Ingendaay 2002:21f)

Aus diesem Zitat wird vielleicht verständlich, welche Wirkung das Schweigen auf die spanischen Gesprächsteilnehmer ausübt. Poyatos (1997; 2002) thematisiert die Rolle von Schweigen in narrativen Texten und betont seine kommunikative Relevanz, seine "Eloquenz". Das Schweigen ist oft von Nebengeräuschen begleitet, die die Stille endgültig zum Ausdruck bringen:

> That receptacle [ein konkreter Absatz, in dem die Stille bzw. das Schweigen beschrieben wird] serves the hearer in real life, and should serve the reader, to mentally hear again the other person's previous verbal or nonverbal activity, which that silence enhances in its full significance; for instance, the silence that occurs naturally after an emotional statement is not a vacuum or a signless gap, just as the appropriately provided silence at certain points while reading a story is not a vacuum. And yet, how many readers 'read' the marked silences in a narrative text instead of just letting their eyes leap over them and keep reading?
>
> (Poyatos 1997:36)

Juan wird durch das unangenehme Schweigen nervös und ärgerlich, weil es ihn, den Dolmetscher, überflüssig macht. Er drückt sein Unbehagen mit einer vergleichenden Befürchtung aus: *temí que nuestro representante fuera a sacar y repartirnos unos semanarios*. Die komische Gleichsetzung des hochrangigen Treffens mit der gewöhnlichen Wartesituation in einer Zahnarztpraxis entmythisiert die Figuren der Politiker, die automatisch zu normalen

3. Die GRACIA in der spanischen Literatur des 20. Jh.

Menschen heruntergestuft werden. Die kulturspezifische Konnotation des Schweigens auf Spanisch hebt diesen komischen Kontrast hervor.[99]

Ein letztes Behaviorem bezieht sich auf die Verhaltensweise beim Posieren für ein Foto:

De modo que mientras el uno murmuraba en español cosas inaudibles para los cámaras y fotógrafos y totalmente inconexas, sin dejar de mirar a su invitada con gran sonrisa, como si le estuviera regalando el oído (pero para mí eran audibles: creo recordar que repetía 'Uno, dos, tres y cuatro, pues qué bien vamos a pasar el rato'), la otra mascullaba sinsentidos en su lengua superándole en la sonrisa (*'Cheese, cheese', decía, como se aconseja decir en el mundo anglosajón a cualquier persona fotografiada*, y luego cosas onomatopéyicas e intraducibles como 'Tweedle tweedle, biddle biddle, twit and fiddle, tweedle twang').

(Marías 1992:67, Hervorhebung von mir)

Im angelsächsischen Kulturraum gilt die Konvention, dass man vor einem Fotografen das Wort *cheese* aussprechen soll, um durch die Mundbewegung ein Lächeln zu erzeugen.[100] Dieses kulturspezifische Behaviorem ist in Zeiten der Globalisierung besonders durch die Medien weltweit verbreitet, dennoch kann es für manche Leser, die nicht damit vertraut sind, rätselhaft bleiben. In diesem Text löst der Erzähler die Kulturspezifik nochmal auf, indem er die Bedeutung der Mundbewegung erklärt: *como se aconseja decir en el mundo anglosajón a cualquier persona fotografiada*. Die Vorstellung, dass Mrs.

---

[99] Das Spannungsfeld zwischen Schweigen und Reden bzw. Erzählen ist im Übrigen ein Leitmotiv in Marías' Roman. Folgendes Zitat möge als Beispiel genügen: "Pude callar y callar para siempre, pero uno cree que quiere más porque cuenta secretos, contar parece tantas veces un obsequio, el mayor obsequio que puede hacerse, la mayor lealtad, la mayor prueba de amor y entrega" (Marías 1992^6:267).

[100] Dieses Behaviorem ist auf die Entwicklung der Fotografie und die Darstellung des fotografierten Menschen Mitte des 19. Jh zurückzuführen. Die technische Weiterentwicklung der Fotografie zu jener Zeit der Industrialisierung ermöglichte eine erhöhte Produktion von Porträts zu einem niedrigen Preis. Zum einen galten Fotoporträts als Instrument der sozialen Differenzierung, zum anderen wurde beispielsweise das Visitenkartenbild von einer starken Tendenz zur standesübergreifenden Anpassung und Uniformität bezüglich des Hintergrunds und der steifen Pose beherrscht. Daraus ergaben sich durchaus internationale Konventionen, von denen sich ganz wenige exzentrische Figuren lösen konnten (vgl. Sagne 1998:102ff). Ein wichtiger Aspekt der Porträtfotografie ist der hohe mimetische Anspruch. Dazu gehört die Konvention des »Lächeln!« beim Foto (Kalverkämper 2003b:1142). Jede Sprache hat somit ein anderes Wort, mit dem die so genannten Lachmuskeln aktiviert werden. Im Spanischen ist es oft das Wort *patata*.

Thatcher als eiserne Lady vor den Fotografen ständig *cheese* und Kinderreime sagt, erzielt eine komische Wirkung.

Zum Schluss möchte ich auf eine kulturspezifische Situation eingehen, die Juan in seinen Vergleichen benutzt und die bei der Übersetzung einen leichten Kulturschock – in der Terminologie Leppihalmes einen so genannten *culture bump*[101] – verursachen könnte (auf die tatsächlichen Übersetzungslösungen wird im folgenden Kapitel eingegangen):

[Y] entonces comprendí que podrían pasarse los treinta o cuarenta y cinco minutos previstos *como en la antesala del asesor fiscal o el notario*, limitándose a esperar a que transcurriera el tiempo y el ordenanza o fámulo volviera a abrirles la puerta, *como el bedel universitario que anuncia con apatía*: 'La hora' *o la enfermera que vocea desagradablemente*: 'El siguiente'.

(Marías 1992:69f, Hervorhebung von mir)

Bei dieser Textstelle findet der Leser vier Vergleiche mit entsprechend vielen ihm bekannten Kommunikationssituationen im Zusammenhang mit Warten: Zum einen bezieht sich der Vergleich auf das Warten beim Steuerberater oder beim Notar, und zum anderen auf den Moment, in dem die Krankenschwester nach dem nächsten Patienten ruft bzw. in dem der Pedell an einer Hochschule ankündigt, dass die Vorlesung zu Ende ist. Die ersten drei Situationen sind nicht besonders kulturspezifisch, zumindest was das Sprachenpaar Spanisch-Deutsch betrifft. Im Falle des universitären Pedells stellt man einen leichten kulturellen Unterschied fest. Auf Spanisch steht das Wort *bedel* für einen "empleado subalterno que tiene a su cargo diversos servicios, entre ellos, cuidar del orden fuera de las aulas y avisar la hora de salida de las clases" (*Seco* 1999). Es handelt sich hier also um den Hausmeister oder Pförtner einer Hochschule, der u.a. dafür zuständig ist, dass der

---

[101] Ritva Leppihalme übernimmt den Begriff des *culture bump* vom Fremdsprachenunterricht und überträgt seine Bedeutung auf die Übersetzung: "'A culture bump occurs when an individual finds himself or herself in a different, strange or uncomfortable situation when interacting with persons of a different culture'. I have extended the use of her [Carol Archer's] term to translation, for a situation where the reader of a TT [target text] has a problem understanding a source-cultural allusion. Such an allusion may well fail to function in the TT, as it is not part of the TL [target language] reader's culture. Instead of conveying a coherent meaning to TT readers, the allusion may remain unclear and puzzling" (Leppihalme 1997:4).

3. Die GRACIA in der spanischen Literatur des 20. Jh.

Zeitrahmen der Lehrveranstaltungen eingehalten wird. Dazu setzt er zum entsprechenden Zeitpunkt eine Klingel in Gang bzw. diese läutet heutzutage automatisch. Früher und zum Teil bis in die 70er Jahre war es in Spanien so, dass der *bedel* persönlich durch die Hörsäle wandern musste, um seine Funktion zu erfüllen. Dabei haben manche Spaßvögel unter den Studenten versucht, den Pedell mit Wein zu bestechen, damit er etwas früher kam. In der deutschen Hochschulgeschichte existierte die Figur des Pedells ebenfalls, erfüllte aber andere Funktionen.

Die genannten Allusionen und Kultureme im Zusammenspiel mit den anderen Faktoren innerhalb der syntaktischen, semantischen und pragmatischen Dimension sind für die vorwiegend ironische Komik des Textes verantwortlich. Im Folgenden werden diese Strategien systematisiert, um sie dann auf ihre Übersetzbarkeit hin zu untersuchen.

Hierarchisierung **charakteristischer Strategien des Komischen im AT**
An dieser Stelle geht es darum, die erarbeiteten Strategien des Komischen anhand des unter Punkt 2.2.1.6 dargestellten übersetzungsrelevanten Kommunikationsmodells zu systematisieren und zu gewichten.

In diesem Textausschnitt benutzt Marías fünf Strategien des Komischen:

- Darstellung einer lächerlichen Kommunikationssituation – Vorstellung von Unvorstellbarem, subversive Komik
- Ironische Haltung des Ich-Erzählers auf syntaktischer, semantischer und pragmatischer Ebene
- Gebrauch von Körpersprache zur ironischen Charakterisierung der Figuren
- Gebrauch von Allusionen
- Einbindung von Kulturemen (Realia, Behavioremen und kulturspezifischen Situationen)

In Bezug auf die Schematisierung des Kommunikationsprozesses (vgl. Punkt 2.2.2.7) ergibt sich folgende hierarchische Einordnung von Strategien des Komischen in das translationsrelevante Kommunikationsmodell:

➢ Die komische Wirkung der 'Darstellung einer lächerlichen Kommunikationssituation', nämlich eines Dolmetschvorgangs, in dem der Dolmetscher den Inhalt des Gesprächs bewusst manipuliert, beruht auf dem Mechanismus des Kontrastes (Vorstellung von Unvorstellbarem) und damit auf der Enttäuschung einer bestimmten Lesererwartung mit komischem Effekt. Diese Wirkung vollzieht sich also in Bezug auf die Verspottung einer bestimmten **Kommunikationssituation** unter Berücksichtigung der Erwartungshaltung des **Empfängers**. Aufgrund der Kombination von beiden Elementen des Kommunikationsmodells handelt es sich hierbei um einen Fall von *risa* (vgl. Punkt 2.2.2.7.6).

➢ Ironie: Sie zeigt sich zum einen in der 'Haltung des Ich-Erzählers', dessen ironische Absicht auf syntaktischer (Einschübe, Wortwiederholungen), semantischer (Registerwechsel, Synonymie, Vergleiche) und pragmatischer (Verletzung des Relevanzprinzips durch Klammer und Metasprache) Ebene realisiert wird. Zum anderen wird sie durch den 'Gebrauch von Körpersprache' zur ironischen Charakterisierung der Figuren deutlich. Der Ich-Erzähler äußert sich ironisch in Bezug auf a) die Handlung in Situation (durch seine Kommentare), b) die Aktanten und ihre Redeweise (durch seine Dolmetschfunktion) und c) sich selbst (durch den Kontrast zwischen erzählendem und erlebendem Ich). Dadurch werden die Positionen a) **Kommunikationssituation**, b) **Sprachsystem** (und damit **Text** als seine Realisierung) und **Empfänger** sowie c) **Sender** angesprochen. Wenn man Körpersprache neben der Sprache als bedeutungstragendes Ausdrucksmittel zur Kommunikation versteht, ist diese Strategie des Komischen ebenfalls der Position **Sprachsystem** zuzuordnen. Zusätzlich ist der Gebrauch von Körpersprache von einer bestimmten **Kommunikationssituation** abhängig, in der der Autor die für den **Empfänger** entscheidenden körpersprachlichen Register zieht. Nach dem übersetzungsrelevanten Kommunikationsmodell handelt es sich bei beiden Strategien des Komischen um *ironía* (vgl. Punkt 2.2.2.7.7).

➢ Im Falle der Allusion auf Margaret Thatcher wurde diese Strategie im Bereich der *sátira* platziert, denn die Ironie der gesamten Szene wird dadurch verstärkt und sozusagen sozialisiert, dass sie auf eine echte Person anspielt. In diesem Fall versteht man die Satire als *sátira política*. Nach dem

3. Die GRACIA in der spanischen Literatur des 20. Jh.

Kommunikationsmodell ist diese Strategie des Komischen in erster Linie textbezogen (vgl. Punkt 2.2.2.7.3.4). Allerdings kann man im Fall der *sátira política* behaupten, dass der gesellschaftliche Hintergrund zur textuellen Realisierung der *sátira* unentbehrlich ist.

➢ Schließlich werden 'Kultureme' (Realia, Behavioreme, Situationen) als Strategie des Komischen eingeführt. Diese Elemente sind unmittelbar mit der AT-Kultur verbunden, weil sie vorwiegend in einem spanischspezifischen Rahmen zur Geltung kommen. Aus diesem Grund sind sie der obersten Position **Kultur** untergeordnet und dadurch ein Beispiel für *gracia*. Bei Marías ist es allerdings so, dass die Kulturspezifik durch die vermittelnde Dolmetscherrolle entschärft wird, d.h. dadurch, dass Juan die Kommunikation zwischen beiden Gesprächspartnern ermöglichen soll, muss er kulturspezifische und somit problematische Ausdrücke für die Britin (und somit indirekt auch für den ZT-Leser) auflösen. Dies hat positive Folgen für die Übersetzung der *gracia*, die im folgenden Kapitel thematisiert wird.

Bei der Systematisierung von Strategien des Komischen nach dem translationsrelevanten Kommunikationsmodell stellt man fest, dass diese Stelle insbesondere durch eine *ironía* gekennzeichnet ist, die mehrdimensional zum Ausdruck kommt und die Positionen **Sprachsystem**, **Empfänger** und **Kommunikationssituation** umfasst. Auffällig ist die explizite Einbindung des **Senders** in das ironische Spiel durch die Haltung des Ich-Erzählers gegenüber sich selbst, die sich aus der Wortfeldanalyse nicht direkt ergeben hat, aber in der Literatur zur Ironie eine wichtige Rolle spielt (vgl. Punkt 3.3.4). An dieser Stelle ist somit eine weitere Korrektur des Wortfeldes nötig (vgl. Punkt 2.1.1).

Die Funktion der *ironía* wird hier in Anlehnung an Hutcheon durch das semantische Ausspielen des Gesagten gegenüber dem Gemeinten (= **Sprachsystem** realisiert durch den **Text**: demokratische Politiker haben diktatorische Sehnsüchte) aus dem affektiven Blickwinkel seitens des Ironikers (= **Sender**: Marías/Juan) und/oder des Adressaten (= **Empfänger**: Leser) in einem ihnen gemeinsamen Kontext (= **Kommunikationssituation**: politisches Gipfeltreffen) erfüllt. Nach der emotionalen Belastungsskala handelt es sich bei Marías' Text um eine spielerische (*ludic*) und somit komische Ironie, die zweideutig (positiv oder negativ) bewertet werden kann:

> When viewed favorably, this is seen as the affectionate irony of benevolent **teasing**; it may be associated as well with **humor** and wit, of course, and therefore be interpreted as an estimable characteristic of **playfulness** (and so, in language, akin to punning or even metaphor). But, curiously, even critics who assert such positive values often, in the same breath, imply something more negative: irony may be supple and subtle but it is also superficial [...].
>
> (Hutcheon 1995:49)

Meiner Meinung nach birgt diese spielerische Funktion bei Marías zusätzlich eine Note von Aggressivität, die der Ironie einen leicht satirischen, korrektiven Charakter gibt (vgl. 3.3.4d), insofern als der Autor die Ironie auch als Korrekturmaßnahme einsetzt, um die Politiker lächerlich zu machen sowie die Laster und Dummheiten der Menschheit anzuprangern. Dabei ist selbstverständlich eine breite emotionale Spanne möglich, die wiederum entweder positiv oder negativ gedeutet werden kann. In diesem Zusammenhang möchte ich die These aufstellen, dass die Ambivalenz der Ironie ein Grund für den polarisierenden Effekt Marías' in der Kritik sein könnte (vgl. Punkt 3.2.2.2).

Was die relative Gewichtung der Strategien des Komischen bei Marías unter dem Aspekt der auktorialen vs. translatorischen Leistung betrifft, kann man zunächst das unter Punkt 3.3.3.1 für Mendoza ausgearbeitete Modell übernehmen, da die Bereiche, die durch die komischen Strategien aktiviert werden, in beiden Textbeispielen übereinstimmen:

- narrative Situation (Kommunikationssituation)
- Sprache (Sprachsystem) + Kommunikationssituation + Empfänger + Sender
- Vorwissen (Kultur)

Allerdings spielt die Kulturspezifik bei Marías im Vergleich zu Mendoza keine tragende Rolle, denn die Unterschiede werden in der Regel durch den Erzähler erklärt oder neutralisiert. Aus diesem Grund ergibt sich in diesem Fall keine Inversion, sondern eine Parallele zwischen Autor- und Translatorleistung:

Aufsteigende Autorleistung:

1) *Vorwissen* – Das kulturspezifische Wissen ist vorgegeben, der Autor übernimmt bestimmte Merkmale für den ironischen Zweck und löst die Ironie im Laufe der narrativen Situation auf.

3. Die GRACIA in der spanischen Literatur des 20. Jh.

2) *Narrative Situation* – Der Autor erfindet anhand seines Vorwissens und seiner eigenen Erfahrung eine Szene, die die Erwartungen des Lesers konterkariert.

3) *Sprache* – Der Autor benutzt das Potenzial seiner Sprache zum Aufbau der Ironie auf syntaktischer, semantischer und pragmatischer Ebene.

Aufsteigende Translatorleistung:

1) *Vorwissen* – Das kulturspezifische Wissen wird vom Autor vorgegeben, wobei die Konnotationen durch die Figur des Dolmetschers bereits im AT explizit gemacht werden. Der Übersetzer muss sie "lediglich" übernehmen.

2) *Narrative Situation* – Der Übersetzer reproduziert die narrative Textwelt, deren internationaler Hintergrund das Verständnis erleichtert.

3) *Sprache* – Der Übersetzer muss versuchen, durch rhetorisches Geschick die mehrdimensionale Ironie des AT mit ähnlich komischer Wirkung in die ZS zu übertragen.

Die grafische Darstellung des Verhältnisses zwischen Autor- und Translatorleistung sieht in diesem Fall wie folgt aus:

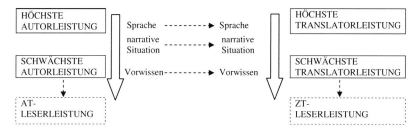

Abb. 23 Verhältnis zwischen Autor- und Translatorleistung bei Marías

Wichtig ist zu betonen, dass *Vorwissen*, *Sprache* und *narrative Situation* nicht isoliert zu betrachten sind. Erst durch das Zusammenspiel kann sich die Ironie, die für diese Stelle kennzeichnend ist, völlig entfalten.

3.3.5 Ergebnisse

Nach der Vorstellung des Korpus wurden drei Textstellen einer übersetzungsrelevanten AT-Analyse mit Schwerpunkt auf dem Komischen unterzogen. Gestützt auf die Prinzipien der Selektion und der Hierarchisierung wurden im Rahmen der vier semiotischen Dimensionen jeweils verschiedene Strategien des Komischen festgestellt und nach dem Kommunikations-modell klassifiziert. Darüber hinaus wurde bei jeder Textstelle eine Hypothese bezüglich der vom Autor erbrachten und vom Translator zu erwartenden Leistung zur Entstehung des komischen Effektes aufgestellt.

Die erste Textstelle von Mendoza ist von einer *gracia* gekennzeichnet, die an das Sprachsystem gebunden ist und sich vorwiegend als *parodia* äußert. Dies hat zur Folge, dass die komische Wirkung in erster Linie auf der Sprache und dem Vorwissen des AT-Lesers beruht. Die Leistung des Autors und die Leistung des Translators verhalten sich umgekehrt.

In der zweiten Textstelle gibt die komische Strategie der *burla* die Hauptzielrichtung der *gracia* an. Sie überwiegt im gesamten Textverlauf und beruht grundsätzlich auf der Existenz eines Opfers. Die Inversion zwischen Autor- und Translatorleistung liegt weiterhin vor, aber die Existenz eines Empfängers, der ausgelacht wird, dürfte die Übertragung des komischen Effekts erleichtern.

Bei Marías ist die Textstelle von einer *ironía* geprägt, die mehrdimensional zum Ausdruck kommt und auf das Vorwissen, die narrative Situation und die Sprache des AT-Lesers appelliert, um ihre Wirkung zu erzeugen. Allerdings spielt die Kulturspezifik bei Marías im Vergleich zu Mendoza keine tragende Rolle. In diesem Fall ergibt sich keine Inversion, sondern eine Parallele zwischen Autor- und Translatorleistung.

Wenn man das Verhältnis zwischen Autor- und Translatorleistung bei den drei Textstellen vergleicht, kann man die Hypothese aufstellen, dass die Wiedergabe der *parodia* am meisten kreative Kraft vom Übersetzer verlangen wird, denn er muss sich überlegen, wie man das kulturspezifische Vorwissen, das dem Original per se eigen ist, am Besten in der Zielkultur vermittelt. Die komische Strategie *burla* hingegen ist nicht sprachsystem-, sondern empfängerbezogen.

3. Die GRACIA in der spanischen Literatur des 20. Jh.

Dies hat zur Folge, dass die Existenz eines Opfers sowohl im AT als auch im ZT ausreichen dürfte, um diese Strategie des Komischen zu verwirklichen. Im Falle der *ironía* liegt der Schwerpunkt der übersetzerischen Leistung auf der Sprache. Bei Marías ist die Ironie, wie bereits gesehen, nicht besonders kulturspezifisch. Dies lässt die Vermutung zu, dass die Übertragung der *ironía* einen guten Übersetzer vor keine großen Schwierigkeiten stellen wird. Im folgenden Kapitel werden diese Thesen überprüft.

4. Die GRACIA als kulturspezifisches Übersetzungsproblem – 2 Texte im Vergleich

> *La principal dificultad con que se encuentra un traductor –como me dijo cuando empecé a trabajar como traductor a tiempo completo en las Naciones Unidas, uno de mis maestros, hombre de cierta edad, con larga experiencia en el terreno y, por añadidura, hombre sabio–, el problema más grave de la traducción es que hay que traducir textos que están en otro idioma.*
>
> EDUARDO MENDOZA

Das vorliegende Kapitel ist der Analyse der Übersetzungen gewidmet. Dabei soll das translationsrelevante Modell des Komischen bzw. der *gracia* weiterhin, diesmal mithilfe des übersetzten Korpus, auf seine Anwendbarkeit geprüft werden. Vor dem Hintergrund der bereits erfolgten AT-Analyse (vgl. Kap. 3) werden zunächst die ZT einer übersetzungs-relevanten Analyse unterzogen. Diese Untersuchung fungiert als Grundlage für die nachfolgende Übersetzungskritik, die vorrangig auf die korrekte Übertragung des Komischen fokussiert ist. Das Kapitel wird mit einem Textvergleich abgeschlossen. Er soll dazu dienen, Gemeinsamkeiten und Unterschiede bezüglich der Übersetzung des Komischen festzustellen. Darüber hinaus wird durch diesen Vergleich die Integration des translationsrelevanten Kommunikationsmodells des Komischen in den gesamten Übersetzungsprozess, der zusätzlich von textexternen Faktoren beeinflusst wird, deutlich. Dieser Struktur folgend ist das Kapitel in drei Abschnitte unterteilt: Literaturübersetzung (4.1), Literaturübersetzungs-kritik (4.2) und Literaturübersetzung im Vergleich (4.3).

4.1 Literaturübersetzung – Analyse der Zieltexte

Der eigentlichen Übersetzungsanalyse möchte ich eine terminologische Vorbemerkung in Bezug auf zwei Kernbegriffe der Translationstheorie voranstellen, die in der vorliegenden Arbeit unter Berücksichtigung des komischen Aspektes eine wichtige Rolle spielen. Diese Fachbegriffe sind *Äquivalenz* und *Adäquatheit* (vgl. 4.1.1). Danach wird die Methode der Zieltextanalyse erläutert (4.1.2), um daraufhin die Analyse selbst vorzunehmen (4.1.3-4.1.4). Diese Untersuchung steht nicht im leeren Raum, sondern ist zum einen im Anschluss an die bereits erfolgte AT-Analyse und zum anderen als Grundlage für die nachfolgende Übersetzungskritik zu verstehen.

4.1.1 Terminologische Vorbemerkungen – Äquivalenz vs. Adäquatheit

Einer konstruktiven Übersetzungskritik mit dem Ziel, die Äquivalenzbeziehungen (in diesem Fall des Komischen) zwischen *einem bestimmten* Ausgangs- und *einem bestimmten* Zieltext zu eruieren und zu evaluieren, muss stets eine eingehende Übersetzungsanalyse zugrunde liegen. Davor ist eine terminologische Klärung vonnöten. Sie besteht in der kurzen Auseinandersetzung mit zwei Schlüsselbegriffen der Translatologie, die in der Übersetzungskritik stets Anwendung finden: *Äquivalenz* und *Adäquatheit*. Im Rahmen dieser Arbeit werden beide Termini unter dem Aspekt der Übersetzung des Komischen beleuchtet. Die folgenden Überlegungen beruhen auf Reiß' Beitrag zur *Adäquatheit und Äquivalenz als Schlüsselbegriffe der Übersetzungstheorie und - praxis* (1995).[102]

---

[102] Werner Koller setzte sich bereits 1979 (1992⁴) mit der Äquivalenzproblematik auseinander. Sein Verdienst ist u.a. das Erarbeiten einer Äquivalenztypologie (*denotative Äquivalenz, konnotative Äquivalenz, textnormative Äquivalenz, pragmatische Äquivalenz* und *formalästhetische Äquivalenz*) mit zahlreichen Beispielen, die sich auf Wort- und Satzebene beschränken. Allerdings sind Kollers Äquivalenzforderungen normativer Natur und für literarische Texte sehr schwer operationalisierbar. Die weitere Äquivalenzdiskussion, angefangen bei Snell-Hornby (1988) bis hin zu Hermans und Toury (vgl. Schäffner 1999:72ff) u.a. ist mir bekannt. In dieser Arbeit wird von einer pragmatischen Textäquivalenz (gleiche Textwirkung, hier eine Form des Komischen) im Sinne Reiß' ausgegangen, die sich aber weder programmatisch noch absolutistisch versteht und je nach Textsorte unter Berücksichtigung der jeweiligen Umständen genauer definiert werden muss. Trotz der semantischen Überladung des Begriffs bin ich der Meinung, dass er das

4. Die GRACIA als kulturspezifisches Übersetzungsproblem

Der Begriff *Adäquatheit* ist prozessorientiert, d.h. nur in Zusammenhang mit einer Handlung zu verstehen. Er bezeichnet die "zielorientierte Sprachzeichenwahl im Blick auf einen mit der Übersetzung verfolgten Zweck" (Reiß 1995:108). Dabei ist zu betonen, dass Übersetzungen verschiedenen Zwecken dienen können, die sich möglicherweise vom AT-Zweck unter-scheiden. Im Bereich des Komischen denke man z.b. an den Monty-Python-Film *Life of Brian* (1979), in dem der biblische Stoff gezielt als Persiflage verarbeitet wird. Analog dazu könnte man sich bspw. eine Bibelübersetzung mit parodistischem Zweck vorstellen.

Der Begriff *Äquivalenz* bezieht sich auf das Gleichwertigkeitsverhältnis zwischen zwei Endprodukten, nämlich AT und ZT, und ist somit produktorientiert. Dabei unterscheidet Reiß wiederum zwischen *Äquivalenz* als "Relation der Gleichwertigkeit von Sprachzeichen in jeweils zwei Sprachsystemen (der langue-orientierte Äquivalenzbegriff der Kontrastiven Linguistik)" und *Textäquivalenz* als "*Relation der Gleichwertigkeit von Sprachzeichen eines Textes in je zwei verschiedenen Sprachgemeinschaften* mit ihrem je eigenen soziokulturellen Kontext (der parole-orientierte Äquivalenzbegriff der Übersetzungswissenschaft)" (Reiß 1995:108). Um das Verhältnis zwischen Äquivalenz und Textäquivalenz zu beleuchten, bedient sich Reiß ihrer Übersetzungstypologie (vgl. Reiß/Vermeer 1991[2]:135ff).

Die Äquivalenz als Gleichwertigkeitsverhältnis zwischen zwei Sprachzeichen aus zwei Sprachsystemen würde beispielsweise durch die – in der Praxis sicherlich seltene – philologische (dokumentarische) Übersetzung eines Witzes entstehen, in der es darum geht, dem Empfänger die codebezogene Funktions- und Ausdrucksweise des Komischen im Original nahezubringen. Die komische Wirkung des Translats spielt hierbei eine sekundäre Rolle.

In der allgemeinen Praxis findet man vorrangig den kommunikativen Übersetzungstyp, d.h. "Übersetzungen, die in der zielsprachlichen Gemeinschaft unmittelbar der (alltäglichen, *literarischen*, künstlerisch-ästhetischen und persuasiven) *Kommunikation* dienen und dabei mit dem Original in möglichst

---

Ziel einer Übersetzung – mit allen möglichen Einschränkungen – am treffendsten zum Ausdruck bringt und heutzutage trotz der theoretischen Infragestellung immer noch in der Praxis verwendet wird.

vielen seiner Dimensionen -der syntaktischen, der semantischen und der pragmatischen- zwar nicht identisch, wohl aber äquivalent, gleichwertig sind" (Reiß 1995:107, Hervorhebung von mir). Gerade zu diesem kommunikativen Zweck soll die Adäquatheit der Sprachzeichenauswahl der Herstellung von Äquivalenz auf Textebene dienen. Da Texte nicht nur aus Wörtern bestehen, muss man bei der adäquaten Sprachzeichenauswahl über die grammatische und stilistische Wortwahl hinaus auf den Makrokontext, den Situationskontext, den soziokulturellen Kontext sowie auf die Funktion des Textes achten. Diese Faktoren entsprechen den Variablen Sprachsystem, Kommunikationssituation und Kultur, die im translationsrelevanten Kommunikationsmodell dargestellt sind (vgl. Punkt 2.1.2).

Im Zusammenhang mit der Übersetzung des Komischen verfolgt man ebenfalls eine kommunikative Absicht, nämlich – zunächst einmal stark verallgemeinert –, dass das Lachen des AT-Empfängers möglichst gleichwertig mit dem Lachen des ZT-Empfängers ist. Die Art und Weise dieses Lachens kann von Fall zu Fall natürlich variieren. Aus der Theorie von Reiß und unter Einbeziehung des im 2. Kapitel erarbeiteten Kommunikationsmodells kann man Folgendes ableiten: Um eine *äquivalente* komische Wirkung auf Textebene zu erzeugen, muss der Übersetzer auf eine *adäquate* Sprachzeichenwahl achten, und zwar sowohl auf Wort- und Satzebene als auch in Bezug auf die Kommunikationssituation und die Kultur, in die der Ausgangstext eingebettet ist. Zur Übertragung der Strategien des Komischen stehen dem Übersetzer mehrere Verfahren zur Verfügung, die in dieser Arbeit anhand von drei Textbeispielen analysiert und systematisiert werden sollen.

4.1.2 Methode der Zieltextanalyse

Die Übersetzungsanalyse erfolgt nach der gleichen Struktur wie die unter Punkt 3.3.2 präsentierte AT-Analyse. Die Übersetzungen werden in Bezug auf die Verfahren zur Übertragung des Komischen analysiert und systematisiert. Dabei wird die in den AT-Analysen für jede Strategie des Komischen auf der Basis der kontrastiven Wortfeldanalyse herausgearbeitete Terminologie angewendet (Kap. 2). Die kritische Auseinandersetzung mit den jeweiligen Übersetzungs-

4. Die GRACIA als kulturspezifisches Übersetzungsproblem

entscheidungen bezüglich ihres komischen Potenzials und den daraus folgenden Äquivalenzbeziehungen vor dem Hintergrund des Kommunikationsmodells erfolgt unter Punkt 4.2.

Die ZT-Analyse besteht somit wiederum aus 2 Schritten:
1. *Selektion* charakteristischer Übersetzungsverfahren[103] des Komischen.
2. *Hierarchisierung* der Übersetzungsverfahren des Komischen im Hinblick auf die Textäquivalenz.

Die *Selektion* charakteristischer Übersetzungsverfahren des Komischen wird ebenfalls anhand der vier semiotischen Dimensionen (syntaktisch, semantisch, pragmatisch, kulturell) vorgenommen. Für jede im AT benutzte Strategie des Komischen werden innerhalb der jeweiligen Dimension unterschiedliche Übersetzungsverfahren registriert. Dabei handelt es sich nicht um Übersetzungsverfahren, die exklusiv zur Übertragung des Komischen eingesetzt werden, sondern um allgemeine Verfahren, die in der vorliegenden Arbeit unter dem Gesichtspunkt des komischen Potenzials analysiert werden.

Diese Verfahren werden sodann deduktiv einer *Hierarchisierung* nach dem Kriterium der komischen Textäquivalenz unter Einbindung des übersetzungsrelevanten Kommunikationsmodells unterzogen.

4.1.3 Eduardo Mendoza: *El misterio de la cripta embrujada* (1979)
4.1.3.1 Eine etwas andere Taufe

Selektion **charakteristischer Übersetzungsverfahren des Komischen**
a) Syntaktische Dimension
   Wie unter Punkt 3.3.3.1a) festgestellt, zeichnet sich diese Textstelle durch eine komplexe Syntax aus, die vorwiegend auf der Figur des Hyperbatons aufgebaut ist und eine wichtige Rolle bei der Darstellung des parodistischen

---

[103] Ich übernehme sowohl die terminologische Unterscheidung zwischen *Übersetzungsmethoden* und *Übersetzungsverfahren* als auch deren Typologie von Michael Schreiber (1993, 1997). Letzere sind als Techniken der Übersetzung definiert, die sich auf kleinere Textabschnitte beziehen und ihrerseits von der ganzheitlichen Übersetzungsmethode (hier dem kommunikativen Übersetzungstyp) sowie vom Sprachen- und Kulturpaar abhängig sind.

Kontrastes zwischen einem gehobenen und einem umgangssprachlichen Register spielt. Was die Übersetzung betrifft, muss man zunächst die Schwierigkeit bei der Wiedergabe eines solchen syntaktischen Mittels vorwegnehmen, da dem deutschen Satzbau z.b. durch die Stellung des Verbs bestimmte Grenzen gesetzt sind.[104] Ist dies doch möglich, wirkt die Umstellung schlicht ungewöhnlich und erzeugt nicht den erwünschten Kontrast. Dabei kommen verschiedene Übersetzungsverfahren in Frage, wie im Folgenden dargestellt. Zunächst wird die ZS-Textstelle wiedergegeben. Die ZT-Hyperbata bzw. die entsprechenden ZT-Lösungen sind kursiv markiert:

Und da dieses Kapitel etwas kurz ausgefallen ist, nutze ich den verbleibenden Raum, um einen Punkt zu berühren, der *den bis dahin gelangten Leser* beschäftigen wird, nämlich wie ich heiße. Denn dieses Thema ruft nach einer Erklärung.
   Zur Zeit meiner Geburt war meine Mutter, die sich aus Angst vor meinem Vater *sonst keine Unbesonnenheit zuschulden kommen ließ*, wie alle Mütter jener Epoche so leichtfertig, sich sterblich – und notabene vergebens – in Clark Gable zu verlieben. Am Tag meiner Taufe versteifte sie sich, *ungebildet, wie sie war*, mitten in der Zeremonie darauf, ich müsse Vomwindeverweht heißen, ein Vorschlag, der den das Ritual zelebrierenden Pfarrer nicht grundlos empörte. Die Diskussion artete in eine Keilerei aus, und meine Taufpatin, die beide Arme benötigte, um ihren Mann zu schlagen, den sie auch sonst jeden Tag hart anfaßte, ließ mich im Taufbecken treiben, in dessen Wasser ich ohne Zweifel ertrunken wäre, wenn nicht... Aber das ist eine andere Geschichte, die uns vom einmal eingeschlagenen Lauf der Erzählung abbringen würde. Nun, das Problem ist nicht weiter von Bedeutung, *ist doch* mein wirklicher und vollständiger Name nur in den unfehlbaren Archiven des zentralen Polizeiregisters aufgeführt, während man mich im Alltag *gemeinhin* eher als »Penner«, »Ratte«, »Scheißkerl«, »Auswurf deines Vaters« und mit andern Epitheta *apostrophiert*, deren

---

[104] In der *Vergleichende[n] Grammatik Spanisch-Deutsch* von Nelson Cartagena und Martin Gauger (1989) wird auf die wichtigsten Unterschiede zwischen beiden Sprachen bezüglich u.a. der Wortfolge eingegangen. Die Autoren stellen eine beträchtliche Diskrepanz fest, die darin besteht, "daß im Deutschen das finite Verb hinsichtlich der Folge festgelegt ist, im Spanischen aber nicht", was zur "größere[n] Freiheit der Folge der Satzglieder [im Spanischen]" führt (Cartagena/Gauger 1989:388). Weitere Besonderheiten des Deutschen wie der "verbale Rahmen" bzw. die "Ausrahmung", die "normale" Folge der Satzobjekte, die Aufeinanderfolge von Substantiv und attributivem Adjektiv und des Besonderheiten des Spanischen, z.B. die Möglichkeit der pronominalen Wiederaufnahme und Vorwegnahme des dativischen und akkusativischen Objekts und der Segmentierung von Adverbien und adverbialen Bestimmungen werden ebenfalls thematisiert und anhand von Beispielen erläutert.

4. Die GRACIA als kulturspezifisches Übersetzungsproblem

Vielfalt und Fülle demonstriert, wie grenzenlos reich die menschliche Erfindungsgabe und wie unerschöpflich der Schatz unserer Sprache ist.

(Krypta 1)

Im Falle der Konstruktion "preocupará al lector *que hasta este punto haya llegado*" (*Cripta* 1, Z. 2, Hervorhebung von mir) hat sich der Übersetzer für eine Transformation entschieden, d.h. eine Änderung der syntaktischen Form. Der spanische Relativsatz wird zu einem deutschen Linksattribut: "der *den bis dahin gelangten Leser* beschäftigen wird".

Einige der Hyperbata werden aufgrund der schwierigen Wiedergabe dieser Figur im Deutschen durch den Gebrauch eines kultivierten Ausdrucks auf semantischer Ebene kompensiert. Beim syntaktisch komplexen Relativsatz "que otras ligerezas por temor a mi padre no se permitía" (*Cripta* 1, Z. 4) findet man den etwas umständlichen Ausdruck "die sich aus Angst vor meinem Vater sonst *keine Unbesonnenheit zuschulden kommen ließ*".

Andere Hyperbata werden ebenfalls kompensiert, aber auf der gleichen syntaktischen Ebene. In der sechsten Zeile der spanischen Textstelle schreibt Mendoza statt der natürlichen Form *como era ignorante* "ignorante como era". Die Übersetzung "ungebildet, wie sie war" klingt im Deutschen auch leicht ungewöhnlich.

Die Form "mi verdadero y completo nombre" (*Cripta* 1, Z. 12) wirkt durch die Aufeinanderfolge der Adjektive vor dem spanischen Substantiv gestelzt.[105] Der Übersetzer gibt diese Konnotation durch die umständliche Konstruktion "*ist doch* mein wirklicher und vollständiger Name" wieder.

Gegen Ende der Textstelle findet sich die Gerundium-Konstruktion "siendo yo en la vida diaria más comúnmente apodado [...]" (*Cripta* 1, Z. 13), deren Grad an syntaktischer Komplexität semantisch mit den Wörtern

---

[105] Zur Wirkung der Aufeinanderfolge von Adjektiven im Spanischen vgl. *Manual de español correcto I* von Gómez Torrego (1999[9]:319f): "Por otra parte, no hay que olvidar que una acumulación de adjetivos puede producir la sensación de excesivo recargamiento y de barroquismo exagerado, lo que suele afear el estilo". Die stilistischen Vorgaben des Handbuchs verstehen sich als Richtlinien für nicht künstlerische Prosa-Texte. Bei Mendoza ist dieser überladene Stil zwecks Herausarbeitung des parodistischen Kontrastes beabsichtigt.

'gemeinhin' und 'apostrophiert' ausgeglichen wird: "während man mich im Alltag *gemeinhin* eher als [...] *apostrophiert*".

Weitere Elemente dieser Natur werden auf syntaktischer Ebene nicht reproduziert, wobei ich keine Kompensation auf einer anderen Ebene feststellen konnte (Negation): "como todas las madres de ella contemporáneas" (*Cripta* 1, Z. 5); "tenía yo que llamarme" (*Cripta* 1, Z. 7) und "sugerencia ésta" (*Cripta* 1, Z. 7).

b) Semantische Dimension

Auf der inhaltsbezogenen Metaebene übernimmt der Übersetzer logischerweise die Elemente der *neopicaresca*, d.h. die autobiographische Erzählform, die Thematisierung der sozial benachteiligten Herkunft der Eltern und, wichtiger noch, die doppelte Erzählperspektive bzw. die erzählerische Distanz. Auf die Wirkung dieser Technik und ihrer Präzedenzfälle in der deutschen Literatur wird unter dem Aspekt der kulturellen Dimension (Punkt d) eingegangen.

Unter semantischem Gesichtspunkt verdient die Frage nach dem Erhalt von Mendozas Registerspiel (vgl. Punkt 3.3.3.1b) in der Übersetzung besondere Aufmerksamkeit, da gerade dieses Spiel, wie bereits erwähnt, eine tragende Säule der parodistischen Kraft des Werkes ist. Bei der Wiedergabe manieristischer Ausdrücke werden diese entweder neutralisiert, kompensiert, direkt übertragen oder explizit gemacht. Dazu folgende Beispiele:

Den Begriff 'Neutralisation' möchte ich auf jene Fälle anwenden, in denen der Übersetzer die Bedeutung des Originals zwar verstanden, sie aber mit einem im Deutschen schwächer konnotierten Ausdruck übertragen hat.[106] Da-

---

[106] Der Begriff *Neutralisation* als Übersetzungsverfahren stammt von Koller. Damit bezeichnet er den Fall 'Viele-zu-eins-Entsprechung' innerhalb der denotativen Äquivalenz. Bei der konnotativen Äquivalenz, um die es hier geht, wird die 'Viele-zu-eins-Entsprechung' zu einer Teil-Entsprechung. Zur Übersetzungsproblematik sagt Koller: "Die stilistische Übersetzbarkeitsproblematik resultiert daraus, daß die Systeme der konnotativen Werte, die stilprägend sind, sich in verschiedenen Sprachen nicht eins zu eins decken. Aufgabe des Übersetzers ist es, auf der Textebene in der ZS diejenigen sprachlich-stilistischen Möglichkeiten zu realisieren, die als optimale konnotative Entsprechungen fungieren können. Die Entscheidung für eine bestimmte Entsprechung hängt einerseits von den zur Verfügung stehenden sprachlich-stilistischen (Wahl-)Möglichkeiten ab, andererseits von der Hierarchie der zu erhaltenden Werte, die der Übersetzer aus der für den

4. Die GRACIA als kulturspezifisches Übersetzungsproblem

durch wird die ursprüngliche (parodistische) Wirkung geglättet, d.h. neutralisiert. In diesem Textausschnitt findet man mehrere Beispiele dafür, die in der folgenden Textstelle kursiv markiert sind:

Und *da* dieses Kapitel etwas kurz ausgefallen ist, nutze ich den verbleibenden Raum, um einen *Punkt* zu berühren, der den bis dahin gelangten Leser beschäftigen wird, nämlich wie ich heiße. Denn dieses Thema ruft nach einer Erklärung.

Zur Zeit meiner Geburt *war meine Mutter*, die sich aus Angst vor meinem Vater sonst keine Unbesonnenheit zuschulden kommen ließ, wie alle Mütter jener Epoche *so leichtfertig*, sich sterblich – und notabene vergebens – in Clark Gable zu verlieben. Am Tag meiner Taufe versteifte sie sich, ungebildet, wie sie war, mitten in der Zeremonie darauf, ich müsse Vomwindeverweht heißen, ein Vorschlag, der den das Ritual zelebrierenden Pfarrer nicht grundlos empörte. Die Diskussion artete in eine Keilerei aus, und meine Taufpatin, die beide Arme benötigte, um ihren Mann zu schlagen, den sie auch sonst jeden Tag hart anfaßte, ließ mich im Taufbecken treiben, *in dessen Wasser* ich ohne Zweifel ertrunken wäre, wenn nicht... Aber das ist eine andere Geschichte, die uns vom einmal eingeschlagenen Lauf der Erzählung abbringen würde. Nun, das Problem *ist nicht weiter von Bedeutung*, ist doch mein wirklicher und vollständiger Name nur in den unfehlbaren Archiven des zentralen Polizeiregisters aufgeführt, während man mich im Alltag gemeinhin eher als »Penner«, »Ratte«, »Scheißkerl«, »Auswurf deines Vaters« und mit andern Epitheta apostrophiert, deren Vielfalt und Fülle demonstriert, wie grenzenlos reich die menschliche Erfindungsgabe und wie unerschöpflich der Schatz unserer Sprache ist.

(Krypta 1)

Gleich am Anfang steht die gehobene Form "*como sea que* este capítulo" (*Cripta* 1, Z. 1, Hervorhebung von mir). Der Übersetzer löst das Problem mit einem vereinfachenden "Und *da* dieses Kapitel".

Danach kommt der Ausdruck "tocar un extremo" (*Cripta* 1, Z. 2). Das Wort *extremo* ist in diesem Zusammenhang nicht üblich, im Gebrauchswörterbuch von Seco wird es mit der Bezeichnung '(lit.)' markiert. Diese Nuance wird mit der deutschen Übersetzung "einen Punkt berühren" treffend

---

betreffenden Text/die Textstelle maßgeblichen Hierarchie der Äquivalenzforderungen ableitet. Analyse und Bewertung dieser vom Übersetzer getroffenen Entscheidungen ist Aufgabe der wissenschaftlichen Übersetzungskritik. Wie bei der Herstellung denotativer Äquivalenz besteht im konnotativen Bereich grundsätzlich die Möglichkeit, konnotative Werte, die nicht erhalten werden können, durch kommentierende Verfahren [...] zu vermitteln" (Koller 1992[4]:242f).

übersetzt. Die Tatsache, dass der spanische Ausdruck immer noch gehobener und leicht ungewöhnlicher als das deutsche Pendant klingt, muss man in diesem Fall hinnehmen.

Die Konstruktion "incurría en la liviandad" (*Cripta* 1, Z. 4), die in spanischen Ohren sehr manieristisch klingt, wird im Deutschen durch "war [...] so leichtfertig" vereinfacht.

Etwas Ähnliches geschieht mit dem Ausdruck "en cuyas aguas" (*Cripta* 1, Z. 10). Der Gebrauch dieses Plurals ist im Spanischen eher selten und erzielt eine teils kultivierte, teils altmodische Wirkung. Im deutschen Text findet man nicht den entsprechenden Plural von 'Wasser' wieder, dafür klingt die Genitivkonstruktion "in dessen Wasser" ziemlich normal. M.E. wäre es möglich gewesen, diese Konnotation unmittelbar danach zu kompensieren und den passenden Ton zu treffen, indem man für den Ausdruck "de fijo" (*Cripta* 1, Z. 10) eine altmodische Variante wie 'zweifelsohne' gewählt hätte.

Darüber hinaus wird der ebenfalls gehobene Ausdruck "el problema *carece de sustancia*" (*Cripta* 1, ZZ. 11-12, Hervorhebung von mir) mit "das Problem *ist nicht weiter von Bedeutung*" eindeutig geglättet, zumal im Deutschen die Form 'entbehrt jeder Substanz' möglich gewesen wäre und die gleiche Stilebene erfasst hätte.

Ein weiteres Übersetzungsverfahren auf semantischer Ebene ist die Kompensation. An der Stelle "mi madre [...] incurría [...] en la liviandad de amar *perdida e inútilmente* a Clark Gable" (*Cripta* 1, ZZ. 4-5, Hervorhebung von mir) hat der Übersetzer die rhetorisch überladene und somit ironisch wirkende Konnotation der Adverbien "perdida e inútilmente" mit dem lateinischen Ausdruck "notabene" wiedergegeben ("war meine Mutter [...] so leichtfertig, sich sterblich – und *notabene* vergebens – in Clark Gable zu verlieben" in *Krypta* 1, ZZ. 5-6, Hervorhebung von mir), der im Original zwar nicht so da steht, aber die Konnotation der AT-Formulierung sehr schön überträgt.

Schließlich möchte ich kurz auf die Stelle "otros *epítetos* cuya variedad y abundancia demuestran la *inconmensurabilidad* de la inventiva humana y el tesoro inagotable de nuestra lengua" eingehen (*Cripta* 1, ZZ. 14-16, Hervor-

4. Die GRACIA als kulturspezifisches Übersetzungsproblem

hebung von mir). Das Wort "epítetos" wird direkt mit dem im Deutschen noch stärker ungewöhnlich wirkenden Fremdwort "Epitheta" übertragen (Reproduktion) und durch das Verb 'apostrophiert' betont (*Krypta* 1, Z. 16). M.E. ist der Erhalt der gehobenen Konnotation und somit des parodistischen Kontrastes durch diese Übersetzung gelungen. Außerdem wird das Wort *inconmensurabilidad* durch Erhöhung des Explikationsgrades, "wie grenzenlos reich", übersetzt (*Krypta* 1, Z. 17). Dies wird durch das Verb 'demonstriert' verursacht, denn es erfordert im Deutschen eine Nebensatzkonstruktion der Form 'wie + Adjektiv'. Durch die zusätzliche Kombination Adjektiv + Adverb ('grenzenlos reich') produziert der Übersetzer einen Satz, der ebenfalls gestelzt klingt. Ausnahmsweise wird an dieser Stelle der spanische Nominalstil zugunsten eines natürlichen, aber auch kultivierten Rede- bzw. Leseflusses im Deutschen zerlegt.

Am anderen Ende der Registerskala finden sich die umgangssprachlichen Ausdrücke, die zum parodistischen Kontrast beitragen. In diesem Zusammenhang möchte ich auf eine konkrete Stelle hinweisen. Zunächst folgendes Zitat: "La *discusión degeneró en trifulca* y mi madrina, que necesitaba los dos brazos para pegar a su marido, con el que *andaba* cada día *a trompazo limpio* [...]" (*Cripta* 1, ZZ. 8-9, Hervorhebung von mir). Der Satzanfang ist ein gutes Beispiel für Mendozas parodistische Kunst, die in diesem Fall in der Aneinanderreihung eines leicht kultivierten Verbes (*degenerar*) und eines umgangssprachlichen Substantivs für Streit (*trifulca*) besteht. Der parodistische Effekt dieser gezielten Kollokation bleibt im Deutschen m.E. durch die Kombination von 'ausarten' und 'Keilerei' – "Die Diskussion *artete in eine Keilerei aus*" (*Krypta* 1, Z. 9) – nicht erhalten, da 'ausarten' das Verb ist, das man nach 'Keilerei' erwartet. Somit geht der parodistische Kontrast verloren.

Erwähnenswert ist noch der 'falsche Freund'[107] *discusión* vs. *Diskussion*. Das spanische Wort hat eine aggressive Konnotation, die im deutschen Aus-

---

[107]"'Falsche Freunde sind für den Übersetzer die Wörter, die in zwei oder mehreren Sprachen die gleiche oder eine ganz ähnliche Form haben, so dass wir leichtsinnigerweise glauben können, sie müssten auch dasselbe bedeuten'" (Wandruszka zit. nach Bödeker/Freese 1987:163).

druck nicht präsent ist und eher dem Wort 'Streit' näher kommt. Gerade diese Konnotation trägt zum parodisitischen Effekt bei.

Schließlich wird an dieser Stelle die umgangssprachliche Form *andar a trompazo limpio* und somit die parodistische Aussagekraft durch das intendierte Wortspiel 'jemanden hart anfassen' m.E. neutralisiert.

An dritter Stelle nach den pikaresken Elementen und dem Registerkontrast spielen die Spitznamen des Protagonisten eine wichtige Rolle bei der parodistischen Wirkung des Textes (vgl. Punkt 3.3.3.1b). Allein die Figur des Spitznamens an sich ist im Spanischen weiter verbreitet als im Deutschen. Bei den Bezeichnungen "«chorizo», «rata», «mierda», «cagallón de tu padre»" (*Cripta* 1, Z. 14) und ihren "Äquivalenten" "»Penner«, »Ratte«, »Scheißkerl«, »Auswurf deines Vaters«" (*Krypta* 1, ZZ. 15-16) handelt es sich um Ausdrücke, die unterschiedlich stark konnotiert sind. Das Wort *chorizo* wird heute immer noch verwendet, bedeutet zwar so viel wie 'Penner', bezeichnet aber zusätzlich jemanden, der nicht nur arm ist, sondern auch von kleinen Diebstählen lebt. *Rata* und *mierda* sind weitestgehend deckungsgleich mit 'Ratte' und 'Scheißkerl'. Interessant ist das Schimpfwort *cagallón de tu padre*. Das Wort *cagallón* ist laut Wörterbuch eine regionale Form von *cagajón*, dem Exkrement eines Reittieres (*Seco* 1999). Der Zusatz *de tu padre* oder *de tu madre* ist in der spanischen Schimpfkultur recht üblich und kann sozusagen jedem Schimpfwort relativ spontan hinzugefügt werden. Daraus folgt, dass, auch wenn der spanische Leser dieses Schimpfwort nicht kennt, trotzdem genug Elemente vorhanden sind, die auf die Konnotation des Begriffs hindeuten. Die deutsche Variante "Auswurf deines Vaters" ist eine zu treue, fast wörtliche Wiedergabe des Inhalts des Originals, sie wirkt aber leicht gekünstelt, nicht so spontan und liegt somit auf einer falschen Stilebene. Daraus ergibt sich, dass die pragmatische Dimension von Schimpfwörtern ein echtes Übersetzungsproblem darstellt.[108]

---

[108] Schimpfwörter sind Begriffe, die einem derben Register angehören und pragmatisch (in der Regel mit beleidigender Absicht) eingesetzt werden. Eine übersetzungswissenschaftliche Auseinandersetzung mit der Problematik von Schimpfwörtern sollte auf jeden Fall die pragmatische Dimension des Übersetzens in einer bestimmten Kultur berücksichtigen. Meines Wissens gibt es leider keine umfangreiche Literatur zu diesem Thema. Die Recherche hat lediglich einen kurzen Artikel von Valero Garcés (1999/2002)

4. Die GRACIA als kulturspezifisches Übersetzungsproblem

c) Pragmatische Dimension

Zusätzlich zu den Erkenntnissen auf syntaktischer und semantischer Ebene, die in die pragmatische Dimension einfließen, möchte ich auf die Rolle der Kommunikationssituation und ihr Potenzial für das Lächerliche eingehen. Wie unter Punkt 3.3.1.1c) bereits erwähnt, ist die Situation 'Taufe' im spanischsprachigen Kulturraum sehr stark konnotiert. Spanische Leser haben eine konkrete Vorstellung vom Ablauf einer Taufe, den Personen, die daran beteiligt sind usw. Nach dem *Scenes-and-frames*-Konzept von Vannerem und Snell-Hornby (1986) kann man das Phänomen folgendermaßen erklären: Der spanische Leser hat ein konkretes "Bild von Welt" (*scene*), in diesem Fall von einer Taufe, im Kopf. Dafür stehen bestimmte Ausdrücke (*frames*) bereit, die die sprachliche Kodierung ermöglichen. Die Rolle des Übersetzers besteht darin, sich die AT-*scenes* vorzustellen und einen in der Zielsprache geeigneten *frame* dafür zu finden. Bei Mendoza kommt erschwerend hinzu, dass er nicht bei der Wiedergabe der Standardsituation 'Taufe' bleibt, sondern diese parodiert und die Leser dazu bringt, sich Unvorstellbares vorzustellen. Für den Übersetzer bedeutet dies eine doppelte Herausforderung. Zunächst muss er beim ZT-Leser auf die äquivalente Kommunikationssituation anspielen, um diese unmittelbar danach ins Lächerliche zu ziehen und das Lachen beim Empfänger zu erzeugen. Ein in diesem Zusammenhang wichtiger *frame* ist m.E. der Name des Kindes ("Loquelvientosellevó" *Cripta* 1, Z. 7). Dabei spielt Mendoza nicht nur auf einen Kassenschlager der Zeit an, was als Namengebung absurd genug ist, sondern er schreibt alle Wörter zusammen, was die lächerliche Wirkung erhöht (vgl. Punkt 3.3.3.1d). Im Deutschen wird diese Technik übernommen ("Vomwindeverweht" *Krypta* 1, Z. 8).

In dieser Szene steht man also vor einem Fall von Situationskomik, einer Form des Komischen, die durch kulturspezifische Normverletzung innerhalb einer Gesellschaft entsteht. Die absehbare Reaktion darauf kann entweder ein Auslachen als Korrekturmaßnahme im Sinne Bergsons oder ein befreiendes Lachen als zeitweilige Entspannung sein. Dies führt zur Unterscheidung

---

ergeben, in dem die Autorin die Übersetzungsproblematik von Schimpfwörtern nicht nur für Übersetzer, sondern auch für interessierte Leser anreißt. Ausgehend von der expliziten Religiosität der spanischen vs. der englischen Schimpfkultur plädiert die Autorin für die Bewahrung der pragmatischen Äquivalenz.

zwischen dem Lächerlichen und dem Komischen (vgl. Jauss 1976 unter Punkt 2.2.1.7.4). M.E. gehört das Lachen in dieser Szene durch seine pragmatische Dimension zum Bereich des Komischen. Die Frage, ob das Lachen in der Übersetzung die gleiche Funktion erfüllt, wird im übersetzungskritischen Teil behandelt.

d) Kulturelle Dimension

Die kulturelle Komponente ergibt sich aus dem Zusammenspiel aller anderen Dimensionen. Besonders erwähnenswert ist der übersetzerische Umgang mit Kuluremen. Im ZT stellt man fest, dass der Übersetzer den Filmtitel an die deutsche Fassung anpasst und die Wörter ebenfalls zusammensetzt: *Vomwindeverweht* (Adaption). *Clark Gable* und *Loquelvientosellevó* (*Cripta* 1, ZZ. 6-7) stellen im Prinzip keine große Übersetzungs-schwierigkeit dar, weil ihre Konnotation im spanischen und im deutschen Kulturraum angesichts einer gemeinsamen modernen Filmtradition sehr ähnlich ist (vorwiegend weibliche Kinobesucher, reichlich ausgerüstet mit Taschentüchern, usw.). Dennoch muss man im Zusammenhang der komischen Funktion von Namen berücksichtigen, dass Spanien immer noch unter einem sehr starken Einfluss des Katholizismus steht. In einem Land, in dem besonders Frauen 'Empfängnis' oder 'Fleischwerdung' heißen können, ist die Konvention, die den Umgang mit Eigennamen regelt, wesentlich anders als in anderen Ländern. Gerade für deutsche Verhältnisse gilt eine solche onomastische Praxis als etwas "Exotisches":

> Auch der Name María José, wörtlich Maria-Josef, ist für Mädchen sehr beliebt, desgleichen José María (wörtlich Josef-Maria) für Jungen, nicht jedoch Jesús María –es sei denn, Sie trennen den Namen: Jungen können Jesús, Mädchen María heißen. Genauer, Mädchen heißen zu Ehren der Gottesmutter fast immer María, wenn nicht mit erstem, dann mit zweitem oder drittem Namen. [...] Vornamen für Mädchen wie Inmaculada (die Unbefleckte), Concepción (Empfängnis), Encarnación (Fleischwerdung), Dolores (Schmerzen), Esperanza (Hoffnung), Caridad (Nächstenliebe), Belén (Bethlehem) oder Rosario (Rosenkranz) sind durchaus gängig und vermitteln Ihnen einen Eindruck, daß der katholische Glauben in Spanien noch mit hoher Temperatur nachglüht.
>
> (Ingendaay 2002: 28)

Inwieweit die Reaktion des deutschsprachigen ZT-Lesers auf einen solchen Namen ein Lächeln ist, sei dahingestellt, denn, wie bereits gesehen, hat die

4. Die GRACIA als kulturspezifisches Übersetzungsproblem

Namengebung im Deutschen nicht die gleiche Funktion wie im Spanischen. Zum übersetzerischen Umgang mit Spitz- und Eigennamen in der Translationstheorie vgl. Punkt 4.2.1.1a.2).

Noch problematischer ist der Umgang mit der Abkürzung *DGS* (*Cripta* 1, Z. 13), die man nicht ohne weiteres übernehmen sollte. Dabei sind mehrere Verfahren mit unterschiedlich starkem Eingriffscharakter in den AT möglich, angefangen von der meist berüchtigten Fußnote[109] über die Übernahme in den ZT (mit oder ohne Paraphrase, ggf. in Klammern) bzw. in ein Glossar bis hin zur Adaption an ein zielsprachliches Kulturem. In diesem Fall hat sich der Übersetzer für eine substituierende Erklärung entschieden, indem vom "zentralen Polizeiregister[s]" die Rede ist (*Krypta* 1, Z. 14). Dies hat den Vorteil, dass der ZT-Leser nicht über eine fremde Abkürzung stolpert bzw. dass der Lesefluss durch keine Fußnote unterbrochen wird. Eine leichte Konnotation geht zwar verloren, aber dies ist auch bei spanischen Lesern jüngerer Generationen der Fall. Durch das Adjektiv "zentral" ist die Wendung sowieso verfremdend, da in Deutschland das Sicherheitssystem nicht bundes- sondern landesweit geregelt wird. Ob der deutsche Leser anhand der Übersetzung sofort in die spanische Francozeit zurücktransportiert wird, sei dahingestellt.

Zusammen mit den Spitznamen bildet der Gebrauch von Techniken der *neopicaresca* ein intertextuelles Assoziationsgeflecht, das für die parodistische Wirkung sehr wichtig ist. Die übersetzerische Brücke zu schlagen ist m.E. möglich, weil die deutsche Literatur ebenfalls pikareske Prätexte anbietet, die von der spanischen Tradition des 17. Jh. beeinflusst wurden, z.B. den *Simplicissimus* von Grimmelshausen. Wenn man als Übersetzer die Verbindung zwischen dem zu übersetzenden Text und seinem Prätext

---

[109] "Da jedoch die Übersetzer sicher nicht allein über den Gebrauch von Fußnoten/Anmerkungen entscheiden, sondern der Verlag ein Wort mitzureden hat, lassen sich keine direkten Schlüsse aus dieser Übersetzerpraxis ziehen. Die meisten Übersetzungskritiker lehnen Fußnoten in fiktionalen Texten ab [...]" (Bödeker/Freese 1987:149). Zwar fallen Übersetzungsverfahren wie Kompensation, Neutralisierung usw. einem Verlagslektor nicht so stark ins Auge wie eine Fußnote, aber der Übersetzer wird meistens in die Anwendung kommentierender Übersetzungsverfahren eingebunden. Die Tatsache, dass ein Text mit zahlreichen Fußnoten übersät ist, ist m.E. eine relevante Information für eine Übersetzungskritik, die das Textumfeld berücksichtigt.

erkannt hat, dann kann man sich auf die Suche nach Paralleltexten[110] machen, die einem die Einarbeitung in ein bestimmtes Register erleichtern. Eine Frage bleibt offen: Inwiefern wirken diese Anspielungen auf eine alte literarische Tradition in der deutschen Kultur komisch? Dazu mehr bei der Übersetzungskritik (Punkt 4.2.1.1).

***Hierarchisierung* charakteristischer Übersetzungsverfahren des Komischen**
An dieser Stelle geht es darum, die in der Selektion registrierten Übersetzungsverfahren nach Strategien des Komischen zu systematisieren und zu gewichten. Die fünf von Mendoza eingesetzten Strategien des Komischen werden zusammenfassend nach folgenden Verfahren übersetzt (die Reihenfolge der Auflistung entspricht der Schematisierung des Kommunikationsprozesses vgl. Punkt 2.2.2.7):

STRATEGIE DES KOMISCHEN (→ *Entsprechung nach dem Kommunikationsmodell*)	ÜBERSETZUNGSVERFAHREN
Parodistischer Kontrast zwischen einem gehobenen und einem umgangssprachlichen Register → *parodia*	*Transformation, Kompensation, Negation, Reproduktion, Neutralisation, explikative Übersetzung*
Parodistische Namengebung (Spitz- und Eigennamen) → *parodia*	*Reproduktion*
Intertextuelle Bezüge → *parodia*	*Negation*
Darstellung einer kulturspezifischen Kommunikationssituation – Vorstellung von Unvorstellbarem → *risa*	*Reproduktion*
Einbindung von Kulturemen → *gracia*	*Reproduktion, explikative Übersetzung*

Tab. 9 Hierarchisierung charakteristischer Übersetzungsverfahren des Komischen bei Mendoza 1

Um diese und andere Übersetzungsverfahren bezüglich der Textäquivalenz zu operationalisieren, kann man sie unter fünf Oberbegriffen zusammenfassen.

---

[110] Mit 'Paralleltext' beziehe ich mich auf folgende Definition: "Unter Paralleltexten sind hierbei verschiedensprachige Texte zu verstehen, die originär in ihrer jeweiligen Sprache –am besten von kompetenten Muttersprachlern– erstellt wurden, die also keine Übersetzungen sind, aber ein möglichst ähnliches Thema behandeln und sich in ihrer kommunikativen Funktion entsprechen, d.h. derselben Textsorte(nvariante) angehören " (Göpferich 1999:184).

4. Die GRACIA als kulturspezifisches Übersetzungsproblem

Reiß unterscheidet hauptsächlich zwischen drei Übersetzungsverfahren bezüglich der kommunikativen Textäquivalenz:[111]

> Danach [nach der Selektion und der Hierarchisierung] richtet sich die Entscheidung, in welchen Fällen er [der Übersetzer] auf eine *äquivalente Wiedergabe* des jeweiligen Merkmals *verzichten* will (oder muß), in welchen Fällen er *Kompensationen* *("versetzte Äquivalente")* und in welchen Fällen er die *Reproduktion* des entsprechenden Elementes wählen will (oder muß), um für den Zieltext insgesamt Äquivalenz, d.h. Gleichwertigkeit in bezug auf die Funktion des Textes im Kommunikationsgeschehen innerhalb der Zielgemeinschaft zu erreichen.
>
> (Reiß 1995:122, Hervorhebung von mir)

Diese Verfahren sind also a) *Negation* der Äquivalenz (Verzicht), b) *Kompensation* ("versetzte Äquivalenz") und c) *Reproduktion* (direkte Übersetzung). Wichtig ist zu betonen, dass es sich hierbei um Übersetzungsverfahren für konkrete Textabschnitte handelt, die allerdings im Hinblick auf die komische Äquivalenz des Gesamttextes angewendet werden. Aus der vorangegangenen Selektion ergibt sich noch ein Oberbegriff: d) *Neutralisation*.

Wenn man diese Verfahren unter dem Aspekt der Textäquivalenz in eine zwischen AT (Sender) und ZT (Empfänger) gezogene Achse einordnet, ergibt sich folgendes Schema:

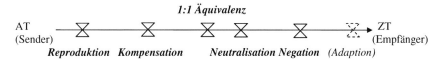

Abb. 24 Klassifikation von Übersetzungsverfahren in Bezug auf die Textäquivalenz

In der Nähe des AT befinden sich die Übersetzungsverfahren, die am Wörtlichsten vorgehen. Je näher sich das Übersetzungsverfahren an der ZT-Position befindet desto freier ist die Übersetzung. Zur besseren Verständlichkeit und Vollständigkeit findet man in der Mitte der Achse den Idealfall der *1:1 Äquivalenz* und in Klammern neben dem ZT das Übersetzungsverfahren der *Adaption*:

---

[111] Mit kommunikativer Textäquivalenz ist die Äquivalenz für den kommunikativen Texttyp gemeint, nämlich den, der Funktionskonstanz bei AT und ZT anstrebt. Die Funktionskonstanz bezieht sich in der vorliegenden Arbeit auf den Erhalt der komischen Wirkung.

1:1 Äquivalenz / Äquivalenz

Idealfall, in dem das AT-Sprachzeichen eine direkte Entsprechung in der Zielsprache mit äquivalenter komischer Wirkung hat. In den Untersuchungen wird auch der Begriff *Äquivalenz* auftauchen. Er bezieht sich auf jene Fälle, in denen die Übertragung des Komischen keine Schwierigkeiten darstellt, sei es, weil dieselbe Strategie im Deutschen funktioniert, sei es, weil der Übersetzer ein bestimmtes lexikalisches (z.B. Modulation) bzw. syntaktisches (z.B. Transposition) Verfahren angewandt hat, um die Äquivalenz zu wahren. Wie bereits definiert, unterscheidet sich die Äquivalenz von der 1:1 Äquivalenz durch einen relativen Charakter. Die 1:1 Äquivalenz ist im Zusammenhang des Komischen ein Desiderat.[112]

Reproduktion

Im Unterschied zur 'Äquivalenz' wird bei der 'Reproduktion' das AT-Sprachzeichen direkt in den ZT übernommen. Dies kann aus mehreren Gründen geschehen:

a) Der Übersetzer ist sich der komischen Markierung des AT <u>nicht</u> bewusst und "übersetzt einfach".

b) Der Übersetzer ist sich der komischen Markierung des AT bewusst und möchte Lokalkolorit in den ZT hineinbringen.

c) Der Übersetzer findet keine bessere Lösung, d.h. die Reproduktion ist eine Notlösung. Die Frage nach der komischen Wirkungsäquivalenz bleibt ungelöst.

Kompensation

Das AT-Sprachzeichen und seine komische Wirkung können nicht an identischer Stelle im ZT wiedergegeben werden. Der Übersetzer versucht, die äquivalente Wirkung an einer anderen Stelle auf derselben Ebene (z.B. innerhalb der Syntax) oder an einer anderen Stelle auf einer anderen Ebene (z.B. ein syntaktisches Mittel wird semantisch kompensiert)

---

[112] Koller definiert die *Eins-zu-Eins-Entsprechung* als sprachenpaarbezogene Unterkategorie innerhalb der *denotativen Äquivalenz* und veranschaulicht sie durch lexikalische Beispiele (Koller 1992[4]:228). Da das Komische sich vorwiegend aus Konnotationen ergibt, tritt der Fall einer 1:1 Äquivalenz in diesem Zusammenhang fast nie auf.

4. Die GRACIA als kulturspezifisches Übersetzungsproblem

auszugleichen.[113] Dies kann auch durch ein metasprachliches Mittel (z.B. Fußnote, Glossar, Anmerkung des Übersetzers) erfolgen.

Negation
Der Übersetzer erkennt zwar die komische Wirkung des Originals, aber er möchte (bspw. zugunsten der äquivalenten Wirkung des Gesamttextes) bzw. kann sie nicht übernehmen, dadurch wird die Wirkung auch nirgendwo kompensiert.

Neutralisation
Diesen Begriff möchte ich auf jene Fälle anwenden, in denen der Übersetzer die komische Wirkung des Originals zwar verstanden, sie aber mit einem im Deutschen schwächer konnotierten Ausdruck übertragen hat. Dadurch wird die ursprüngliche Wirkung geglättet. Die *Neutralisation* kann als Sonderform der *Negation* verstanden werden. Der Unterschied zwischen beiden Verfahren bezüglich der Äquivalenz von AT und ZT besteht aber in der Tatsache, dass bei einer *Neutralisation* der AT in irgendeiner – wenn auch abgeschwächter – Weise noch im ZT präsent ist, während bei der *Negation* hingegen die AT-Konnotationen spurlos verschwinden.

Adaption
Damit bezeichnet man jene Fälle, in denen der Übersetzer nicht auf Äquivalenz zielt, sondern auf eine adäquate komische Wirkung des ZT. Dazu müssen u.a. Kultureme adaptiert werden, z.B. könnte man aus der Taufe eine Konfirmation oder eine Hochzeit machen, wenn man der Meinung wäre, dass diese Kommunikationssituationen im deutschsprachigen Kulturraum konnotationsträchtiger sind. Dadurch würde man sich auf das Terrain der Bearbeitung begeben (vgl. Schreiber 1993). Interessant ist die

---

[113] Ein weiteres Kompensationsbeispiel aus der Praxis (Spanisch-Deutsch) bietet Monika López in dem Beitrag "Syntaktische Lösungen umgangssprachlicher Übersetzungsprobleme" an. In: Schrader, Ludwig (Hrsg.) (1992): *Von Góngora bis Nicolás Guillén. Spanische und lateinamerikanische Literatur in deutscher Übersetzung – Erfahrungen und Perspektiven*. Akten des internationalen Kolloquiums Düsseldorf vom 21.-22.5.1992. Tübingen: Gunter Narr.117-125.

Tatsache, dass dieses Verfahren im Falle der Übertragung des Komischen bei Mendoza nicht angewendet wurde.

Diese Klassifikation von Übersetzungsverfahren hat keinen Anspruch auf universelle Gültigkeit. Sie ergibt sich deduktiv und deskriptiv aus der vorliegenden ZT-Analyse unter dem Aspekt der Übertragung von Strategien des Komischen aus dem Spanischen ins Deutsche. Aus diesem Grund kann man über die bewusste oder unbewusste Anwendung solcher Verfahren seitens des Übersetzers lediglich spekulieren. Darüber hinaus kann man nicht pauschal behaupten, das Kompensationsverfahren beispielsweise sei grundsätzlich richtig oder falsch. Es kommt immer auf die konkrete Textstelle und die Funktion des Gesamttextes an.

Wenn man die Strategien des Komischen erneut nach diesen Oberbegriffen hierarchisiert, ergibt sich folgende Klassifikation (in Klammern wird die Anwendungsfrequenz des jeweiligen Übersetzungsverfahrens angegeben):

STRATEGIE DES KOMISCHEN (→ Entsprechung nach dem Kommunikationsmodell)	ÜBERSETZUNGSVERFAHREN
Parodistischer Kontrast zwischen einem gehobenen und einem umgangssprachlichen Register → *parodia*	*Reproduktion* *Negation* *Neutralisation* *Kompensation (2x)* *Äquivalenz*
Parodistische Namengebung (Spitz- und Eigennamen) → *parodia*	*Reproduktion*
Intertextuelle Bezüge → *parodia*	*Negation*
Darstellung einer kulturspezifischen Kommunikationssituation – Vorstellung von Unvorstellbarem → *risa*	*Reproduktion*
Einbindung von Kulturemen → *gracia*	*Reproduktion* *Kompensation*

Tab. 10 Hierarchisierung charakteristischer Übersetzungsverfahren des Komischen bei Mendoza 1 nach Oberbegriffen

Die schattierten Felder markieren die Strategie des Komischen, die beruhend auf der AT-Analyse die wichtigste Rolle spielt. In diesem Fall handelt es sich um die *parodia* (vgl. Punkt 3.3.3.1), die in erster Linie durch Kompensation wiedergegeben wird. Wenn man die Strategien des Komischen insgesamt als eine Einheit betrachtet, stellt man fest, dass die am häufigsten angewendeten Übersetzungsverfahren *Kompensation* und *Reproduktion* sind. Die Auswahl und die Folgen aus dem Gebrauch dieser Übersetzungsverfahren werden im übersetzungskritischen Teil thematisiert (vgl. Punkt 4.2.1.1).

4.1.3.2 Das Schönheitsideal einer Schwester

Selektion **charakteristischer Übersetzungsverfahren des Komischen**
a) Syntaktische Dimension
Wie unter Punkt 3.3.3.2 bereits erwähnt, spielt Mendoza mit dem vorliegenden Satzbau auf einen barocken Sprachgebrauch an, der im parodistischen Kontrast zu einem umgangssprachlichen Register und zur dargestellten Realität steht. Der komplexe Satzbau drückt sich durch ein Hyperbaton, zahlreiche Einschübe, die vorhandene Rhythmik und einen verschachtelten Satz am Ende der Stelle aus. Im Folgenden werden diese Elemente der komischen Strategie des parodistischen Kontrastes und die jeweiligen Übersetzungs-verfahren im Einzelnen chronologisch dargestellt. Zum Schluss wird zusätzlich einer auf Eigeninitiative des Übersetzers hervorgebrachten übersetzerischen Leistung innerhalb der syntaktischen Ebene Aufmerksamkeit geschenkt.

In dem vorliegenden Textausschnitt ist erneut ein Beispiel für die Figur des Hyperbatons zu finden: "De su cuerpo ni que hablar tiene" (*Cripta* 2, Z. 12). Meiner Meinung nach geht durch die normalsprachliche Übersetzung "Ganz zu schweigen von ihrem Körper" (*Krypta* 2, Z. 12) die Komplexität des Originals verloren. Somit wird der eine Pol des parodistischen Kontrastes (nämlich die gehobene Sprache) geglättet.

Außerdem kommen an dieser Stelle zahlreiche Einschübe vor, die die Syntax und damit den Lesefluss erschweren, aber gerade deswegen im inhaltlichen Textzusammenhang einen parodistischen Kontrast erzielen. Hierbei handelt es sich um übersetzerische Herausforderungen, die mit unterschiedlichem Erfolg gelöst worden sind. Zu den gelungenen Fällen zählt z.B. der Einschub "weiß Gott, in welcher Absicht" (*Krypta* 2, Z. 5). Der

Übersetzer hat diesen Ausdruck unmittelbar nach dem Hilfsverb 'hatte' platziert, was unerwartet kommt und zur äquivalenten Komplexität im deutschen Satzbau führt. Anders verhält es sich mit der Gerundium-Konstruktion "siendo ella adolescente" (*Cripta* 2, ZZ. 5-6), die noch im selben Satz eingeschoben ist. Im Spanischen wirkt sie gerade durch diese für die juristische Fachsprache typische und leicht archaisch klingende Verbform (vgl. Casares 1998[10]:227) besonders parodistisch. Das Gerundium und seine Wirkung werden im Deutschen zu der präpositionalen Konstruktion "in ihrer Jugend" vereinfacht (*Krypta* 2, Z. 5).

Ferner gibt es bei den Einschüben Fälle, in denen die parodistische Konnotation des Spanischen verloren geht. Dies geschieht beispielsweise mit der Apposition "Ella, *pobre*, lo había creído" (*Cripta* 2, Z. 6, Hervorhebung von mir). Der Übersetzer löst die Markierung des nachgesetzten Adjektives in eine Substantivierung desselben auf: "*Die Arme* hatte es geglaubt" (*Krypta* 2, Z. 6, Hervorhebung von mir). Ein weiteres Beispiel findet man gleich im nächsten Satz. Der Einschub "si la memoria no me engaña" (*Cripta* 2, Z. 7) wird im Deutschen mit dem Ausdruck "Wenn mich die Erinnerung nicht trügt" wiedergegeben (*Krypta* 2, Z. 6). Die Übersetzung ist insofern gelungen, als der deutsche Ausdruck alt klingt und dem Text insgesamt eine gewisse Eleganz verleiht. Allerdings hat die Vorverlegung des spanischen Einschubes, der im Deutschen keiner mehr ist, gleichzeitig eine verkürzende Funktion, die den Text flüssiger macht. Dies mag im Allgemeinen und besonders bei Gebrauchstexten bezüglich der Textklarheit zwar als erfolgreiches Übersetzungsverfahren gelten, in diesem Fall aber, wie in der AT-Analyse bereits dargestellt, kann eine solche Verschönung nach dem Kriterium der Textäquivalenz sogar kontraindiziert sein, weil dadurch der Stil des Originals geglättet wird. Etwas Ähnliches geschieht mit der Form "gelinde gesagt" (*Krypta* 2, Z. 9). In deutschen Ohren klingt sie zunächst alt und elegant, aber, wenn man genauer hinschaut und Übersetzung mit Original vergleicht, hat der Ausdruck auch eine verkürzende und neutralisierende Wirkung.

Der letzte Satz dieser Textstelle verdient aufgrund seiner Länge und komplexen Struktur besondere Erwähnung. Der Einschub "el que la trajo al

4. Die GRACIA als kulturspezifisches Übersetzungsproblem

mundo" (*Cripta* 2, Z. 11) dient zur Klarstellung der Tatsache, dass Cándida passiv und nicht aktiv an der Geburt beteiligt war, von der hier die Rede ist. Diese nachgezogene Erklärung wirkt sowohl syntaktisch als auch semantisch besonders komisch, weil sie unerwartet kommt. Im Deutschen ist der Ton durch den Relativsatz "die sie das Licht der Welt [...] erblicken ließ" sehr treffend kompensiert (*Krypta* 2, Z. 13). Von einer Markierung des Einschubes im Deutschen kann nicht die Rede sein, weil die vorhandene Übersetzung keine Ambiguität erzeugt.

Ein wichtiger Aspekt im Rahmen der syntaktischen Komplexität des Textes ist der Rhythmus, besonders in dem Abschnitt, in dem Cándidas Körper beschrieben wird (*Krypta* 2, ZZ. 9-16). In der AT-Analyse wurde festgestellt, dass Mendoza jedem Körperteil zwei Adjektive zuordnet und diese, der spanischen Syntax folgend, dem Substantiv nachstellt. Dadurch entsteht eine ganz besondere Rhythmik im ganzen Absatz, die den Text altertümlich und verschachtelt wirken lässt, so dass der parodistische Kontrast verstärkt wird. Im Deutschen ist diese Eigenschaft sehr schwer zu vermitteln, da Adjektive grundsätzlich vor dem Substantiv stehen. Dennoch bleibt der Rhythmus zum größten Teil erhalten: "Sie hatte ganz im Gegenteil eine konvexe, eingebeulte Stirn, winzige und, wenn ihr etwas Sorgen machte, zum Schielen neigende Äuglein [...]" (*Krypta* 2, ZZ. 9-11). Ein weiteres Problem besteht darin, dass die Aneinanderreihung von Adjektiven im Deutschen stilistisch nicht besonders elegant klingt. Dafür neigt die deutsche Sprache eher zur Konzentration. Ein gutes Beispiel für dieses Verfahren ist die Übersetzung "Schweinestupsnase" (*Krypta* 2, Z. 11), eine durchaus elegante Lösung für "la nariz chata, porcina" (*Cripta* 2, Z. 11). Leider kann man ein solches Mittel nicht überall einsetzen. Besonders unschön klingen z.B. drei aufeinanderfolgende Adjektive: "mit unregelmäßigen, vorstehenden gelben Zähnen" (*Krypta* 2, ZZ. 11-12). Hinzu kommt, dass man mittels der Konzentration die Spannung und somit die Pointe, die auf dem Verhältnis zwischen Erwartungsschema und Erwartungserfüllung beruht (vgl. Punkt 2.2.1.7.3.7), eventuell aufheben kann, wie an folgender Stelle der Fall: "Seit je hatte sie an den Nachwirkungen *einer stümperhaften Sturzgeburt* gelitten" (*Krypta* 2, ZZ. 12-13, Hervorhebung von mir). Durch den Einschub und die Nachstellung der Adjektive wirkt die Stelle im Spanischen eindeutig parodistischer: "siempre se había resentido de un parto, *el que la trajo al mundo, precipitado y chapucero*" (*Cripta* 2, Z. 12-13, Hervorhebung von mir).

Abschließend möchte ich bezüglich der syntaktischen Komplexität auf drei Änderungen auf satzübergreifender Ebene eingehen, die auf eine Eigeninitiative des Übersetzers zurückzuführen sind. Es gibt zwei Stellen, an denen der Übersetzer einen spanischen Satz zweigeteilt hat. M.E. sind solche Trennungen insofern gerechtfertigt, als eine Überleitung im Deutschen sehr auffällig gewesen wäre. Die erste Stelle befindet sich gleich am Anfang: "»lange nicht mehr gesehen*!*« *Bei* diesen Worten [...]" (*Krypta* 2, Z. 2, Hervorhebung von mir). Interessant hierbei ist nicht nur die Satztrennung (die gegen die syntaktische Komplexität spricht), sondern auch die Verstärkung der Redewendung 'lange nicht mehr gesehen' durch das Ausrufezeichen, das im Spanischen nicht vorkommt, aber im Deutschen durchaus äquivalent wirkt und somit die parodistische Wirkung unterstützt. Der Übersetzer hat also einerseits den einen Pol des parodistischen Kontrastes (die komplexe Syntax) zugunsten des natürlichen Leseflusses im Deutschen geopfert, andererseits aber hat er durch Adaption der mündlichen Rede (Ausrufezeichen) den anderen Pol (Umgangssprache) stärker markiert. Somit bleibt die parodistische Wirkung erhalten. Die zweite syntaktische Änderung ist auf Zeile 7 (Hervorhebung von mir): "Aber das *hatte* nie *gestimmt. Wenn* mich die Erinnerung [...]". Fraglich ist hier nicht so sehr die Satztrennung, die, wie gesagt, im Deutschen natürlicher klingt, sondern der Gebrauch des Plusquamperfekts, den man nicht nachvollziehen kann.[114]

---

[114] In diesem Zusammenhang möchte ich kurz auf die Zeichensetzung als Übersetzungsproblem hinweisen. Leider gibt es meines Wissens bis heute nur wenige Beiträge zu dieser Fragestellung. In seinem Buch zur nonverbalen Kommunikation als Interdisziplin widmet Fernando Poyatos (2002) ein ganzes Kapitel der Punktuation, ihrer Grenzen, Ambiguität und Möglichkeiten. Nach einem Überblick zur Geschichte der Zeichensetzung, der Klärung ihrer wissenschaftlichen Einordnung zwischen Disziplinen und einer – wenngleich sprachübergreifenden und dadurch nicht kulturspezifischen – Systematisierung der Funktionen der verschiedenen Zeichen setzt sich der Autor mit einigen dieser Funktionen anhand von zahlreichen und mehrsprachigen Beispielen auseinander. Darüber hinaus schlägt Poyatos eine Erweiterung des traditionellen Zeichensatzes vor (!). Trotz dieses wagemutigen Unterfangens erscheint mir Poyatos Betonung der doppelten Funktion (verbal und nonverbal) von Zeichensetzung wichtig: "For, although punctuation reveals a conscious effort to symbolize spoken discourse to

4. Die GRACIA als kulturspezifisches Übersetzungsproblem

b) Semantische Dimension

Diese Dimension ist für die Herstellung des parodistischen Kontrastes zwischen gehobenem und umgangssprachlichem Register sehr wichtig. Wie in der AT-Analyse dargestellt (vgl. Punkt 3.3.3.2b), gelingt es Mendoza, durch den Einsatz verschiedener semantischer Elemente, den Text eindeutig entweder als umgangssprachlich (durch Redewendungen, ein wertendes Suffix, den Einbau eines Sprachfehlers) oder als gehoben (durch Anspielungen auf Schundliteratur des 19. Jh., bildungssprachliche Ausdrücke, einen altmodischen Wortschatz) zu markieren. Darüber hinaus fungiert die rhetorische Figur des Oxymorons (vgl. Punkt 3.3.3.2b) ebenfalls als Element der Strategie des parodistischen Kontrastes durch Gegenüberstellung von zwei an sich gegensätzlichen Begriffen. Im Folgenden werden diese Elemente, die zum parodistischen Kontrast führen, und die jeweiligen Übersetzungsverfahren im Einzelnen beschrieben. Zunächst wird auf jene Elemente eingegangen, die für die mündliche und umgangssprachliche Markierung der Rede verantwortlich sind. Danach werden Elemente thematisiert, die auf semantischer Ebene einem gehobenen, bildungssprachlichen Register angehören und somit den parodistischen Kontrast erzeugen. Außerdem wird zum Schluss einer übersetzerischen Leistung auf Eigeninitiative des Übersetzers Aufmerksamkeit geschenkt.

Was die Mündlichkeit der Rede auf semantischer Ebene betrifft, stellt man fest, dass die umgangssprachliche Variante von Mendozas Registerspiel in der Übersetzung regional markiert ist. Sowohl die Grußformel 'Servus' (*Krypta* 2, Z. 1) als auch das Wort 'Haxen' (*Krypta* 2, Z. 16) sind typisch für den süddeutschen und österreichischen Sprachraum. Ersteres fungiert als Lösung für den pragmatischen Unterschied zwischen dem spanischen *hola*

---

better evoke its semantic variations and to avoid very conspicuous ambiguities, at the same time, and quite unwittingly too, evokes the co-occurring movements and still positions that are an integral part of the kinetic-acoustic continuum of human communication; something that seems to escape so many writers and readers" (Poyatos 2002:125f). Übersetzer schenken der Zeichensetzung in der Theorie und Praxis eher wenig Aufmerksamkeit. Meistens übernehmen sie entweder die Punktuation des Originals bzw. adaptieren sie diese, ohne sich viele Gedanken darüber zu machen. Poyatos Werk könnte als Einstieg in eine Thematik dienen, die bei intensiver Betrachtung aus einer interkulturellen Perspektive weitreichende Folgen für die Übersetzung haben kann. Ein konkreter Beitrag von Kirsten Malmkjær zur Zeichensetzung bei Christian Andersens Übersetzungen ins Englische findet sich bei Poyatos (1997).

und dem deutschen 'Hallo'. Im Falle des Ausdrucks *cuánto tiempo sin verte* hat Mendoza sich für eine umgangssprachliche Verkürzung entschieden: "tiempo sin verte" (*Cripta* 2, Z. 2), die den Akzent noch deutlicher auf die Mündlichkeit des Diskurses und den parodistischen Kontrast setzt. Diese Form wird im Deutschen nicht übernommen.

Ein weiteres semantisches Problem ergibt sich aus der Beschreibung Juanita Reinas. Im Spanischen wird sie als "una mujer guapetona, de castiza estampa" (*Cripta* 2, Z. 8) definiert. Die expressive Funktion des Suffixes -*ona* sowie die volkstümliche Konnotation der Form *de castiza estampa* lassen sich sehr schwer wiedergeben, sind aber wichtig für die Markierung der Umgangssprachlichkeit. Das Adjektiv 'urwüchsig' ist ein gelungener Versuch, um die Idee von *castizo* zu übertragen. Allerdings bin ich auch der Meinung, dass das Wort 'Weibsbild' an dieser Stelle zu negativ konnotiert ist. Man darf nicht vergessen, dass Juanita Reina in ihrer Rolle als Schönheitsikone der Zeit von der Hauptfigur bewundert wird. Durch ein Glossar am Ende des Werkes wird versucht, eben diese Konnotationsproblematik zu kompensieren. Auf den Erfolg dieser Lösung wird unter Punkt d) näher eingegangen.

Im Zusammenhang mit der Mündlichkeit des Diskurses ist noch zu erwähnen, dass Mendoza in dieser Beschreibung ganz bewusst einen Sprachfehler (*laísmo*) einbaut, der im Deutschen schwer zu vermitteln ist (vgl. Punkt 3.3.3.2 b). Der Übersetzer scheint darauf verzichtet zu haben.

Als Mittel zur Entstehung des parodistischen Kontrastes zur Umgangssprache bietet diese Textstelle viele Anspielungen auf die melodramatische Schundliteratur des 19. Jh., die sehr gelungen übersetzt worden sind: "trieb mir Tränen des Mitleids in die Augen" (*Krypta* 2, Z. 4), "Die Arme [...] klammerte sich noch jetzt [...] hartnäckig an diese Illusion" (*Krypta* 2, ZZ. 6-7). Beim Ausdruck "so pretexto de que *desacreditaría su lente*" (*Cripta* 2, Z. 16, Hervorhebung von mir) entscheidet sich der Übersetzer jedoch für die normale und somit neutralisierende Variante "das würde seine Linse *in Verruf bringen*" (*Krypta* 2, Z. 19, Hervorhebung von mir). Meiner Meinung nach würde die Form 'diskreditieren' mehr Komik hineinbringen und den Kontrast schärfer markieren.

4. Die GRACIA als kulturspezifisches Übersetzungsproblem

Darüber hinaus sind im Rahmen der gehobenen Semantik erneut bildungssprachliche Ausdrücke zu finden, die in unterschiedlicher Form übernommen werden. Das Adjektiv "errática" (*Cripta* 2, Z. 11) wird beispielsweise 1:1 übersetzt. Diese Entscheidung funktioniert insofern, als beide Begriffe in der jeweiligen Sprache selten benutzt werden. Das gehobene Verb "acaecido" (*Cripta* 2, Z. 13) wird zwar nicht als solches übernommen, aber durch den Ausdruck 'das Licht der Welt erblicken lassen' kompensiert. Letztlich wird die gestelzte Form "de resultas del cual" (*Cripta* 2, Z. 14) zu einem 'so dass' (*Krypta* 2, Z. 15) vereinfacht, was ziemlich neutral wirkt. Eine Übersetzung im Sinne von 'dergestalt, dass' wäre sicherlich einer Überlegung wert gewesen.

Zur Bildungssprache kommen altmodische Ausdrücke hinzu, wie z.B. das Verb "retratarla" statt *fotografiarla* (*Cripta* 2, Z. 16), dessen Nuance das Verb 'ablichten' wunderbar wiedergibt. Die präpositionale Wendung "so pretexto de" (*Cripta* 2, Z. 16) klingt in der Tat sogar ziemlich archaisch, ohne das diese Nuance in der deutschen Form "unter dem Vorwand" (*Krypta* 2, ZZ. 18-19) eine äquivalente Entsprechung findet.

Darüber hinaus möchte ich kurz auf zwei Oxymora eingehen, die einen komischen Effekt erzeugen: Das eine ist das Bild des "enano crecido" (*Cripta* 2, Z. 16) und das andere das Wortspiel "con insensibilidad de artista" (*Cripta* 2, Z. 16). Das übertragene Bild des "erwachsenen Zwerges" (*Krypta* 2, Z. 17) ist gar keine schlechte Lösung, zumal das Verb 'überdimensioniert' bereits in demselben Satz vorkommt und die komische Ausdruckskraft des Bildes zusätzlich verstärkt. Die "Gefühllosigkeit des Künstlers" (*Krypta* 2, Z. 17) ist in dem Sinne eine problematische Übersetzungslösung, da man im Deutschen einen Künstler im Prinzip zwar sofort mit Sensibilität assoziiert, aber das Spiel mit der 'Un-sensibilität' nicht mehr funktioniert.

Erwähnenswert sind noch zwei Freiheiten, die der Übersetzer sich an dieser Stelle korrekterweise erlaubt hat: Zum einen geht es um den Pleonasmus[115] "winzige [...] Äuglein" (*Krypta* 2, ZZ. 10-11), der zum allge-

---

[115] Der Pleonasmus ist eine Figur, die in der literarischen Rhetorik als Verzierung gebraucht wird, um die Betonung des Gesagten (und somit seiner Wirkung, in diesem Fall parodis-

meinen Ton der Verspottung beiträgt, und zum anderen um die Übersetzung "fast das Aussehen" (*Krypta* 2, Z. 16) für den spanischspezifischen körpersprachlichen Ausdruck "un cierto aire" (*Cripta* 2, Z. 16). M.E. ist dies eine sehr gute Lösung für einen Begriff, den es im Deutschen so nicht gibt und der hier noch zusätzlich von einem Adjektiv modifiziert wird.[116] Somit steht man vor einem Fall von Null-Äquivalenz, bei dem mittels einer gelungenen Modulation[117] sowohl Inhalt als auch Konnotation gerettet werden, um die parodistische Wirkung zu gewährleisten.

c) Pragmatische Dimension

An dieser Stelle läuft die pragmatische Intention des Textes auf die kritische Darstellung niederer Gesellschaftsverhältnisse hinaus. Dies geschieht durch einen komischen Kontrast zwischen Mitgefühl und Grausamkeit. Man findet verschiedene Indizien (vgl. Punkt 3.3.1.2c), die darauf hindeuten, dass der Erzähler seine Schwester in der Tat liebt und Mitleid für ihr Schicksal empfindet. Diese Eigenschaft steht in krassem Widerspruch zur Beschreibung ihrer "stümperhaften Sturzgeburt" sowie zur Darstellung ihrer Person. Der komische Kontrast beruht auf diesem Widerspruch, der m.E. in der deutschen Übersetzung ebenfalls funktioniert. Vor diesem Hintergrund wendet Mendoza weitere Strategien des Komischen an. Diese sind: *ironía*, *lo grotesco*, *burla* und *chiste*.

Bei der Stelle "Alguien, Dios sabe con qué fin, le había dicho a mi hermana, siendo ella adolescente, que se parecía a Juanita Reina" (*Cripta* 2, ZZ. 4-5) steht man vor einem klaren Fall von *ironía* (vgl. Punkt 3.3.3.2c).

---

tischer Natur) zu stärken: "Als *schema* gehören der *pleonasmus*, die *macrologia* und die *perissologia* dem *ornatus* an (s. § 604): sie dienen hier der Verstärkung und Vereindringlichung" (Lausberg 1990³:268f).

[116] Zur Körpersprache in der Literatur als Übersetzungsproblem gerade bei der Übertragung romanischer Werke ins Deutsche vgl. Kalverkämper, H. (1991): "Literatur und Körpersprache". In: *Poetica*, 13. 328-373.

[117] Zum Begriff der *Modulation* als Übersetzungsverfahren vgl. Schreiber (1998:152): "*Modulation*: Änderung der Perspektive durch Verbalisierung anderer Inhaltsmerkmale, z.B. durch Verneinung des Gegensatzes". In diesem Fall bedient sich der Übersetzer gerade einer Negation, um die Übersetzungsschwierigkeit zu lösen: Statt das Vorhandene (un *cierto* aire) zu benennen, beruft er sich auf das, was fehlt (*fast* das Aussehen).

4. Die GRACIA als kulturspezifisches Übersetzungsproblem

Der Ausdruck *Dios sabe con qué fin* weckt bestimmte Lesererwartungen im Hinblick auf ein schlimmes Verbrechen, das aber darin besteht, dass man Cándida lediglich vorgetäuscht hat, sie würde wie Juanita Reina aussehen. Angesichts der Konnotation dieser Figur im spanischen Kulturraum (vgl. Punkt 3.3.3.2d) muss der Leser über die Ironie Mendozas lachen. Ironie deswegen, weil der Autor mit den Elementen Sprachsystem, Empfänger und Kommunikationssituation spielt: Er nimmt eine Einheit des Sprachsystems (*Dios sabe con qué fin*) des Empfängers (spanischen Lesers) und lässt sie mit einer anders konnotierten Einheit (Juanita Reina) in einer bestimmten Kommunikationssituation (marginalen Gesellschaft) kollidieren. Der spanische Leser versteht sofort, dass Mendozas Botschaft nicht ernst gemeint ist. Im Deutschen steht man vor einem Fall von Null-Äquivalenz, weil die Figur von Juanita Reina für den durchschnittlichen Leser vollkommen unbekannt ist. Mit Hilfe eines Glossars am Ende des Buches wird versucht, auf diese und andere spanischspezifische Kultureme einzugehen, um dadurch die kulturelle Distanz zu überbrücken. Zum Erfolg des Glossars vgl. Punkt 4.2.1.2.

Ein anderer Fall von *ironía* findet sich im nächsten Satz: "Ella, pobre, lo había creído y todavía ahora, treinta años más tarde, seguía viviendo aferrada a esa ilusión" (*Cripta* 2, ZZ. 5-6). Das Adjektiv *pobre* und die Bemerkung *seguía viviendo aferrada a esa ilusión* sind ebenfalls ironisch – Mendoza spielt noch einmal mit einem dem Leser vertrauten Sprachsystem und setzt diese zwei Einheiten in komischen Kontrast zu einer dritten (*treinta años más tarde*). Bis auf die Konnotation des substantivierten Adjektivs *la pobre* wird die Ironie erfolgreich ins Deutsche übertragen: "Die Arme hatte es geglaubt und klammerte sich noch jetzt, dreißig Jahre später, hartnäckig an diese Illusion" (*Krypta* 2, ZZ. 6-7).

Die Darstellung von Cándidas Geburt und die Beschreibung ihres Körpers sind ein klares Beispiel für eine groteske Beschreibung, die auf *esperpento*-typischen Techniken wie Verformung und Animalisierung beruht (vgl. Punkt 3.3.3.2d). Hierbei handelt es sich um eine aggressive Komik, die auch im Deutschen ihre Wirkung behält und den Leser ein wenig an den schwarzen Humor eines Willhelm Buschs erinnert:

Sie hatte ganz im Gegenteil eine konvexe, eingebeulte Stirn, winzige und, wenn ihr etwas Sorgen machte, zum Schielen neigende Äuglein, eine Schweinestupsnase und einen erratischen, schiefen Mund mit unregelmäßigen, vorstehenden gelben Zähnen. Ganz zu schweigen von ihrem Körper: Seit je hatte sie an den Nachwirkungen einer stümperhaften Sturzgeburt gelitten, die sie das Licht der Welt im Hinterraum einer Eisenwarenhandlung, wo meine Mutter sie krampfhaft abzutreiben versuchte, erblicken ließ, so daß ihr Körper wie ein Trapezoid und im Verhältnis zu den kurzen, krummen Haxen überdimensioniert herauskam, was ihr fast das Aussehen eines erwachsenen Zwerges gab, wie es, mit der Gefühllosigkeit des Künstlers, der Fotograf treffend definierte, der sich am Tag ihrer Erstkommunion weigerte, sie abzulichten, unter dem Vorwand, das würde seine Linse in Verruf bringen.

(*Krypta* 2, ZZ. 9-19)

Zugleich findet man in dieser Textstelle eine gnadenlose *burla*, d.h. ein Lachen mit spöttischer Absicht. Dieser Begriff ist grundsätzlich empfängerbezogen, denn das Auslachen kann ohne Opfer nicht funktionieren (vgl. Punkt 2.2.2.7.2). Diese Variante des Lachens lässt sich praktisch problemlos ins Deutsche übertragen (Äquivalenz), weil sie nicht so stark an das Sprachsystem gebunden ist. Die Tatsache, dass Cándida im Deutschen allein aus dem Inhalt der Beschreibung ebenfalls als Opfer fungiert, reicht für die Übertragung der spöttischen Wirkung aus.

Wie unter Punkt 3.3.3.2c) gesehen, besteht der komische Höhepunkt dieser Szene aus der Schlusspointe in einer Art *chiste*, der die Lesererwartungen konterkariert. Nachdem der Protagonist die Figur seiner Schwester in gnadenloser Manier beschrieben und dadurch an die Empfindlichkeit und Sympathie des Lesers appelliert hat, kommt der Überraschungseffekt in Form einer zutiefst verlogenen Begrüßung (natürlich mit eigennütziger pikaresker Absicht): "Estás más joven y guapa que nunca" (*Cripta* 2, Z. 18). Der durch die spanische Pointe erzeugte Überraschungseffekt wirkt im Deutschen leicht abgeschwächt. Im Satz "'Du schaust jünger und hübscher aus denn je.'" (*Krypta* 2, ZZ. 19-20) findet man zunächst erneut das regional gefärbte Verb 'schauen'. Die ganze Wendung wirkt aber m.E. eher gestelzt und wenig umgangssprachlich, was der Situation einer spontanen Begegnung in einer Kneipe nicht entspricht. Daher kann sich der komische Kontrast in

4. Die GRACIA als kulturspezifisches Übersetzungsproblem

Form eines *chiste*, mit dem die Szene abgeschlossen wird, nicht in aller Stärke entfalten.

d) Kulturelle Dimension

Vom kulturspezifischen Standpunkt aus spielen Kultureme erneut eine tragende Rolle bei der *gracia* des Textes. Zum einen bezieht sich Mendoza auf die Erstkommunion, den Höhepunkt einer jeden spanischen Kindheit, und zum anderen findet man den Ausdruck "de castiza estampa", der bereits unter semantischem Aspekt kommentiert wurde (vgl. Punkt 3.3.3.2d). Bei der Kommunion bin ich der Meinung, dass dieses Kulturem im deutschen Sprachraum (besonders in den katholischen Regionen) ähnlich besetzt ist, zumindest wirkt es nicht so fremd wie die Taufe (vgl. 3.3.3.1d). Hier könnte man ebenfalls auf der Grundlage der *Scenes-and-frames*-Theorie (vgl. 3.3.3.1c) nach den passendsten *frames* im Zusammenhang mit der Kommunion suchen, allerdings ist die Szene einerseits nicht so fremd markiert und andererseits wird sie nicht so detailliert beschrieben, so dass die dadurch ausgedrückte kulturspezifische *gracia* für die Gesamtwirkung des Textes diesmal nicht so wichtig erscheint. Durch die Übersetzung: "wie es, mit der Gefühllosigkeit des Künstlers, der Fotograf treffend definierte, der sich am Tag ihrer Erstkommunion weigerte, sie abzulichten, unter dem Vorwand, das würde seine Linse in Verruf bringen" (*Krypta* 2, ZZ. 17-19) wird m.E. der *gracia* bereits Rechnung getragen.

Am Wichtigsten erscheint mir an dieser Stelle die Anspielung auf Juanita Reina. Solch stark markierte Kultureme sind eine echte Herausforderung für jeden Übersetzer. In diesem Fall hat man sich dafür entschieden, das kulturspezifische Problem anhand eines Glossars zu lösen mit dem Ziel, dem deutschen Leser das erforderliche spanisch-spezifische Wissen nahezubringen. Das Glossar nennt sich "Anmerkungen des Autors für die deutschsprachige Ausgabe", umfasst 12 Einträge und befindet sich am Ende des Romans. Unter dem Eintrag 'Juanita Reina' ist Folgendes zu lesen: "Schlagersängerin, die sehr hübsch war und schwungvoll die Chansons sang, welche heute am direktesten an die Nachkriegszeit erinnern. Lebt noch" (Mendoza 1990:223). Auf den Sinn und Zweck eines solchen Anmerkungsapparats möchte ich im übersetzungskritischen Teil unter Punkt 4.2.1.2 eingehen.

Zusammenfassend lässt sich behaupten, dass die Textstelle innerhalb der vier semiotischen Dimensionen ganz konkrete Assoziationen in einem spanischen Leser hervorruft, die insgesamt zur Verspottung Cándidas beitragen. Darunter ist auch der intertextuelle Bezug zur Figurenwelt Quevedos zu finden, verkörpert beispielsweise durch die Beschreibung des Dómine Cabras im *Buscón* (vgl. Punkt 3.3.3.2d). Selbst wenn einige Nuancen und der intertextuelle Bezug verloren gehen, funktioniert im Deutschen die *burla* nach dem Prinzip des Auslachens genauso gut wie im Spanischen, weil diese Art der *gracia* in erster Linie nicht an das Sprachsystem gebunden und somit nicht so stark von der Sprache abhängig ist.

Hierarchisierung **charakteristischer Übersetzungsverfahren des Komischen**

An dieser Stelle geht es darum, die in der Selektion registrierten Übersetzungsverfahren nach den Strategien des Komischen zu systematisieren. Die sieben von Mendoza eingesetzten Strategien des Komischen werden nach folgenden Verfahren übersetzt (die Reihenfolge der Auflistung entspricht der Schematisierung des Kommunikationsprozesses (vgl. Punkt 2.2.2.7); in Klammern wird die Anwendungsfrequenz des jeweiligen Übersetzungsverfahrens angegeben):

STRATEGIE DES KOMISCHEN (→ *Entsprechung nach dem Kommunikationsmodell*)	ÜBERSETZUNGSVERFAHREN
Burla	*Äquivalenz*
Parodistischer Kontrast zwischen einem gehobenen und einem umgangssprachlichen Register → *parodia*	*Neutralisation (10x), Äquivalenz (5x), Transformation, Konzentration, Adaption, 1:1 Äquivalenz, Kompensation (3x), Negation (2x)*
Intertextuelle Bezüge → *parodia*	*Neutralisation*
Lo grotesco	*Äquivalenz*
Chiste	*Neutralisation*
Ironía	*Kompensation, Äquivalenz*
Einbindung von Kulturemen→ *gracia*	*Äquivalenz, Kompensation*

Tab. 11 Hierarchisierung charakteristischer Übersetzungsverfahren des Komischen bei Mendoza 2

4. Die GRACIA als kulturspezifisches Übersetzungsproblem

Auf den ersten Blick fällt bereits auf, dass an dieser Stelle – im Gegensatz zur Taufszene – das Verfahren der *Adaption* bei der Übertragung des parodistischen Kontrastes zum Einsatz kommt. Die gleiche Strategie des Komischen wird also diesmal durch andere Übersetzungs-verfahren vermittelt. Dies soll auf die Unmöglichkeit hinweisen, allgemein-gültige und präskriptive Behauptungen über die Richtigkeit eines bestimmten Übersetzungs-verfahrens bezüglich einer konkreten Strategie des Komischen aufzustellen. Es geht lediglich darum, gewisse Tendenzen aufzuzeigen und das Bewusstsein des Übersetzers für die Übertragung des Komischen zu schärfen. Außerdem taucht der Begriff *Äquivalenz* auf. Er bezieht sich auf jene Fälle, in denen die Übertragung des Komischen keine Schwierigkeiten darstellt, sei es, weil dieselbe Strategie im Deutschen funktioniert, sei es, weil der Übersetzer ein bestimmtes Verfahren angewandt hat, um die Äquivalenz zu wahren. Die Äquivalenz unterscheidet sich von der 1:1 Äquivalenz durch einen relativen Charakter. Im Unterschied zur Äquivalenz handelt es sich bei der Reproduktion um eine direkte Übernahme des fremdsprachlichen Ausdrucks in den ZT.

Durch die Anwendung der unter Punkt 4.1.3.1 herausgearbeiteten Oberbegriffe für Übersetzungsverfahren ergibt sich folgende Tabelle:

STRATEGIE DES KOMISCHEN (→ *Entsprechung nach dem Kommunikationsmodell*)	ÜBERSETZUNGSVERFAHREN
Burla	*Äquivalenz*
Parodistischer Kontrast zwischen einem gehobenen und einem umgangssprachlichen Register → *parodia*	*Neutralisation (10x)* *Negation (2x)* *Kompensation (3x)* *Äquivalenz (7x)* *Adaption* *1:1 Äquivalenz*
Intertextuelle Bezüge → *parodia*	*Neutralisation*
Lo grotesco	*Äquivalenz*
Chiste	*Neutralisation*
Ironía	*Kompensation* *Äquivalenz*
Einbindung von Kulturemen → *gracia*	*Äquivalenz* *Kompensation*

Tab. 12 Hierarchisierung charakteristischer Übersetzungsverfahren des Komischen bei Mendoza 2 nach Oberbegriffen

Die schattierten Felder markieren die Strategie des Komischen, die beruhend auf der AT-Analyse die wichtigste Rolle spielt. In diesem Fall ist es die *burla* (vgl. Punkt 2.2.2.7.2). Darüber hinaus ist *burla* ein Hyperonym von anderen, ebenfalls empfängerbezogenen Wortfeldnachbarn wie *ironía*, *sarcasmo* und *sátira* (vgl. Punkt 2.2.2.7.2). Aus diesem Grund habe ich auch *ironía* als wichtige Strategie des Komischen markiert.

Ferner fällt bei *burla* auf, dass diese Strategie des Komischen vorwiegend übernommen wird (*Äquivalenz*). Diese Tatsache lässt die Vermutung zu, dass sich *burla* in diesem Fall (trotz kulturspezifischer Markierung in Form von Kulturemen und intertextuellen Bezügen) relativ leicht mit äquivalenter komischer Wirkung ins Deutsche übertragen lässt. In Anlehnung an das translationsrelevante Kommunikationsmodell (vgl. Punkt 2.2.2.6) kann man dies auf die Empfängerbezogenheit von *burla* zurückführen. Allein die außersprachliche Existenz eines Opfers, das man auslachen kann, gewährleistet die komische Wirkung. Im Gegensatz dazu ist bei *parodia* beispielsweise die komische Wirkung sehr stark vom Sprachsystem (Code) abhängig (vgl. Punkt 3.4.3.1). Wenn man im Falle der Beschreibung Cándidas die komische Strategie *parodia* außen vor lässt, stellt man fest, dass der Übersetzer alle anderen Strategien des Komischen vorwiegend reproduktiv übersetzt hat. Zum Erfolg dieses Übersetzungs-verfahrens siehe den übersetzungskritischen Teil unter Punkt 4.2.1.2.

4.1.4 Javier Marías: *Corazón tan blanco* (1992)

Selektion **charakteristischer Übersetzungsverfahren des Komischen**
a) Syntaktische Dimension
   Was die syntaktische Dimension des Textes betrifft, wurde bei der übersetzungsrelevanten AT-Analyse unter Punkt 3.3.4a) die charakteristische Rolle der Digressionen thematisiert, die zum ironischen Kontrast beitragen, indem sie die Interessenlage Juans verdeutlichen: Bereits am Anfang richtet er seine Aufmerksamkeit vorwiegend auf Luisa. Diese Ab-schweifungen vom eigentlichen Mittelpunkt der Situation äußern sich sprachlich durch lange Sätze mit Einschüben, die durch Kommas bzw. Klammern vom

Haupttext getrennt sind. In diesem Fall stellt die Satzlänge kein Übersetzungsproblem dar, denn die Einschübe sind in der Regel in sich geschlossene Kommentare, die keinen großen Einfluss auf den Satzbau des Haupttextes ausüben. Dazu folgendes Beispiel:

Ich saß auf meinem Folterstuhl zwischen den beiden Staatenlenkern und Luisa auf ihrem Marterstuhl ein wenig links von mir, *das heißt zwischen dem weiblichen Staatenlenker und mir*, aber etwas nach hinten versetzt, wie eine kontrollierende und drohende Präsenz, die meinen Nacken fixierte und die ich nur *(schlecht)* aus dem linken Augenwinkel sehen konnte *(hingegen sah ich deutlich ihre sehr langen, übereinandergeschlagenen Beine und ihre neuen Prada-Schuhe, die Marke war mir am nächsten)*. Ich will nicht leugnen, daß ich beim Betreten des intimen kleinen Raumes *(völlig geschmacklos)*, als sie mir vorgestellt wurde und bevor wir uns setzten, sehr auf sie geachtet hatte *(das heißt, unbewußt)*, während die Fotografen ihre Fotos machten und die beiden hohen Würdenträger taten, als sprächen sie bereits miteinander vor den Fernsehkameras [...]

(Marías 1998[9]:75)

Die Einschübe (kursiv markiert) lassen sich ohne weiteres in den Zieltext einbauen, ohne dass die Syntax darunter leidet. Gleichzeitig erwecken sie den Eindruck, dass das Gipfeltreffen im Vergleich zu Luisas Beinen wenig reizvoll ist. Darüber hinaus betonen die Einschübe die Überlegenheit des Ich-Erzählers, der sein ästhetisches Urteil über die Inneneinrichtung des Raumes für erwähnenswert hält und hemmungslos abgibt. Die Grundlage und der Ton für die Weiterführung des ironischen Kontrastes sind somit auch im ZT geschaffen.

Im syntaktischen Bereich bedient sich der Autor eines weiteren Mittels, um die Ironie zu verschärfen, und zwar wiederholt er bestimmte Formulierungen ganz bewusst, um die Aufmerksamkeit des Lesers auf Nichtigkeiten zu lenken. Besonders deutlich wird die Wiederholung bei der Beschreibung der vorhandenen Sitzgelegenheiten. Während die hochrangigen Politiker auf bequemen Sesseln platziert sind, müssen die Dolmetscher die Härte einfacher Stühle ertragen. Im Spanischen wird dieser Umstand durch die Be-zeichnungen *torturadora silla*, *mortificante silla*, *sillas criminales* und *silla homicida* deutlich. Dabei handelt es sich jeweils um Verbindungen von Substantiv + Adjektiv. Dies wird im Deutschen zu Komposita, also hat man es hier mit einer *Transposition* zu tun:[118]

> Ich saß auf meinem *Folterstuhl* zwischen den beiden Staatenlenkern und Luisa auf ihrem *Marterstuhl* ein wenig links von mir [...]
>
> (Marías 1998[9]:75, Hervorhebung von mir)

> [...] und als es nötig war und wir uns gesetzt hatten, konnte ich aufgrund der bereits beschriebenen Anordnung unserer *Verbrecherstühle* unmöglich weiter auf sie achten oder ihr zulächeln [...]
>
> (Marías 1998[9]:76, Hervorhebung von mir)

> Ich bemerkte nur, daß sie sich noch ein wenig mehr auf ihrem *Folterstuhl* aufrichtete [...]
>
> (Marías 1998[9]:85, Hervorhebung von mir)

Die Wahl der Komposita ist angebracht, weil diese Struktur im Deutschen üblicher und ausdrucksstärker ist als im Spanischen:

> Kontrastiv gesehen läßt sich feststellen, daß die Kompositionsfähigkeit des Deutschen der des Spanischen überlegen ist. Das zeigt sich in der großen Zahl und Komplexität der deutschen semantischen Muster sowie in ihrer Produktivität, d.h. in der praktisch unbeschränkten Zahl der Komposita, die nach diesen Mustern gebildet werden können. Das Spanische ist dagegen weit weniger kompositionsfreudig, und zwar nicht nur im Hinblick auf die geringere Zahl der Muster, nach denen unbeschränkt Neubildungen vorgenommen werden können, sondern auch im Hinblick auf die verhältnismäßig leicht zu überschauenden semantischen Beziehungen der Kompositionsglieder untereinander.
>
> (Cartagena/Gauger 1989:111)

Die Frage bleibt offen, wieso die Übersetzerin keine vierte Variante für *silla homicida* geschrieben, sondern das Wort 'Folterstuhl' wiederholt hat. Möglicherweise ist dies auf einen Flüchtigkeitsfehler zurückzuführen. Dennoch wird durch die Transposition auch im Deutschen der ironische Kontrast zu den "bequemen Sesseln" der Staatschefs deutlich.

b) Semantische Dimension

Auf der lexikalischen Ebene wurde festgestellt, dass Marías ein gehobenes Sprachregister benutzt, das im Gegensatz zur pragmatischen Kommunikationssituation steht. Dies wurde am Gebrauch des Wortes *adalid*

---

[118] Nach Schreiber besteht das Übersetzungsverfahren der Transposition in einer Änderung der Wortart (Schreiber 1999:152).

4. Die GRACIA als kulturspezifisches Übersetzungsproblem

erläutert (vgl. Punkt 3.3.4b). Im Deutschen findet man die Übersetzung 'Staatenlenker', ein Substantiv, das im Wörterbuch ebenfalls als [geh. veraltend] markiert ist (*Duden*) und dadurch die leicht altbackene Konnotation des Originals treffend wiedergibt.

Aus der Perspektive der Übersetzung des Komischen ist es wichtig zu betonen, dass in dieser Szene des ZT das gehobene Register des Originals übernommen und konsequent umgesetzt wird. Juans Erzählweise klingt im Spanischen kultiviert, sprachlich höchst genau, fast akribisch und leicht überheblich. Dadurch wird klar, dass der Dolmetscher im Gegensatz zu den Staatschefs der weltgewandte, stets auf Umgangsformen bedachte Gentleman ist. Diese Eigenschaft geht allein aus Juans Stil der Nacherzählung hervor, denn genau genommen beschränkt sich das Bild, das er dem Leser zeichnet, auf das Rede- und Schweigeverhalten bzw. auf das *Was* und *Wie* seiner Erinnerung. Der gehobene Ton dieser Rhetorik im AT, der den ironischen Kontrast zum Verhalten der prominenten Gesprächsteilnehmer verschärft, wird m.E. korrekt erkannt und treffend übersetzt, indem sich die Übersetzerin zwischen mehreren Alternativen eindeutig für die altertümliche, fast goethesche Variante entscheidet, wie im folgenden Beispiel kursiv gekennzeichnet:

Was mich betrifft, so gebe ich zu, daß auch ich Luisa unwillkürlich *ein großes Lächeln schenkte* während jener *Prolegomena*, als unser Eingreifen noch nicht nötig war [...]. [...] *Um die Wahrheit zu sagen*, es dauerte noch eine Weile, bis unser Eingreifen erforderlich war, denn nachdem die Journalisten aufgefordert worden waren, sich zurückzuziehen [...], trat plötzlich ein *äußerst* unerwartetes und *äußerst* unbehagliches Schweigen ein. Meine Aufgabe war heikel, und meine Ohren waren besonders gespitzt in Erwartung der ersten vernünftigen Worte, die mir den Ton anzeigen würden und die ich *sogleich* würde übersetzen müssen. Ich schaute unseren Staatenlenker an, dann die Staatenlenkerin der anderen und *abermals* unseren.

(Marías 1998[9]:76f, Hervorhebung von mir)

Hinzu kommen weitere Ausdrücke wie 'bei besagter Gelegenheit', 'Staatenlenker', 'unter abermaliger Hinzufügung', 'Pedell', 'Schweigen bewahren', 'es würde mir zum Vorteil gereichen', 'ich gewahrte die Bestürzung Luisas in meinem Rücken', 'bekümmern', 'ein großes Gezeter veranstalten' usw. Sie alle dienen als Beweise für diese strategische Übersetzungsentscheidung und garantieren die intratextuelle Kohärenz als eine der Funktionen, die eine literarische Übersetzung erfüllen soll (Snell-Hornby 1988/1995:113).

Zu diesem Registerwechsel trägt ebenfalls der Gebrauch einer vermeintlichen Synonymie bei, die Marías auch mit ironischer Absicht benutzt. Die akkuraten Bezeichnungen für die potenziellen Diener, die in der wirklichen Textwelt keine Rolle spielen, werden im Deutschen korrekt übernommen:

> Um die Wahrheit zu sagen, es dauerte noch eine Weile, bis unser Eingreifen erforderlich war, denn nachdem die Journalisten aufgefordert worden waren, sich zurückzuziehen (»Es reicht«, sagte unser hoher Würdenträger zu ihnen, wobei er eine Hand hob, die mit dem Ring), und *ein Kammerdiener oder ein Faktotum* die Tür von außen geschlossen hatte [...]. [...] [N]ach einer kurzen Weile stand er [der hohe Würdenträger] von seinem bequemen Sessel auf, trat an einen kleinen Tisch, auf dem sich vielleicht zu viele Flaschen befanden, bereitete sich einen Whisky mit Eis (mich wunderte, daß *kein Kellner oder Sommelier* ihm zuvor was serviert hatte) [...] [U]nd in diesem Moment begriff ich, daß die vorgesehenen dreißig oder fünfundvierzig Minuten wie im Vorzimmer des Steuerberaters oder des Notars vergehen und sie sich darauf beschränken konnten, zu warten, daß die Zeit verginge und *der Amtsdiener oder Famulus* ihnen wieder die Tür aufmachte, [...]
>
> (Marías 1998[9]:76-79, Hervorhebung von mir)

Hierbei handelt es sich im Original um Begriffspaare, die sowohl im Kontrast zur Kommunikationssituation als auch im Gegensatz zueinander stehen. Bei 'Kammerdiener oder ein Faktotum' sind die AS-Begriffe korrekt wiedergegeben, wobei das Wort 'Faktotum' im Deutschen weniger üblich als sein spanisches Pendant ist (auf den Gebrauch von Fremdwörtern wird im Folgenden eingegangen).

'Kellner oder Sommelier' geben ebenfalls die Nuance des AT angemessen wieder. Selbst wenn 'Sommelier' nicht hundertprozentig dem *maestresala* entspricht – der eine beschränkt sich nur auf die Weinverkostung, während der andere Vorkoster für Getränke und Essen ist –, ist die gestelzte Wirkung des ZT durch die Konnotation der deutschen Bezeichnung als a) Fremdwort und b) gastronomischer Fachbegriff garantiert.

4. Die GRACIA als kulturspezifisches Übersetzungsproblem

Bei 'Amtsdiener oder Famulus' geschieht etwas Ähnliches. Im Deutschen bezeichnet das Wort 'Famulus' entweder den Famulatur-Studenten oder den Assistenten eines Professors. Im Spanischen ist *fámulo* der humoristische (!) Name für einen Diener. Sowohl 'Famulus' als auch *fámulo* kommen aus dem Lateinischen *famulus*, das soviel wie 'Diener' heißt (*Kluge*). Für die komische Wirkung ist die semantische Übereinstimmung zwischen AT und ZT in diesem Fall nicht vorrangig. Die Tatsache, dass die deutsche Bezeichnung fremd und damit bildungssprachlich klingt, reicht aus, um den Kontrast zur Kommunikationssituation zu verschärfen.

Etwas Anderes geschieht im folgenden Fall:

Die langen Pausen und *das karge Gespräch oder vielmehr der alberne Austausch einzelner Sätze* begann mich zu langweilen.

(Marías 1998[9]:78, Hervorhebung von mir)

Das ist die Übersetzung für *aquella pequeña charla o más bien intercambio insulso de frases aisladas*. Wie unter Punkt 3.3.4b) beschrieben, wird im Spanischen durch die wörtlich gemeinte und explizit gemachte Gleichsetzung eines unterhaltenden Gesprächs (*charla*, positiv konnotiert) mit einem langweiligen Austausch kontextloser Sätze (*intercambio insulso*, negativ konnotiert) ein komischer (ironischer) Effekt erreicht: Der Erzähler formuliert im Einvernehmen mit dem Leser als 3. Person (vgl. Stempel 1976:213) exakt das aus, was dieser meint, nämlich, dass beide Politiker sich nichts zu sagen haben. Die deutsche Übersetzung von *charla* mit 'das karge Gespräch' gibt m.E. nicht die positive Konnotation wieder, die zur Entstehung dieser subtilen Ironie auf der Grundlage der *political correctness* notwendig ist.

Sowohl bei der komischen Strategie des Registerwechsels als auch beim Gebrauch der (scheinbaren) Synonymie ist der unterschiedliche Umgang der spanischen vs. der deutschen Sprache mit Fremdwörtern bereits angerissen worden. Man kann behaupten, dass das Deutsche in Bezug auf Anglizismen beispielsweise im Vergleich zum Spanischen eine größere Offenheit zeigt. Dafür gibt es zum einen sprachpolitische Gründe: Zu den Maximen der 1713 gegründete Real Academia Española (RAE) gehört "die Reinigung und Stabilisierung der Sprache auf ihrer vollkommensten Stufe" (Brumme

1992:386). Damit wurde die Grundlage für die Herausarbeitung einer sprachlichen Norm gelegt. Heutzutage ist die Rolle der RAE aufgrund ihrer langsamen Reaktion auf neue Sprachentwicklungen sehr umstritten (vgl. Martínez de Sousa 2001[2]:127f). Trotzdem gilt sie immer noch als angesehene Institution und Autorität, um sprachliche Querelen zu schlichten und den Austausch zwischen spanischsprachigen Ländern zu fördern. Die Existenz einer solchen Institution – bis heute ohne deutsches Pendant – zeugt von der sprachlichen Sensibilität der Spanier (Ingendaay 2002:138).

Die Sprachbewertungskriterien, die u.a. die Aufnahmepolitik von Fremdwörtern bestimmen, sind zum anderen sprachgeschichtlich bedingt. Im romanischen Sprach-bereich ist die Nähe z.B. zum Lateinischen ein extrinsisches Kriterium für die Aufnahme eines bestimmtes Wortes (Albrecht 2001:532). Diese Überlegung führt zum Problem-bereich der Fremdwörter lateinischen und griechischen Ursprungs, die für die Übersetzung von Marías' Text relevant sind. Aufgrund der Tatsache, dass Spanisch eine romanische Sprache ist, gibt es viele Wörter mit lateinischer oder griechischer Sprachwurzel, die direkt übersetzt ins Deutsche als Fremdwörter gelten, während sie im Spanischen dem normalen Wortschatz angehören bzw. leichter assimilierbar sind. Im Hinblick auf Kombinatorik, Geläufigkeit und Transparenz griechischer und lateinischer Elemente bei der Komposition im Deutschen und Spanischen sind zwei wichtige Unterschiede festzustellen:

> Die Zusammensetzung der angeführten griechischen und lateinischen Elemente mit heimischen Vokabeln ist zwar in beiden Sprachen möglich [...], unterliegt aber starken Restriktionen. Dementsprechend kann man in den meisten Fällen neben den entsprechenden Entlehnungen keine Mischkomposita belegen [...]. Ein solches Mischverfahren kommt im Spanischen jedoch häufiger vor, vor allem im Falle von gewissen Partikeln wie *auto-*, *bi-*, *semi-*, die eigentlich als Präfixe fungieren [...]. Der zweite Anwendungsbereich der deutschen Zusammensetzung bedingt, daß eine größere Anzahl entlehnter Komposita heimische Entsprechungen haben, sowohl in struktureller als auch in semantischer Hinsicht. Da das heimische Kompositum für den Sprecher/Hörer verständlicher und durchsichtiger ist als das fremde, ist es in der Allgemeinsprache geläufiger. Das auf Fremdelementen beruhende Kompositum wird dem Bereich der Fachsprachen von Technik und Wissenschaft zugeschrieben. [...] Diese Möglichkeit, terminologische Unterscheidungen anzuführen oder Vokabeln auf der Grundlage der Opposition zwischen einheimischen Wörtern und aus dem Griechischen bzw. Lateinischen (gegenwärtig aus dem Französischem bzw.

4. Die GRACIA als kulturspezifisches Übersetzungsproblem

Englischem) stammenden Wörtern zu spezialisieren, ist ein ständiges wesentliches Merkmal des deutschen Wortschatzes. Die relative Einseitigkeit der spanischen Wortschatzquellen erlaubt ein solches Verfahren kaum und im Bereich der Zusammensetzung besteht diese Möglichkeit überhaupt nicht.

(Cartagena/Gauger 1989:144f)

Ein Beispiel für die unterschiedliche Frequenz im Gebrauch von Fremdwörtern ist das Wort *prolegómenos*. Im Spanischen ist dieses Wort neutral bzw. nicht markiert (*Seco*), während im Deutschen das Wort 'Prolegomena' entweder als [wissenschaftlich] oder [selten] eingestuft wird und die Entsprechung 'Vorrede' oder 'Vorbemerkung' (*Duden*) hat. Für Übersetzungszwecke hat dies zur Folge, dass der deutsche Text insgesamt bildungs- bzw. fachsprachlicher wirken kann als das Original. Aus diesem Grund sind Fremdwörter lateinischen bzw. griechischen Ursprungs in der Übersetzung aus dem Spanischen ins Deutsche mit Vorsicht zu behandeln, weil man gegebenenfalls einen unerwünschten Effekt erzielt. In diesem Zusammenhang betont Peter Newmark die Rolle des Verhältnisses zwischen Textsortenspezifik und Akzeptabilität bei der Übersetzung von so genannten *derived neologisms formed with productive prefixes*: "If such neologisms are transparently comprehensible, the translator can cautiously 'naturalize' them, assuming that Latin and Greek roots are acceptable in the TL –particularly in technological texts" (Newmark 1988:33). Dies mag ein Grund dafür sein, wieso in der deutschen Version von Marías beispielsweise die Wörter *una sintaxis y un léxico* (Marías 1992:69) mit 'Satzbau und Wortschatz' statt mit 'Syntax und Lexik' wiedergegeben werden (Marías 1998[9]:78).

Als drittes Mittel der Ironie auf semantischer Ebene setzt Marías Vergleiche ein. Durch die direkte Gegenüberstellung des Gipfeltreffens mit unangenehmen Wartesituationen (beim Notar, Steuerberater, Arzt oder an der Universität) wird die prominente Dimension des Gipfeltreffens ironisch (indirekt) heruntergestuft. Im Deutschen geht die Ironie ebenfalls auf, weil es sich um Situationen handelt, die in der Zielkultur bekannt sind (vgl. Punkt d):

[U]nd in diesem Moment begriff ich, daß die vorgesehenen dreißig oder fünfundvierzig Minuten *wie im Vorzimmer des Steuerberaters oder des Notars* vergehen und sie sich darauf beschränken konnten, zu warten, daß die Zeit verginge und der Amtsdiener oder Famulus ihnen wieder die Tür aufmachte, *wie der Pedell der Universität, der apathisch verkündet »Es ist Zeit«, oder die Krankenschwester, die unangenehmerweise ruft: »Der Nächste«.*

(Marías 1998[9]:79, Hervorhebung von mir)

Semantisch betrachtet, geht an dieser Stelle durch die Übersetzung von *vocear* mit 'rufen' ("die Krankenschwester, die unangenehmerweise ruft") eine feine Nuance verloren. Im Spanischen ist *vocear* stärker als ein einfaches 'rufen' (= *llamar*). Dadurch wirkt das Bild der Krankenschwester im Original besonders amüsant, weil sie mit einem Zeitungsjungen gleichgesetzt wird. Eine andere Option im Deutschen wäre z.B. das Verb 'brüllen'.

Im Fall der Infantilisierung der Politiker funktioniert die Ironie im Deutschen auch:

Nicht, daß sie einander große Dinge gesagt hätten (ein Spanier und ein Italiener), aber es galt doch, einen recht komplizierten Satzbau und Wortschatz wiederzugeben, die nicht jeder durchschnittliche Sprachkundige hätte gut übersetzen können, im Unterschied zur jetzigen Situation: *was sie sagten, hätte ein Kind bewältigen können.*

(Marías 1998[9]:78, Hervorhebung von mir)

Hier handelt es sich um eine Ironie, die in die Nähe zur Groteske als verformende Darstellungsart rückt und ambivalent ist: Einerseits ist der Vergleich lustig und provokant, andererseits scheint die Unzulänglichkeit mancher Politiker durch. Auf die ambivalente Wirkung der Ironie wurde in der Wortfeldanalyse unter Punkt 2.2.2.7.7 und insbesondere unter Punkt 3.3.4 eingegangen.

Sowohl beim Registerwechsel als auch bei der Synonymie und den Vergleichen handelt es sich um semantische Strategien, die mit der Bedeutung und der Konnotation von Wörtern spielen und mit ironischer Absicht eingesetzt werden. Wenn man auf die unter Punkt 3.3.4 in Korrelation mit dem übersetzungsrelevanten Kommunikationsmodell herausgearbeitete Ironiedefinition zurückblickt, stellt man bei Marías auch deduktiv fest, dass die semantischen Strategien für die Einordnung der Ironie unter der Position 'Text' verantwortlich sind:

4. Die GRACIA als kulturspezifisches Übersetzungsproblem

Die Ironie besteht im **semantischen Ausspielen des Gesagten gegenüber dem Gemeinten** (*Text*) aus einem affektiven Blickwinkel (von Hutcheon *irony´s edge* genannt) seitens des Ironikers (*Sender*) und/oder des Adressaten (*Empfänger*) in einem ihnen gemeinsamen Kontext bzw. *discourse community* (*kulturspezifische Kommunikationssituation*).

Wie bei der Hierarchisierung charakteristischer Strategien des Komischen bei Marías bereits gesehen (vgl. Punkt 3.3.4), stellt die textuelle bzw. sprachliche Dimension höchste Ansprüche sowohl an den Autor als auch an den Translator, um die Ironie zum Ausdruck zu bringen. Die Kunst des Autors besteht in der Ausnutzung des Sprachpotenzials zum Aufbau des semantischen Ironiespiels, das sodann um die pragmatische (Sender und Empfänger) und die kulturelle Dimension (kulturspezifische Kommunikationssituation) erweitert wird. Der Übersetzer muss versuchen, durch rhetorisches Geschick die mehrdimensionale Ironie des AT mit ähnlich komischer Wirkung in die ZS zu übertragen. Dabei ist das semantische Ausspielen des Gesagten gegenüber dem Gemeinten von besonderer Bedeutung.

c) Pragmatische Dimension

Wie unter Punkt 3.3.4c) bereits gesehen, besteht das Komische in dieser Szene vorwiegend aus vier pragmatischen Strategien, die mit den syntaktischen und semantischen Mitteln stets interagieren. Diese pragmatischen Strategien sind: Darstellung einer lächerlichen Kommunikationssituation durch Konterkarierung der Erwartungs-haltung des Lesers, Haltung des Ich-Erzählers, Verletzung des Relevanzprinzips und Gebrauch von Körpersprache. Im Folgenden werden sie im Hinblick auf die Übersetzbarkeit analysiert.

Im gesamten Szenenverlauf werden die Erwartungen des Lesers an die Kommunikations-situation dreimal enttäuscht. Die erste komische Wirkung wird am Anfang erzielt, als beide Politiker ein Gespräch vor den Journalisten inszenieren, sich in Wirklichkeit aber wenig zu sagen haben:

[…] während die Fotografen ihre Fotos machten und die beiden hohen Würdenträger taten, als sprächen sie bereits miteinander vor den Fernsehkameras: Sie taten so, denn weder sprach unser hoher Würdenträger ein Wort Englisch (nun ja, beim Abschied wagte er ein »Good luck«) noch die britische hohe Würdenträgerin ein Wort Spanisch (obwohl sie »Buen día« zu mir sagte, als sie mir mit eisernem Griff die Hand drückte). Während also der eine auf spanisch Dinge murmelte, die für die Kameraleute und Fotografen unhörbar und völlig unzusammenhängend waren, und dabei nicht aufhörte, seinen Gast mit einem großen Lächeln anzuschauen, *so als schenkte er ihm Gehör* (für mich waren sie jedoch hörbar: ich glaube mich zu erinnern, daß er wiederholt sagte: »Eins, zwei, drei und vier, nett werden wir's haben hier«), murmelte die andere Sinnlosigkeiten in ihrer Sprache und übertraf ihn noch in ihrem Lächeln (»Cheese, cheese«, sagte sie, wie man in der angelsächsischen Welt jedem zu sagen rät, der sich fotografieren läßt; und dann lautmalerische und unübersetzbare Dinge wie »Tweedle tweedle, biddle diddle, twit and fiddle, tweedle twang«).

(Marías 1998[9]:76, Hervorhebung von mir)

Aus dem Kontrast zwischen den Bildern, die der deutsche Leser aus internationalen Gipfeltreffen ebenfalls kennt, mit dem, was sich in Wahrheit hinter den Kulissen abspielt, ergibt sich auch im ZT das Lachen, denn dieses ist nicht nur von der Sprache, sondern auch von der Kommunikationssituation abhängig (vgl. Punkt 2.2.1.7.6).

Was die Übersetzung betrifft, wird die außersprachliche Szene problemlos direkt ins Deutsche übernommen (Äquivalenz). Allein in dem kursiv markierten Vergleich findet man eine Fehlübersetzung, und zwar wird der spanische Ausdruck *como si le estuviera regalando el oído* mit 'so als schenkte er ihm Gehör' wiedergegeben. Hier hat die Übersetzerin vermutlich den falschen Freund *regalar el oído a alguien* vs. 'jemandem Gehör schenken' übersehen, denn während der deutsche Ausdruck unmarkiert ist und soviel wie 'jemandem zuhören' bedeutet, ist der spanische Ausdruck negativ besetzt und wird als 'sich bei jemandem einschmeicheln' definiert ("regalar a uno el oído: 1. fr. fig. y fam. Lisonjearle, diciéndole cosas que le agraden", *D.R.A.E.*). Durch diese Konnotation wirkt das Bild des Spaniers um so lächerlicher: Er tut so, als würde er die Britin bewundern, in Wirklichkeit aber murmelt er lauter Unsinn vor sich.

Darüber hinaus ist die semantische Variation der Verben *murmuraba* [neutral] und *masculaba* [umgangssprachlich] im Deutschen schwer wiederzugeben. Da der Unterschied für die Ironie der Szene nicht so relevant ist,

4. Die GRACIA als kulturspezifisches Übersetzungsproblem

werden beide Verben mit 'murmeln' übersetzt. Auf den kulturspezifischen Inhalt dieses Murmelns wird unter Punkt d) eingegangen.

Der zweite Erwartungsbruch findet statt, als beide Würdenträger sich zum privaten Gespräch zurückziehen:

Um die Wahrheit zu sagen, es dauerte noch eine Weile, bis unser Eingreifen erforderlich war, denn nachdem die Journalisten aufgefordert worden waren, sich zurückzuziehen (»Es reicht«, sagte unser hoher Würdenträger zu ihnen, wobei er eine Hand hob, die mit dem Ring), und ein Kammerdiener oder ein Faktotum die Tür von außen geschlossen hatte und wir vier allein geblieben waren, bereit für das erhabene Gespräch, ich mit meinem Notizblock und Luisa mit ihrem auf dem Schoß, trat plötzlich ein äußerst unerwartetes und äußerst unbehagliches Schweigen ein. Meine Aufgabe war heikel, und meine Ohren waren besonders gespitzt in Erwartung der ersten vernünftigen Worte, die mir den Ton anzeigen würden und die ich sogleich würde übersetzen müssen. Ich schaute unseren Staatenlenker an, dann die Staatenlenkerin der anderen und abermals unseren. Sie betrachtete ihre Fingernägel mit erstaunter Miene und die sahneweißen Finger aus einiger Entfernung. Er befühlte die Taschen seines Jacketts und seiner Hose, nicht wie jemand, der nicht finden kann, was er tatsächlich sucht, sondern wie jemand, der tut, als finde er es nicht, um Zeit zu gewinnen (zum Beispiel den Fahrschein, den ein Zugschaffner von jemandem verlangt, der keinen hat). *Ich hatte das Gefühl, als säße ich im Wartezimmer des Zahnarztes, und einen Augenblick lang fürchtete ich, unser Repräsentant würde ein paar Wochenzeitschriften hervorholen und an uns verteilen.* Ich wagte, Luisa mit fragend hochgezogenen Brauen den Kopf zuzuwenden, und sie machte eine (nicht strenge) Handbewegung in meine Richtung, die mir zu Geduld riet. Schließlich zog der spanische hohe Würdenträger aus einer bereits zehnmal befühlten Tasche ein (leicht kitschiges) metallenes Zigarettenetui und fragte seine Kollegin:
»Sagen Sie, stört es Sie, wenn ich rauche?«

(Marías 1998[9]:76f, Hervorhebung von mir)

In diesem Absatz wird ein Spannungsbogen aufgebaut, der in einer banalen Frage gipfelt. Aus dem vermeintlich anspruchsvollen Inhalt des "staatstragenden" Gesprächs wird ein ganz normaler Smalltalk. Dieser Kontrast hat allein durch die Situation, die ins Deutsche übernommen wird, eine komische Wirkung, denn selbst unter Ausschluss der Öffentlichkeit wird offensichtlich, dass das Treffen dieser Politiker nur Fassade ist. Der Vergleich mit dem Wartezimmer beim Zahnarzt ist auch in der deutschen Zielkultur gelungen, weil man dort die Situation ebenfalls kennt. Auf die

Bedeutung körper-sprachlicher Zeichen wird zu einem späteren Zeitpunkt eingegangen.

Der dritte Teil der Kommunikationssituation, in der nichts wie erwartet verläuft, bezieht sich auf die eigentliche Dolmetschleistung Juans. Die drei Fragen, die der Dolmetscher absichtlich verfälscht und die dadurch den Verlauf der Konversation entscheidend verändern, ohne dass die Staatschefs es bemerken, stellen keine große Übersetzungsschwierigkeit dar, vorausgesetzt, der Übersetzer ist sich über die Höflichkeitskonventionen in AS und ZS bewusst und wendet sie korrekt an:[119]

»Soll ich ihnen einen Tee bestellen?«
Und ich übersetzte nicht, ich meine, das, was ich ihm auf englisch in den Mund legte, war nicht seine Frage (die aus dem Handbuch stammte und ein wenig spät kam, man kann es nicht anders sagen), sondern eine andere:
»*Sagen Sie, liebt man Sie eigentlich in Ihrem Land?*« [...]
Ich übersetzte korrekt, was die Dame gesagt hatte, mit Ausnahme ihrer Erwähnung des Krieges am Schluß (ich wollte nicht, daß unser hoher Würdenträger auf schlechte Gedanken käme und legte ihr statt dessen die folgende Bitte in den Mund:
»*Entschuldigen Sie, würde es Ihnen etwas ausmachen, diese Schlüssel einzustecken? Ich leide sehr unter Lärm in der letzten Zeit, ich danke Ihnen.*«
[...]
»Ah, natürlich, wenn wir etwas richtig machen, dann ruft niemand zu einer Kundgebung auf, damit wir erfahren, daß es ihnen gefallen hat.«
Ich beschloß dagegen, ihn auf ein persönlicheres Terrain zu führen, das mir weniger gefährlich und auch interessanter erschien, und ließ ihn in klarstem Englisch sagen:
»Wenn ich Sie fragen darf und Ihnen nicht zu nahe trete, *haben Sie, in ihrem Liebesleben, jemanden gezwungen, Sie zu lieben?*«

(Marías 1998[9]:79f, Hervorhebung von mir)

Diese drei inhaltsverändernden Fragen des Dolmetschers werden in den deutschen Text übernommen und ebenfalls aufsteigend eingeführt. Dabei muss man bedenken, dass ein deutscher Leser mindestens genauso überrascht wie ein Leser des Originals auf diesen Bruch der Privatsphäre reagieren wird. Der Kontrast zum Erwarteten ist hier insofern ein doppelter, als man weder mit dem Eingriff des Dolmetschers noch damit rechnen, dass dem Zu-

---

[119] Zur Realisierung der sprachlichen Höflichkeit im Bereich der Aufforderung zu einer Handlung (oder deren Unterlassung) vgl. Raible 1987:153ff.

4. Die GRACIA als kulturspezifisches Übersetzungsproblem

geständnis der Politiker darauf eingehen. Der Spannungsbogen der AS-Kommunikationssituation, in der die Sprache keine vorrangige Rolle spielt, wird in der Übersetzung erfolgreich nachgezeichnet. Der Grund dafür liegt in der gemeinsamen Spezifik der Kommunikationssituation, die für die Entstehung der *risa* unentbehrlich ist. Darüber hinaus unterstützt die Kommunikationssituation die Entfaltung der nächsten Strategie, nämlich des ironischen Spiels, denn sie beruht ebenfalls auf den Erwartungen des Empfängers.

Nach der Definition von Hutcheon und der Einordnung in das übersetzungsrelevante Kommunikationsmodell (vgl. Punkt 3.3.4) werden durch die Ironie als Strategie des Komischen die Positionen *Text, Sender, Empfänger* und *Kommunikationssituation* angesprochen. Bei der Strategie der Darstellung einer lächerlichen Kommunikations-situation wird die Position *Kommunikationssituation* berücksichtigt:

> Die Ironie besteht im semantischen Ausspielen des Gesagten gegenüber dem Gemeinten (*Text*) aus einem affektiven Blickwinkel (von Hutcheon *irony's edge* genannt) seitens des Ironikers (Sender) und/oder des Adressaten (Empfänger) **in einem ihnen gemeinsamen Kontext bzw. discourse community (kulturspezifische Kommunikationssituation)**.

Ferner spielt die ironische Haltung des Erzählers auf funktionsbezogener Ebene eine sehr wichtige Rolle. Wie unter Punkt 3.3.4c) bereits erläutert, übt Marías über den Erzähler Juan eine harsche Kritik an die Oberflächlichkeit internationaler Gipfeltreffen. Über die Parodie konkreter Darsteller der Weltpolitik hinaus schimmert ständig eine tiefer gehende ironische Haltung Juans durch, der nicht nur als souveräner Nacherzähler, sondern auch in seiner Dolmetscherrolle als Lenker des eminenten Gesprächs fungiert. Diese Haltung wird in erster Linie durch die narrative Stimme des Ich-Erzählers deutlich, der als solcher allein über den Fokus der Erzählung entscheidet und seine Meinung immer dann einschiebt, wenn er das für relevant hält. In der Übersetzung werden die Kommentare der Ich-Erzählerstimme korrekt übernommen:

Der hohe Würdenträger zündete einen Zigarrillo an (er hatte die Größe und Form einer Zigarette, war aber dunkelbraun, ich würde sagen, ein Zigarrillo), nahm ein paar Züge und achtete darauf, den Rauch zur Decke hin auszustoßen, *die, wie ich sah, Flecken aufwies.* Wieder herrschte Schweigen, aber nach einer kurzen Weile stand er von seinem bequemen Sessel auf, trat an einen kleinen Tisch, *auf dem sich vielleicht zu viele Flaschen befanden,* bereitete sich einen Whisky mit Eis (mich wunderte, daß kein Kellner oder Sommelier ihm zuvor etwas serviert hatte) und fragte: [...]

(Marías 1998[9]:77f, Hervorhebung von mir)

Beide Kommentare stehen im Gegensatz zur Bedeutung dessen, was sonst erzählt wird, und tragen nichts zum Gespräch bei. Dadurch ist der Leser erst überrascht, bis er begreift, dass dies ein weiteres Zeichen der Langeweile des Protagonisten ist, mit dem er die Absurdität solcher Treffen auf ironische (indirekte) Weise signalisiert.

Das Wechselspiel von erzählendem und erlebendem Ich als zweite Ebene der ironischen Haltung des Erzählers findet man in der Übersetzung ebenfalls wieder: Juan erinnert sich in der Erzählzeit an das, was in der erzählten Zeit geschah. Bei Marías ist diese Rückblende auf das eigene Tun jedoch nicht negativ im Sinne eines Erzählers, der sich über sein eigenes Verhalten in der Vergangenheit lustig macht, sondern gekennzeichnet durch Sympathie und Verständnis. Die Erinnerung an die erste Begegnung mit Luisa ist ihm angenehm und gleichzeitig eine Strategie, sich der Richtigkeit seiner damaligen Entscheidung, Luisa näher kennen zu lernen und sie später zu heiraten, zu vergewissern:

Sie [Luisa] verriet mich nicht, sie dementierte nicht, sie griff nicht ein, sie blieb stumm, und ich dachte, wenn mir das erlaubt war, dann konnte ich mir alles im Laufe meines Lebens oder meines halben, noch nicht gelebten Lebens erlauben.

(Marías 1998[9]:85)

Im spanischen Original besteht an dieser Stelle kein Zweifel darüber, dass Luisa eine Person ist, der er vollkommen vertrauen kann: "[Luisa] *No me delató, no me desmintió, no intervino, permaneció callada, y pensé que si me permitía aquello podría permitírmelo todo a lo largo de mi vida entera, o de mi media vida aún no vivida*" (Marías 1992:75). In der deutschen Übersetzung versteht man es genauso, aber aufgrund des Kontextes, nicht unbedingt aus der rein sprachlichen Übertragung. Aus diesem Grund wäre folgender

4. Die GRACIA als kulturspezifisches Übersetzungsproblem

Übersetzungsvorschlag auch denkbar: 'Sie verriet mich nicht, sie dementierte nicht, sie griff nicht ein, sie blieb stumm, und ich dachte, wenn mir das erlaubt war, dann konnte ich mir im Laufe meines Lebens oder meines halben, noch nicht gelebten Lebens *alles bei ihr* erlauben'.

Im Grunde genommen erzählt Juan die ganze Situation so, dass man als Leser sein Streich eher sympathisch findet:

Ich will nicht leugnen, daß ich beim Betreten des intimen kleinen Raumes (völlig geschmacklos), als sie mir vorgestellt wurde und bevor wir uns setzten, sehr auf sie geachtet hatte (das heißt, *unbewußt*)
[...]
Was mich betrifft, *so gebe ich zu*, daß auch ich Luisa *unwillkürlich ein großes Lächeln schenkte* während jener Prolegomena, als unser Eingreifen noch nicht nötig war [...]

(Marías 1998[9]:75f, Hervorhebung von mir)

An beiden Stellen räumt Juan ein, dass er in Luisas Bann geraten ist, jedoch 'unfreiwillig', wie er unmittelbar klarstellt. Im zweiten Fall steht im Spanischen: "Yo, por mi parte, reconozco que también sonreí mucho a Luisa involuntariamente durante aquellos prolegómenos [...]" (Marías 1992:67). Dadurch, dass das Wort 'Lächeln' im Deutschen keine Mehrzahl hat, löst die Übersetzerin die Gewichtung des Lächelns mit dem Adjektiv 'groß'. Die Komik der Szene geht durch diese Modulation (von Quantität auf Größe) zum Teil verloren, denn es macht durchaus einen Unterschied, ob Juan nur einmal oder immer wieder lächelt, weil das Gespräch nicht starten möchte und sein Blick mehrmals auf Luisa haften bleibt. Eine andere Modulation, um diese Übersetzungsschwierigkeit zu lösen, wäre beispielsweise der Übergang zum zeitlichen Aspekt, z.B. durch das Adverb 'oft': 'dass auch ich Luisa unwillkürlich oft ein Lächeln schenkte'. Dadurch wäre auch im ZT deutlich, dass es sich um ein mehrmaliges Lächeln handelt.

Schließlich wurde auf die Doppeldeutigkeit der Ich-Erzählung hingewiesen: Der Ich-Erzähler Juan steht im AT im Konflikt mit dem Autor Marías, weil sie biographische Züge miteinander teilen (vgl. Punkt 3.3.4.1). Diese für die Entfaltung der Ironie nicht relevante Gemeinsamkeit geht in der Übersetzung natürlich verloren (Auslassung), da der ZT-Leser mit der Person Marías' nicht vertraut ist.

Die Ironie der gesamten Stelle erhält eine ernsthafte Note, als Juan die wahren Ambitionen der Politiker am Ende der Szene offen legt:

> Heiliger Himmel, dachte ich (aber ich hätte es gerne zu Luisa gesagt), diese demokratischen Politiker sind Nostalgiker der Diktatur, für sie wird jeder Erfolg und jede Zustimmung immer nur die blasse Verwirklichung eines zutiefst totalitären Wunsches sein, des Wunsches nach Einmütigkeit, danach, daß alle einverstanden sind, und je mehr sich diese partielle Verwirklichung der unmöglichen Totalität annähert, um so größer wird ihre Euphorie sein, wenn auch nie groß genug; sie preisen die Abweichung, aber in Wirklichkeit empfinden alle sie als einen Fluch und als *Unsinn*.
>
> (Marías 1998[9]:83f, Hervorhebung von mir)

Die Darstellung der Politiker als Menschen mit diktatorischen Neigungen, die Demokratie als einen notwendigen Kompromiss akzeptieren, funktioniert in der deutschsprachigen Zielkultur ebenfalls. Nicht umsonst gibt es das Wort 'Politikverdrossenheit', das die gesellschaftliche Reaktion auf ein solches Verhalten zusammenfasst. In diesem Sinne kann sich die Ironie der Passage auch in der Übersetzung entfalten. Was den Sprachgebrauch betrifft, gibt die Übersetzerin *una lata* mit 'Unsinn' wieder, einem Wort, das eine Stilebene höher liegt. *Ser una lata* ist ein umgangssprachlicher Ausdruck (vgl. *DRAE*), durch dessen Gebrauch die Politiker menschlicher erscheinen. Mit dem Wort 'Unsinn', das durchaus umgangssprachlich benutzt werden kann, wird versucht, die spanische Nuance wiederzugeben. Im Kontext aber wirkt es nicht so idiomatisch wie das Original. Eine andere Lösung wäre z.B.: 'aber in Wirklichkeit empfinden alle sie als einen Fluch und als Quatsch'. Das Wort 'Quatsch' käme dem Ausdruck *una lata* im Spanischen näher.

Zusammenfassend kann man behaupten, dass in einer Kommunikationssituation, die nicht kulturspezifisch markiert ist bzw. in der die Kulturspezifik von AS und ZS identisch ist, die komische Wirkung der ironischen Haltung des Erzählers weitgehend problemlos übersetzt werden kann.

Eine weitere Strategie des Komischen ist die Verletzung des Relevanzprinzips, die Marías innerhalb dieser Textstelle mit ironischer Absicht benutzt. Sie äußert sich durch die Einfügung persönlicher Kommentare des Ich-Erzählers mittels hauptsächlich zweier Ironiesignale: der Klammer und der Metasprache.

4. Die GRACIA als kulturspezifisches Übersetzungsproblem

In der ausgewählten Passage findet man insgesamt 29 eingeklammerte Bemerkungen bzw. Einschübe, deren pragmatische Bedeutung bereits in der AT-Analyse thematisiert wurde (vgl. Punkt 3.3.4c). Der Gebrauch der Klammer im Spanischen und Deutschen ist ähnlich: Im Spanischen benutzt man dieses Zeichen "[c]uando se interrumpe el sentido del discurso con un inciso aclaratorio o incidental, sobre todo si este es largo o de escasa relación con lo anterior o posterior" (*Ortografía* 1999:73). Im Deutschen hat die Klammer folgende Funktion: "Bei eingeschobenen Sätzen, die ohne Nachdruck gesprochen werden, können an Stelle von Kommas oder Gedankenstrichen runde Klammern gesetzt werden" (*Duden*). Ausschlaggebend für das ironische Spiel bei Marías ist nicht so sehr der Gebrauch der Klammer an sich, sondern ihre Häufigkeit. Im folgenden Beispiel wird durch die Anhäufung der eingeklammerten Konstruktionen deutlich, dass Juan sich vielmehr für seine Kollegin als für das politische Geschehen interessiert:

Ich gewahrte die Bestürzung Luisas in meinem Rücken, mehr noch, ich sah, wie sie sofort die erschrockenen Beine nebeneinanderstellte *(die sehr langen Beine, die stets in meinem Blickfeld waren, wie die neuen und teuren Prada-Schuhe, sie wußte ihr Geld auszugeben, oder jemand hatte sie ihr geschenkt)*, und ein paar Sekunden lang, die nicht kurz waren *(ich spürte, wie der Schrecken sich meines Nackens bemächtigte)*, erwartete ich ihr Eingreifen und ihre Denunziation, ihre Richtigstellung und ihren Verweis, oder daß sie unverzüglich das Dolmetschen übernähme, die »Ko«, dazu war sie da. Aber diese Sekunden vergingen *(eins, zwei, drei und vier)*, und sie sagte nichts, vielleicht *(dachte ich damals)*, weil die englische Staatenlenkerin nicht beleidigt wirkte und ohne zu zögern, ja mit einer Art verhaltener Heftigkeit antwortete [...]

(Marías 1998[9]:79f, Hervorhebung von mir)

Wie bereits erwähnt, spielt die Klammer zusammen mit anderen grafischen Merkmalen eine wichtige Rolle bei der Entfaltung von Ironie, obwohl diese Funktion nicht immer eindeutig bestimmbar ist. Dennoch wird aus der unüblichen Anhäufung dieses Mittels bei Marías klar, dass er die Klammer bewusst benutzt, um die Kommentare seines Ich-Erzählers einzufügen und die Aufmerksamkeit des Lesers vom "langweiligen" politischen Geschehen abzulenken. Zusätzlich hat die Klammer sowohl im Spanischen als auch im Deutschen eine prosodische Funktion, indem sie den Leser zu einer Pause sowie einem Tonlagenwechsel zwingt. Aus diesem Grund stellt die Klammer kein großes Über-setzungsproblem dar und wird einfach übernommen.

Das zweite Mittel zur Entfaltung der Ironie auf pragmatischer Ebene ist der Rückzug in die Metasprache, mittels derer Juan über das Gesagte reflektiert und seine Macht als Dolmetscher ausübt. Was die Übersetzung betrifft, stellen metasprachliche Kommentare eine große Herausforderung dar, denn nicht immer stimmen sprachliche Konventionen zwischen AT und ZT überein. Dadurch kann es vorkommen, dass eine Reflexion über die Beschaffenheit der AS in der Zielkultur nicht funktioniert. Der Übersetzer sollte also – so wie der Dolmetscher in dieser Szene – einen sicheren Umgang mit den Gebrauchskonventionen der ZS vorweisen, wie in den folgenden Beispielen gezeigt:

»Sagen Sie, stört es Sie, wenn ich rauche?«
Und ich beeilte mich, es zu übersetzen.
»Do you mind if I smoke, *Madam*?« sagte ich.
»Nein, wenn Sie den Rauch nach oben *blasen*«, antwortete die britische Staatenlenkerin [...]

(Marías 1998[9]:77, Hervorhebung von mir)

In diesem Beispiel steht man vor einem Fall, in dem Juan – gemäß der englischen Konvention – bei der Übersetzung der Frage des Spaniers an die Britin im Original das Wort 'Madam' beifügt. In der deutschen Übersetzung wird der englische Satz mit dieser Anrede übernommen. Die britische Antwort darauf ist entsprechend höflich und lautet auf Spanisch: "–No a esta hora del día, si no le importa que no lo acompañe, *señor*" (Marías 1992:69, Hervorhebung von mir). In der deutschen Version dieser Frage stellt man fest, dass die Anrede *señor* weggelassen wurde (Adaption durch Auslassung): "»Nein, wenn Sie den Rauch nach oben *blasen*«". Der Grund dafür ist, dass eine rein sprachliche Entsprechung wie 'mein Herr' o.ä. im Deutschen in diesem Fall nicht textäquivalent wäre:

> Im Deutschen erfordert ein unverhofftes Eindringen in die Sphäre des anderen ein "Entschuldigung", "Verzeihung", "entschuldigen Sie bitte...", "pardon" usw. Handelt es sich um eine unbekannte Person, so ist im Deutschen wohl nur die Anrede mit "Sie" möglich. In Sprachen, in denen die Anrede ohne Nennung des Eigennamens möglich ist, sagt man beispielsweise "excusez, *Madame*". Im Deutschen wäre dies unüblich und würde den Ausländer verraten. [...] Die einzelnen Kulturen treiben viel

4. Die GRACIA als kulturspezifisches Übersetzungsproblem

sprachlichen Aufwand mit der Kreierung solcher Anredeformen. [...] Es geht darum, den anderen hoher sozialer und/oder persönlicher Wertschätzung zu versichern. [...] Eine Anrede wie "mein Herr" bedeutet (ursprünglich, auch wenn dies nicht mehr unbedingt so empfunden werden mag), daß man sich selber zum Knecht oder zum Diener des anderen macht ("Euer untertänigster Diener", "Ihr sehr ergebener XY" usw.). Die Dialektik von Herr und Knecht erfordert, daß man sich zum Zweck der Erhöhung des anderen selbst erniedrigt.

(Raible 1987:149; 151)

Der Umgang mit Anreden als Ausdruck des Vertrautheitsgrades spielt bei der Übersetzung – sowohl schriftlich als auch mündlich – eine wichtige Rolle: "Der Faktor *Vertrautheitsgrad* bezieht sich auf die verschiedenen Abstufungen sozialer Distanz. [...] Vornamen, Kosenamen, das Pronomen *du* drücken einen hohen Grad der Vertrautheit aus; einen niedrigen Vertrautheitsgrad enthalten Formen wie *Herr Dr. Müller, sehr geehrte Damen und Herren*, en. *Sir, Madam*" (Kußmaul 1999:71). Durch eine falsche Übertragung der Anredeform bzw. eine Verletzung der Konvention (z.B. bei offiziellen Ansprachen oder in Geschäftsbriefen, sogar in Bedienungsanleitungen) kann man das Ziel der Kommunikation verfehlen. Die Frage, ob im spanischen Original die Hinzufügung der Form *señor* an dieser Stelle ebenfalls fremd wirkt, sei dahingestellt, aber ich würde die Vermutung äußern, dass dies tatsächlich der Fall ist, und zwar mit dem Ziel, die britische Höflichkeit durchscheinen zu lassen, was im Deutschen nicht übersetzt ist bzw. nicht übersetzbar wäre.[120]

---

[120] Im Zusammenhang mit Titeln als Mittel zur Klassifizierung von Menschen nach Kriterien wie Geschlecht, Ehestand, Ausbildung, Status, usw. unterscheidet David Katan in seinem Buch *Translating Cultures* (1999) in Nachfolge Halls (1989) zwischen *High Context Communication* (HCC) and *Low Context Communication* (LCC) Kulturen. Erstere legen den Wert der Kommunikation auf das, was nicht gesagt wird und setzen eine kulturspezifische Priorität auf den Kontext des Gesagten oder das Metasprachliche. *Low Context Communication* Kulturen fokussieren das, was tatsächlich gesagt wird und setzen die Priorität auf den Text der Botschaft, die vermittelt wird (vgl. Katan 1999:177ff). Die Orientierung einer bestimmten Kultur ist allerdings nicht statisch, sie kann je nach Kommunikationssituation wechseln. Vor diesem Hintergrund behauptet Katan, manche LCC-Kulturen wie beispielsweise die deutsche, seien besonders titelfreundlich, denn dies ermöglicht eine deutliche Rollenverteilung. Dennoch zeigt die britische Kultur, ein Fall von HCC im Vergleich zur nordamerikanischen Welt, einen sorgfältigen Umgang mit Titeln: "The Anglo-American use of titles will be based on the formality of the immediate context [...]. This should be compared with a culture which prefers to ascribe status irrespective of context, such as the German" (Katan 1999:208). Für den Übersetzer hat dies zur Folge, dass er zur adäquaten Übertragung einer Botschaft von einer formellen in eine informelle Kultur auf bestimmte Anredeformen verzichten muss. In der spanischen Kultur

Und *ich übersetzte*, ebenso wie die Antwort, wenn auch *unter abermaliger Hinzufügung von »Madam«* am Ende des Satzes.

(Marías 1998[9]:78, Hervorhebung von mir)

In dem zweiten Beispiel wird das textäquivalente Höflichkeitssignal *Madam* erneut eingeführt und im ZT übernommen. In diesem Fall aber steht man vor einem Beispiel für *Korrektur* des Originals in der Übersetzung (vgl. Schreiber 1999:153). Die spanische Originalstelle lautet: "Y yo traduje, como también la respuesta, aunque agregando de nuevo *'señora'* al final de la pregunta" (Marías 1992:69, Hervorhebung von mir). In der deutschen Übertragung wird das Wort *'señora'* durch 'Madam' ersetzt, weil Letzteres wörtlich das ist, was Juan seiner englischen Wiedergabe beifügt, und nicht das spanische *'señora'*, das die Britin nicht verstehen würde. Diese Korrektur ergibt sich aus der Erzähllogik – die Übersetzerin hat erkannt, dass der Autor einen Sinnfehler begangen hat und korrigiert ihn so, dass der ZT kohärent bleibt. M.E. ist diese Entscheidung gerechtfertigt, denn sie trägt vor allem zum Verständnis des ZT bei. Manche Autoren reden sogar von der Doppelfunktion des Übersetzers als Lektor und Interpret:

> But a translator works in a double capacity: as a translator and as an editor. He looks at the original with more searching eyes than many readers. He has to plumb the depth of the meaning of every word. But how about words that are casually ambiguous, hastily chosen, or even inaccurate? The translator needs clear meanings. As he translates he also edits and interprets and clarifies. We are talking here about inadvertent ambiguity, not intentional fuzziness in the original, which is a different matter altogether, especially in poetry. The translator-editor-interpreter does not impose himself on the author's work, but sensitively, respectfully, self-effacingly, does some gentle, silent touching up.
>
> (Knight 1989:107)

Diese These ist im Ansatz richtig und gleichzeitig kontrovers. Abgesehen von der Tatsache, dass Knight sich hauptsächlich auf die Übersetzung von Morgensterns *Galgenliedern* ins Englische bezieht, bin ich der Ansicht, dass der Übersetzer durchaus kritisch mit dem Original umgehen sollte. Das soll aber nicht heißen, dass er – etwas überspitzt formuliert – den AT so vereinfachen sollte, dass sich lediglich eindeutige Sinneinheiten daraus ergeben.

---

aus dem europäischen Raum wird die Anredeform *señor* selten benutzt. Das Wort hört man oft im Zusammenhang Diener-Herr oder in Bezug auf die königliche Familie (*Seco*).

4. Die GRACIA als kulturspezifisches Übersetzungsproblem

Der Bedarf an Lektoratsarbeit während der Übersetzung wird sicherlich von der Textsorte und ihrer Funktion abhängig sein. Literarische Texte sind traditionsgemäß besonders empfindlich gegenüber übersetzerischen Eingriffen. Dabei herrscht eine eher konservative Tendenz. Dennoch sollte man von Fall zu Fall unterscheiden. In diesem Beispiel steht die Korrektur des Originals zugunsten des ZT-Verständnisses außer Frage, weil es sich um eine Folge des übersetzerischen Prozesses handelt. Marías selber dachte sicherlich nicht an die Folgen der Übersetzung seines Werks, als er es schrieb. Soviel Spielraum muss dem Übersetzer gestattet sein.[121]

»Soll ich einen Tee für Sie bestellen?«
Und *ich übersetzte nicht*, ich meine, das, was ich ihm auf englisch in den Mund legte, war nicht seine höfliche Frage (*die aus dem Handbuch stammte und ein wenig spät kam, man kann es nicht anders sagen*), sondern eine andere: [...]

(Marías 1998[9]:79, Hervorhebung von mir)

Im dritten Beispiel findet man eine persönliche Sprachbewertung des Erzählers. Er ist der Meinung, die Frage des Spaniers sei standardisiert und sie komme viel zu spät, so dass er sich aus Langeweile dafür entscheidet, dem Gespräch durch seine Übersetzung eine unerwartete Wendung zu geben.

---

[121] Der übersetzerische Umgang mit AT-Fehlern ist vorrangig im Bereich der Gebrauchstexte thematisiert worden (vgl. Schmitt, Peter A. (1999): "Defekte im Ausgangstext". In: Snell-Hornby, Mary et al. (Hrsg) (1999): *Handbuch Translation*. 2. verbesserte Auflage. Tübingen: Stauffenburg. 147-151). Bei literarischen Texten hatte das Original lange Zeit einen heiligen Status (Reiß), der nach und nach zur Entthronung des AT (Holz-Manttäri) geführt hat. Im Mittelpunkt der Diskussion steht das Konzept der "Texttreue". Der von Christiane Nord geprägte Begriff *Loyalität* zeichnet einen mittleren Weg zwischen beiden Polen und führt eine ethische Komponente ein: "Die Freiheit bei der Zuordnung von AT und Übersetzungstyp wird eingeschränkt durch die Verantwortlichkeit des Übersetzers, die Erwartungen seiner Handlungspartner (und dazu gehört auch der AT-Autor) so weit zu respektieren, daß er ihnen nicht 'ein X für ein U' vormacht. Diese Verantwortlichkeit nenne ich Loyalität" (Nord 1999:143). Zum einen erweist sich Nords Begriff als sehr nützlich, weil dadurch die Treue zum Original relativiert und der Schwerpunkt der Übersetzung auf zielfunktionsrelevante Merkmale des AT unter Wahrung der Loyalität gelegt wird. In dem Marías-Beispiel bietet die Übersetzerin dem ZT-Leser durch das Korrekturverfahren eine richtige (logische und konsistente) Übersetzung, zu der sie verpflichtet ist. Zum anderen bin ich der Meinung, dass das Loyalitätsprinzip im Bereich des literarischen Übersetzens nach wie vor ein Desiderat bleibt, weil die Ansprüche und Anforderungen von den Teilnehmern am Übersetzungsprozess einer literarischen Übersetzung (Autor, Auftraggeber, Übersetzer, ZT-Leser, Rezensent) selten übereinstimmen. Zu den unterschiedlichen Vorstellungen vom Treuekonzept vgl. die Kontroverse bei der Neuübersetzung von Melville's *Moby Dick* in dem Artikel von Dieter E. Zimmer (*Zeit*-Literaturbeilage vom 15.11.2001).

Im Hinblick auf die Übersetzung aus dem Spanischen ins Deutsche ist die Rolle der Sprachbewertungskriterien zu beachten. Die Tatsache, dass eine Frage für spanische Verhältnisse bzw. für eine konkrete Person – hier Juan – langweilig ist und verspätet kommt, heißt noch lange nicht, dass dies in der Zielkultur auch der Fall ist. Die Frage "¿Quiere que le pida un té?" bzw. "»Soll ich einen Tee für Sie bestellen?«" kann in diesem Kontext über das Wörtliche hinaus als Partizipationsangebot des Spaniers an die Britin verstanden werden. Der illokutive Wert dieser Aussage ist der konventionalisierte Versuch, durch Smalltalk einen Dialog einzuleiten. Sowohl Juan als auch die AT-Leser wissen das sicherlich auch, aber Ersterer entscheidet sich für die Verletzung der Norm. In diesem Fall bin ich der Ansicht, dass das Spiel mit der Konvention und den Leserwartungen im Deutschen genauso wie im Original funktioniert.

Ich übersetzte genau, nur daß in der spanischen Fassung das »das« des ersten Satzes verschwand und das Ganze für unser Oberhaupt wie eine spontane britische Überlegung klang, die ihm, nebenbei gesagt, als Gesprächsthema zu gefallen schien [...]

(Marías 1998[9]:80, Hervorhebung von mir)

Bei dieser Textstelle handelt es sich um eine "Doppelübersetzung": Juan gibt im Original sein Dolmetschverfahren genau wieder, um zu erklären, wie er das Gespräch manipuliert, so dass er dabei nicht ertappt wird. Davon sind zunächst zwei Sprachen, Englisch und Spanisch, betroffen. In der Übersetzung kommt aber eine dritte Sprache, nämlich Deutsch dazu, was das Wiedergabeverfahren insgesamt erschwert. Diese sprachliche Hürde ist unüberwindbar, ohne dass der Übersetzer dabei "sichtbar" wird. Diese Art der Übersetzung ist ganz im Sinne Marías', der als Kenner des Metiers die Übersetzung als Täuschungs- und Repräsentationsmanöver versteht:

> Todo lector está al tanto, como dije, de que se ha operado en el texto una transformación que paradójicamente le permite leer lo que escribió un autor en una lengua que él ignora y al mismo tiempo le impide radicalmente conocer ese texto tal como es. Pues bien, para que ese lector ponga en suspenso esa certeza, ese saber, necesita asimismo, como el espectador, ser convencido por el traductor, el cual está llevando a cabo, si bien se piensa, una operación tan osada como descabellada, a saber: está haciendo que lea inglés –por ejemplo– alguien que desconoce ese idioma. O para ser más exactos, está intentando que el lector de su texto en español crea estar

4. Die GRACIA als kulturspezifisches Übersetzungsproblem

leyendo en inglés a pesar de estar haciéndolo evidentemente en español. Para que semejante disparate (desde el punto de vista del sentido común) acontezca, es obvio que también en ese ámbito es necesaria la verosimilitud.

(Marías 1993:388f)

Die Glaubwürdigkeit dieses übersetzerischen Paradoxons wird laut Marías nur dann erreicht, wenn der Übersetzer die potenzielle Kreativität der Zielsprache ausschöpft und – in der Terminologie Venutis (vgl. 1995:20) – die goldene Mitte zwischen exotisierender und domestizierender Übertragung trifft, d.h. wenn im natürlichen Textfluss des ZT die Eigenart des Originals durchscheint:

Por eso, para conseguir tal cosa, el traductor precisa que su lengua, el instrumento de que se sirve, sea tan flexible, amplio y abierto como sea posible: precisa de una lengua en la que a priori puedan caber todas las lenguas posibles con sus respectivas e infinitas particularidades. Pues la labor del traductor, al fin y al cabo, no consiste tanto en permitir o propiciar la mera comprensión de un texto cuanto en incorporar ese texto en y a su propia lengua.

(Marías 1993:392)

Auf die konkreten Strategien zur Verwirklichung dieses Spagats geht Marías nicht ein. Sein Übersetzungsverständnis steht in der Nachfolge Walter Benjamins und ist mit dem Poststrukturalismus der *Descriptive Translation Studies* verwandt (Logie 2001). Darüber hinaus kann man in Marías' Ansichten über die Unmöglichkeit der absoluten Identifikation zwischen Original und Übersetzung Anklänge an die dekonstruktivistische Übersetzungstheorie erkennen, denn diese postuliert ebenfalls die Relativität von AT und ZT:

Jede noch so einfache und anspruchslose Übersetzung trägt in sich die Merkmale ihrer Entstehung: der Zeit, Historie, Umstände und Ziele des Produzenten. Jede Übersetzung verrät ihren Ursprung aus einer Interpretation, auch wenn ihr Produzent dies nicht wahrhaben will. Es gibt also keine "neutrale" oder "wörtliche" Übersetzung. Sie "ist" immer und unausweichlich eine Lektüre oder Interpretation.

(Arrojo 1997:69)

Juan hält seinen dolmetscherischen Eingriff im Laufe des gesamten Gesprächs durch, indem er dem Gesagten nach persönlichem Geschmack mehr oder weniger Bedeutung beimisst. Dabei geht es vorwiegend um inhaltliche Bemerkungen, die sich relativ problemlos ins Deutsche übersetzen lassen, ohne dass die Ironie dabei verloren geht:

»Zwang oder überzeugte?« fragte unser hoher Würdenträger, und *ich sah, daß er zufrieden war* mit seiner Nuancierung, *weshalb ich mich darauf beschränkte, sie so zu übersetzen, wie er sie formuliert hatte.*

(Marías 1998[9]:81, Hervorhebung von mir)

Ich fragte mich auch bei ihr, *ob der letzte Kommentar nicht zu weit ging* für die demokratischen Ohren unseres hohen Würdenträgers, und nach einer Sekunde Zögern und einem raschen Blick auf die anderen, besseren Beine, die mich überwachten, *entschied ich mich dafür,* »*das ist das Problem*« *wegzulassen.*

(Marías 1998[9]:82, Hervorhebung von mir)

»Und mit Slogans. Sie rufen Slogans«, warf unser Staatenlenker ein. Aber *das übersetzte ich nicht, weil es mir nicht wichtig erschien und ich auch keine Zeit dazu fand*;

(Marías 1998[9]:83, Hervorhebung von mir)

In Bezug auf die Metasprache findet man schließlich die Kommentare Juans über seine eigene hyperkorrekte Erzählweise, die eher seine Person und nicht das offizielle Geschehen in den Vordergrund stellt und somit die Balance zwischen relevanten und irrelevanten Aussagen ins Schwanken bringt:

Der hohe Würdenträger zündete einen Zigarrillo an (*er hatte die Größe und Form einer Zigarette, war aber dunkelbraun, ich würde sagen, ein Zigarrillo*), nahm ein paar Züge und achtete darauf, den Rauch zur Decke hin auszustoßen, die, wie ich sah, Flecken aufwies.

(Marías 1998[9]:77, Hervorhebung von mir)

Die Unterscheidung purito-cigarrillo vs. Zigarillo-Zigarette funktioniert trotz des lauernden falschen Freundes (cigarrillo – Zigarillo) in der Übersetzung einwandfrei. Die Ironie ergibt sich nicht vorwiegend aus der Sprache, sondern aus der Irrelevanz des Gesagten.

Im Zuge des Präzisionswahns bedient sich Juan metasprachlicher und erklärender Ausdrücke wie *es decir, quiero decir, es más, dicho sea de paso, en suma*, die nicht so mehrdeutig wie die Klammer sind und eine ironische

4. Die GRACIA als kulturspezifisches Übersetzungsproblem

Auflösung verlangen, indem sie die Möglichkeit einer zweiten Lektüre andeuten (Hutcheon 1995:156). Sie werden wie folgt übersetzt:

Ich saß auf meinem Folterstuhl zwischen den beiden Staatenlenkern und Luisa auf ihrem Marterstuhl ein wenig links von mir, *das heißt* zwischen dem weiblichen Staatenlenker und mir
[...]
Und ich übersetzte nicht, *ich meine*, das, was ich ihm auf englisch in den Mund legte, war nicht seine höfliche Frage
[...]
Ich gewahrte die Bestürzung Luisas in meinem Rücken, *mehr noch*, ich sah, wie sie sofort die erschrockenen Beine nebeneinanderstellte
[...]
Ich übersetzte genau, nur daß in der spanischen Fassung das »das« des ersten Satzes verschwand und das Ganze für unser Oberhaupt wie eine spontane britische Überlegung klang, die ihm, *nebenbei gesagt*, als Gesprächsthema zu gefallen schien
[...]
[W]eshalb ich alles korrekt übersetzte, außer diesem Kommentar (ich ließ ihn weg und zensierte ihn, *kurz gesagt*)

(Marías 1998[9]:75-81, Hervorhebung von mir)

Diese Beispiele zeigen, dass die deutsche Übersetzung sowohl die semantische Variation als auch die pragmatische Wirkung der erklärenden Ausdrücke korrekt wiedergibt. Zusammenfassend kann man behaupten, dass das Problem der Metasprache und ihrer ironischen Funktion bei Marías sehr gut gelöst wurde.

Wenn man die Ironiedefinition erneut betrachtet, um die Rolle der beiden pragmatischen Strategien (ironische Haltung des Erzählers und Verletzung des Relevanzprinzips) im Kontext zu bestimmen, stellt man fest, dass diese Strategien innerhalb des ironischen Spiels eher bei der Senderposition einzuordnen sind. Durch die ironische Haltung des Ich-Erzählers und die Verletzung des Relevanzprinzips kommt die Emotionalität (*affective charge*) des Senders zum Ausdruck:

> Die Ironie besteht im semantischen Ausspielen des Gesagten gegenüber dem Gemeinten (*Text*) **aus einem affektiven Blickwinkel (von Hutcheon *irony's edge* genannt) seitens des Ironikers (*Sender*)** und/oder des Adressaten (*Empfänger*) in einem ihnen gemeinsamen Kontext bzw. *discourse community* (*kulturspezifische Kommunikationssituation*).

Die letzte Strategie des Komischen auf pragmatischer Ebene, die in der AT-Analyse thematisiert wurde, ist der Gebrauch von Körpersprache. Wie unter Punkt 3.3.4c) gezeigt, wird Körpersprache in der Literatur besonders dann eingesetzt, wenn man eine komplexe Kommunikationssituation gestalten möchte. Im Falle Marías' dient die Körpersprache durch Herausarbeitung einer subtilen Ironie zur Unterstützung des komischen Kontrastes. Die Bedeutung von Körpersprache in der Literaturübersetzung wird von Poyatos im Zusammenhang mit der Stimmenbeschreibung von literarischer Figuren auf den Punkt gebracht:

> Thus, when translators translate the words spoken by the characters, as well as the author's words that describe how these voices sound and what those speaking faces look like as they speak, they ought to bear in mind the acoustic similarities and differences between the words in the original text and those in their target language, for the more sensitive readers will utter them to themselves and therefore hear and see those faces.

(Poyatos 1997:23)

Nach Kalverkämpers Modell der Darstellungsweise von Körpersprache in der Literatur (1991) stellt man fest, dass Marías die Technik der textuellen Entfaltung von Körpersprache mit ihrer sprachlichen Kodierung kombiniert. Wie in der AT-Analyse gezeigt, können beide Techniken mit ironischem Zweck eingesetzt werden. Allerdings ist der übersetzerische Anspruch der Kodierungstechnik etwas höher, denn das gesamtkörpersprachliche Verhalten wird auf bestimmte systematische Zeichen reduziert. Diese Zeichen konstituieren ein kulturspezifisches Sprachsystem und stellen aufgrund ihrer Kondensationskraft (der Autor erfüllt keine interpretierende Funktion und der Leser ist ausschließlich auf seiner Erfahrung angewiesen) eine übersetzerische Herausforderung dar, denn der Übersetzer muss zum einen auf seinen Erfahrungsschatz in der Ausgangskultur (der nicht unbedingt mit dem Erfahrungsschatz einem AT-Lesers übereinstimmen muss) zurückgreifen, um die körpersprachlichen Zeichen des Originals zu entziffern, und er muss zum anderen diese Zeichen beruhend auf zielkulturellen Konventionen in die deutsche Körpersprache übersetzen.[122] Was die

---

[122] Dieser Doppelschritt im Übersetzungsprozess von Körpersprache beruht auf dem gleichen Prinzip wie die Übertragung einer kulturspezifischen Kommunikationssituation, die ins Lächerliche rückt (vgl. Mendoza unter Punkt 4.1.3.1c).

4. Die GRACIA als kulturspezifisches Übersetzungsproblem

Ausdrucksintensität von Körpersprache betrifft, wird ausgerechnet romanischen Sprachen eine vorrangige Bedeutung beigemessen:

> Von der Dichte, mit der verschiedene Wörter das körpersprachliche Ausdrucksrepertoire in ihrer Bedeutung bündeln, zeugen insbesondere traditionsreiche Etikettierungen gesellschaftlicher Werte und Konventionen im körperlichen Verhalten. Deren Nuancen werden in ihrer Subtilität früher wie heute wohl nur im romanischen Kulturkreis besonders empfunden und auch entsprechend ausgedrückt. […] Solche Wörter haben kulturspezifischen Stellenwert; sie bündeln Haltungen, Gebärden, ideologische Hintergründe, ja Lebenswelten –romanisches Kulturfeld– in einer Weise in sich, daß sie nicht eigens übersetzbar scheinen. Als Lehn- und Fremdwörter finden sie sich dann im Deutschen –*Contenance, eine Attitüde, die Allüren, Manieren, die Façon, die Etikette, die Pose, Positur, die Miene, gravitätisch, graziös, Grazie* und andere–, um diese Kultur des Körpersprachlichen mitschwingen lassen zu können.

(Kalverkämper 1991:362)

Im Folgenden wird versucht, diese These auf einige Beispiele aus der Übersetzung von Marías' Text anzuwenden:

Ich saß auf meinem Folterstuhl zwischen den beiden Staatenlenkern und Luisa auf ihrem Marterstuhl ein wenig links von mir, das heißt zwischen dem weiblichen Staatenlenker und mir, aber etwas nach hinten versetzt, *wie eine kontrollierende und drohende Präsenz*, die meinen Nacken fixierte und die ich nur (schlecht) aus dem linken Augenwinkel sehen konnte (hingegen sah ich deutlich ihre sehr langen, übereinandergeschlagenen Beine und ihre neuen Prada-Schuhe, die Marke war mir am nächsten).

(Marías 1998[9]:75, Hervorhebung von mir)

Die kursiv markierte Formulierung entspricht dem Original *una figura supervisora y amenazante*. Das Wort *figura* bezeichnet im Spanischen in erster Linie die äußerliche Form einer Person oder eines Gegenstandes und erst an zweiter Stelle bezieht es sich auf die mehr oder minder harmonische Körperform einer Frau (*Seco*). Allerdings geht die Funktion des Wortes *figura* in Kombination mit den Adjektiven *supervisora* und *amenazante* über die reine Raumfüllung hinaus: Es handelt sich nicht nur um jemanden, der räumlich gesehen, anwesend ist, sondern um eine Person, die durch eine bestimmte Körperhaltung einen kontrollierenden und strengen Charakter ausstrahlt. Diese Kombination aus physischem Dasein und Ausstrahlung wird m.E. mit dem deutschen Wort 'Präsenz' im Vergleich zu 'Figur' sehr gut wiedergegeben, denn es vereint den Aspekt der Anwesenheit mit dem Aspekt der Ausstrahlungskraft (*Duden*).

Beim nächsten Beispiel handelt es sich um eine Kombination der beiden Darstellungstechniken von Körpersprache:

Sie betrachtete ihre Fingernägel *mit erstaunter Miene* und die sahneweißen Finger aus einiger Entfernung. Er *befühlte die Taschen* seines Jacketts und seiner Hose *nicht wie jemand, der nicht finden kann, was er tatsächlich sucht, sondern wie jemand, der tut, als finde er es nicht, um Zeit zu gewinnen (zum Beispiel den Fahrschein, den ein Zugschaffner von jemandem verlangt, der keinen hat)*.

(Marías 1998[9]:77, Hervorhebung von mir)

Die kodierte Formel *con expresión perpleja* des Originals muss zunächst entziffert werden, denn das Wort *expresión* bezeichnet eine Ansammlung von Gesichtszügen, deren Kenntnis beim Leser vorausgesetzt wird. In der deutschen Übersetzung findet man die französische Entlehnung 'Miene', die an dieser Stelle äquivalent ist, weil sie sich nicht nur auf eine neutrale Gesichtsbewegung bezieht, sondern auf eine Kombination von Gesichtszügen, die ein bestimmtes Gefühl zum Ausdruck bringen. Im Falle des Adjektivs *perpleja* bin ich der Ansicht, dass die Übersetzung 'erstaunt' leicht neutralisierend wirkt. Das Wort *perplejo* bedeutet im Spanischen soviel wie "confuso o desconcertado" (*Seco*) und ist etwas stärker als nur erstaunt (*sorprendido*). Eine Alternative dazu wäre das Adjektiv 'verblüfft' (= überrascht und voll sprachlosem Erstaunen, *Duden*).

Im zweiten Teil der Textstelle befindet sich ein Beispiel für die textuelle Entfaltung von Körpersprache. Der Autor geht onomasiologisch vor, indem er zuerst den ausdrucksgebenden Körperteil (Taschen befühlende Hände) beschreibt und dann die Funktion/Bedeutung/Interpretation des körpersprachlichen Verhaltens (Mittel zur Zeitüberbrückung) schildert (Kalverkämper 1995:152). Übersetzungstechnisch ist diese Darstellungstechnik in gewissem Sinne leichter zu übertragen als die sprachliche Kodierung, denn der Autor bietet eine fertige Interpretation. Dadurch braucht der Übersetzer nicht den Sinn der körpersprachlichen Aussage zu entziffern. Etwas problematischer wäre der Fall eines kulturspezifischen Körperausdrucks, der keine bzw. eine andere Entsprechung in der Zielkultur hat.

4. Die GRACIA als kulturspezifisches Übersetzungsproblem

Allerdings wird durch die unmittelbare Erläuterung des Zeichens ein bestimmtes Maß an Lokalkolorit vermittelt.

Darüber hinaus kann der Autor durch die Technik der Entfaltung nach Belieben körpersprachliche Akzente setzen, die eine konkrete Interpretation vorschreiben, die Figur in eine bestimmte Ecke drängen und dadurch die ironische Kritik ausüben. Das ist beispielsweise der Fall bei dem Spanier und dem Leitmotiv 'Schlüsselbund', das den weiteren Verlauf der Handlung entscheidend beeinflusst (vgl. Punkt 3.3.4c):

Er schwenkte die unzähligen Schlüssel, wobei er ein großes Getöse veranstaltete, ein nervöser Mensch, er ließ mich nicht gut hören, ein Dolmetscher braucht Sille, um seine Aufgabe zu erfüllen.

(Marías 1998[9]:81)

Durch diese körpersprachliche Beschreibung gilt der spanische Regierungschef sofort als unruhig, rücksichtslos und ungeschickt, ein Eindruck, der ZT-Leser nicht überraschen wird (auf die unterschiedliche Lärmempfindlichkeit in Spanien und Deutschland wurde bereits unter Punkt 3.3.4d) eingegangen).

Wie bereits erwähnt, ist die Kodierung von körpersprachlichem Ausdruck ebenfalls fruchtbar für die Entstehung von Ironie. In den folgenden Beispielen geht es um den Rock der Britin und die Beine Luisas, die zur Charakterisierung und Kontrastierung der beiden weiblichen Figuren dienen:

Und die englische Dame zog sich den schon weit heruntergezogenen Rock ein wenig mehr herunter.
[...]
Ich gewahrte die Bestürzung Luisas in meinem Rücken, mehr noch, ich sah, wie sie sofort die erschrockenen Beine nebeneinanderstellte [...]
»Ich frage mich das oft«, sagte sie [die englische Staatenlenkerin], und zum erstenmal schlug sie ihre Beine übereinander, ohne sich um ihren sittsamen Rock zu bekümmern, wobei sie ein paar weißliche und sehr quadratische Knie sehen ließ.
[...]
Sie [Luisa] schlug abermals rasch die Beine übereinander (ihre goldfarbenen, rundlichen Knie), aber das war das einzige Zeichen, das sie meine Freiheit bemerkt hatte.
[...]

> Sie setzte schamhaft und vorsichtig die Beine nebeneinander und zog abermals energisch ihren Rock in die Länge, wie durch ein Wunder gelang es ihr, ihn noch einmal zwei Fingerbreit hinunterzuziehen.
>
> (Marías 1998[9]:78-83)

Sowohl AT- als auch ZT-Leser erkennen in ihrer Erfahrungswelt das Herunterziehen des Rocks als Zeichen des Unbehagens einer Frau wieder, die leicht nervös, eher prüde und auf ihr Aussehen bedacht ist. Übereinander geschlagene Beine werden als Ausdruck von Selbstsicherheit und mangelnder Gesprächsbereitschaft eingesetzt, wobei die Beinbewegung Luisas in diesem Text sich zu einem non-verbalen Instrument des Dialogs zwischen beiden Dolmetschern entwickelt (vgl. Punkt 3.3.4c). Aus übersetzerischer Sicht fällt folgende Modulation auf: Während es im Spanischen das Verb *descruzar* gibt, muss man im Deutschen auf eine andere Verbform wie 'nebeneinander setzen' oder 'nebeneinander stellen' zurückgreifen.

Ein letztes Beispiel für die Darstellungstechnik der körpersprachlichen Entfaltung ist die Sezierung der Lippen beider Frauen. Juan beschreibt das im Westen konventionalisierte körpersprachliche Zeichen der Schweigepflicht (Zeigefinger senkrecht auf den ge-schlossenen Mund gelegt), das Luisa ihm macht und deutet es fast erotisch. Dieses Zeichen ist sowohl in der Ausgangs- als auch in der Zielkultur bekannt. Es stellt also keine Übersetzungsschwierigkeit dar. Im Kontrast dazu werden etwas später die Lippen der Britin beschrieben:

> Sie [die britische Dame] schaute unseren hohen Würdenträger mit halboffenem Mund und respektvoller Miene an (*zuviel Lippenstift, der sich auf die Zwischenräume ihrer Zähne ausbreitete*) [...]
>
> (Marías 1998[9]:85, Hervorhebung von mir)

Juan stellt fest, dass die Lippen der Britin nicht perfekt geschminkt sind. Es ist nicht so, dass er diesen Umstand deutet, aber durch das Adjektiv *demasiado* und das Verb *invadía* wird im Spanischen klar, dass die Farbe etwas verschmiert ist. Durch die Übersetzung von *invadía* mit 'ausbreiten' geht die Ironie teilweise verloren (Neutralisation), denn im Spanischen wird der Lippenstift fast als Heer personifiziert, das den Zahnbereich "erobert". Im Deutschen sollte man sich überlegen, inwieweit der fast militärische Ver-

4. Die GRACIA als kulturspezifisches Übersetzungsproblem

gleich beizubehalten ist, oder ob das Bild im Gegenteil im Deutschen verunglückt, weil es zu konkret wird. Dazu muss der literarische Übersetzer in der Lage sein, die potenzielle Kreativität seiner sprachlichen Norm auszuschöpfen (Snell-Hornby 1988/1995:51).

Zusammenfassend kann man behaupten, dass die Protagonisten dieser Szene ihr Empfinden zum großen Teil durch Körperverhalten signalisieren. Dadurch wird die komische Wirkung des ironischen Kontrastes, der sich durch weitere Strategien vollzieht, ergänzt und verstärkt. Übertragen auf die Ironiedefinition, wäre die Strategie der ironischen Einsetzung von Körpersprache dem Text zuzuordnen, denn das Gesagte und das Gemeinte drücken sich nicht nur sprachlich, sondern auch körpersprachlich aus:

> Die Ironie besteht **im semantischen Ausspielen des Gesagten gegenüber dem Gemeinten (*Text*)** aus einem affektiven Blickwinkel (von Hutcheon *irony's edge* genannt) seitens des Ironikers (*Sender*) und/oder des Adressaten (*Empfänger*) in einem ihnen gemeinsamen Kontext bzw. *discourse community* (*kulturspezifische Kommunikationssituation*).

Genauso wie der Erfolg der ironischen Wirkung durch den souveränen Umgang des Autors mit der Körpersprache seiner Figuren gewährleistet ist, muss der Übersetzer in der Lage sein, zusätzlich zu den sprachlichen Zeichen die nichtsprachlichen Ausdrücke zu erkennen, sie korrekt zu deuten und möglichst textäquivalent in die ZS zu übertragen. Die Beherrschung körpersprachlicher Zeichen ist somit auch Teil der translatorischen Kulturkompetenz. Dabei soll der Übersetzer sich nicht nur ein körpersprachliches Wissen in Ausgangs- und Zielkultur aneignen, sondern auch eine Kompetenz bezüglich der Körpersprache *zwischen* Kulturen (Selbst- vs. Fremdwahrnehmung, konkrete Einstellung der Ziel- zur Ausgangskultur usw.) entwickeln (Witte 2000:165f).

d) Kulturelle Dimension

Auf der kulturellen Ebene wurden unter Punkt 3.3.4d) folgende Strategien des Komischen festgestellt: Zum einen der Gebrauch von Allusionen und zum anderen die Einbindung von Kulturemen (Realia und Behavioremen). Im Folgenden wird der ZT in Bezug auf diese Strategien analysiert.

Die wichtigste Allusion in diesem Text bezieht sich auf die Figur der britischen Staatenlenkerin. Wie bereits erläutert, handelt es sich hier um eine direkte Anspielung auf Margaret Thatcher, die während ihrer Amtszeit in der internationalen Presse als "die eiserne Lady" (direkte Übersetzung aus dem Englischen *iron lady*) bekannt wurde. Diese Allusion wird in der deutschen Übersetzung übernommen:

> Sie [die beiden hohen Würdenträger] taten so, denn weder sprach unser hoher Würdenträger ein Wort Englisch (nun ja, beim Abschied wagte er ein »Good luck«) noch die britische hohe Würdenträgerin ein Wort Spanisch (obwohl sie »Buen día« zu mir sagte, als sie mir *mit eisernem Griff* die Hand drückte).
>
> (Marías 1998[9]:75f, Hervorhebung von mir)

Für einen ZT-Leser besteht kein Zweifel über die Identität der weiblichen Figur, wie der folgende Dialog aus der Sendung "Das literarische Quartett", in dem das Buch besprochen, ja heilig gesprochen wurde, zeigt:[123]

> Sigrid Löffler: Man sollte vielleicht doch erklären worum es da geht. Die beiden Dolmetscher, also der junge Mann und die junge Frau übersetzen ein Gespräch zwischen dem spanischen Regierungschef und der englischen Regierungschefin. Namen werden nicht genannt, jeder weiß sie.
> M. Reich-Ranicki: Nein, Frau Thatcher und wer ist der Spanier?
> Sigrid Löffler: Wir wollen es nicht sagen.
> M. Reich-Ranicki: Ich weiß es auch nicht!
> Sigrid Löffler: Es wird wahrscheinlich González sein, wer sonst?
> Hajo Steinert: Achtziger Jahre!
>
> (Das literarische Quartett vom 13.06.1996)

An dieser Stelle kann man von einem Glücksfall reden. Er ist der Tatsache zu verdanken, dass Ausgangs- und Zielkultur dem gleichen politischen Raum (Europa) angehören, in dem sowohl die Person Margaret Thatchers als auch ihr Charakter bekannt sind. Allusionen können in der Regel viel größere Übersetzungsschwierigkeiten hervorrufen.[124] Die Tatsache, dass man die

---

[123] Auf die von dieser Sendung ausgelöste Rezeption vom Marías' Werk in Deutschland wird zum späteren Zeitpunkt eingegangen.

[124] Im Rahmen einer empirischen Studie zur Übersetzungsproblematik von Allusionen hat sich Ritva Leppihalme mit den Folgen von Fehlübersetzungen sowie mit unterschiedlichen Lösungsstrategien beschäftigt: "Translating the words of the allusions but ignoring their connotative and pragmatic meaning often leads to culture bumps, in other words, renderings that are puzzling or impenetrable from the target-text reader's point of view" (Leppihalme 1997:197). Leppihalme thematisiert u.a. komische Anspielungen, deren humoristische Wirkung darin besteht, dass sie situationell oder semantisch (durch *frames*)

4. Die GRACIA als kulturspezifisches Übersetzungsproblem

Figur der britischen Würdenträgerin mit einer echten Person assoziiert, spricht nach der Wortfeldanalyse für die satirische Beschaffenheit des Textes, weil diese eine Kritik an gesellschaftlichen und politischen Sitten ausübt (vgl. Punkt 2.2.2.7.3.4).

Innerhalb der Kultureme wurde zwischen Realia und Behavioremen unterschieden (vgl. Punkt 3.3.4d). Was die Realia betrifft, findet man zunächst zwei Reime, die nach Kinderliedern klingen und die Juan selbst als 'unübersetzbar' einstuft:

Während also der eine auf spanisch Dinge murmelte, die für die Kameraleute und Fotografen unhörbar und völlig unzusammenhängend waren, und dabei nicht aufhörte, seinen Gast mit einem großen Lächeln anzuschauen, so als schenkte er ihm Gehör (für mich waren sie jedoch hörbar: ich glaube mich zu erinnern, daß er wiederholt sagte: »*Eins, zwei, drei und vier, nett werden wir's haben hier*«), murmelte die andere Sinnlosigkeiten in ihrer Sprache und übertraf ihn noch in ihrem Lächeln (»Cheese, cheese«, sagte sie, wie man in der angelsächsischen Welt jedem zu sagen rät, der sich fotografieren läßt; und dann lautmalerische und *unübersetzbare* Dinge wie »*Tweedle tweedle, biddle diddle, twit and fiddle, tweedle twang*«).

(Marías 1998[9]:76, Hervorhebung von mir)

Diese Realia sind in der spanischen bzw. britischen Kultur bekannt und tragen zur komischen Infantilisierung der Politiker bei. Der spanische Ausdruck wird sogar später im Text wiederholt. Aus diesem Grund ist es wichtig, dass er so übersetzt wird, dass man sich darauf zurückbeziehen kann:

Aber diese Sekunden vergingen (*eins, zwei, drei und vier*), und sie sagte nichts, vielleicht (dachte ich damals), weil die englische Staatenlenkerin nicht beleidigt wirkte...

(Marías 1998[9]:80, Hervorhebung von mir)

In gewissem Sinne kann man behaupten, dass die Übersetzung des Reims Juans Theorie insofern widerspricht, als sie die Übertragung des Unüber-

---

modifiziert werden: "Not only do modified allusions make demands on the translator, who is unable to identify them unless s/he recognises their preformed nature even in their veiled state of modification, but they also presuppose a high degree of interaction between the author and the reader, so that the reader truly participates in the literary creation instead of passively receiving what the author has seen fit to offer. [...] For this reason, modified allusions present a particular challenge to translators, who, if they are to be loyal also to the TT readership, must ensure that TT readers have something to work with" (Leppihalme 1997:62).

setzbaren realisiert. Der englische Reim erfährt keine Veränderung, während der spanische Ausdruck ins Deutsche übertragen wird. Wichtig in diesem Zusammenhang ist die Unterscheidung zwischen *verso poético* und *verso festivo*:

> Por otra parte, la poesía no tiene por qué manifestarse, necesariamente a través del verso. Y el verso, a su vez, puede utilizarse para otros fines, distintos de la poesía. Puede tener, por ejemplo, una finalidad simplemente lúdica o festiva. Es importante considerar este aspecto del lenguaje versificado, ya que muchos debates suscitados en torno a la traducibilidad o intraducibilidad de la poesía están motivados por una básica confusión entre poesía y verso.
>
> (Torre 1994:180)

In diesem Fall handelt es sich nämlich um eine Versform, die keine poetische, sondern eine unterhaltende Funktion erfüllt. Aus diesem Grund ist es nicht so wichtig, dies oder jenes Bild zu reproduzieren, sondern so zu übersetzen, dass die komische Wirkung des Originals erhalten bleibt. Mit der Übersetzung "eins, zwei, drei und vier, nett werden wir's haben hier" werden zwei Ziele erreicht: Zum einen wird die Reimform und zum anderen die inhaltliche Konsistenz beibehalten. Letzteres ist hier besonders wichtig, weil im späteren Textverlauf indirekt darauf hingewiesen wird. Durch die apostrophierte Form *wir's* bekommt der Vers einen umgangssprachlichen Charakter, der ebenfalls Anklänge auf die mündliche Erzähltradition aufweist.

Was den Ortsnamen *Plaza de Oriente* anbelangt, ist man wieder mit der Über-setzungsproblematik von Realia konfrontiert. Diesbezüglich gibt es leider – zumindest im Spanischen – keinen homogenen Kriterienkatalog (Torre 1994:102). Dafür boten Bödeker/Fresse bereits 1987 eine deskriptive Prototypologie der Übersetzung von Realienbezeichnungen bei literarischen Texten, die ausreichend Licht auf dieses Problemfeld wirft und als Ansatzpunkt für jede Studie dieser Art übernommen werden kann. Darüber hinaus thematisiert Elisabeth Markstein (1999) die Schwierigkeiten bei der Begriffsdefinition von Realia sowie die fließenden Grenzen zu verwandten Begriffen. Besonders wichtig im Zusammenhang des Komischen ist nicht nur die Wertigkeit einer Realie an sich, sondern ihre Konnotationen, die sehr oft

4. Die GRACIA als kulturspezifisches Übersetzungsproblem

für die komische Wirkung verantwortlich sind, wie bei Mendoza bereits gezeigt wurde (vgl. Punkt 3.3.3.2d):

> Und wenn schon die Realien an sich den Übersetzenden Schwierigkeiten bereiten, so um so mehr noch deren Konnotationen. Bei der Realie ist die erste Hürde im Translationsprozeß, nämlich das Identifizieren, leicht zu bewältigen, denn auch wenn man die Realie nicht kennt, erkennt man sie an ihrer Fremdheit sowie an der Eins-zu-Null-Entsprechung in der ZS und beginnt, diverse Quellen abzufragen. Hingegen sind die Konnotationen von scheinbar voll übertragbaren Wörtern meist nirgendwo aufgezeichnet, schon wegen ihrer Abhängigkeit vom Kontext, und es braucht ein großes Wissen um die Lebenswirklichkeit der AS-Ethnien, anders: eine hohe kulturelle Kompetenz, ehe man sich auf die Suche nach der treffendsten translatorischen Leistung begibt.

(Markstein 1999:290)

Markstein filtert weiterhin vier translatorische Lösungen für Realia aus der existierenden Literatur heraus (Zitatwort, Lehnübersetzung, Analogiebildung und kommentierende Übersetzung). Auf die kommentierenden Verfahren wird im übersetzungskritischen Teil unter Punkt 4.2.1.2d) eingegangen.

In diesem Fall aber ist es aufgrund der Dolmetschsituation so, dass die Konnotationen dieser Realie vom Sender explizit gemacht werden, indem er die Funktion des in Madrid bekannten Platzes zur Zeit Francos erklärt. Zusätzlich wird das Kulturem vom Dolmetscher neutralisiert, indem er den Namen des Platzes bewusst auslässt, um heikle Missverständnisse zu vermeiden. Andererseits wäre es durchaus möglich gewesen, dass die britische Staatenlenkerin im Original das Wort *Oriente* aufgrund der phonetischen Ähnlichkeit mit dem Englischen *Orient* wiedererkannt und den Dolmetscher nach der Auslassung gefragt hätte:

Sehen Sie, ich kann nicht tun, was unser Diktator Franco getan hat, die Leute zu einer Jubelkundgebung auf der Plaza de Oriente versammeln –*hier sah ich mich gezwungen zu übersetzen »auf einem großen Platz«, denn ich war der Meinung, daß das Wort »Oriente« die englische Dame verwirren könnte*– »damit sie uns Beifall klatschen, dem Kabinett, meine ich, wir sind nur Teil eines Kabinetts, so ist es doch, nicht...?

(Marías 1998[9]:82, Hervorhebung von mir)

Die deutsche Fassung schmiegt sich sehr an das spanische Original an, aber genauso wie das Wort *Oriente* die englische Dame verwirren könnte, kann es auch dem deutschen Leser, der nicht unbedingt mit der Madrider Toponymie vertraut ist, seltsam vorkommen. Durch die AT-treue Übersetzung ist dem ZT-Leser die Konnotationsproblematik bewusst, aber sie bleibt ungelöst. Eine weitere Übersetzungsmöglichkeit wäre die Einführung einer Explikation oder eines kommentierenden Verfahrens.

Über den Umgang mit Realia hinaus spielen Behavioreme eine wichtige Rolle in der kulturellen Dimension dieses Textes. In diesem Zusammenhang stimme ich Heidrun Witte (2000) zu, wenn sie den relativen Charakter bei der Wahrnehmung von Kulturspezifika betont und gleichzeitig vor der Wahrnehmung, Interpretation und Bewertung von fremdkulturellen auf eigenkulturelle "Projektionen" warnt, die sowohl bei den Aktanten als auch beim Translator zur fremdkulturinadäquaten Produktion und Rezeption von Verhalten führen können und dadurch die interkulturelle Kommunikation gefährden: "[J]egliche Feststellung und Beschreibung kultureller Phänomene [geschieht] zwangsläufig von einem bestimmten kulturellen Standpunkt aus und im Vergleich zu diesem" (Witte 2000:106). Trotz der übermäßigen Betonung der Funktionalität und des kulturrelativistischen Ideals bringt Witte Klarheit in die Problematik der Übersetzung von Kulturspezifika und operationalisiert den Begriff der translatorischen Kulturkompetenz für didaktische Zwecke.

Bei den Kulturspezifika in Marías' Text geht es zunächst um pragmatische Gesprächsführungskonventionen, genauer gesagt um die Aspekte Höflichkeit (Umgang mit Aufforderungssignalen und Eindringen in die Privatsphäre) und Schweigeverhalten. Die kulturspezifischen und dadurch unterschiedlichen Normen der Gesprächsführung werden in dieser Szene vom Dolmetscher bewusst beeinflusst und explizit gemacht.[125] Wie unter Punkt c) bereits

---

[125] In der empirischen Arbeit *Interkulturelle Interferenzen in der deutsch-spanischen Wirtschaftskommunikation* (1994) beschäftigt sich Lucrecia Keim aus soziolinguistischer und linguistischer Perspektive mit der Problematik kulturspezifischer Konventionen in der Kommunikation zwischen Geschäftsleuten vor dem Hintergrund des Unterrichts von Wirtschaftsdeutsch als Fremdsprache. Dabei thematisiert die Autorin Aspekte wie alltäglicher Ablauf der Geschäftsbeziehungen, Umgang mit Kritik und Reklamationen, Gesprächsführung / Verhandlungsführung, Zeitauffassung sowie soziale und psychologische Distanz. Bei der Verhandlungsführung stellt sich heraus, dass Interferenzen sich insbesondere bei der Rederechtorganisation, der Themenentfaltung und den Argumentationsstrukturen sowie bei der Trennung von Sache und Person im Gespräch

4. Die GRACIA als kulturspezifisches Übersetzungsproblem

gesehen, muss der Erzähler im Zusammenhang der Anrede bestimmte Auslassungen vornehmen bzw. Zusätze einfügen, um die englischsprachigen Konventionen einzuhalten. Zusätzlich zur Anrede stößt man an dieser Stelle auf die Problematik, eine Aufforderung auszudrücken, ohne den anderen zu beleidigen. Die britische Kultur ist sehr sorgfältig im Umgang mit jeglicher Form der Kommunikation, die zu einer negativen Antwort führen könnte: "As we have already noted, the British culture tends to an indirect orientation particularly for any interactional communication which might lead to a negative reaction; and, not by chance, the English language has an elaborate system for verbalizing politeness" (Katan 1999:234). Dazu folgendes Beispiel:

–Entschuldigen Sie, *würde* es Ihnen etwas *ausmachen*, diese Schlüssel einzustecken? Ich leide sehr unter Lärm in der letzten Zeit, ich danke Ihnen.

(Marías 1998[9]:84, Hervorhebung von mir)

Hierbei handelt es sich nach Raible (1987:159) um einen typischen Transpositionsfall, in dem die modale Dämpfung der Aufforderung im Französischen (und auch im Spanischen) durch das *condicional* ("Perdone, ¿le *importaría* guardar esas llaves?", Marías 1992:74) ausgedrückt wird, während das Deutsche zur Konstruktion 'Konjunktiv + Modalverb' neigt. Wie bereits gezeigt, bewirkt die Gegenüberstellung dieses bedachten Sprachverhaltens mit der eher plumpen Figur des spanischen Politikers einen ironischen Kontrast mit komischem Effekt.

Zusätzlich zu den Aufforderungskonventionen innerhalb der englischen, spanischen und deutschen Kultur spielt die Palette der in solchen Treffen zum guten Ton gehörenden Gesprächsthemen eine entscheidende Rolle bei der Entfaltung der komischen Wirkung. Genauer gesagt, geht es hier um die kulturspezifischen Dimensionen der Privatsphäre eines Politikers, die den Verlauf der gesamten Szene beeinflussen (vgl. Punkt 3.3.4d). Mit der Frage nach dem Liebesleben der Britin verletzt Juan die Grundregel aller Höflichkeit, nämlich "daß die Sphäre des anderen möglichst wenig verletzt werden soll" (Raible 1987:157):

---

ergeben (Keim 1994:110f). Diese Aspekte sind besonders relevant für die Dolmetschertätigkeit.

Ich beschloß dagegen, ihn [den spanischen Würdenträger] auf ein persönlicheres Terrain zu führen, das mir weniger gefährlich und auch interessanter erschien, und ließ ihn in klarstem Englisch sagen:
»*Wenn ich Sie fragen darf und Ihnen nicht zu nahe trete, haben Sie, in ihrem Liebesleben, jemanden gezwungen, Sie zu lieben?*«
Ich begriff auf der Stelle, daß die Frage zu gewagt war, vor allem einer Engländerin gegenüber, und ich war überzeugt, daß Luisa dieses Mal kein Auge zudrücken würde...

(Marías 1998[9]:84, Hervorhebung von mir)

Die Frage nach dem Liebesleben eines Politikers stellt selbst für spanische Verhältnisse eine eklatante Normverletzung dar. Auch wenn Juan versucht, sein Einmischen durch die metasprachliche Thematisierung der Frage an sich ("Wenn ich Sie fragen darf und Ihnen nicht zu nahe trete") abzuschwächen, ist dies bloß ein rhetorischer Kniff. Die unerwartete Wendung tritt auf, als die Britin sich auf das Gesprächsthema einlässt. Dadurch sind sowohl der AT- als auch der ZT-Leser überrascht. Die kurze Spannung, die sich nach dem Aussprechen der Frage aufbaut, löst sich in Lachen auf und verwandelt sich in eine Art voyeuristische Neugier des Lesers, der ebenso wie Juan mehr erfahren möchte. Aufgrund der Tatsache, dass Juans Frage sowohl für spanische als auch für deutsche Umgangsformen höchst indiskret ist, erweist sich die Übertragung der komischen Wirkung in den ZT als nicht besonders schwierig.

Was das Schweigeverhalten betrifft, wurde sein Stellenwert bei der Entfaltung der kulturspezifischen Komik in der folgenden Szene bereits thematisiert (vgl. Punkt 3.3.4d):

Um die Wahrheit zu sagen, es dauerte noch eine Weile, bis unser Eingreifen erforderlich war, denn nachdem die Journalisten aufgefordert waren, sich zurückzuziehen, [...], *trat plötzlich ein äußerst unerwartetes und äußerst unbehagliches Schweigen ein.* [...] Ich hatte das Gefühl, als säße ich im Wartezimmer des Zahnarztes, und einen Augenblick lang *fürchtete ich*, unser Repräsentant würde ein paar Wochenzeitschriften hervorholen und an uns verteilen. [...] *Schließlich* zog der spanische hohe Würdenträger aus einer bereits zehnmal befühlten Tasche ein (leicht kitschiges) metallenes Zigarettenetui und fragte seine Kollegin:
«*Sagen Sie, stört es Sie, wenn ich rauche?*»

(Marías 1998[9]:76f, Hervorhebung von mir)

4. Die GRACIA als kulturspezifisches Übersetzungsproblem

Das Schweigen an sich kann aufgrund der Konventionen im spanischen Bereich unangenehmer sein als im deutschsprachigen Raum. Der Umgang mit Kommunikation und Gesprächsbedarf in beiden Kulturen ist schlicht anders und hat sogar Auswirkungen auf die Metasprache:

> Die Gesprächsrunde zu mehreren oder vielen, der Stammtisch (*tertulia*), zählt nicht von ungefähr zu den unverbrüchlichen Traditionen des Landes. Kommen Spanier an einer brechend vollen Bar vorbei, sagen sie: «Toll!» und drängen ebenfalls hinein. Passieren Deutsche dieselbe Bar, murmeln sie: «Schrecklich!» und gehen weiter, weil sie befürchten, sich drinnen nur schreiend unterhalten zu können und obendrein schlecht bedient zu werden. Diese Vorlieben markieren einen Gemütsunterschied. Von manchen meiner Landsleute weiß ich, daß ihnen vielköpfige Runden ein Greuel sind, weil in ihnen das *tiefe Gespräch* – eine kulturelle Errungenschaft der Deutschen, deren Geheimnisse sich anderen Völkern nur mit Mühe vermitteln lassen – nicht möglich ist. Andererseits fällt es schwer zu glauben, irgendeine andere Sprache könnte eine Wortschöpfung wie *ausdiskutieren* hervorbringen, in der das lähmende Grau endloser, wichtigtuerischer Gespräche anklingt.
>
> (Ingendaay 2002:47)

Man kann also feststellen, dass die Toleranzgrenze bezüglich des Schweigens in der deutschen im Vergleich zur spanischen Kultur anders gelegt ist. Dieses Schweigen ist Juan unangenehm und er drückt es durch eine vergleichende Befürchtung aus: "einen Augenblick lang fürchtete ich, unser Repräsentant würde ein paar Wochenzeitschriften hervorholen und an uns verteilen". Abgesehen von der persönlichen Einschätzung des Schweigens wirkt die komische Gleichsetzung des hochrangigen Treffens mit der gewöhnlichen Wartesituation in einer Zahnarztpraxis komisch. Sie entmythisiert die Figuren der Politiker, die automatisch zu normalen Menschen heruntergestuft werden. Die kulturspezifische Konnotation des Schweigens auf Spanisch hebt den komischen Kontrast hervor. Obwohl diese Konnotation im Deutschen nicht so stark ausgeprägt ist, bleibt die komische Wirkung erhalten.

Ein letztes Behaviorem bezieht sich auf die Verhaltensweise beim Posieren für ein Foto:

> Während also der eine auf spanisch Dinge murmelte, die für Kameraleute und Fotografen unhörbar und völlig unzusammenhängend waren, und dabei nicht aufhörte, seinen Gast mit einem Lächeln anzuschauen, so als schenkte er ihm Gehör (für mich waren sie jedoch hörbar: ich glaube mich zu erinnern, daß er wiederholt sagte: «Eins, zwei, drei und vier, nett werden wir's haben

hier»), murmelte die andere Sinnlosigkeiten in ihrer Sprache und übertraf ihn noch in ihrem Lächeln («*Cheese, cheese*», *sagte sie, wie man in der angelsächsischen Welt jedem zu sagen rät, der sich fotografieren läßt;* und dann lautmalerische und unübersetzbare Dinge wie «Tweedle tweedle, biddle biddle, twit and fiddle, tweedle twang»).

(Marías 1998[9]:76, Hervorhebung von mir)

Wie bereits in der AT-Analyse gesehen, gilt im angelsächsischen Kulturraum die Konvention, dass man vor einem Fotografen das Wort *cheese* aussprechen soll, um durch die Mundbewegung ein Lächeln zu erzeugen (vgl. Punkt 3.3.4.d). Dieses kulturspezifische Behaviorem stellt keine große Übersetzungsschwierigkeit dar, denn zum einen ist es in Zeiten der Globalisierung besonders durch die Medien weltweit verbreitet, und zum anderen wird der Hintergrund dieses Verhaltens von Juan erklärt, so dass es zwar fremd, aber nicht unverständlich ist. Die Vorstellung, dass Mrs. Thatcher als eiserne Lady vor den Fotografen ständig *cheese* und Kinderreime sagt, erzielt sowohl im Spanischen als auch im Deutschen eine komische Wirkung.

Zum Schluss möchte ich auf eine kulturspezifische Situation eingehen, die Juan in seinen Vergleichen einbaut und die bei den ZT-Lesern einen leichten Kulturschock verursachen könnte:

[...] [U]nd in diesem Moment begriff ich, daß die vorgesehenen dreißig oder fünfundvierzig Minuten wie im Vorzimmer des Steuerberaters oder des Notars vergehen und sie sich darauf beschränken konnten, zu warten, daß die Zeit verginge und der Amtsdiener oder Famulus ihnen wieder die Tür aufmachte, *wie der Pedell der Universität, der apathisch verkündet*: «Es ist Zeit», oder die Krankenschwester, die unangenehmerweise ruft: «Der Nächste».

(Marías 1998[9]:79, Hervorhebung von mir)

In dieser Textstelle bezieht sich Juan auf den Moment, in dem die Krankenschwester nach dem nächsten Patienten ruft bzw. in dem der Pedell einer Hochschule ankündigt, dass die Vorlesung zu Ende ist. Die erste Situation in der Arztpraxis ist nicht besonders kulturspezifisch und dadurch leicht übersetzbar, zumindest was das Sprachenpaar Spanisch-Deutsch betrifft. Der Fall des universitären Pedells ist anderer Natur. Wie unter Punkt 3.3.4d) erklärt, war die Figur des Pedells in spanischen Hochschulen bis in die 70er Jahre

4. Die GRACIA als kulturspezifisches Übersetzungsproblem

präsent. Der Pedell war u.a. dafür zuständig, das Ende der jeweiligen Vorlesung anzukündigen. Auf diese Kommunikationssituation – wahrscheinlich eine Erinnerung aus der Zeit zwischen 1968 und 1973, in der der Autor ein Anglistikstudium an der Universidad Complutense absolvierte – spielt Marías' Vergleich an. In der deutschen Hochschulgeschichte gab es ebenfalls Pedelle, die Ende des 19. Jh. in Tübingen beispielsweise "[] neben den Professoren und zwei bis drei Verwaltungsbeamten die wichtigsten Figuren der Universität [waren]" (Wollgast 2001:138). Das war die Zeit, in der die Universitäten auch strafrechtlich ziemlich autonome Körperschaften waren. Vor diesem Hintergrund war der Pedell auch für den Strafvollzug an Hochschulen zuständig, indem er polizeiliche und administrative Funktionen (Immatrikulationsinstanz, Lehrbuchverkauf, Prüfungsstelle, Urkundenausstellung) erfüllte. Der Generalpedell entsprach dem Verwaltungsdirektor oder Kanzler einer heutigen Universität. In der on-line Ausgabe des Tübinger Universitätsarchivs ist Folgendes zur Figur des Pedells zu lesen:

> Die Pedellen hatten in Tübingen nicht die herausgehobene Position wie an anderen Universitäten. Sie wurden vom Senat für die Dauer eines Rektorats gewählt und zwar seit dem 18. Jahrhundert vor allem aus den Reihen der Buchbinder. Sie fungierten als Boten und Diener der Universitätsorgane, vollstreckten Geld- und Karzerstrafen und traten in Kriminalprozessen als Ankläger auf. In ihrer Funktion als Hausmeister der Universitätsgebäude waren sie Gehilfen des Syndikus. Den Pedellen oblagen seit 1808 der Einzug der Kolleg- (bis 1912), Promotions- (bis 1934) und Prüfungsgebühren (bis 1952), außerdem, teilweise bis 1973, alle "äußeren Verrichtungen" im Zusammenhang mit der Promotion. Doch beschränkte sich ihre Tätigkeit mehr und mehr auf die Hausmeister- und Botenfunktionen.

Mit der Eingliederung der Universitäten in die bürgerliche Gesellschaft und das System des Rechtsstaates im ausgehenden 19. Jh. entwickelten sich die Hochschulen zu großen Organisationen, in denen die Figur des Pedells an Bedeutung verlor. Aus diesem hochschulgeschichtlichen Exkurs ergibt sich, dass der deutsche und der spanische Pedell eine unterschiedliche Rolle gespielt haben. Heutzutage üben beide lediglich verwaltungstechnische bzw. repräsentative Funktionen im universitären Zeremoniell aus, die Figur des Pedells ist aber im akademischen Kulturgut Spaniens stärker verankert. Hinzu kommt die Tatsache, dass das Wort 'bedel' immer noch zur Gegenwartssprache gehört, während 'Pedell' im Deutschen eindeutig (als alt) markiert ist und durch 'Pförtner' bzw. 'Hausmeister' vollkommen ersetzt wurde. Übersetzungstechnisch betrachtet, mag dies zur Folge haben, dass der Pedell als *tertium comparationis* im ZT etwas "exotisch" wirkt. Unter Umständen könnte es sich hierbei um einen *culture bump* handeln, die Bezeichnung für "a situation where the reader of a TT has a problem understanding a source-cultural allusion. Such an allusion may well fail to function in the TT, as it is not part of the TL reader's culture. Instead of conveying a coherent meaning to TT readers, the allusion may remain unclear and puzzling" (Leppihalme 1997:4). Allerdings bin ich der Meinung, dass die Funktion des Pedells aus dem Kontext der Erzählung im ZT ersichtlich wird. In diesem Fall ist die kulturspezifische Prägung des Vergleichs a) nicht so stark und b) nicht so relevant für den weiteren Verlauf des Textes, als dass die Anwendung eines kommentierenden Übersetzungverfahrens angebracht wäre. Dennoch sind eben diese kleinen Konnotationen für die vollständige Entfaltung des Komischen wichtig. Mit 'Pedell' statt 'Hausmeister' oder 'Pförtner' mag zwar einerseits eine kleine Konnotation verloren gehen und dadurch leicht neutralisiert werden, andererseits entscheidet sich die Übersetzerin für ein veraltendes Wort (*Duden*) und setzt somit den gestelzten Stil des Textes konsequent fort.

Die beschriebenen Übersetzungsverfahren wurden angewandt, um Allusionen und Kultureme im Zusammenspiel mit den syntaktischen, semantischen und pragmatischen Strategien des Komischen ins Deutsche zu übertragen. Im Folgenden geht es darum, diese Übersetzungsverfahren mit den Strategien des Komischen systematisch in Beziehung zu setzen, um die Übersetzungskritik zu ermöglichen.

Hierarchisierung charakteristischer Übersetzungsverfahren des Komischen

An dieser Stelle wird versucht, die in der Selektion registrierten Übersetzungsverfahren nach Strategien des Komischen zu gewichten. Die fünf von Marías eingesetzten Strategien des Komischen werden zusammenfassend nach folgenden Verfahren übersetzt (die Reihenfolge der Auflistung entspricht der Schematisierung des Kommunikationsprozesses (vgl. Punkt 2.2.2.7), in

4. Die GRACIA als kulturspezifisches Übersetzungsproblem

Klammern wird die Anwendungsfrequenz des jeweiligen Übersetzungsverfahren angegeben):

STRATEGIE DES KOMISCHEN (→ *Entsprechung nach dem Kommunikationsmodell*)	ÜBERSETZUNGSVERFAHREN
Lächerliche Darstellung einer Kommunikationssituation – Vorstellung von Unvorstellbarem → *risa*	*Äquivalenz, Neutralisation*
Ironische Haltung des Ich-Erzählers → *ironía*	*Äquivalenz (7x), Transposition, Neutralisation (3x), Negation, Adaption, Korrektur*
Gebrauch von Körpersprache → *ironía*	*Modulation (2x), Entlehnung, Neutralisation (2x), Äquivalenz (2x)*
Gebrauch von Allusionen → *sátira (política)*	*Äquivalenz*
Einbindung von Kulturemen → *gracia*	*Äquivalenz (3x), Reproduktion (2x), Adaption, Transposition, leichte Neutralisierung*

Tab. 13 Hierarchisierung charakteristischer Übersetzungsverfahren des Komischen bei Marías

Unter Punkt 3.3.3.1 wurden die Übersetzungsverfahren bezüglich der kommunikativen Text-äquivalenz operationalisiert, indem sie in sechs Oberbegriffen zusammengefasst und grafisch wie folgt dargestellt wurden:

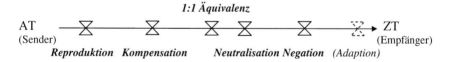

Abb. 24 Klassifikation von Übersetzungsverfahren in Bezug auf die Textäquivalenz

Ich möchte nochmals betonen, dass diese Verfahren sich deduktiv aus der deskriptiven AT- und ZT-Analyse ergeben und nicht normativ zu verstehen sind. Dennoch lassen sich daraus Tendenzen ablesen, wie man bei der Übersetzung einer konkreten Strategie des Komischen vorgehen sollte.

Wenn man die Übersetzungsverfahren zur Übertragung der komischen Strategien bei Marías nach Oberbegriffen gewichtet, ergibt sich folgende Klassifikation:

STRATEGIE DES KOMISCHEN	ÜBERSETZUNGSVERFAHREN
(→ *Entsprechung nach dem Kommunikationsmodell*)	
Lächerliche Darstellung einer Kommunikationssituation – Vorstellung von Unvorstellbarem → *risa*	Äquivalenz, Neutralisation
Ironische Haltung des Ich-Erzählers → *ironía*	*Äquivalenz (8x), Neutralisation (3x), Negation, Adaption, Korrektur*
Gebrauch von Körpersprache → *ironía*	*Neutralisation (2x), Äquivalenz (5x)*
Gebrauch von Allusionen → *sátira (política)*	Äquivalenz
Einbindung von Kulturemen → *gracia*	*Äquivalenz (4x), Reproduktion (2x), Adaption, leichte Neutralisierung*

Tab. 14 Hierarchisierung charakteristischer Übersetzungsverfahren des Komischen bei Marías nach Oberbegriffen

Die schattierten Felder markieren die Strategie des Komischen, die, beruhend auf der AT-Analyse, eine primäre Rolle spielt. In diesem Fall handelt es sich um *ironía* (vgl. Punkt 2.2.2.7.7). Das Verfahren, das zur Übertragung der Ironie am häufigsten verwendet wird, ist die *Äquivalenz*. Dies deutet darauf hin, dass die kulturspezifische Markierung von *ironía* **in diesem Fall** relativ gering ist, so dass sie auch in der ZS funktioniert. In Anlehnung an das translationsrelevante Kommunikationsmodell (vgl. Punkt 2.2.2.6) und die erarbeitete Definition von Ironie (vgl. Punkt 3.3.4) mag dies darauf zurückzuführen sein, dass im Text von Marías das Geschehen in einem internationalen bzw. europäischen Kontext *(discourse community)* platziert ist, den AT-Autor, AT-Leser, Übersetzer und ZT-Leser teilen. Die Tatsache, dass es keinen kulturspezifischen (spanischen) Kontext gibt, gewährleistet die erfolgreiche Übertragung der komischen Wirkung, die, im Gegensatz zu anderen Fällen, nicht vorwiegend auf der Sprache beruht. Zum Erfolg der unterschiedlichen Übersetzungsverfahren in Bezug auf die einzelnen Strategien des Komischen vgl. die Übersetzungskritik unter Punkt 4.2.2.

4.2 Literaturübersetzungskritik

In diesem Teil der Arbeit geht es weder darum, mit dem Finger auf den Übersetzer zu zeigen, noch darum, ihm grundlos zu schmeicheln. Ich gehe von der Prämisse aus, dass jede Übersetzung eine persönliche Interpretation und somit subjektiver Natur ist (vgl. Stolzes *Hermeneutisches Übersetzen*, 1992).

4. Die GRACIA als kulturspezifisches Übersetzungsproblem

Ziel einer wissenschaftlich fundierten Übersetzungskritik ist "die Feststellung, Beschreibung und Bewertung der angebotenen Übersetzungslösungen in einem Zieltext (ZT) und dies nicht rein subjektiv, sondern argumentativ und intersubjektiv nachvollziehbar" (Reiß 1989:72). Zu diesem Zweck sind objektive und systematische Kriterien und die entsprechende Methodik vonnöten. Dabei muss man sich immer über die subjektiven und objektiven Grenzen der Übersetzungskritik im Klaren sein. Letztere beziehen sich auf die Einschätzung von objektiven Textabweichungen zwischen AT und ZT unter funktionalem Gesichtspunkt (Knauer 1998:126-127). Dies hat zur Folge, dass AT-Elemente (in diesem Fall Strategien des Komischen) im Übersetzungsprozess nicht einfach ersetzt werden können, ohne dass man sich vorher Gedanken über ihre Relevanz über die textuelle Dimension hinaus gemacht hat. In den Worten von Katharina Reiß:

> Es dürfte einleuchtend sein, daß beim kommunikativen Übersetzen angesichts der divergierenden Strukturen zweier Sprachen, der divergierenden Situationskontexte, der divergierenden soziokulturellen Gegebenheiten in zwei Sprachgemeinschaften die Sprachzeichen des Ausgangstextes nur in Ausnahmefällen einfach substituiert werden können. In der Regel ist eine Neuordnung der Relationen zwischen Inhalts- und Formelementen unter funktionalen Gesichtspunkten notwendig, damit der Zieltext in der Zielgemeinschaft eine gleichwertige kommunikative Funktion erfüllen kann. Wenn Textäquivalenz erzielt werden soll, so wäre idealiter funktionale Äquivalenz zwischen allen einzelnen Textelementen in Ausgangs- und Zieltext anzustreben; eine Forderung, die nicht einmal in der Translationstheorie für diesen Übersetzungstyp allen Ernstes erhoben wird. Daher ergibt sich die Notwendigkeit, die Äquivalenzkriterien mit Rücksicht auf Textsorte und Texttyp zu hierarchisieren.
>
> (Reiß 1995:116f)

Innerhalb der Translationswissenschaft gibt es mehrere übersetzungskritische Ansätze mit unterschiedlicher Ausrichtung (texttypologisch – vgl. Reiß (1971), linguistisch – Vannerem/Snell-Hornby (1986), pragmalinguistisch – vgl. House (1997), funktional – vgl. Ammann (1990), polysystemisch – vgl. Van den Broeck (1985), strukturell – vgl. Gerzymisch-Arbogast (1994) und Pöckl (1993), therapeutisch vs. diagnostisch – vgl. Hönig (1995) und Kitty Van Leuvens *shift*-Modell (1989; 1990). Äußerst interessant erscheint mir Ammanns Konzeption der Übersetzungskritik als Schaltstelle zwischen Theorie und Praxis, denn "[i]n jeder Kritik drückt sich (ob explizit oder implizit) ein theoretisches Verständnis vom Übersetzen aus" (Ammann 1993:433). In dem Beitrag

Kriterien für eine allgemeine Kritik der Praxis des translatorischen Handelns unterscheidet die Autorin zwischen Prozess- und Produktkritik. Im Falle der Produktkritik plädiert sie für eine eindeutig ZT-orientierte Methode der Translatkritik, bei der die Funktion des Translats eine primäre Rolle spielt. Bei einem literarischen Text sind zunächst die Erwartungen an die Kategorie 'literarischer Text' in der Zielkultur zu klären. Ammann behauptet, dass "in den meisten Fällen übersetzte Literatur im deutschsprachigen Bereich jedoch nur periphär zum deutschen Literatursystem [gehört]" (Ammann 1993:440) und in erster Linie als Zeugnis einer fremden Kultur wahrgenommen wird. In diesem Sinne prägt sie beispielsweise im Falle der so genannten "Dritte-Welt-Literatur" den Begriff der "Übersetzung als Entwicklungshilfe" (Ammann 1993:444). Die Auseinandersetzung mit dem Stellenwert eines übersetzten literarischen Textes in der Zielkultur als Teil der Übersetzungskritik halte ich für sinnvoll, aber nicht so maßgeblich, wie Ammann behauptet. Es mag zwar sein, dass bestimmte Texte lediglich als Aufklärungsinstrumente über eine exotische Kultur fungieren, dies scheint mir aber bei zeitgenössischen spanischen Texten nicht mehr der Fall zu sein, zumal beide Kulturräume (Spanien und Deutschland) in derselben Tradition der europäischen Moderne stehen, was aber nicht heißt, dass die Auseinandersetzung mit der jeweiligen Kulturspezifik überflüssig geworden wäre.

Eine gründliche Auseinandersetzung mit allen Ansätzen würde den Rahmen dieser Arbeit sprengen.[126] An dieser Stelle möchte ich mich ausdrücklich Mary Snell-Hornbys integriertem Ansatz und des von ihr auf die Übersetzungskritik übertragenen Konzepts des *lateral thinking* anschließen (vgl. Snell-Hornby 1997:73f). Nach diesem Prinzip kann man sich je nach Texttyp und Ziel der Übersetzungskritik für ein bestimmtes oder die Kombination mehrerer Evaluationskriterien entscheiden. Dadurch erhoffe ich mir, der Komplexität des komischen Phänomens an sich sowie seiner Problematisierung als Übersetzungsschwierigkeit gerecht zu werden.

---

[126] Einen hervorragenden und kritischen Vergleich unterschiedlicher übersetzungskritischer Ansätze findet man in Snell-Hornby, Mary (1997): "The Integrated Linguist: On Combining Models of Translation Critique".

4. Die GRACIA als kulturspezifisches Übersetzungsproblem

Da in der vorliegenden Arbeit Auszüge zeitgenössischer Romane aus dem europäisch-spanischen Sprachraum unter dem Aspekt der Übersetzung des Komischen analysiert werden und es hierbei um die Übertragung einer bestimmten Kulturspezifik geht, muss man notwendigerweise beim AT anfangen, um sie zu definieren. Die Übersetzungskritik möchte sich hauptsächlich auf den komischen Aspekt unter funktionalem Gesichtspunkt konzentrieren und versuchen, folgende Fragen zu beantworten: Hat der Übersetzer die spezifische *gracia* des Originals erkannt? Ist diese erfolgreich übersetzt? Was geht dabei verloren? Wirkt die Übersetzung genauso komisch? Welche Alternativen gibt es? Ist eine bestimmte Form der *gracia* unübersetzbar?

Zu diesem Zweck wird die im zweiten Kapitel dargestellte Anwendung der Begriffe des Komischen bzw. der *gracia* auf das translationsrelevante Kommunikationsmodell als Instrumentarium eingesetzt, das die Einordnung einer bestimmten Textstelle in ein System erlaubt und somit den Vergleich zwischen Original und Übersetzung ermöglicht. Textexterne Faktoren wie Zeitmangel, schlechte Bezahlung des Übersetzers, Verlagsentscheidungen usw. spielen zwar erfahrungsgemäß eine durchaus wichtige Rolle im Übersetzungsprozess, sind aber für Außenstehende schwer zu ermitteln und zu quantifizieren. Ziel der Ausführungen ist es, einen doppelten Beitrag zu leisten: Zum einen zur Übersetzung des Komischen, indem gewisse Tendenzen festgestellt und konstruktive Vorschläge präsentiert werden, und zum anderen zur interkulturellen Verständigung. Angesichts der schlechten Arbeitsbedingungen eines jeden Literaturübersetzers gilt die Maxime: *in dubio pro reo*.

4.2.1 Eduardo Mendoza: *El misterio de la cripta embrujada* (1979)
4.2.1.1 Eine etwas andere Taufe

Erneut möchte ich vorausschicken, dass es in der vorliegenden Arbeit weder darum geht, die *gracia* in puristischer Manier als unübersetzbare Größe zu deklarieren, noch besserwisserische Übersetzungsvorschläge für konkrete Stellen anzubieten.[127] Wichtiger erscheinen mir vielmehr die Analyse der

---
[127] Jede translatorische Leistung – und besonders diejenige literarischer Natur – verdient in meinen Augen den größten Respekt. Gerade überdurchschnittliche Übersetzungen sind

Strategien des Komischen im Original sowie die Auseinandersetzung mit den Schwierigkeiten bei der Übertragung solcher Strategien ins Deutsche und mit der Wirkung des Translats.

Im Falle der ersten Textstelle aus Mendozas Werk gibt es fünf Strategien des Komischen (vgl. Punkt 3.3.3.1). Darunter fungieren drei als Mittel einer *parodia* (a.1-a.3). Zusätzlich bedient sich der Autor zum einen der Strategie der lächerlichen Darstellung einer kulturspezifischen Kommunikationssituation (*risa*) (b) und zum anderen des komischen Gebrauchs von Kulturemen (*gracia*) (c). In der Übersetzungsanalyse unter Punkt 4.1.3.1 sind die Übersetzungsverfahren für diese Strategien des Komischen verzeichnet. Im Folgenden geht es darum, Strategien des Komischen und Übersetzungsverfahren in Beziehung zueinander zu setzen und diese kritisch zu beleuchten. Abschließend wird der Frage nach der Gesamtwirkung des Textes bezüglich des Komischen nachgegangen.

a) Die komischen Strategien zur Erzeugung einer *parodia* sind an dieser Stelle drei:

a.1) Kontrast zwischen einem gehobenen und einem umgangssprachlichen Register (sowohl auf syntaktischer als auch auf semantischer Ebene)

a.2) Namengebung (Spitz- und Eigennamen)

a.3) Intertextuelle Bezüge

Aus der Einordnung des *gracia*-Wortfeldes in das translationsrelevante Kommunikationsmodell (vgl. Punkt 2.2.2.6) ergibt sich, dass *parodia* und somit ihre Strategien an das Sprachsystem gebunden sind. Für eine kommunikative Übersetzung mit dem Ziel der textäquivalenten Wirkung hat dies zur Folge, dass der Übersetzer sich mit der Frage nach einem adäquaten ZT-Code beschäftigen sollte, um die parodistische Äquivalenz auf Textebene zu gewährleisten.

a.1) Kontrast zwischen einem gehobenen und einem umgangssprachlichen Register (sowohl auf syntaktischer als auch auf semantischer Ebene)

---

grundsätzlich verbesserungswürdig und somit wertvolle Objekte einer konstruktiven Übersetzungskritik. Im Gegensatz dazu müssen schlechte Übersetzungen von Grund auf neu verfasst werden.

4. Die GRACIA als kulturspezifisches Übersetzungsproblem

Zusammenfassend kann man sagen, dass die deutsche Syntax nicht so flexibel ist bzw. dass sie trotz gewisser Flexibilität in diesem Fall keine parodistische Wirkung erzielt. Der Übersetzer hat mit unterschiedlichem Erfolg versucht, die auf syntaktischer Ebene fehlende Äquivalenz z.T. semantisch zu kompensieren (*Kompensation*). Was die metanarrativen Elemente der *neopicaresca* betrifft, sind sie m.e. korrekt übertragen worden (*Äquivalenz*). Dadurch wird die erwünschte äquivalente Wirkung auf der Metaebene des Textes teilweise erreicht. Zum Thema Registerspiel ist außerdem festzuhalten, dass der Übersetzer die manieristische Ausdrucksform des Spanischen oft neutralisiert hat (*Neutralisation*). Diese Tatsache samt gelegentlicher Verfehlung der umgangssprachlichen Stilebene trägt dazu bei, dass die codebasierte *parodia* sich im Deutschen nicht äquivalent entfalten kann. Die hier angewandten Übersetzungsverfahren sind vorwiegend AT-bezogen (vgl. Punkt 4.1.3.1), so dass die *parodia* zwar erhalten bleibt, aber ihre Wirkung in der Zielkultur abgeschwächt ist.

a.2) Namengebung (Spitz- und Eigennamen)
Der Gebrauch von Spitznamen ist ein kulturspezifisches Phänomen (vgl. Punkt 3.3.3.1b) und stellt somit ein Übersetzungsproblem dar, das nicht leicht zu lösen ist, zumal Spitznamen in diesem Fall von Mendoza mit parodistischer Absicht verwendet werden. Der Übersetzer steht vor folgendem Dilemma: Wenn er sich für eine Übersetzung entscheidet, kann es vorkommen, dass diese besonders künstlich, sogar "übersetzt" klingt, weil Spitznamen in der deutschen Kultur nicht so üblich sind. Wenn man aber die Spitznamen nicht übersetzt, dann geht die parodistische Wirkung fast immer verloren. In der vorliegenden Übersetzung sind Spitznamen ausnahmslos übernommen worden (*Reproduktion*), ohne die Adäquatheit der Übersetzung zu berücksichtigen. Daraus folgt, dass die parodistische Wirkung in der Übersetzung unvermeidbar abgeschwächt wird.

Was Eigennamen als literarisches Übersetzungsproblem betrifft, steht man vor dem Fall eines Kulturems, dessen Übertragung besonders vom Normbegriff (vgl. hierzu Schäffner 1999) abhängig ist:

> From the point of view of current translating, most proper nouns seem to present the basic trait of adapting themselves in a very regular way to pre-established translation

norms – which does not mean each one of them is always subjected to the same translation strategy, whatever the context and/or average reader. [...] Loaded proper names are 'those literary names that are somehow seen as "motivated"; they range from faintly "suggestive" to overtly "expressive" names and nicknames, and include those fictional as well as non-fictional names around which certain historical or cultural associations have accrued in the context of a particular culture'. [...] Loaded names have a much greater margin of indeterminancy but they do seem to display a tendency toward the linguistic (denotative or non-cultural) translation of their components, a trend which increases with their expressivity.

(Franco Aixelá 1996:59f)

Wie in der Übersetzungsanalyse der Mendoza-Stelle bereits festgestellt, bestätigt sich die Tendenz zur denotativen Übertragung, d.h. zur Übernahme sowohl des Eigennamens (Loquelvientosellevó) als auch der Spitznamen («chorizo», «rata», «mierda», «cagallón de tu padre») des Originals. Die komische Wirkung dieser Übersetzungsstrategie sei dahingestellt. Unter Punkt 4.3 wird auf die extratextuellen Bedingungen eingegangen, die eine solche Übersetzungsentscheidung beeinflussen.

a.3) Intertextuelle Bezüge

Kultursemantisch betrachtet sind *parodia* (vgl. Punkt 2.2.2.7.3.5) und 'Parodie' (vgl. Punkt 2.2.1.7.3.2) praktisch deckungsgleich, aber was die Intertextualität als Strategie des Komischen – in diesem Fall der Parodie – anbelangt, dürfte einleuchtend sein, dass der Übersetzer nach einem dem AT-Prätext adäquaten ZT-Prätext suchen sollte, damit die parodistische Wirkung erhalten bleibt.[128] In der deutschen Literatur gibt es durchaus Texte, die einer *neopikaresken* Tradition zugeordnet werden können, z.B. die *Bekenntnisse des Hochstaplers Felix Krull* von Thomas Mann (1954) oder *Die Blechtrommel* von Günter Grass (1959) (Caminero zit. nach Herráez 1998:103). Diese Texte setzen die Schelmen-Tradition eines *Simplicissimus* fort. Eine äquivalente Übersetzung von Mendozas Detektivroman sollte auf dieser Tradition aufbauen, indem man deutschsprachige pikareske und neopikareske Werke als Parallel- und Prätexte benutzt, die einem die Einarbeitung in ein konkretes Register erleichtern. In der vorliegenden Übersetzung hat man m.E. auf diesen Vorgang verzichtet (*Negation*). Dies hat zur

---

[128] Zur gründlichen Auseinandersetzung mit literarischer Übersetzung und Intertextualität vgl. Frank, Armin P. (1987): "Literarische Übersetzung und Intertextualität". In: *Poetica. Zeitschrift für Sprach- und Literaturwissenschaft*. 19. Band. 1987. Heft 3-4. 190-277.

4. Die GRACIA als kulturspezifisches Übersetzungsproblem

Folge, dass die parodistische Wirkung aufgrund eines fehlenden adäquaten ZT-Sprachsystems nicht so erfolgreich zum Ausdruck kommt.

Über die *parodia*-spezifischen Strategien des Komischen hinaus findet man zwei weitere Strategien:

b) Lächerliche Darstellung einer kulturspezifischen Kommunikationssituation (*risa*)
In diesem Fall handelt es sich um eine Strategie des Komischen, die kommunikationssituations- und empfängerbezogen und dadurch der *risa* zuzuordnen ist (vgl. Punkt 2.2.2.7.6). Der konnotative Aspekt einer Taufszene in Spanien ist unter Punkt 3.3.3.1c) ausführlich thematisiert worden. Mit dieser Beschreibung möchte Mendoza den Leser provozieren und zum Lachen bringen. Wenn die Situationskomik des AT just darauf beruht, aber die äquivalente Kommunikationssituation im Deutschen nicht ähnlich besetzt ist, dann hat man es schwer, die spanische *risa* so zu reproduzieren, dass sie im Deutschen äquivalent wirkt.

Die kontrastive Wortfeldanalyse Deutsch-Spanisch hat ergeben, dass es einen leichten kultursemantischen Unterschied zwischen zwei Begriffspaaren (Lächerlichkeit vs. *ridiculez* und Lachen vs. *risa*) gibt (vgl. Punkt 2.2.3.3). Im Falle von Lächerlichkeit und *ridiculez* geht es nur um eine ganz leichte Nuance im Sinne des allgemeineren Charakters von Lächerlichkeit im Vergleich zur *ridiculez*. Im Falle von Lachen und *risa* hat sich herausgestellt, dass der spanische Begriff eindeutig stärker als Hyperonym fungiert. Beide Unterschiede haben sich an dieser Stelle als nicht übersetzungsrelevant erwiesen. Dennoch kann dies die Tatsache erklären, dass in einem Fall von Situationskomik im Deutschen das Bedürfnis entsteht, zwischen dem Auslachen als Korrekturmaßnahme im Sinne Bergsons (dem Lächerlichen) und dem befreienden Lachen als zeitweilige Entspannung (dem Komischen) zu unterscheiden (vgl. Punkt 2.2.1.7.6). Die spanische *risa* hingegen umfasst aufgrund ihrer weiteren Bedeutungsbreite beide Lachformen und kann sich eventuell durch mehrere und unterschiedliche 'Sub-strategien' des Komischen ausdrücken.

In der vorliegenden Übersetzung wird die Kommunikationssituation ohne weiteres übernommen (*Reproduktion*). Daraus ergibt sich die Vermutung, dass sich ZT-Leser aus einem deutsch-katholischen Kulturraum (z.B. Bayern) mit dieser Szene mehr amüsieren als ZT-Leser ohne diese Tradition. Nach dem Ansatz der *Scenes-and-frames*-Theorie (vgl. Punkt 3.3.1.1c) sollte der Übersetzer sich genau überlegen, welche *frames* er benutzen kann, um eine passende *scene* mit äquivalenter Wirkung zu erzeugen.

c) Einbindung von Kulturemen (*gracia*)

Kultureme stellen grundsätzlich ein sehr schwieriges Übersetzungsproblem dar, weil sie auf der höchsten Ebene des Komischen – im spanischen Fall der *gracia* – agieren. Außerdem ist es fast unmöglich, adäquate Kultureme in der Zielkultur zu finden, weil sie, wie die Bezeichnung selbst impliziert, kulturspezifisch und somit einmalig sind. Was diesen Aspekt betrifft, müssen sich Übersetzer und Leser zunächst mit einem Verlust auf Textebene abfinden. Ausgerechnet Mendoza, der als Autor und Übersetzer selber mit der Übertragung von Kulturemen umgegangen ist, räumt diesen Verlust ein:

> Yo creo que es inevitable que en una traducción con un mínimo de dificultad, sobre todo de un texto con voluntad de ser original, de tener una cierta idiosincrasia, algunas bromas, algunos significados desplazados para provocar sorpresa en el lector, en este tipo de traducciones, hay que aceptar pérdida inevitable como de un 10%, por fijar una cifra de consenso. Hay que procurar que no pase de este 10, pero al 10 hay que resignarse.
>
> (Mendoza 2004:172)

Dennoch kann man den kulturspezifischen Verlust teilweise auf einer metasprachlichen Ebene ausgleichen, z.B. durch die Einarbeitung eines Glossars oder Vorworts bzw. Nachworts, in dem genau auf kulturspezifische Unterschiede eingegangen wird. Bei Mendozas Werk ist Ersteres der Fall. Voraussetzung für die Übertragung der *gracia* ist natürlich, dass der Leser über die Existenz einer solchen "Stütze" Bescheid weiß und sie in Anspruch nimmt. Im vorliegenden ZT hat der Übersetzer die Kultureme zum Teil übernommen und zum Teil explikativ (im Glossar oder im Text) wiedergegeben (*Reproduktion + Kompensation*). Zum einen verliert die *gracia* des Originals leicht an Spontaneität, zum anderen wird das komische Potenzial des Textes, wenngleich in anderer, abstrahierter Form, erhalten. Zur Auseinandersetzung

4. Die GRACIA als kulturspezifisches Übersetzungsproblem

mit der Qualität des Glossars in *Das Geheimnis der verhexten Krypta* vgl. Punkt 4.1.3.2d).

Was die Gesamtwirkung des Textes bezüglich des Komischen anbelangt, stellt man fest, dass die für die unterschiedlichen Strategien angewendeten Übersetzungsverfahren eine abschwächende Wirkung haben. Im Falle der *parodia* bin ich der Meinung, dass der Übersetzer die spezifische parodistische Wirkung des Originals zwar grob erkannt, diese aber leider nicht in all ihren Dimensionen erfasst hat, wie es bspw. aus dem in der Übersetzungsanalyse herausgefilterten Verfahren der Neutralisation hervorgeht. Hinzu kommt die Sprachspezifik des Deutschen, die in manchen Fällen bestimmte Umstellungen nicht erlaubt bzw. keine entsprechende Konnotation aufweist. Die Bedeutung des Prätextes kommt im Deutschen ebenfalls nicht deutlich zum Tragen. Außerdem hat sich herausgestellt, dass die Kommunikationssituation des Originals in der Zielkultur nicht äquivalent ist und somit nicht so lächerlich wirken kann. Im Falle der Kultureme wurde der Versuch festgestellt, die ZT-Leser mit Hilfe eines Glossars über kulturspezifische Unterschiede auf *gracia*-Ebene aufzuklären.

Aus diesen Gründen bin ich der Ansicht, dass die im Original enthaltene *gracia*, die vorwiegend als *parodia* fungiert, in der Übersetzung zwar präsent ist, aber durchgehend abgeschwächt wiedergegeben wird.

4.2.1.2 Das Schönheitsideal einer Schwester

Was die Übersetzungskritik der *gracia* an dieser Textstelle anbelangt, wird der Übersetzer mit insgesamt sieben Strategien des Komischen im AT konfrontiert (vgl. Punkt 3.3.3.2), die er mit einer möglichst äquivalenten Wirkung ins Deutsche übertragen soll. Diese Strategien finden z.T. bereits in der ersten Textstelle (sowie im ganzen Roman) Anwendung, in diesem Ausschnitt aber weisen sie einen anderen Schwerpunkt auf. Dabei beruht das Komische vorwiegend auf der bloßen Existenz eines Opfers – Cándidas –, das ausgelacht wird. Diese Art der *gracia* drückt sich in Form von **burla** (a) aus und ist in erster Linie empfängerbezogen (vgl. Punkt 2.2.2.7.2). Zusätzlich gibt es sechs weitere

Strategien, die man nach dem translationsrelevanten Kommunikationsmodell und der Schematisierung des Kommunikationsprozesses (vgl. Punkt 2.2.2.7) wie folgt systematisieren kann:

a) *Burla*
b) Strategien, die an das Sprachsystem gebunden sind
   b.1) *Parodia*
      b.1.1) Registerkontrast
      b.1.2) Intertextuelle Bezüge
   b.2) *Lo grotesco*
   b.3) *Chiste*
c) *Ironía*
d) *Gracia*

Vier Strategien werden dem Sprachsystem zugeordnet (b.1-b.3). Diese sind der Registerkontrast (b.1.1) und der Gebrauch von intertextuellen Bezügen (b.1.2), die als Mittel der *parodia* fungieren, die *groteske* Darstellung Cándidas (in Anlehnung an das spanische *esperpento*) (b.2) und die Strategie *chiste* (b.3), die ebenfalls an das Sprachsystem gebunden ist. Darüber hinaus wendet Mendoza die Strategie der *ironía* (c) an, die mit mehreren Elementen des Kommunikationsmodells verbunden ist, nämlich Sender, Sprachsystem, Empfänger und Kommunikationssituation. Schließlich bedient sich der Autor des komischen Gebrauchs von Kulturemen als Mittel zur Darstellung der *gracia* (d), diese sind sehr stark kulturbezogen.

Im Folgenden geht es darum, diese Strategien des Komischen und die betreffenden Übersetzungsverfahren in Beziehung zueinander zu setzen und diese kritisch zu beleuchten. Abschließend wird der Frage nach der Gesamtwirkung des Textes bezüglich des Komischen nachgegangen.

a) *Burla*

    Bei dieser Strategie des Komischen geht es in erster Linie um einen empfängerbezogenen Begriff, der im Auslachen eines Opfers besteht (vgl. Punkt 2.2.2.7.2). Dies hat zur Folge, dass im kommunikativen Prozess ohne

4. Die GRACIA als kulturspezifisches Übersetzungsproblem

den Empfänger gar keine Möglichkeit der Verspottung vorhanden ist. Ein weiteres spezifisches *burla*-Merkmal ist die Tatsache, dass diese Variante der *gracia* sich nicht vorwiegend sprachlich vollzieht. Hierbei geht es (im Gegensatz zur *parodia*) nicht hauptsächlich um ein Spiel mit den Normen eines bestimmten Sprachsystems; die *burla* entsteht vielmehr außersprachlich, direkt aus der Verspottung eines Lachobjektes (in diesem Fall fungiert ein Subjekt im Sinne von 'Person' als Lachobjekt).

Weiterhin ist anzumerken, dass bei der kontrastiven Kultursemantik des deutschen Pendants zur *burla*, nämlich des 'Spotts', zusätzlich die Komponente der 'Schadenfreude' hinzukommt (vgl. Punkt 2.2.3.2), die im spanischen Begriff nicht so explizit ist. Gerade an dieser Textstelle ist bei der *burla* trotz der Grausamkeit vielmehr eine gewisse Zärtlichkeit seitens des Protagonisten bezüglich seiner Schwester zu verzeichnen (vgl. Punkt 3.3.3.2c), die den Begriff *burla* leicht in den Bereich der *risa* verschiebt (die ja auch von der Kommunikationssituation abhängig ist, vgl. Punkt 2.2.2.7.6). Auf die Ambivalenz des Lachens wurde bereits unter Punkt 3.3.3.2c) eingegangen. Allerdings ist dieser feine Unterschied bei der Übersetzung von *burla* für die komische Textäquivalenz nicht maßgeblich, zumal auf pragmatischer Ebene festgestellt wurde, dass der innerhalb der Kommunikationssituation entfaltete Kontrast zwischen Verspottung und Zärtlichkeit erfolgreich übersetzt wurde, und zwar so, dass beim deutschen Leser ähnliche Konnotationen heraufbeschworen werden.

Bei der Übersetzungsanalyse stellt man fest, dass die *burla* als Strategie des Komischen meist übernommen worden ist (*Äquivalenz*). Dies erweist sich m.E. als sinnvoll, da die Übertragung der außersprachlichen Präsenz dieses Opfers ausreicht, um die spöttische Wirkung zu gewährleisten. Es handelt sich, wenn man so möchte, um eine primitivere Form der *gracia*, die analog zu einem Witz 'ohne Worte' oder bestimmten Stummfilmszenen funktioniert. Wenn man mit einem Tortenwurf dem Lachopfer ins Gesicht trifft, dann ist das Auslachen garantiert. Die komische Strategie der *burla* funktioniert m.E. nach dem gleichen Mechanismus.

b) An zweiter Stelle geht es um Strategien, die an das Sprachsystem gebunden sind und sich in Form von *parodia*, *lo grotesco* und *chiste* ausdrücken:

b.1.1) Parodistischer Kontrast zwischen einem gehobenen und einem umgangssprachlichen Register

Bei dieser Strategie des Komischen geht es um ein Spiel mit den Normen des Sprachsystems (Code). Mendoza lässt ein gehobenes und ein umgangssprachliches Register kollidieren und erzeugt somit eine parodistische Wirkung. Bei der Übersetzung dieser Strategie des Komischen geht es darum, einen im Deutschen äquivalenten Registerkontrast mit parodistischer Wirkung herzustellen. Dazu sollte sich der Übersetzer ebenfalls der Syntax und der Semantik der ZS unter Berücksichtigung der eigenen Spezifik bedienen.

Im Bereich der Syntax wurde erneut eine gewisse Anzahl von stilistischen Glättungen, Verkürzungen und verlorenen Markierungen festgestellt (*Neutralisation*). Besonders an dieser Stelle erkennt man, dass wichtige rhetorische Einschübe im Original der Eleganz und Flüssigkeit des ZT zum größten Teil geopfert werden (*Adaption*). Dies hat einerseits einen eher kontraproduktiven Effekt, da der Text eigentlich gestelzt klingen sollte (der eine Pol des parodistischen Registerkontrastes), andererseits wird durch das adaptierende Übersetzungsverfahren die Mündlichkeit (der andere Pol) im Deutschen bewahrt. Was den rhythmischen Aspekt betrifft, ist der Verlust in der Übersetzung allein durch Unterschiede in der Funktionsweise des spanischen und deutschen Satzbaus unvermeidbar. Trotzdem weist die deutsche Stelle durch *Kompensation* eine gewisse adäquate Dynamik auf.

Das semantische Registerspiel Mendozas wird an dieser Stelle m.E. besser übertragen als in der Taufszene. Besonders die Wiedergabe der Anspielungen auf das Melodram des 19. Jh. und das bildungssprachliche Register hat der Übersetzer durch das *Kompensations*-Verfahren gut im Griff. Problematischer wird es, wenn es darum geht, den Kontrast zur benutzten Umgangssprache zu erkennen und korrekt zu reproduzieren. Die daraus entstehende, durchaus feine *ironía* (als Teil der *parodia* vgl. Punkt 2.2.2.7.3.5) des Spanischen wird im Deutschen oft verfehlt.

b.1.2) Intertextuelle Bezüge

Was den Gebrauch von Intertextualität als Strategie des Komischen und ihre Übertragung ins Deutsche betrifft, verweise ich auf die bereits unter Punkt 4.2.1.1a.3) formulierte Übersetzungskritik, die für diese Stelle ebenfalls zutrifft. Dennoch bin ich der Meinung, dass der Verlust an Intertextualität (*Neutralisation*) hier nicht so relevant ist, weil die *gracia* des Textes insgesamt nicht vorwiegend auf einer codespezifischen *parodia* (wie in der Taufszene der Fall), sondern auf der empfängerbezogenen *burla* beruht.

b.2) *Lo grotesco*

Die komische Strategie des *grotesco* spielt bei der Darstellung der Geburt Cándidas und der Beschreibung ihres Körpers eine Rolle. Mendoza bedient sich *esperpento*-typischer Techniken wie Verformung und Animalisierung, die den AS-Leser sofort an die Figurenwelt Quevedos und Valle-Incláns erinnern (vgl. Punkt 3.3.3.2c). Es handelt sich um eine aggressive, gegen den Empfänger gerichtete *gracia*, die trotz der spanischen Spezifik übertragen werden kann (*Äquivalenz*), weil sie innerhalb des deutschsprachigen Sprachsystems einen ähnlichen, wenn auch leichteren, Bezug hat, z.B. den schwarzen Humor Willhelm Buschs oder die Werke Dürrenmatts.

b.3) *Chiste*

Diese Strategie der *gracia* fungiert als komischer Höhepunkt der Szene. Nachdem der Protagonist die Figur seiner Schwester gnadenlos beschrieben und dadurch an die Empfindlichkeit des Lesers appeliert hat, kommt der Überraschungseffekt in Form einer verlogenen Begrüßung, die mit der vorhergehenden Beschreibung kollidiert (vgl. Punkt 3.3.3.2c). Der Kontrast wirkt wie die Pointe eines *chiste*, die mit dem Erwartungsschema des Empfängers und der Erwartungserfüllung durch den Sender spielt (vgl. Punkt 2.2.2.7.3.8). *Chiste* ist nach dem Kommunikationsmodell mit dem Sprachsystem und seiner Manifestation (= Text) verbunden (vgl. Punkt 2.2.2.6).

Was die Übersetzung von einem *chiste* betrifft, stellt man zunächst einen kultursemantischen Unterschied zum deutschen Pendant 'Witz' fest. Die kontrastive Wortfeldanalyse (vgl. Punkt 2.2.3.4) hat ergeben, dass der deutsche Begriff weiter gefasst ist als der spanische. Über den sprachlichen Aspekt hinaus zeichnet sich der 'Witz' zusätzlich durch eine intellektuelle Nuance aus. 'Witz' enthält die Komponente der Schlagfertigkeit, die im spanischen *chiste* nicht präsent ist und sich eher durch das Wort *ingenio* ausdrückt.

In Anbetracht der Übersetzungsrichtung (Spanisch-Deutsch), von der in dieser Arbeit die Rede ist, spielt dieser Unterschied allerdings keine auschlaggebende Rolle bei der Wiedergabe der komischen Wirkung, da es sich hierbei um die Übertragung der Bedeutung eines Begriffes handelt, die als Teilbedeutung im deutschen 'Witz' bereits präsent ist. Im Falle der Übersetzung eines deutschen Witzes ins Spanische müsste dieser Unterschied unbedingt berücksichtigt werden.

Was das Übersetzungsverfahren betrifft, hat der Übersetzer den Überraschungseffekt im Deutschen leicht abgeschwächt (*Neutralisation*) und zur besseren Wiedergabe der Mündlichkeit der Rede auch regional gefärbt (vgl. Punkt 3.3.3.2c). Allerdings wirkt die Wendung eher gestelzt und wenig umgangssprachlich, womit der komische Kontrast in Form von *chiste*, mit dem die Szene abgeschlossen wird, sich nicht äquivalent entfalten kann.

c) *Ironía*

Die komische Strategie *ironía* spielt bei dieser Textstelle eine wichtige Rolle. Sie fungiert zweimal als Wort- und Gedankenfigur, indem Mendoza die Lesererwartungen zunächst in die falsche Richtung lenkt, um sie unmittelbar danach zu enttäuschen (vgl. Punkt 3.3.3.2c). Dabei tut der Autor so, als würde er zu verstehen geben, dass er nicht das sagt, was er tatsächlich sagt. Wie unter Punkt 2.2.2.7.7 kultursemantisch untermauert, ist *ironía* ein kommunikatives Spiel, das auf dem impliziten Einverständnis zwischen Sender und Empfänger beruht, mit dem Ziel, den Empfänger von der Textsituation zu distanzieren. Voraussetzung dafür ist, dass Sender und Empfänger in demselben Kontext und in derselben Kommunikationssituation interagieren. Aus diesem Grund richtet sich *ironía* nach dem Sender, dem Empfänger, dem Sprachsystem und der Kommunikationssituation.

4. Die GRACIA als kulturspezifisches Übersetzungsproblem

Für die erfolgreiche Übersetzung der *ironía* als Strategie des Komischen bedeutet dies, dass die kollidierenden Lesererwartungen und das Einverständnis zwischen Sender und Empfänger im ZT ebenfalls stimmen müssen. Dies erweist sich bei Mendoza z.T. als sehr schwierig, besonders im zweiten Beispiel, bei dem allein die Erwähnung von Juanita Reina durch die Konnotation der Figur den Schwerpunkt der ironischen Wirkung trägt (vgl. Punkt 3.3.3.2c). Für einen deutschen Leser ist diese Figur im Prinzip unbekannt. Der Übersetzer hat versucht, durch ein kommentierendes Verfahren in Form eines Glossars diesen kulturspezifischen Unterschied auszugleichen (*Kompensation*). Die kritische Auseinandersetzung mit dem Glossar erfolgt unter dem nächsten Punkt (d).

Der zweite Fall von *ironía* ist insofern einfacher zu übersetzen, als die entgegengesetzten Einheiten nicht kulturspezifisch sind. Die Tatsache, dass die arme Cándida nach 30 Jahren sich immer noch hartnäckig an die Illusion klammert, sie würde wie einen *copla*-Star aussehen (auch wenn man den Star nicht kennt), wirkt auch im Deutschen ironisch, vorausgesetzt die gehobene, kitschige Ausdrucksweise des Originals wird äquivalent wiedergegeben, was an dieser Stelle der Fall ist (vgl. Punkt 4.1.3.2b). Aus diesem Grund wird hier die *ironía* erfolgreich übertragen (*Äquivalenz*).

d) Einbindung von Kuluremen (*gracia*)

Was kulturelle Assoziationen wie die Erstkommunion oder die Beschreibung Juanita Reinas als "rassiges, urwüchsiges Weibsbild" (*Krypta* 2, Z. 8) betrifft, bin ich der Meinung, dass sie angesichts ihrer Schwierigkeit sehr erfolgreich übertragen wurden.

Im Bereich der kulturellen Dimension hatte der Übersetzer hauptsächlich mit dem Problem der Anspielung auf Juanita Reina zu kämpfen. Dieser Schwierigkeit wurde mit einem kommentierenden Verfahren in Form eines Glossars Rechnung getragen, in dem Mendoza selbst (!) versucht, die Bedeutung dieser Figur für den spanischen Leser zu erläutern und somit die kulturelle Distanz zur deutschen Realität zu überbrücken.

In Anlehnung an Koller bin ich der Meinung, dass solche übersetzerische Eingriffe auf metatextueller Ebene ein sehr gutes Mittel und manchmal sogar unabdingbar sind, um den Text in all seinen Dimensionen zu übertragen:

> Geht man von einem alltagssprachlichen und -sachlichen Verständnis der Funktion der Übersetzung aus, nämlich das, was in einer Sprache gesagt ist, Lesern in einer anderen Sprache zu vermitteln, so kann diese Funktion oft nur durch den Einsatz *kommentierender Übersetzungsverfahren* erfüllt werden, mit denen insbesondere im Fall von 1:0 Entsprechungen (Lücken) oder 1:Teil Ensprechungen das, was zunächst nicht oder nur unzulänglich übersetzt werden kann, recht eigentlich übersetzbar gemacht wird.
>
> (Koller 1992[4]:267)

Dennoch muss man gleichzeitig die Grenzen solcher Verfahren bezüglich der Übersetzbarkeit der bühlerschen Darstellungsfunktion von Sprache, gerade bei literarischen Texten, einräumen:

> Gerade bei literarischen Texten zeigt sich, daß der "Sprung in die Metasprache", daß heißt der Weg der Kommentierung, sehr oft weder ein hilfreicher noch ein gangbarer Ausweg aus der Übersetzungsnot ist, wenn der literarisch-ästhetische Charakter des Textes in der Übersetzung bewahrt werden soll. Es kann nicht genug betont werden, daß der Begriff der Übersetzbarkeit, wie er hier unter (eng) linguistischem Aspekt gesehen wird, zu unterscheiden ist von Begriffen der Übersetzbarkeit, die von der Frage nach der Möglichkeit der *unmittelbaren* Wiedergabe ästhetischer, stilistischer, konnotativer, assoziativer, sprachspielerischer Texteigenschaften ausgehen. Übersetzung als Kunst heißt, das Unmögliche zu versuchen, das Unmögliche möglich zu machen und die unvermeidbaren Verluste möglichst gering zu halten.
>
> (Koller 1992[4]:268)

Selbst wenn in der vorliegenden Arbeit Übersetzbarkeit nicht im engen linguistischen Sinne Kollers verstanden wird – die AT-Analysen sollten längst bewiesen haben, dass das Komische sich weit über sprachliche Mittel hinaus realisiert –, trifft der letzte Satz des Zitats auch auf die Übersetzung des Komischen in literarischen Texten zu.

Ferner unterscheidet Koller zwischen *interpretierenden* bzw. *terminologischen Kommentaren* und *erläuternden Zusätzen* im Text. Wichtiger jedenfalls ist die Frage nach den Informationen, die durch ein kommentierendes Verfahren expliziert werden *müssen*, um eine äquivalente Wirkung zu erzeugen. Nach der theoretischen Auseinandersetzung mit Gegnern und Befürwortern dieser Verfahren verlässt Koller ausnahmsweise die präskriptive Dimension mit folgender Schlussfolgerung:

4. Die GRACIA als kulturspezifisches Übersetzungsproblem

> Grundsätzlich ist anzumerken, daß sich über die Legitimität kommentierender Übersetzungsverfahren *a priori* überhaupt nichts sagen lässt – wie sich denn die Übersetzungswissenschaft überhaupt hüten sollte, Anweisungen für die Praxis zu formulieren. Als empirische Wissenschaft sollte sie vielmehr die angewendeten Verfahren, ihre Funktionen, ihr Vorkommen und quantitative Verteilung in verschiedenen Textsorten, ausgehend von konkreten Übersetzungsfällen, beschreiben. Erst dann (wenn überhaupt) kann eine übersetzungskritische Bewertung der angewendeten Verfahren erfolgen.
>
> (Koller 1992^4:271)

Ausgehend von dem konkreten Fall des Glossars in der deutschen Fassung von Mendozas Werk und unter Berücksichtigung der Übertragung des Komischen ist eine fundierte Übersetzungskritik durchaus möglich.

Glossare haben im Vergleich zu Fußnoten den Vorteil, dass sie den Lesefluss nicht stören. Sie sollen als Angebot an diejenigen Leser dienen, die mehr erfahren wollen. Was ich aber in diesem Fall einzuwenden habe, ist die Tatsache, dass das Glossar nicht vom Übersetzer, sondern vom Autor des Originals verfasst ist ("Anmerkungen des Autors für die deutschsprachige Ausgabe"). Mendozas Hintergrundinformationen zu den aufgeführten Personen sind sicherlich aufschlussreich, aber in diesem Fall nicht zweckmäßig. Es ist der Übersetzer und nicht der Autor, der den schärferen Blick für die Fremdheit des AT hat bzw. in der Lage ist, die Informationen auszuwählen, die für einen deutschen Leser tatsächlich relevant sind. Wenn Mendoza das Glossar verfasst und es dann übersetzt wird, fungiert es in meinen Augen als eine Art Verlängerung des AT. Ferner ist zu bemängeln, dass weder vor noch im Laufe des ZT auf die Existenz des Glossars angewiesen wird. Somit besteht die Gefahr, dass der Leser diese Verständnishilfe gar nicht wahrnimmt. Dies könnte durch eine kurze Vorbemerkung des Übersetzers oder in Form einer Fußnote korrigiert werden.

Zusammenfassend lässt sich sagen, dass die/der empfängerbezogene *burla*/Spott in beiden Sprachen sehr gut funktioniert. Aus diesem Grund ist die Übersetzung der Hauptstrategie des Komischen bei dieser Textstelle gelungen. Dies mag darauf zurückzuführen sein, dass diese Art des Lachens in erster Linie auf der Verspottung eines Opfers (empfängerbezogen) und nicht so sehr auf Sprachspielen beruht (codebezogen). Sicherlich kommt es bei *burla* auch auf die

Wortwahl an, aber im Zentrum der *gracia* steht nicht die Parodie eines bestimmten Sprachsystems als sprachliche Leistung, sondern das Auslachen einer Figur, die bereits durch ihre körperliche Eigenschaften komisch wirkt. Schwieriger war erneut die Wiedergabe von Registerkontrast und Kulturspezifik. Dennoch hat der Übersetzer redlich versucht, das Unmögliche möglich zu machen. Nach der vorliegenden Analyse unter Anwendung des übersetzungsrelevanten Kommunikationsmodells kann man den Schluss ziehen, dass die *burla* im Prinzip leichter zu übertragen ist als die *parodia*.

4.2.2 Javier Marías: *Corazón tan blanco* (1992)

Bei der Textstelle aus *Corazón tan blanco* wurde der Gebrauch von insgesamt fünf Strategien des Komischen festgestellt (vgl. Punkt 3.3.4). Nach der Reihenfolge des Kommunikationsprozesses geht es zunächst um (a) die Darstellung einer lächerlichen Kommunikationssituation (*risa*). Außerdem setzt Marías zwei weitere Strategien mit ironischem Zweck (*ironía*) ein: Zum einen die Haltung des Ich-Erzählers (b.1) und zum anderen die Einführung von Körpersprache (b.2). Des Weiteren fungieren die Allusionen als Mittel der satirischen Darstellung von Politikern (*sátira política* c), und schließlich werden Kultureme zur Herausarbeitung von *gracia* eingebunden (d). In der Übersetzungsanalyse unter Punkt 4.1.4 wurden die Übersetzungsverfahren für diese Strategien des Komischen gründlich analysiert. Im Folgenden geht es darum, Strategien des Komischen und Übersetzungsverfahren in Beziehung zueinander zu setzen und diese kritisch zu beleuchten. Abschließend wird der Frage nach der Gesamtwirkung des Textes bezüglich des Komischen nachgegangen.

a) Darstellung einer lächerlichen Kommunikationssituation (*risa*)
In diesem Fall handelt es sich um eine ausgangssprachliche Strategie des Komischen, die vorwiegend kommunikationssituations- und empfängerbezogen und dadurch der *risa* zuzuordnen ist (vgl. Punkt 2.2.2.6). Im Text von Marías spielt sich die Handlung im Rahmen eines internationalen Gipfeltreffens ab, an dem zwei hochrangige Politiker teilnehmen. Die britische Staatschefin und der spanische Premier kommen zu einer privaten Unterredung zusammen. Dabei stellt der spanische Gastgeber zwei Dolmetscher

4. Die GRACIA als kulturspezifisches Übersetzungsproblem

zur Verfügung, die hinter den Protagonisten sitzen. Diese Situation ist sowohl bei AT- als auch bei ZT-Lesern aus dem internationalen (europäischen) Kontext bekannt. Beinahe jedes Mitglied der globalisierten Gesellschaft kennt solche Bilder aus dem Fernsehen, so dass man von einem Wiedererkennungseffekt seitens der Empfänger des Textes (AT und ZT) ausgehen kann. Nun verläuft die Szene so, dass zunächst eine Spannung in der Erzählung aufgebaut wird, um dann die Erwartungen des Rezipienten an die Situation dreimal zu enttäuschen, indem der Dolmetscher absichtlich falsch übersetzt. Aus diesem Kontrast zwischen Erwartung und Wirklichkeit ergibt sich die komische Wirkung. Der Erwartungsbruch wird durch drei Fragen des Dolmetschers deutlich, die den Inhalt des Gesprächs manipulieren, ohne dass die Politiker das merken (vgl. Punkt 3.3.4c).

Hierbei handelt es sich um einen Fall von *risa*, weil das Komische von der Kommunikationssituation (internationalem Gipfeltreffen) und von den Erwartungen des Empfängers (Lesers) abhängig ist. Außerdem ist diese Variante von *gracia*, wie unter Punkt 2.2.2.7.6 kultursemantisch untermauert, ofensiv und defensiv zugleich, denn einerseits rückt sie die nichts ahnenden Politiker in ein lächerliches Feld (ofensiv), andererseits entsteht zwischen Leser und Autor ein gewisses Solidaritätsgefühl als Reaktion auf die diktatorischen Ambitionen der politischen Machthaber (defensiv). Die Distanz zwischen dem Lachenden bzw. der lachenden Gruppe und dem Ausgelachten wird in diesem Fall durch die Präsenz eines allwissenden Ich-Erzählers (Juans) geschaffen, der die Schicksalsfäden aller Figuren zieht und sie in einem lächerlichen Licht erscheinen lässt.

Die kontrastive Wortfeldanalyse Deutsch-Spanisch hat ergeben, dass es einen leichten kultursemantischen Unterschied zwischen zwei Begriffspaaren (Lächerlichkeit vs. *ridiculez* und Lachen vs. *risa*) gibt (vgl. Punkt 2.2.3.3). Im Falle von Lächerlichkeit und *ridiculez* geht es nur um eine ganz leichte Nuance im Sinne des allgemeineren Charakters von Lächerlichkeit im Vergleich zur *ridiculez*. Im Falle von Lachen und *risa* hat sich herausgestellt, dass der spanische Begriff eindeutig stärker als Hyperonym fungiert und beide Komponenten des Lachens als Korrekturmaßnahme im Sinne Bergsons (dem Lächerlichen) und dem befreienden Lachen als zeitweilige Entspannung (dem Komischen) in sich vereint. In diesem Fall also bleibt es dem ZT-Empfänger überlassen, inwiefern er Marías' Text vorwiegend als Gesellschaftskritik wahrnimmt oder ihm einen reinen Unterhaltungscharakter beimisst.

In der Übersetzung dieses Textes findet der ZT-Leser die Strategie der Darstellung einer lächerlichen Kommunikationssituation unter Berücksichtigung der Erwartungshaltung des Empfängers wieder. Die von Juan erfundenen Fragen sowie das kindische Verhalten beider Politiker werden in den deutschen Text übernommen und ebenfalls aufsteigend eingeführt. Der Spannungsbogen der originalen Kommunikationssituation, in der die Sprache keine vorrangige Rolle spielt, wird in der Übersetzung erfolgreich nachgezeichnet. Der Grund dafür liegt in der gemeinsamen Spezifik der Kommunikationssituation, die für die Entstehung der *risa* unentbehrlich ist. Was die Übersetzungsverfahren dieser Strategie des Komischen betrifft, wurde unter Punkt 4.1.4c) festgestellt, dass diese Form von *gracia* im Großen und Ganzen übertragen wird und *äquivalent* wirkt, d.h., dass sie eine ähnliche Reaktion beim ZT-Leser (das Lachen) hervorbringt. Darüber hinaus unterstützt die Kommunikationssituation die Entfaltung der nächsten Strategie, nämlich des ironischen Spiels, denn es beruht u.a. auch auf den Erwartungen des Empfängers.

b.1) Haltung des Ich-Erzählers (*ironía*)

Wie bei der AT-Analyse gesehen, äußert sich diese Strategie des Komischen bei Marías auf syntaktischer, semantischer und pragmatischer Ebene. Sie besteht im semantischen Ausspielen des Gesagten gegenüber dem Gemeinten (= Sprachsystem (*Code*) realisiert durch den *Text*: demokratische Politiker haben diktatorische Sehnsüchte) aus dem affektiven Blickwinkel seitens des Ironikers (= *Sender*: Marías/Juan) und/oder des Adressaten (= *Empfänger*: Leser) in einem ihnen gemeinsamen Kontext (= *Kommunikationssituation*: internationales Gipfeltreffen). Aus diesem Grund ist die Haltung des Ich-Erzählers der ***ironía*** zuzuordnen, die nach dem Kommunikationsmodell (vgl. Punkt 2.2.2.6) von den Positionen 'Empfänger', 'Text' und 'Kommunikations-situation' abhängig ist. Nach der

4. Die GRACIA als kulturspezifisches Übersetzungsproblem

kultursemantischen Auseinandersetzung mit dem Ironiebegriff ist *ironía* als emotionaler Ausdruck ebenfalls vom 'Sender' abhängig. Diese Beziehung ergab sich aus der Definition, die als Grundlage für die Wortfeldanalyse fungierte. In diesem Fall wird das Kommunikationsmodell von der Textanalyse erweitert. Das ist ein Zeichen für die Flexibilität des Modells, das nicht als starres Instrumentarium eingesetzt werden darf, sonfern fallspezifisch ergänzt werden soll.

Aus der kultursemantischen Auseinandersetzung mit *ironía* geht hervor, dass es sich dabei um eine rhetorische Strategie handelt, die zu unterschiedlichen Zwecken eingesetzt werden kann: Sie kann bitter, barmherzig, humoristisch, intellektuell usw. sein (vgl. Punkt 2.2.2.7.7). Im Falle Marías' handelt es sich um eine *ironía* mit spielerischer Absicht, die positiv oder negativ gedeutet werden kann und eine satirische Note hat (vgl. Punkt 3.3.4c). Als grundlegendes Mittel der *literatura humorística*, sei es schriftlich durch den Kontext oder mündlich durch den Tonfall, zieht sich die Ironie als Konstante durch die spanische Literaturgeschichte.

Kontrastiv betrachtet, ergibt sich kein grundlegender Unterschied zwischen dem Stellenwert der *ironía* bzw. von Ironie im Spanischen und Deutschen in der Kommunikationssituation, die Marías' Text reproduziert. Aus diesem Grund ist es nicht besonders erstaunlich, dass sich fast alle "Substrategien" des ironischen Spiels des Ich-Erzählers dieses Textes größtenteils problemlos ins Deutsche übersetzen lassen. Syntaktische Elemente (Einschübe, Wortwiederholungen) sowie semantische (Registerwechsel, Synonymie, Vergleiche) und pragmatische Mittel (Kommentare, Kontrast zwischen erzählendem und erlebendem Ich, Verletzung des Relevanzprinzips durch die Klammer) haben eine textäquivalente Wirkung im ZT (*Äquivalenz*). Die metasprachlichen Bemerkungen des Ich-Erzählers als Strategie zur Verletzung des Relevanzprinzips werden durch *Adaption*, *Negation* und *Korrektur* erfolgreich wiedergegeben, weil die Übersetzerin die unterschiedliche Kulturspezifik im Umgang mit pragmatischen Elementen erkannt hat (vgl. Punkt 4.1.4c). Die mögliche Identifikation zwischen Ich-Erzähler und wirklichem Autor (Marías) aus biographischen Gründen fällt in der Übersetzung selbstverständlich aus, weil ZT-Empfänger zum Zeitpunkt der Veröffentlichung kaum mit der Person von Javier Marías vertraut sind. Dennoch ist diese Identifikationsmöglichkeit für die Entfaltung der Ironie keineswegs unbedingt notwendig. Abgesehen von Nuancen wird die *ironía* des Originals durchweg in Ironie übersetzt.

b.2) Gebrauch von Körpersprache (*ironía*)

Die Einbindung von Körpersprache in der Szenenbeschreibung dient als zusätzliches Mittel zum Aufbau der ironischen Erzählhaltung (vgl. Punkt 3.3.4c). Marías verfeinert durch das körpersprachliche Verhalten den Charakter seiner Figuren so, dass der komische Kontrast zwischen einem diplomatischen Treffen und dem kindischen Verhalten seiner Protagonisten stärker, aber auch subtiler zum Ausdruck kommt und die Ironie insgesamt verschärft wird. Auf die Einordnung von *ironía* ins translationsrelevante Kommunikationsmodell und ihre kultursemantische Dimension im spanischen und deutschen Sprachraum wurde im vorhergehenden Abschnitt bereits eingegangen. Wichtig bei der Körpersprache ist, dass diese Strategie des Komischen als gleichrangiges Element innerhalb der Position 'Text' (Realisierung des Sprachsystems) verstanden werden muss. Körpersprache muss nicht der verbalen Sprache subsumiert werden. Sie hat einen eigenständigen Charakter und drückt Aspekte aus, die der Autor nicht unbedingt verbalisieren kann oder will.

Was die Übersetzung dieser Strategie des Komischen anbelangt, wurde bereits unter Punkt 3.3.4c) darauf hingewiesen, dass das Nonverbale in romanischen Sprachen einen kulturspezifischen Stellenwert hat, der die Übertragung in andere Sprachfamilien erschwert. Bei Marías war festzustellen, dass die *Äquivalenz* in zwei Fällen automatisch erfolgt, während sie sonst durch die Verfahren der *Entlehnung* und *Modulation* erreicht wird. Abgesehen von der *Neutralisation* einer körpersprachlichen Metapher und einer leichten Bedeutungsverschiebung wird durch die Übersetzung dieser Strategie ins Deutsche die Ironie zum größten Teil erhalten. Aus diesem Grund bin ich der Ansicht, dass dem Übersetzer in der Praxis durchaus Strategien zur Verfügung stehen, um die Körpersprache erfolgreich zu übertragen. Wichtig dabei ist, dass der Übersetzer Körpersprache als Teil seiner Kulturkompetenz versteht. Meines Wissens wird Körpersprache als eigen-

4. Die GRACIA als kulturspezifisches Übersetzungsproblem

ständiges Untersuchungsobjekt in der Translationswissenschaft selten thematisiert. Wenn doch, dann geschieht es im Zusammenhang mit den verschiedenen Dolmetschformen (Simultan-, Bilateral-, Verhandlungs- oder Konsekutivdolmetschen), oder als weiterer Faktor bei der Analyse interkultureller Wirtschaftskommunikation. Nach der Auseinandersetzung mit dem Text von Marías dürfte die Bedeutung von Körpersprache beim Übersetzen, auch bei der Übersetzung literarischer Texte, offensichtlich geworden sein.

c) Gebrauch von Allusionen (*sátira política*)

Auf der kulturellen Ebene wurde festgestellt, dass mittels des Gebrauchs von Allusionen eine Brücke zur extratextuellen Wirklichkeit geschlagen wird. Durch die Beschreibung der britischen Regierungschefin und den Ausdruck "al estrecharme férreamente la mano" (Marías 1992:67) stellt der AT-Leser den Bezug zu Margaret Thatcher (der eisernen Lady) automatisch her (vgl. Punkt 3.3.4d). Dadurch rückt die *ironía* des Originals in die Nähe der *sátira política*, einer Textgattung, die traditionell gegen bestimmte Vertreter der Staatspolitik gerichtet ist und sich besonders in der politischen und humoristischen Presse Spaniens großer Tradition erfreute (vgl. Punkt 2.2.2.7.3.4). Nach dem übersetzungs-relevanten Kommunikationsmodell (vgl. 2.2.2.6) ist die *sátira* als *Text*gattung ausschließlich dem Sprachsystem zugeordnet. Bei einer *sátira política* oder *social* ist jedoch das gesellschaftliche bzw. politische Umfeld des Textes gar nicht wegzudenken. Im Falle Marías' wurde bereits erklärt, dass der Text als Ganzes nicht als eigenständige Satire zu klassifizieren ist, sondern dass er durch die Allusion eine satirische Tendenz aufweist. Dies ist ein Beispiel für den relativen Charakter des vorgelegten Instrumentariums. Das übersetzungsrelevante Kommunikationsmodell versteht sich nicht als starre Schablone, die man auf Texte anwenden kann, ohne sich im Vor- und Nachhinein Gedanken über die Komplexität des komischen Phänomens zu machen. Außerdem wurde mehrmals darauf hingewiesen, dass es sich bei den Übergängen zwischen den verschiedenen Formen des Komischen um fließende Grenzen handelt.

Was die Übertragung dieses Textes ins Deutsche betrifft, steht man vor einem "Glücksfall", da die Allusion problemlos übersetzbar ist. Dieser Sonderfall ist der Tatsache zu verdanken, dass die Handlung des Romans sich in einem internationalen Kontext abspielt, zu dem sowohl Ausgangs- als auch Zielkultur gehören. Margaret Thatcher ist in Deutschland ebenso als "eiserne Lady" bekannt – der Begriff wurde von der Presse erfunden und durch sie verbreitet –, so dass die Übersetzung "mit eisernem Griff" (Marías 1998[9]:76) keine große Schwierigkeit darstellt (vgl. Punkt 4.1.4d). Wichtig ist jedoch, dass die Übersetzerin die Allusion erkannt, sie korrekt gedeutet und äquivalent übertragen hat. Allusionen sind in der Regel nicht leicht zu vermitteln, so dass die Übersetzer sich oft gezwungen sehen, auf kommentierende oder explikative Verfahren zurückzugreifen. Deskriptive Studien in diesem Bereich haben gezeigt, dass die Übersetzer die Bedürfnisse der ZT-Leser bezüglich Assoziationen stärker berücksichtigen sollten. Darüber hinaus gibt es bereits eine Klassifikation der Übersetzungsstrategien von Allusionen, die keinen Anspruch auf Vollständigkeit erfüllt, aber einen guten Einstieg in dieses Thema bietet (vgl. Leppihalme 1997:106f).

Im Zusammenhang mit dem Komischen spielen Allusionen immer eine bedeutende Rolle, denn sie beruhen – wie das Komische oft, und das Komische kulturspezifischer Natur fast immer – auf Konnotationen. Insofern könnte man an dieser Stelle in der Terminologie Kollers von einem Fall 'konnotativer Äquivalenz' sprechen (Koller 1992[4]:216).

d) Einbindung von Kulturemen

Im Wort 'Kulturem' ist bereits die Position innerhalb des Kommunikationsmodells enthalten, der diese Strategie zuzuordnen ist, nämlich die Kultur. Auf die grundsätzliche Übersetzungsproblematik von Kulturemen als Strategie der *gracia* wurde unter Punkt 3.3.3.1d) eingegangen. Dort war von der Möglichkeit die Rede, den kulturspezifischen Verlust auf der Textebene auf einer metasprachlichen Ebene auszugleichen, z.B. durch die Einarbeitung eines Glossars, Vorworts bzw. Nachworts, in dem genau auf kulturspezifische Unterschiede eingegangen wird. Im Fall von Marías hat die

4. Die GRACIA als kulturspezifisches Übersetzungsproblem

Übersetzerin auf kommentierende Verfahren dieser Natur verzichtet und die Kultureme in den ZS-Text erfolgreich übertragen. Bei diesen Kulturemen handelt es sich um Realia, Behavioreme und eine kulturspezifische Kommunikationssituation.

Die Realia waren englische und spanische Reime sowie das Toponym *Plaza de Oriente*. Die Reime wurden jeweils durch *Adaption* an einen deutschen Reim und direkte Übernahme des englischen Reims in den ZT korrekt übertragen. Bei *Plaza de Oriente* steht man als Übersetzer vor einem weiteren Sonderfall, denn aufgrund des internationalen Kontextes der Handlung ist es erneut so, dass der Dolmetscher die kulturspezifische Konnotation des Toponyms für die Britin auflösen muss, so dass die Übersetzerin diese Erklärung in den ZT automatisch übernimmt. Wie bei Mendoza gesehen, ist das eher ein Ausnahmefall. In der Regel muss der Übersetzer bei kulturspezifischen Texten oft auf kommentierende Verfahren zurückgreifen.

Was die Behavioreme betrifft, ging es bei Marías hauptsächlich um die Konventionen der Gesprächsführung, des Schweigens und Posierens. Unter den Punkten 3.3.4d) und 4.1.4d) wurde der Unterschied zwischen dem englischen, spanischen und deutschen Umgang mit Aufforderungen und dem Bruch der Privatsphäre thematisiert. Es wurde festgestellt, dass die Konnotationen der Gesprächsführung in beiden Bereichen teils durch das Verfahren der *Transposition*, teils direkt übernommen wurden, um die Textäquivalenz zu gewährleisten. Das Konzept des Schweigens und seine Konnotationen wurden ebenfalls übernommen. Was die Lärmempfindung betrifft, gibt es in der Tat unübersehbare Unterschiede zwischen AS und ZS (vgl. Punkt 3.3.4d), dennoch erwiesen sich diese nicht als entscheidend für die Übertragung der hiesigen *gracia* ins Deutsche. Bei der Pose vor den Kameras steht man erneut vor einem Fall, in dem die englische Kulturspezifik direkt vom Autor im Original aufgelöst wird, so dass die Übersetzerin sich keine Sorgen darüber machen musste und die englische Konvention ebenfalls explizierte. Dieser Umstand ist wieder der Tatsache zu verdanken, dass die *gracia* dieses Textes sich in einer Dolmetschsituation entfaltet, die von vornherein zumindest zweisprachig geprägt ist und erst in der Übersetzung dreisprachig wird. Daraus kann man ableiten, dass vorwiegend Leser mit einem mehrsprachigen Hintergrund bzw. mit fremdsprachlichen Grundkenntnissen die Komik des Textes in allen Dimensionen genießen werden.

Schließlich wurde auf den kulturspezifischen Vergleich mit der Figur des Pedells hingewiesen, der bis vor kurzem für die Ankündigung des Vorlesungsendes an spanischen Universitäten zuständig war. Wie in der Übersetzungsanalyse bereits erklärt, ist die Figur des Pedells im spanischen und deutschen Kulturraum nicht deckungsgleich, so dass der Vergleich im ZT leicht rätselhaft (*culture bump*) wirken könnte. Trotz der Neutralisierung der Stelle durch die fehlende Konnotation wurde festgestellt, dass die Übersetzerin mit ihrer Entscheidung für das Wort 'Pedell' konsequent den gestelzten Stil des Originals wiedergibt und dadurch für den komischen Kontrast zwischen den hochrangigen Protagonisten und ihrem lächerlichen Verhalten sorgt.

Zusammenfassend kann man behaupten, dass diese Szene für Übersetzungszwecke sehr "dankbar" ist, denn dadurch, dass die Handlung in einem multikulturellen Rahmen stattfindet, durch den ihr Verlauf entscheidend geprägt ist, und sie einen Dolmetscher als Protagonisten hat, tauchen bestimmte Übersetzungsprobleme gar nicht auf. Was die *gracia* des Textes betrifft, wurde gezeigt, dass sie hauptsächlich in der Entfaltung eines ironischen Spiels mit satirischen Einflüssen besteht. Die Übertragung dieser Strategie des Komischen ins Deutsche stellt trotz der subtilen Kulturspezifik keine große Schwierigkeiten dar. Sowohl die Darstellung der Kommunikationssituation als auch die ironische Haltung des Ich-Erzählers, der Gebrauch von Körpersprache und Allusionen sowie die Einbindung von Kulturemen werden vorwiegend textäquivalent ins Deutsche übertragen. Als weiteres Zeichen für den Erfolg der Übersetzung gilt die kurze Rezeptionsgeschichte des Werks, die im folgenden Textvergleich kurz umrissen wird.

4. Die GRACIA als kulturspezifisches Übersetzungsproblem

4.3 Literaturübersetzung im Vergleich
4.3.1 Vergleichsparameter nach dem Kommunikationsmodell

Im Folgenden geht es darum, die gerade analysierten Ausgangs- und Zieltexte miteinander zu vergleichen, um Gemeinsamkeiten und Unterschiede bezüglich der Übersetzung des Komischen festzustellen. Dazu sind relevante Kriterien vonnöten, die als Vergleichsparameter dienen. Hierfür bietet das translationsrelevante Kommunikationsmodell erneut eine sichere Grundlage, weil es alle Teilnehmer des Kommunikationsprozesses berücksichtigt, und zwar nicht als lineare Addition von unterschiedlichen Positionen, sondern als ganzheitliches System, dessen Teilnehmer ständig interagieren (vgl. 2.2.1.6). Folgt man der natürlichen Reihenfolge des Kommunikationsprozesses, gelten folgende Vergleichsparameter:[129]

Komm.modell	AT	ZT	Komm.modell
Sender	Intention des Autors Leistung des Autors	Intention des Übersetzers Leistung des Übersetzers	Sender'
Empfänger	Rezeptionsgeschichte	Rezeptionsgeschichte	Empfänger'
Sprachsystem	Strategien des Komischen	Strategien des Komischen in Übersetzung	Sprachsystem'
Komm.situation	Zeitdimension Text- Situation Raumdimension Textfunktion	Zeitdimension Text- Situation Raumdimension Textfunktion	Komm.situation'
Kultur	Lachkultur in der Zielkultur	Lachkultur in der Ausgangskultur	Kultur'

Tab. 15 Vergleichsparameter zwischen AT und ZT nach dem Kommunikationsmodell

Unter der Position *Sender* und *Sender'* sind die Intention des Autors bzw. des Übersetzers sowie die jeweilige kreative Leistung bzgl. des Komischen aufgeführt. Die Intention des Autors lässt sich lediglich aus Interviews oder einer anderen Form der öffentlichen Stellungnahme zum jeweiligen Werk entnehmen. Noch schwieriger ist es, die übersetzerische Intention zu erforschen, denn Über-

---

[129] Im Folgenden werden diese Parameter erläutert und auf die Texte angewendet. Wichtig ist es dabei zu betonen, dass die vorliegende Dissertation sich auf die codebezogenen Strategien des Komischen konzentriert (in der Tabelle schattiert dargestellt). Die anderen Parameter verlangen jeweils nach einer eigenen Dissertation. An dieser Stelle werden sie angerissen und sollen als Angebot zur weiteren Beschäftigung mit dieser Thematik gelten.

setzer äußern sich selten zu ihrer Arbeit bzw. sind der jeweiligen Verlagspolitik untergeordnet, die durchaus großen Einfluss auf übersetzerische Entscheidungen ausüben kann (Venuti 1998:48). Im Rahmen dieser Arbeit wurde der Kontakt mit den Übersetzern erfolgreich aufgenommen und ihre Berichte entsprechend ausgewertet.[130] Bei der Beurteilung der Autor- bzw. Übersetzerleistung ist eine subjektive Komponente nicht zu vermeiden. Im Falle des Autors ist die Grundlage für dieses Urteil die vorgenommene Textanalyse sowie die einschlägige Sekundärliteratur. Die Beurteilung der übersetzerischen Leistung beruht ebenfalls auf dem textanalytischen Teil der Arbeit. Übersetzungskritische Sekundärliteratur zu beiden Werken hinsichtlich des Komischen gibt es meines Wissens nicht.

Ein weiteres Kriterium, um Original und Übersetzung zu vergleichen, ist die Reaktion der *Empfänger*. Diese lässt sich entweder empirisch oder anhand der Rezeptionsgeschichte des Werkes erfassen. Da Ersteres die Dimensionen dieser Arbeit sprengen würde, habe ich mich für die zweite Methode entschieden. Was das Original betrifft, liegen sowohl hinsichtlich Mendozas als auch Marías' Werk gute Studien zur Rezeption vor. Bei den Übersetzungen sieht es anders aus. Der Rezeption der Zieltexte kann man in diesem Fall nur durch Rezensionen nachgehen, wobei diese sich sehr selten mit der Qualität der Übersetzung befassen. Wenn dies dennoch geschieht, dann handelt es sich meistens um "Verrisse" (Müller 2003:3). In diesem Zusammenhang stellt *Corazón tan blanco* von Javier Marías eine bekannte Ausnahme dar, denn es war gerade die Rezeption dieses Werks im deutschsprachigen Raum, die dem Autor zu internationaler Anerkennung verhalf. Kurioserweise fand Marías erst danach in Spanien selbst – sozusagen als Reimport – ähnliche Beachtung (Marías im Interview in El País vom 23.06.1996). Auf diese Besonderheit wird an späterer Stelle eingegangen.

Als weiterer Vergleichsparameter fungiert das *Sprachsystem*, mit dem die komischen Ausgangs- und Zieltexte verwoben sind. Zur Erzeugung des komischen Effekts benutzen die Autoren verschiedene Strategien, deren Analyse

---

[130] An dieser Stelle möchte ich mich bei den Übersetzern Peter Schwaar und Elke Wehr sehr herzlich bedanken.

4. Die GRACIA als kulturspezifisches Übersetzungsproblem

im Mittelpunkt dieser Arbeit steht. Der Vergleich auf dieser Ebene greift auf die übersetzungsrelevanten AT- und ZT-Analysen zurück.

Die *Kommunikationssituation*, in der *risa* und das *Lachen* entstehen (vgl. Punkte 2.2.2.7.6 und 2.2.1.7.6), ist ein weiterer Faktor, den man beim AT- und ZT-Vergleich berücksichtigen muss. Sie setzt sich aus drei Variablen zusammen: Zeit und Ort der Textentstehung (Textsituation) sowie Textfunktion.[131] Snell-Hornby (1988) verknüpft diese Variablen jeweils mit AT und ZT und definiert das Verhältnis zwischen Textsituation und AS-Textsorte sowie Textfunktion und ZS-Textsorte wie folgt: Der literarische AT ist immer situations- und damit realitätsgebunden. Die AT-Situation setzt sich aus dem individuellen Leseakt, der Übernahme des literarischen AT in die kulturelle Tradition und der geschaffenen Textwelt ("Text im Text") zusammen. Die Interpretation eines literarischen Textes ist somit immer kulturbezogen. Gerade für parodistische Texte ist diese Abhängigkeit von besonderer Bedeutung: "these [texts within a text] are never interpreted in isolation, but are integrated by the reader into his global understanding of the novel as a whole, whereby a relationship is created –be it irony, *parody*, casuality or contingence– between the micro-text and the textual system" (Snell-Hornby 1988:13, Hervorhebung von mir).

Was den literarischen Zieltext und seine Funktion betrifft, erfüllt er nach Snell-Hornby drei Aufgaben: 1. intratextuelle Kohärenz, 2. funktionale Wechselwirkung mit dem Leser, der die Botschaft des ZT versteht und interpretiert und 3. Nachahmung und Verewigung eines fiktionalen Werkes in einer bestimmten Zielkultur zu einem konkreten Zeitpunkt. Das Problem bei dieser Zieltextfunktion besteht allerdings zum einen in der Tatsache, dass Übersetzungen je nach Stabilität des ständig wechselnden Polysystems in der Regel

---

[131] Der Begriff 'Textfunktion' steht im Mittelpunkt funktional ausgerichteter Ansätze der Translations-wissenschaft. Nach dieser dynamischen Auffassung hat ein Text keine Funktion, sondern er *bekommt* eine oder mehrere Funktionen zugeschrieben (Nord 1998:145). Daher liegt der Schwerpunkt bei der Übersetzung des Komischen auf der Rezeption des ZT. Man sollte also im voraus bestimmen, ob man die Komik des Originals im ZT wörtlich reproduzieren will oder ob man sie der Zielkultur anpassen soll. Allerdings ist dies kein Garant, um die erwünschte Funktion zu erfüllen. Ein komischer Text mag mit Ärger oder Trauer empfangen werden. Diese Reaktionen wären genauso gut denkbar und würden die Textfunktion prägen.

schnell veralten, und zum anderen darin, dass Übersetzer selten ihre Entscheidungen erklären. Diese Entscheidungen, z.B. für oder gegen eine bestimmte Übersetzungsstrategie, sind so genannten supratextuellen Parametern (Franco Aixelà 1996:65) untergeordnet, die das Endprodukt maßgeblich beeinflussen. Damit sind u.a. folgende Aspekte gemeint: die linguistische Norm der ZS, die Eigenschaften und Erwartungshaltung des Auftraggebers sowie die Arbeitsbedingungen, Ausbildung und der Status eines literarischen Übersetzers in der Zielkultur.

Diese Aspekte, denen in traditionellen Ausrichtungen der Translationswissenschaft selten Aufmerksamkeit geschenkt wird, werden unter Punkt 4.3.2 in Bezug auf das Korpus der Arbeit und insbesondere auf die Übersetzung des Komischen genauer analysiert.

Das letzte Vergleichskriterium, die Position *Kultur* innerhalb des Kommunikationsmodells, ergibt sich aus dem Zusammenspiel der anderen Parameter. Damit wird ein Bezug hergestellt zu den *Lachkulturen*, in die AT und ZT eingebettet sind. Dieser Begriff wurde bereits im Zusammenhang mit dem 'Lachen' und der *risa* thematisiert und geht hauptsächlich auf Bachtin zurück (vgl. Punkte 1.6 und 2.3.3.6). Die moderne Theorie definiert 'Lachkultur' als komplexen Deutungshorizont, der sich sowohl aus universal verstehbaren Teilen des Komischen als auch den nationalen Zuschreibungen von Komikvorlieben zusammensetzt.

Im folgenden Abschnitt werden zunächst die Ausgangstexte nach dem entworfenen Kriterienkatalog miteinander verglichen.

4.3.2 Ausgangstexte im Vergleich

- *Intention und Leistung des Autors*
  Eduardo Mendoza betont immer wieder, dass er die Romane, die den anonymen Schelm-Detektiv als Hauptfigur haben, als "bloße" Unterhaltungsliteratur versteht (Nilsson 1996:44). Die *gracia* des Textes ist allerdings ohne den kulturspezifischen Hintergrund schwer verständlich. Mendoza schafft keine von der spanischen Außenwelt abgeschnittene Textwelt, ganz im

4. Die GRACIA als kulturspezifisches Übersetzungsproblem

Gegenteil: Wie in der übersetzungsrelevanten AT-Analyse bereits gesehen, findet der Leser ständig direkte und indirekte Bezüge zu Kulturemen des jeweiligen Zeitraums.[132] Aus diesem Grund wird Mendozas Werk als soziale Chronik seiner Zeit interpretiert (vgl. Punkt 3.3.3.2c). Trotz der kritischen Absicht, die bei der *Cripta* zu erkennen ist, ist diese nicht die primäre Intention des Autors, dem es in erster Linie um Unterhaltung geht. Dies mag der Grund für die Wahl der *parodia* als Strategie des Komischen sein, denn wie bereits definiert, hat diese im Unterschied zur *sátira* keine streng moralische bzw. politische Absicht (vgl. Punkt 2.2.2.7.3.5).

Marías hingegen verfolgt sehr energisch – fast programmatisch – eine nicht spanischspezifische Intention (vgl. Punkt 3.2.2.2). Seine Geschichten spielen sich oft in mehreren Ländern ab, und er versucht, durch die angesprochenen Themenkomplexe universalen, sogar existenziellen Fragen wie Rede- vs. Schweigeverhalten, Lüge vs. Wahrheit usw. nachzugehen. Wenn er tatsächlich die Kulturspezifik thematisiert, wie in der analysierten Szene der Fall, dann geschieht dies auf eine sehr ironische Art und Weise, die man zwischen den Zeilen als harte Kritik lesen kann. Bei *Corazón tan blanco* richtet sich die Kritik gegen das Herrschaftsverständnis der Regierenden, deren demokratische Überzeugungen als Schein entlarvt werden. Allerdings spielen weder die Kulturspezifik noch das Komische eine primäre Rolle, sie stellen nur eine Episode in einem umfangreichen Roman dar, in dem ganz andere Fragen behandelt werden. Dies könnte der Grund dafür sein, dass Marías aus dem Spektrum der *gracia* zur *ironía* als Hauptstrategie greift. Da die kulturspezifische Komik kein Leitmotiv des Romans und dieser nicht textgattungsgebunden ist, liegt es nahe, eine rhetorische Strategie wie *ironía* einzusetzen, die punktuell verwendet werden kann.

Was die kreative Leistung beider Autoren im Bereich des Komischen betrifft, wurde diese bereits in den übersetzungsrelevanten Textanalysen thematisiert. Aus der Textanalyse ergaben sich drei Kategorien zur Erzeugung der komischen Wirkung, die je nach Autor unterschiedlich ein-

---

[132] Dies soll keineswegs als Kritik an Mendozas Originalität interpretiert werden, ganz im Gegenteil: Mendozas Verdienst besteht m.E. darin, durch den intertextuellen Bezug auf vorhandene Gattungen (Detektiv- und Schelmenroman) sowohl eine Parodie des Detektivromans als auch einen modernen Schelmenroman geschrieben zu haben.

gesetzt werden und die entsprechende Leistung vom Leser erfordern. Diese Kategorien sind: *Sprache, Vorwissen* und *narrative Situation*. Bei Mendoza wurde festgestellt, dass das Komische in aufsteigender Reihenfolge auf dem Vorwissen, der Sprache und der narrativen Situation beruht (vgl. Punkt 3.3.3.1). Das Weltwissen ist in der Ausgangskultur zum größten Teil vorgegeben, d.h. es ist kulturspezifischer Natur. Der Autor teilt dieses Wissen mit dem AT-Leser und übernimmt die für seine Zwecke relevanten Elemente. In Bezug auf die Sprache richtet sich der Autor nach der allgemeinsprachlichen Norm und erweitert sie auf kreative Art im Rahmen des vorgegebenen Sprachsystems. Bei der Gestaltung der narrativen Situation erreicht Mendoza das höchste Maß an Kreativität: Mendoza nutzt dieses Vorwissen und das Sprachsystem, um eine ganze Textwelt zu schaffen, die allein seiner künstlerischen Gestaltungskraft entspringt.

Bei Javier Marías wurde festgestellt, dass der Schwerpunkt seiner kreativen Leistung im Bereich des Komischen auf der Sprache liegt. Für die Entfaltung der *ironía* bedarf es im Vergleich zu Mendoza eines deutlich geringeren kulturspezifischen Vorwissens. Unentbehrlich ist es jedoch nicht: Der Autor nutzt bestimmte kulturspezifische Merkmale für seine ironischen Zwecke, löst jedoch diese Ironie im Laufe der narrativen Situation durch den Ich-Erzähler auf. Wenn Marías ein bestimmtes Vorwissen einsetzt, dann häufig um die Erwartungen des Lesers zu konterkarieren. Den eigentlichen komischen (ironischen) Effekt erreicht der Autor jedoch auf sprachlicher Ebene (sowohl verbal wie nonverbal). Marías schöpft das Potenzial der Sprache aus, um auf syntaktischer, semantischer und pragmatischer Ebene eine ironische Wirkung zu erzielen.

- *Rezeptionsgeschichte*

Eine ausführliche Darlegung der Rezeptionsgeschichte zum Korpus der Arbeit unter Berücksichtigung der Übersetzungsproblematik würde den Rahmen dieser Dissertation sprengen. Dennoch soll an dieser Stelle auf Faktoren eingegangen werden, die die Rezeption des Komischen in den behandelten Romanen beeinflusst haben. Bei Mendoza und Marías handelt es sich um zwei der erfolgreichsten Autoren der zeitgenössischen Literatur Spa-

4. Die GRACIA als kulturspezifisches Übersetzungsproblem

niens, die mit jeder Neuerscheinung sofort auf der Bestsellerliste landen. Die Rezeptionsgeschichte der Originale soll mittels Rezensionen sowie Sekundärliteratur nachgezeichnet werden.[133]

Mendoza ist sowohl von der Kritik als auch von der Sekundärliteratur ausführlich und meistens wohlwollend behandelt worden (vgl. sämtliche Beiträge in Oxford & Knutson 2002). Interessant bei Marías ist die Tatsache, dass er die spanische Kritik spaltet. In der Sekundärliteratur wird er nach wie vor eher selten berücksichtigt (vgl. Punkt 3.2.2.2). Wenn dies dennoch geschieht, dann meist im Rahmen internationaler Tagungen.

Was das Komische betrifft, unterscheidet man bei Mendoza zwischen ernsthaften und humorvollen Werken. Zu letzteren gehört die Reihe des anonymen Detektivs, die bisher drei Bände umfasst *(El misterio de la cripta embrujada, El laberinto de las aceitunas* und *El tocador de señoras)*, sowie die Abenteuerromane über den Außerirdischen Gurb *(Sin noticias de Gurb)* und Kapitän Horacio *(El trayecto de Horacio Dos)*. Mendoza selber erklärt, dass es sich hierbei z.T. ursprünglich um Auftragswerke für Tageszeitungen handelt. Dieser Umstand tut der komischen Wirkung keinen Abbruch, wichtig aber ist die Tatsache, dass die Wiederholung einer komischen Figur die Erwartungshaltung des Rezipienten im voraus prägt. Der spanische Leser weist somit bei solchen Werken eine Prädisposition zum Lachen auf.

Javier Marías wird dagegen nicht in erster Linie mit dem Komischen assoziiert. Sowohl die Rezensionen als auch die Sekundärliteratur beschäftigen sich vorrangig mit anderen Aspekten seines Werkes, z.B. der Reflexion über die Ehe als Institution, der Funktion des Schweigens usw., und betonen die Internationalität und die Außenseiterrolle des Autors. Wenn es denoch um *gracia* im weitesten Sinne geht, dann heben Kritiker und Wissenschaftler

---

[133] Offizielle Verkaufszahlen gibt es in Spanien leider nicht, und die Verlage halten sich mit der Publikation ihres Umsatzes eher zurück. Ein Überblick zur Rezeption von *El misterio de la cripta embrujada* findet sich bei Schwarzbürger (1998). Für eine neuere allgemeine Bibliographie zu Mendoza vgl. Oxford & Knutson (2002). Zur Rezeption von *Corazón tan blanco* vgl. die Bibliographie in HURTADO, Sandra; BLANCA, Inés; VALLS, Fernando (2001): "Para una bibliografía de Javier Marías". In: Steenmeijer, Maarten (2001): *El pensamiento literario de Javier Marías*. Amsterdam, New York: Rodopi. 135-157. (=Foro hispánico. Revista hispánica de los Países Bajos. Nr. 20) sowie die Webseite www.javiermarias.es

eher die Ironie als Qualitätsmerkmal hervor, die Marías mit der britischen Schreibtradition verbinde (vgl. verschiedene Rezensionen zu *Corazón tan blanco* in www.javiermarias.es). Marías' Leser erwarten also eine "literatura del pensamiento" (Masoliver Ródenas 1994), d.h. reflexive Romane mit immer wiederkehrenden Leitmotiven und einer komplexen Struktur, bei denen ein ironischer Unterton mitschwingt. Was den Verkaufserfolg betrifft, wurden im Juni 2002, zehn Jahre nach der Erstauflage des Buches, folgende Zahlen veröffentlicht: Das Werk *Corazón tan blanco* wurde weltweit insgesamt 1.600.000 Mal verkauft, davon 1.122.200 Exemplare der deutschen, ca. 350.000 der spanischen und ca. 25.000 der englischsprachigen Ausgabe (Quelle: www.javiermarias.es). Auf die Rezeption der deutschen Übersetzung wird unter Punkt 4.3.3 eingegangen.

- *Strategien des Komischen*
Wie in den jeweiligen Ausgangstextanalysen ausführlich beschrieben, setzen Mendoza und Marías in ihren Texten mehrere Strategien des Komischen ein, die teilweise übereinstimmen, aber doch anders angewandt werden. Im Folgenden werden diese Strategien und die Art ihrer Anwendung nach der Abfolge des Kommunikationsprozesses bei beiden Autoren verglichen.

BURLA

Die komische Strategie der *burla*, verstanden als gnadenlose Verspottung einer bestimmten Person (vgl. Punkt 2.2.2.7.2), wird von Mendoza vor allem in der Beschreibung Cándidas eingesetzt. Bei der Analyse der Textstelle wurde bereits auf die grotesken Elemente dieser Form des Komischen eingegangen (vgl. Punkt 3.3.3.2c), die durch Stilmittel wie Verformung, Animalisierung und Übertreibung definiert ist. Bei Marías findet man ebenfalls groteske Züge bei der infantilisierenden Darstellung der beiden Staatenlenker (vgl. Punkt 3.3.4d). Sie werden aber bei *Corazón tan blanco* in einem viel geringeren Maße eingesetzt.

SÁTIRA (POLÍTICA)

Bei Marías findet man ein Beispiel für die komische Strategie der *sátira política*, und zwar als Mittel, um die Ironie der gesamten Szene zu intensi-

4. Die GRACIA als kulturspezifisches Übersetzungsproblem

vieren, sie in einem gesellschaftlichen Kontext einzubetten und damit dem AT-Leser nahe zu bringen. Dies geschieht durch eine indirekte Allusion auf Margaret Thatcher (vgl. Punkt 3.3.4d). Die *sátira política* ist in erster Linie textbezogen (vgl. Punkt 2.2.2.7.3.4). Allerdings wurde bereits dargestellt, dass der gesellschaftliche Hintergrund zur textuellen Realisierung der *sátira* unentbehrlich ist. Bei Mendoza finden sich durchaus Anspielungen auf die Zeit, in der die Handlung angesiedelt ist, sie münden aber nicht in eine *sátira política*, sondern werden zu Kultureme verarbeitet, auf denen die Parodie beruht.

PARODIA

Bei Mendoza hat man es mit einem Fall von Parodie zu tun, die auf den Ebenen 'Registerkontrast', 'Namengebung' und 'Intertextuelle Bezüge' verwirklicht wird (vgl. Punkt 3.3.3.1). Unter Anwendung dieser Strategien gelingt es dem Autor, die Peripherie des spanischen Kultursystems (Detektiv- bzw. Schelmenroman) zu parodieren:

> Eduardo Mendoza targets forms that in themselves are ex-centric, or on the edge of traditional culture. Thus, material that was marginal now is displaced by references that are ex-centric relative to it. Furthermore, if the original forms were parodic to a large extent, the resulting parody on top of parody shows that the margins have their own margins, opening a series of references that even the most up-to-date and informed readers might find difficult to grasp.
>
> (Knutson 2002:8)

Diese *Marginalität* bzw. "Parodie einer Parodie" führt dazu, dass Mendozas Schreibtechnik als "postmodern" bezeichnet wird. Der enge Bezug auf eine bestimmte Epoche der spanischen Geschichte und eine bestimmte Stadt schwächt die erfolgreiche (komische) Wirkung des Textes bei jüngeren Lesern, selbst wenn sie Muttersprachler sind, ab. Diese Problematik wird im Fall einer Übersetzung verstärkt.

Bei Marías findet man ebenfalls parodistische Züge, aber diese spielen keine primäre Rolle. Sie beziehen sich lediglich auf die Wiedergabe der sprachlichen und körpersprachlichen Ausdrucksweise der prominenten Politiker und sind der allgemeinen Ironie des Textes untergeordnet.

Lo grotesco

Lo grotesco wurde schon im Zusammenhang mit der *burla* behandelt. Allerdings weist diese Strategie des Komischen bei der Cándida-Textstelle von Mendoza einen eigenständigen Charakter auf. Die Schlusspointe beruht auf der Spannung, die durch die unbarmherzige Darstellung der Schwester aufgebaut und durch den Kontrast zur abschließenden Bemerkung aufgelöst wird. Bei Javier Marías steht *lo grotesco* nicht im Mittelpunkt der komischen Strategien. Es fungiert als zusätzliches Merkmal, um die Politiker der Lächerlichkeit preiszugeben.

Chiste

Von der komischen Strategie des *chiste* war ausschließlich bei Mendoza die Rede. Der Autor baut Cándidas Szene wie einen Witz auf: Nachdem der Protagonist ein unvorteilhaftes Bild der Schwester gezeichnet und dadurch an die Sensibilität und Sympathie des Lesers appelliert hat, erzeugt die herzliche Begrüßung einen Überraschungseffekt, der durch seinen abrupten Kontrast der Pointe eines *chiste* ähnelt (vgl. Punkt 3.3.3.2c). Bei Marías beruht die Hauptstrategie des Komischen, die *ironía*, wie bei einem *chiste* auch auf dem Text, aber hinzu kommen weitere wichtige Faktoren wie 'Sender', 'Empfänger' und 'Kommunikationssituation', die für die vollständige Entfaltung der *ironía* vonnöten sind – die Ironie geht in gewisser Weise über den reinen Text hinaus.

Risa

Die Strategie der *risa* zur Erzeugung des Komischen durch die lächerliche Darstellung einer Kommunikationssituation wird von beiden Autoren häufig angewendet. Bei Mendoza handelt es sich um eine Taufszene, bei Marías um das Dolmetschen eines politischen Gipfeltreffens. Der ausschlaggebende Unterschied zwischen beiden Texten besteht in der Kulturspezifik. Während der politische Gipfel Lesern aus den hier behandelten Sprachräumen (Spanisch-Deutsch) bekannt ist, weist die spanische Taufszene eindeutig

4. Die GRACIA als kulturspezifisches Übersetzungsproblem

Konnotationen auf (vgl. 3.3.3.1c), die je nach kulturellem Hintergrund (österreichisch, deutsch oder schweizerisch) problemlos, schwer bis gar nicht zu verstehen sind.[134] Bei Mendoza ist der Anteil dieser kulturspezifischen Komik viel größer.

IRONÍA

Im Fall der *ironía* wurde festgestellt, dass sie bei Marías als Hauptmittel des Komischen fungiert. Sowohl die ironische Haltung des Ich-Erzählers (die wiederum dreigeteilt ist, vgl. Punkt 3.3.4c) als auch der ironische Gebrauch von Körpersprache werden in der gesamten Stelle leitmotivisch verwendet und bilden das Fundament des Komischen. Mendoza setzt bei der Beschreibung Cándidas punktuell ironische Bemerkungen ein (vgl. Punkt 3.3.3.2c). Sie verstärken den spöttischen Charakter der gesamten Textstelle, kommen aber durch die im Vordergrund stehende *burla* kaum zur Geltung. Auf den Empfänger bezogen, könnte man sagen, dass er Marías' *ironía* mit einem Lächeln und Mendozas *burla* mit einem Lachen begegnet.

GRACIA

Die *gracia* als letzte Stufe des kulturspezifisch Komischen wird von beiden Autoren eingesetzt. Wie bereits gesehen (vgl. Punkt 2.2.2.7.8), vereint diese Strategie die drei Dimensionen des Menschen (körperlich, seelisch, situativ) und ist daher besonders für die holistische Betrachtung des komischen Phänomens geeignet. Sie besteht in der Einbindung kulturspezifischer Elemente, die unterschiedliche Formen annehmen können und im Rahmen dieser Arbeit unter dem Begriff 'Kultureme' zusammengefasst wurden. Mendoza und Marías benutzen diese Kulturspezifika in unterschiedlichem Maße. Im Vergleich zu Marías ist Mendozas Text mit zahlreichen Kulturemen gespickt. Es gibt kaum einen Satz, der keine Anspielung bzw. eine direkte Einbindung eines Kulturspezifikums aufweise. Die gesamte Handlung ist zu einer bestimmten Zeit in einem konkreten Ort angesiedelt.

---

[134] Über rein geographische Grenzen hinaus müsste man bei einer genaueren Untersuchung nach deskriptivem Ansatz weitere Unterschiede wie Alter, Religion usw. mit berücksichtigen.

Bei Marías kommen auch Kultureme vor, aber zum einen geschieht das nicht so häufig und zum anderen – und vor allem – wird die Kulturspezifik im Text fast immer aufgelöst. Dadurch, dass es sich um eine Dolmetschszene handelt, sieht sich der Protagonist dazu gezwungen, die Kulturspezifik des Gesagten und Gemeinten zu erläutern, damit die Kommunikation aufrechterhalten werden kann. Die Folge für AT-Leser ist, dass man bei Mendoza mit der *transición*-Periode vertraut sein muss, um die Komik des Textes vollständig zu verstehen. Bei Marías haben jüngere Leser den Vorteil, dass die Handlung zu einem späteren Zeitpunkt angesiedelt ist und die Kulturspezifik leichter entschlüsselt werden kann.

- *Zeit- und Raumdimension (Textsituation)*

    Die zeitliche und örtliche Bestimmung von Mendozas Text wurden bei dem historischen Kontext des Romans thematisiert (vgl. Punkt 3.2.1.2). Dazu weitere Daten: Die *Cripta* wurde 1979 veröffentlicht, die Handlung selbst ist 1977 angesiedelt, zur Zeit der spanischen *transición*. Diese Einbettung ist keineswegs zufällig, denn der Romaninhalt ist eindeutig kulturspezifisch geprägt. Dies ist von besonderer Bedeutung für die *gracia* des Werkes, denn sie beruht auf Anspielungen auf das damalige Geschehen. Mendozas Parodie besteht in der Wiederaufnahme einer damals beliebten Gattung, der des Detektivromans (vgl. Punkt 3.2.1.2), die er mit einer anderen Gattung, der des Schelmenromans, kreuzt. Neben der zeitlichen Komponente stellt man bei Mendoza eine räumliche Abhängigkeit fest. Viele seiner Romane, auch die *Cripta*, spielen in seiner Heimatstadt Barcelona. Dies hat zur Folge, dass regional bedingte Institutionen (wie die *Generalitat* oder Landesregierung Kataloniens) und andere Realia parodiert werden. Daraus ergibt sich die Frage, inwiefern Leser aus jüngeren Generationen bzw. nicht katalanische Leser diese *parodia* als solche überhaupt wahrnehmen können. Meine Vermutung ist, dass das parodistische Spiel mit Sprachregistern nach wie vor funktioniert, während manche Realia inzwischen veraltet sind und ihre komische Wirkung eingebüßt haben.

    Javier Marías' Buch wurde 1992 veröffentlicht, ein entscheidendes Jahr für die Europäisierung Spaniens, die seither rapide zugenommen hat. Inter-

4. Die GRACIA als kulturspezifisches Übersetzungsproblem

nationale sowie bilaterale Gipfeltreffen sind keine Seltenheit mehr und man ist an solche Fernsehbildern gewöhnt. Inzwischen ist die Figur des Dolmetschers im allgemeinen Bewusstsein verankert. Die Zeit der Handlung liegt nicht so lange zurück. Hinzu kommt der räumliche Aspekt: Juans Leben spielt sich in Havanna, Madrid, Genf und New York ab, aber es hätten genauso gut Buenos Aires, Barcelona, Paris und Washington sein können. Diese Internationalität sowie die Thematik – die Stellung des postmodernen Menschen in der westlichen Kultur – sind Garant für die Aktualität des Romans und seinen weltweiten Erfolg.

- *Textfunktion*
Die Funktion eines komischen Textes wird erst durch die Reaktion eines Lesers in Form von Lachen, Lächeln usw. realisiert. Allerdings gibt es auch Fälle, bei denen Texte ohne komische Absicht einen komischen Effekt erzielen und umgekehrt. Die Reaktion des Lesers ist also nicht der wichtigste Maßstab für die Beurteilung der Frage, ob ein Text seine komische Funktion erfüllt. Die Verkaufszahlen sind ein deutlicher Hinweis darauf, dass beide Bücher ein breites Publikum erreicht haben. Mendoza wird in allen Rezensionen Witz attestiert. Auch dem Roman von Marías räumt man einen gewissen Unterhaltungswert ein, aber die Kritik konzentriert sich bei der Beurteilung auf andere Fragen. Das Komische ist nur ein Nebenaspekt. Insofern lässt sich sagen, dass die Textfunktion des Komischen in beiden Texten erfüllt ist.

- *Einbettung in eine Lachkultur*
Beide Ausgangstexte sind in die spanische Lachkultur eingebettet, aber sie unterscheiden sich hinsichtlich a) des Zeitpunkts ihrer Entstehung und b) des Anteils an Kulturspezifik. Die Romane wurden mit einem Abstand von 13 Jahren veröffentlicht. Besonders Mendozas Werk wird als soziale Kritik an der spanischen *desencanto*-Gesellschaft gelesen und ist nicht nur zeitlich, sondern auch räumlich genau abgegrenzt. Die Handlung spielt in Barcelona,

so dass der katalanischen Hauptstadt eine tragende Rolle zukommt.[135] Die historische und lokale Bedingtheit ist offensichtlich kein Hindernis dafür, dass dieser Detektivroman auch heute noch gelesen wird. In Anbetracht des aktuellen Literaturbetriebs, in dem Neuerscheinungen selten länger als sechs Monate in den Buchhandlungen präsent sind, ist es durchaus überraschend, dass ein Werk aus den späten siebziger Jahren 2002 zum 54. Mal nachgedruckt wurde. Inwischen ist mit großem Erfolg das dritte Abenteuer des anonymen Detektivs erschienen (*El misterio del tocador de señoras*, 2001), in dem Mendoza seiner komischen Hauptstrategie treu bleibt. Beides macht deutlich, dass die postmoderne Parodie marginaler Gattungen wie Detektiv- oder Schelmenroman nach wie vor aktuell ist. Was die Kulturspezifik anbelangt, wird Mendoza als Bewahrer und Erneuerer der komischen Tradition Spaniens rezipiert (vgl. Punkt 3.2.1.2).

Marías' Roman wurde in den Anfängen der Europäisierung Spaniens veröffentlicht. Der Autor selbst zeigt eine Vorliebe für die europäische, vor allem britische Erzähltradition und fühlt sich erklärtermaßen nicht allein der spanischen Kultur verpflichtet. Die Ironie der einzigen komischen Episode seines Romans ist im internationalen Kontext angesiedelt, in dem die Protagonisten sich dennoch nach dem jeweiligen Stereotyp verhalten: der ungeduldige, stolze Spanier versus die wortkarge, zurückhaltende Britin. Die kulturspezifische Komik ist allerdings nicht besonders ausgeprägt und ist deshalb kein Merkmal, um Marías' Schreibweise zu charakterisieren.

4.3.3 Zieltexte im Vergleich

- *Intention und Leistung des Übersetzers*
Was die Übersetzerintention betrifft, wurde bereits erwähnt, dass Übersetzer selten die Gelegenheit haben, ihre Entscheidungen zu erläutern. Außerdem sind sie oft supratextuellen Faktoren unterworfen, auf die ich später eingehen werde. Der Übersetzer muss sich in der Regel damit begnügen, der ziel-

---

[135] Zur Rolle und Entwicklung Barcelonas in Mendozas Werk vgl. Schwarzbürger (1998).

4. Die GRACIA als kulturspezifisches Übersetzungsproblem

kulturellen Konvention dessen, was eine literarische Übersetzung sein soll, gerecht zu werden, selbst wenn diese Konvention zweifelhaft ist:

> In some cases – these are unfortunately still all too rare – the translator explains the intended function of the specific text he has created in a preface or appendix; [...]. In other cases, publishers have specific aims and a specific reader in mind for a translation they commission, thus making the literary work as "functional" as any newspaper article. [...] Usually however, the literary translator gives no indication of his intention, and publishers´ constraints remain unknown: it is a hallmark of the prototypical literary translation that it is assumed to stand as a valid full-scale representative of the original in a foreign culture [...]; with this awesome function a literary translation is bound to have shortcomings and faultfinders somewhere.
>
> (Snell-Hornby 1988:114)

Aus diesem Grund finden vor allem im Rahmen der *Descriptive Translation Studies* moderne theoretische Ansätze ein positives Echo, die sich für eine größere *Sichtbarkeit* des Übersetzers stark machen und sich mit Begriffen wie 'Urheberschaft' und 'Kreativität' auseinandersetzen (Venuti 1995, Schäffner 1995).[136]

Die Realität sieht anders aus. Der Übersetzer spielt in allen Bereichen der Buchproduktion eine eher marginale Rolle. Ein Beispiel dafür ist die Art und Weise, wie die Entscheidung für die Veröffentlichung eines fremdsprachigen Werkes zustande kommt: dafür holen sich die Verlage zwar gelegentlich Rat beim Übersetzer in Form von Gutachten, letzlich sind aber im Allgemeinen potenziell hohe Verkaufszahlen das entscheidende Kriterium. Im Falle Mendozas war die *Cripta* ein Nachfolgeauftrag von *La ciudad de los prodigios*, während das Manuskript von *Mein Herz so weiß* eine Zeit lang durch die Verlage kursierte, bis sich Klett-Cotta ausnahmsweise auf Empfehlung der Übersetzerin zur Veröffentlichung entschied.

---

[136] Das Problem bei Venutis Ansatz ist seine US-Bezogenheit. In Amerika ist es hauptsächlich so, dass Übersetzer fast als Initiatoren des Translationsprozesses fungieren, indem sie selber die Initiative ergreifen und den Verlagen einen Übersetzungsvorschlag unterbreiten. Dadurch gewinnen sie einen besonderen Einfluss und können bestimmen, was übersetzt wird. Darin liegt schon, wie Venuti selber erkennt, eine ethische Komponente, mit der sich jeder Übersetzer auseinandersetzen sollte. Die Freiheit des Übersetzers als Autor geht dadurch mit einer bestimmten Verantwortung einher. Europäische Übersetzer sind meines Wissens den Gesetzen des jeweiligen Literaturbetriebs unterworfen, in dem multinationale Verlagskonzerne im voraus bestimmen, was übersetzt wird. Insofern können Venutis Überlegungen eine wegweisende Funktion bei der Berücksichtigung solcher Fragen in ein anderes nicht-amerikanisches Literatursystem erfüllen.

Die Leistung des Übersetzers im Bereich des Komischen ergibt sich aus der jeweiligen ZT-Analyse und unterscheidet sich von der des Autors. Im Falle Mendozas verhält sich die Leistung des Übersetzers umgekehrt zur Leistung des Autors (vgl. Punkt 3.3.3.1 und 3.3.3.2). Während Mendoza auf das kulturspezifische Vorwissen des AT-Lesers zurückgreift und seine Kreativität für die Gestaltung einer außergewöhnlichen narrativen Situation einsetzt – sei es die parodistische Taufe, sei es die spöttische Beschreibung von Cándida –, kann der Übersetzer die narrative Situation übernehmen, er muss aber die innere Textwelt einschließlich der Kulturspezifik, die für die Entfaltung des Komischen entscheidend ist, nachbilden. Darin besteht die Übersetzungsschwierigkeit dieses Textes.

Wie bereits gesehen (vgl. Punkt 4.2.1.1), schließt der Übersetzer die kulturspezifische Lücke bei der Taufe hauptsächlich durch Neutralisation der *parodia*, Reproduktion der *risa* und Kompensation der *gracia*, entweder im Text oder in einem nicht zielgerechten (vom AT-Autor angefertigten und übersetzten!) Glossar. Im Falle des Treffens mit Cándida wird zusätzlich die Strategie der *burla* erfolgreich reproduziert.

Bei Marías steht man vor einem Fall, in dem Autor- und Übersetzerleistung parallel verlaufen (vgl. Punkt 3.3.4). Die Kulturspezifik als Strategie des Komischen spielt bei Marías im Vergleich zu Mendoza keine tragende Rolle. Ein konkretes Vorwissen ist ebenfalls vonnöten, aber die darauf beruhende *gracia* wird in der Regel schon im AT durch den Dolmetscher erklärt oder neutralisiert, so dass sie im ZT reproduziert werden kann. Was die *risa* betrifft, ist die narrative Situation, die der Lächerlichkeit preisgegeben wird, in beiden Kulturräumen bekannt. Der höchste Anspruch an den Autor sowie den Translator ist in diesem Fall die Sprache, auf der die *ironía* beruht. Die Übertragung dieser Strategie setzt eine große Sprachkompetenz beim Übersetzer voraus, der das Potenzial der ZS ausschöpfen muss, um durch rhetorisches Geschick die mehrdimensionale Ironie (syntaktisch, semantisch, pragmatisch) des AT mit einer äquivalenten komischen Wirkung in die ZS zu übertragen. Aus diesem Grund ergibt sich hier keine Inversion, sondern eine Parallele zwischen Autor- und Translatorleistung.

4. Die GRACIA als kulturspezifisches Übersetzungsproblem

Wenn man beide ZT hinsichtlich der Übersetzerleistung miteinander vergleicht, stellt man fest, dass die Schwerpunkte des Komischen anders gelagert sind. Mendozas Parodie ist kulturspezifischer als Marías' Ironie und stellt andere Ansprüche an den Übersetzer. Dies impliziert kein Werturteil. Es soll vielmehr gezeigt werden, wie der Übersetzer sich anhand des vorgeschlagenen Kommunikationsmodells aus einer kontrastiven Perspektive über die Problematik bei der Übersetzung des Komischen bewusst werden kann. Daraus kann er bestimmte Übersetzungsverfahren ableiten, die zur Übertragung der unterschiedlichen Strategien des Komischen hilfreich sein können.

- *Rezeptionsgeschichte*

Die Rezeptionsgeschichte beider ZT im deutschsprachigen Raum hinsichtlich des Komischen weist bedeutende Unterschiede auf. Mendozas Übersetzung liegt in der so genannte *Prä-Maríaszeit*, von der gleich die Rede sein wird, und war kein Verkaufserfolg. Die Rezensionen des Werkes waren gut bis sehr gut, aber laut Angaben des Übersetzers Peter Schwaar zeigte sich, dass "der Mendoza-Humor, seine ganz eigene Derbheit, offenbar im germanischen Raum nicht besonders ankommt (auch nicht in England), wohl dagegen im romanischen (Frankreich, Italien)" (Interview der Autorin mit Peter Schwaar 2003). Diese Aussage bestätigt eine der Thesen der Arbeit, nämlich, dass Mendozas *gracia* eine starke Kulturspezifik aufweist, die die Aufnahme des Buches im deutschsprachigen Raum erschwert.

Mein Herz so weiß stellt innerhalb der übersetzten Gegenwartsliteratur ein literarisches Einzelphänomen dar. In ihrer ausführlichen Arbeit zur Person Javier Marías', seinem Werk *Mein Herz so weiß*, dem Erfolg des Buches in Deutschland und der Macht der Massenmedien untersucht Ingrid Maria Seitz (2001) den Roman als Lehrbeispiel für die Zufälligkeit von Bestsellern, indem sie die Erfolgsmerkmale von Marías' Buch aufzeigt und kritisch beleuchtet. Ausgehend vom deutschen und spanischen Pressespiegel begibt sich Seitz auf die Suche nach Bewertungskriterien für die Entstehung eines solchen Phänomens. Im Zusammenhang mit der Kulturspezifik kommt Seitz zu dem Schluss, dass nicht die spanische Sozialisation Marías', sondern seine kosmopolitische Natur ein Faktor zur positiven Rezeption in Deutschland zu sein scheint (Seitz 2001:127). Kritiker und Publikum bewundern die Sprachakrobatik und Hintergründigkeit des Werkes und sprechen von einem "Weltliteraten".

Was die deutsche Rezeptionsgeschichte des Romans anbelangt, sind hauptsächlich zwei Phasen zu unterscheiden: vor und nach der Besprechung des Buches 1996 im *Literarischen Quartett*. Vor der Sendung wurde *Mein Herz so weiß* sowohl in regionalen als auch überregionalen Blättern durchweg positiv besprochen, das Buch hatte aber noch keinen breiten Leserkreis erreicht. Acht Minuten Sendezeit reichten dem "Literaturpapst" Marcel Reich-Ranicki aus, um aus dem Roman einen Bestseller zu machen: "*Mein Herz so weiß,* und nicht ein anderer zur selben Zeit auf dem Buchmarkt verfügbarer Bestseller, ist aufgrund seiner Auswahl für die Sendung gekauft worden. Durch die Bezeichnung „Bestseller" treten der Roman und sein Autor ab diesem Zeitpunkt in ein anderes Bewertungssystem ein, das nicht zuletzt auch durch einen kommerziellen Faktor bestimmt wird" (Seitz 2001:112). Nach der Sendung stiegen die Verkaufszahlen enorm an mit der Folge, dass sich die deutsche Übersetzung wesentlich besser verkaufte als das Original. Seither ist Javier Marías in der deutschen Literaturlandschaft eine feste Größe, während er im spanischen Sprachraum nach wie vor als schwieriger Autor gilt. Im Zusammenhang mit der Übersetzung des kulturspezifisch Komischen ist es wichtig zu betonen, dass Marías in Deutschland als "Shakespeare-Verehrer", "Erfinder glänzender, humorvoller Szenen" und "virtuoser Beherrscher der Kunst des düsteren Humors" (Seitz 2001:68) verehrt wird. In seiner Heimat gilt er als unspanischer Autor, als Vertreter des modernen Spaniens und Schriftsteller zwischen den Kulturen (Seitz 2001:27). Das Ausmaß von Marías' Erfolg in Deutschland war so groß, dass heutzutage in Bezug auf Übersetzungen aus dem Spanischen immer noch vom *Marías-Effekt* gesprochen wird.

Diese Entwicklung bestätigt die These, dass Marías' Ironie wenig kulturspezifisch ist und daher leichter ins Deutsche übertragen werden kann.

4. Die GRACIA als kulturspezifisches Übersetzungsproblem

- *Strategien des Komischen*

In diesem Abschnitt werde ich mich nur auf die Strategien des Komischen beziehen, die in beiden ZT angewandt werden. Dabei soll auf die unterschiedlichen Übersetzungsverfahren eingegangen werden, die für die gleiche Strategie des Komischen eingesetzt wurden. Die gemeinsamen Strategien sind (in der Abfolge des Kommunikationsprozesses): *risa*, *ironía* und *gracia*.

RISA

Diese Strategie besteht in beiden Texten aus der lächerlichen Darstellung einer Kommunikationssituation und ist nach dem übersetzungsrelevanten Kommunikations-modell vom *Empfänger* und von der *Kommunikationssituation* abhängig (vgl. Punkt 2.2.2.7.6). Bei Mendoza handelt es sich um eine Taufe und bei Marías um ein politisches Gipfeltreffen. Der Unterschied liegt darin, dass die Kommunikationssituation 'Taufe' eindeutig kulturspezifischer Natur und somit stark konnotiert ist, was die Übersetzung bei vorausgesetzter Wirkungskonstanz wesentlich erschwert. Mendozas Übersetzer setzt ein reproduktives Verfahren ein, indem er die Kommunikationssituation kommentarlos in die ZS übernimmt. Dies hat zur Folge, dass die kulturspezifische *risa* des AT für manche Leser (= *Empfänger*), vor allem diejenigen, die in einer nicht katholischen Tradition aufgewachsen sind, verloren gehen kann bzw. unverständlich bleibt. Wie bereits unter Punkt 4.1.3.1c) ausführlich analysiert, wäre an dieser Stelle die Anwendung des übersetzungrelevanten Kommunikationsmodells besonders nützlich gewesen. Dadurch könnte der Übersetzer 1. die spezifische Art des Komischen und ihre Funktion im AT identifizieren und 2. sich anhand dieser Erkenntnis das beste Übersetzungsverfahren überlegen, es anwenden und ggf. die Entscheidung vor dem Auftraggeber rechtfertigen.

Das politische Gipfeltreffen (= *Kommunikationssituation*), das dem AT- und ZT-Leser (= *Empfänger*) gleichermaßen bekannt ist, lässt sich, da weniger kulturspezifisch, leichter übersetzen. Die direkte Übertragung reicht aus, um in diesem Fall die komische Wirkung im ZT zu gewährleisten. Aus diesem Beispiel wird ersichtlich, wie ein und dasselbe Verfahren nicht immer für die gleiche Strategie des Komischen gültig ist.

IRONÍA

Die Ironie ist eine komplexe Strategie des Komischen, die auf rhetorischer Ebene eingesetzt wird und deren Teilnehmer nach dem übersetzungsrelevanten Modell *Sender, Empfänger, Sprachsystem* sowie *Kommunikationssituation* sind. Das nötige Zusammenspiel all dieser Positionen macht das Erkennen der Ironie besonders komplex. Da es jedoch, wie die kontrastive Wortfeldanalyse des Komischen ergeben hat, keine grundlegenden Unterschiede zwischen *ironía* und *Ironie* gibt (vgl. Punkte 2.2.2.7.7 und 2.2.1.7.7), ist die Übersetzung im Wesentlichen unproblematisch. Problematisch wird sie nur dann, wenn sie, wie bei Mendoza der Fall, kulturspezifische Elemente enthält, z.B. die Figur Juanita Reinas (vgl. Punkt 4.2.1.2c), die den Übersetzer dazu veranlasst hat, ein kommentierendes Verfahren (= Glossar) einzusetzen. Auf die Wirkung dieses Glossars wurde bereits unter Punkt 4.2.1.2 eingegangen. Im Fall von Marías spielt die verbale und vor allem nonverbale Sprache eine besondere Rolle bei der Herausarbeitung der Ironie, so dass die AS-Kompetenz des Übersetzers besonders gefordert ist. Die Übersetzerin von *Mein Herz so weiß* hat den ironischen Ton des Originals sehr erfolgreich wiedergegeben.

Das translationsrelevante Kommunikationsmodell gibt dem Übersetzer ein Instrumentarium an die Hand, um die Ironie des AT zu identifizieren und ihre Funktionsweise zu verstehen. Der nächste Schritt besteht in der Auseinandersetzung mit Ironie in der ZS und der Bestimmung der geeignetsten Übersetzungsverfahren. Dazu bietet das Modell ebenfalls eine gute Grundlage.

GRACIA

Schließlich möchte ich auf die Strategie der *gracia* eingehen, die in beiden Texten vorkommt. Nach dem translationsrelevanten Kommunikationsmodell ist die *gracia* direkt von der jeweiligen Kultur abhängig, die alle andere

4. Die GRACIA als kulturspezifisches Übersetzungsproblem

Positionen des Modells einschließt. Wie unter Punkt 2.2.2.7.8 erläutert, umfasst sie die drei Dimensionen des Menschen (körperlich, seelisch, situativ) und ihre Übertragung ist besonders komplex.

Bei Mendoza wurde die *gracia* mittels eines kommentierenden Verfahrens, eines Glossars, übersetzt. Der große Nachteil dieser Wahl besteht m.E. zum einen darin, dass der ZT-Leser keinen Hinweis auf die Existenz des Glossars findet, und zum anderen darin, dass dieses vom Autor des AT – und somit ohne Feingefühl und ohne Kenntnisse über ZT-relevante Besonderheiten – angefertigt und ebenfalls übersetzt wurde (vgl. 4.2.1.2d). Alle anderen kulturspezifischen Aspekte, die zur *gracia* beigetragen haben, wurden entweder kommentarlos übernommen oder mehr oder weniger gut kompensiert. Dies nimmt dem Text einiges seiner komischen Wirkung.

Bei Marías gibt es, wenn auch in geringerem Maße, ebenfalls Beispiele für die Strategie der *gracia*, die sich vor allem durch Kultureme wie Reime, Toponyme und Behavioreme zeigt. In diesem Fall hat sich die Übersetzerin für Verfahren wie Adaption, Reproduktion, Explikation und Transposition entschieden, die eine erfolgreiche Übertragung der *gracia* ermöglichten.

Hierbei stellt man erneut fest, dass die Kulturspezifik als Übersetzungsproblem in Mendozas Text viel stärker zum Tragen kommt. Das translationsrelevante Kommunikationsmodell, beruhend auf der kontrastiven Wortfeldanalyse des Komischen, hat gezeigt, dass die *gracia* durch ihre Komplexität der obersten Position des Kommunikationsmodells untergeordnet ist. Wenn der Übersetzer bereits in der AT-Analyse das Modell anwendet, kann er die Art des Komischen genauer identifizieren und zielgerecht übersetzen.

- *Zeit- und Raumdimension (Textsituation)*

Beim Vergleich der Situation beider ZT und ihres Einflusses auf die Übertragung des Komischen muss man betonen, dass zwischen beiden Veröffentlichungen ein Zeitraum von sechs Jahren liegt (1990 vs. 1996), in dem sich die Wahrnehmung von spanischer Literatur in Deutschland entscheidend verändert hat. Durch die Frankfurter Buchmesse, die 1991 Spanien zum Schwerpunkt hatte, stieg das Interesse an spanischen Autoren schlagartig an.

Deutsche Verlage suchten plötzlich händeringend nach Autoren. 1990, als die *Cripta* erstmals auf den deutschen Markt kam, lag dort nur ein Werk von Eduardo Mendoza auf Deutsch vor. *Mein Herz so weiß* hatte dadurch, dass es erst 1996 veröffentlicht wurde, eine bessere Ausgangsposition. Die Lobeshymne des *Literarischen Quartetts* katapultierte den Roman in die Bestsellerliste. Zu dem Erfolg haben wohl auch die Aktualität des behandelten Themas und die Einbettung in einen internationalen Kontext beigetragen.[137] Nach Seitz war die Mischung aus Qualität, einem Inhalt, der viele Leser ansprach, dem Multiplikationsfaktor Massenmedien, dem Zeitpunkt des Erscheinens und der aktuellen Thematik verantwortlich für den Erfolg als Bestseller (Seitz 2001:129ff). Während Mendozas Roman als Hardcover nur zwei Auflagen erreichte (1992 erschien er nochmal in der Bibliothek Suhrkamp mit einer Auflage von 3.200 Exemplaren, das Taschenbuch kam erst 12 Jahre später, also 2002, in der Suhrkamp Taschenbibliothek mit 3.000 Exemplaren heraus), brachte es allein die Hardcover-Version von *Mein Herz so weiß* innerhalb eines Jahres (1997) bereits zu 10 Auflagen. Hinzu kamen die Taschenbuchausgaben von Heyne und dtv (5 Auflagen insgesamt) sowie eine Blindendruck- und eine Hörbuchversion.

Zusammenfassend lässt sich sagen, dass Marías' Werk zu einem besonders günstigen Zeitpunkt veröffentlicht wurde. Dieser Umstand zusammen mit dem kosmopolitischen und dadurch nicht kulturspezifischen (spanischen) Charakter des Buches haben das deutsche "Marías-Phänomen" herbeigeführt.

Was den räumlichen Aspekt der Rezeption beider ZT betrifft, wurden keine Unterschiede zwischen Deutschland, Österreich und der Schweiz festgestellt.

---

[137] Interessanterweise kann man in Seitz nachlesen, wie Marías' Band von Fußballgeschichten, *Alle unsere frühen Schlachten*, das nach dem Erfolg von *Mein Herz so weiß* **zuerst in Deutschland** und dann in Spanien veröffentlicht wurde, die Kritiker dazu brachte, ihre Aufmerksamkeit auf die Kulturspezifik des Buches zu richten und dadurch die Rezeptionsschwierigkeiten im deutschsprachigen Kontext zu betonen (Seitz 2001:123).

4. Die GRACIA als kulturspezifisches Übersetzungsproblem

- *Textfunktion*

Wie bereits erwähnt, richtet sich die Analyse der Funktion beider ZT nach den Kriterien, die Snell-Hornby erarbeitet hat (1988). Als erstes muss der ZT eine intratextuelle Kohärenz aufweisen, was in den Beispielen des Korpus der Fall ist – die Übersetzer haben sich jeweils für bestimmte Strategien entschieden und sie konsequent angewandt, und zwar so, dass es keine Brüche gibt. Eine andere Frage ist, ob diese Entscheidung für die textäquivalente Übertragung des Komischen die richtige war.

Der zweite Punkt besteht in der funktionalen Wechselwirkung des Zieltextes mit dem Leser. Letzterer muss die kodierte Botschaft empfangen und korrekt deuten. Im Falle von Mendoza bin ich der Meinung, dass der ZT dieses Kriterium nicht erfüllt. Die ZT-Analyse der Übersetzung hat gezeigt, dass sich das Komische im Deutschen nicht vollständig entfaltet. Der Leser merkt zwar, dass die Sprache alt bzw. maniriert klingt, aber er weiß nicht warum. Nach der Inkongruenztheorie kann man behaupten, dass der Leser sich über den Kontrast bewusst ist, ihn aber nicht durch das Lachen auflösen kann. Die Aussage des Übersetzers über die Rezeption der Komik des Werkes im deutschsprachigen Raum hat dieses Urteil bestätigt. M.E. ist dieser Verlust auf die kulturspezifische Komik zurückzuführen.

Der Verkaufserfolg der deutschen Übersetzung von *Corazón tan blanco* erlaubt keinen direkten Umkehrschluss auf die glückliche Übertragung der originalen Botschaft, weil der Medienfaktor, wie bereits gesehen, eine derartig große Rolle gespielt hat. Dennoch stellt man bei der deutschen Rezeption von Marías fest, dass die Argumente seiner Verehrer sowie seiner Kritiker in beiden Ländern ähnlich lauten. Man mag sich über die Qualität von *Mein Herz so weiß* streiten, aber die Argumente dafür sind nicht kulturspezifischer Natur.

Die dritte Aufgabe eines literarischen ZT ist nach Snell-Hornby die Nachahmung und Verewigung des Originals in der Zielkultur zu einem bestimmten Zeitpunkt. Im Falle von Gegenwartsliteratur ist es sicherlich zu früh, um von einer "Verewigung" – egal ob Original oder Übersetzung – zu sprechen. Die Tatsache jedoch, dass Marías sich in Deutschland aus den genannten Gründen zum *Steadyseller* (Bestseller mit gutem Umsatz über eine lange Umsatzzeit) entwickelt hat, ist ein Hinweis darauf, dass tatsächlich Leserinteresse besteht (Seitz 2001:133). Mendoza hingegen ist den meisten Lesern in Deutschland kein Begriff.

Wie bereits erwähnt können viele textexterne Faktoren die ZT-Rezeption und -Funktion beeinflussen. Dazu zählen auch so genannte supratextuelle Faktoren wie die linguistische Norm der Zielkultur. Im Falle des Deutschen stellt man fest, dass das Sprach- und Literatursystem äußeren Einflüssen sehr offen und flexibel gegenübersteht. Im Unterschied zu Spanien oder Frankreich gibt es im deutschen Raum keine sprachnormative Akademie, sondern lediglich Institutionen mit konsultativer Funktion. An sich ist diese Offenheit für das Andere und für das Komische des Anderen begrüßenswert, aber nur dann, wenn dem Rezipienten die nötigen Zusatzinformationen (z.B. Glossar, erklärende Übersetzungen, Nachwort) mitgeliefert werden, um die AS-Botschaft entschlüsseln zu können. Dann bleibt es dem Leser überlassen, ob er davon Gebrauch macht, um seinen Sprach- und Wissenshorizont zu erweitern.[138]

Bei der literarischen Übersetzung ist es besonders ratsam, sich im voraus Gedanken über das Vorwissen und die Erwartungen des anvisierten ZT-Leserkreises zu machen, um die Übersetzungsentscheidungen möglichst danach auszurichten. Das fängt bei der Festlegung der preliminären Norm an (Toury 1995:58), hört mit der Titelübersetzung auf und gehört insgesamt zum gemeinsamen Arbeitsfeld von Übersetzer und Verlag. Im Falle der *Cripta* kann man sagen, dass der Verlag einen kultivierten Durchschnittsleser anvisiert, wenn auf dem Buchdeckel Folgendes zu lesen ist:

> In seinem 1977 in kürzester Zeit in New York geschriebenen Roman hat Eduardo Mendoza unter der unterhaltsamen Oberfläche einer spannend und pfiffig erzählten Kriminalstory, im Tonfall parodistischen und ungenierten Fabulierens, zu seinem eigenen erzählerischen Humor gefunden. Der schiefe Blick von unten erzeugt jene perspektivisch erhellte Sicht der Wirklichkeit, die seiner hintergründigen Welterfahrung entspricht. Diese ist es auch, die seiner mutwillig-humorvollen Sprache die eigene Tönung, der Komik von Figuren und Situationen eine Grundierung von Es-ist-wie-es-ist gibt. Darin ist *Das Geheimnis der verhexten Krypta* ein sehr spanisches, ins amerikanische Krimimuster gleichsam kongenial verdolmetschtes Buch, die

---

[138] Bei der Einarbeitung solcher Zusatzinformationen sollte man darauf achten, das das Fremde in kein übermäßig exotisierendes oder ethnozentrisches Licht gerückt wird.

4. Die GRACIA als kulturspezifisches Übersetzungsproblem

wundersam geglückte Mischung aus einem Gossenheldroman pikaresken Zuschnitts und einem Großstadtkriminaltango.

Der Roman von Javier Marías richtet sich schon wegen seiner nicht kulturspezifischen Thematik an ein breiteres Publikum und ist daher in dieser Hinsicht weniger problematisch.

Ein weiterer supratextueller Aspekt ist die Erwartungshaltung des Auftraggebers. Sie kann auch die Entscheidung für oder gegen eine Übersetzungsstrategie bestimmen. Ob einem Roman ein Glossar beigefügt wird oder nicht, liegt allein in der Hand des Verlags. Entscheidet er sich z.B. aus Kostengründen gegen ein Glossar, hat es automatisch Auswirkungen auf die Übersetzungsstrategie. Der Übersetzer wird in diesem Fall eher erklärend übersetzen oder vor der Aufgabe resignieren. Im Fall von Mendoza wollte der Verlag den Autor nach der ersten Übersetzung im deutschsprachigen Raum etablieren. Dabei wäre es überlegenswert gewesen, ob und wie man bestimmte Texte dem deutschen Publikum näherbringt. Aufgrund der Kulturspezifik der *Cripta* wäre es meines Erachtens absolut nötig gewesen, ein vollständiges, vom Übersetzer bzw. vom Lektor verfasstes Glossar beizufügen. Bei Marías sind diese Vorüberlegungen nicht so wichtig, weil der Text wesentlich weniger Kulturspezifika aufweist.

Schließlich muss man in diesem Zusammenhang auf die Arbeitsbedingungen von literarischen Übersetzern hinweisen. Übersetzer werden von der institutionalisierten Literaturkritik fast nur dann genannt, wenn vermeintliche Fehler vorliegen. Seitens fast aller Verlage werden sie nach wie vor als notwendiges Übel betrachtet, das zusätzliche Kosten verursacht. Diese schwierigen Arbeitsbedingungen und die durch den Herstellungsprozess eines Buches verursachte Zeitnot führen nicht selten zu qualitativen Mängeln der Übersetzung. Diese Argumentation soll nicht per se schlechte Übersetzungen rechtfertigen, sondern auf einige Aspekte des Übersetzungsprozesses hinweisen, die erst in den letzten 10 Jahren im Zuge der *Descriptive Translation Studies* ins Blickfeld der Translationswissenschaft gerückt sind.

- *Einbettung in eine Lachkultur*

Ausgehend von der Tatsache, dass es in jeder Kultur Vorlieben für bestimmte Formen des Komischen gibt, geht es im Folgenden darum, herauszufinden, inwieweit die *gracia* der Originale in die Zielkultur transportiert wurde. Da diese Studie nicht statistisch angelegt ist, wurde auf das Fachwissen der Übersetzer als qualifizierte Informanten zurückgegriffen. Im Falle Mendozas stellte sich heraus, dass die Komik des Originals in der Romania, vor allem Frankreich und Italien, besser zur Geltung kam als in Deutschland und England. Bei Marías hingegen war das Buch gerade im deutschsprachigem Raum wie bereits gesehen besonders erfolgreich. Grund für diesen Erfolg ist allerdings nicht unbedingt die Komik des Werkes, die eine eher marginale Rolle spielt. Dennoch ist die Übersetzerin der Ansicht, dass Javier Marías als Autor eine Vorliebe für Ironie und englischen Humor aufweist, die im germanischen Umfeld auf besonders fruchtbaren Boden fällt. Laut Elke Wehr ist Marías' Humor nicht spezifisch spanisch (Interview mit Elke Wehr, September 2003).

Stellt das Komische allgemein bei der Übersetzung literarischer Werke aus dem europäischen Spanischen ins Deutsche ein besonderes Problem dar? Peter Schwaar mag diese Frage nicht verallgemeinernd bejahen und plädiert dort, wo sie nötig sind, für kommentierende Verfahren. Elke Wehr glaubt bezüglich des Komischen Unterschiede zwischen Deutschland und Spanien feststellen zu können. Während Deutsche gutgläubig seien und Vertrauen zu einem starken Staat hätten, begegneten Spanier den Herrschenden eher mit Misstrauen, was eine boshaftere, fatalistischere *gracia* zur Folge habe (vgl. Sancho Panza, Quevedo, Baroja). Die *gracia* fungiere in Spanien als Schmiermittel für den Alltag, das alles erträglicher, aber auch oberflächlicher mache. Die spanische *gracia* habe eine spielerische Komponente, die dem deutschen Ernstbegriff gegenüberstehe. Eine besondere Rolle spiele hierbei die Religion. Wenn man das Lachen als Normverletzung deute, biete die katholische Religion mit ihren Dogmen eine breitere Angriffsfläche.

Ob man dem nun zustimmt oder nicht, eins ist klar: Es gibt verschiedene Lachkulturen, die als Deutungshorizont für eine bestimmte Gemeinschaft fungieren. Das Übersetzen führt dazu, dass diese Kulturen immer wieder

4. Die GRACIA als kulturspezifisches Übersetzungsproblem

miteinander konfrontiert werden, also ein Austausch stattfindet. Das hier präsentierte translationsrelevante Kommunikationsmodell ist ein Vorschlag, um etwas mehr Klarheit über die Unterschiede und Gemeinsamkeiten zwischen der *gracia* und dem Komischen zu schaffen. Gleichzeitig will es den Übersetzern ein Werkzeug an die Hand geben, das ihre Arbeit erleichtern soll. Immerhin bilden sie die Schnittstelle, ohne die eine interkulturelle Verständigung gar nicht möglich wäre.

5. Zusammenfassung und Perspektivenspektrum

> Ernst Jandl
> *oberflächenübersetzung*
>
> my heart leaps up when i behold
> a rainbow in the sky
> so was it when my life began
> so is it now i am a man
> so be it when i shall grow old
> or let me die!
> the child is father of the man
> and i could wish my day to be
> bound each to each by natural piety
>
> *(william wordsworth)*
>
> mai hart lieb zapfen eibe hold
> er renn bohr in sees kai
> so was sieht wenn mai läuft begehen
> so es sieht nahe emma mähen
> so biet wenn ärschel grollt
> ohr leck mit ei!
> seht steil dies fader rosse mähen
> in teig kurt wisch mai desto bier
> baum deutsche deutsch bajonett schur alp
> eiertier

Der Ausgangspunkt dieser Arbeit war die allgemein gültige Beobachtung, dass in anderen Ländern anders gelacht wird. Dieser Unterschied schlägt sich in poetisierter Form in der jeweiligen Nationalliteratur nieder und steht erst durch die Übersetzung – in ihrer Rolle als Verständigungsangebot – auf dem interkulturellen Prüfstand. In diesem Zusammenhang richtete ich mein Augenmerk auf das Sprachenpaar Spanisch-Deutsch, genau genommen auf die in der zweiten Hälfte des 20. Jahrhunderts in Spanien produzierte und ins Deutsche übersetzte Literatur. Daraus ergaben sich – zunächst ganz intuitiv – Fragen nach den Ursachen des Komischen (*warum* ist das lustig?), den unterschiedlichen Übersetzungsstrategien (*wie* wird das Komische übersetzt?) und den daraus zu ziehenden Folgerungen für die Übersetzungspraxis einerseits und die wissenschaftliche Analyse des Komischen andererseits. Zum Zweck der wissenschaftlichen Auseinandersetzung mit diesen Fragen wurde ein Arbeitsprofil erstellt, das aus folgenden, mit den unterschiedlichen Kapiteln übereinstimmenden Schritten bestand:

(1) Auseinandersetzung mit der vorhandenen Fachliteratur zur Übersetzung des Komischen

(2) Begriffsgeschichtliche und begriffsystematische Vorklärungen zum Begriff des spanischen *humor* und des deutschen 'Humors' und Erarbeitung eines translationsrelevanten Modells

(3) Applikation des interkulturellen und integrativen Modells zur Übersetzung des Komischen auf zwei literarische Textbeispiele

(4) Translationswissenschaftliche Analysen der Zieltexte, übersetzungskritische Evaluierung und Textbeispiele im Vergleich

Im Folgenden geht es darum, Teil- und Gesamtergebnisse der Arbeit kritisch zusammenzufassen und dabei einen Ausblick auf eine weitergehende Beschäftigung mit dieser Fragestellung und deren Perspektivenspektrum zu geben.

(1) Auseinandersetzung mit der vorhandenen Fachliteratur zur Übersetzung des Komischen

Im ersten Kapitel findet man, nachdem die bibliographische Dürre im Bereich der Übersetzung des Komischen festgestellt wurde, einen kritischen Überblick über die vorhandene Fachliteratur. Der Darstellung so genannter "essentialistischer" Theorien, die sich auf Aspekte wie Humorübersetzbarkeit oder die Dichotomie 'Kultur' vs. 'Sprache' konzentrieren, folgt die Beschreibung neuerer Ansätze aus unterschiedlichen Disziplinen (*Humour Studies*, Sprachwissenschaft, Literaturwissenschaft, Kulturwissenschaft, Medienwissenschaft). Die Er-gebnisse dieser Forschungsrichtungen sind in die vorliegende Arbeit eingeflossen. Dennoch wurden beim gegenwärtigen Forschungsstand manche

5. Zusammenfassung und Perspektivenspektrum

Lücken festgestellt. Die erhobenen Einwände waren terminologischer und methodologischer Natur. Der Großteil der dargestellten Ansätze meidet die Definitionsfrage und benutzt des Weiteren keine saubere Terminologie, um das Feld des Komischen zu beschreiben. Zum einen hat dies zur Folge, dass weder [dt.] 'Humor' noch [sp.] *humor* als Oberbegriffe, schon gar nicht aus einer interkulturellen Perspektive, in Frage gestellt werden. Zum anderen führt dies zu einer vereinfachten Terminologie, die dem komplexen Phänomen des Komischen nicht gerecht wird. Ähnliches geschieht auf methodologischer Ebene. Der Fachliteratur fehlt es an Ganzheitlichkeit, und der Wunsch nach Interdisziplinarität, wenn auch oft ausdrücklich geäußert, bleibt meistens ein Desiderat. Aus der translationswissenschaftlichen Perspektive war des Weiteren ein geringer Praxisbezug zu vermerken, insbesondere was die Korpusauswahl und die Einbindung texterner Faktoren in die Übersetzungsanalyse anbelangt. Schließlich stand das Sprachenpaar Spanisch-Deutsch bisher kaum im Mittelpunkt der Forschung zur Übersetzung des Komischen. Das hierzu präsentierte Modell will Anregung sein, um die soeben aufgezählten Lücken zu schließen.

(2) Begriffsgeschichtliche und begriffsystematische Vorklärungen zum Begriff des spanischen *humor* und des deutschen 'Humors' und Erarbeitung eines translationsrelevanten Modells.

Eine terminologisch gründliche Auseinandersetzung mit dem spanischen *humor* und dem deutschen 'Humor' war also unentbehrlich, um begriffliche Probleme zu vermeiden, die den Erkenntniswert der Gesamtfragestellung stark gemindert hätten. Die Wortfeldtheorie bot eine sichere Grundlage, um den Untersuchungsgegenstand semantisch zu konturieren. Vor diesem Hintergrund wurden, Kalverkämper (1980, 1990) folgend, zwei Wortfeldanalysen zum spanischen *humor* und deutschen 'Humor' vorgenommen. Die Arbeit mit analogischen Wörterbüchern als Kondensation "lebendiger" Texte war besonders nützlich, weil sie kulturelle Erfahrungen und das Texte-Verstehen in einer ökonomischen Weise konzentrieren. Lexikographische Ansätze stoßen zwar einerseits auf den Einwand der Abschreibtradition und einer verminderten Qualität, andererseits stellen sie ein breit angelegtes Wortbedeutungsinventar zur Verfügung, das als Abstraktion der Verwendung von Wörtern in Texten und Kontexten gilt, um

Wortfeldstudien dieser Art vorzunehmen. Die dicht angelegte Wortfeldanalyse erlaubte empirisch gesicherte Aussagen über die Hyperonymie und die Hyponymie der verschiedenen begrifflichen Einheiten und ermöglichte Entscheidungen über die obersten Ränge der Begriffshierarchie im Deutschen und im Spanischen. Dieser Systematisierung folgte die kontrastive Analyse beider Wortfelder, die wiederum als Instrumentarium fungierte und den Weg für die translationswissenschaftliche Applikation ebnete. Die Ergebnisse beider Wortfeldstudien werden im Folgenden zusammengefasst.

a) *Begriffliche Trennung*

Hier war interessant, dass der im Deutschen ursprünglich angesetzte Arbeitsbegriff – gleichsam die Hypothese – im Laufe der Untersuchungen von 'Humor' zu 'das Komische' wechseln musste. Auch im Spanischen hat nicht, wie ursprünglich erwartet, *humor* die Funktion eines Zentralbegriffs inne, sondern *gracia*. Diese Erkenntnis wurde nicht nur aus der rein semantischen Studie gewonnen, sondern ergab sich zusätzlich vor dem Hintergrund einer interdisziplinären Betrachtungsweise aus dem Verhältnis der anthropologischen *gracia*-Dimensionen (Leiblichkeit – soziale Befindlichkeit – seelische Befindlichkeit) zu einem Kulturbegriff, der sämtliche Perspektiven des sozialen und handelnden Menschen beinhaltet. Von da an war also nicht mehr von den Hyperonymen [dt.] 'Humor' und [sp.] *humor*, sondern von 'das Komische' und *gracia* die Rede.

Die anderen Wortfeldbegriffe stellten sich als Gattungsbezeichnungen spezifischer Poetizität des Komischen bzw. der *gracia* in literarischen Texten heraus: Die Relationen zu einer auf dem Wortfeld basierenden Gattungssystematik wurden aus einem translationsrelevanten Kommunikationsmodell und seinen Komponenten gewonnen. Hierbei gelang mittels der kultursemantischen Untermauerung eine evidente und transparente Zuordnung, die beweist, dass die Gattungen (und somit ihre jeweiligen literarischen Texte) ihre Inhalte, die zum Komischen bzw. zur *gracia* gerechnet werden, in jeweils spezifischer Weise auf einzelne Komponenten oder auf deren Kombination richten.

5. Zusammenfassung und Perspektivenspektrum

Die gesonderte Einordnung der deutschen und spanischen Wortfeldnachbarn in das Kommunikationsmodell des Komischen ermöglichte den nächsten, für translatorische Zwecke äußerst relevanten Schritt – den interkulturellen Vergleich beider Wortfelder. Die kontrastive Analyse brachte folgende Ergebnisse:

- Bezüglich der komischen Bedeutung ist 'Heiterkeit' ein deutschspezifischer Begriff, dessen Nuancierung in einer Übersetzung mit berücksichtigt werden sollte.
- 'Spott' und *burla* sind vergleichbare Begriffe, die sich auf das höhnische, mitleidslose Auslachen eines Opfers beziehen.
- Die Begriffspaare 'Lächerlichkeit' und 'Lachen' vs. *risa* und *ridiculez* verhalten sich genau umgekehrt. Das Wort 'Lächerlichkeit' ist allgemeiner als *ridiculez*, 'Lachen' dafür konkreter als *risa*. Dieser Unterschied hatte keine Folgen für das hier analysierte Korpus.
- Wenn man [sp.] *humor* mit [dt.] 'Humor' vergleicht, stellt man fest, dass der spanische Humorbegriff mentalitätsgeschichtlich, insbesondere durch die literarische Figur des Quijote, angereichert ist. Dieser Einfluss trug zur Herausbildung einer gesellschaftlichen, kollektiven Komponente des spanischen *humor* bei. Beim deutschen 'Witz' dagegen findet man vor allem im Unterschied zum [sp.] *chiste* die Komponente der individuellen Schlagfertigkeit (Intellektualität), die auf die pragmatischen Fähigkeiten eines einzelnen geistreichen Menschen zurückzuführen ist.

b) *Analytisches Instrumentarium*

Durch die kultursemantische Einordnung der Ergebnisse in ein (translations)-wissenschaftlich einschlägiges Kommunikationsmodell, das – in Anlehnung an die Funktionsweise des Komischen – umfeldbezogen und funktional angelegt wurde, wurde die Grundlage für ein generelles Instrumentarium geschaffen, mit dem man die spanischen Originaltexte und ihre deutschen Übersetzungen analysieren kann. Das auf Bühler und Jakobson beruhende Modell, das die konstitutiven Faktoren in jedem verbalen Kommunikationsakt umfasst, wurde jedoch um die im jetzigen Entwicklungsstand der Forschung nicht mehr wegzudenkende kulturelle Dimension erweitert. So wurde z.B. festgestellt, dass eine *burla* als Verspottung eines Opfers hauptsächlich empfängerbezogen ist. Die *parodia* hingegen wurde als Spiel mit literarisch etablierten Modellen definiert. Nach diesem Merkmal der Konventionalisierung lag zunächst die Vermutung nahe, die Entfaltung von *parodia* bedürfe – im Gegensatz zu *burla* – eines deutlich kulturspezifischeren Hintergrundes, der die Übertragung in eine andere Sprache erschwert. Der textanalytische Teil der Arbeit ermöglichte die Überprüfung dieser Hypothese.

Dieses Instrumentarium fungierte somit sowohl als analytische "Brille" zur Lektüre der Texte als auch als methodische Absicherung. Wichtig war die Tatsache, dass es sich hierbei um die relative Einordnung von Begriffen in einem integrativen und dynamischen Modell handelt, das als solches fließende Übergänge mit einschließt, wobei man nicht vergessen darf, dass die Kommunikationssituation und die Kultur den umfassenden Rahmen bilden.

c) *Integratives Modell*

Über die Anwendung der Wortfeldanalyse auf das translationswissenschaftliche Fachgebiet und den literarischen Korpus hinaus versteht sich diese Arbeit als Vorschlag für ein integratives Modell des Komischen mit einer kommunikativen Basis und dynamischen Grenzen. Das vorliegende Modell könnte auch für andere Wissenschaften von Nutzen sein, um die jeweilige Terminologie einzuordnen und Rückschlüsse bezüglich der inhaltlichen Orientierung nach einem (oder mehreren) Faktoren des translationsrelevanten Kommunikationsmodells ziehen zu können.

Ausbaumöglichkeiten sind insbesondere bei der Durchführung der Wortfeldanalyse vorstellbar: Man könnte beispielsweise mehr bzw. andere Nachschlagewerke (auch Antonymwörterbücher) in die Untersuchung einbeziehen, die Wortfelder diachronisch anlegen, intra- und interlinguale Vergleiche vornehmen sowie auf computergesteuerte Hilfsmittel, andere Textkorpora oder empirisch-deskriptive Methoden zurückgreifen.

5. Zusammenfassung und Perspektivenspektrum

(3) Applikation des interkulturellen und integrativen Modells zur Übersetzung des Komischen auf zwei literarische Textbeispiele

Vor der eigentlichen Applikation des Modells auf das Korpus der Arbeit war es wichtig, diejenigen Stellen aus der spanischen Literatur des 20. Jahrhunderts herauszufiltern, die das Komische bzw. die *gracia* mitteilen. Der Gehalt an *gracia* sollte mit Rückgriff auf das erarbeitete Instrumentarium des ersten Teils systematisiert und analysiert werden. Dabei stellte sich heraus, dass die spanische Tradition des Komischen hauptsächlich aus zwei Quellen der *gracia* entspringt: zum einen dem wohlwollenden, vorwiegend senderbezogenen *humor* von Cervantes und zum anderen der scharfsinnigen, empfängerbezogenen *burla* Quevedos. Aus diesem Grund wurden die Hauptmerkmale beider Quellen und deren Einfluss auf die Nachfolgeliteratur zusammengefasst, um anschließend auf die Entwicklung des spanischen Begriffs im Roman des 20. Jh. genauer einzugehen. In diesem Zusammenhang wurde versucht, die so genannte *otra generación del 27* aus ihrem Schattendasein herauszuholen und deren Beitrag zur Herausbildung der aktuellen *gracia* entsprechend zu würdigen. Weitere Stationen der spanischen *gracia* wie die absurde Komik, die sich in der Zeitschriftenkultur des Frankismus niederschlug, der gallige Humor der *transición* oder das eklektische Lachen der *movida* führten zum vorläufigen Endziel der *gracia* zum Ausklang des Milleniums. Über den jetzigen Stand der komischen Literatur in Spanien hinaus wurde der Forscherblick schließlich auf die Zukunft gerichtet, indem die festgestellte *Glokalisierung* des Komischen als spannende Herausforderung für die Translationswissenschaft angerissen wurde. Eine gründliche Auseinandersetzung mit dieser Frage wäre wünschenswert.

Das Korpus der Arbeit besteht aus drei Textstellen aus den zwei Romanen *El misterio de la cripta embrujada* (1979) von Eduardo Mendoza und *Corazón tan blanco* (1992) von Javier Marías. Es erhebt keinen Repräsentativitätsanspruch und ist sicherlich ausbaufähig. Im Rahmen dieser Arbeit sollte es veranschaulichen, ob und wie das erarbeitete Modell funktioniert und welche Folgen sich für die Übersetzung des Komischen ergeben. Die Ausgangstexte verkörpern mehrere Varianten der *gracia*, ihnen sind Romanform und Publikumserfolg gemeinsam und beide liegen auf Deutsch vor. Der ausführlichen Vorstellung des Korpus durch bio-bibliographische Angaben der

Autoren, eine Zusammenfassung des Inhalts sowie des historischen Kontexts und die Einordnung der Textstellen in den jeweiligen Roman folgten drei übersetzungsrelevante AT-Analysen.

Die AT-Analysen richteten sich, der Terminologie von Reiß (1995) folgend, nach zwei Prinzipien, die wiederum als Grundlage für die Erstellung von Äquivalenzkriterien zwischen AT und ZT fungieren: Zum einen wurden die Texte in ihren semiotischen Dimensionen (syntaktisch, semantisch, pragmatisch, kulturell) auf Strategien des Komischen untersucht (*Selektion*), zum anderen wurden die vorhandenen Strategien auf der Basis des translationsrelevanten Kommunikationsmodells klassifiziert und relativ gewichtet (*Hierarchisierung*).

a) Eduardo Mendoza: *El misterio de la cripta embrujada* – Eine etwas andere Taufe

Die übersetzungsrelevante AT-Analyse ergab, dass Mendoza in dieser Szene vorwiegend eine Strategie des Komischen benutzt, die an das Sprachsystem gebunden ist, nämlich die *parodia*. Dabei setzt er beim Leser die Kenntnis der Prätexte Schelmen- und Detektivroman voraus, um die komische Absicht intertextuell zu verwirklichen. Dies geschieht auf syntaktischer, semantischer, pragmatischer und kultureller Ebene durch den Gebrauch eines starken Registerkontrastes, die Strategie der komischen Namengebung und die Einbindung von intertextuellen Bezügen zu klassischen Werken der spanischen *picaresca*. Daraus folgte, dass das kulturspezifische Vorwissen, besonders in Form von Prätexten, für die Entfaltung der *parodia* an dieser Textstelle ausschlaggebend ist.

Unter dem Aspekt der Leistung, die die Teilnehmer am Übersetzungsprozess (Autor – AT-Leser – Translator – ZT-Leser) erbringen müssen, um die zielgerechte Übertragung der *parodia* zu ermöglichen, stellte sich ein deutlicher Gegensatz zwischen Autor und Translator heraus. Während das kulturspezifische Welt- und Textwissen, auf dem die *parodia* beruht, in der Ausgangskultur für den Autor und den AT-Leser zum größten Teil vorgegeben ist, besteht die höchste Translatorleistung darin, den ZT-Leser das spanischspezifische Vorwissen zu vermitteln. Dieser Unterschied ließ

5. Zusammenfassung und Perspektivenspektrum

erwarten, dass gerade bei der Übertragung dieser kulturspezifischen Form der *gracia* – der *parodia* – Übersetzungsschwierigkeiten auftreten würden.

b) Eduardo Mendoza: *El misterio de la cripta embrujada* – *Das Schönheitsideal einer Schwester*

Im Falle der Beschreibung Cándidas, der Schwester des Protagonisten, bedient sich Mendoza ebenso unterschiedlicher Strategien des Komischen, aber die Hauptzielrichtung der *gracia* zeigt auf einen Fall von *burla* – dem Auslachen eines Opfers (Cándida), das durch die Darstellungsweise der Lächerlichkeit preisgegeben wird. Für die Entfaltung der *burla* ist die Existenz eines Opfers unumgänglich und ausreichend zugleich, daher ist diese Strategie empfängerorientiert.

Was die kreative Leistung von Autor und Translator bezüglich dieser Kategorie des Komischen anbelangt, stellte man fest, dass die Funktionsweise der *burla* relativ einfach ist und ihre komische Wirkung praktisch automatisch erfolgt, so dass der Autor – künstlerisch gesehen – nicht besonders gefordert ist. Ähnliches geschieht im Falle des Übersetzers: Die Strategie des Auslachens eines Opfers ist in der Zielkultur ebenfalls vorhanden, zumal es im Wortfeld des Komischen ein spezifisches Wort dafür gibt: 'Schadenfreude'. Daraus ließ sich die Vermutung ableiten, dass bei dieser Textstelle keine größeren kulturspezifischen Übersetzungsschwierigkeiten auftauchen würden.

c) Javier Marías: *Corazón tan blanco*

Die Textstelle aus *Corazón tan blanco* ist insbesondere durch *ironía* gekennzeichnet, eine komische Strategie, die mehrdimensional zum Ausdruck kommt. Sie zeigt sich zum einen in der 'Haltung des Ich-Erzählers', dessen ironische Absicht auf syntaktischer (Einschübe, Wortwiederholungen), semantischer (Registerwechsel, Synonymie, Vergleiche) und pragmatischer (Verletzung des Relevanzprinzips durch Klammer und Metasprache) Ebene realisiert wird. Zum anderen wird sie durch den 'Gebrauch von Körpersprache' zur ironischen Charakterisierung der Figuren deutlich. Der Ich-

Erzähler äußert sich ironisch in Bezug auf a) die Handlung in der Situation (durch seine Kommentare), b) die Aktanten und ihre Redeweise (durch seine Dolmetschfunktion) und c) sich selbst (durch den Kontrast zwischen erzählendem und erlebendem Ich). Dadurch werden die Positionen Sprachsystem, Empfänger und Kommunikationssituation umfasst. Auffällig war die explizite Einbindung des Senders in das ironische Spiel durch die Haltung des Ich-Erzählers gegenüber sich selbst, die sich aus der Wortfeldanalyse nicht direkt ergeben hatte, aber in der Literatur zur Ironie durchaus eine wichtige Rolle spielt. An dieser Stelle war also eine Korrektur des Wortfeldes nötig.

Was die Kulturspezifik betrifft, wurde festgestellt, dass sie bei Marías im Vergleich zu Mendoza keine tragende Rolle spielt, weil sich zum einen die dargestellte Situation in einem internationalen (europäischen) Kontext abspielt und zum anderen kulturspezifische Unterschiede durch den Erzähler neutralisiert werden.

Das Verhältnis zwischen Autor- und Translatorleistung in Bezug auf die Strategien des Komischen ergab bei Marías im Gegensatz zu Mendoza keine Inversion, sondern eine Parallele: Sowohl Autor als auch Translator müssen das Potenzial der jeweiligen Sprache ausschöpfen, um die Ironie durch das Zusammenspiel der syntaktischen, semantischen und pragmatischen Dimension aufzubauen. Dieses Ergebnis war ein Hinweis darauf, dass diese Textstelle den Übersetzer vor keine allzu großen Schwierigkeiten kulturspezifischer Natur stellen würde.

(4) Translationswissenschaftliche Analysen der Zieltexte, übersetzungskritische Evaluierung und Textbeispiele im Vergleich

Die translationswissenschaftlichen Analysen der ZT hatten das gleiche Ziel, nämlich die Frage nach der Bewahrung der kommunikativen Absicht, d.h. nach der komischen Textäquivalenz. Um sie zu erreichen, sollte der Übersetzer auf eine adäquate Sprachzeichenwahl achten, und zwar sowohl auf Wort-, Satz- und Textebene als auch in Bezug auf die Kommunikationssituation und die Kultur, in die AT und ZT (!) eingebettet sind. Die ZT-Analysen erfolgten nach der glei-

5. Zusammenfassung und Perspektivenspektrum

chen Struktur wie die AT-Analysen – die Übersetzungen wurden in Bezug auf die Verfahren zur Übertragung des Komischen untersucht und systematisiert (Selektion + Hierarchisierung). Dabei wurde ebenfalls die auf der Basis der kontrastiven Wortfeldanalyse herausgearbeitete Terminologie angewendet. Aus den ZT-Analysen ergab sich auf deduktive und deskriptive Weise, der Terminologie von Reiß (1995) und Schreiber (1993, 1997, 1999) folgend, eine Klassifikation von Übersetzungsverfahren des Komischen aus dem Spanischen ins Deutsche, die sich weder normativ versteht noch eine universelle Gültigkeit beansprucht. Diese Ergebnisse könnten durch eine breit angelegte und empirisch gesicherte Überprüfung verallgemeinert werden.

Den ZT-Analysen folgte ein übersetzungskritischer Teil, der sich hauptsächlich auf die Übertragung des Komischen unter funktionalem Gesichtspunkt konzentrierte. Dabei wurde versucht, unter Berücksichtigung textexterner Faktoren auf konstruktive Weise folgende Fragen zu beantworten: Hat der Übersetzer die spezifische *gracia* des Originals erkannt? Ist diese erfolgreich übersetzt? Was geht dabei verloren? Wirkt die Übersetzung genauso komisch? Welche Alternativen gibt es? Ist eine bestimmte Form der *gracia* unübersetzbar? Die Ergebnisse werden im Folgenden zusammengefasst.

a) Eduardo Mendoza: *El misterio de la cripta embrujada* – *Eine etwas andere Taufe*

Aus der Einordnung des *gracia*-Wortfeldes ins translationsrelevante Kommunikationsmodell ergab sich, dass die von Mendoza an dieser Stelle eingesetzte *parodia* an das Sprachsystem gebunden und damit kulturspezifisch ist. Für eine kommunikative Übersetzung mit dem Ziel der textäquivalenten komischen Wirkung hat dies zur Folge, dass der Übersetzer sich mit der Frage nach einem adäquaten ZT-Sprachsystem beschäftigen sollte, um die parodistische Äquivalenz auf Textebene zu gewährleisten. Die ZT-Analyse ergab, dass der Übersetzer die Strategie des Komischen zwar grob erkannt, diese aber leider nicht in all ihren Dimensionen erfasst hat, wie es beispielsweise aus dem in der Übersetzungsanalyse herausgefilterten Verfahren der Abschwächung (*Neutralisation*) hervorging. Hinzu kam die Sprachspezifik des Deutschen, die in manchen Fällen bestimmte syntaktische

Umstellungen nicht erlaubt bzw. keine entsprechende Konnotation aufweist. Dadurch wurde die Herausarbeitung des Registerkontrastes erschwert. Die Bedeutung des Prätextes Schelmenroman kommt im deutschen ZT ebenfalls nicht deutlich zum Tragen. Außerdem stellte sich heraus, dass die Kommunikationssituation 'Taufe' des Originals in der Zielkultur nicht absolut äquivalent ist und somit nicht so lächerlich wirken kann. Im Falle der Kultureme wurde der Versuch unternommen, die ZT-Leser mit Hilfe eines leider nicht zielgerechten Glossars über kulturspezifische Unterschiede auf *gracia*-Ebene aufzuklären.

Aus diesen Gründen bin ich der Ansicht, dass die im Original enthaltene *gracia*, die vorwiegend als kulturspezifische *parodia* fungiert, in der Übersetzung zwar präsent ist, aber durchgehend abgeschwächt wiedergegeben wird. Damit erweist sich die Hypothese der kulturspezifischen Problematik, die die Übersetzung einer *parodia* erwarten lässt, als richtig.

b) Eduardo Mendoza: *El misterio de la cripta embrujada* – *Das Schönheitsideal einer Schwester*

Die vor dem Hintergrund des translationsrelevanten Kommunikationsmodells durchgeführte AT-Analyse ergab, dass an dieser Stelle die empfängerbezogene Strategie der *burla* die Hauptrolle spielt. Mittels der ZT-Analyse stellte sich heraus, dass diese Strategie des Komischen größtenteils in den ZT übernommen wurde (*Äquivalenz*). Diese Tatsache bestätigte die ursprüngliche Vermutung, dass *burla* (trotz gelegentlicher kulturspezifischer Markierung in Form von Kulturemen und intertextuellen Bezügen) sich relativ leicht mit äquivalenter komischer Wirkung ins Deutsche übertragen lässt. In Anlehnung an das translationsrelevante Kommunikationsmodell kann man dies auf die Empfänger-bezogenheit des Begriffs zurückführen. Gerade die außersprachliche Existenz eines Opfers, das man auslachen kann, gewährleistet die komische Wirkung. Sicherlich kommt es bei *burla* auch auf die Wortwahl an, aber im Zentrum der *gracia* steht nicht die Parodie eines bestimmten Sprachsystems als sprachliche Leistung, sondern das Auslachen einer Figur, die bereits durch ihre körperlichen Eigenschaften komisch wirkt.

5. Zusammenfassung und Perspektivenspektrum

Schwieriger an dieser Stelle war weiterhin die Wiedergabe von Registerkontrast und Kulturspezifik. Dennoch hat der Übersetzer redlich versucht, das Unmögliche möglich zu machen. Dadurch kann von einer gelungenen Übersetzung die Rede sein. Nach der durchgeführten ZT-Analyse unter Anwendung des translationsrelevanten Kommunikationsmodells wurde der Schluss gezogen, dass die *burla* im Prinzip leichter zu übertragen ist als die *parodia*.

c) Javier Marías: *Corazón tan blanco*
In der analysierten Textstelle bedient sich Marías hauptsächlich der Strategie der *ironía*, um die komische Absicht zu verwirklichen. Die Ironie kommt durch die Haltung des Ich-Erzählers und den Gebrauch von Körpersprache zustande. Bei der Haltung des Ich-Erzählers haben syntaktische Elemente sowie semantische und pragmatische Mittel eine textäquivalente Wirkung im ZT (*Äquivalenz*). Die metasprachlichen Bemerkungen des Ich-Erzählers wurden durch weitere Verfahren (*Adaption, Negation* und *Korrektur*) erfolgreich wiedergegeben, weil die Übersetzerin die unterschiedliche Kulturspezifik im Umgang mit pragmatischen Elementen richtig erkannt hat. Körpersprache und damit ihre ironische Verarbeitung hat einen kulturspezifischen Stellenwert in romanischen Sprachen, der die Übersetzung in andere Sprachfamilien erschwert. Dennoch wurde in der ZT-Analyse von Marías festgestellt, dass die *Äquivalenz* beim Gebrauch von Körpersprache in zwei Fällen automatisch erfolgte, während sie sonst durch die Verfahren der *Entlehnung* und *Modulation* erreicht wurde.

Die Feststellung von *Äquivalenz* als wichtigstes Übersetzungsverfahren bestätigte die sich aus der AT-Analyse ergebende Parallelität zwischen Autor- und Translatorleistung und erlaubte den Rückschluss auf die geringe kulturspezifische Markierung von *ironía* in diesem einen Fall. In Anlehnung an das translationsrelevante Kommunikationsmodell und die im Laufe der Arbeit erarbeitete Ironiedefinition ist dies darauf zurückzuführen, dass im Text von Marías das Geschehen (Text) in einem internationalen bzw. europäischen Kontext (Kommunikationssituation) platziert ist, den AT-Autor (Sender), AT-Leser (Empfänger), Übersetzer (Sender') und ZT-Leser

(Empfänger') teilen. Zusätzlich wird das Auflösen der restlichen Kulturspezifik durch die Hauptfigur des Dolmetschers erleichtert. All dies gewährleistet – wie anfangs vermutet – die erfolgreiche Übertragung der ironischen Wirkung, vorausgesetzt, der Übersetzer zeigt einen sicheren Umgang mit nicht kulturspezifischen Übersetzungsschwierigkeiten, die für die *ironía* des AT verantwortlich sind. Die Übertragung dieser Strategie des Komischen ins Deutsche stellte die Übersetzerin trotz einer ganz subtilen Kulturspezifik vor keine großen Schwierigkeiten. Als weiteres Zeichen für den Erfolg dieser Übersetzung galt die außerordentliche Rezeptionsgeschichte des Werks in Deutschland, die im letzten Teil der Arbeit kurz umrissen wurde.

Als abschließender Teil der Dissertation wurden die bereits analysierten Ausgangs- und Zieltexte miteinander verglichen, um Gemeinsamkeiten und Unterschiede bezüglich der Übersetzung der *gracia* festzustellen. Dabei wurde ein Ausblick auf textexterne Faktoren gegeben, der die Brücke zur Übersetzungspraxis und zur deskriptiven Translationswissenschaft schlagen soll. Die Auseinandersetzung mit komplexen Fragen wie Übersetzerintention, Rezeptionsgeschichte, Verlagspolitik, Textfunktion, Lachkultur usw. verlangt eine Gründlichkeit, die den Rahmen dieser Dissertation gesprengt hätte. Im Folgenden wird das Prinzip des AT- und ZT-Vergleichs in der Hoffnung erläutert, dass es als Anregung zur weiteren Beschäftigung mit der Übersetzung des Komischen dienen kann.

Die Erstellung eines relevanten Kriterienkatalogs für den AT- und ZT-Vergleich folgte erneut der natürlichen Struktur des Kommunikationsprozesses, die sich im übersetzungsrelevanten Kommunikationsmodell niederschlägt und durch einen ganzheitlichen Charakter gekennzeichnet ist. Daraus ergaben sich folgende Vergleichsparameter:

5. Zusammenfassung und Perspektivenspektrum

Komm.modell	AT	ZT	Komm.modell
Sender	Intention des Autors Leistung des Autors	Intention des Übersetzers Leistung des Übersetzers	Sender'
Empfänger	Rezeptionsgeschichte	Rezeptionsgeschichte	Empfänger'
Sprachsystem	Strategien des Komischen	Strategien des Komischen in Übersetzung	Sprachsystem'
Komm.situation	Text-Situation { Zeitdimension, Raumdimension } Textfunktion	Text-Situation { Zeitdimension, Raumdimension } Textfunktion	Komm.situation'
Kultur	Lachkultur in der Zielkultur	Lachkultur in der Ausgangskultur	Kultur'

Tab. 15 Vergleichsparameter zwischen AT und ZT nach dem Kommunikationsmodell

Unter diesen Parametern befindet sich natürlich derjenige, der im Mittelpunkt dieser Arbeit stand (schattiert dargestellt): Die komischen Strategien, die der *gracia* bzw. dem Komischen mittels eines bestimmten sprachlichen (auch körpersprachlichen) Codes (Sprachsystem) zum Ausdruck verhelfen. Dies ist ein weiterer Beweis für die Vielfalt von Betrachtungsweisen, die das komplexe und spannende Phänomen des Komischen zulässt. Der Vergleich von AT und ZT unter dem Gesichtspunkt der komischen Strategien ergab, dass die Schwerpunkte des Komischen bei Mendoza und Marías anders gelagert sind. Mendozas *parodia* ist kulturspezifischer als Marías' *ironía* und stellt andere Ansprüche an den Übersetzer. Dies impliziert kein Werturteil. Es sollte vielmehr gezeigt werden, wie der Übersetzer sich anhand des vorgeschlagenen Kommunikationsmodells aus einer kontrastiven Perspektive über die Problematik bei der Übersetzung der *gracia* bewusst werden kann. Wenn er bereits in der AT-Analyse das Modell anwendet, lässt sich die Art der *gracia* genauer identifizieren. Daraus kann er – durch den interkulturellen Vergleich mit dem Kommunikationsmodell des Komischen – bestimmte Übersetzungsverfahren ableiten, die zur Übertragung der unterschiedlichen Strategien des Komischen hilfreich sein können. Das hier präsentierte übersetzungsrelevante Kommunikationsmodell ist ein Vorschlag, um etwas mehr Klarheit über die Unterschiede und Gemeinsamkeiten zwischen der *gracia* und dem Komischen zu schaffen. Gleichzeitig will es den Übersetzern ein Werkzeug an die Hand geben, das ihre Arbeit erleichtern soll.

6. Bibliographie

6.1 Primärliteratur

MARÍAS, Javier (1992): *Corazón tan blanco*. 6. Auflage. Barcelona: Anagrama.
— (1998): *Mein Herz so weiß*. [Aus dem Spanischen von Elke Wehr]. 9. Auflage. Stuttgart: Klett-Cotta. [1996]
MENDOZA, Eduardo (1998): *El misterio de la cripta embrujada*. 43. Auflage. Barcelona: Seix Barral. [1979]
— (1990): *Das Geheimnis der verhexten Krypta*. [Aus dem Spanischen von Peter Schwaar]. 2. Auflage. Stuttgart: Klett-Cotta.

6.2 Wörterbücher und Nachschlagewerke

AGENCIA EFE (2001): *Diccionario de español urgente*. Madrid: Ediciones SM.
BLEIBERG, Germán et al. (1964): *Diccionario de literatura española*. 3ª ed. Madrid: Revista de occidente.
CASARES, Julio (1998): *Diccionario ideológico de la lengua española*. 10. Auflage. Barcelona: Gustavo Gili. [1959]
COROMINAS, Joan (2000): *Breve diccionario etimológico de la lengua castellana*. Madrid: Gredos.
Diccionario de la lengua española (2001) 22. Auflage. Madrid: Real Academia Española.
Diccionario de sinónimos y antónimos (1994). Madrid: Espasa Calpe.
Diccionario español de sinónimos y antónimos (1986). Madrid: Aguilar.
DUDEN (1986): *Sinn- und sachverwandte Wörter*. Band 8. 2. Auflage. Mannheim; Wien; Zürich: Bibliographisches Institut.
— (1996): *Deutsches Universalwörterbuch*. 3. Auflage. Mannheim; Wien; Zürich: Dudenverlag.
ESTÉBANEZ CALDERÓN, Demetrio (1996): *Diccionario de términos literarios*. Madrid: Alianza.
FERRATER MORA, José (1994): *Diccionario de filosofía*. Barcelona: Ariel.
HERMANN, Ursula (1985): *Knaurs großes Wörterbuch der deutschen Sprache*. München: Lexikographisches Institut.
HESS, Rainer et al. (Hrsg.) (1989): *Literaturwissenschaftliches Wörterbuch für Romanisten*. 3. Auflage. Tübingen: Francke. (= UTB 1373).
HOLTUS, Günther et al. (Hrsg.) (2001): *Lexikon der Romanistischen Linguistik (LRL)*. Tübingen: Niemeyer.
JUNCEDA, Luis (1998): *Diccionario de refranes, dichos y proverbios*. Madrid: Espasa Calpe.
MOLINER, María (2000): *Diccionario de uso del español*. Madrid: Gredos.

MONTERO ALONSO, José; AZORÍN GARCÍA, Francisco; MONTERO PADILLA, José (1990): *Diccionario general de Madrid: historia, personajes, monumentos, fiestas populares*. Madrid: Méndez y Molina.
NÜNNING, Ansgar (Hrsg.) (1998): *Metzler Lexikon Literatur- und Kulturtheorie*. Stuttgart; Weimar: Metzler.
PONS *Lexiface global Deutsch Spanisch* (2001). Stuttgart: Klett.
RADSZUWEIT, Siegrid (1992): *Knaurs Lexikon der Synonyme* (1992) München: Lexikographisches Institut.
RITTER, Joachim (Hrsg.) (1976): *Historisches Wörterbuch der Philosophie*. Band 4. Basel; Stuttgart: Schwabe & Co. Verlag.
SAINZ DE ROBLES, Federico C. (1972): *Ensayo de un diccionario de la literatura*. Madrid: Aguilar.
— (1986): *Diccionario español de sinónimos y antónimos*. 8. Auflage. Madrid: Aguilar.
SCHWEIKLE, Günther und Irmgard (Hrsg.) (1990): *Metzler Literatur Lexikon. Begriffe und Definitionen*. Zweite, überarbeitete Auflage. Stuttgart: Metzlersche Verlagsbuchhandlung
SECO, Manuel et al. (1999): *Diccionario del español actual*. Madrid: Aguilar.
SLABÝ, Rudolf J.; GROSSMANN, Rudolf et al. (2001): *Diccionario de las lenguas española y alemana*. 5. dt. / 12. sp. Auflage. Barcelona: Herder.
TRÄGER, Claus (1989): *Wörterbuch der Literaturwissenschaft*. 2. Auflage. Leipzig: Bibliographisches Institut.
UEDING, Gert (Hrsg.) (2003): *Historisches Wörterbuch der Rhetorik*. Tübingen: Max Niemeyer.
VOX (1993): *Diccionario manual de sinónimos y antónimos*. 8. Auflage. Barcelona: Bibliograf.
WAHRIG, Gerhard (1996): *Deutsches Wörterbuch*. Gütersloh: Bertelsmann.

6.3 Sekundärliteratur

ACEVEDO, Evaristo (1966): *Teoría e interpretación del humor español*. Madrid: Editorial Nacional.
ALARCOS LLORACH, Emilio (1994): *Gramática de la lengua española*. Madrid: Espasa Calpe. (= Real Academia Española Colección Nebrija y Bello).
ALBRECHT, Jörn (2001): "Sprachbewertung". In: Holtus, Günther et al. (Hrsg.) (2001): *Lexikon der Romanistischen Linguistik (LRL)*. Bd. I, 2. Methodologie (Sprache in der Gesellschaft / Sprache und Klassifikation / Datensammlung und -verarbeitung). Tübingen: Max Niemeyer Verlag. 526-540.
ALONSO HERNÁNDEZ, José Luis (1992): "Quevedo: lo satírico, lo jocoso y lo burlesco." In: Den Boer, H.; Sierra, F. (Hrsg.) (1992): *El humor en España. Diálogos hispánicos de Amsterdam*, n°. 10. Amsterdam - Atlanta: Rodopi. 95-122.
ALONSO, Dámaso (1927): "Escila y Caribdis de la literatura española". *Cruz y raya*, 7, 77-102.
AMMANN, Margret (1990): "Anmerkungen zu einer Theorie der Übersetzungskritik und ihrer praktischen Anwendung". *TextconText* 5, 209-250. Heidelberg: Julius Groos Verlag.
— (1993): "Kriterien für eine allgemeine Kritik der Praxis des translatorischen Handelns". In: Holz Mänttäri, Justa; Nord, Christiane (Hrsg.) (1993): *Traducere navem. Festschrift für Katharina Reiß*. Tampereen Yliopisto. 433-446. (= studia translatologica. ser. A. vol. 3).
ANTOINE, Fabrice (2001): "L'humoriste et le traducteur *ou* quand la traduction s'en mêle..." In: Laurian, Anne-Marie; Szende, Thomas (Eds.) (2001): *Les mots du rire: comment*

6. Bibliographie

les traduire?: essais de lexicologie contrastive; publication du Centre de Recherche Lexiques – Cultures – Traductions (INALCO). Bern et al.: Lang. 19-34.

ANTONOPOULOU, Eleni (2002): "A Cognitive Approach to Literary Humour Devices Translating Raymond Chandler". *The Translator*, special issue (*Translating Humour*) 8(2), 195-220.

— (2004a): "Humor theory and translation research: Proper names in humorous discourse". *Humor. International Journal of Humor Research*. 17-3 (2004), 219-255.

— (2004b): *Humour in Interlingual Transference*. Parousia Journal Monograph Series No 57.

ARISTOTELES (1982): *Poetik*. Stuttgart: Reclam.

ARNTZEN, Helmut (1989): *Satire in der deutschen Literatur. Geschichte und Theorie*. Band 1. Vom 12. bis zum 17. Jahrhundert. Darmstadt: Wissenschaftliche Buchgesellschaft.

ARRIBAS, Inés (1997): *La literatura de humor en la España democrática*. Madrid: Editorial Pliegos.

ARROJO, Rosemary (1997): "Gedanken zur Translationstheorie und zur Dekonstruktion des Logozentrismus". In: Wolf, Michaela (Hrsg.) (1997): *Übersetzungswissenschaft in Brasilien. Beiträge zum Status von "Original" und Übersetzung*. Tübingen: Stauffenburg. 63-70. (= Studien zur Translation; Bd. 3).

ASHLEY, Leonard R. N. (1996): "Nicknames and Sobriquets". In: Eichler, Ernst et al. (Hrsg.) (1996): *Namenforschung. Ein internationales Handbuch zur Onomastik*. Berlin, New York: de Gruyter. 1750-1756. (= Handbücher zur Sprach- und Kommunikationswissenschaft 'HSK'; 11.2).

"Así se ríe España". *Cambio 16*. Nr. 385 von April 1979.

ATTARDO, Salvatore (1994): *Linguistic Theories of Humor*. Berlin et al.: Mouton de Gruyter.

— (2001): *Humorous texts: a semantic and pragmatic analysis*. Berlin, New York: Mouton de Gruyter.

— (2002): "Translation and Humour. An Approach Based on the General Theory of Verbal Humour (GTVH)". *The Translator*, special issue (*Translating Humour*) 8(2), 173-194.

AUB, Max (2003): *La calle de Valverde*. Madrid: El País. [1961]

BACHTIN, Michail M. (1990): *Literatur und Karneval. Zur Romantheorie und Lachkultur*. [Übers. von Alexander Kaempfe]. München – Wien: Carl Hanser Verlag; Frankfurt am Main: Fischer. [1969]

BAROJA, Pío (1919): *La caverna del humorismo*. Madrid: Caro Raggio.

BARRERO, Óscar (1992): *Historia de la literatura española contemporánea*. Madrid: Ediciones Humorismo.

BASSNETT, Susan; Lefevere André (Hrsg.) (1998): *Constructing cultures: essays on literary translation*. Clevedon et al: Multilingual Matters. (= Topics in translation; 11)

BEHLER, Ernst (1997): *Ironie und literarische Moderne*. Paderborn; München; Wien; Zürich: Schöningh.

BERGSON, Henri (1961): *Le rire. Essai sur la signification du comique*. Paris: Revue de Paris. Cent quarante-troisième édition. Paris: Presses Universitaires de France. [1899]

BHABHA, Homi K. (2000): *Die Verortung der Kultur*. [Übers. von M. Schiffmann und J. Freudl]. Tübingen: Stauffenburg-Verlag.

BÖDEKER, Birgit; FREESE, Katrin (1987): "Die Übersetzung von Realienbezeichnungen bei literarischen Texten: Eine Prototypologie". *TextconText* 2/3, 1987, 137-165. Heidelberg: Julius Groos Verlag.

BÖDEKER, Birgit; WETZEL-SAHM, Birgit; GÖSKE, Daniel (1989): "Eigennamen und sprechende Namen". In: Frank, Armin Paul (Hrsg.) (1989): *Die literarische Übersetzung. Der lange Schatten kurzer Geschichten. Amerikanische Kurzprosa in deutschen Übersetzungen*. Berlin: Erich Schmidt Verlag. 235-244.

BREMMER, Jan; ROODENBURG, Herman (ed.) (1997): *A Cultural History of Humour*. Cambridge: Polity Press.

BROECK, Raymond van den (1985): "Second Thoughts on Translation Criticism. A Model of its Analytic Function". In: Hermans, Theo (Hrsg.) (1985): *The Manipulation of Literature. Studies in Literary Translation*. London / Sydney: Croom Helm. 54-62.

BRÔNE, Gert; FEYAERTS, Kurt (2003): *The cognitive linguistics of reference-point structures in humor*. Leuven: Katholieke Univ., Departement Linguistiek.

BRUMMACK, Jürgen (1971): "Zu Begriff und Theorie der Satire". In: Brinkmann, Richard und Kuhn, Hugo: *Deutsche Vierteljahrsschrift für Literaturwissenschaft und Geistesgeschichte*. 45. Jahrgang, XLV. Band, 275-377. Stuttgart: Metzlersche Verlagsbuchhandlung.

BRUMME, Jenny (1992): "Spanisch: Sprachbewertung". In: Holtus, Günther et al. (Hrsg.) (1992): *Lexikon der Romanistischen Linguistik (LRL)*. Bd. VI, 1. Aragonesisch/Navarresisch, Spanisch, Asturianisch/Leonesisch. Tübingen: Max Niemeyer Verlag. 379-396.

BRYCE ECHENIQUE, Alfredo (2000): "Del humor quevedesco a la ironía cervantina". *Estudios Públicos*, 77, 373-388. Chile.

BÜHLER, Karl (1982): *Sprachtheorie: die Darstellungsfunktion der Sprache*. Jena: Fischer. Stuttgart; New York: Fischer. [1934]

BURGUERA NADAL, María Luisa; FORTUÑO LLORENS, Santiago (Eds.) (1998): *Vanguardia y humorismo. La otra generación del 27*. Castelló de la Plana: Publicacions de la Universitat Jaume I.

CALZADA PÉREZ, María (ed.) (2003): *Apropos of ideology*. Manchester: St. Jerome.

CAMBA, Julio (1948): "Alemania". In: *Obras completas*. Madrid: Ed. Plus Ultra. 3-120.

CANO GONZÁLEZ, Ana Mª; KREMER, Dieter (1992): "Onomastik". In: Holtus, Günther et al. (Hrsg.) (1992): *Lexikon der Romanistischen Linguistik (LRL)*. Bd. VI, 1. Aragonesisch/Navarresisch, Spanisch, Asturianisch/Leonesisch. Tübingen: Max Niemeyer Verlag. 868-899.

CARBONELL I CORTÉS, Ovidi (1997): *Traducir al otro: traducción, exotismo, poscolonialismo*. Cuenca: Editorial de la Universidad de Castilla-La Mancha. (= Escuela de traductores de Toledo; 2).

CARTAGENA, Nelson; GAUGER, Hans-Martin (1989): *Vergleichende Grammatik Spanisch-Deutsch*. Mannheim; Wien; Zürich: Duden Verlag. (= Duden-Sonderreihe Vergleichende Grammatiken; Bd. 2).

CASARES, Julio (1961): *El humorismo y otros ensayos*. Madrid: Espasa-Calpe.

CHIARO, Delia (2004): *How to Avoid a Power Failure or The Effect of Translation on Humour Response: The Case of Dubbed Comedy in Italy*. Vortrag im Rahmen der 16. Konferenz der *International Society of Humour Studies*. Dijon.

CHLOPICKI, Wladyslaw (2001): "Humorous and Non-Humorous Stories – Are There Differences in Frame-Based Reception?". *Stylistyka* X, 59-78.

— (2002): "Pragmatic Analysis of Humour in Jokes and Short Stories". In: Scabi, C. and Zerkowitz, J. (eds.) (2002): *Textual Secrets: The Medium of the Message*. Budapest. 102-113.

CHRISTIE, Ruth (1998): "*Corazón tan blanco*: The Evolution of a Success Story". *Modern Language Review* 93, 1, 83-93.

CICERO (1997): *De oratore*. 3. Auflage. Stuttgart: Reclam.

COLLADOS, Ángela (1994): "La comunicación no verbal y la didáctica de la interpretación". *TextconText* 9, 1994, 23-53. Heidelberg: Julius Groos Verlag.

6. Bibliographie

CONDE GUERRI, Mª José (1999): "Teatro de evasión: Jardiel Poncela." In: Rico, Francisco (Ed.) (1999): *Historia y crítica de la literatura española*. Vol. 8. Suplemento. Barcelona: Crítica. 749-753.

CORDONNIER, Jean-Louis (2001): "Traduire le discours: Colon et les femmes dans *La harpe et l'ombre* de Alejo Carpentier". In: Laurian, Anne-Marie; Szende, Thomas (Eds.) (2001): *Les mots du rire: comment les traduire?: essais de lexicologie contrastive*; publication du Centre de Recherche Lexiques – Cultures – Traductions (INALCO). Bern et al.: Lang. 53-72.

CRUGTEN, Alain van (1989): "La récré du traducteur". *Meta* 34:1, 26-32.

CURRAN, Daniel (1998): *Guide to American Cinema, 1965-1995*. Connecticut; London: Greenwood Press.

Das literarische Quartett vom 13.06.1996. Frankfurt am Main: ZDF.

DELABASTITA, Dirk (2002): "A Great Feast of Languages: Shakespeare's Multilingual Comedy in 'King Henry V' and the Translator". *The Translator*, special issue (*Translating Humour*) 8(2), 303-340.

DELHOUGNE, Ursula (1995): "Zur Komik des Don Quijote in einigen deutschen Übersetzungen". In: Unger, Thorsten; Schultze, Brigitte; Turk, Horst (Hrsg.) (1995): *Differente Lachkulturen? Fremde Komik und ihre Übersetzung*. Tübingen: Günter Narr. 87-100. (= Forum modernes Theater: Schriftenreihe; 18)

Dichos españoles. Online im Internet: www.euroweb.es/html/miscela-09.htm [Stand 18.10.2002]

DIOT, Roland (1989): "Humor for Intellectuals: Can It Be Exported and Translated? The Case of Gary Rudeau's In Search of Reagan's Brain". *Meta* 34:1, 84-87.

DOERMER-TRAMITZ, Christiane (1990): *... Auf den ersten Blick. Über die ersten dreißig Sekunden einer Begegnung von Mann und Frau*. Opladen: Westdeutscher Verlag.

ECHEVARRÍA, Ignacio et al. (2000): "Javier Marías". In: García, Jordi (Ed.) (2000): *Los nuevos nombres: 1975-2000*. Primer Suplemento. 9/1. Barcelona: Crítica. 332-347. (= Historia y crítica de la literatura española).

ECO, Umberto; WARDLE, Mary Louise (2002): "On Translating Queneau's 'Exercises de style' into Italian". *The Translator*, special issue (*Translating Humour*) 8(2), 221-240.

EIBL-EIBESFELDT, Irenäus (1986): *Die Biologie des menschlichen Verhaltens*. München: Piper.

EKMANN, Bjørn (1995): "Schwierigkeiten beim Schreiben eines witzigen Untertitels. Motzki im dänischen Fernsehen". In: Unger, Thorsten; Schultze, Brigitte; Turk, Horst (Hrsg.) (1995): *Differente Lachkulturen? Fremde Komik und ihre Übersetzung*. Tübingen: Günter Narr. 283-297. (= Forum modernes Theater: Schriftenreihe; 18)

FERNÁNDEZ FLÓREZ, Wenceslao (1945): *El humor en la literatura española*. Discurso leído ante la Real Academia Española. Madrid: Real Academia Española.

— (1965): *Humorismo español*. Barcelona; Madrid; Buenos Aires et al.: Labor.

FISCHER, Kuno (1996): *Über den Witz. Ein philosophischer Essay*. Tübingen: Klöpfer und Meyer. [1871]

FLEIG, Anne (2001): "Sinnliche Maschinen. Repräsentationsformen der Beine in der Moderne". In: Benthien, Claudia; Wulf, Christoph (Hg.) (2001): *Körperteile – Eine kulturelle Anatomie*. Reinbek bei Hamburg: Rohwohlt Taschenbuch Verlag.

FRANCO AIXELÁ, Javier (1996): "Culture-Specific Items in Translation". In: Álvarez, Román; Vidal, M. Carmen-África (Hrsg.) (1996): *Translation, Power, Subversion*. Clevedon, Philadelphia, Adelaide: Multilingual Matters Ltd. 52-78. (= Topics in Translation: 8).

FREUD, Sigmund (1998): *Der Witz und seine Beziehung zum Unbewussten. Der Humor*. 4. Auflage. Frankfurt am Main: Fischer. [1905/1927]

FUENTES LUQUE, Adrián (2004): "Reír o no reír, esa es la cuestión: la traducción del humor verbal audiovisual. Estudio descriptivo de un fragmento de Duck Soup, de los Hermanos Marx". *Puentes*, n°3, enero 2004, 77-84.
GARANTO ALÓS, Jesús (1983): *Psicología del humor*. Barcelona: Herder.
GARCÍA BERRIO, Antonio et al. (1992): *Los géneros literarios: sistema e historia*. Madrid: Cátedra.
GARCÍA MERCADAL, José (1998): *La otra cara de la Generación del 98. (Antología)*. Biblioteca de Oro. Tomo I. Pozuelo de Alarcón: Academia de Humor.
GARCÍA PAVÓN, Francisco (1966): *España en sus humoristas*. Madrid: Taurus.
— (1984): "La inventiva de Jardiel Poncela". In: Rico, Francisco (Ed.) (1984): *Historia y crítica de la literatura española*. Vol. 7. Barcelona: Crítica. 749-753.
GARCÍA, Carlos Javier (1999): "La resistencia a saber y Corazón tan blanco, de Javier Marías". *Anales de la Literatura Española Contemporánea* 24, 1-2, 103-120.
GARDINER, Juliet (Ed.) (2000): *The History Today. Who's Who in British History*. London: Collins & Brown Limited.
GERNHARDT, Robert; ZEHRER, Klaus C. (Hrsg.) (2004): *Hell und Schnell*. 555 komische Gedichte aus 5 Jahrhunderten. Frankfurt a.M.: Fischer.
GERZYMISCH-ARBOGAST, Heidrun (1994): *Übersetzungswissenschaftliches Propädeutikum*. Tübingen/Basel: Francke.
GODDARD, Cliff: The Natural Semantic Metalanguage Homepage. Online im Internet: http://www.une.edu.au/arts/LCL/disciplines/linguistics/nsmpage1.htm [Stand: 18.11.2004]
GÖHRING, Heinz (1999): "Interkulturelle Kommunikation". In: Snell-Hornby, Mary et al. (Hrsg.) (1999): *Handbuch Translation*. 2., verb. Auflage. Tübingen: Stauffenburg-Verl., 112-115.
GÓMEZ DE LA SERNA, Ramón (1975): *Ismos*. Madrid: Ed. Guadarrama. [1931]
GÓMEZ TORREGO, Leonardo (1999): *Manual de español correcto I. Acentuación, Puntuación, Ortografía, Pronunciación, Léxico, Estilo*. 9. Auflage. Madrid: Arco/Libros S.L.
GONZÁLEZ OLLÉ, Fernando; CASADO VELARDE, Manuel (1992): "Spanisch: Wortbildungslehre". In: Holtus, Günther et al. (Hrsg.) (1992): *Lexikon der Romanistischen Linguistik (LRL)*. Bd. VI, 1. Aragonesisch/Navarresisch, Spanisch, Asturianisch/Leonesisch. Tübingen: Max Niemeyer Verlag. 91-109.
GÖPFERICH, Susanne (1999): "Paralleltexte". In: Snell-Hornby, Mary et al. (Hrsg.) (1999): *Handbuch Translation*. 2., verb. Auflage. Tübingen: Stauffenburg-Verl. 184-186.
GORFKLE, Laura J. (1993): *Discovering the Comic in Don Quixote*. Chapell Hill. North Carolina Studies in the Romance Languages and Literatures. Chapel Hill: University of North Carolina Press.
GRANJEL, Luis S.; MAINER, José Carlos (1984): "Contextos: La novela corta y Wenceslao Fernández Flórez". In: Rico, Francisco (Ed.) (1984): *Historia y crítica de la literatura española*. Vol. 7. Barcelona: Crítica. 143-155.
GRICE, Herbert P. (1989): *Studies in the way of words*. Cambridge et al.: Harvard University Press.
GRÜNBERG, Martin (1999): "Verhandlungsdolmetschen". In: Snell-Hornby, Mary et al. (Hrsg.) (1999): *Handbuch Translation*. 2., verb. Auflage. Tübingen: Stauffenburg-Verl. 316-319.
GUILLÉN, Claudio (1985): *Entre lo uno y lo diverso. Introducción a la literatura comparada*. Barcelona: Editorial Crítica.
HEIN, Jürgen (1988): "Die deutsche Komödie im Überblick". In: Freund, Winfried (Hrsg.): *Deutsche Komödien. Vom Barock bis zur Gegenwart*. München: Wilhelm Fink. 295-309. (= UTB 1498).

6. Bibliographie

HEMPFER, Klaus W. (1973): *Gattungstheorie. Information und Synthese.* München: Wilhelm Fink. (= UTB 133).

HERBST, Thomas (1994): *Linguistische Aspekte der Synchronisation von Fernsehserien: Phonetik, Textlinguistik, Übersetzungstheorie.* Tübingen: Niemeyer. (= Linguistische Arbeiten; 318).

HERRÁEZ, Miguel (1998): *La estrategia de la postmodernidad en Eduardo Mendoza.* Barcelona: Ronsel Editorial.

HICKEY, Leo (1998): "Perlocutionary Equivalence: Marking, Exegesis and Recontextualisation". In: Hickey, Leo (Ed.) (1998): *The Pragmatics of Translation.* Clevedon et al.: Multilingual Matters Ltd. 217-232. (= Topics in Translation: 12).

— *Aproximación pragmalingüística a la traducción del humor.* Online im Internet: http://cvc.cervantes.es/obref/aproximaciones/hickey.htm [Stand 25.09.2000].

HÖNIG, Hans G. (1995): *Konstruktives Übersetzen.* Tübingen: Stauffenburg.

HÖSLE, Vittorio (2001): *Woody Allen. Versuch über das Komische.* München: C.H. Beck.

HOUSE, Juliane (1997): *Translation quality assessment: a model revisited.* Tübingen: Narr.

HUTCHEON, Linda (1985): *A Theory of Parody. The Teachings of 20th-Century Art Forms.* New York; London: Meuthen.

— (1995): *Irony's Edge. The Theory And Politics of Irony.* London: Routledge.

IFFLAND, James (1999): *De fiestas y aguafiestas: risa, locura e ideología en Cervantes y Avellaneda.* Madrid: Iberoamericana; Frankfurt am Main: Vervuert.

INGENDAAY, Paul (2002): *Gebrauchsanweisung für Spanien.* Piper: München.

— "Das Fieber und die Lanze". *Frankfurter Allgemeine Zeitung* vom 30.10.2002.

IÑIGUEZ BARRENA, Francisca M^a (1995): *La parodia dramática. Naturaleza y técnica.* Sevilla: Univ. de Sevilla.

ISAS, Rocío de (1995): "Javier Marías. Un escritor internacional". *Delibros,* noviembre 1995, 40-42.

JAKOBSON, Roman (1993): "Linguistik und Poetik". In: Holenstein, Emar; Schelbert, Tarsicius (Hrsg.): *Poetik: ausgewählte Aufsätze 1921-1971.* 3. Auflage. Frankfurt am Main: Suhrkamp. [1979]

JAPP, Uwe (1983): *Theorie der Ironie.* Frankfurt am Main: Klosterman.

JAUSS, Hans-Robert (1976): "Zum Problem der Grenzziehung zwischen dem Lächerlichen und dem Komischen". In: Preisendanz, W.; Warning, R. (Hrsg.): *Das Komische. Poetik und Hermeneutik 7.* 361-372.

KAINDL, Klaus (1999): "Übersetzungskritik". In: Snell-Hornby, Mary et al. (1999): *Handbuch Translation.* 2., verb. Auflage. Tübingen: Stauffenburg-Verl. 373-378.

— (1999): "Musiktheater". In: Snell-Hornby, Mary et al. (Hrsg.) (1999): *Handbuch Translation.* 2., verb. Auflage. Tübingen: Stauffenburg-Verl. 258-260.

KALINA, Sylvia (1999): "Verarbeitungsprozesse". In: Snell-Hornby, Mary et al. (Hrsg.) (1999): *Handbuch Translation.* 2., verb. Auflage. Tübingen: Stauffenburg-Verl. 330-335.

KALVERKÄMPER, Hartwig (1980): "Das Wortfeld der Fachlichkeit im Französischen. Ein Beitrag der Wortfeldforschung zur Methodologie der Fachsprachenlinguistik". *Sprachwissenschaft* 5, 415-496.

— (1990): "Der Begriff der 'Fachlichkeit' im modernen Italienischen. Lexikalische Systematik und textuelle Integration". *Quaderni di semantica,* a. XI, n. 1, 79-115.

— (1991): "Literatur und Körpersprache". *Poetica* 23, 328-373.

— (1995): "Kultureme erkennen, lehren und lernen. Eine kontrastive und interdisziplinäre Herausforderung an die Forschung und Vermittlungspraxis". *Fremdsprachen Lehren und Lernen* (FLuL). Jahrgang 24, 138-181.

— (1998): "Interkulturalität". In: Ludquist, Lita; Picht, Heribert; Qvistgaard, Jacques (eds.) (1998): *Proceedings of the 11th European Symposium on Language for Special*

Purposes. LSP - Identity and Interface. Research, Knowledge and Society. Copenhagen, August 1997. Vol. I. Copenhagen: Copenhagen Business School. 69-99.
— (1999): "Translationswissenschaft als integrative Disziplin". In: Gerzymisch-Arbogast, Heidrun et al. (Hrsg.): *Wege der Übersetzungs- und Dolmetschforschung*. Tübingen: Günter Narr. 55-76.
— (2003a): "Nonverbale Kommunikation". In: Ueding, Gert (Hrsg.): *Historisches Wörterbuch der Rhetorik.* Tübingen: Max Niemeyer. 307-337.
— (2003b): "Physiognomik". In: Ueding, Gert (Hrsg.): *Historisches Wörterbuch der Rhetorik.* Tübingen: Max Niemeyer. 1083-1190.
KATAN, David (1999): *Translating Cultures. An Introduction for Translators, Interpreters and Mediators.* Manchester: St. Jerome Publishing.
KEIM, Lucrecia (1994): *Interkulturelle Interferenzen in der deutsch-spanischen Wirtschaftskommunikation.* Frankfurt a.M. (et al.): Peter Lang. (= Ehnert, Rolf; Schröder, Hartmut; Hosaka, Muneshige (Hrsg.): Werkstattreihe Deutsch als Fremdsprache, Band 47).
KINTER, Barbara (1978): *Die Figur des Gracioso im spanischen Theater des 17. Jh.* Münchner Romanistische Arbeiten. München: Fink.
KLIER, Walter (2002): "»Was brauch i um Mitternacht a Sunn?« Humorwissenschaftlicher Streifzug durch die austriakische Literatur". In: Bohrer, Karl Heinz; Scheel, Kurt (Hrsg.) (2002): *Lachen. Über westliche Zivilisation.* Sonderheft MERKUR. Deutsche Zeitschrift für europäisches Denken. Heft 9/10, Sep./Okt. 2002, 56. Jahrgang, 901-919. Stuttgart: Klett-Cotta.
KNAUER, Gabriele (1998): *Grundkurs Übersetzungswissenschaft Französisch.* Stuttgart, Düsseldorf, Leipzig: Klett.
KNIGHT, Max (1989): "The Happy Adventure of Translating German Humorous Verse". *Meta*, XXXIV, 1, 1989, 105-108.
KNUTSON, David; OXFORD, Jeffrey (2002): *Eduardo Mendoza: A New Look.* New York: Peter Lang.
KOLLER, Werner (1992): *Einführung in die Übersetzungswissenschaft.* 4. Auflage. Heidelberg; Wiesbaden: Quelle und Meyer. [1979] (= UTB 819).
KREMER, Dieter (1992): "Spanisch: Anthroponomastik. Antroponimia". In: Holtus, Günter et al. (Hrsg.) (1992): *Lexikon der romanistischen Linguistik (LRL).* Band VI, 1. Aragonesisch/Navarresisch, Spanisch, Asturianisch/Leonesisch. Tübingen: Max Niemeyer Verlag. 457-474.
KUßMAUL, Paul (1999): "Stilistik". In: Snell-Hornby, Mary et al. (1999): *Handbuch Translation.* 2., verb. Auflage. Tübingen: Stauffenburg-Verl. 70-72.
LACHMANN, Karl (Hrsg.) (1893): *G.E. Lessing, Hamburgische Dramaturgie 1.* St. 28. Sämtl. Schr. Berlin: Voß.
LANDHEER, Ronald (1989): "L'ambigüité: un défi traductologique". *Meta* 34:1, 33-43.
LANGFORD, Paul (2000): *Englishness Identified. Manners and Character 1650-1850.* Oxford: Oxford University Press.
LAROCHE, Jacques (1989): "L'humour est-il traduisible?: des notes sur un extrait de *Babbitt*". *Meta* 34:1, 15-19.
LAURIAN, Anne-Marie (2001): "La compréhension de l'humour: question de langue ou question de culture?" In: Laurian, Anne-Marie; Szende, Thomas (Eds.) (2001): *Les mots du rire: comment les traduire?: essais de lexicologie contrastive*; publication du Centre de Recherche Lexiques – Cultures – Traductions (INALCO). Bern et al.: Lang. 183-202.
LAURIAN, Anne-Marie; NILSEN, Don L.F. (Hrsg.) (1989): "Humour et traduction: Humor and Translation". Numéro special de *Meta* 34:1.

6. Bibliographie

LAUSBERG, Heinrich (1990): *Handbuch der literarischen Rhetorik. Eine Grundlegung der Literaturwissenschaft.* 3. Auflage. Stuttgart: Franz Steiner Verlag. [1960]
LÁZARO CARRETER, Fernando (1997): *El dardo en la palabra.* Barcelona: Galaxia Gutenberg. Círculo de Lectores.
LEPPIHALME, Ritva (1997): *Culture bumps: an empirical approach to the translation of allusions.* Clevedon et al.: Multilingual Matters. (= Topics in Translation; 10)
LEUVEN, Kitty van (1989): "Translation and Original. Similarities and Dissimilarities I". *Target* 1:2, 151-181.
— (1990): "Translation and Original. Similarities and Dissimilarities II". *Target* 2:1, 69-95.
LINDER, Daniel (2002): "Translating Irony in Popular Fiction: Raymond Chandler's *The Big Sleep*". *Babel* 47:2, 97-108.
LLANO GAGO, Mª Teresa (1984): *La obra de Quevedo. Algunos recursos humorísticos.* Salamanca: Universidad de Salamanca.
LLERA RUIZ, José Antonio (2001): "Poéticas del humor: Desde el Novecentismo hasta la época contemporánea". *Revista de Literatura,* LXIII, 126, 2001, 461-476.
— (2003): *El humor verbal y visual de La Codorniz.* Madrid: Consejo superior de investigaciones científicas.
— (2004): *La investigación en torno al humor verbal. (Hacia dónde vamos y de dónde venimos).* I Jornadas de Investigadores del Humor. (In Druck).
LOGIE, Ilse (1998): "Aspectos performativos en dos novelas de Javier Marías: Corazón tan blanco y Mañana en la batalla piensa en mí". In: Delbecque, Nicole; De Paepe, Chris (eds.) (1998): *Estudios en honor del profesor Josse De Kock.* Leuven: Leuven University Press. 889-897.
— (2001): "La traducción, emblema de la obra de Javier Marías". In: Steenmeijer, Maarten (2001): *El pensamiento literario de Javier Marías.* Amsterdam, New York: Rodopi. 67-76. (= Foro hispánico. Revista hispánica de los Países Bajos. Nr. 20).
LÓPEZ CRUCES, Antonio J. (ed.) (1993): *La risa en la literatura española.* Alicante: Aguaclara.
LUTHE, Heinz Otto (1995): "Komikübersetzung – Ein Feld auszuhandelnder symbolischer Ordnung". In: Unger, Thorsten; Schultze, Brigitte; Turk, Horst (Hrsg.) (1995): *Differente Lachkulturen? Fremde Komik und ihre Übersetzung.* Tübingen: Günter Narr. 47-65. (= Forum modernes Theater: Schriftenreihe; 18)
LYON, David (1994): *Postmodernidad.* [Übers. von Belén Urrutia]. Madrid: Alianza Editorial.
MAESENEER, Rita De (2000): "Sobre la traducción en 'Corazón tan blanco' de Javier Marías". *Espéculo. Revista de estudios literarios.* 14. Online im Internet: www.ucm.es/info/especulo/numero14/jmarias.html [Stand 18.10.2002]
MARÍAS, Javier (2001): *Literatura y fantasma. Edición ampliada.* Madrid: Alfaguara.
MARKSTEIN, Elisabeth (1999): "Realia". In: Snell-Hornby, Mary et al. (Hrsg.) (1999): *Handbuch Translation.* 2., verb. Auflage. Tübingen: Stauffenburg-Verl. 288-291.
MARTÍN CASAMITJANA, Rosa Mª (1996): *El humor en la poesía española de vanguardia.* Madrid: Gredos.
MARTÍNEZ DE SOUSA, José (2001): *Manual de estilo de la lengua española.* 2. Auflage. Gijón: Ediciones Trea.
MARTINÓN, Miguel (1996-97): "Narración reflexiva: Corazón tan blanco, de Javier Marías". *Letras Peninsulares* 9, 2-3, 355-369.
MASOLIVER RÓDENAS, Juan Antonio (1994): "Javier Marías: El pensamiento incesante". *Vuelta* (Vuelta). 1994 Nov; 18(216), 60-63.
MENDOZA, Eduardo (1998): "El extraño caso de Javier Marías". *El País* vom 18.11.1998.

— (2004): "La traducción y sus descontentos". In: *Lliçons inaugurals de Traducció i Interpretació a la Universitat Pompeu Fabra. 1992-93/2003-04.* Barcelona: Universitat Pompeu Fabra. 163-175.

MERRILL, Christie Ann (2002): "Playing the Double Agent: An Indian Story in English". *The Translator*, special issue (*Translating Humour*) 8(2), 367-384.

MIHURA, Miguel (1998): *Mis memorias*. Madrid: Temas de Hoy. [1948] (= Colección Clásicos del Humor 2).

MONEDERO, Carmelo (1970): *La alegría. Un análisis fenomenológico y antropológico.* Madrid: Graf. Mateu-Cromo.

MONLEÓN, José (1988): "La libertad de Miguel Mihura". In: Rico, Francisco (Ed.) (1980): *Historia y crítica de la literatura española*. Vol. 8. Barcelona: Crítica. 599-605.

MORA, Miguel (2000): "El humor de los tiempos de la penuria triunfa otra vez". *El País* vom 09.01.2000.

MUHAWI, Ibrahim (2002): "Performance and Translation in the Arabic Joke". *The Translator*, special issue (*Translating Humour*) 8(2), 341-366.

MÜHLEN ACHS, Gitta (1993): *Wie Katz und Hund. Die Körpersprache der Geschlechter.* München: Verlag Frauenoffensive.

— (1998): *Geschlecht bewußt gemacht. Körpersprachliche Inszenierungen. Ein Bilder- und Arbeitsbuch.* München: Verlag Frauenoffensive.

MÜLLER, Beate (1994): *Komische Intertextualität. Die literarische Parodie.* Diss. Trier.

MÜLLER, Burkhard (2003): "Übersetzungskritik". *Übersetzen* Oktober-Dezember 2003, 37. Jahrgang, Nr. 4, 1-6. Heidelberg: Verband deutschsprachiger Übersetzer literarischer und wissenschaftlicher Werke e.V. (VdÜ).

MÜLLER, Ralph (2003a): "Der Aphorismus und seine Beziehung zur Pointe". *Antares. Revista de cultura sub egida Uniunii Scriitorilor*, 4. Jg., September 2003, 31-34.

— (2003b): *Theorie der Pointe*. Paderborn: Mentis.

NABOKOV, Vladimir V. (1983): *Lectures on Don Quixote*. London: Weidenfeld & Nicolson.

NAVAJAS, Gonzalo (2001): "Javier Marías: el saber absoluto de la narración". In: Steenmeijer, Maarten (2001): *El pensamiento literario de Javier Marías*. Amsterdam, New York: Rodopi. 39-49. (= Foro hispánico. Revista hispánica de los Países Bajos. Nr. 20).

NEUMEISTER, Sebastian (1997): "Die Lyrik im Goldenen Zeitalter". In: Neuschäfer, H.-J. (Hrsg.) (1997): *Spanische Literaturgeschichte*. Stuttgart; Weimar: Metzler. 103-123.

NEUSCHÄFER, Hans-Jörg (1993): "Aufbrüche. Anmerkungen zur spanischen Literatur seit 1975 und Hinweise zur Benutzung des vorliegenden Bandes". In: Ingenschay, Dieter; Neuschäfer, Hans-Jörg (Hrsg.) (1993): *Aufbrüche. Die Literatur Spaniens seit 1975.* 2. Auflage. Berlin: edition tranvía, Verlag Walter Frey.

— (1997): "Das 20. Jahrhundert". In: Neuschäfer, H.-J. (Hrsg.) (1997): *Spanische Literaturgeschichte.* Stuttgart; Weimar: Metzler. 315-402.

NEWMARK, Peter (1988): *Approaches To Translation*. New York; London; Toronto; Sydney; Tokyo; Singapore: Prentice Hall International.

NILSSON, Gunnar (1996): "Eduardo Mendoza sobre la historia, la memoria y el proceso de escribir". *Matices* 1996 Jg. 2, Nr. 11, 44-47. Köln

NORD, Christiane (1993): "Alice im Niemandsland. Die Bedeutung von Kultursignalen für die Rezeption literarischer Übersetzungen". In: Holz-Mänttäri, Justa; Nord, Christiane (Hrsg.) (1993): *Traducere navem. Festschrift für Katharina Reiß zum 70. Geburtstag.* Tampere: Tampereen Yliopisto. 395-416. (= studia translatologica. ser. A. vol. 3).

— (1997): "So treu wie möglich? Die linguistische Markierung kommunikativer Funktionen und ihre Bedeutung für die Übersetzung literarischer Texte". In: Keller, Rudi (Hrsg.): *Linguistik und Literaturübersetzen*. Transfer, Düsseldorfer Materialien zur Literaturübersetzung. Band 11. Tübingen: Günter Narr. 35-59.

6. Bibliographie

— (1999): "Das Verhältnis des Zieltexts zum Ausgangstext". In: Snell-Hornby, Mary et al. (Hrsg.) (1999): *Handbuch Translation*. 2., verb. Auflage. Tübingen: Stauffenburg-Verl. 141-143.

OKSAAR, Els (1988): *Kuluremtheorie. Ein Beitrag zur Sprachverwendungsforschung*. Göttingen: Vandenhoeck & Ruprecht. (= Berichte aus den Sitzungen der Joachim Jungius-Gesellschaft der Wissenschaften, Hamburg 6, 1988, Heft 3).

ORERO, Pilar (2000): "La traducción de wellerismos". *Quaderns. Revista de traducció* 5, 2000, 123-133.

Ortografía de la lengua española. Real Academia Española. (1999) Madrid: Espasa.

OXFORD, Jeffrey; KNUTSON, David (2002): *Eduardo Mendoza: a new look*. New York et al.: Lang. (= Currents in comparative Romance languages and literatures; Vol. 112).

PAVLICEK, Maria; PÖCHHACKER, Franz (2002): "Humour in Simultaneous Conference Interpreting". *The Translator*, special issue (*Translating Humour*) 8(2), 385-400.

PELSMAEKERS, Katja; BESIEN, Fred van (2002): "Subtitling Irony: 'Blackadder' in Dutch". *The Translator*, special issue (*Translating Humour*) 8(2), 241-266.

PITARELLO, Elide (2001): "Negra espalda del tiempo: instrucciones de uso". In: Steenmeijer, Maarten (2001): *El pensamiento literario de Javier Marías*. Amsterdam, New York: Rodopi. 125-134. (= Foro hispánico. Revista hispánica de los Países Bajos. Nr. 20).

PÖCKL, Wolfgang (1993): "Charakterisierung und Bewertung literarischer Übersetzungen. Ein Vorschlag zur Übersetzungskritik". In: Holz-Mänttäri, Justa; Nord, Christiane (Hrsg.) (1993): *Traducere Navem. Festschrift für Katharina Reiß zum 70. Geburtstag*. Tampere: Tampereen Yliopisto. 477-462. (= studia translatologica. ser. A. vol. 3).

POPPENBERG, Gerhard (1993): "Die Sprache in der Fremde. Was heißt eigentlich übersetzen?". In: Schrader, Ludwig (Hrsg.): *Von Góngora bis Nicolás Guillén. Spanische und lateinamerikanische Literatur in deutscher Übersetzung - Erfahrungen und Perspektiven*. Tübingen: Günter Narr. 137-149.

POYATOS, Fernando (1997): "Aspects, problems and challenges of nonverbal communication in literary translation". In: Poyatos, Fernando (Hrsg.) (1997): *Nonverbal Communication and Translation. New Perspectives and Challenges in Literature, Interpretation and the Media*. Amsterdam/Philadelphia: John Benjamins Publishing Company. 17-47.

— (2002): *Nonverbal Communication across Disciplines. Volume III: Narrative Literature, Theater, Cinema, Translation*. Amsterdam/Philadelphia: John Benjamins Publishing Company.

PREISENDANZ, Wolfgang (1970): *Über den Witz*. Konstanzer Universitätsreden hrsg. von Gerhard Hess, 13.

PREISENDANZ, W.; WARNING, R. (Hrsg.) (1976): *Das Komische. Poetik und Hermeneutik* 7.

PYM, Anthony (2001): "Introduction. The Return to Ethics in Translation Studies". *The Translator*, special issue (*Return to Ethics*) 7(2), 129-139.

QUINTILIANUS, Marcus Fabius (1995): *Ausbildung des Redners*. Darmstadt: Wissenschaftliche Buchgesellschaft.

RAIBLE, Wolfgang (1980): "Was sind Gattungen? Eine Antwort aus semiotischer und textlinguistischer Sicht". *Poetica*, 12. Band, Heft 3-4, 320-349.

— (1987): "Sprachliche Höflichkeit. Realisierungsformen im Deutschen und im Französischen". *Zeitschrift für französische Sprache und Literatur*, XCVII/2, 1987, 145-168.

RASKIN, Victor (1985): *Semantic Mechanisms of Humor*. Dordrecht, Boston & Lancaster: D. Reidel.

REIß, Katharina (1971): *Möglichkeiten und Grenzen der Übersetzungskritik. Kategorien und Kriterien für eine sachgerechte Beurteilung von Übersetzungen*. München: Hueber.

— (1989): "Übersetzungstheorie und Praxis der Übersetzungskritik". In: Königs, Frank G. (Hrsg.) (1989): *Übersetzungswissenschaft und Fremdsprachunterricht. Neue Beiträge* zu einem alten Thema. München: Goethe-Institut. Ref. 42 - Arbeitsstelle für wissenschaftliche Didaktik. 71-93.

— (1995): "Adäquatheit und Äquivalenz als Schlüsselbegriffe der Übersetzungstheorie und –praxis". In: Snell-Hornby, Mary; Kadric, Mira (Hrsg.) (1995): *Grundfragen der Übersetzungswissenschaft. Wiener Vorlesungen von Katharina Reiß*. Wien: WUV-Universitätsverlag. 107-129.

REIß, Katharina; VERMEER, Hans J. (1991): *Grundlegung einer allgemeinen Translationstheorie*. 2. Auflage. Tübingen: Niemeyer. [1984]

RESINA, Joan Ramón (1997): *El cadáver en la cocina. La novela criminal en la cultura del desencanto*. Barcelona: Anthropos Editorial.

RUCH, Willibald; Attardo, Salvatore; Raskin, Victor (1993): "Towards an Empirical Verification of the General Theory of Verbal Humour". *HUMOR* 6(2), 123-136.

RUIZ, Rafael (2000): "El nuevo humor". *El País Semanal* vom 23.07.2000.

RUSSELL, P. E. (1969): "Don Quixote as a Funny Book". *The Modern Language Review*. Vol. 64, 312-326.

SAGNE, Jean (1998): "Porträts aller Art. Die Entwicklung des Fotoateliers". In: Frizot, Michel (Hrsg.) (1998): *Neue Geschichte der Fotografie*. Köln: Könemann. 102-129.

SALES, Dora (2001-2002): "Reflexiones en torno a la supervivencia transcultural: leer el mundo bajo nuestros pies". *debats*. Institució Alfons el Magnánim – invierno 2001-2002, n° 75, 115-126.

SAUSSURE, Ferdinand de (1949): *Cours de linguistique générale*. Paris: Payot.

SCHÄFFNER, Christina (Hrsg.) (1999): *Translation and Norms*. Clevedon (et al.): Mutilingual Matters Ltd.

SCHÄFFNER, Christina; KELLY-HOLMES, Helen (Hrsg.) (1995): *Cultural functions of translation*. Clevedon; Philadelphia; Adelaide: Multilingual Matters Ltd.

SCHILLER, Friedrich (1793): *Über Anmuth und Würde*. Leipzig: Göscher.

SCHMIDT-HIDDING, Wolfgang (1963): *Humor und Witz. Europäische Schlüsselwörter. Wortvergleichende und wortgeschichtliche Studien*. Band I. München: Max Hueber Verlag.

SCHREIBER, Michael (1993): *Übersetzung und Bearbeitung*. Tübingen: Narr.

— (1997): "Übersetzungsverfahren – Klassifikation und didaktische Anwendung". In: Fleischmann, Eberhard; Kutz, Wladimir; Schmitt, Peter A. (Hrsg.) (1997): *Translationsdidaktik*. Tübingen: Narr. 219-226.

— (1999): "Übersetzungstypen und Übersetzungsverfahren". In: Snell-Hornby, Mary et al. (1999): *Handbuch Translation*. 2., verb. Auflage. Tübingen: Stauffenburg-Verl. 151-154.

SCHWARZBÜRGER, Susanne (1998): *La novela de los prodigios. Die Barcelona-Romane Eduardo Mendozas 1975-1991*. Berlin: edition tranvía, Verlag Walter Frey.

SEITZ, Ingrid Maria (2001): *„Mein Erfolg war ein Mißverständnis". Ein „literarisches Meisterwerk" als Bestseller - Über den spanischen Schriftsteller Javier Marías, seinen Roman* Mein Herz so weiß*, seinen sensationellen Erfolg in Deutschland und die Macht der Massenmedien*. Unveröffentl. Magisterarbeit, Bremen.

SERGIENKO, Anna (2000): *Ironie als kulturspezifisches sprachliches Phänomen*. Stuttgart: ibidem.

SIMONSEN, Karen Margrethe (1999): "*Corazón tan blanco* – A Post-postmodern Novel by Javier Marías". *Revista hispánica moderna* LII, 193-212.

SNELL-HORNBY, Mary; Hönig, Hans G.; Kußmaul, Paul; Schmitt, Peter A. (Hrsg.) (1999): *Handbuch Translation*. 2., verb. Auflage. Tübingen: Stauffenburg-Verl.

— (1997): "The Integrated Linguist: On Combining Models of Translation Critique". In: Wotjak, Gerd; Schmidt, Heidi (Hrsg.) (1997): *Modelle für Translation. Models of Translation. Festschrift für Albrecht Neubert*. Frankfurt a.M.: Vervuert. 73-88.

6. Bibliographie

— (1988/1995): *Translation Studies. An Integrated Approach*. Revised Edition. Amsterdam/Philadelphia: John Benjamins Publishing Company.

SOENEN, Johan (1985): "Das »Image des anderen Landes« spielt beim Übersetzen fremder literarischer Werke eine wichtige Rolle". *Babel*, 1, Vol. XXXI, 27-40.

SPILLNER, Bernd (1987): "Style and Register". In: Ammon, Ulrich et al. (Hrsg.) (1987): *Sociolinguistics. An International Handbook of the Science of Language and Society*. First Volume. Berlin, New York: de Gruyter. 273-285. (= Handbücher zur Sprach- und Kommunikationswissenschaft 'HSK'; 3.1).

STACKELBERG, Jürgen von (1988): "Translating Comical Writing." *Translation Review*. No. 28, 1988, 10-14.

STEENMEIJER, Maarten (2001): *El pensamiento literario de Javier Marías*. Amsterdam, New York: Rodopi. 135-157. (=Foro hispánico. Revista hispánica de los Países Bajos. Nr. 20)

STEMPEL, Wolf-Dieter (1976): "Ironie als Sprechhandlung". In: Preisendanz, W.; Warning, R. (Hrsg.) (1976): *Das Komische. Poetik und Hermeneutik 7*. München: Fink. 205-235.

STOLZE, Radegundis (1992): *Hermeneutisches Übersetzen. Linguistische Kategorien des Verstehens und Formulierens beim Übersetzen*. Tübingen: Narr. (= TBL 368).

— (1997): *Übersetzungstheorien. Eine Einführung*. 2. Auflage. Tübingen: Günter Narr.

SUÑÉN, Luis (1986): "Eduardo Mendoza o lo difícil que es ser uno mismo". *Ínsula*, núm. 478, 7.

TAVE, Stuart M. (1960): *The amiable Humorist. A Study in the Comic Theory and Criticism of the 18th and Early 19th Centuries*. Chicago: The University of Chicago Press.

TEMPRANO, Emilio (1999): *El arte de la risa*. Barcelona: Seix Barral.

TORO, Alfonso de (1991): "Javier Marías". In: Reichenberger, Kurt; Reichenberger, Theo (eds.) (1991): *Siete siglos de autores españoles*. Kassel: Reichenberger. 354-57.

— (1995): "El arte de escribir: La infinita soledad del narrador o el mundo desde adentro: Ver, escuchar y cavilar". In: Toro, Alfonso de (ed. and introd.); Ingenschay, Dieter (ed.): *La novela española actual: Autores y tendencias*. Kassel: Reichenberger. 55-102.

TORRE, Esteban (1994): *Teoría de la traducción literaria*. Madrid: Editorial Síntesis.

TOURY, Gideon (1995): *Descriptive Translation Studies and beyond*. Amsterdam/Philadelphia: John Benjamins Publishing Company. (= Benjamins Translation Library Vol. 4).

— (1997): "What Is It that Renders a Spoonerism (Un)translatable?". In: Delabastita, Dirk (Ed.) (1997): *TRADUCTIO. Essays on Punning and Translation*. Manchester: St. Jerome. 271-291.

TURK, Horst (1993): "Selbst- und Fremdbilder in den deutschsprachigen Literaturen. Zur Übersetzung von Kulturen". In: Frank, Armin; Kittel, H. (Hrsg.): *Übersetzen, verstehen, Brücken bauen. Göttinger Beiträge zur internationalen Übersetzungsforschung*. Berlin: Schmidt. 58-84.

— (1995): "Kulturgeschichtliche und anthropologische Bedingungen des Lachens". In: Unger, T.; Schultze, B.; Turk, H. (Hrsg.) (1995): *Differente Lachkulturen? Fremde Komik und ihre Übersetzung*. Tübingen: Günter Narr Verlag. 299-317. (= Forum modernes Theater: Schriftenreihe; 18)

TUSSET, Pablo (2001): *Lo mejor que le puede pasar a un cruasán*. Madrid: Lengua de Trapo.

TYMOZCKO, Maria; GENTZLER, Edwin (eds.) (2002): *Translation and Power*. Amherst: University of Massachusetts Press.

UGALDE, Victoriano (1976): "La risa de Don Quijote". *Anales cervantinos*, 15, 157-170. Madrid: CSIC.

UNGER, Thorsten (1995): "Differente Lachkulturen? – Eine Einleitung". In: Unger, Thorsten; Schultze, Brigitte; Turk, Horst (Hrsg.) (1995): *Differente Lachkulturen? Fremde*

Komik und ihre Übersetzung. Tübingen: Günter Narr. 9-29. (= Forum modernes Theater: Schriftenreihe; 18)

Universitätsarchiv Tübingen. Online im Internet: http://www.uni-tuebingen.de/ UAT/ prov/ datei95.htm [Stand: 14.08.2003]

VALERO GARCÉS, Carmen (1999/2002): "Sobre insultos, traducciones y estereotipos". In: *Antología de El trujamán*. Madrid: Instituto Cervantes, Colección Papeles de CVC. Online im Internet: http://cvc.cervantes.es/trujaman/anteriores/agosto_99/24081999.htm [Stand: 27.06.2004]

— (2000): "La traducción del cómic: retos, estrategias y resultados". *Trans*, n° 4, 75-88.

— (2003): "Translating the imaginary world in the *Harry Potter* series or how *Muggles, Quaffles, Snitches*, and *Nickles* travel to other cultures". *Quaderns*. Revista de traducció 9, 2003, 121-134.

VALLS, Fernando (1998): "'Lo que dijo el mayordomo', de Javier Marías, o la disolución de los géneros literarios narrativos." In: Andres-Suárez, Irene (ed.) (1999): *Mestizaje y disolución de géneros en la literatura hispánica contemporánea*. Madrid: Verbum. 168-173.

VANDAELE, Jeroen (2001): "«Si sérieux s'abstenir» Le discours sur l'humour traduit". *Target* 13:1, 29-44.

— (2002a): "Humour Mechanisms in Film Comedy: Incongruity *and* Superiority". *Poetics Today* 23(2), 221-249.

— (2002b): "Introduction: (Re-)Constructing Humour: Meanings and Means". *The Translator*, special issue (*Translating Humour*) 8(2), 149-172.

— (2002c): "'Funny Fictions': Francoist Translation Censorship of Two Billy Wilder Films". *The Translator*, special issue (*Translating Humour*) 8(2), 267-302.

VANNEREM, Mia/SNELL-HORNBY, Mary (1994): "Die Szene hinter dem Text: 'scenes-and-frames semantics' in der Übersetzung". In: Snell-Hornby, M. (Hrsg.) (1994): *Übersetzungswissenschaft – Eine Neuorientierung*. 2. Auflage. Tübingen: Francke. 184-205. [1986] (= UTB 1415).

VEITH, Werner R. (2002): *Soziolinguistik: ein Arbeitsbuch mit Kontrollfragen und Antworten*. Tübingen: Narr.

VENUTI, Lawrence (1995): *The Translator's Invisibility. A history of translation*. London, New York: Routledge.

— (1998): *The Scandals of Translation. Towards an ethics of difference*. London and New York: Routledge.

VIGARA TAUSTE, Ana M^a (1994): *El chiste y la comunicación lúdica: Lenguaje y Praxis*. Madrid: Ediciones Libertarias.

VILAS, Santiago (1968): *El humor y la novela española contemporánea*. Madrid: Ediciones Guadarrama.

VOGT, Jochen (1990): *Aspekte erzählender Prosa. Eine Einführung in Erzähltechnik und Romantheorie*. 7. neubearbeitete und erweiterte Auflage. Opladen: Westdeutscher Verlag. [1972] (= WV-Studium; Bd. 145).

WALTER, Monika (1993): "Der Roman seit 1975: Das transitive Schreiben." In: Ingenschay, Dieter; Neuschäfer, Hans-Jörg (Hrsg.) (1993): *Aufbrüche. Die Literatur Spaniens seit 1975*. 2. Auflage. Berlin: edition tranvía, Verlag Walter Frey.

WARNING, Rainer (1976): "Ironiesignale und ironische Solidarisierung". In: Preisendanz, W.; Warning, R. (Hrsg.) (1976): *Das Komische. Poetik und Hermeneutik 7*. München: Fink. 416-423.

WEALE, Edna (1997): "From Babel to Brussels: Conference interpreting and the art of the impossible". In: Poyatos, Fernando (Hrsg.) (1997): *Nonverbal Communication and*

Translation. New Perspectives and Challenges in Literature, Interpretation and the Media. Amsterdam/Philadelphia: John Benjamins Publishing Company. 295-312.

WEINRICH, Harald (1956): *Das Ingenium Don Quijotes. Ein Beitrag zur literarischen Charakterkunde. Forschungen zur Romanischen Philologie*. Hrsg. von Heinrich Lausberg. Heft 1. Münster: Aschendorffsche Verlagsbuchhandlung.

— (1966): *Linguistik der Lüge*. Heidelberg: Verlag Lambert Schneider.

— (1974): "Ironie". In: Ritter, Joachim (Hrsg.): *Historisches Wörterbuch der Philosophie*. Band 4. Basel; Stuttgart: Schwabe & Co. Verlag. 577-582.

— (1990): *Kleine Literaturgeschichte der Heiterkeit*. Opladen: Westdeutscher Verlag.

WIERZBICKA, Anna (1996): *Semantics: Primes and Universals*. Oxford: Oxford University Press.

— (1997): *Understanding Cultures Through Their Key Words. English, Russian, Polish, German and Japanese*. New York, Oxford: Oxford University Press.

WILKE, Nicola (1999): *Das sainete madrileño der 80er Jahre: Aktualisierung des traditionsreichen Volksstückes im spanischen Gegenwartstheater*. Tübingen: Narr.

WITTE, Heidrun (1999): "Die Rolle der Kulturkompetenz". In: Snell-Hornby, Mary et al. (Hrsg.) (1999): *Handbuch Translation*. 2., verb. Auflage. Tübingen: Stauffenburg-Verl. 345-348.

— (2000): *Die Kulturkompetenz des Translators. Begriffliche Grundlegung und Didaktisierung*. Tübingen: Stauffenburg-Verlag. (= Studien zur Translation Band 9).

WOLLGAST, Siegfried (2001): *Zur Geschichte des Promotionswesens in Deutschland*. Bergisch Gladbach: Dr. Frank Grätz Verlag.

ZABALBEASCOA, Patrick (1996): "Translating Jokes for Dubbed Television Situation Comedies". *The Translator*, special issue (Wordplay & Translation) 2(2) (1996), 235-257.

— (2005): "Humor and translation – an interdiscipline". *Humor. International Journal of Humor Research*. 18-2 (2005), 185-207

ZIMMER, Dieter E. (2001): "Moby Dick. Adolf Atta Ahab". *"Zeit"-Literaturbeilage* vom 15.11.2001

Abbildungs- und Tabellenverzeichnis

Abbildungsverzeichnis

Abb. 1	Die Übersetzung des Komischen als interdisziplinäre Fragestellung	5
Abb. 2	Vorgehensweise	7
Abb. 3	Parameter der GTVH zur Entstehung eines Witzes	25
Abb. 4	Translationswissenschaftliches Kommunikationsmodell	46
Abb. 5	Pfeildiagramm des Wortfelds des KOMISCHEN	57
Abb. 6	Vereinfachtes Pfeildiagramm des Wortfelds des KOMISCHEN	59
Abb. 7	Matrix des Wortfelds des KOMISCHEN	60
Abb. 8	Pfeildiagramm zur Hierarchie von Hyperonymen des KOMISCHEN im Bereich III	62
Abb. 9	Translationswissenschaftliches Kommunikationsmodell des KOMISCHEN	64
Abb. 10	Pfeildiagramm des Wortfelds der *GRACIA*	99
Abb. 11	Vereinfachtes Pfeildiagramm des Wortfelds der *GRACIA*	101
Abb. 12	Matrix des Wortfelds der *GRACIA*	102
Abb. 13	Pfeildiagramm zur Hierarchie von Hyperonymen der *GRACIA* im Bereich III	104
Abb. 14	Anthropologische Daseinsformen des Menschen bzgl. der Bedeutungen von *GRACIA*	106
Abb. 15	Translationswissenschaftliches Kommunikationsmodell der *GRACIA*	109
Abb. 16	Verhältnis 'Lächerlichkeit' vs. *ridiculez* und 'Lachen' vs. *risa*	143
Abb. 17	Verhältnis 'Witz' vs. *chiste* und 'Humor' vs. *humor*	144
Abb. 18	Formel des spanischen *humor*	144
Abb. 19	Formel des deutschen 'Witzes'	145
Abb. 20	Dimensionen der übersetzungsrelevanten Textanalyse	191
Abb. 21	Verhältnis zwischen Autor- und Translatorleistung bei Mendoza 1	207

Abb. 22   Verhältnis zwischen Autor- und Translatorleistung bei   218
          Mendoza 2
Abb. 23   Verhältnis zwischen Autor- und Translatorleistung bei Marías   267
Abb. 24   Klassifikation von Übersetzungsverfahren in Bezug auf   287 u. 347
          die Textäquivalenz

Tabellenverzeichnis

Tab. 1	Synonyme von HUMOR [Dt.]	55
Tab. 2	Zuordnung des Wortfelds des KOMISCHEN im Kommunikationsmodell	65
Tab. 3	Merkmale und Dimensionen der Gattungsbegriffe des KOMISCHEN	78
Tab. 4	Gattungssystematik des KOMISCHEN	79
Tab. 5	Synonyme von HUMOR [Sp.]	97
Tab. 6	Zuordnung des Wortfelds der GRACIA im Kommunikationsmodell	110
Tab. 7	Merkmale und Dimensionen der Gattungsbegriffe der GRACIA	126
Tab. 8	Gattungssystematik der GRACIA	127
Tab. 9	Hierarchisierung charakteristischer Übersetzungsverfahren des Komischen bei Mendoza 1	286
Tab. 10	Hierarchisierung charakteristischer Übersetzungsverfahren des Komischen bei Mendoza 1 nach Oberbegriffen	290
Tab. 11	Hierarchisierung charakteristischer Übersetzungsverfahren des Komischen bei Mendoza 2	302
Tab. 12	Hierarchisierung charakteristischer Übersetzungsverfahren des Komischen bei Mendoza 2 nach Oberbegriffen	303
Tab. 13	Hierarchisierung charakteristischer Übersetzungsverfahren des Komischen bei Marías	347
Tab. 14	Hierarchisierung charakteristischer Übersetzungsverfahren des Komischen bei Marías nach Oberbegriffen	348
Tab. 15	Vergleichsparameter zwischen AT und ZT nach dem Kommunikationsmodell	375 u. 417

TransÜD. ARBEITEN ZUR THEORIE UND PRAXIS DES ÜBERSETZENS UND DOLMETSCHENS

Band 1   Yvonne Griesel: Translation im Theater. Die mündliche und schriftliche Übertragung französischsprachiger Inszenierungen ins Deutsche. Erscheinungsjahr: 2000, lieferbar

Band 2   Susan Aderkas: Interkulturelle Bildsemiotik im Translationsprozeß. Kontrastive Analysen deutscher und spanischer Fachtexte. Erscheinungsjahr: 2000, lieferbar

Band 3   Jörn Albrecht / Hans-Martin Gauger, (Hrsg.): Sprachvergleich und Übersetzungsvergleich. Leistung und Grenzen, Unterschiede und Gemeinsamkeiten. Erscheinungsjahr: 2001, lieferbar

Band 4   Mirjam Appel: Lyrikübersetzen. Übersetzungswissenschaftliche und sprachwissenschaftliche Grundlagen für ein Rahmenmodell zur Übersetzungskritik. Erscheinungsjahr: 2004, lieferbar

Band 5   Alexej Laiko: Intertextualität in der Übersetzung. W. Jerofejews *Moskva – Petuski* in der Übersetzung von N. Spitz – eine kritische Analyse. Erscheinungsjahr: 2004, lieferbar

Die Bände 1 bis 5 sind bei der Peter Lang GmbH erschienen und dort zu beziehen.

Band 6   Przemysław Chojnowski: Zur Strategie und Poetik des Übersetzens. Eine Untersuchung der Anthologien zur polnischen Lyrik von Karl Dedecius. 300 Seiten. ISBN 3-86596-013-8. EUR 34,80

Frank & Timme

Verlag für wissenschaftliche Literatur

TransÜD. ARBEITEN ZUR THEORIE UND PRAXIS DES ÜBERSETZENS UND DOLMETSCHENS

Band 7 Belén Santana López: Wie wird *das Komische* übersetzt? *Das Komische* als Kulturspezifikum bei der Übersetzung spanischer Gegenwartsliteratur. 456 Seiten. ISBN 978-3-86596-006-1. ISBN 3-86596-006-5. EUR 39,80

Band 8 Larisa Schippel (Hg.): Übersetzungsqualität: Kritik – Kriterien – Bewertungshandeln. 188 Seiten. ISBN 978-3-86596-075-7. ISBN 3-86596-075-8. EUR 24,80

Band 9 Anne-Kathrin D. Ende: Dolmetschen im Kommunikationsmarkt. Gezeigt am Beispiel Sachsen. 228 Seiten. ISBN 978-3-86596-073-3. ISBN 3-86596-073-1. EUR 29,80

Band 10 Sigrun Döring: Kulturspezifika im Film: Probleme ihrer Translation. 156 Seiten. ISBN 978-3-86596-100-6. ISBN 3-86596-100-2. EUR 24,80

Band 11 Hartwig Kalverkämper: „Textqualität". Die Evaluation von Kommunikationsprozessen seit der antiken Rhetorik bis zur Translationswissenschaft. ISBN 978-3-86596-110-5

Band 12 Yvonne Griesel: Die Inszenierung als Translat. Möglichkeiten und Grenzen der Theaterübertitelung. 344 Seiten. ISBN 978-3-86596-119-8. EUR 34,80

Band 13 Hans J. Vermeer: Ausgewählte Vorträge zur Translation und anderen Themen. Selected Papers on Translation and other Subjects. 282 Seiten. ISBN 978-3-86596-145-7. EUR 29,80

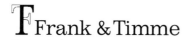

Verlag für wissenschaftliche Literatur

TransÜD. ARBEITEN ZUR THEORIE UND PRAXIS DES ÜBERSETZENS UND DOLMETSCHENS

Band 14 Erich Prunč: Entwicklungslinien der Translationswissenschaft. Von den Asymmetrien der Sprachen zu den Asymmetrien der Macht. 442 Seiten. ISBN 978-3-86596-146-4. EUR 39,80

Band 15 Valentyna Ostapenko: Vernetzung von Fachtextsorten. Textsorten der Normung in der technischen Harmonisierung. 124 Seiten. ISBN 978-3-86596-155-6. EUR 19,80

Band 16 Larisa Schippel (Hg.): TRANSLATIONSKULTUR – ein innovatives und produktives Konzept. 340 Seiten. ISBN 978-3-86596-158-7. EUR 39,80

Band 17 Hartwig Kalverkämper/Larisa Schippel (Hg.): Simultandolmetschen in Erstbewährung: Der Nürnberger Prozess 1945. Mit einer orientierenden Einführung von Klaus Kastner und einer kommentierten fotografischen Dokumentation von Theodoros Radisoglou sowie mit einer dolmetschwissenschaftlichen Analyse von Katrin Rumprecht. 340 Seiten. ISBN 978-3-86596-161-7. EUR 19,80

Frank & Timme

Verlag für wissenschaftliche Literatur